Ketsch Frauen im Mittelalter Band 1

Studien
Materialien
Band 14

Geschichtsdidaktik

herausgegeben von
Klaus Bergmann
Werner Boldt
Annette Kuhn
Jörn Rüsen
Gerhard Schneider

Peter Ketsch

Frauen im Mittelalter

Band I: Frauenarbeit im Mittelalter
Quellen und Materialien

herausgegeben
von Annette Kuhn

Schwann Düsseldorf

CIP-Kurztitelaufnahme der Deutschen Bibliothek

Ketsch, Peter:
Frauen im Mittelalter : Quellen u. Materialien /
Peter Ketsch. Hrsg. von Annette Kuhn. –
Düsseldorf : Schwann-Bagel
(Geschichtsdidaktik : Studien, Materialien ;
. . .)
Bd. 1. → Ketsch, Peter: Frauenarbeit im Mittelalter

Ketsch, Peter:
Frauenarbeit im Mittelalter / Peter Ketsch.
Hrsg. von Annette Kuhn. – 1. Aufl. –
Düsseldorf : Schwann-Bagel, 1983.
(Frauen im Mittelalter / Peter Ketsch ; Bd. 1)
(Geschichtsdidaktik : Studien, Materialien ;
Bd. 14)
ISBN 3-590-18015-3

NE: Geschichtsdidaktik / Studien, Materialien Schwann-Bagel

1. Auflage 1983
Herstellung: Lengericher Handelsdruckerei, Lengerich/Westf.
ISBN 3-590-18015-3

Inhalt

Vorwort

Mit der vorliegenden Quellenauswahl wird der Versuch unternommen, Materialien für eine kritische Analyse und Reflexion der Entwicklung der Frauenarbeit sowie der Lebens- und Arbeitsbedingungen von Frauen in der mittelalterlichen Gesellschaft bereitzustellen. Damit setzt sich die 1982 begonnene Reihe „Quellen zur Frauengeschichte“ fort. Auch diese Sammlung von Quellen und Materialien ist fachwissenschaftlich kommentiert und eignet sich somit sowohl für das Studium der Frauengeschichte als auch für ihre Vermittlung im schulischen und außerschulischen Bereich.

Im Mittelpunkt dieser Quellenedition steht die Frauenarbeit im Mittelalter. Ein weiterer zweiter Band zum mittelalterlichen Frauenbild soll in Kürze folgen. Gewiß läßt sich die Geschichte der Frauenarbeit nicht losgelöst von den sozialen, ökonomischen und technologischen Voraussetzungen der Zeit betrachten. Daher hat Peter Ketsch Zusammenhänge, die von der Forschung bisher noch kaum beachtet wurden, durch diese Dokumentation erstmals sichtbar gemacht. In der Literatur finden wir nur wenige verstreute Hinweise auf die Beziehungen zwischen der Entwicklung der geschlechtsspezifischen Arbeitsteilung einerseits und der Entwicklung der Arbeitsinstrumente andererseits. Auch schichtenspezifische Unterschiede und die soziale Stellung der Frauen im Produktions- und Reproduktionsprozeß der mittelalterlichen Gesellschaft wurden nur selten untersucht. Diese Quellen- und Materialsammlung stellt somit erstmals ein breites Material zur geschlechtsspezifischen Lebenserwartung, zur sozialen Lage von Frauen, ihrer Stellung innerhalb der Familienstruktur sowie zur geschlechtsspezifischen Entlohnung zur Verfügung.

Zweifellos kann auch diese Quellensammlung keinen lückenlosen Überblick über die Struktur und Entwicklung der Frauenarbeit im Mittelalter geben. Denn es läßt sich beispielsweise keine gleichwertige Bereitstellung von Materialien für die verschiedenen weiblichen Arbeitsbereiche erreichen, da gerade für die alltäglichen Betätigungen von Frauen im Rahmen der bäuerlichen und städtischen Hauswirtschaft kaum geeignetes Quellenmaterial zur Verfügung steht. Somit darf auch nicht mit dieser Edition eine Antwort auf alle, die in der gegenwärtigen Diskussion erhobenen Fragen zur Stellung der Frauen im Mittelalter erwartet werden.

Trotz dieser Einschränkung kann durch dieses bisher meist unbekannte Material manche Diskussion zur Stellung der Frauen im Mittelalter auf einer sachlich erweiterten Ebene in fruchtbarer Weise fortgeführt werden. Dies gilt vor allem für die Kontroverse um die Stellung der Frau in den Handwerkszünften. Aufgrund der hier vorgelegten Quellen wird eine Überprüfung der These von der gleichberechtigten Stellung der Frauen im Mittelalter notwendig.
Es ist nicht die Aufgabe dieser Edition, eine befriedigende Antwort auf die vielfältigen Probleme der geschlechtsspezifischen Arbeitsteilung in der mittelalterlichen Gesellschaft zu geben. Sie soll aber zur weiteren Forschung anregen und eine wissenschaftlich gesicherte Vermittlung von Frauengeschichte an den Hochschulen, Schulen und außerschulischen Institutionen ermöglichen.

Bonn, im Mai 1983 *Annette Kuhn*

1. Einleitung

Die Kategorie der Arbeit bildet die wohl wichtigste Kategorie zur Analyse der gesellschaftlichen Situation von Frauen in der historischen Entwicklung. Gesellschaftliche Arbeitsorganisation und geschlechtsspezifische Arbeitsteilung prägen nicht nur den unmittelbaren Arbeitsalltag von Frauen; sie haben wesentlichen Einfluß auf das Verhältnis der beiden Geschlechter zueinander und bestimmen Status und Rolle der Frau in der Gesellschaft. Zwischen den Frauen im Rahmen der geschlechtsspezifischen Arbeitsteilung zugewiesenen Tätigkeitsfeldern, deren gesellschaftlicher Bewertung und dem vorherrschenden Frauenbild einer Gesellschaft besteht eine enge Wechselwirkung. Die dabei im Laufe der historischen Entwicklung entstandenen Wertmuster und Geschlechtscharaktere haben sich als außerordentlich langlebig erwiesen. Allzu oft dienen sie der Rechtfertigung als auch der Aufrechterhaltung der Herrschaftsverhältnisse und der damit verbundenen Unterordnung der Frau, indem sie die geschlechtsspezifische Arbeitsteilung und die Geschlechtsrollen als natürlich und biologisch bedingt erscheinen lassen, obwohl deren gegenwärtige Erscheinungsformen historisch erklärbar sind.

Für die Untersuchung der Rolle der Frau im Produktions- und Reproduktionsprozeß der gesellschaftlichen Entwicklung des Mittelalters ist der gegenwärtige Arbeitsbegriff wenig hilfreich, da er meist als außerhäusliche, entlohnte Erwerbstätigkeit im Gegensatz zur unentlohnten häuslichen Tätigkeit (der Frauen) verstanden wird. Dieser Arbeitsbegriff läßt sich nicht auf das Mittelalter übertragen. Eine Trennung in häusliche und außerhäusliche Arbeitsbereiche wie auch eine Trennung in produktive (männliche) und reproduktive (weibliche) Arbeitsfelder war dem Mittelalter ursprünglich weitgehend fremd. So waren Männer wie Frauen im Rahmen der bäuerlichen Hauswirtschaft produktiv tätig, wobei die Frauen wahrscheinlich mehr Zeit für die handwerkliche Produktion aufwandten als die Männer. Erst die mit der Herausbildung des mittelalterlichen Städtewesens im 12./13. Jahrhundert verbundene stärkere Differenzierung der gesellschaftlichen Arbeitsteilung führte zu einer allmählichen Dissoziation von Gewerbebetrieb und Haushalt, wenn auch beide Bereiche, schon aufgrund der fehlenden räumlichen Trennung, nicht annähernd so strikt voneinander geschieden waren wie heute, so daß vielfältige Verbindungen zwischen dem männlich dominierten, für den Markt produzierenden Gewerbebetrieb und der weiblich dominierten Hauswirtschaft bestanden. Mit der gegenwärtigen Hausfrauenarbeit läßt sich diese weibliche Hauswirtschaft in den mittelalterlichen Städten in keiner Weise vergleichen, da nach wie vor Reproduktionsarbeit und produktive Tätigkeiten der Frauen eng miteinander verknüpft waren. Der hier zugrunde gelegte Arbeitsbegriff geht deshalb weit über den umgangssprachlichen Gebrauch hinaus, da er die gesellschaftliche Wirklichkeit der Frauenarbeit im Mittelalter nur verzerrt wiedergeben würde, und soll alle produktiven und reproduktiven Tätigkeiten von Frauen, unabhängig davon, ob sie entlohnt wurden oder nicht, umfassen.

Ein besonders umfangreiches Quellenmaterial wurde zur Stellung der

Frauen in den mittelalterlichen Handwerkszünften zusammengestellt, um eine kritische Auseinandersetzung mit der These von der gleichberechtigten Stellung der Frau im mittelalterlichen Handwerk zu ermöglichen, die in mehr oder minder differenzierter Form vor allem durch Stahl[1], Bücher[2], Hartwig[3], Behaghel[4], Wachendorf[5] und Heß[6] vertreten wurde. Die Ergebnisse dieser zwischen 1874 und 1940 entstandenen älteren Untersuchungen rezipierten in der jüngsten Zeit mehrere Arbeiten, ohne die Ergebnisse der älteren Forschung jedoch kritisch zu reflektieren und anhand der Quellen zu überprüfen[7]. Nur selten wurde wie durch Loose[8], Wesoly[9] und jüngst durch eine Hamburger Gruppe auf der Berliner Historikerinnentagung im März 1983 diese These in Frage gestellt. Meines Erachtens erfolgte dies zu Recht, denn wie die hier abgedruckten Quellen belegen, läßt sich die These von einer gleichberechtigten Stellung der Frauen in den Handwerkszünften nicht länger aufrechterhalten, da die Quellenbelege allzu unkritisch und isoliert, ohne den Kontext genauer zu beachten, interpretiert wurden.
Der Bereich der Kinderaufzucht und der Kindererziehung, die Arbeit von Nonnen und Beginen sowie die spezifischen Tätigkeitsfelder adliger Frauen konnten in diesem Band nicht mehr berücksichtigt werden. Entsprechende Quellen und Materialien sollen zusammen mit solchen zum Frauenbild und zur rechtlichen Stellung der Frau in einem gesonderten Band erscheinen.
Für diese Quellen- und Materialsammlung wurden Quellen recht unterschiedlicher Art herangezogen und ausgewertet: Verordnungen, Verträge, Testamente, autobiographische Texte, Briefe, Prozeßakten, Steuerlisten, literarische Texte sowie zeitgenössisches Bildmaterial. Mit einigen wenigen Ausnahmen blieb die Auswahl grundsätzlich auf den deutschen Sprachraum, unabhängig von seiner jeweiligen politischen Zugehörigkeit beschränkt. Soweit dies aufgrund der Quellenlage überhaupt möglich war, wurde versucht, möglichst gleichmäßig Quellen aus verschiedenen Regionen und aus dem gesamten Zeitraum des Mittelalters heranzuziehen, um regionale Unterschiede wie auch Entwicklungsprozesse zu verdeutlichen. In vielen Fällen wurden jedoch auch noch Quellen aus der ersten Hälfte des 16. Jahrhunderts mit herangezogen, wie es sich aufgrund der Quellenlage auch kaum vermeiden ließ, daß der größere Teil der abgedruckten Quellen dem Spätmittelalter entstammt. Die Auswahl der Quellen zur Stellung der Frau in den Handwerkszünften weist mit den Hansestädten, Frankfurt/Main, Nürnberg und dem Oberrheingebiet deutliche regionale Schwerpunkte auf, da es mir nötig erschien, jenes Material zugänglich zu machen, das in erster Linie zum Nachweis einer gleichberechtigten Stellung der Frauen in den Zünften herangezogen wurde. Die regionale Beschränkung wiegt jedoch insofern nicht allzu schwer, da auch bei der Heranziehung von Quellen anderer Orte und Regionen[10], kein anderes Bild entsteht. Bei den jeweiligen Zitaten wurde darauf geachtet, nicht nur jene Stellen zu zitieren, in denen Frauen direkt erwähnt werden, sondern es wurde versucht, möglichst so zu zitieren, daß

der Kontext der Zitate hinreichend deutlich wird. Soweit dies möglich war, wurden quantifizierende Quellen und Materialien mit herangezogen, um schichtenspezifische Unterschiede zu verdeutlichen und um den Stellenwert der Frauenarbeit in verschiedenen Erwerbszweigen aufzuzeigen.
Ein Großteil der nachfolgenden Quellen wurde eigens für diese Publikation aus dem Mittelhoch- und Mittelniederdeutschen aber auch aus dem Lateinischen sowie aus dem Frühneuhochdeutschen in die Gegenwartsprache übertragen. Soweit dies, ohne das Textverständnis unnötig zu erschweren, möglich war, wurde eine wort- und syntaxgetreue Übertragung angestrebt. Eine freiere Übersetzung wurde dann gewählt, wenn das Verständnis der Quelle dadurch wesentlich erleichtert wurde. Auf die Übernahme altertümlicher Bezeichnungen oder solcher, deren Wortinhalt sich im Lauf der sprachgeschichtlichen Entwicklung gewandelt hat, wurde verzichtet. So wurde die Bezeichnung Hausfrau aus den Quellen nicht übernommen, sondern durch die dem damaligen Wortsinn eher entsprechende Bezeichnung Hausherrin oder Ehefrau ersetzt, oder der Ausdruck Weib wurde im allgemeinen aufgrund seiner heutigen abschätzigen Bedeutung mit Frau übersetzt. In einigen wenigen Fällen wurden alte Bezeichnungen, für die keine adäquate moderne Übertragungsmöglichkeit bestand, stehengelassen. Auslassungen innerhalb der zitierten bzw. übertragenen Quellenstellen wurden grundsätzlich gekennzeichnet.

1 Stahl: Das deutsche Handwerk [415], S. 42ff.
2 Bücher: Die Frauenfrage im Mittelalter [41], S. 13ff.
3 Hartwig: Die Frauenfrage im mittelalterlichen Lübeck [48], S. 49ff.
4 Behaghel: Die gewerbliche Stellung der Frau im mittelalterlichen Köln [339].
5 Wachendorf: Die wirtschaftliche Stellung der Frau in den Städten des späteren Mittelalters [367], S. 30ff.
6 Heß: Die deutschen Frauenberufe des Mittelalters [347], S. 59ff.
7 Becker u. a.: Zum kulturellen Bild und zur realen Situation der Frau im Mittelalter [40], S. 61ff.
Schöfthaler: Troubadora und Meisterin [59].
Händler-Lachmann: Die Berufstätigkeit der Frau in den deutschen Städten des Spätmittelalters und der beginnenden Neuzeit [346].
Kroemer: Selbst ist die Frau [350].
Wolf-Graaf: Frauenarbeit im Abseits [370], S. 319ff.
8 Loose: Erwerbstätigkeit der Frau im Spiegel Lübecker und Hamburger Testamente [354].
9 Wesoly: Der weibliche Bevölkerungsanteil in spätmittelalterlichen und frühneuzeitlichen Städten und die Betätigung von Frauen im zünftigen Handwerk [297], S. 88ff.
10 So wurden neben den in der Literaturliste angegebenen Quellen- und Urkundenbüchern die entsprechenden Publikationen der folgenden Orte und Regionen durchgesehen: Augsburg, Danzig, Dortmund, Dresden, Düren, Egen, Erfurt, Freiburg, i. Br., Halberstadt, Hameln, Herford, Husum, Jülich, Kiel, Mainz, Marburg, Meißen, Mühlhausen i. Th., Münster, Oldenburg, Osnabrück, Ostfriesland, Pirna, Plön, Pommern, Ratingen, Rinteln, Speyer, Trier, Wernigerode, Wiesbaden, Wien, Zürich.

2. Das Geschlechterverhältnis in der mittelalterlichen Bevölkerung und die geschlechtsspezifische Lebenserwartung

[1]

Einführung

Grabungsbefunde frühgeschichtlicher und mittelalterlicher Gräberfelder ergeben im allgemeinen einen deutlichen Männerüberschuß, der nach Zusammenrechnungen von rund 100 bzw. 57 verschiedenen Bevölkerungsgruppen 114 bzw. 118 Männer auf 100 Frauen beträgt [2]. Noch deutlicher fällt dieser Männerüberschuß in den Inventarlisten karolingischer Güter des 8./9. Jahrhunderts mit 102 bis 253 Männern auf 100 Frauen aus [3]. Da in den Grabungsbefunden die Gruppen der Kinder und Jugendlichen gar nicht oder nur sehr unvollkommen in die Berechnung des Geschlechterverhältnisses einbezogen wurden, müßte deren Berücksichtigung zu einem stärkeren Ausgleich der Geschlechterproportionen führen. Da sich bei der Geburt das Geschlechterverhältnis kaum von den gegenwärtigen Verhältnissen mit 104/105 Jungen auf 100 Mädchen unterschieden haben dürfte, bedeutet dies, daß während der Kindheit und Jugend deutlich mehr Mädchen als Jungen verstorben sind, wenn sich bei den Erwachsenen, wie dies die Daten nahelegen, ein deutlicher Männerüberschuß ergibt. Diese anscheinend größere Sterblichkeit der Mädchen wird in der Literatur unterschiedlich und kontrovers beurteilt. Bullough/Campbell nehmen eine biologische Benachteiligung von Mädchen und Frauen in der Zeit vom Eintritt der Regel bis zum Beginn der Wechseljahre aufgrund der damaligen Ernährungsverhältnisse an [9]. Archäologen[1] und die Historikerin Coleman halten hingegen eine geschlechtsspezifische Kindestötung für wahrscheinlich. E. Coleman[2] glaubt anhand einer umfangreichen Analyse der Daten von St. Germain-des-Prés nachweisen zu können, daß man neugeborene Mädchen in Abhängigkeit von der Zahl der bereits auf einem Hof lebenden Frauen sowie in Abhängigkeit von der Hofgröße getötet habe. Auch wenn sich die Praxis der Kindestötung für das frühe Mittelalter mehrfach nachweisen läßt [Bd. 2, 270,271], so sollte man diese Tatsache nicht überbewerten, da die Auswertung eines einzigen Polyptychons eine viel zu schmale Quellenbasis darstellt, zumal die Sprünge zwischen den Einzelangaben eher auf eine unzuverlässige Datenerhebung bei der Aufzeichnung hinweisen als auf eine systematisch betriebene Bevölkerungspolitik. So meint Ring[3] für Farfa nachweisen zu können, daß die Wahrscheinlichkeit der korrekten Namensüberlieferung und damit auch der korrekten Überlieferung des Geschlechterverhältnisses am geringsten für junge Mädchen war, die als einziges Kind in einer Kernfamilie aufwuchsen, wobei er annimmt, daß in diesen Fällen zahlreiche Mädchen mit männlichem Namen überliefert wurden. Außerdem seien Mädchen bei der Erfassung häufiger als Jungen nicht angegeben worden. Der überaus große Männerüberschuß der karolingischen Güter sollte deshalb meines Erachtens nicht überbewertet werden und zu voreiligen Schlüssen verleiten. Die Einzelangaben ver-

[1] Rösing: Die fränkische Bevölkerung von Mannheim-Vogelsang [282], S. 37.
[2] Coleman: Infanticide in the Early Middle Ages [237], S. 47ff.
[3] Ring: Early Medieval Peasant Households in Central Italy [318], S. 5ff.

schiedener Gräberfelder belegen deutlich die Fragwürdigkeit eines solchen Vorgehens, denn die Zahl der Männer auf 100 Frauen schwankt hier zwischen 58 und 142 [2], wodurch hinreichend deutlich werden dürfte, daß nur eine Berücksichtigung einer möglichst großen Zahl von Bevölkerungsgruppen ein einigermaßen zutreffendes Bild vermittelt. Wahrscheinlich war das Geschlechterverhältnis auch ausgeglichener als der errechnete Durchschnitt von 114–118 Männern auf 100 Frauen, da bei einem Teil der Grabungen die jeweiligen Serien unvollständig waren, so daß sie im Grunde für einen Vergleich gar nicht herangezogen werden können. Rösing macht zudem darauf aufmerksam, daß der Anteil der Männer zunimmt, je älter die betreffende Untersuchung ist[4], d. h. die Archäologen waren früher viel eher geneigt, ein Skelett als männlich zu identifizieren als heute. Man wird nach alledem für das frühe Mittelalter etwa von einer Zahl von 105–115 Männern auf 100 Frauen im Jugend- und Erwachsenenalter ausgehen können. Der Annahme einer größeren Bedeutung der geschlechtsspezifischen Kindestötung widerspricht meines Erachtens auch eine genauere Einzelanalyse der Daten. Die Aufschlüsselung des Geschlechterverhältnisses auf die verschiedenen Altersgruppen für St. Victor bei Marseilles läßt deutlich einen Mädchenüberschuß bis zu 15 Jahren erkennen, während in den anderen Altersgruppen die Männer überwiegen [4], was auf eine größere Sterblichkeit der Jungen im Kindesalter, wie dies auch heute noch zu beobachten ist, hinweist, während im Jugend- und Erwachsenenalter die Frauen eine größere Sterblichkeit aufweisen. Ein verlgleichbares Bild ergibt auch eine entsprechende Aufschlüsselung der Grabungsbefunde. Die dabei erstellten Sterbetafeln [5,6] und die aufgrund der Grabungen errechnete mittlere Alterserwartung [7] zeigen übereinstimmend, daß die Sterblichkeit der Jungen über der der Mädchen lag, während die Sterblichkeit der Frauen in der Jugendzeit rasch anstieg, um erst bei über 40- bis 50jährigen wieder der der Männer zu entsprechen oder z. T. sogar unter dieser zu liegen. Entsprechend haben Jungen bei der Geburt meist eine höhere Alterserwartung als Mädchen, wobei die Differenz sich im Alter von 14–40 Jahren weiter zuungunsten der Frauen verschlechtert, um sich dann auszugleichen oder auch in eine höhere Alterserwartung der Frauen umzukehren. Wir können demnach bei Kindern unter 14 Jahren mit einem ausgeglichenen Geschlechterverhältnis oder auch einem leichten Mädchenüberschuß rechnen, während bei den 14- bis 50jährigen die Männer deutlich überwiegen. Mit zunehmendem Alter gleichen sich die Proportionen zwischen den Geschlechtern wieder an, und bisweilen ergibt sich im hohen Alter sogar ein leichter Frauenüberschuß. Diese phasenhafte Entwicklung des Geschlechterverhältnisses erklärt sich in erster Linie aus der erhöhten Sterblichkeit der Frauen im gebärfähigen Alter aufgrund zahlreicher Geburten, der mangelhaften hygienischen Verhältnisse, der mangelhaften Ernährung und der Beanspruchung durch schwere körperliche Arbeit.

[4] Rösing: Die fränkische Bevölkerung von Mannheim-Vogelsang [282], S. 37f.

Für die spätmittelalterlichen Städte Deutschlands nahm die Literatur bisher aufgrund der von Bücher 1882 aufgestellten These[5] übereinstimmend einen großen Frauenüberschuß an, der dazu geführt habe, daß ein großer Teil der Frauen unverheiratet blieb und damit zur Sicherung des Lebensunterhalts auf eine eigene Erwerbstätigkeit angewiesen war. Bücher stützte seine These auf eine 1449 in Nürnberg durchgeführte Bevölkerungszählung, auf eine 1454 in zwei Basler Kirchspielen vorgenommene Erhebung sowie auf Eintragungen in das Frankfurter Bedebuch von 1385. Demnach ergäbe sich für die spätmittelalterlichen Städte ein Frauenüberschuß von 110–125 Frauen auf 100 Männer [8]. Mit Recht stellte Wesoly[6] erstmals die Höhe dieses Frauenüberschusses in Frage. Bereits Schmidt[7] wies 1950 darauf hin, daß die Nürnberger Zählung von 1449 keineswegs den normalen dortigen Verhältnissen entsprochen habe, da sie während des verheerenden Markgrafenkrieges entstanden sei. Ihrer Meinung nach seien schon aufgrund der Kriegshandlungen weniger Männer in der Stadt gewesen. Wesoly[2] macht darauf aufmerksam, daß die Handwerksmeister wegen der unsicheren Lage sicherlich viele Arbeitsverträge mit den Gesellen nicht verlängerten und wohl auch kaum geneigt waren, neue Arbeitskräfte einzustellen, während andererseits viele Gesellen bewußt Nürnberg mieden und gar nicht erst um Arbeit nachsuchten, so daß zwischen Knechten und Mägden ein besonders großes Ungleichgewicht entstand, da letztere eine erheblich geringere Mobilität aufwiesen und sie in einer derartigen Krisensituation schon deshalb keine Kündigung erhielten, weil ihre Löhne häufig erst beim Ausscheiden aus dem Dienstbotenverhältnis fällig wurden. Die Nürnberger Zählung kann deshalb für den Nachweis eines großen weiblichen Bevölkerungsüberschusses kaum herangezogen werden. Auch die Angaben der drei anderen Städte mit einem erheblichen Frauenüberschuß halten einer näheren Überprüfung nicht stand, da in diesen Fällen nur einzelne Stadtviertel, nicht jedoch die gesamte Einwohnerschaft erfaßt wurden. Wie die Angaben von Freiburg i. Ü. zeigen, variiert das Geschlechterverhältnis in den einzelnen Stadtvierteln recht erheblich, so daß von diesen Teilzahlungen nicht ohne weiteres auf die Verhältnisse in der Gesamtstadt geschlossen werden kann.

Als zuverlässige Grundlage für die Überprüfung der Bücherschen These verbleiben damit, wenn man einmal von Bregenz und Neuenburg absieht, die ohnehin einen Männerüberschuß aufweisen, allein die Erhebungslisten des ‚Gemeinen Pfennigs' von 1496–99. Da nach der Pfennig-Ordnung alle Erwachsenen ungeachtet ihres Standes und ihres Geschlechtes im gesamten Reich zu dieser Steuer veranlagt wurden, bieten die noch erhaltenen Steuerlisten eine relativ zuverlässige Grundlage für die Berechnung der Erwachsenenbevölkerung und für den Vergleich verschie-

[5] Bücher: Die Frauenfrage im Mittelalter [41], S. 8ff.
[6] Wesoly: Der weibliche Bevölkerungsanteil [297], S. 76ff.
[7] Schmidt: Die berufstätige Frau in der Reichsstadt Nürnberg [360], S. 12.

dener Regionen. Ähnliches gilt für die unter vergleichbaren Bedingungen 1498/99 durchgeführte Willkommschatzung des Fürstbistums Münster. Die mir aus diesen Erhebungen zugänglichen Daten ergeben nun keineswegs, wie dies nach der Bücherschen These zu erwarten wäre, einen erheblichen Frauenüberschuß, sondern weisen mit einem Geschlechterverhältnis von 102 Männern auf 100 Frauen auf relativ ausgeglichene Sexualproportionen in der Bevölkerung hin, wobei sich die Gegebenheiten in den Städten nicht von denjenigen in den ländlichen Gebieten unterscheiden. Nur unter der Voraussetzung, daß man in der Stadt Freiburg die zahlreichen Kleriker und Universitätsangehörigen nicht mitberücksichtigt, ergäbe sich im Schnitt für die Städte mit 97 Männern auf 100 Frauen ein leichter Frauenüberschuß. Sofern weitere Auswertungen nicht ein völlig abweichendes Bild ergeben, läßt sich die These eines nennenswerten Frauenüberschusses damit nicht mehr aufrechterhalten, da sich das in einzelnen Orten bestehende Ungleichgewicht zwischen den Geschlechtern bei der Berücksichtigung einer breiteren Materialbasis vielmehr nahezu als Gleichgewicht darstellt.

Dieses im Vergleich zum Frühmittelalter ausgeglichenere Geschlechterverhältnis läßt auf eine Veränderung und eine Verbesserung der Lebensbedingungen für die Frau in der spätmittelalterlichen Gesellschaft schließen. Die Ursachen für die Verbesserung der Lebenschancen von Frauen dürften in der Verbesserung der Ernährungsweise [9] sowie z. T. auch in der Entlastung der Frauen von schweren körperlichen Arbeiten im Zusammenhang mit der Herausbildung der Städte und der Verbreiterung des nichtlandwirtschaftlichen Sektors zu sehen sein. Wenn auch zwischen städtischen und ländlichen Räumen hinsichtlich des Geschlechterverhältnisses kein signifikanter Unterschied festgestellt werden konnte, so läßt dies noch nicht auf vergleichbare Lebenschancen für Frauen in beiden Räumen schließen. Unterstellt man eine größere Mobilität der Männer, so verdeckt eine stärkere Abwanderung der Männer in die Städte einen dort vorhandenen Frauenüberschuß sowie einen auf dem Land vorhandenen Männerüberschuß. Möglicherweise handelt es sich auch nur um eine scheinbare Verbesserung der Lebenschancen für Frauen, denn die stärkere Abschließung der Zünfte im Spätmittelalter dürfte den Anteil der nichtverheirateten, d. h. in der Regel auch den Anteil der nicht gebärenden Frauen vergrößert haben. Die von Bücher angeführten Gründe für einen Frauenüberschuß in den spätmittelalterlichen Städten halten einer Überprüfung hingegen kaum stand. Zwar wurden Männer sicherlich von kriegerischen Auseinandersetzungen stärker als Frauen betroffen, doch trifft dies auch auf das Frühmittelalter zu. Schwierigkeiten bereitet die Überprüfung der Bucherschen Annahme, daß Männer eher als Frauen der Pest und anderen Seuchen zum Opfer gefallen seien. Er schloß dies aus der regelmäßig höheren Zahl der Witwen in den Steuerlisten im Anschluß an derartige Epidemien. Da die Listen keinen Aufschluß über die Entwicklung bei den Witwern geben, scheint mir die Argumentation Büchers kaum überzeugend. Die wenigen mir bekannten Zahlen, die allerdings erst aus dem 16. und 17. Jahrhundert stammen, deuten vielmehr auf eine größere Frauensterblichkeit in Pest- und Seuchenjahren hin, was sich nicht zuletzt daraus erklärt, daß die Krankenpflege und -behandlung weitgehend in den Händen von Frauen lag, so daß deren Ansteckungswahrscheinlichkeit auch die der Männer übertraf [10]. Die Überprüfung des dritten von Bücher angegebenen Grundes für die größere Sterblichkeit der Männer, daß diese nämlich in jeder Art von Genuß unmäßig gewesen seien, dürfte sich von selbst erübrigen.

Quellen und Materialien

[2] Das Geschlechterverhältnis mittelalterlicher Bevölkerungsgruppen anhand von Friedhofsgrabungen

Gräberfeld	Staat	Belegungszeit	Zahl der Skelette ♂	♀	Zahl der Männer auf 100 Frauen
Mannheim-Vogelsang[1]	BRD	6.– 7. Jh.	211	201	105
Nové Zámky[2]	ČSSR	8. Jh.	119	115	103
Mikulsčice[2]	ČSSR	9. Jh.	324	246	132
Dreitsch[2]	DDR	9.–11. Jh.	28	42	67
Libice[2]	ČSSR	10. Jh.	27	34	79
Zöllnitz[2]	DDR	10. Jh.	35	35	100
Altlommatzsch[2]	DDR	10.–11. Jh.	12	17	71
Espenfeld[2]	DDR	10.–11. Jh.	105	123	85
Kerpuszta[2]	Ungarn	10.–11. Jh.	104	103	100
Halimba-Cseres[2]	Ungarn	10.–11. Jh.	309	291	106
Lednica[2]	Polen	10.–12. Jh.	358	287	125
Końskie[2]	Polen	11. Jh.	72	65	111
Josefov[2]	ČSSR	11. Jh.	28	48	58
Vasterhus[2]	Schweden	11.–14. Jh.	74	80	93
Gustavel[2]	DDR	12. Jh.	11	9	122
Reckahn[2]	DDR	12.–14. Jh.	93	95	98
Fonyód[2]	Ungarn	12.–16. Jh.	61	43	142
100 Gräberfelder[3]	Europa	6.–15. Jh.	3330	2929	114
57 Gräberfelder[1]	Europa	6.–16. Jh.	4409	3732	118

erstellt nach:
[1] Rösing: Die fränkische Bevölkerung von Mannheim–V. [282], S. 35f.
[2] Bach/Dušek: Slawen in Thüringen [229], S. 147.
[3] Russel: Die Bevölkerung Europas 500–1500 [283], S. 25.
[4] *errechnet aus:* Rösing [282], S. 35 f. und Bach/Dušek [229], S. 147.

[3] Das Geschlechterverhältnis in den Inventarlisten karolingischer Güter.

Gut	Land	Jahr	Männer	Frauen	Zahl der Männer auf 100 Frauen
St. Victor[1]	Frankr.	813/ 14	438	430	102
Farfa[2]	Italien	789/822	627	531	118
Saint Germain des prés[3]	Frankr.	801/ 29			110–253
Palaiseau[4]					130
Verrieres[4]					152
Fulda[5]	BRD	8./9. Jh.	318	237	134

erstellt nach:

[1] Herlihy: Life Expectancies for Women [251], S. 21 f.

[2] Ring: Early Medieval Peasent Households [318], S. 5–11.

[3] Coleman: Infanticide in the Early Middle Ages [237], S. 61.

[4] Duby: Krieger und Bauern [328], S.83.

[5] Fuhrmann: Deutsche Geschichte im hohen Mittelalter [330], S. 22.

[4] Das Geschlechterverhältnis in unterschiedlichen Altersgruppen nach den Inventarlisten von St. Victor, 813/14

Altersgruppe	Männer	Frauen	ohne Geschlechtsbestimmung	Zahl der Männer auf 100 Frauen
Säuglinge			29	
Kinder				
♀ 1–15 J. ♂ 2–15 J.,	99	106	126	93
Unverheiratete	127	120		106
Verheiratete	212	203	5	104

erstellt nach: Herlihy: Life Expectancies for Women [251], S. 21.

[5] Alters- und geschlechtsspezifische Sterbetafel verschiedener mittelalterlicher Bevölkerungsgruppen

	Mannheim-Vogelsang		Espenfeld		Növenthien	
Alter	m	f	m	f	m	f
0– 5	38,6		39,6	34,1		9,3*
6–13	9,5		13,0	12,0		5,4*
14–19	2,8		2,4	6,0		1,7*
20–29	11,7	20,0	13,5	24,0	13,8	22,0
30–39	16,6	21,1	13,0	12,9	23,3	36,0
40–49	26,2	22,5	11,7	6,4	22,3	16,4
50–59	26,1	19,5	6,8	3,7	25,4	13,7
60–69	14,0	12,6		0,9	9,9	6,7
> 70	5,4	4,3			5,3	5,2

errechnet aus:

[1] Rösing: Die fränkische Bevölkerung [282], S. 118–122.

[2] Bach/Dušek; Slawen in Thüringen [229], S. 141.

[3] Nemeskéri: Die biologische Rekonstruktion der Bevölkerung von Növenthien [276], S. 147 f., S. 151 f.

* Diese Angaben geben nicht die tatsächlichen Verhältnisse wieder. Allem Anschein nach wurden die verstorbenen Kinder gesondert bestattet.

[6] Alters- und geschlechtsspezifische Modellsterbetafel anhand von Daten aus 100 europäischen Friedhöfen

Alter	Männer	Frauen
14–19	4,3	10,5
20–39	33,2	46,6
40–59	50,0	32,5
60	12,5	10,4

errechnet aus: Russel: Die Bevölkerung Europas 500–1500 [283] S. 25.

[7] Geschlechtsspezifische Alterserwartung verschiedener mittelalterlicher Bevölkerungsgruppen

Gräberfeld	0–5		6–13		14–19		20–29		30–39		40–49		50–59		> 60	
	m	f	m	f	m	f	m	f	m	f	m	f	m	f	m	f
Mannheim-V.[1]	32,5		39,2		44,7		48,0	44,5	50,9	49,4	54,6	54,6	60,2	60,6	67,4	67,5
Nové Zámky[2]	29,6	26,7	37,2	33,5	40,6	36,8	43,5	39,8	44,1	43,1	47,2	49,4	56,3	57,8	65,0	64,8
Mikulčice II[2]	29,2	26,2	39,0	35,5	42,5	39,2	44,6	41,6	46,9	45,0	49,8	49,4	55,7	55,6	65,0	65,0
Sopron Kohida[2]	26,7		39,3		45,2		45,6	51,9	49,3	53,0	52,3	56,1	57,5	60,3	67,4	68,5
Dreitsch	21,8	23,7	31,2	29,7	39,5	33,3	40,6	34,2	46,4	43,4	51,5	57,9	56,8	60,0	65,2	65,0
Zöllnitz[2]	23,9	19,5	32,6	25,9	38,6	29,6	38,6	31,2	44,3	42,3	52,1	49,3	58,0	60,1	62,3	62,3
Espenfeld[2]	19,8	19,2	30,8	27,6	36,6	31,5	37,6	33,4	43,0	41,9	48,7	44,9	55,0	56,7	0	64,4
Kerpuszta[2]	27,6		38,7		43,0		47,1	46,4	50,0	51,5	54,2	57,0	58,3	61,2	66,4	68,1
Halimba-Cseres[2]	30,6						44,9	45,5	54,2	49,2	57,5	55,5	60,7	61,5	65,6	66,6
Josefov[2]	22,0	20,8	35,6	34,5	40,5	38,3	46,1	41,6	47,1	43,0	49,5	49,5	56,3	55,0	64,7	0
Västerhus[3]	17,8	19,2	31,8	35,2	36,5	39,9	40,3	40,8	42,6	45,3	47,5	50,7	58,5	56,6	65,5	65,0
Növenthien[4]	37,8		40,4		42,4		45,2	40,6	48,4	44,8	53,6	53,9	58,2	60,8	67,2	68,1
Reckahn[2]	29,7	25,0	32,8	27,6	38,8	33,3	40,2	34,2	42,2	41,5	44,1	47,9	56,2	56,9	62,5	62,5
Fonyód[2]	31,6		34,7		41,8		45,2	42,1	49,3	47,6	54,6	50,1	58,1	56,8	64,8	64,8

errechnet aus:

[1] Rösing: Die fränkische Bevölkerung [282], S. 118–122.

[2] Bach/Dušek: Slawen in Thüringen [229], S. 152.

[3] Acsadi/Nemeskéri: History of Human Life Span and Mortality [228], S. 302–307.

[4] Nemeskéri: Die biologische Rekonstruktion der Population von Növenthien [276], S. 147 f., S. 151 f.

[8] Das Geschlechterverhältnis der über 15jährigen in spätmittelalterlichen Gemeinden und Kreisen

Gemeinde/Kreis	Jahr	Männer	Frauen	Zahl der Männer auf 100 Frauen
Neuenburg[1]	1363	102	79	129
Frankfurt/Main[2]	1385	1000	1100	91
Bregenz[3]	1409	144	138	104

Gemeinde/Kreis	Jahr	Männer	Frauen	Zahl der Männer auf 100 Frauen
Florenz[4]	1427	54272	51390	106
Freiburg i. Ue.[5]	1444	786	960	82
	1447	742	961	77
	1448	496	517	96
Landschaft des Aupanners d. Stadt Freiburg i. Ue.[5]	1447	441	431	102
Nürnberg[6]	1449	4623	5579	83
Basel[7]	1454	610	656	93
Vogtei Gadebusch[8]	1496	676	636	106
Vogtei Boizenburg[8]	1496	617	621	99
Vogtei Goldberg/ Krakow[8]	1496	370	343	108
Vogtei Plau[8]	1496	362	393	92
Landau[9]	1496/99	756	791	96
Lauterburg[9]	1496/99	217	240	97
Bruchsal[9]	1496/99	616	609	101
4 Dörfer des Fürstbistums Speyer[9]	1496/99	279	252	111
Freiburg i. Br.[10]	1496/99	(1968)	(1672)	(118)
		1703	1653	103
Brixen[11]	1497	280	295	95
Kirchberg[11]	1497	347	371	94
Westendorf[11]	1497	264	313	84
Hopfgarten[11]	1497	341	339	101
Ahaus[12]	1498	204	236	86
Südlohn[12]	1498	238	245	97
Reken[12]	1498	213	204	104
Amt Cloppenburg[12]	1498	323	350	92

erstellt nach:

[1] Heß: Die deutschen Frauenberufe [347], S. 50.

[2] Bücher: Die Frauenfrage im Mittelalter [41], S. 6 (nur die „größere" Hälfte der Bev.).

[3] Helbok: Die Bevölkerung d. Stadt Bregenz [250], S. 240 ff.

[4] Herlihy:Life Expectancies for Women [251], S. 22 (Erwachsene ab 13 Jahren).

[5] Buomberger: Bevölkerungs- und Vermögensstatistik in d. Stadt u. Landsch. Freiburg i. Ue. [236], S. 221, S. 240 (1444 2 von 4 Stadtvierteln, 1447 1 von 4 Stadtvierteln, 1448 2 von 5 Stadtvierteln, i. d. Landschaft 32 v. 34 Gemeinden).

[6] Bücher: Die Bevölkerung von Frankfurt a. M. [233], S. 34.

[7] Bücher: Die Bevölkerung von Frankfurt a. M. [233], S. 41.

[8] Engel: Die mecklenburgischen Kaiserbederegister von 1496 [245] (eigene Auswertung) (Vogtei Gadebusch 15 v. 34 Gemeinden, Vogtei Goldberg 14 v. 28 Gemeinden, Vogtei Plau 4 v. 21 Gemeinden, Vogtei Boizenburg 8 v. 28 Gemeinden. Die fehlenden Gemeinden ließen aufgrund der Quellenüberlieferung eine nähere Aufschlüsselung nicht zu.).

[9] Schuler: Die Erhebungslisten des „Gemeinen Pfennigs" [287], S. 138 f.

[10] Schuler: Die Bevölkerungsstruktur der Stadt Freiburg [286], S. 154. (Angaben in Klammern einschließlich Klerus und Universitätsangehörigen.)
[11] Mayer: Die Reichssteuern des „Gemeinen Pfennigs“ [272], S. 539 ff. (eigene Auswertung).
[12] Hartig: Die Register der Willkommschatzung [249] (eigene Auswertung) (Erwachsene ab 12 Jahren).

[9] V. Bullough/C. Campbell: Weibliche Lebenserwartung und Ernährungsweise im Mittelalter

[. . .] Wie erklärt sich der offensichtliche Anstieg der Lebenserwartung von Frauen im Mittelalter? Hierauf wurden bisher unterschiedliche Antworten gegeben – die Abnahme von Gewalt im mittelalterlichen Leben, ein Anstieg des Lebensstandards, das Anwachsen der Städte. Die grundlegende Antwort ist unserer Meinung nach woanders zu suchen, nämlich in der sich seit dem Frühmittelalter vollziehenden Verbesserung der Ernährungsweise [. . .]

Lynn White, Jr., hat nachgewiesen, daß sich im 9. Jahrhundert die Ernährungsweise zu ändern begann, da sich Art und Weise der mittelalterlichen Landwirtschaft dank einer Reihe von Entwicklungen, beginnend mit dem Gebrauch eines neuen und effizienteren Pflugtyps, zu ändern begann. Kurz vor 800 begannen Bauerngenossenschaften im Norden, die Dreifelderwirtschaft statt der Zweifelderwirtschaft anzuwenden. Hafer, Gerste und Hülsenfrüchte wurden im Frühjahr gesät und ergänzten so die traditionelle Herbstaussaat von Weizen und Roggen. Proteinreiche Erbsen, Bohnen und kleine Erbsen wurden damit der Nahrung hinzugefügt.

Die Auswirkungen dieser Änderungen wurden durch die Zunahme der Fleischmenge in der Nahrung noch verstärkt [. . .] Beide, Männer wie Frauen, profitierten von der proteinreicheren Nahrung. Dieser Aspekt allein kann deshalb nicht die erhöhte Lebenserwartung der Frauen erklären. Es ist notwendig, statt dessen die verstärkte Aufnahme von Eisen näher zu untersuchen. Dieser Anstieg ging vorwiegend auf den erhöhten Anteil von Fleisch, Bohnen und grünem Gemüse (z. B. Kohl, Spinat) zurück. Da Frauen einen höheren Eisenbedarf als Männer haben, könnte ein solcher Anstieg der Eisenaufnahme tatsächlich unterschiedliche Auswirkungen auf die beiden Geschlechter gehabt haben.

Eisen ist in verschiedenen Lebensmitteln vorhanden, der menschliche Körper kann aber nur einen Bruchteil des vorhandenen Eisens tatsächlich aufnehmen, wobei diese Mengen entsprechend der jeweiligen Lebensmittel differieren. Die Eisenmenge, die aus Getreide (und aus pflanzlicher Nahrung insgesamt) aufgenommen werden kann, liegt beträchtlich niedriger als diejenige, die aus Eisensalzen, Leber und Muskeln aufgenommen wird. Insgesamt schwankt die Menge von einem Prozent bis zu einer Höhe von 17% bei einer durchschnittlichen Rate von 6,9% für Erwachsene und 9,3% für Kinder. Falls ein schwerwiegender Eisenmangel vorhanden ist, kann der Mensch bis zu 20% oder mehr Eisen aufnehmen.

Da in der mittelalterlichen Nahrung der größte Teil des Eisens aus Getreide und Gemüse stammte, war der Umfang des verwertbaren Eisens relativ gering. Es ist daher mit größter Sicherheit anzunehmen, daß die Menschen an Eisenmangel litten und daß ein größerer Anteil des nur begrenzt verfügbaren Eisens aufgenommen wurde. Keine der beiden Variablen, weder das verfügbare Eisen noch die Absorptionsrate, kann sehr genau bestimmt werden, aber selbst bei einer sehr optimistischen Schätzung kann man vermuten, daß die durchschnittliche Eisenaufnahme pro Tag aus der frühmittelalterlichen Nahrung nicht mehr als 0,25–0,75 mg betrug.

Diese Menge dürfte für Männer an der unteren Grenze gelegen haben, während sie für Frauen im menstruationsfähigen Alter unzureichend gewesen sein dürfte. Bei Männern müssen aus der Nahrung pro Tag ungefähr 0,5–1 mg Eisen ersetzt werden, eine Menge, die durch Stuhlgang, Urinieren und Schwitzen verlorengeht. Für Frauen vor dem Menstruationsalter und nach der Menopause ist der Bedarf der gleiche, während der Menstruation steigt der Eisenverlust jedoch beträchtlich an, was zu einem Ersatzbedarf von 1–2 mg pro Tag führt, da eine Frau durchschnittlich alle 27 Tage 43,4 ± 2,3 ml Blut, das 20–23 mg Eisen enthält, verliert. Da jeder ml Blut ungefähr 0,5 mg Eisen enthält, führt bereits ein leichter Anstieg in der Blutmenge, die verlorengeht, zu einem beträchtlichen Anstieg des Eisenverlustes. Eine Frau im menstruationsfähigen Alter benötigt deshalb mindestens doppelt soviel Eisen wie der Mann. Da die mittelalterliche Nahrung aber kaum genug Eisen für den Mann bereitstellte, muß die Schlußfolgerung gezogen werden, daß Frauen im allgemeinen an einer schweren Anämie litten.
Während einer Schwangerschaft ist der tägliche Eisenbedarf einer Frau sogar noch erheblich höher. Zwar tritt kein Verlust durch die Menstruation ein, doch wird diese Einsparung durch den Bedarf des Embryos an Eisen, der erhöhten Anzahl an roten Blutkörperchen der werdenden Mutter und dem Blutverlust bei der Geburt übertroffen. Dieser wachsende Eisenbedarf beginnt ungefähr mit dem vierten Monat der Schwangerschaft und steigt bis zum Zeitpunkt der Geburt rapide an. Während des letzten Zweidrittels einer Schwangerschaft geht man von einem Eisenbedarf von 3–7,5 mg pro Tag aus. Obwohl der Grad der Eisenabsorption während des letzten Drittels ansteigt, ist der Bedarf in der Regel größer als die in der Nahrung enthaltenen Mengen. Insgesamt beträgt der Eisenverlust während einer Schwangerschaft ungefähr 680 mg Eisen oder 2,4 mg pro Tag. Das Problem verstärkt sich noch, wenn mehrere Schwangerschaften kurz aufeinander folgen. Einen zusätzlichen Verlust von ungefähr 0,5–1 mg pro Tag (und damit ungefähr dem der Menstruation entsprechend) verursacht das Stillen. Mit einem Wort – während der Schwangerschaft und der Stillperiode benötigt eine Frau ungefähr dreimal soviel Eisen wie ein Mann und damit sehr viel mehr als die frühmittelalterliche Nahrung bereitstellte.
Anämie ist selten der auslösende Faktor für den Tod. Sie wirkt eher als ein die Krankheitsanfälligkeit erhöhender Faktor, der das Risiko einiger anderer Krankheiten und in Streßsituationen erhöht. Da eine Anämie die Fähigkeit des Blutes, Sauerstoff zu transportieren, verringert, kann jeder weitere Blutverlust fatale Folgen haben [. . .]. Das heißt, sogar ein mäßiger Blutverlust, verursacht durch einen spontanen oder einen beabsichtigten Abort, durch eine Geburt oder sogar durch eine verhältnismäßig leichte Verletzung, die zu einer inneren oder äußeren Blutung führt, kann ernste Konsequenzen haben. Bei Personen, die an einer Anämie leiden, erreichen Krankheiten, die die Sauerstoffzufuhr ins Blut verringern, wie eine Lungenentzündung, Bronchitis oder eine Lungenblähung, früher ihr kritisches Stadium. Gleichfalls kann jede Herzkrankheit, die die Möglichkeit für das Herz verringert, die Anämie zu kompensieren, fatale Folgen haben. Vermutlich war in der frühmittelalterlichen Zeit die wesentliche, durch Anämie bedingte

[1] Es gab noch weitere Gründe für die Müttersterblichkeit, besonders für jene, die während ihrer ersten Geburt starben. So kann Rachitis zu einer Beckendeformation führen, was dann die Haupttodesursache bei einer Erstgeburt sein würde. Kindbettfieber oder andere Infektionen bildeten weitere Ursachen für die Müttersterblichkeit, besonders bei einer lange dauernden Geburt. Diese Faktoren blieben jedoch bis ins 19. Jahrhundert mehr oder minder konstant.

Todesursache für Frauen die Geburt eines Kindes. Dies allein würde schon ausreichen, um das zahlenmäßige Übergewicht von Männern gegenüber Frauen in der frühmittelalterlichen Bevölkerung zu erklären.[1]
(*übertragen nach:* V. Bullough/C. Campbell: Female Longevity and Diet in the Middle Ages [235], S. 319–323).

[10] Sterblichkeit von Männern und Frauen in Pest- und Seuchenjahren

Ort/Gebiet	Jahr	Männer	Frauen	Jungen	Mädchen	Kinder ohne Geschlechtsangabe
Frankfurt/Main[1]	1547	394	478			552
Uelzen[2]	1566	64	81			98
Uelzen[2]	1577	85	120			244
Uelzen[2]	1599	18	53			68
Göttingen[3]	1623	51	74	59	54	100
Göttingen[3]	1626	116	152	118	144	178
Region Salerno[1]	1656	1579	1810			

erstellt nach:
[1] Wesoly: Der weibliche Bevölkerungsanteil [297], S. 86.
[2] Woehlkens: Pest u. Ruhr im 16. u. 17. Jh. [300], S. 53, Tafel VI, Abb. 7.
[3] Kronshage: Die Bevölkerung Göttingens [265], S. 390f.

3. Zur sozialen Lage und Stellung von Frauen in spätmittelalterlichen und frühzeitlichen Gemeinden/Städten

[11]

Einführung

Spätmittelalterliche und frühneuzeitliche Steuerlisten weisen einen relativ hohen Anteil an Frauen auf [12]. Da in der Regel nur die Haushaltungsvorstände zur Steuer veranlagt wurden, bedeutet dies, daß eine erhebliche Zahl von Frauen als Unverheiratete oder als Verwitwete einen eigenen Haushalt führten. Die Zusammenstellung der Daten, bei der Auswertungen unvollständiger Steuerlisten von vornherein nicht aufgenommen wurden, zeigt mit Prozentzahlen zwischen 9,5% und 37,5% für verschiedene Städte recht erhebliche Unterschiede, die im wesentlichen auf verschiedenen Modi der Erhebungen beruhen. Besonders niedrige Anteile von Frauen dürften vor allem auf eine Nichtberücksichtigung von Nichtzahlerinnen, d. h. von Armen und von der Steuerzahlung Befreiten, unter denen die Frauen überproportional vertreten waren, zurückzuführen sein. So liegt in Mühlhausen und in Bautzen der Anteil der weiblichen Steuerzahlerinnen in den Vorstädten niedriger als in der eigentlichen Stadt, obwohl hier die ärmeren Bevölkerungsschichten siedelten. In Kiel wurden die Einwohner, unter denen die Frauen wiederum überproportional vertreten waren, nicht zur Steuer veranlagt. Ähnliches scheint für die Schleswiger Angaben von 1447–49 zu gelten. Während die Werte der Jahre 1477–79 mit durchschnittlich 15,4% den tatsächlichen Gegebenheiten eher entsprochen haben dürften [17]. Lassen sich besonders niedrige Werte auf die Nichtberücksichtigung von Nichtzahlerinnen zurückführen, so dürften besonders hohe Werte auf der Veranlagung des Dienstpersonals zur Steuer beruhen, an dem die Frauen etwa den gleichen Anteil wie die Männer hatten. In Stuttgart würde sich beispielsweise der Frauenanteil bei Berücksichtigung des Dienstpersonals von 13,4% auf 19,6% erhöhen, während die Werte in Zürich ohne die Mitzählung von Knechten und Mägden bei 32,7% lägen. Die überaus hohen Werte Zürichs dürften eine Folge des Zürichkrieges (1351–55), der hohe Verluste unter der männlichen Stadtbevölkerung forderte, gewesen sein und somit einen Sonderfall darstellen. Unterschiedliche Werte ergeben sich auch aus den Bearbeitungsmethoden der Auswerter der Steuerlisten. So werden bisweilen Zahlungen, die Vormünder für unmündige Kinder leisteten, mitgezählt, in anderen Fällen hingegen nicht. Oft läßt sich aufgrund von Vornamen, die sowohl für männliche wie auch für weibliche Personen gelten, oder da überhaupt keine Vornamen angegeben werden sowie aus anderen Gründen das Geschlecht eines Steuerzahlers nicht feststellen. Es hängt dann vom jeweiligen Bearbeiter ab, ob er grundsätzlich unklare Fälle nicht berücksichtigt oder diese seinem Eindruck und seiner Erfahrung entsprechend zuordnet. Schließlich sollten Angaben, die sich nur auf ein einziges Steuerjahr beziehen, nur sehr vorsichtig zu verallgemeinernden Aussagen herangezogen werden, denn die Werte aus Orten, in denen der Anzahl der weiblichen Steuerzahler über einen längeren Zeitraum hinweg betrachtet werden können, schwanken recht erheblich. Im Extrembeispiel Göttingen bewegen sich diese Prozentzahlen gar zwischen 14,3% und 28,6%. Liegen für einen Ort nur ein oder zwei Angaben vor, so ist es durchaus nicht unwahrscheinlich, daß es sich hierbei um für die Stadt insgesamt atypische Werte handelt.

Unter Berücksichtigung dieser Faktoren dürften unter Ausschluß des Dienstpersonals etwa 15%–20% der Steuerzahler und damit auch der Haushaltungsvorstände in den Städten des 14.–16. Jahrhunderts Frauen gewesen sein. Größere regionale oder durch die Ortsgröße und die Wirtschaftsstruktur bedingte Unterschiede lassen sich bei einem Vergleich der Angaben aus den verschiedenen Städten nicht erkennen. Gleichfalls lassen sich in den Fällen, die eine Betrachtung der Entwicklung des Frauenanteils an den Steuerzahlern über einen längeren Zeitraum erlauben, keine allgemeine Entwicklungstendenzen entnehmen. Nur in zwei Orten ist überhaupt eine Entwicklung zu erkennen. In Frankfurt/Main steigt der Frauenanteil von 1354 bis 1510 kontinuierlich von 18,0% auf 27,5% an [13]. In Göttingen steigen die Werte in der ersten Hälfte des 15. Jahrhunderts zunächst an, um dann, insbesondere nach 1520, wieder stärker zu fallen [14]. In den anderen Orten schwanken die Prozentzahlen mehr oder minder stark, ohne daß sich für diese uneinheitliche Entwicklung beim bisherigen Forschungsstand plausible Gründe anführen ließen [15–18].

In ländlichen Gebieten lag der Frauenanteil an den Haushaltungsvorständen mit durchschnittlich 6%–10% deutlich niedriger als in den Städten [12,19–22]. Diese Unterschiede zwischen Stadt und Land lassen sich nur aus der unterschiedlichen ökonomischen Struktur der Gebiete sowie der dadurch bedingten Familienstruktur erklären. Die bäuerliche Familie wurde in wesentlich stärkerem Maße durch die Produktions- und Versorgungsfunktion geprägt als städtische Familienformen. Die Rollen der einzelnen Mitglieder des bäuerlichen Haushaltes in der Produktion wurden vor allem durch die geschlechtsspezifische Arbeitsteilung bestimmt. Bei dem hohen Arbeitskräftebedarf in den bäuerlichen Familienwirtschaften, besonders während der Saisonzeiten, mußten nicht besetzte Positionen wieder ersetzt werden. Dies erfolgte im Fall des Bauern und der Bäuerin in geschlechtsspezifisch unterschiedlicher Weise. Auch ältere, verwitwete Bauern heirateten möglichst bald wieder, es sei denn, sie fühlten sich der Haushaltungsführung nicht mehr gewachsen und gaben den Hof an die Erben weiter. Bei der verwitweten Bäuerin ist letzteres als Regelfall anzusehen, denn in den bäuerlichen Haushaltungen lebten deutlich mehr Mütter als Väter [24]. Da sich dies nicht mit einer generell höheren Lebenserwartung von Frauen erklären läßt, müssen die Frauen in der Regel bei der Hochzeit jünger als ihre Männer gewesen sein, d. h. Witwer heirateten eher erneut – und dann meist eine erheblich jüngere Frau – als Witwen, die schon aufgrund des Erbrechtes und der patriarchalischen Familienstruktur gezwungen waren, sich auf das Altenteil zurückziehen. War der vorgesehene Erbe beim Tode des Mannes noch nicht alt genug, so stellte sie als Ersatz für den Ausfall der männlichen Arbeitskraft ihres Mannes einen Großknecht an. Eine erneute Heirat kam für sie allenfalls im Fall der Kinderlosigkeit der Ehe in Frage und wenn keine

Erben des Mannes Ansprüche geltend machten bzw. wenn sie einen anderen Hofbesitzer ehelichte. Aufgrund der naturalwirtschaftlichen Struktur der Bauernwirtschaften und den damit verbundenen Formen der Witwenversorgung kam die Aufrechterhaltung eines eigenen Haushaltes für sie kaum in Frage. Ähnliches galt für die unverheiratet bleibenden Töchter der Bauern. Auffälligerweise sind die Geschlechtsproportionen zwischen erwachsenen Söhnen und Töchtern in der Regel nicht ausgeglichen [24]. Da der Hof vom Vater auf einen oder mehrere Söhne vererbt wurde, verblieben letztere bis zum Antritt des Erbes im elterlichen Haushalt, während die Töchter meist durch Heirat aus dem elterlichen Haushalt ausschieden. Lebten in bäuerlichen Familien mehr erwachsene Söhne als Töchter, so deutet dies auch auf ein niedrigeres Heiratsalter bei Frauen hin. Die unverheiratet bleibenden Töchter verblieben entweder auf dem elterlichen Hof oder verdingten sich als Magd. Die Tendenz der bäuerlichen Haushaltungen, die lebensnotwendigen Güter weitgehend im Rahmen der eigenen Hauswirtschaft herzustellen, schränkte die Arbeitsmöglichkeiten alleinstehender Frauen auf dem Land und die Möglichkeiten, einen eigenen Haushalt zu führen, stark ein. Ein Vergleich zwischen der Zahl der mitversorgten weiblichen Verwandten mit der Zahl der von Frauen geleiteten Haushaltungen macht dies besonders deutlich. In fast allen Städten ist die Zahl der Frauenhaushalte größer als die Zahl der mitversorgten weiblichen Verwandten, während auf dem Land die Zahl der mitversorgten weiblichen Verwandten deutlich die Zahl der Frauenhaushaltungen übersteigt. Von Frauen geführte Haushaltungen erscheinen somit auf dem Land erheblich seltener als in den Städten [12,19–22]. Wenn es dennoch auch auf dem Land im ausgehenden Mittelalter eine größere Zahl von weiblichen Einpersonenhaushalten gab und deren Anteil in manchen Gebieten etwa demjenigen in den Städten entsprach [20], so dürften diese Frauen unterbäuerlichen Schichten entstammen, deren eigene Landwirtschaft nur einen recht bescheidenen Umfang besaß und eine größere Zahl von Arbeitskräften nicht erforderte und somit von voll arbeitsfähigen Frauen durchaus selbst bewältigt werden konnte.
Die in den Städten vorherrschende Geldwirtschaft, die stärkere marktwirtschaftliche Verflechtung der städtischen Haushalte sowie andere Formen der Altersversorgung boten alleinstehenden Frauen im allgemeinen eher die Möglichkeit, einen eigenen Haushalt aufrecht zuerhalten oder zu begründen. Zudem war die Nahrungsbasis gewerblicher Betriebe meist erheblich geringer als die agrarer, so daß oft auch gar keine Versorgungsmöglichkeiten im Haushalt der Eltern, Geschwister oder Kinder bestanden. So weisen städtische Haushalte meist erheblich weniger erwachsene Kinder als ländliche auf, wobei, anders als auf dem Land, die Zahl der Töchter meist die der Söhne übersteigt [24]. Töchter blieben anscheinend länger im elterlichen Haushalt als die Söhne, die, selbst wenn sie im väterlichen Haushalt gelernt haben sollten, ihre im ausgehenden 15. Jahrhundert bereits durchaus übliche Wanderzeit als Gesellen auswärts verbringen mußten. Auch die vielfach vermutete Vater-Sohn-Folge

dürfte nicht unbedingt die Regel gewesen sein. Die große Zahl der Schwiegermütter in den städtischen Haushaltungen, die meist die der Mütter deutlich übersteigt, deutet jedenfalls darauf hin, daß eine Besitzkontinuität in einem erheblichen Ausmaß durch die Töchter und nicht durch die Söhne hergestellt wurde [24], was durch die Zunftstatuten, die einem Gesellen die Verselbständigung und die Aufnahme in die Zunft bei Heirat einer Meistertochter erleichterten, gefördert wurde. Ähnliches gilt für die Wiederheirat einer Witwe, der charakteristischen Form der zünftischen Altersversorgung für die hinterbliebene Meistersgattin. Die Witwe mußte sich jedoch nicht in jedem Fall unbedingt wiederverheiraten. Das Witwenrecht gestattete ihr im allgemeinen die Weiterführung des Betriebes unter Anstellung eines Gesellen zwar nur für ein oder zwei Jahre, doch konnte der Zeitraum bei minderjährigen Söhnen bis zu deren Volljährigkeit ausgedehnt werden. In vielen Fällen ließen die Zunftstatuten auch eine unbegrenzte Weiterführung durch die Witwe zu. Diese Versorgungsregelungen ermöglichten es zahlreichen Frauen, einen eigenen Haushalt beizubehalten, ohne zu ihren Kindern oder sonstigen Verwandten zu ziehen. Unverheiratet bleibende Witwen, die über keinen Handwerksbetrieb oder Verwandte verfügten, die ihren Lebensunterhalt mitbestreiten konnten, mußten sich entweder als Magd verdingen oder unter Beibehaltung ihres Hausstandes einer Erwerbstätigkeit nachgehen. Ähnliches galt für unverheiratet bleibende Töchter nach dem Tod ihrer Eltern. Diese vom Land abweichenden Versorgungsregelungen bewirkten zu einem Großteil den erheblich größeren Anteil der Frauenhaushaltungen wie auch die geringere Zahl der in den Haushaltungen mitversorgten weiblichen Verwandten.

Eine Aufschlüsselung der von Frauen bzw. von Männern geführten Haushaltungen nach der Haushaltsgröße zeigt zwischen Land und Stadt weitgehende Übereinstimmung. Wie sich bereits aus dem oben Gesagten ergibt, handelte es sich bei den Frauenhaushaltungen zum weit aus größten Teil um Einpersonenhaushaltungen [19–23]. Inwieweit diese Frauen noch Kinder unter 15 bzw. 12 Jahren zu versorgen hatten und damit nur scheinbar in 1-Personen-Haushalten lebten, läßt sich aufgrund der Quellenlage nicht entscheiden. Die von Frauen geführten Zwei-Personenhaushalte setzten sich nach den Erhebungslisten aus dem Haushaltungsvorstand sowie einem erwachsenen Kind oder einer weiteren vielleicht verwandten Frau oder einem Dienstboten, meist einer Magd, zusammen. Bei den Drei- und Mehrpersonenhaushalten handelte es sich überwiegend um Witwenhaushalte mit erwachsenen Kindern und Dienstpersonal sowie, wenn auch erheblich seltener, um Haushaltungen mehrerer zusammenlebender, alleinstehender Frauen.

Die Frauenhaushaltungen weisen im allgemeinen eine sehr ungleiche Verteilung über das Stadtgebiet auf. Als bevorzugte Frauenwohngebiete erscheinen Straßen in der Nähe von Klöstern und Kirchen sowie die Straßen entlang der Stadtmauern und die Vorstädte, in denen die Unterschichten überproportional vertreten waren [25].

Eine Untersuchung der geschlechtsspezifischen Schichtungsdifferenzierung ergibt übereinstimmend, unabhängig von der Größe und Wirtschaftsstruktur der jeweiligen Stadt, eine deutliche Überrepräsentierung der Frauen in den unteren Vermögens- bzw. Steuergruppen [26–35]. Die einzige mir bekannte Ausnahme stellen die Kieler Daten von 1550 dar [36]. Lorenzen-Schmidt meint dies damit erklären zu können, „daß von den 34 betrachteten Frauen die Mehrzahl erst kurz vor dem Schoßtermin 1550 verwitwete und daher noch über das beträchtliche Vermögen ihrer Gatten verfügte"[1]. Viel wahrscheinlicher ist es jedoch, daß die von der Steuerzahlung befreiten Frauen nicht in der Steuerliste berücksichtigt wurden. Jedenfalls weist der ungewöhnlich niedrige Frauenanteil von 6% daraufhin so daß sich bei deren Berücksichtigung auch hier ein überproportional hoher Anteil von Frauen in den unteren Vermögensgruppen einstellen dürfte. Die von mir vorgenommene Auswertung der Willkommschatzregister von 1498/99 des Fürstbistums Münster zeigt, daß die materielle Schlechterstellung alleinstehender, unverheirateter oder verwitweter Frauen auf ländliche Gebiete in gleichem Maße zutrifft wie auf städtische [37]. Nähere Aufschlüsselungen des statistischen Materials unterstreichen die ärmlichen Verhältnisse unter denen diese Frauen lebten. In Rendsburg waren sie unter den Hausbesitzern unterrepräsentiert, unter den Mietern überrepräsentiert [38]. In Wismar lag der Anteil der Frauen an den Buden- und Kellerbewohnern um ein mehrfaches höher als ihr Anteil an den Hausbewohnern [39].

Eine befriedigende Aufgliederung der alleinstehenden Frauen unter einzelnen soziologischen Merkmalen lassen die Steuerlisten nicht zu, da zwischen Witwen und Ledigen nicht immer mit Sicherheit unterschieden werden kann und in den meisten Fällen keine Berufsangaben gemacht werden. Außerdem war ein Großteil der Witwen berufstätig, um den eigenen Lebensunterhalt zu sichern. Die von Winter vorgenommene Zuordnung der alleinstehenden Frauen spiegelt deshalb die tatsächlichen Verhältnisse nur sehr unvollkommen wider [40]. Dennoch lassen die Angaben einige bezeichnende Rückschlüsse zu. Der überproportional hohe Anteil von Unterschichtangehörigen an den berufstätigen Frauen macht deren soziale Diskriminierung in der spätmittelalterlichen Gesellschaft besonders deutlich. Wenn sie durch ihre Arbeit auch ihren Lebensunterhalt zu sichern vermochten, so konnten sie, anders als ihre männlichen Kollegen, kaum Vermögen gewinnen oder ihre soziale Situation verbessern. „Vergleichen läßt sich dieses am besten bei den Schneiderinnen und Leineweberinnen, da auch Männer in dieser Berufssparte tätig waren: 32,5% der Schneider, aber nur 21% der Schneiderinnen erreichten die Durchschnittshöhe von 12 lb. 44% der Schneider, aber 58% der Schneiderinnen gehörten zur Unterschicht. Bei den Leinewebern (Schleierweberinnen sind miteingeschlossen) ist der Unterschied in den

[1] Lorenzen-Schmidt: Zur Stellung der Frauen in der frühneuzeitlichen Städtegesellschaft Schleswig-Holsteins [53], S. 330.

Steuerhöhen noch viel krasser: 36% der Männer, aber nur 9% der Frauen erreichten die Durchschnittssteuersumme von 16s. 54% der Männer, aber 90% der Frauen gehörten der Unterschicht an"[2]. Wie schwierig es für Frauen war, durch eigene Arbeit Vermögen zu gewinnen, verdeutlicht auch eine Analyse Lübecker und Hamburger Testamente des 14. Jahrhunderts. „Große Vermächtnisse von Frauen resultieren überwiegend aus Grund- und Rentenbesitz, der meist vom Ehemann herstammte, nicht aber aus eigener Erwerbstätigkeit"[3]. Außerdem lag der Anteil größerer Vermächtnisse mit Summen von über 200 lüb. Mark bei den Männern mit 26–28% etwa doppelt so hoch wie bei den Frauen[4]. Vergleichsweise günstiger als die Lage der erwerbstätigen Frau stellte sich diejenige der Witwen dar [40]. Sie vermochten ihren Vermögensstand zu Lebzeiten der Männer nach deren Tod allerdings nur selten infolge von Erbabschichtungen und der Begrenzung des Weiterführungsrechtes im Handwerk über einen längeren Zeitraum aufrechtzuerhalten [41]. Nach einer Untersuchung, die Wunder in Hall durchführte, zählten 1460 47,5% der zur Unterschicht gehörigen Witwen zu Lebzeiten ihres Mannes nicht zu dieser Gruppe[5]. Seit dem ausgehenden 15. Jahrhundert stieg der Anteil der Witwen an den steuerzahlenden Frauen rasch an, da die relative Zahl der Verheirateten anstieg und andererseits die Zahl der sich wiederverheiratenden Witwen zurückging [14].

[2] Winter: Studien zur sozialen Situation der Frau [299], S. 42.
[3] Loose: Erwerbstätigkeit der Frau im Spiegel, Lübecker und Hamburger Testamente [354], S. 19.
[4] Loose a. a. O. [354], S. 13.
[5] Wunder: Unterschichten der Reichsstadt Hall [302], S. 105.

[12] Anteil der Frauen an den Steuerzahlern spätmittelalterlicher und frühneuzeitlicher Städte, Kreise sowie im Hzgt. Württemberg

Ort	Jahr	Zahl der Erhebungen	durchschnittl. Zahl der Steuerzahler	durchschnittl. Anteil der Frauen	niedrigster und höchster Frauenanteil
Meran[1]	1304	1	204	18,6	
Luzern[2]	1352	1	1000	16,3	
Frankfurt/Main[3]	1354–1510	19	2723	22,1	16,6–28,4
Zürich[4]	1357–1370	3	2311	37,7	37,6–37,9
Eßlingen[5]	1362–1458	20	1790	15,5	9,6–20,0
Trier[6]	1363/64	1	2476	25,3	
Friedberg[7]	1368	1	647	22,3	
Bern[2]	1389	1	1971	20,7	
Göttingen[8]	1393–1565	23	1402	21,6	14,3–28,6
Nürnberg[9]	1397–1433	2	5565	24,7	23,1–26,3
Bautzen[10]	1400–1436	16	908	11,4	7,5–13,6
Hildesheim[11]	1404–1450	5	1421	18,2	14,8–21,2
Mühlhausen i. Th.[12]	1418–1485	13	1517	9,5	8,0–13,0
Konstanz[13]	1418–1460	7	1903	21,7	17,7–25,9
Basel[14]	1429–1454	2	2320	23,6	22,2–24,9
Großvogtei Celle[31]	1438	1	1705	6,5	
Rottweil[15]	1441	1	1350	27,3	
Freiburg i. Ü.[16]	1445	1	1900	25,9	
Landschaft Freiburg i. Ü.[16]	1445	1	1287	8,8	
Schleswig[17]	1447–1479	6	211	10,9	5,7–15,5
Kiel[18]	1448–1550	6	316	9,6	6,0–11,0
Goslar[19]	1457–1501	2	1240	13,5	12,2–14,8
Schwäbisch-Hall[20]	1460–1545	2	1090	17,3	16,7–18,0
Chur[2]	1481	1	400	18,0	
Meißen[29]	1481	1	377	22,0	
Rendsburg[17]	1485–1499	11	281	15,5	14,4–20,4
Dresden[21]	1488	1	956	22,0	
Leipzig[22]	1506	1	1202	13,7	
Krempe[23]	1518–1559	5	283	20,4	15,5–22,6
Itzehoe[23]	1518–1537	2	260	13,6	13,1–14,2
Wilster[23]	1518–1537	2	167	17,1	15,2–18,9
Bregenz[24]	1522–1570	8	371	17,1	15,5–19,0
Mainz[25]	1541	1	1205	21,9	
Herzogtum Württemberg[30]	1544/45	1	52328	9,9	
Stuttgart[26]	1545	1	1261	13,4	
Speyer[25]	1558	1	1075	14,7	
Erfurt[27]	1569	1	3229	4,4	
Uelzen[28]	1597	1	406	24,4	

erstellt nach:

[1] Widmoser: Meraner Steuerliste vom Jahre 1304 [298], S. 681–689 (eigene Auswertung).

[2] Wachendorf: Die wirtschaftliche Stellung der Frau in den Städten des späteren Mittelalters [367], S. 136.

[3] Bücher: Die Frauenfrage im Mittelalter [41], S. 76.

[4] Wachendorf, a. a. O., S. 132–135.
[5] Kirchgässner: Wirtschaft und Bevölkerung der Reichsstadt Eßlingen [261], S. 94.
[6] Meves: Steuerlisten als Quellen zur Sozialstruktur der mittelalterlichen Stadt [273], S. 14.
[7] Urkundenbuch der Stadt Friedberg [212], S. 591–598 (eigene Auswertung).
[8] Kronshage: Die Bevölkerung Göttingens [265], S. 394f.
[9] Schmidt: Die berufstätige Frau in der Reichsstadt Nürnberg [360.], S. 119.
[10] Jatzwauk: Die Bevölkerungs- und Vermögensverhältnisse der Stadt Bautzen [256], S. 18.
[11] Urkundenbuch der Stadt Hildesheim [217], Bd. 5, S. 236–246, S. 570–581; Bd. 6, S. 316–331, S. 495–509, S. 772–785.
[12] Vetter: Bevölkerungsverhältnisse Mühlhausens i. Th. [295], S. 37.
[13] Kirchgässner: Das Steuerwesen der Stadt Konstanz [260], S. 148.
[14] Schönberg: Finanzverhältnisse der Stadt Basel [285], S. 180ff.
[15] Wachendorf, a. a. O., S. 135.
[16] Buomberger: Bevölkerungs- und Vermögensstatistik in der Stadt und Landschaft Freiburg [236], S. 245f.
[17] Landgraf: Bevölkerung und Wirtschaft Kiels [266], S. 33f.
[18] Ders., a. a. O., S. 28f.
[19] Wachendorf a. a. O., S. 137.
[20] Wunder: Unterschichten der Reichsstadt Hall [302], S. 104.
[21] Vetter, a. a. O., S. 52, und Richter: Zur Bevölkerungs- und Vermögensstatistik Dresdens [280], S. 285.
[22] Wustmann: Quellen zur Geschichte Leipzigs [303], S. 93ff. (eigene Auswertung).
[23] Lorenzen-Schmidt: Zur Stellung der Frau in der frühneuzeitlichen Städtegesellschaft Schleswig-Holsteins [53], S. 324–326.
[24] Helbok: Die Bevölkerung der Stadt Bregenz [250], S. 252.
[25] Wesoly: Der weibliche Bevölkerungsanteil in den spätmittelalterlichen Städten [297], S. 74.
[26] Wunder: Die Stuttgarter Steuerliste [301] (eigene Auswertung).
[27] Loffing: Die soziale und wirtschaftliche Gliederung der Bevölkerung Erfurts [267], S. 151.
[28] Woehlkens: Pest und Ruhr im 16. u. 17. Jh. [300], Tafel VI, Abb. 8.
[29] Richter: Zur Bevölkerungs- und Vermögensstatistik Meißens [281], S. 3.
[30] Bull: Die württembergischen Türkensteuerlisten v. 1544/45 [234], S. 107, S. 109.
[31] Grieser: Das Schatzregister der Großvogtei Celle von 1438 [248], S. 8–34 (eigene Auswertung).

[13] Entwicklung des Anteils der Frauen an den Steuerzahlern in Frankfurt/Main

Jahr	Steuerzahler	Anteil der Frauen in %	Jahr	Steuerzahler	Anteil der Frauen in %
1354	2669	18,0	1406	2383	20,9
1359	3164	18,6	1410	2456	23,1
1365	3021	20,3	1420	2345	23,5
1370	2697	18,0	1428	2411	19,3
1375	3004	20,5	1463	2560	24,9
1380	3055	16,6	1475	2780	26,3
1385	3391	24,3	1484	2483	28,4
1389	3165	23,4	1495	2579	27,7
1394	2600	20,7	1510	2328	27,5
1399	2652	23,1			

aus: Bücher: Die Frauenfrage im Mittelalter [41], S. 76.

[14] Entwicklung des Anteils der Frauen an der Steuerzahlern in Göttingen

Jahr	Steuerzahler	Anteil der Frauen in %	Anteil der Witwen an den weibl. Steuerzahlern in %	Jahr	Steuerzahler	Anteil der Frauen in %	Anteil der Witwen an den weibl. Steuerzahlern in %
1393	1361	15,1	57,1	1489	1284	21,4	54,1
1412	1508	24,1	44,6	1503	1307	23,9	47,2
1418	1684	25,4	24,2	1504	1316	23,8	46,5
1420	1740	26,4	23,3	1515	1377	23,8	44,8
1430	1779	28,6	19,1	1519	1370	26,8	52,4
1458	1505	23,9	31,7	1536	1378	16,8	67,1
1462	1363	23,0	40,2	1539	1377	16,4	76,9
1464	1332	24,0	48,1	1541	1282	19,7	87,7
1468	1377	22,2	40,9	1551	1343	14,3	84,0
1470	1364	20,5	38,0	1553	1291	18,9	89,3
1471	1338	20,8	36,0	1565	1284	15,7	91,7
1473	1292	22,7	46,7				

erstellt nach: Kronshage: Die Bevölkerung Göttingens [265], S. 394f.

[15] Entwicklung des Anteils der Frauen an den Steuerzahlern in Eßlingen

Jahr	Steuerzahler	Anteil der Frauen in %	Jahr	Steuerzahler	Anteil der Frauen in %
1362	2380	10,7	1411	1681	18,0
1366	2274	15,7	1417	1653	16,7
1370	2065	9,6	1423	1552	19,1
1376	1906	14,2	1430	1572	16,5
1378	2072	16,7	1437	1386	14,1
1380	2138	15,7	1443	1376	11,8
1384	2156	18,5	1447	1454	12,9
1389	1955	19,8	1450	1434	15,4
1396	2002	16,3	1455	1483	13,4
1403	1814	20,0	1458	1454	14,2

erstellt nach: Kirchgässner: Wirtschaft und Bevölkerung der Reichsstadt Eßlingen [261], S. 94.

[16] Entwicklung des Anteils der Frauen an den Steuerzahlern in Mühlhausen Thüringen

Jahr	Steuerzahler	Anteil der Frauen in %	Jahr	Steuerzahler	Anteil der Frauen in %
1418/19	1815	11,0	1471/72	1822	8,3
1446/47	1395	9,3	1472/73	1843	8,0
1447/48	1452	9,2	1473/74	1873	8,4
1457/58	1511	9,6	1474/75	1741	8,1
1458/59	1512	9,1	1475/76	1719	8,4
1459/60	1554	10,0	1485/86	1456	13,0
1460/61	1673	11,0			

aus: Vetter: Bevölkerungsverhältnisse Mühlhausens i. Th. [295], S. 37.

[17] Die Entwicklung des Anteils der Frauen an den Steuerzahlern in Schleswig

Jahr	Steuerzahler	Anteil der Frauen in %
1447	181	7,8
1448	194	5,7
1449	206	5,8
1477	234	15,4
1478	220	15,5
1479	229	15,3

erstellt nach: Landgraf: Bevölkerung und Wirtschaft Kiels [266], S. 33f.

[18] Die Entwicklung des Anteils der Frauen an den Steuerzahlern in Bregenz

Jahr	Steuerzahler	Anteil der Frauen in %
1522	371	16,9
1526	327	15,5
1546	358	16,0
1554	373	19,0
1558	342	17,8
1560	382	18,0
1565	416	16,0
1570	401	16,9

aus: Helbok: Die Bevölkerung der Stadt Bregenz [250], S. 252.

[19] Die Frau als Haushaltungsvorstand im Brixental, 1497

Ort	Haushalte mit Personen über 15 Jahre																				Haushalte insgesamt		1-Pers.-Haushalte in %		Durchschnittl. Haushaltsgröße		Anteil der Frauenhaushalte in %
	1		2		3		4		5		6		7		8		9		> 10								
	m	w	m	w	m	w	m	w	m	w	m	w	m	w	m	w	m	w	m	w	m	w	m	w	m	w	
Brixen	6	4	26	1	35	1	30	2	23	1	15		6						2		143	9	4,2	44,4	3,9	2,4	5,9
Kirchberg	5	6	55		40	1	50	1	19		11	1	6		4		3				193	9	2,6	66,6	4,2	2,1	4,5
Westendorf	10	7	39	4	40	1	31		15	1	8	2	6		6		1				156	15	6,5	46,6	3,5	2,4	8,7
Hopfgarten	7	18	70	6	55	2	34		19	1	12		1		1		2				201	27	3,5	66,6	3,2	1,5	11,8
insgesamt	28	35	190	11	170	5	145	3	76	3	46	3	19		11		6		2		693	60	4,0	58,3	3,7	2,0	8,0

eigene Auswertung nach: Mayer: Die Reichssteuern des „Gemeinen Pfennigs" aus dem Jahre 1497 im Brixental [272], S. 539 ff.

[20] Die Frau als Haushaltungsvorstand im Fürstbistum Münster, 1498/99

Amt	Haushalte mit Personen über 12 Jahre																				Haushalte insgesamt		1-Pers.-Haushalte in %		Durchschnittl. Haushaltsgröße		Anteil der Frauenhaushalte in %
	1		2		3		4		5		6		7		8		9		> 10								
	m	w	m	w	m	w	m	w	m	w	m	w	m	w	m	w	m	w	m	w	m	w	m	w	m	w	
Wolbeck	135	423	699	107	718	32	629	18	519	15	378	14	187	7	111		18		17		3411	616	4,0	68,7	4,0	1,6	15,3
Sassenberg	49	194	270	53	180	24	159	11	115	6	85	4	44	3	17		1		2		922	295	5,3	65,8	3,6	1,7	24,2
Stromberg	39	80	200	34	213	14	204	6	167	5	141	1	74	1	25	2	12	1	2		1077	144	3,6	55,6	4,1	1,9	11,8
Werne	61	206	378	70	291	21	308	11	251	4	115	2	48		9		5	1	2		1468	315	4,2	65,4	3,6	1,6	17,7
Dülmen	26	84	227	41	210	13	153	7	75		35	3	14		2						742	148	3,5	56,8	3,3	1,6	16,6
Horstmar	128	320	385	128	400	38	263	23	186	10	127	9	67	4	27	1	6	1	4		1593	534	8,0	59,9	3,5	1,7	25,1
Sandwelle	134	201	307	66	303	28	252	9	180	5	86		29	1	6		2				1299	310	10,3	64,8	3,3	1,6	19,2
Ahaus	44	93	213	41	208	13	133	7	80	6	36	1	11		2	1	2		2		731	162	6,0	57,4	3,2	1,8	18,1
Auf der Bram	144	179	483	99	417	34	275	18	172	12	93	3	33		10		2		1		1630	345	8,8	51,9	3,2	1,8	17,5
Bocholt	61	103	308	59	237	15	138	7	67		56	2	19				1		2		889	186	6,9	55,4	3,1	1,6	17,3
Rheine-Bevergern	34	61	264	42	274	25	209	15	134	3	79	6	36	3	12		7		1		1050	155	3,2	39,4	3,6	2,3	12,9
Vechta	39	40	360	40	310	15	233	15	107	15	44	5	25	1	6	1					1124	132	3,5	30,3	3,2	2,8	10,5
Cloppenburg	2	14	55	7	46	7	28	3	21	3	7	2	4				1				174	36	1,1	38,8	3,4	2,4	17,1
insgesamt	896	1998	4149	787	3807	279	2994	150	2074	84	1282	52	591	20	227	5	57	3	33		16110	3378	5,6	59,1	3,6	1,7	17,3
davon Städte	205	675	1271	245	949	71	500	38	222	11	100	5	34		15	1	2		1		3304	1046	6,2	64,5	2,9	1,6	24,1

eigene Auswertung nach: Hartig: Die Register der Willkommschatzung v. 1498 u. 1499 im Fürstbistum Münster [249].

[21] Die Frau als Haushaltungsvorstand im Herzogtum Mecklenburg, 1496

Vogtei	Haushalte mit Personen über 15 Jahre										Haushalte insgesamt		1-Pers.-Haushalte in %		Durchschnittl. Haushaltsgröße		Anteil der Frauenhaushalte in %
	1		2		3		4		> 5								
	m	w	m	w	m	w	m	w	m	w	m	w	m	w	m	w	
Gadebusch	81	41	277	4	95	2	59	2	16		528	49	15,3	83,7	2,3	1,3	8,5
Schwerin	6	6	162		72	1	51		15		306	7	2,0	85,7	2,7	1,3	2,2
Boizenburg	26	41	284	9	171	1	90		29	1	600	52	4,3	78,8	2,7	1,3	7,9
Wittenberg	21	9	442	5	124		39		7		633	14	3,3	64,3	2,3	1,4	2,2
Goldberg/Krakow	22	30	456	25	215	7	95	1	48		836	63	2,6	47,6	2,6	1,7	7,0
Plau	21	52	203	7	56	2	20		4		304	61	6,9	85,2	2,3	1,2	16,7
Malchin/Stavenhagen	58	91	1271	24	422	5	116	1	63	4	1930	125	3,0	72,8	2,4	1,4	6,1
Waren	19	21	385	7	83	2	14	1	12		513	31	3,7	67,7	2,2	1,5	5,7
targard	58	46	906	10	437	2	139	2	61		1601	60	3,6	76,7	2,5	1,3	3,6
insgesamt	312	337	4386	91	1675	22	623	7	255	5	7251	462	4,3	72,9	2,5	1,4	6,0
davon Städte	104	192	1369	64	430	17	186	3	93	4	2182	280	4,7	68,5	2,4	1,4	11,4

eigene Auswertung nach: Engel: Die mecklenburgischen Kaiserbederegister von 1496 [245].

[22] Die Frau als Haushaltungsvorstand im Fürstbistum Speyer, 1496–1499

Ort	Haushalte mit Personen über 15 Jahre										Haushalte insgesamt		1-Pers.-Haushalte in %		Durchschnittl. Haushaltsgröße		Anteil der Frauenhaushalte in %
	1		2		3		4		5								
	m	w	m	w	m	w	m	w	m	w	m	w	m	w	m	w	
Landau	28	67	317	12	145	8	60	3	20		576	43	4,9	72,0	2,5	1,4	14,1
Bruchsal	45	47	309	13	82	5	31		19		486	65	9,3	72,3	2,3	1,4	11,8
Lauterberg	25	30	114	6	37	1	18	1	6		193	38	13.0	78,9	2,4	1,3	16,5
4 Dörfer	11	13	118	3	48	3	14	1	10	1	201	22	5,5	59,1	2,5	1,7	9,7
insgesamt	109	157	858	34	312	17	123	5	55	1	1456	218	7,5	72,0	2,4	1,4	13,1

erstellt nach: Schuler: Die Erhebungslisten des „Gemeinen Pfennigs" von 1496–1499 [287], S. 138f.

[23] Die Frau als Haushaltungsvorstand in der Stadt Freiburg i. Br., 1496–1499

Ort	Haushalte mit Personen über 15 Jahre										Haushalte insgesamt		1-Pers.-Haushalte in %		Durchschnittl. Haushaltsgröße		Anteil der Frauenhaushalte in %
	1		2		3		4		5								
	m	w	m	w	m	w	m	w	m	w	m	w	m	w	m	w	
Freiburg i. Br.	241	114	390	55	279	18	131	7	144	8	1185	202	20,3	56,4	2,5	1,7	14,6

erstellt nach: Schuler: Die Bevölkerungsstruktur der Stadt Freiburg [286], S. 152.

[24] Erwachsene Verwandte über 15 Jahre als Familienmitglieder in spätmittelalterlichen Gemeinden und Kreisen

Ort/Gebiet	Jahr	Vater	Mutter	Bruder	Schwester	Sohn	Tochter	Schwiegervater	Schwiegermutter	Schwager	Schwägerin	sonstige m	sonstige w
Vogtei Gadebusch	1496	15	33	9	1	58	50					4	1
Vogtei Boizenburg	1496	4	25	11	4	41	39					2	1
Vogtei Goldberg	1496	8	21	3	2	57	37		1			4	7
Vogtei Plau	1496	1	13		1	10	9		1				2
insgesamt		28	92	23	8	166	135		2			10	11
Freiburg	1496/99	2	11	9	8	111	104	2	27	5	3	4	6
Landau	1496/99	2	6		4	43	45		13			1	
Bruchsal	1496/99	1	4	1	1	68	62		9			5	1
Lauterburg	1496/99		1	3	1	20	26		3			2	1
4 Dörfer	1496/99		6	3	1	51	20		2				2
insgesamt		3	17	7	7	182	153		27			8	4
Brixen	1497		9	3	7	50	54	2	4			7	6
Kirchberg	1497		21	17	16	62	61		2			11	10
Westendorf	1497		7	1	3	46	49		3			3	2
Hopfgarten	1497	5	14	11	10	66	29		5			1	1
Brixental insges.		5	51	32	36	224	193		14	2		22	19
Ahaus	1498	1	5	1	1	24	42		2			1	1
Südlohn	1498	2	15	13	13	78	64		4			3	2
Amt Cloppenburg	1498	2	16		5	54	59						
insgesamt		5	36	14	19	156	165		6			4	3

1 *eigene Auswertung nach:* Engel: Die mecklenburgischen Kaiserbederegister von 1496 [245]. Vogtei Gadebusch, 15 von 34 Gemeinden; Vogtei Boizenburg, 8 von 28 Gemeinden; Vogtei Goldberg, 14 von 28 Gemeinden; Vogtei Plau, 4 von 21 Gemeinden (die fehlenden Gemeinden ließen aufgrund der Quellenüberlieferung eine nähere Aufschlüsselung nicht zu).

2 *erstellt nach:* Schuler: Die Bevölkerungsstruktur der Stadt Freiburg [286], S. 161.

3 *erstellt nach:* Schuler: Die Erhebungslisten des „Gemeinen Pfennigs" von 1496–1499 [287], S. 141 f.

4 *eigene Auswertung nach:* Mayer: Die Reichssteuern des „Gemeinen Pfennigs" aus dem Jahre 1497 aus dem Brixental [272], S. 539 ff.

5 *eigene Auswertung nach:* Hartig: Die Register der Willkommschatzung v. 1498 u. 1499 im Fürstbistum Münster [249] (erwachsene Personen über 12 Jahre).

[25] A. Winter: Von Frauen bevorzugte Wohngebiete in der Stadt Trier nach der Steuerliste von 1364

Gehen wir vom allgemeinen Straßenbild in Trier aus, so schwankt die Anzahl der alleinstehenden Frauen zwischen 10 und 30% aller Steuerzahler dieser Straßen. Erstaunlich ist, daß in den meisten Gassen der Prozentsatz der Frauen aus den Unterschichten höher ist als der Unterschichtenprozentsatz der Gesamtbewohnerschaft:

Brotgasse (42 Steuerpflichtige, davon 8 Frauen)

Unterschicht allgemein:	11 Stpfl.	=	26%
Unterschicht Frauen:	4 Stpfl.	=	50%

Weberbachgasse (95 Steuerpflichtige, 25 Frauen)	
Unterschicht allgemein:	44 Stpfl. = 46%
Unterschicht Frauen:	18 Stpfl. = 72%
Neugasse (105 Steuerpflichtige, 22 Frauen)	
Unterschicht allgemein:	47 Stpfl. = 45%
Unterschicht Frauen:	13 Stpfl. = 60%
Jakobsgasse (102 Steuerpflichtige, 25 Frauen)	
Unterschicht allgemein:	56 Stpfl. = 56%
Unterschicht Frauen:	21 Stpfl. = 84%
Brückengasse 1. Abschn. (97 Steuerpflichtige, 16 Frauen)	
Unterschicht allgemein:	29 Stpfl. = 30%
Unterschicht Frauen:	8 Stpfl. = 50%
Brückengasse 2. Abschn. (81 Steuerpflichtige, 16 Frauen)	
Unterschicht allgemein:	45 Stpfl. = 55%
Unterschicht Frauen:	11 Stpfl. = 70%
Moselgasse (41 Steuerpflichtige, 12 Frauen)	
Unterschicht allgemein:	24 Stpfl. = 60%
Unterschicht Frauen:	10 Stpfl. = 85%
Unter den Juden (23 Steuerpflichtige, 3 Frauen)	
Unterschicht allgemein:	17 Stpfl. = 80%
Unterschicht Frauen:	3 Stpfl. = 100%
Fleischgasse (89 Steuerpflichtige, 14 Frauen)	
Unterschicht allgemein:	14 Stpfl. = 15%
Unterschicht Frauen:	4 Stpfl. = 29%

So oft diese Differenz von 10 bis 20% auch auftaucht, darf sie jedoch nicht wahllos verallgemeinert werden. In bestimmten Gassen macht sie sich nicht bemerkbar:

Grabengasse 1. Abschn. (65 Steuerpflichtige, 7 Frauen)	
Unterschicht allgemein:	16 Stpfl. = 24%
Unterschicht Frauen:	2 Stpfl. = 28%

Wir können aber davon ausgehen, daß in sehr vielen Gassen die Frauen um 10–20% mehr aus der Unterschicht kamen als die Gesamtbewohnerschaft. Diese Beobachtung wird bestätigt durch eine allgemeine Rechnung: Von den 600 Frauen der Steuerliste gehörten etwa 63% den Unterschichten an, allgemein zählten jedoch nur 51% aller Steuerzahler zu den Unterschichten.

Untersuchen wir systematisch alle Trierer Gassen, so läßt sich in manchen Gassen, teilweise sogar Gegenden beobachten, daß dort besonders viele Frauen wohnen, oftmals sogar nebeneinander auf einer Straßenseite. Z. B. sind in der Gasse „Hinter dem Kalkoven“ auf der rechten Seite fast nur Frauen festzustellen, die alle der Unterschicht angehören, während auf der linken Seite nur 35% der Steuerzahler Frauen sind. In der Flandergasse stellen die Frauen 38% der Gesamtbewohnerschaft. In die Flandergasse mündet die Wollgasse (heute Sichelstraße). Die rechte Straßenseite ist zu 60%, die linke Seite nur zu 34% von Frauen bewohnt. Die anschließende Predigergasse ist eine Fortsetzung dieses Frauengebietes: Bis zur Kürenzpforte sind 35% der Steuerzahler Frauen, von der Kürenzpforte aus schon 85%. In der Nähe der „Kastilport“ machen die Frauen 60% der Steuerzahler aus. Um den Hof Weißkirchen herum fallen zwei weitere Gassen auf: „Boven dem bongart“ 75% Frauen, „Enkeynt der affeltrin bij wijskirche“ (heute Liebfrauenstraße) 47% Frauen. In der Nähe der südlichen Stadtmauer liegt ein weiteres Wohngebiet, das von Frauen bevorzugt wird: Graugasse 41% Frauen, Kuhnengasse 68% Frauen, Engelgasse 71% Frauen. In der Jüdemergasse zeigen die beiden Straßenseiten ein unterschiedliches Bild: von der Neugasse aus 22% Frauen, zur

Neugasse hin 50% Frauen. Offensichtlich müssen diese hohen Prozentzahlen an Frauen in bestimmten Stadtgebieten besondere Gründe haben: So läßt sich beobachten, daß fast alle der obengenannten Gassen und Viertel in der Nähe von Klöstern oder Kirchen liegen und daß meistens Beginenkonvente in diesen Gassen entstanden sind:
Die Flandergasse läuft direkt am Dombezirk entlang. In der Nähe der Wollgasse liegen ein Dominikanerkloster und ein Beginenkonvent. In der Predigergasse, direkt neben dem Dominikanerkloster, haben sich drei Beginenkonvente niedergelassen. Im Viertel „Wilrebettenach" (heute am Palastgarten) lag ein Haus, das nach der Metzer Abtei Villers-Bettnach benannt war. Auch die Zisterzienserinnenabtei St. Thomas besaß hier ein Haus. Diese Nachbarschaft trug vielleicht dazu bei, daß sich hier der Beginenkonvent von „Wilrebettenach" niederließ. Beim Hof Weißkirchen haben die Beginenschwestern zu den Affeltern einen Konvent gegründet. Sie benannten sich nach dem Franziskanerinnenkloster St. Afra auf dem Breitenstein. In der Engelgasse bestand in der Nähe des Franziskanerklosters ein Beginenkonvent. In der Jüdemergasse lag hinter dem Augustinerkloster ein Beginenkonvent. In der Graugasse und in der Kuhnengasse hat sich ein Konvent inmitten des Frauenviertels niedergelassen. Auch das Nonnenkloster St. Agneten kann ein Anziehungspunkt für viele Frauen gewesen sein. Außerdem kann die Tendenz, die Ärmsten der Stadt an die Stadtmauer zu drängen, viele Frauen gezwungen haben, sich hier niederzulassen, denn 85% der Frauen aus der Graugasse gehörten zur Unterschicht.
Zusammenfassend läßt sich feststellen, daß offensichtlich Beginenkonvente, Kirchen und Klöster wegen ihrer charitativen Tätigkeit besondere Anziehungspunkte für alleinstehende Frauen waren. Zu berücksichtigen ist aber auch, daß einige der Frauenwohngebiete in den Wollweibervierteln lagen, so daß es sich bei den hier lebenden Frauen um Arbeiterinnen im Weberhandwerk handelt. Auffällig ist, daß von den in den obengenannten Gegenden lebenden Frauen besonders viele zur Unterschicht gehören. Es bleibt nicht bei dem Durchschnittswert von 63%, sondern der Prozentsatz steigt gerade in den Gegenden, in denen Beginenkonvente liegen, und in den Weberviertеln bis zu 70 und 100% an. Außerdem ist zu beobachten, daß die Beginenkonvente grundsätzlich in der Nähe von Klöstern liegen.
A. Winter: Studien zur sozialen Situation der Frauen in der Stadt Trier nach der Steuerliste von 1364 [299], S. 29, S. 31, S. 33.

[26] Die Verteilung aller Steuerzahler auf die verschiedenen Steuergruppen in Meran, 1304

Steuersatz in Pf.	Gesamtzahl	% der Männergesamtzahl	% der Frauengesamtzahl
0–1	78	36,8	44,7
2–5	97	48,2	44,7
6–10	21	10,8	8,0
11–20	8	4,2	2,6

eigene Auswertung nach: Widmoser: Meraner Steuerliste v. 1304 [298].

[27] Die Verteilung aller Steuerzahler auf die verschiedenen Steuergruppen in Frankfurt/Main, 1354

Steuersatz	Gesamtzahl	% der Männergesamtzahl	% der Frauengesamtzahl
3– 4 s	564	22,1	25,3
4– 5 s	283	12,1	7,6
5– 6 s	86	3,5	3,4
6– 8 s	176	6,9	7,8
8–12 s	183	7,3	7,5
12 s–1 lb	246	9,6	10,6
1– 2 lb	321	12,8	13,1
2– 4 lb	243	9,5	10,9
4– 8 lb	163	6,7	5,8
8–12 lb	86	3,6	2,7
12–20 lb	69	2,7	2,9
20–30 lb	37	1,5	1,5
30–40 lb	14	0,6	0,2
40–60	16	0,8	–
> 60 lb	10	0,3	0,7

erstellt nach: Bothe: Die Entwicklung der direkten Besteuerung in der Reichsstadt Frankfurt [232], S. *101.

[29] Die Verteilung aller Steuerzahler auf die verschiedenen Vermögensgruppen in Hildesheim, 1425

Vermögen in Mark	Gesamtzahl	% der Männergesamtzahl	% der Frauengesamtzahl
0– 15	484	25,1	58,7
16– 100	837	59,5	33,7
101– 500	180	13,1	6,7
501–1000	30	2,1	0,6
1001–5000	3	0,2	0,3

eigene Auswertung nach: Urkundenbuch der Stadt Hildesheim [217], Bd. 6, S. 316–331.

[28] Die Verteilung aller Steuerzahler auf die verschiedenen Steuergruppen in Trier, 1363/64

Steuergruppen	Anzahl	Prozent	Männer Anzahl	Männer Prozent	Frauen Anzahl	Frauen Prozent
0 Nichtzahler (aus verschiedenen Gründen von der Steuer befreit)	105	4,3	76	4,1	30	4,8
I Nichtzahler (Grund: Armut)	360	14,5	211	11,4	148	23,6
II –1 lb	1156	46,7	858	46,5	298	47,6
davon						
a) > 0– 5 s	442	17,8	285	15,45	157	25
b) > 5–10 s	391	15,8	302	16,4	89	14,2
c) > 10–15 s	168	6,8	138	7,45	31	5,0
d) > 15–19 s	32	1,3	25	1,35	6	1,0
e) 1 lb	123	5,0	108	5,85	15	2,4
III > 1– 5 lb	543	21,9	442	24	97	15,5
IV > 5–10 lb	133	5,4	113	6,1	20	3,2
V > 10–20 lb	78	3,2	63	3,4	15	2,4
VI > 20–30 lb	35	1,4	23	1,25	12	1,9
VII > 30–60 lb	34	1,35	30	1,65	4	0,7
VIII > 60 lb	31	1,25	29	1,6	2	0,3
	2476	100%	1845	100%	626	100%

aus: Meves: Steuerlisten als Quellen zur Sozialstruktur der mittelalterlichen Stadt [273], S. 14.

[30] Die Verteilung aller Steuerzahler auf die verschiedenen Vermögensgruppen in Basel 1454

Vermögen in Gulden	Gesamtzahl	% der Männergesamtzahl	% der Frauengesamtzahl
1– 30	1072	45,8	69,5
30– 100	360	19,1	10,8
100– 200	222	11,9	5,8
200–1000	293	15,4	8,8
1000–2000	62	3,3	1,7
> 2000	90	4,5	3,4

eigene Auswertung nach: Schönberg: Die Finanzverhältnisse der Stadt Basel im 14./15. Jh. [285], S. 594ff.

[31] Die Verteilung aller Steuerzahler auf die verschiedenen Vermögensgruppen in Frankfurt/Main, 1495

Vermögen in Gulden	Gesamtzahl	% der Männergesamtzahl	% der Frauengesamtzahl
0– 20	979	35,3	61,9
20– 30	340	14,9	11,9
50– 70	181	8,4	4,5
80– 100	151	6,9	3,9
100– 150	157	7,0	4,9
180– 200	62	2,9	1,4
200– 250	55	2,8	0,6
250– 300	36	1,9	0,2
300– 1000	232	11,2	4,3
1000– 3400	93	4,3	2,3
3400– 5800	39	1,9	0,6
5800– 9400	22	0,8	1,4
> 10000	43	1,7	2,1

erstellt nach: Bothe: Die Entwicklung der direkten Besteuerung der Reichsstadt Frankfurt [232], S. *106f.

[32] Die Verteilung aller Steuerzahler auf die verschiedenen Steuergruppen in Rendsburg 1499–1539

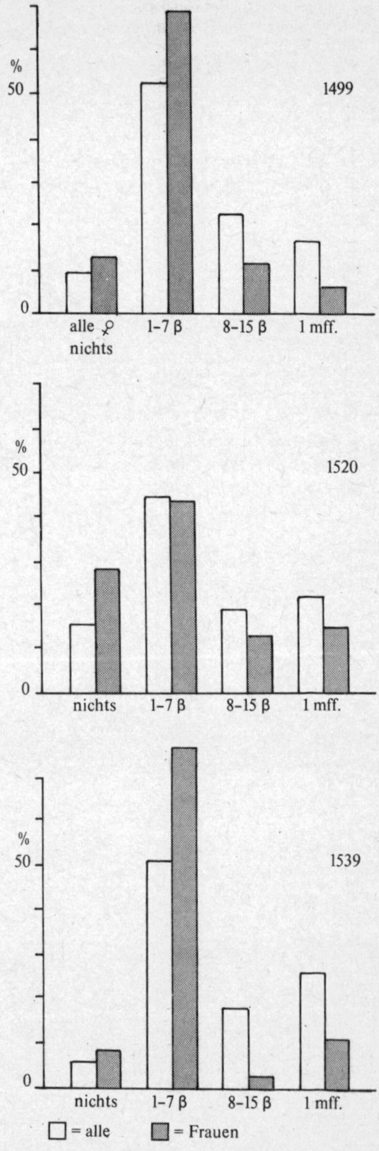

aus: Lorenzen-Schmidt: Zur Stellung der Frauen in der frühneuzeitlichen Städtegesellschaft Schleswig-Holsteins [53.], S. 329.

[33] Die Verteilung aller Steuerzahler auf die verschiedenen Steuergruppen in Schleswig 1525–1545

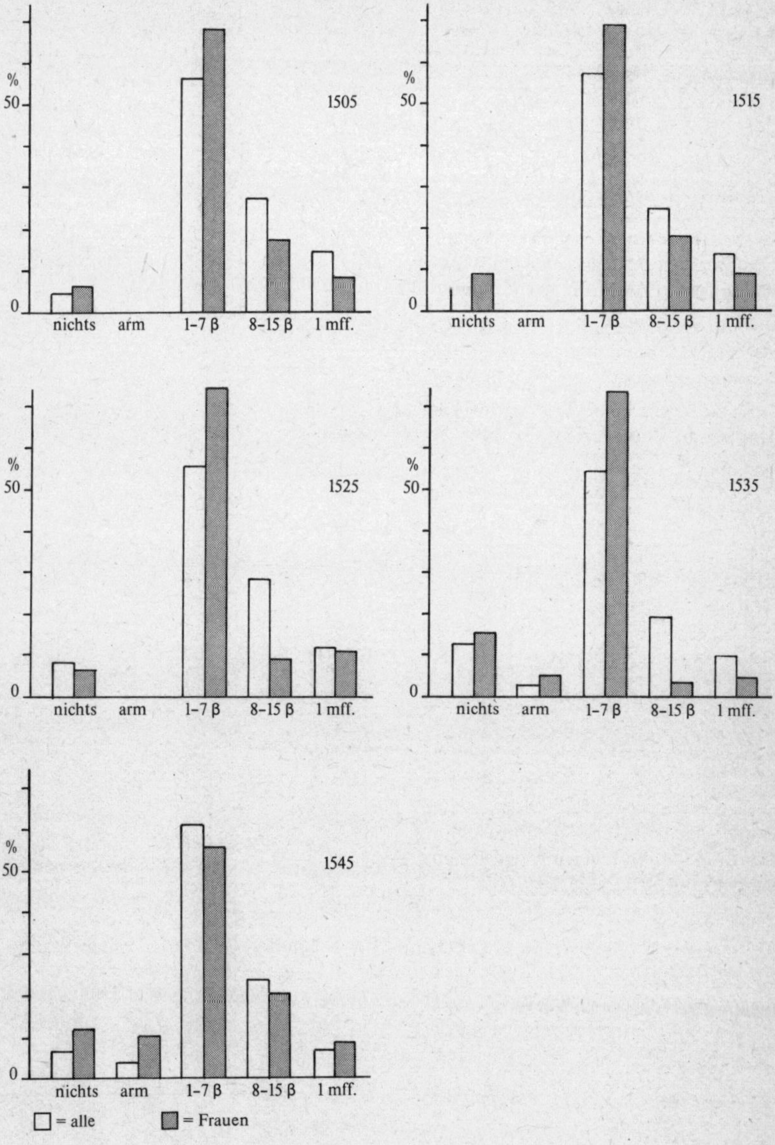

aus: Lorenzen-Schmidt: Zur Stellung der Frauen in der frühneuzeitlichen Städtegesellschaft Schleswig-Holsteins [53], S. 327.

[34] Die Verteilung aller Steuerzahler auf die verschiedenen Steuergruppen in Krempe, 1531

Betrag	% der Gesamtzahl	n Frauen	% der Frauengesamtzahl
gestrichen	2,4	5	7,5
nichts	18,2	35	52,2
2 ß	9,2	13	19,4
4 ß	26,9	6	9,0
5–7 ß	13,1	3	4,4
8–11 ß	8,1	3	4,4
12 ß	4,7	1	1,4
1 m–1 m 15 ß	12,2	0	0,0
2 m–1 m 15 ß	4,6	1	1,4
5 m und mehr	0,6	0	0,0
	100,0	67	100,0

aus: Lorenzen:Schmidt: Zur Stellung der Frauen in der frühneuzeitlichen Städtegesellschaft Schleswig-Holsteins [53], S. 325.

[35] Die Verteilung aller Steuerzahler auf die verschiedenen Vermögensgruppen in Stuttgart, 1545

Vermögen in Gulden	Gesamtzahl	% der Männergesamtzahl	% der Frauengesamtzahl
Nichts	181	12,0	31,4
1– 99	393	31,9	24,2
100–499	487	39,4	29,4
500–999	109	9,3	6,5
> 1000	91	7,4	8,5

eigene Auswertung nach: Wunder: Die Stuttgarter Steuerliste von 1545 [301].

[36] Die Verteilung aller Steuerzahler auf die verschiedenen Steuergruppen Kiels, 1550

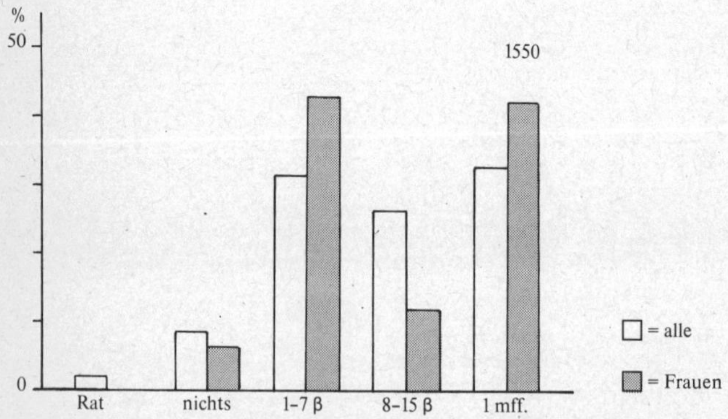

aus: Lorenzen-Schmidt: Zur Stellung der Frauen in der frühneuzeitlichen Städtegesellschaft Schleswig-Holsteins [53], S. 330.

[37] Die geschlechtsspezifische Verteilung der Armen in der Willkommschatzung des Fürstbistums Münster, 1498/99

Amt	Männer	Anteil in den von Männer geführten Haushalten in %	Frauen	Anteil der Frauen an den Armen in %	Anteil an den von Frauen geführten Haushalten in %	ohne Geschlechtsangabe
Wolbeck	65	1,8	152	70,4	16,8	91
Sassenberg	35	2,1	101	74,2	24,7	11
Stromberg	11	1,1	20	64,5	8,3	
Werne	23	1,3	79	77,5	17,1	11
Dülmen	15	1,5	20	57,1	10,1	11
Horstmar	28	1,4	71	71,7	9,1	5
Sandwelle	17	0,9	34	66,7	7,7	2
Ahaus	21	2,7	39	65,0	9,9	12
Auf dem Baum	20	1,1	63	75,4	11,9	21
Bocholt	20	1,6	34	62,9	12,9	4
Rheine-Bevergern	2	0,2	6	75,0	2,6	4
insgesamt	257	1,5	619	70,7	12,6	172

eigene Auswertung nach: Hartig: Die Register der Willkommschatzung v. 1498 u. 1499 im Fürstbistum Münster [249].

[38] Frauen unter den Insten Rendsburgs 1499–1539

	1499		1520		1539	
	n	%	n	%	n	%
Insten insges.	127	43,8	80	30,9	173	56,7
weibl. Insten	42	68,9	30	53,6	24	68,5

aus: Lorenzen-Schmidt: Zur Stellung der Frauen in der frühneuzeitlichen Städtegesellschaft Schleswig-Holsteins [53], S. 328.

[39] Wohnbedingungen von Frauen in Wismar, 1475
Anteil der Frauen an den Hausbewohnern 7,8%
Anteil der Frauen an den Buden- und Kellerbewohnern 26,2%
aus: Techen: Die Bevölkerung Wismars im Mittelalter [293], S. 71

[40] Die Unterschichtzugehörigkeit der Frauen in der Stadt Trier, 1364

Gruppe	% aller Frauen	Anteil an der Unterschicht
Witwen	25	54
Berufstätige	20	82
Ohne Berufsangabe	43	67
Beginen	8	90

erstellt nach: Winter: Studien zur sozialen Situation der Frauen in der Stadt Trier nach der Steuerliste v. 1364 [299], S. 38.

[41] K.-J. Lorenzen-Schmidt: Die Schoßentwicklung von Witwen in schleswig-holsteinischen Städten in der ersten Hälfte des 16. Jahrhunderts
Die relativ geschlossenen Reihen der Schoßregister Schleswigs und Rendsburgs machen es glücklicherweise möglich, Vermögenskarrieren von Frauen nachzuvollziehen. Aus anderen Städten wie Kiel und Krempe, aus denen solches Material nicht vorliegt, lassen sich andere Einzelbeispiele gewinnen.
Zunächst soll an wenigen Beispielen das eben beschriebene Phänomen des Vermögensverfalls von Witwen dokumentiert werden. Detleff Schroder, der 1512 in

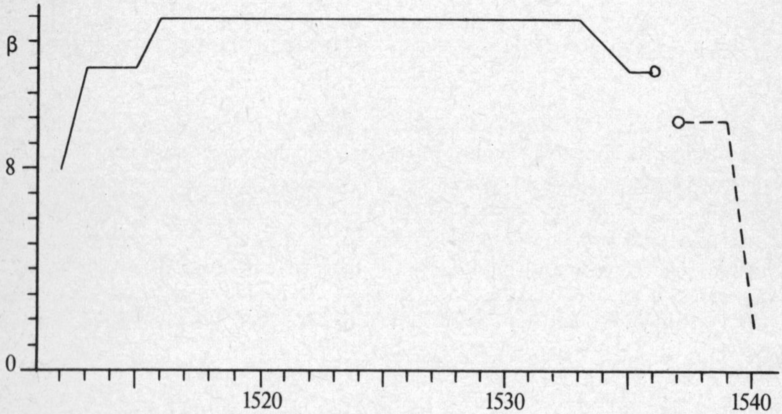

Abbildung 4: Schoßentwicklung von Detleff und Katarina Schroder in Schleswig (o = Nennung ohne Zahlung)

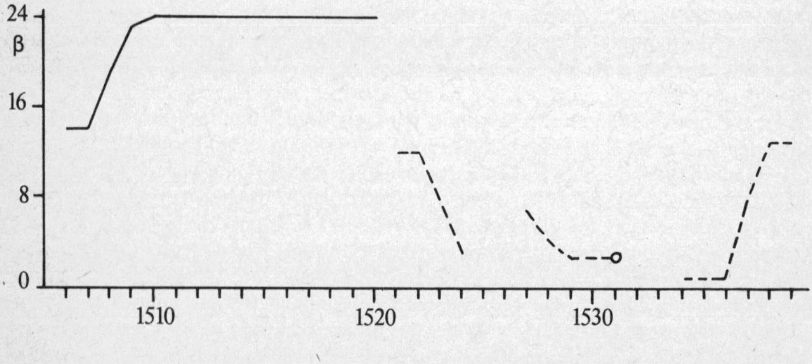

Abbildung 5: Schoßentwicklung von Hans und Botild Reyncke in Schleswig (o = Nennung ohne Zahlung)

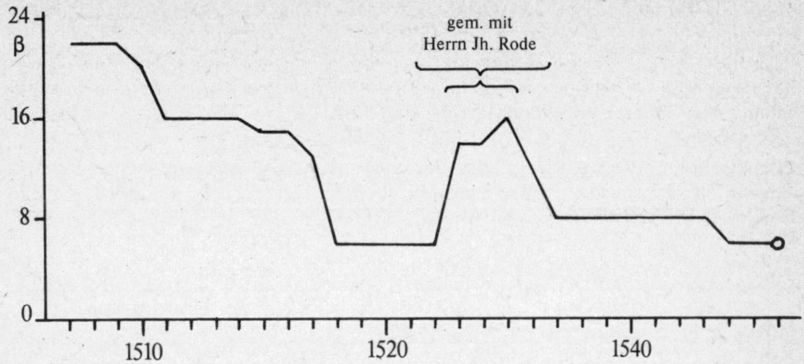

Abbildung 6: Schoßentwicklung von Katarina Haken in Schleswig (o = Nennung ohne Zahlung)

Schleswig ein Haus erwirbt und dann eine Existenz aufbaut, hält zwischen 1516 und 1533 ein gleichmäßiges Vermögensniveau. Dann läßt seine Leistung nach. 1536 ist sein Name im Schoßregister vermerkt, aber ohne Zahlungsbetrag. Wahrscheinlich ist er in diesem Jahr gestorben. Ihm folgt seine Frau Katarina, die 1537 im Register ohne Zahlung aufgeführt ist, dann aber bis 1540 Schoß zahlt. Ihr Vermögensabfall ist gut zu erkennen (Abb. 4). – Hans Reyneke, seit 1506 in Schleswig auf dem Schild wohnhaft, ist ebenfalls zunächst mit einer Zunahme seines Vermögens festzustellen. Er hält sein hohes Niveau bis zu seinem Tode 1521. Dann folgt ihm seine Witwe Botild, die in den Registern nur mit Unterbrechungen erscheint. Gut sichtbar (Abb. 5) ist ihre Vermögensabnahme. Worauf die 1536/37 einsetzende Zunahme zurückzuführen ist, bleibt unbekannt.

Andere Frauen sind über lange Zeiträume alleinstehend festzustellen. Aus Schleswig ist z. B. Katarina Haken bekannt. Sie besaß ein Haus in der Heiligen-Geist-Straße. Als kapitalkräftige Frau scheint sie dem Kirchherren an S. Trinitatis, Johannes Becker, 1 m 9 ß geliehen zu haben, wofür sie als Pfand einen silbernen Löffel erhielt. Auch sonst scheint sie Beziehungen zum Klerus gehabt zu haben, denn wenigstens 1523 und 1524 wohnte der Geistliche Johannes Rode bei ihr. 1524 lieferte sie der Stadt 10 Pfund Wachs im Wert von 3 m 12 ß. Möglicherweise war der Wachshandel ihr Beruf, über den sie auch in Kontakt mit Gleistlichen kam. Bei ihr ist recht gut zu erkennen, wie ein lebenszeitlich bedingter Vermögensverfallsprozeß sich in den Schoßregistern spiegelt. – Bei Ellyn Goltsmedes läßt sich vermuten, daß der kontinuierliche und tiefe Fall ihres Vermögens darauf zurückzuführen ist, daß sie selbst keinem Gewerbe nachging und so nach und nach das ererbte Vermögen verbrauchte. 1507 bis 1510 wohnte sie am Schild, danach am Markt – wahrscheinlich in einer Bude, wie ihrem niedrigen Beitrag zu den Kosten der städtischen Wasserleitung 1516 zu entnehmen ist. Plötzliche Vermögensabnahme, wie sie bei Erbabschichtung wahrscheinlich wäre, liegt bei Ellyn Goltsmedes nicht vor.

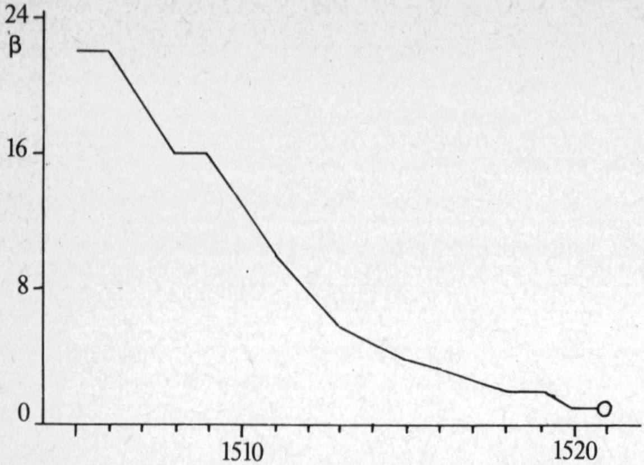

Abbildung 7: Schoßentwicklung von Ellyn Goltsmedes in Schleswig (o = Nennung ohne Zahlung)

Die Tendenz zum Vermögensverfall zeigt sich fast ausnahmslos auch bei den Rendsburger Frauen. Zwei Beispiele können das zeigen. Wunneke Elers lebte zwischen 1499 und 1539 in der Stadt. Sie begann mit einem recht hohen Schoßsatz, dem ein starker Abfall folgte. Möglicherweise liegt hier eine Erbabschichtung vor. 1506 erfolgte auch ein Umzug von der Rendsburger „Reichenstraße" der *Hukesstrate,* zur Molenstrate. 1539 wird sie nur noch als Mieterin registriert. In ihren letzten Jahren muß der Vermögensverfall besonders stark gewesen sein, denn während sie noch im Januar 1539 4 ß Schoß zahlt, sind es im November desselben Jahres nur noch 2 ß. Über eine wirtschaftliche Betätigung ist nichts bekannt. – Nicht ganz so stark ist der Vermögensverlust der Grete Alberdes, die 1501 bis 1520 im Molenstraten-Viertel Rendsburgs wohnte. Der wirtschaftliche Abstieg geht langsam voran und scheint recht spät doch noch aufgefangen worden zu sein. Da aber nichts über ihre Einkommensquellen bekannt ist, läßt sich nicht sagen, wie die Veränderungen im einzelnen zustande kamen. – Andere Bedingungen scheinen bei Grete Syrickens vorzuliegen. Denn sie beginnt ihre Karriere 1499 als Inste und macht eine Vermögensentwicklung durch, die sehr plötzlich beginnt und auch sehr schnell wieder endet. Vielleicht hat sie ein Haus erworben und dieses wieder abstoßen müssen. Leider fehlt für die älteren Zeiten in Rendsburg ein Erbebuch, das eine Kontrolle ermöglichte (Abb. 10).

Alle fünf hier vorgestellten Fälle sind insofern als Ausnahmen zu bewerten, als alle Frauen eine recht lange Verweildauer in der jeweiligen Stadt aufweisen. Normalerweise treten alleinstehende Frauen nur kurz auf, sei es, daß sie die Stadt verlassen, um anderswo ihren Unterhalt zu finden, sei es, daß sie als Witwen ihren Männern rasch ins Grab folgen. Ausnahmefälle sind sie auch deshalb, weil sie, wenigstens zum Teil, recht hohe Schoßbeträge zahlen. Schon weiter oben habe ich gezeigt, daß dies nicht die Regel war. Trotzdem muß auf diese herausragenden Einzelfälle zurückgegriffen werden, weil sich über sie verhältnismäßig viele Informationen anhäufen lassen. So auch beim folgenden Beispiel der Kieler Ratmannen-Witwe Anneke Schuldorpes.

Der Kieler Ratmann Marquard Schuldorp ist als Besitzer wenigstens dreier Kieler Grundstücke bekannt. Auf dem Rentenmarkt der Stadt tritt er zwischen 1493 und

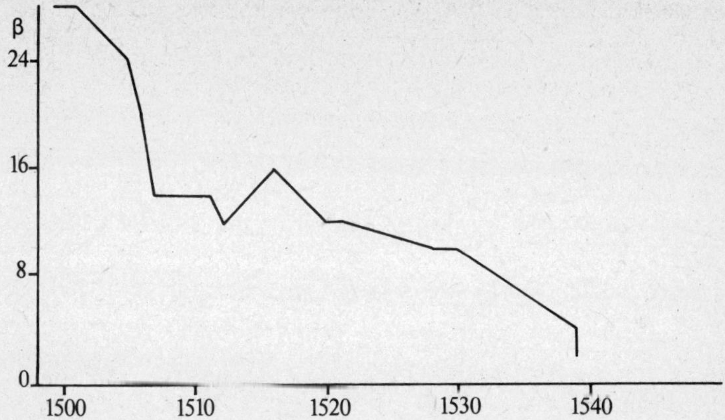

Abbildung 8: Schoßentwicklung von Wunneke Elers in Rendsburg

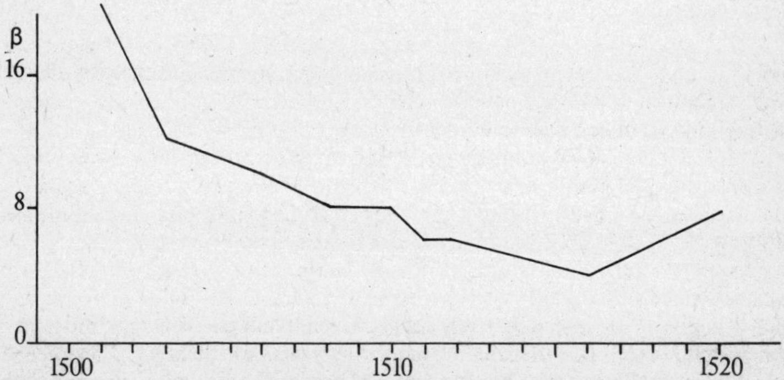

Abbildung 9: Schoßentwicklung von Grete Alberdes in Rendsburg

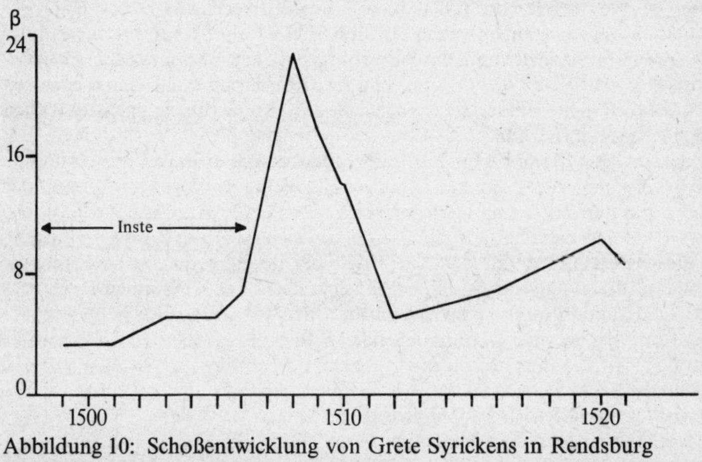

Abbildung 10: Schoßentwicklung von Grete Syrickens in Rendsburg

1500 ausschließlich als Kreditor auf. Seine ökonomische Situation kann als sehr gut bezeichnet werden und das hat seinen Grund zu einem erheblichen Teil in seinen Handelsgeschäften. Als er 1502 oder 1503 stirbt, führt seine Witwe Anneke die Geschäfte weiter. Sie passiert den für den Kiel-Lübeck-Handel wichtigen Plöner Zoll zwischen 1503 und 1518 insgesamt elfmal, wobei allein im Jahr 1506 sechs Durchfahrten festzustellen sind. Es werden von ihr fast ausschließlich Tuche verzollt (14 Packen, 2 Laken und unbestimmte Mengen); nur einmal führt sie ein Fuder Felle oder Pelze mit. Aufgrund ihres Warensortiments ist sie als Wandschneider anzusprechen und zur wohlhabenden Kieler Oberschicht zu rechnen. Sie bleibt mehrfache Hausbesitzerin und scheint sich in ihrem Vermögen nicht verschlechtert zu haben. 1510 kauft sie eine Rente von 3 m und verkauft 1515 eine von 6 m. Insgesamt versteht sie es gut, ihre (ererbete) wirtschaftliche Stellung zu halten und selbst aktiven Anteil an der Sicherung ihrer Existenz zu nehmen.

Die Ausleuchtung der Einzelschicksale von Frauen soll beschlossen werden mit einem Kremper Beispiel. Die Witwe des Kremper Schmiedes Mester Hinrick, Ghese Mesterhinrickes, betätigt sich nach dem Tod ihres Mannes nicht in dessen Gewerbe. 1497 verkauft sie an das Amtshaus zu Steinburg 222 Tonnen Segeltuch für 1 m, was eher Tuchhandel indiziert. In dem Haus ihres Mannes am Markt bleibt sie allerdings bis zu ihrem Tod wohnen. Darüber hinaus hat sie ein zweites *erve* in der Marktbrückenstraße. Alle Häuser oder Grundstücke belastet sie zwischen 1502 und 1512 mit Renten. Insgesamt nimmt sie 160 m auf. Zwei dieser Geschäfte schließt sie mit dem Gasthaus oder *almyssen* ab; möglicherweise handelt es sich um milde Stiftungen oder um einen Hinweis auf den Erwerb eines Gasthausplatzes. Weitere 30 m nimmt sie 1507 und 1508 vom Bürgermeister Clawes Witte auf. Die Vermutung liegt nahe, daß es sich in diesen Fällen nicht um Subsistenzkredite handelt, denn Ghese war ihrem Testament nach durchaus begütert.

Am 4. Februar 1514 setzt sie *krencklick . . . van personen und in dem licham, so doch myth gadeß hulpe redelich* ihr Testament auf. Darin vermacht sie der Kremper Kirche *umme myner ßelen salicheyth* 8 ß, der Stadt Krempe wie üblich *to weghe und steghe* 8 ß 4 d und ihren *negesten erven* ebenfalls 8 ß 4 d. Das ist eine Mindestabgabe und deshalb betont sie auch: *dat ick van mynen frunden nene arff ghudere hebbe entfangen, darumme ick mochte vor plichtiget syn, mynen frunden wedder ume vurder wes tho ervende. Overst wes ick in tidtliken guderen na latbe, hebbe ick myt swaren arbeyde vor worven.* Ihre Kinder gehen, bis auf die mittlere Tochter, leer aus. Dieser vermacht sie ein Bett mit Zubehör und ihre beste Decke. Ihrem Knecht überläßt sie alles, was zum Amt gehört – gemeint ist wohl das Wandschneider- oder Wandbereiter-Amt, denn es werden *becken, doke* und *rescop* genannt. Neben einer gewissen Heilwig, der sie 2 rheinische Gulden zugedenkt, sind dies die einzigen weltlichen Erben. Den Hauptanteil erhält die Kremper Kirche und ihre Institutionen. Die Stiftung einer ewigen Memorie für 2 m gehört ebenso hierher wie die Hinterlassung von Sachgütern und Geldmitteln (Silberwerk, silberne Löffel, Silbergürtel, das beste Tischtuch, drei der besten Laken, drei silberne Becher und 16 m in Geld). Die Armen im Gasthaus erhalten *wes den dar baven beter yß in ghelde.*

Es zeigt sich, daß Ghese Mesterhinrickes zu den begüterten Frauen gehörte und die soziale Wertschätzung, die sie genoß, drückt sich auch in den Testamentsvollstrekkern aus: Es sind der Kirchherr Bartelt Grimpe, der Ratmann Hans Schrewer und der Bürger und nachmalige Ratmann Arndt Mathies.

K.-J. Lorenzen-Schmidt: Zur Stellung der Frauen in der frühneuzeitlichen Städtegesellschaft Schleswig-Holsteins [53], S. 331–337.

4. Zur sozialen Lage des weiblichen Dienstpersonals

[42]

Drey arme hauß meyd klagẽ auch/Die yar dinst seind yn herb vñ rauch.

Die Handtwercks Mayd klagt.

Ach liebe Els auff meinen ayd
Wie seind wir arme haußmaid
Von yederman veracht/verschmächt
Seind doch auff alle settel gerecht
Ein ganczes jar vmb klainen lon
Wo ich etwas zů prechen thon
So thůt man mirs am lon abschlagẽ
Sol ich dann von der arbait klagen
Da dreibt man mich ab wie ain pferd
Inn der kuchen vnd vmb den herd
Mit fegen praten / sieden vnd kochen
Mit betten keren vber dwochen
Ich sey geleich gsund oder schwach
Da fragt mein Fraw gar nichtẽ nach
Ich můß stets ligen inn der aschen
Die wochen halbe můß ich waschen
Dem maisster fraw kinden vnd knechtẽ
Vnd bin zwar erst haim kumen nechtẽ
Vmbhangen binden vnde sornen
Mit eyßzapffen schier gar erfroren
Klapperent als het ich an ain panczer
Meine frawẽ het nit kleckt ein ganczer
Jar lon/zů thůn ain solche wesch
Vnd dunckt sich doch mit arbeit resch
Ja mit essen/trincken vnd schlaffen
Vñ schreit doch vber mich laut waffen
Ich sey zů faul vnd gar kain nücz
Derhalb so bin ich so vrdrücz
Ich wil heyraden/waß ratest du.

Eins Burgers vnd Mayd

Ach liebe Gred so hör mir zů
Es ist wol recht vnd eben war
Doch hab ich auch ain hertes jar
Mein dienst sam inn ainer Claus
Ich dörfft nit schmeckẽ auß dem hauß
Das mir doch ferd offt ward vergindt
Weil ich bey meinem maister dient
Yetz hab der Herren ich so vil
Yeder vber mich herschen will
Fraw/tochter/schnür/vñ auch schwiger
An der yede hab ich ein krieger
Vnd ob ich geleich thů ainer recht
Wirdt von der anderẽ ich verschmächt
Am Feirtag thůnd sy mich fretten
Mit goller vnd mit hauben gletten
Wann sy gen kirchen wöllen brangen
Můß ich dann mit jn sein behangen
Man möcht dieweil gerüster han
Ein Krönlein stecher auff die ban
Dann můß ich arme blosse diern
Inn der Kirchen bey jn erfriern
Můß jn dann jr klaider auß reiben
Vnd die nacht bey den kinden bleiben
Mit wenig schlaffen/frů auff ston
Den halben tag inn der stat vmb gon
Damit zerreiß ich schůch vnd klaider
Vnd das ich schier gee nackend layder
Hab gleich so wenig als du
Darumb mein Gred so rath darzů
Wie mirs auff Liechtmeß greyffẽ an
Ich het lust zů nemen ain Man.

Die Bauren Mayd klagt.

Jr zwů klagt vngeblewen arß
Dieß nicht will glauben die erfars
Auff dem dorff hab ich hartes leben
Mit schwerer arbeyt vnd darneben
Sumer vnd winter wenig zů schlaffen
Mit küen/sewen/genß vnd schaaffen
Mit melcken/putern/misten/ strewen
Mit grasen/schneyden/preyten/hewens
Mit brechen/bechelen/ hanff vnd flach
Vnd als was auß der erden wachs
Můß arbayten inn wind vnd regen
Essen doch grobes brot allwegen
Gar selten fleisch nur milich vnd prey
Schaut nun welcher dienst herter sey
Die soll jr nemen ainen man
Derhalb solt ichs am ersten than.

Anthony Formschneyder zů Augspurg

Einführung

Rund 10%–20% der erwachsenen Bevölkerung im Spätmittelalter sind dem Dienstpersonal zuzurechnen, das überwiegend im Haushalt seiner Arbeitgeber lebte. Ähnlich wie für die Gesamtbevölkerung der Städte nahm Bücher bei den Knechten und Mägden einen weiblichen Bevölkerungsüberschuß an[1]. Eine Zusammenstellung der mir zugänglichen Daten [43], vermag diese Annahme eines generellen Überschußes an Mägden nicht zu bestätigen. Das Datenmaterial weist vielmehr auf charakterstische Unterschiede in den Geschlechtsproportionen des Dienstpersonals

[1] Bücher: Frauenfrage im Mittelalter [41], S. 6.

hin. Von dem zusammengestellten Zahlenmaterial sollen die Angaben von Orten, deren Daten unvollständig sind sowie diejenigen Nürnbergs aus den bereits erwähnten Gründen unberücksichtigt bleiben. Vergleichbar den Nürnberger Verhältnissen dürften auch die Züricher Angaben kein zutreffendes Bild vermitteln, denn die Stadt wurde damals durch den Zürichkrieg (1351–55) schwer getroffen. Problematisch erscheint schließlich die Heranziehung der Berner Zahlen, denn die geringe Zahl von 38 Mägden und Knechten steht in keinem Verhältnis zur Größe dieser Stadt, so daß diese Angaben unvollständig sein dürften.
Eine genauere Analyse des verbleibenden Datenmaterials ergibt, daß die Geschlechtsproportionen des Dienstpersonals in erster Linie von dem im jeweiligen Ort bzw. der jeweiligen Region gegebenen geschlechtsspezifischen Arbeitsplatzangebot und damit von der jeweiligen Wirtschaftsstruktur bestimmt werden. Weist die Fernhandelsstadt Rostock eine deutlich größere Zahl an Mägden auf, so überwiegt in den vom Handwerk dominierten Städte die Zahl der Knechte. Kein einheitliches Bild bieten auf den ersten Blick die Ackerbürgerstädte und die Landgebiete. Die sich scheinbar widersprechenden Angaben dürften jedoch auf der schwerpunktmäßigen Ausrichtung der agraren Produktion beruhen. Entsprechend der geschlechtsspezifischen Arbeitsteilung auf dem Lande weisen Gebiete mit entwickelter Viehzucht eher einen überwiegenden Anteil an Mägden, Gebiete mit größerer Bedeutung des Ackerbaus eher einen erhöhten Anteil an Knechten auf.
Die Annahme, daß die unterschiedlichen Geschlechtsproportionen des Dienstpersonals auf der wirtschaftlichen Ausrichtung der jeweiligen Orte beruhen, wird durch eine nähere Aufschlüsselung des Gesindes auf die einzelnen Berufssparten sowie die Verteilung auf die einzelnen Stadtviertel bestätigt. In wohlhabenderen Vierteln, in denen sich typische Angehörige der Oberschichten wie Patriziat, Fern- und Großhändler sowie Angehörige gelehrter Berufe konzentrieren, liegt die Zahl der Mägde deutlich über derjenigen der Knechte. In ärmeren, vom Handwerk geprägten Vierteln überwiegen hingegen die Knechte [44]. Das gleiche Bild ergibt sich bei der Verteilung von Mägden und Knechten auf die verschiedenen Zünfte und Berufsgruppen. Handwerkliche Gewerbezweige weisen eindeutig mehr Knechte auf, während im Patriziat, bei Beamten und Hofbediensteten, im Handel, im Gaststättengewerbe, den Handwerken mit einem hohen Verkaufsanteil (Metzger, Bäcker), in der Landwirtschaft sowie bei den Angehörigen gelehrter Berufe gleichviele oder sogar mehr Mägde als Knechte beschäftigt sind [45,46].
Dieser Befund läßt deutlich die geschlechtsspezifischen Schwerpunkte der abhängigen Erwerbstätigkeit in den spätmittelalterlichen Städten erkennen. Das männliche Gesinde wurde in erster Linie in der gewerblichen Produktion beschäftigt, das weibliche Gesinde in den hauswirtschaftlichen Betätigungsfeldern. Als typisch weibliche Berufe erscheinen in den spätmittelalterlichen und frühneuzeitlichen Lohnordnungen und Haushaltsbüchern Köchin, Kellerin, Kindsmagd und schließlich die für nahezu

alle Arbeiten einsetzbare, nicht weiter spezialisierte Untermagd. Auf dem Land finden wir die mit der Milchwirtschaft befaßten Mägde sowie wiederum die einfachen, nichtspezialisierten Mägde. Bezieht man die im Tagelohn bezahlten Arbeitskräfte mit ein, so erscheinen als typisch weibliche Betätigungsfelder zusätzlich der Garten- und Weinbau sowie Saisontätigkeiten in der Landwirtschaft, aber auch Handlangerdienste im Baugewerbe [47–57].

Die Mägden und Knechten gezahlten Löhne weisen erhebliche geschlechtsspezifische Unterschiede auf. Durchschnittlich betrugen die Löhne der Mägde nur etwa die Hälfte der der Knechte [47–60]. Die Häufigkeitsverteilung auf die einzelnen Lohnstufen zeigt besonders kraß die Lohndiskriminierung der Frauen, die fast nur in den unteren Lohngruppen vertreten sind. Nur wenige Frauen erreichen den männlichen Durchschnittslohn. In den höheren Lohngruppen finden sich schließlich gar keine Frauen mehr [58–60]. Diese niedrigeren Löhne der Mägde lassen sich nicht ausschließlich mit der geringeren Entlohnung des Hausgesindes gegenüber den gewerblichen Arbeitskräften erklären, denn auch die in der Landwirtschaft gezahlten Löhne weisen ähnliche Unterschiede auf [47, 49–55]. Besonders deutlich wird die geringere Bewertung der weiblichen Arbeitskraft bei einem Vergleich der Tagelöhner/-innenentgelte. Auch bei gleichen Tätigkeiten erhielten Frauen nur 50–70% der den Männern gezahlten Löhne [50,52,53,56].

Da Knechte und Mägde meist im Haushalt ihres Arbeitgebers bzw. ihrer Arbeitgeberin lebten, entstanden ihnen keine weiteren Aufwendungen für Unterkunft und Verpflegung. In unterschiedlichem Ausmaß mußten sie ihren Lohn jedoch für den Kauf von Kleidung verwenden. Die Angaben Tuchers lassen auf eine jährliche Durchschnittsausgabe von 2–3 fl rh pro Magd bzw. Knecht schließen [62]. Die nötigen Beträge für den Kauf von Kleidungsstücke wie Mantel oder Rock konnten vom Dienstpersonal nur dadurch aufgebracht werden, das es sich seinen Lohn über Jahre nur z. T. auszahlen und beim Arbeitgeber stehen ließ. Die hohen Aufwendungen für Kleidung machen deutlich, daß die Möglichkeiten der Ersparnisbildung für das Dienstpersonal relativ gering waren. Aufgrund der erheblich niedrigeren Mägdelöhne waren sie für Frauen ungleich geringer als für Männer. Wenn es dennoch Mägde gab, die eigene Vermögen versteuerten oder darüber testamentarisch verfügten [63–65], so dürfte dies zum großen Teil auf Vermächtnissen in den Testamenten ihrer Dienstherren/-herrinnen beruhen [67–68]. Auf dem Hintergrund der geringen Sparmöglichkeiten konnten die Mägde im Vergleich zu den Knechten nur äußerst selten aktiv eine Verbesserung ihrer sozialen Position über einen Berufswechsel und die Gründung eines eigenen Hausstandes bewirken. Veränderungen ergaben sich für die Mägde nur meist durch Heirat, bisweilen auch durch Klostereintritt [57]. Kam es zu keinen Zerwürfnissen mit dem/der Dienstherrn/-herrin, so blieben sie meist über mehrere Jahre in einem Dienstverhältnis. Im Vergleich zu den wandernden Handwerksgesellen waren die Mägde recht immobil.

In arbeitsrechtlicher Hinsicht wurden Knechte und Mägde gleich behandelt [69, 70]. Das enge Zusammenleben von Herrschaft und Bediensteten in einem Haushalt verlief naturgemäß nicht ohne Spannungen. Die persönliche Abhängigkeit wurde für die Mägde häufig dadurch verschärft, daß sie zu Sexualobjekten des Herrn oder seiner Söhne wurden [71]. Den zahlreichen Klagen über das Dienstpersonal seitens der Dienstherren/-herrinnen sollte man kein allzu großes Gewicht beimessen. Sie lassen sich allzu leicht aus den Interessen des Arbeitgebers erklären [72–75].

Quellen und Materialien

[43] Das Geschlechterverhältnis des Dienstpersonals in spätmittelalterlichen und frühneuzeitlichen Gemeinden und Kreisen

Ort/Gebiet	Jahr	Knechte	Mägde	Zahl der Knechte auf 100 Mägde
Zürich[1]	3 Zählungen 1351, 1366, 1376	∅ 63	∅ 205	31
Bern[2]	1389	24	14	171
Bautzen[3]	16 Zählungen 1400–1436	∅ 363	∅ 461	79
Freiburg i. Ü.[4]	1447/48	187	254	74
Nürnberg[5]	1449	1219	1563	78
Dresden[6]	1452	118	165	72
Basel[7]	1454	172	110	156
Leipzig[8]	1481	854	546	156
Meißen[9]	1481	147	129	114
Vogtei Gadebusch[10]	1496	53	59	90
Vogtei Boizenburg[10]	1496	49	65	75
Vogtei Goldberg[10]	1496	56	38	147
Vogtei Plau[10]	1496	44	34	129
Landau[11]	1496/99	130	96	135
Bruchsal[11]	1496/99	48	41	117
Lauterburg[11]	1496/99	27	20	135
4 Dörfer des ürstenbistums Speyer[11]	1496/99	22	13	169
Freiburg i. Br.[12]	1496/99	396	303	131
Brixen[13]	1497	63	64	98
Kirchberg[13]	1497	54	72	75
Westendorf[13]	1497	49	78	63
Hopfgarten[13]	1497	50	66	76
Basel[14]	1497	279	211	132
Ahaus[15]	1498	37	48	77
Südlohn[15]	1498	25	20	125
Amt Cloppenburg[15]	1498	82	66	124
Amt Arnshaug[16]	1542	128	167	77

[43] Fortsetzung

Ort/Gebiet	Jahr	Knechte	Mägde	Zahl der Knechte auf 100 Mägde
Amt Triptis[16]	1542	39	38	103
Stift Saalfeld[16]	1542	15	51	29
Grundherrschaft Woltersdorf[16]	1542	13	8	163
Wittenberg[17]	1542	209	253	83
Herzberg[17]	1542	30	50	60
Schildau[17]	1542	7	20	35
Belgern[17]	1542	27	33	82
Wahrenbrück[17]	1542	5	9	56
Herzogtum Württemberg[18]	1544/45	6150	4700	131
Stuttgart[19]	1545	257	162	158
Amt Saalfeld[16]	1547	28	40	70
Leipzig[20]	um 1550	673	658	102
Grundherrschaft Poppenheim[16]	1557	55	72	76
Köln[21]	1574	1303	1236	105
Heidelberg[22]	1588	513	428	120

erstellt nach:

1 Wachendorf: Die wirtschaftliche Stellung der Frau in den Städten des späteren Mittelalters [367], S. 135.

2 Ders., a. a. O., S. 136.

3 Jatzwauk: Die Bevölkerungs- und Vermögensverhältnisse der Stadt Bautzen [256], S. 18f.

4 Buomberger: Bevölkerungs- und Vermögensstatistik in der Stadt und Landschaft Freiburg [236], S. 232 (nur 3 von 4 Stadtbezirken).

5 Bücher: Die Bevölkerung von Frankfurt a. M. [233], S. 34 (ohne das erste Viertel, da dort für Knechte u. Mägde keine geschlechtsspezifische Aufschlüsselung möglich ist).

6 Richter: Zur Bevölkerungs- und Vermögensstatistik Dresdens [280], S. 279.

7 Bücher: Die Bevölkerung von Frankfurt a. M. [233], S. 41 (nur zwei von fünf Stadtvierteln).

8 Wesoly: Der weibliche Bevölkerungsanteil in den spätmittelalterlichen Städten [297], S. 79.

9 Richter: Zur Bevölkerungs- und Vermögensstatistik Meißens [281], S. 3.

10 Engel: Die mecklenburgischen Kaiserbederegister v. 1496 [245] (eigene Auswertung) (Vogtei Gadebusch 15 v. 34 Gemeinden, Vogtei Boizenburg 8 v. 28 Gemeinden, Vogtei Goldberg 14 v. 28 Gemeinden, Vogtei Plau 4 v. 21 Gemeinden).

11 Schuler: Die Erhebungslisten des „Gemeinen Pfennigs" von 1496–99, [287], S. 143.

12 Schuler: Die Bevölkerungsstruktur der Stadt Freiburg [286], 163.

13 Mayer: Die Reichssteuern des „Gemeinen Pfennigs" aus dem Jahre 1497 im Brixental [272], (eigene Auswertung).

14 Wesoly, a. a. O., S. 78f.

[15] Hartig: Die Register der Willkommschatzung v. 1498 u. 1499 im Fürstbistum Münster [249] (eigene Auswertung).
[16] Schwarze: Soziale Struktur und Besitzverhältnisse der ländlichen Bevölkerung Ostthüringens im 16. Jh. [288], Tabellenanhang S. 157ff. (z. T. nicht alle Gemeinden eines Amtes erfaßt).
[17] Stoy: Zur Bevölkerungs- und Sozialgeschichte kursächsische Kleinstädte im Zeitalter der Reformation [292], S. 215.
[18] Bull: Die württembergische Türkensteuerliste von 1544/45 [234], S. 109.
[19] Wunder: Die Stuttgarter Steuerliste von 1545 [301], S. XXVIII.
[20] Feige: Die Sozialstruktur der spätmittelalterlichen Stadt im Spiegel der historischen Statistik [247], S. 367.
[21] Wesoly, a. a. O., S. 78f. (9 v. 12 Kirchspielen).
[22] Eulenburg: Städtische Berufs- und Gewerbestatistik im 16. Jh. [246], S. 88

[44] Das Geschlechterverhältnis des Dienstpersonals in ausgewählten Augsburger Stadtbezirken, 1428

Bezirk	Unterschicht-prozentsatz	Steuerzahler	kaufmännische Gehilfen	Knechte	Mägde
I	46,1	1445	25	227	304
II	75,0	263		51	16
III	88,8	324		31	19

erstellt nach:
Piper: Der Stadtplan als Grundriß der Gesellschaft [279], S. 121, S. 123.

[45] Die Verteilung von Knechten und Mägden auf die Landauer Zünfte, 1496/99

Landau	Knecht	Knabe	Gesamtzahl	Magd	Maid	Gesamtzahl	Gesinde	Gesamtzahl des Personals	Zahl der Zunftmitglieder
Alte Rat	5		5	15		15		20	12
Krämerzunft	11	2	13	14		14		27	59
Schneiderzunft	16		16	2		2		18	35
Schuhmacherzunft	21	1	22	8		8	11	41	115
Wirtszunft	13	1	14	12	2	14		28	33
Metzgerzunft	4		4	5		5		9	15
Lauer- oder Gerberzunft	6		6	3		3		9	15
Bäckerzunft	11		11	7		7		18	15
Schmiedezunft	22		22	8	4	12	4	38	33
Ackerzunft	5	1	6	3		3	16	25	47
Benderzunft	7		7					7	35

[45] Fortsetzung

Landau	Knecht	Knabe	Gesamtzahl	Magd	Maid	Gesamtzahl	Gesinde	Gesamtzahl des Personals	Zahl der Zunftmitglieder
Decker- und Maurerzunft		1	1	2		2		3	23
Wingertzunft				6		6		6	129
Hintersassen	3		3	5		5		8	
Gesamtzahl	124	6	130	90	6	96	31	257	566
% an der Gesamtbevölkerung	7,7%	0,3%	8,1%	5,6%	0,3%	6,0%	1,9%	16,1%	35,4%

aus: Schuler: Die Erhebungslisten des „Gemeinen Pfennigs" von 1496 99 [287], S. 144.

[46] Die Verteilung von Knechten und Mägden auf die Heidelberger Berufe, 1588

Berufsarten	Knechte	Mägde
A. Urproduktion.		
1. Weingärtner	1	6
2. Fischer	3	6
3. Müller	12	6
4. Bauersleute	8	7
5. Gärtner	3	3
	27	**28**
B. Gewerbe 1. e. S.		
I. Metallarbeit	55	30
II. Textilindustrie	30	8
III. Leder und Hanf	23	18
IV. Holzverarbeitung	32	16
V. Nahrungsmittel	48	39
VI. Bekleidung	97	40
VII. Baugewerbe	42	16
VIII. Verschiedene	7	5
	334	**172**

	Knechte	Mägde
C. Handel und Verkehr.		
1. Fuhrleute (b)	4	9
2. Zwischenhändler (a)	3	1
3. Gastwirte (c)	16	21
4. Schiffer (b)	19	6
5. Krämer (a)	6	8
6. Höker (a)	1	4
7. Weinschenke (c)	–	3
8. Boten (b)	–	1
9. Biersieder (c)	1	2
	50	**55**
D. Liberale Berufe und öffentliche Dienste.		
a) Liberale Berufe.		
1. Professoren	2	13
2. Geistliche	3	12
3. Licentiaten	1	7
4. Schulmeister	4	7
5. Lehrer	–	–
6. Doktoren	2	11
7. Ärzte	4	7
8. Apotheker	5	4
9. Bibliothekar	1	–
	22	**61**

[46] Fortsetzung

Berufsarten	Knechte	Mägde		Knechte	Mägde
b) Höhere Beamte.			c) Niedere Beamte in Hof und Gemeinden		
1. Junker am Hofe	21	11	1. Boten	–	–
2. Verwaltungsbeamte	8	20	2. Hof- und Stadtknechte	1	4
3. Vorsteher	3	15	3. Diener	1	5
4. Gerichtsbeamte	11	15	4. Schreiber	6	6
5. Hofämter	5	5	5. Aufseher	18	13
6. Städtische höhere Ämter	10	8	6. Forst- und Waldbeamte	9	7
	58	**74**	7. Waffenbeamte	4	2
			8. Verschiedene	10	6
				88	**71**
			a + b + c	**249**	**188**
			E. Tagelöhner.		
				–	–
			Insgesamt	**513**	**428**

erstellt nach: Eulenburg: Städtische Berufs- und Gewerbestatistik im 16. Jh. [246], S. 86–88.

[47] Frauen- und Männerlöhne in der Tiroler Landesordnung, 1352

Tätigkeit	Jahreslohn	29. 9.–7. 1. pro Tag	7. 1.–29. 9. pro Tag
Besserer Bauernknecht	12 Pfund; 2 neue Schuhe		
Bessere Magd	7 Pfund; 2 neue Schuhe		
Tagelöhner		20 Pfennig und Kost	30 Pfennig und Kost
Tagelöhnerin		10 Pfennig und Kost	20 Pfennig und Kost
Mäher			40 Pfennig und Kost
Schnitter			40 Pfennig und Kost

erstellt nach: Franz: Quellen zur Geschichte des deutschen Bauernstandes im Mittelalter [163], S. 470f.

[48] Frauen- und Männerlöhne in der Ulmer Lohnordnung v. 8. 4. 1425

Tätigkeit	22. 2.–2. 10 pro Tag	2. 10.–22. 2. pro Tag	ganzjährig pro Tag	Jahreslohn
Zimmermann, Meister	4 Schilling	3 Schilling		
Zimmermann, Geselle	3 Schilling 6 Heller	2 Schilling 4 Heller		
Zimmermann, Lehrling	3 Schilling	2 Schilling		
Maurer, Meister			4 Schilling	
Maurer, Lehrling			3 Schilling	
Mörtelmacher			2 Schilling 6 Heller	
Dachdecker, Meister u. Geselle			4 Schilling 6 Heller	

Tätigkeit	22. 2.–2. 10 pro Tag	2. 10.–22. 2. pro Tag	ganzjährig pro Tag	Jahreslohn
Dachdecker, Lehrling			3 Schilling	
Lehmwandmacher, Meister			3 Schilling	
Lehmwandmacher, Geselle			2 Schilling 6 Heller	
Zaunmacher			2 Schilling 6 Heller	
Tagelöhner, die graben, eggen, Zugvieh treiben, Holz hauen, dreschen	2 Schilling 2 Heller	1 Schilling 6 Heller		
Drescher			1 Schilling 2 Heller	
Flachsarbeiterin		1 Schilling 4 Heller	1 Schilling und einfache Kost	
Hechlerin				
Kellerin				6 Pfund; 2 Schilling für Weine; 6 Ellen Leinwand
Untermagd				5 Pfund; 1 Schilling für Weinkauf; 6 Ellen Abwerg
Kindsmagd				2 Pfund; 4 Ellen aus Abwerg hergestelltes Tuch
Bauknecht				12 Pfund
Hausknecht				9 Pfund

erstellt nach: Mollwo: Das rote Buch der Stadt Ulm [193], S. 179–183

[49] Frauen- und Männerjahreslöhne in preußischen Lohnordnungen, 1420–1526

Tätigkeit	1420	1427	1452	1526
Großknecht	3 M	3½ M	3½ M	8 M
Pflughalter	2 M	3 M	3 M	
Pflugtreiber	1½ M	1½ M	1½ M	3–4 M
Großmagd	1 M	7 Firding	1½ M	3–4 M

1 Mark = 4 Firding

erstellt nach: Steffen: Beiträge zur Geschichte des ländlichen Gesindes in Preußen am Ausgange des Mittelalters [291], S. 31 f.

[50] Frauen- und Männertagelöhne einer Frankfurter Lohnordnung von 1425 in Pfennigen

Tätigkeit	Sommer		Winter		Frühjahr
	mit Kost	ohne Kost	mit Kost	ohne Kost	ohne Kost
Zimmerleute und Schreiner	31½	45	27	36	
Maurer und Steinhauer	30	42	22½	31½	
Weinbergarbeiter	–	20	–	14	18
Weinberg-arbeiterinnen	–	12	–	10	10
Handlanger	16	22	12	18	

erstellt nach: Elsas: Umriß einer Geschichte der Löhne und Preise in Deutschland [243], Bd. 2, Teil B, S. 65.

[51] Frauen- und Männerjahreslöhne der sächsischen Lohnordnungen von 1466 und 1482 in rheinischen Goldgulden

Tätigkeit	1466	1482	Tätigkeit	1466	1482
Schirrmeister	8	6	Schweinehirt	1½	1¼
Ackerknecht	6	5	Käsemutter	3	2½
Pflugtreiber	4	4	Großmagd		2
Schweinetreiber	5		andere Magd	2½	1¾
Kuhhirt	2		Kuhmagd		1¼

erstellt nach: Wuttke: Gesindeordnungen und Gesindezwangsdienst in Sachsen bis zum Jahre 1835 [304], S. 12.

[52] Frauen- und Männertagelöhne einer Freiberger Lohntaxe, 1470

Tätigkeit	mit Kost	ohne Kost	Tätigkeit	mit Kost	ohne Kost
Tagelöhner (Holzhauer, Mistauflader)	12 Heller	2 Groschen 3 Heller	Grasmäher	2 Groschen	
			Schnitterin	15 Heller	
			Hafer- und Heurecherin	10 Heller	
Lehmwand- macher	2 Groschen	3 Groschen 3 Heller	Binder	3 Groschen	
Zimmermann	3 Groschen		Garten- arbeiterin (Gießerin, Hopfen- pflückerin	1 Groschen	
Maurer	3 Groschen				
deren Knechte	2 Groschen				
Getreidemäher	3 Groschen		Gräberin	12 Heller	

1 Groschen = 18 Heller

erstellt nach: Urkundenbuch der Stadt Freiberg i. Sa. [211], Bd. 1, Nr. 397, S. 271 f.

[53] Frauen- und Männerlöhne nach der bayerischen Landesordnung von 1553

Tätigkeit	Jahreslohn	Tageslohn (ohne Kost)	Tätigkeit	Jahreslohn	Tageslohn (ohne Kost)
Großknecht	6–8 Gulden		Hausdiener	2–3 Pfund	
Mittlerer Knecht	4–6 Gulden		Kindsmagd	½ Pfund	
Fütterer und Hirte	3–4½ Gulden		Maurermeister		35 Pfennige
Hausknecht	bis 4 Gulden		Maurergeselle		30 Pfennige
Köchin	4–5 Gulden		Mörtelbereiter		20 Pfennige
Kindswärterin	½ Pfund		Stein- und Mörtelträger		18 Pfennige
Vieh- und			Stein- und Mörtelträgerin		16 Pfennige

erstellt nach: Quellen zur neueren Privatrechtsgeschichte Deutschlands [198], Bd. 2,1, S. 284, S. 28.

[54] Gezahlte Frauen- und Männerhalbjahreslöhne des Klosters Preetz von 1398–1507

Tätigkeit	1348	1411	1416	1492	1498	1507
Bäckermeister	2 MK	2 MK 8ß	3 MK	–	–	–
dessen Knechte	2 MK	2 MK	2 MK	–	–	–
Küchenmeister	MK	2 MK	2 MK	–	–	–
dessen Knechte	8ß	1 Mk 6ß	1 MK 8ß	–	–	–
Schmied	3 MK 10ß	–	–	–	–	–
Schneider	1 MK 6ß	–	–	–	–	–
Kuhhirt	2 MK	–	2 MK	2 MK	–	–
Schweinehirt	1 MK 6ß	–	2 MK 2ß	1 MK 8ß	–	–
Schweinemeierin	–	–	–	2 MK 8ß	–	–
Meierin	1 MK 8ß	1 MK 4ß	1 MK 12ß	2 MK 8ß	–	2 MK 8ß
deren Mägde	1 MK 2ß	–	–	–	–	–
Vorknecht	–	–	2 MK 4ß	–	–	–
Knecht	–	–	2 MK	–	–	–
Magd	–	–	1 MK 8ß	2 MK	2 MK	–
Erntemagd	–	–	1 MK	–	–	–

erstellt nach: Waschinsky: Währung, Preisentwicklung und Kaufkraft des Geldes in Schleswig-Holstein 1226–1864 [296], Bd. 2, S. 280 f.

[55] Gezahlte Frauen- und Männerjahreslöhne auf verschiedenen preußischen Gütern 1450–1529

Tätigkeit	1450–59	1460–69	1470–79	1480–89	1490–99	1500–09	1510–19	1520–29
Wagenknecht	4 M	3 M	–	3 M	–	8 M–10 M	7 M–10 M	6 M–7 M + Kleidung
Kellerknecht	4 M	4 M	4 M	–	–	6 M–9 M	4 M–10 M	7 M–8 M + Kleidung
Bäckerknecht	3 M	3 M	–	–	–	–	–	–
gewöhnl. Knecht	5 M	–	4 M	8 M	–	–	3 M–6 M	5 M–6 M
Viehmutter	4 M	4 M	4 M	4 M–5 M	–	6 M	4 M–10 M	4 M–8 M
gewöhnl. Magd	2½ M	3 M	3 M	3 M	–	–	2 M 7 sh– 3½ M	2 M–4 M

1 Mark = 60 Schillinge

erstellt nach: Steffen: Beiträge zur Geschichte des ländlichen Gesindes in Preußen am Ausgange des Mittelalters [291], S. 35–43.

[56] Gezahlte Tagelöhne in Pfennigen von Handlangern und Handlangerinnen auf Würzburger Baustellen v. 1428–1524

Jahr	5–7		8–9		10–12		13–18		Zahl der Arbeiter	Zahl der Arbeiter-innen	Durchschnittslohn	
	m	w	m	w	m	w	m	w			m	w
1428–49	7,6	39,9	–	58,9	46,2	1,2	46,2	–	13	323	11,6	7,7
1450–74	0,5	3,4	3,9	72,0	51,4	24,1	44,2	0,5	381	1472	12,6	9,0
1475–99	5,3	9,6	22,9	78,4	45,8	12,0	26,0	–	131	209	11,2	8,3
1500–24	2,1	1,2	14,0	48,9	32,5	49,0	46,4	–	237	429	12,7	9,2
insgesamt	2,0	8,4	11,8	66,8	44,5	24,5	41,7	0,3	762	2433	12,4	88

erstellt nach: Elsas: Umriß einer Geschichte der Löhne und Preise in Deutschland [243], Bd. 1, S. 737–752

[57] Gesindelöhne im Haushalt A. Tuchers von 1507–1517

1. Frauen

Jahr	Tätigkeit und Barlohn		zusätzl. Bezüge	Bemerkungen	Kontoabschluß (Ersparnisse)
1507	1. Kellerin	4,5 fl/Jahr	1508: 6 fl Hochzeitsgeschenk versprochen	langjährige Untermagd, 6 fl als Abschiedsgeschenk zur Hochzeit	?
1508	2. neue Kellerin	5 fl/Jahr	1/4 fl bar, 4 Ellen Leinen	scheidet 1508 wegen Eintritt ins Kloster aus; 1/4 fl + Leinen als Abschiedsgeschenk	3/4 Jahr Lohn = 3,75 fl + 1/4 fl Geschenk = 4 fl insgesamt
1508	3. Untermagd	26 lb = 3,09 fl	–	die Untermagd kommt aus Ansbach	
1509	dieselbe	26 lb = 3,09 fl	4 lb = 0,47 fl Draufgeld	3,5 fl Ausgabe für Mantel	2. Febr. 1510: 26 lb 18 d = 3,16 fl gespart
1510	?		?	?	?
1511	derselbe	26 lb = 3,06 fl	6 lb = 0,71 fl geschenkt	1511 ausgeschieden wegen Hochzeit, 6 lb als Abschiedsgeschenk	3/4 Jahr Lohn + 6 lb gschenkt = 25,5 lb = 3,03 fl
1516	4. Köchin u. Kellerin	5,5 fl/Jahr	–	–	?
1517	dieselbe	5 fl/Jahr	6 Ellen Flachstuch	–	?
1518	dieselbe	5 fl/Jahr	60 d = 0,24 fl Draufgeld	–	?
1515	5. Kindsmagd	26 lb = 3,09 fl	–	–	Januar 1517:
1516	dieselbe	26 lb = 3,09 fl	–	–	26 lb = 3,09 fl
1517	dieselbe	26 lb = 3,09 fl	50 d = 0,2 fl Draufgeld	1518 mit gleichem Lohn weiter im Dienst	Guthaben
1515	6. Untermagd	27 lb = 3,21 fl	Draufgeld, ohne Zahlenangabe	–	–
1516	dieselbe	27 lb = 3,21 fl	Draufgeld, ohne Zahlenangabe	1518 mit gleichem Lohn weiter im Dienst	–
				1523 ausgeschieden wegen Hochzeit, Geschenk: 4 fl für Mahl	?

2. Männer

Jahr	Tätigkeit und Barlohn		zusätzl. Bezüge	Bemerkungen	Kontoabschluß (Ersparnisse)
1507	1. Hausknecht	7 fl/Jahr	–	schon vor 1507 im Dienst	Guthaben aus früh. Jahren: 10,25 fl
1508 1509 1510 1511	derselbe derselbe derselbe derselbe	7 fl/Jahr 7 fl/Jahr 7 fl/Jahr 7 fl/Jahr	– – – –	Ausgeschieden 1511, anschließend verheiratet sich der Hausknecht und kauft zur Hochzeit von seinen Ersparnissen (27 1/4 fl) um 10 fl Kleider	Restguthaben nach Kleiderkauf im April 1511 : 17,25 fl
1512	2. Reisiger Knecht	6 fl/Jahr	1 Sommer-/ 1 Winterkleid		ausbezahlt Febr. 1513: 5,88 fl
1511 1512 1513 1514	3. Hausknecht derselbe derselbe derselbe	6 fl/Jahr 6 fl/Jahr 6 fl/Jahr 6 fl/Jahr	– – – –	Ausgeschieden Febr. 1515, um in Erfurt Lesen u. Rechnen zu lernen; Guthaben ausbezahlt	Februar 1514, Guthaben: 12 fl Februar 1515, Guthaben: 18 fl
1515 1516	4. Hausknecht derselbe	6 fl/Jahr 6 fl/Jahr	– 1 Rock, 50 d Draufgeld	Ausgeschieden Sept. 1515 wegen Krankheit; er erhält 2 fl Reisegeld und schuldet 1,5 fl	Sept. 1516, Schulden: 1 fl 132 d
1514	5. Hausknecht	2,5 fl (1/2 Jahr)	–	Ausgeschieden Febr. 1515, Schulden wegen Kleiderkauf	Febr. 1514, Schulden: 3,72 fl
1515	6. Hausknecht	6 fl/Jahr	2 fl für 1 Kleid	Erhält das Kleid wegen guter Lese- u. Schreibkenntnisse; ausgeschieden Febr. 1516	Febr. 1516, Guthaben: 4,5 fl
1516	7. Hausknecht	6 fl/Jahr	50 d Draufgeld	Beurlaubt Mai 1516, 1/4 fl Geschenk	Mai 1516, Guthaben: 1,75 fl
1517?	8. Hauslehrer	kein Barlohn	Verpflegung	Der Hauslehrer darf täglich 1–2 Stunden an der Poetenschule unterrichten	–

aus: Dirlmeier: Untersuchungen zu Einkommensverhältnissen und Lebenshaltungskosten in oberdeutschen Städten des Spätmittelalters [239], S. 92 f.

[58] Bandbreite und Häufigkeitsverteilung von Gesindelöhnen in zwei Baseler Kirchspielen, 1451

Wochenlohn	Jahreslohn	Zahl der Mägde	% der Gesamtzahl	Zahl der Knechte	% der Gesamtzahl
5 d	0,94 fl rh	2	1,6	1	0,6
6 d	1,13 fl rh	8	6,5	1	0,6
7 d	1,32 fl rh	1	0,8	2	1,3
8 d	1,50 fl rh	2	1,6	2	1,3
9 d	1,7 fl rh	2	1,6		
10 d	1,88 fl rh	10	8,1		
11 d	2,07 fl rh	4	3,3		
12 d	2,26 fl rh	20	16,3	4	2,5
13 d	2,44 fl rh	3	2,44		
14 d	2,63 fl rh	24	19,5	1	0,6
15 d	2,82 fl rh	3	2,44		
16 d	3,0 fl rh	4	3,3		
17 d	3,19 fl rh	2	1,6		
18 d	3,4 fl rh	11	8,9	2	1,3
19 d	3,57 fl rh	1	0,8		
20 d	3,76 fl rh	3	2,44	7	4,5
21 d	3,95 fl rh	3	2,44		
22 d	4,14 fl rh	3	2,44	6	3,8
23 d	4,32 fl rh	–		2	1,3
24 d	4,52 fl rh	6	4,9	21	13,4
26–35 d	4,89–6,58 fl rh	5	4,1	12	7,6
36–34 d	6,78–8,27 fl vh	–		46	28,7
48–54 d	9,02–10,2 fl vh	5	4,1	32	20,4
60 d	11,3 fl rh	–		13	8,3
72–108 d	13,5–20,3 fl vh	1	0,8	6	3,8
insg.		123	100,0	157	100,0

Durchschnittswochenlohn der Mägde 20,3 d (Pfennige)
Durchschnittsjahreslohn der Mägde 3,8 fl rh (rhein. Goldgulden)
Durchschnittswochenlohn der Knechte 38,7 d
Durchschnittsjahreslohn der Knechte 7,3 fl rh

erstellt nach: Schönberg: Finanzverhältnisse der Stadt Basel im 14. und 15. Jh. [285], S. 307, S. 309.

[59] Bandbreite und Häufigkeitsverteilung von Gesindelöhnen im Herzogtum Württemberg, 1544/45

Jahreslohn in Gulden	Zahl der Mägde	% der Gesamtzahl	Zahl der Knechte	% der Gesamtzahl
bis 3	3526	75,0	1736	28,2
3– 6	1161	24,7	2172	35,3
6– 9	12	0,26	1261	20,5
9–12	2	0,04	768	12,5
12	–	–	213	3,5

erstellt nach: Bull: Die württembergische Türkensteuerliste von 1544/45 [234], S. 109f.

[60] Bandbreite und Häufigkeitsverteilung von Gesindelöhnen in Stuttgart, 1545

Jahreslohn in Gulden	% der Knechtegesamtzahl	% der Mägdegesamtzahl	Jahreslohn in Gulden	% der Knechtegesamtzahl	% der Mägdegesamtzahl
1	0,8	1,2	9	6,2	
2	4,7	22,9	10	10,8	
3	10,1	48,2	11	2,3	
4	7,0	21,7	12	9,3	
5	7,8	4,8	13	9,3	
6	7,0	1,2	14	2,3	
7	10,8		15		
8	10,8		16	0,8	

eigene Auswertung nach: Wunder: Die Stuttgarter Steuerliste von 1545 [301].

[61] Mägde des 16. Jahrhunderts in Holzschnitten von Jost Amman

Frankfurter Magd

Fränkische Bauernmagd

Nürnberger Magd

Danziger Magd

aus: Diederichs: Deutsches Leben der Vergangenheit in Bildern [74], Bd. 1, S. 178.

[62] Kleiderausgaben des Gesindes im Haushalt A. Tuchers, 1509–1518

Nr.	Zeit	Lohn und Stellung
1.	1509	Untermagd, 2 Jahre = zus. 52 lb alt = 6,2 fl
2.	1507–1511	Hausknecht, 4 Jahre + 1,5 Jahre + 5 Monate = zus. 29 fl
3.	1511–1515	Hausknecht, 4 Jahre = zus.2,5 fl
4.	1514	Hausknecht, 1/2 Jahr = 2,5 fl
5.	1515	Hausknecht, 1 Jahr = 6 fl
6.	1515	Hausknecht, 1 Jahr = 1Kleid und 6 fl
7.	1517/1518	Untermagd, 2 Jahre = zus. 54 lb alt = 6,4 fl

Nr.	Zeit	Ausgaben für Kleider	= % des Barlohns
1.	1509	1 Mantel = 3,5 fl	56%
2.	1507–1511	für 1 fl Leinen = 3,44%, Wams + Hose 2 fl = 6,88%, Hochzeitsgewand 10 fl = 34,48% des Barlohns, zusammen 13 fl	44,82%
3.	1511–1515	1 Rock 5,5 fl = 22,9% (weitere Ausgaben: für Kleider: 3 fl = 12,5% allgemeiner Bedarf; 11 fl = 45,8% Unterrichtsgeld an e. Lehrer)	22,9%
4.	1514	Tuch f. 1 Rock 3,09 fl, f. Hosen 0,63 fl, zus. 3,7 fl (den Restbetrag v. 1,2 fl bleibt d. Hausknecht schuldig)	148%
5.	1515	7,5 E. Tuch zu Rock 2,73 fl	45,5%
6.	1515	Wert des Kleides 2 fl	25%
7.	1517/1518	rotes Tuch f. 1 Rock 4 fl (die Magd ist noch 1523 im Dienst Tuchers)	62,5%

aus: Dirlmeier: Untersuchungen zu Einkommensverhältnissen und Lebenshaltungskosten in oberdeutschen Städten des Spätmittelalters [239], S. 289.

[63] Testament der Margareta Durecopes, früher Magd der domina Wibe van Klinghenberge, 23. April 1321
1. Ihrer Schwester Alheyd 8 m. d.; deren Tochter Tunneke 4 m. d. – 2. Ihrem Bruderssohn Godekin 6 m. d. – 3. Der Gertrud, Tochter ihres *avunculus* Nicolaus, 2 m. d.; deren Söhnen Herman und Nicolaus je 1 m. d. – 4. Ihrer Gefährtin *(que mecum ambulat)* Wibe 1 m. d. – 5. Dem Kaplan an St. Petri, *dom.* Albert, 1 m. d.; dem Geistlichen *dom.* Gerhard vam Dale 8 ß. – 6. Den fünf Beginenhäusern je 8 ß. – 7. Dem Dom 1 m. d.; dem *dom.* Hinrik van Bucken, Pleban am Dom, 8 ß. – 8. Den Rest um Gottes willen. – Widerrufsvorbehalt.
zitiert nach: Brandt: Begesten der Lübecker Bürgertestamente [143], Bd. 1, Nr. 69, S. 46 f.

[64] Testament der Ghese, ehemals Magd des Hinrik Wullenpunt, krank, 24. Juni 1341
1. Der Marienkirche, wo sie begraben sein will, ihr bestes blaues Obergewand. –

2. Dem Wenemar Zweyme erläßt sie die von ihm geschuldeten 10 m. d. und gibt ihm dazu noch 10 m. d.; damit sollen alle zwischen ihnen bestehenden Verbindlichkeiten erledigt sein. – 3. Ihrem Schwestersohn Gherekin 6 m. d. – 4. Der Metteke, Tochter ihrer *matertera* 3 m. d.; der Greteke, Tochter ihres *avunculus,* 2 m. d. – 5. Über das übrige bewegliche und unbewegliche Gut sollen die Provisoren zugunsten ihres Seelenheils verfügen. – 6. Vermögensverringerung soll die Bedachten nach der Markzahl treffen. – Widerrufsvorbehalt.
zitiert nach: Brandt: Regesten der Lübecker Bürgertestamente [143], Bd. 1, Nr. 197, S. 103.

[65] Testament der Grete, Magd des Everhard Schoneweder, 27. April 1351
1. Der Tochter Cristine des Everhard Schoneweder 10 m. d. Seinen vier Knaben je 2 m. d. Ihrer [der Erblasserin] Schwester Ghese 2 m. d. Dem *avunculus* des Everhard, Coneke, 1 m. d. Dem jungen *(iuveni)* Hinseke Sconeweder 4 ß. Einer armen Frau Elsebe 8 ß. – 2. Die in Everhard Sconeweders Händen befindlichen 8 m. d. 12 ß zu ihrem Seelenheil. – 3. Ihr besseres Oberkleid der Marienkirche (*? domine mee).* Ihre beiden besseren Unterkleider ihrer Schwester, dazu ihren Pelz und ihr Unterkleid aus irischem Tuch *(tunicam yrensem).* Die Spangen ihres irischen Unterkleides und ihre bessere Fibel an Everhards Tochter Cristine. Ihre Beutelschließe *(fibulam .. bursalem)* und die Spangen des gelb-gemischten Unterkleides der Tochter Seffeke des Everhard. Die Beutelschließe an ihrem braunen Unterkleid *(bruneta tunica)* und die Spangen dazu der Tochter Taleke des Everhard. Zwölf weitere Paar Spangen an die genannte Cristine. – 4. Alle ihre sonstigen Kleidungsstücke zur Verteilung an die Armen. – 5. Ihre Truhe und ihre Lade *(latula)* an die genannte Cristine. Ihre kleinere Truhe an Everhards Tochter Taleke. Ihre beiden Pfühle an Everhards Töchter Cristine und Taleke, die beiden Kissen an Taleke und Kineke, ihr Kopfkissen *(orcussen)* an Everhards Sohn Rotger. – 6. Alles übrige Gut zu ihrem Seelenheil. – 7. Das Geld für die Vermächtnisse hat Everhard Schoneweder. – 8. [nachgetragen:] Einer *dom.* Elisabeth ihren schlechteren Pelz.
zitiert nach: Brandt: Regesten der Lübecker Bürgertestamente [143], Bd. 2, Nr. 436, S. 22f.

[66] Testament der Hillegund, Magd des Wilhelm Warendorp, krank, 5. Dezember 1363
1. Ihrem Schwestersohn Herman Sneclot 20 m. d. – 2. Der Assele und deren Bruder Ludeke 13 [v. M.: 14] fl., die sie von Johan Zedorp einziehen sollen. – 3. Dem Fischer Cifrid *[piscatori;* ob verschrieben für *pistori,* s. o.?] 4 m. d. – 4. Den Kindern des Herman Stoteck 3 fl. – 5. Der Hilleke 1 m. d. Der Ghertrud, Tochter von Margarete Role, 1 m. d. und ihr braunes Scharlach-Unterkleid *(tunicam fuscam scarlaticam).* – 6. Der Alheyd. Ehefrau des Martin in Israelsdorf, erläßt sie den 1 fl., den jene ihr schuldet, und deren Kindern, die bei jener im Hause sind, überläßt sie die Schafe, die sie mit Martin gemeinsam hat. – 7. Ihrer *matertera* Windele das braune Oberkleid ihrer Schwester und 2 m. d. – 8. Ihrer *matertera* Alheyd, Ehefrau des Johan Cutzowe, ihr Oberkleid und ihr besseres Unterkleid, mit den Spangen und der Fibel, sowie ihre Decke *(lodix).* – 9. Der Mechthild, Schwester des Molenverke, 1 fl. – 10. Dem Gerhard, Sohn des Martin, 10 ß. Jedem Kind des Johan Kyl 2 fl. Dem Herman, Sohn des Johan Cutzowe, 2 fl. – 11. Der Alheyd Grise 1 m. d. Der blinden Elizabet 8 ß. – 12. Den Beginen in Wilhelm Warendorps Haus in der Hundestraße 1 m. d. – 13. Der Ghertrud Vellines 1 m. d. – 14. Der Marienkirche 2 m. d. Den Predigerbrüdern zur Burg, den Minoriten zu St. Katharinen und der Jacobikirche je 1 m. d., wofür ein Jahr lang ihre Memorie

vom Predigtstuhl gehalten werden soll. Dem Bruder Johan Werben 1 m. d. – 15. Dem Johanniskloster 1 m. d. und den Siechen bei St. Jürgen 4 fl. zur Verteilung. Für den neuen Bau hinter dem Heiligen Geist 1 m. d. – 16. Der Kindermagd Ghezeke ihr blaues irisches Unterkleid mit den Spangen und 1 m. d. Der Telzeke, Tochter der Ermegard, ihr dunkles Oberkleid und ihr irisches Werktags-Unterkleid. – 17. Dem Priester *dom.* Erdvan 1 m. d. – 18. Ihrer Herrin hat sie 60 m. d. gegeben, womit diese für ihre Seele sorgen soll, für ihre Bestattung und anderes, was sie ihr aufgetragen hat und wie sie ihr vertraut. – 19. Alle übrigen Güter, ausgenommen das, was sie ihrer Herrin übergeben hat, sollen die Provisoren an die Armen vergeben.
zitiert nach: Brandt: Regesten der Lübecker Bürgertestamente [143], Bd. 2, Nr. 1017, S. 343.

[67] Aus dem Testament der Cäcilie Wollerin, 30. 1. 1341
[. . .] Adelhaid von Chelhaim, meiner Dienerin, 10 Pfund sowie den halben Teil des Eingartens, den ich mit ihr habe [. . .], außerdem vermache ich ihr alles Bettzeug, das ihr meine selige Mutter vermacht hat. Agnes meiner Dienerin 10 Pfund und die beiden besten Federbetten, die in ihrem Bett liegen. Weiterhin vermache ich Adelhaid und Agnes einen Scheffel Weizen und einen Scheffel Roggen. Berthold, meinem Diener, 10 Pfund und Christina, meiner Dienerin, 3 Pfund. Außerdem vermache ich allen vier zusammen, was ich an Speisen und Getränken in meinem Hause an dem Tage, an dem ich sterbe, habe. Dazu soll man Adelhaid und Agnes soviel von meinen Hausgeräten geben, wie sie benötigen. Man soll auch wissen, daß meine ebengenannten Dienerinnen nichts von meinem Eigentum haben, abgesehen von einem Betrag in Höhe von 90 Pfund, den mein Diener Berthold von mir hat. [. . .]
übertragen nach: Regensburger Urkundenbuch [201], Bd. 1, Nr. 960, S. 520.

[68] Aus dem Testament der Alheyd, Witwe des Gerhard Lurley, krank 1. August 1344
12. Ihrer Magd Taleke 40 m. d. unter der Bedingung, daß sie bis zum Tode der Erblasserin bei ihr bleibt; geht sie früher so bekommt sie nur 20 m. d. – 18. Die Provisoren sollen ihrer Tochter Grete und ihrer Magd Alheyd all nach Verteilung der Legate übrigbleibenden Güter übergeben, damit sie sie zugunsten des Seelenheils der Erblasserin für Messen verwende.
zitiert nach: Brandt, Regesten der Lübecker Bürgertestamente [143], Bd. 1, Nr. 231, S. 118.

[69] Arbeitsrechtliche Bestimmungen im Rechtsbuch des Fürsprechers Ruprecht, 1328
46. Schlägt ein Mann seinen Knecht oder seine Magd mit Ruten oder mit einem Sommerzweig, der in einem Jahr gewachsen ist, stirbt der ihm unter den Händen, er muß den Totschlag büßen. Lebt jener aber über den nächsten Tag, so soll er ihn nicht büßen. Das ist deswegen festgesetzt, weil Gott einen jähen Tod oft über die Leute verhängt und niemand wohl mit einem Schößling, der in einem Jahr gewachsen ist, den Menschen wohl zu Tode schlagen kann und (weil) die Meister die Dienstboten in Furcht halten müssen, oder sie arbeiten eben nicht.
234. Was nun Dienstlohn sei, das wollen wir euch wissen lassen. Wer Dienstboten dingt, es sei Magd oder Knecht, für eine Weile oder für Jahre, was er ihnen gelobt, das muß er ihnen geben. Und läßt er sich deswegen ver-

klagen, so verliert er die Frevelbuße gegenüber dem Richter, daß sind zweiundsiebenzig Pfennige.
[...]
235. Es kann eine Magd oder ein Knecht ihren Dienstherren oder ihre Frau wohl wegen des gedingten Jahrlohns verklagen, wenn sie mit Gewaltätigkeiten von ihnen vertrieben wird. Eben diese Gewaltätigkeit soll sie mit zwei ehrbaren Männern beweisen, die sie es hat wissen lassen, während sie bei ihrer Dienstherrschaft war; dann wird man ihr ihren Unterhalt und ihren Lohn schuldig. Behauptet aber eine Magd oder ein Knecht, die könnten wegen Hungersnot nicht bei ihrer Dienstherrschaft bleiben, das soll sie vor ehrbaren Leuten angeben, während sie im Dienst ist. Steht ihr der Meister oder die Meisterin ohne Leugnen hinsichtlich der Kost gegenüber, wenn sie behauptet, daß sie ein Gebrechen habe, können das zwei angesehene Männer bezeugen, daß es ein Gebrechen sei, so kann sie wohl Abschied von ihrer Dienstherrschaft beanspruchen. Und man soll ihnen dann soviel an Lohn geben, wie sie bis auf den Tag verdient haben, und es steht bei ihnen, ob sie weiterhin bei der Dienstherrschaft sein wollen oder nicht. Das ist deswegen festgesetzt, weil man ihr vorher (den Vertrag) hinsichtlich der Kost gebrochen hat.
236. Behauptet eine Magd oder ein Knecht, ihr habe ihre Frau den Abschied gegeben, und hat die Frau einen Mann, so hat das keine Kraft; ihr soll der Mann den Abschied geben. Wenn ihr der Mann den Abschied gibt, so kann der Dienstbote, es sei Magd oder Knecht, seine Kost und seinen Lohn wohl beanspruchen. Es soll aber ein Meister oder eine Meisterin den Dienstboten mit zwei ehrbaren Männern überführen, die er es hat wissen lassen, welchen Fehler er an sich gehabt hat, weswegen er ihm den Abschied gegeben hat. Welche Zeit es in dem Jahre ist, daß er sie gehen läßt, so ist er ihnen nicht schuldig, Kost oder Lohn zu geben. Das ist deswegen festgesetzt, damit sie mit Treuen dienen sollen und nicht säumig sein (sollen) an ihrem Dienst.
237. Womit nun ein Knecht oder eine Magd ihre Kost und ihren Lohn gegen ihrer Herrschaft verwirken können; das sollt ihr wissen, daß er ihr wohl den Abschied geben kann. Das erste ist, wenn sie Unzucht treiben in ihres Dienstherrn Haus, das zweite, wenn sie an seinem Gut diebisch sind, das dritte, wenn sie sich um seinen Auftrag oder um sein Gebot nicht kümmern und ihm widersprechen, das vierte, wenn er solchen Fehler an ihnen findet, den er vorher nicht gekannt hat, als er sie zu sich nahm, an Aussatz oder an Lähmde oder an anderer Krankheit, das fünfte, wenn sie richtige Lügner sind und mit Lügen umgehen. Welches unter den fünf Dingen an ihnen ist, da kann er ihnen wohl den Abschied deswegen geben.
238. Wie lange ein Mann oder eine Frau ihren Dienstboten krank behalten sollen, ohne (daß diesem) ein Schaden (entsteht), das sollt ihr wissen; das sollen sie vierzehn Tage. Muß man aber einen anderen Dienstboten an ihrer Stelle dingen, das soll man nur auf vierzehn Tage tun; das ist ein ganzer Monat. Will ihn der Dienstherr oder die Frau nicht entbehren, so muß der Dienstbote dem, der an seiner Stelle gewonnen ist, den Lohn geben, den er die vierzehn Tage (über) verdient hat, und er tritt (dann) wieder in seinen Dienst wie vorher. Ist er aber nicht gesund geworden, wenn der Monat ein Ende hat, so tun sie weiterhin wohl, was sie wollen; sie nehmen ihn in ihren Dienst oder nicht, und sollen ihm den Lohn geben, den er verdient hat.
239. Verklagt ein Dienstherr oder eine Frau ihre Dienstboten, sie hätten ihm sein Gut vernachlässigt, sodaß es verloren sei, hat die Frau der Magd eine Kammer überantwortet oder

einen Schrein, der verschließbar ist, wenn die Magd (das), was ihr übergeben ist, nicht darin einschließt, wenn sie es gebraucht (hat), und es unbeaufsichtigt stehen läßt, wird es verloren, sie soll es ersetzen, und alles, was sie mit übler Absicht zerbricht. Ebenso soll auch der Knecht seines Dienstherrn Roß oder Vieh oder womit er umgeht, in guter Hut halten. Nähme der Knecht ein Pferd ohne seines Dienstherrn Erlaubnis und leiht es einem anderen, was dem da geschieht, das muß der Knecht ersetzen und nicht der, dem er es geliehen hat. Es wäre dann, daß es der Knecht nicht ersetzen kann; dann muß es der ersetzen, der es entnommen hat. Das ist deswegen festgesetzt, weil er wohl wußte, daß es dessen Dienstherrn gehörte und nicht dem Knecht, zu der Zeit, als er es entnahm.

[...]

Claussen: Rechtsbuch des Fürsprechs Ruprecht [152], S. 53, S. 277–283.

[70] Arbeitsrechtliche Bestimmungen im Münchener Stadtrecht, 1. Hälfte 14. Jh.

§ 206. Ob ein Diener oder eine Dienerin der Herrschaft dient oder nicht und eine Frau in ihrem Haus beleidigt oder ihre Kinder oder den Hausherrn und sie mit bösen ungebührlichen Worten erzürnt oder auf welche Art sie sie erzürnen, was sie oder ihr Ehemann deswegen tun, das sollen sie niemandem büßen, außer wenn sie sie mit scharfen Waffen verwunden oder lähmen, das sollen sie dem Richter büßen, wie es Recht ist.

§ 209. Es sind die vom inneren und vom äußeren Rat übereingekommen und haben beschlossen zum gemeinen Nutz und Frommen der Armen und Reichen der Stadt über die Dienstboten, Knechte und Mägde, denn die Leute haben durch ihre Unzuverlässigkeit bisher großen Schaden und Ärger gehabt: Wenn es dazu kommt, daß sich ein Knecht oder eine Magd bei einem Mann oder einer Frau verdingt hat und einen Pfennig oder mehr dafür annimmt, so soll der demselben Mann oder Frau dann getreulich dienen und die Zeit über bleiben, die er ihnen versprochen hat. [...]

übertragen nach: Dirr: Denkmäler des Münchener Stadtrechts [156], S. 374f.

[71] Hermann Weinsberg oder die Beziehung zwischen Herrschaft und Mägden, 2. Hälfte 16. Jahrhundert:

Darnach blieb er[1] wie vorher bei seiner Mutter, tat harte Arbeit und ernährte sie und seine Schwestern. Das trieb er so vier Jahre im Witwerstand. Seine Mutter hatte aber eine Magd, zu der legte er sich, und sie gebar ihm eine Tochter, genannt Gret. Dieselbige ließ er mit schweren Kosten unterhalten und aufziehen, und als sie erwachsen war, und binnen und außerhalb Kölns gedient hatte, gab er sie einem gewissen Peter von Aachen, einem Scheidenmacher, zur Ehe, gab ihr Kleider, etlich Gerät und fünfzig Gulden Curant als Hochzeitsgut, und sie bekamen Kinder und wohnten unten in der Glockengasse und ernährten sich ziemlich nach ihrer Art. Aber der Gret Mutter konnte er so schnell nicht vom Halse bekommen, denn die blieb im Hause wohnen und verlangte immer wieder Geschenke von ihm und sprach ihn unzüchtiglich an und trieb dies, bis Christian zum zweiten Male heiratete, und mit der zweiten Frau hatte er ihretwegen viel Leids. Doch Gott fügte es, daß die Magd bald darauf starb, und so ward sein Leid gestillt. [...]

In jenem Jahr[2] hat meine Mutter eine Dienstmagd gehabt, hieß Gretchen, eines Schneiders Tochter auf der Bach, der hieß Meister Johann von Olup. Die pflegte mir oft etwas zu essen zu bringen auf die Bach, wo ich wohnte, auch als meine

[1] sein Vater Christian

[2] 1545

Eltern in der Bürgerstraße Wein zapften und damit beschäftigt waren und die Magd unter dem Rathaus kochte und das Haus verwahrte, also daß es sich oft zutrug, daß wir viel Malen auf der Bach und unter dem Rathaus allein waren. Da hat denn der Teufel sein Unkraut dazwischen gesäet, daß wir uns vergeselligten und lieb gewannen, wodurch ich in der Folge meine Eltern höchlich erzürnte und mir viel Unwillens, auch Schade daraus entstund, was ich oft beklagt und beweint habe. [. . .]

Und am 6. November dieses Jahres morgen früh ist Anna, ein natürlich und Bastardskind und Tochter von Gretchen Olup, meiner Mutter Dienstmagd, zu Köln geboren worden im Kirchspiel St. Brigiden in der Hühnergassen hinter dem Altenmarkt, und ich sollte des Kindes Vater sein, wie die Mutter sagt. Denn wie ich mich ein Jahr oder zwei mit ihr angelegt hatte und sie das Kind empfangen, tat sie mir solches zu wissen. Ich aber bekümmerte mich darnach nicht sonderlich mehr um sie und wie es ruchbar ward, daß sie schwanger sei und meine Eltern allerhand Gedanken hatten, holte mich meine Mutter einstmals mit guten Worten aus, daß ich ihr bekannte, ich hätte bei ihr gelegen. Desselben Tags gab sie der Magd den Abschied, es war im Mai, und schalt mich gar übel, wie ich's auch verdient hatte. Sie kam in ein Haus in der Hühnergassen zu wohnen, da erhielt sie sich. Mein Vater war auch recht unzufrieden mit mir, doch verzieh er mir's diesmal noch, befahl mir aber forthin weislicher zu handeln und daß ich mich um die Magd nicht mehr kümmern solle. Ich hatte wohl etlichen Verdacht auf sie, wie mir hinterbracht worden, auch ihre Leichtfertigkeit war mir kundig. Deshalb ließ ich sie einmal in den Umgang von Klein-St. -Martin bescheiden; als sie kam, hielt ich ihr die Ursachen meiner Zweifel vor. Darauf gab sie mir ihren Bericht, hub auch an zu schwören und sagte: „Wenn Ihr der Vater dieses Kind nicht seid, so möge Gott geben, daß ich dieses Bandes der Natur nimmer lebendig solle entbunden werden, oder auch wenn jemand anderes als Ihr dieses Leibes schuldiger sei." Darnach habe ich sie nicht mehr gesehen bis lange nach der Geburt des Kindes, als sie zu ihrem Vater, Meister Johann von Olup, Schneider auf der Bach, kam, wo Gretchen auch geboren war. Denselben Tag aber, als Anna das Kind geboren war, schickte meine Mutter nach dem Kinde, ließ es holen und zu Klein-St. -Martin taufen. Meiner Mutter Junge, Heinrich von Hamm, und ihre Magd, Trein von Dorsten und meiner Schwester Magd, Anna zur Löwenkuhle auf der Hochpforte, von der es den Namen erhalten, hielten es über die Taufe, und von Stund an ward das Kind nach Ichendorf getragen und meine Möhn daselbst, meiner Mutter Schwester, gab es dort einer Frau zum Aufziehen, wie das vorher ausgemacht war. Alle Kramkosten hab ich geben müssen und andern Unterhalt der Mutter und jährlich sechzehn Gulden fürs Aufziehen des Kindes, und hab dazu noch Zank und Schaden von meiner Mutter gehabt. [. . .]

Am Sonntag, den 1. Juli[3], wurde meiner Mutter alte Magd Gretchen Olup, mit der ich das Kind Anna hatte, mit einem Scharzenwebersknecht namens Johann Vink verheiratet. Ich mußte ihr hundert Mark kölnischen Geldes laut den Statuten des Stiftes Köln für die Jungfrauschaft geben, wie ich durch meinen Vater ihrem Vater gelobt hatte an jenem Abend, da ich andern Tags Weisgin zur Ehe nahm. Diese Leute blieben eine Zeitlang bei Meister Johann von Olup, ihrem Vater, wohnen, darnach mieteten sie eine Behausung zwischen Weinsberg und dem Backhaus, fingen da an Scharzen zu machen, arbeiteten fleißig und ernährten sich nach ihrem Stande recht gut, gewannen auch zwei oder drei Kinderchen, blieben in dem Haus wohnen, solang sie lebten, aber das war nicht lang. Es verdroß mich übel wegen

[3] 1548

meiner Hausfrau, daß sie uns so nah auf der Hand wohnten, ich fürchtete, meine Hausfrau könnte daran Mißfallen haben, aber sie achtete gar nicht darauf, was mich wunder nahm. Gretchen aber war darin sehr kühn und unschamhaft und es wunderte mich, daß ihr Mann dies hinnahm, doch hörte ich, daß der noch viel weniger darum gab, denn meine Hausfrau. Niemand belästigte den andern, wiewohl meine Hausfrau mit ihrem Manne oft Garn verhandelte. Dagegen kümmerten sich andere Leute darum und sagten viele Lügenreden über uns, daß wir schlecht miteinander lebten, was meiner Hausfrau selber erzählt ward. Aber die sagte, das sei alles erlogen, wie Eheleute freundlich und wohl leben sollen, so lebten wir, wofür sie Gott dem Allmächtigen danke, und so war's in der Wahrheit.

[. . .] Am 22. Januar[4] hat meine Hausfrau mein natürlich Kind Anna von Ichendorf holen lassen, wo es bisher aufgezogen worden war. Es kam zunächst auf das Hahnentor und dort hat meine Hausfrau es besehen. Es war gar ungestalt von Leib und Kleidung, der Bauch war ihm aufgeschwemmt wie einem Ferkel. Mein Gevatter, der Burggraf Theis Müller von Aich und Beil, seine Hausfrau, hielten es einige Wochen bei sich, bis es neu gekleidet war. Dann kam es zu Peter von Aich Scheidenmacher und Gert, meiner Bastardschwester, in die Glockengasse zu wohnen und ging in die Schule. Am letzten Januartag hab ich es auf dem Hahnentor zum ersten Mal in meinem Leben gesehen. [. . .]

Hässlein: Das Buch Weinsberg [172], S. 22f., S. 153, S. 166–168, S. 196f., S. 247.

[72] Berthold von Regensburg über die Lebens- und Arbeitsbedingungen des Gesindes, 1250–72

Die *fünfte* ist so sehr eine Sündflut, daß sie beinahe ebenso viele zur Hölle bringt, wie die anderen allesamt. Da ist Not, daß ihr Gott anrufet, daß er euch gnädig sei mit dieser Sündflut. Denn davor mögen sich so wenige behüten. Ihr könnt euch aber wohl davor behüten, wenn ihr wollt, denn es sind manche Heilige im Himmel, die sich davor behütet haben. Aber jetzt will sich niemand davor behüten, von dem armen Volke wird halt ein großer Teil allermeist durch diese Sünde verdammt. Sie heißt *Untreue*. Der Knechte und Mägde sind soviele, die ihrer Herrschaft von allem dem einen Teil stehlen, womit sie verkehren und umgehen; sie stehlen das Salz, sie stehlen das Schmalz; sie stehlen das Korn, sie stehlen das Mehl; der stiehlt dies, der das; so stiehlt der Brot, so stiehlt der Käse, der Fleisch, der Eier, sie stehlen eben alles, womit sie umgehen, und entwenden es und verkaufen es heimlich und ungetreulich ihrer Herrschaft, die ihnen all ihre Sachen empfohlen auf ihre Treue und ihnen dafür Speise und Lohn geben; und darum wird ihrer Seele nimmer Rat, sie vergüten es denn und geben es wieder; ebenso diejenigen, die es wissentlich kaufen von ihnen, und wohl wissen, daß sie es mit Unrecht gewinnen. Nun seht, wieviele Tausende durch diese Sünde zur Hölle fahren! Diener und Tagwerker, die dienen mit Untreue und mit großem Unrecht: wenn es der Meister sieht, wirken sie die Arbeit gar emsig, aber wenn er sie nicht mehr sieht und den Rücken kehrt und nicht mehr achtgibt, da wirken ihrer zwei oder drei etwa in einem Tag ein Tagwerk kaum. Dasselbe tun Knechte und Mägde. Wenn die Katze auskommt, so regieren die Mäuse. Wenn ihr Herrschaften ausgeht, so erhebt sich große Ungezogenheit und Ringen und Scherzen unter eueren Dienstboten; wenn die Herrschaft dann wieder kommt, so ist die Arbeit ungetan und sind leicht zwei Schaden oder drei geschehen, die sie wohl

[4] 1554.

hätten verhüten sollen. Du dienst mit Untreue, darum wird dein nimmer Rat. Während du deiner Herrschaft getreulich dienen und ihre Sachen behüten solltest, treibst du entweder deine Freiheit und Ausgelassenheit, oder du legst allen Fleiß daran, wie du etwas stehlen oder verstecken mögest, das du dann, wenn es einen Pfennig wert ist, kaum um einen Hälbling gibst, und um deine Untreue zu vollbringen, gönnst du es einem wilden Heiden lieber als dem, dem du Treue und Wahrheit leisten sollst. Und hebst des Morgens an; so du ein Paternoster sprechen solltest, und Gottesdienst pflegen und Gott anrufen, so tust du viel lieber dieblich mit deinen Gesellen; ihr begießet einen Korb voll Brotes, und gießt das Feinste vom Fleische und es müssen die Leute und die Herrschaft unschmackhafte Kost essen. Du ungetreuer Leckerbube! du heißest doch darum ein Ehehalt, daß du deine Ehe (deinen Vertrag) halten sollst mit Treue, und für deine Herrschaft mit Treue achthaben sollst auf alles, was dir von ihr empfohlen ist in Haus oder Hof; darum gedenkt man in der Kirche derer, die getreulich daheim hüten. Pfui, ungetreuer Leckerbube! wie gedenk man deiner dann, so du mit solcher Untugend und mit solcher Untreue deiner Herrschaft hütest unter dem heiligen Amte, da du doch Gott anrufen solltest, daß du aller Gnaden teilhaftig würdest, die man von Gott zu erbitten hat für Leib und Seele! Und weil du das nicht tust, so wird deiner nimmer Rat. Denn deine Herrschaft kann sich vor deiner Untreue zu allen Zeiten nicht wohl hüten. [. . .]

Es ist die Welt so gar voll Betrügerei und Falschheit und Untreue. Du Diebin, die da Wolle spinnt: du stiehlst ein wenig davon, und machst das Garn dann feucht, daß es schwer sei auf der Waage, du bist ungetreu, und mußt mit Armut hin zur Hölle, daß dein nimmer Rat wird. Und du Schnitterin, die das Korn vom Felde schneidet, du alte Diebin, du hast ein junges Dieblein nach dir gehen, und drückst ihm eine Hand voll nach der anderen nieder in die Furche. Manche stehlen es nachts im Felde. Die stehlen Holz, die stehlen Gras, der treibt sein Vieh auf eines anderen Korn oder Gras, das ist alles Untreue, und ihrer aller Seele wird nimmer Rat, die solche Dinge üben. [. . .]

Die zweite ist eine *Sünde,* davor sich die Niederen sowohl hüten sollen, wie die Hohen. Alle nämlich, *die den anderen ihren verdienten Lohn vorenthalten* wider ihren Willen, sind alsbald in einer rufenden Sünde, wenn du ihnen ihren Lohn nur über Nacht vorenthälst wider ihres Herzens Willen. Wie immer sie ihn von dir verdient haben, mit Jahresdienst als Knechte und Mägde, oder als Hirten mit ihrem Stabe, oder als Drescher mit ihrem Flegel, oder sei es der Zimmermann oder der Schmied, sei es der oder jener, wie immer sie ihn um dich verdient haben mit ihrem Leibe, oder mit ihren Händen, wenn du ihnen nur über Nacht ihren Liedlohn vorenthälst wider ihres Herzens Willen, alsbald bist du in einer der rufenden Sünden; sein Schweiß und sein Blut rufen alsbald über deinen Leib und über deine Seele. Denn Gott hat ihn geschaffen und nach sich selber gebildet und hat ihn erlöset mit seinem Tode, und ihn bestimmt, daß er die lichte Krone vor ihm trage, und hat ihn so hoch geadelt, wie dich; weil nun dir derselbe Leib, den Gott so hoch geadelt hat, so streng arbeiten muß um ein wenig Geld, und du ihm dann das vorenthälst wider seinen Willen, darum ruft sein Schweiß und sein Blut über dich mit lauter Stimme, über deinen Leib und über deine Seele. Da er so edel ist wie du, und er dir so schwer gedient hat, so gäbest du ihm billig den kleinen Lohn, den er um dich verdient hat; denn wie schnell du ihm gibst, so hast du ihm dennoch nicht gelohnt nach dem, wie ihn Gott geadelt hat. Davor hüte sich alle Welt, daß jemand dem andern seinen verdienten Lohn vorenthalte. Es ist in etlichen Landen Sitte, wer sich verklagen läßt wegen verdienten Lohnes, den er dem anderen ohne Klage nicht gibt, der muß dem Richter sechs Schillinge zur Buße geben. Das wäre in allen Landen eine gute Gewohnheit, denn das fürchtete mancher viel mehr, als alles Rufen, das sein Schweiß und sein Blut vor Gott über ihn tun mag. – Ihr sollt ihnen auch genug zu essen geben; wenn ihr Werkleute habt und Diener und Dienerinnen, die euch das Jahr durch dienen, denen sollt ihr große Schüsseln vorsetzen und darauf genug legen und nicht ein Bein darauf legen. Denn du siehst gar gerne, daß sie dir stark arbeiten, darum sollst du ihnen auch genug zu essen geben. Du setzest ihnen ein Schüsselein vor wie eine Katzenschüssel: gib das dir oder deinen Kindern oder deiner Katze. Du sollst ihnen große Schüsseln vorsetzen und darauf genug legen, und nicht ein Bein darauf legen, das abgenagt ist; das sollst du deinem Hunde hinwerfen. Du hörtest vordem gar gerne, daß ich sie ermahnte sie sollen dir treu sein und verlässig, und daß ich sie dir getreulich arbeiten hieß; so sollst du nun das auch gerne hören und merken und sollst es auch mit den Werken vollbringen, und sollst ihnen genug zu essen geben. Du sprichst: eßt recht! Damit meinst du aber nicht, daß sie recht und genug essen, sondern daß sie bald vom Tische gehen und daß sie dir desto mehr Brot und Speise auf dem Tische liegen lassen und daß sie desto eher an die Arbeit kommen. Willst du, daß sie stark arbeiten, so sollst du sie auch in Muße essen lassen, bis sie genug haben. Es kann dir nicht arbeiten, wenn es hungrig weggeht. Und wann es dir gedienet das Jahr gar aus, so sollst du ihm seinen Lohn geben desselben Tages, da es von dir geht, und sollst ihm immer etwas mehr geben, als du ihm verheißen hast. – Davor hüte sich alle Welt, daß jemand dem anderen seinen verdienten Lohn vorenthalte, denn wer das tut, ist alsbald in einer der rufenden Sünden. [...]

Aber vor einer Art Geiz besonders hüte sich alle Welt, davor nämlich, daß ihr arbeitenden Leuten ihren verdienten Lohn abnehmet. Denn die sind in einer der himmelschreienden Sünden, die ihnen den verdienten Lohn vorenthalten. Nun haben etliche List erfunden, so Gott will, nicht alle, womit sie den arbeitenden Leuten listig und ungetreu ihre Arbeit abnehmen. Und so ihr wähnt, dessen gar sicher zu sein, so hat euch der Teufel seine Stricke so manniglich gelegt, daß sich niemand davor behüten kann. Und damit hat euch der Teufel neue Stricke gelegt, daß ihr den armen arbeitenden Leuten mit ungetreuer List ihren hart verdienten Lohn abgewinnet. Es geht eine arme Wollenspinnerin zu dir und bittet dich, daß du ihr einen Schilling oder Heller leihest, bis sie ihn um dich verdiene, und sagt, sie wolle sich etwas kaufen, ein Hemd oder ein Röcklein oder sonst etwas. Da sprichst du: ich habe keine Pfennige; und gibst ihm das Ding, welches es nun sei. Und was einen Schilling wert ist, das gibst du ihm um zwei Schillinge, sei es ein leinenes Tuch oder Fleisch oder Korn oder was es ist, das gibst du ihm um zweifaches Geld; oder willst du ihm gar gut tun, so gibst du es ihm um anderthalbes Geld. Oder du leihest ihm Pfennige, daß es nimmer Freude davon hat; du leihest ihm zehn Pfennige, da muß es dir für zwanzig arbeiten oder dienen, es sei durch Spinnen oder durch Arbeiten in deinem Weinberg oder in deinem Hopfengarten; und was es dir sonst arbeitet, du setzest deinen Sinn darauf, wie du es betrügst und wie du ihm seine Arbeit mit Untreue abgewinnest. Alsbald bist du in einer der rufenden Sünden, die über deinen Leib und über deine Seele Tag und Nacht vor Gott ruft. Du bist schuldig vor Gott, ihm unsonst zu leihen, wenn du es vermagst, du sollst nicht von der Armut Nutzen ziehen.

Göbel: Die Predigten des Franziskaners Berthold von Regensburg [164], S. 80–82, S. 85f., S. 101.

[73] Warnung betreffs des Gesindes, Flugblatt, ca. 1490

Wer eehalten dinget vmb grossñ lon·
Der haisset ym billich am beringñ tuen
Vnd versprechñ für schaden vnd handl
Vnd in sunderhait für die vier wandel·
Das ist für vntrew träckligk vñ für fäul·
Vnd für posse antwurt aus dem maul·
Als mā offt an diern vnd knechtñ spürt·
Das bezeüg ich mit aine frūme hauswirt
Doch sol mā · Sy auch gütlich haltñ vñ grüss
So gewingen · sy · nit vrsach vñ vdrissen
Aber wer aine eehaltñ dingñ thet·
Der die vier wandel kainē on ym het·
Der sol sich kainē lon lassen rewen·
Er wär versorgt mit gantzñ trewen·

aus: Diederichs: Deutsches Leben der Vergangenheit in Bildern [74], Bd. 1, S. 42.

[74] Von den Kindbettkellnerinnen und den Dienstmädchen, Flugblatt v. Georg Glogkendon, um 1500

Von den kintpetkelnerin vnnd von den dienstmaiden von den er barn dien

Eins mals stund ich vor einem hauß
Da hort ich einen grossen straus.
Ein kindtpet kellerin die clagt
mit scharpfen worten vber die magt.
Sie sprach du pist ein beser bydel
der lauffen nach die millich fridel
vnd machst ein stollen vor dem hauß
Bliebest tz teufels namen dauß
Du gunst meim Meister mit vil guts
vnd zwar er ist eins solchen muts
Er woll dich pringen von der tur
Des morgens kumbst du kam herfur.
vnd kan dich nymandt mit erwecken
vnd tuest dich vnter puben strecken.
Dem hurn leben vnd dem glumpen.
Du hast am hals kein gute lumpen.
Vnd hettest all tag gern ein man
Du henckst dem gelt den puben an.
Den gantzen tag pist faul vnd tregt
vnd tregst den lon im pauch hin weg.
Die magt die sprach du sack du gelber
Ich main du seiest an dir selber
Was hulf das ich vil mit dir redt
die frau die leit in kindelpett.
der kochst du es mocht got erparmen
du fugst kein slechten man eim armen.
du tregst ir ab wol halbe speis
der Meister der ist nit so weis.
Das er dein posheit mug bedencken
Er muß sich dennoch lassen schrencken.
Du gast hym vber eyr vnd smaltz
du denckst gar lutzel got wer saltz
koch sechse, pring der frauen zwey
Dein posheit die ist mangerlei

Wann du dann findst den keler offen
So kumbst du mit zwey krugen glauffen
Schenck weidlich ein lorentz ist keller.
Setz nider kuchen vnter teller
Vnd tuest dir selb ein freundtlichs pringen
der teuffel walt das du kanst singen
Ich sach necht durch ein fensterlein
da turtest du drey aylach ein
Vnd satzt dem herren fur ein muß
Auß falschem hertzen guten grus
Treibst du vnd hast doch gar kein tuget
doch sagt man von der in der Juget
da hast du grosse hurweiß triben.
O stunds dir an der stirn gschriben.
So wurd man lesen seltzam wunder
Von deiner posheit wilden plunder
Das mancher dein nit hat genossen
Yetz hast die pesten pfeil verschossen
vnd hast an dir ein vollen orden.
vnd pist ein kindtpetkellerin worden
Vnd ist die stirn runtzeln vol.
Noch dut den gaissen lecken wol
So du die gantzen stat auß straifst
Vnd zu munch vnd pfaffen slaifst
So du das alles hast getan
Erst hettest gern ein handtwercks man.
Da im der krieg so lang wolt werden.
Ich dacht ich mag sein nymer hern
das schelten fluchen vnd das kallen
Das beispil hat getruckt vns allen
Glogkendon dem es wol ist kund
Der handel cost in manig pfund

aus: Diederichs: Deutsches Leben der Vergangenheit in Bildern [74], Bd. 1, S. 68.

[75] Beurteilung der Mägde in Paulus Behaims Ehaltenbuch, 1552–1572.
Martha, meine Köchin, [. . .] ist ein fauler Pelz gewesen [. . .]
1556. Enderle, unsere Köchin, [. . .] ist von meiner Frau entlassen worden, da sie so faul und langsam gewesen ist, und die sich auch nicht hineinreden lassen wollte.
1556. Els, meine Kindsmagd, [. . .] hat nicht bleiben wollen, weil sie sich mit den Mägden nicht gut vertragen konnte.
1556. Kunigund, meine Untermagd, ist auf Laurenzi ungefährdet (d. h. ohne nachteilige Folgen bei einem Prozeß befürchten zu müssen) entlassen worden, da sie des Diebstahls überführt worden ist.
1557. Margaret N., meine Köchin aus Pirg, [. . .] ist von meiner Frau entlassen worden, da sie am heiligen Osterabend meine Kindsmagd, die Geraus, übel geschlagen hat, sie oft [. . .] gescholten hat, dergleichen sich auch in anderer Weise übel betragen hat.
1561. Die Untermagd Gredla ist gar faul, frech und unnütz gewesen.
1563. Juliana, Untermagd [. . .] ist entlassen worden, da sie sich mit der Kindsmagd nicht vertragen konnte.
1564. Prigel, meine Untermagd, [. . .] ist gar faul und träge, hat mitgeteilt, sie wolle nicht mehr dienen, sondern zu ihrer Mutter gehen.
1564. Berbelin, meine Kindsmagd, [. . .] ist entlassen worden, da sie sich mit der Köchin und der Untermagd geschlagen, gestritten und beschimpft hat.
1565. Die Untermagd Gerlein ist entlassen worden, da sie der Else, meiner Köchin, 2 Halskrausen gestohlen hat.
1565. Ketterle, meine Köchin aus Bamberg ist gleichfalls entlassen worden, da sie gegen die anderen Mägde bösartig gewesen ist und sonst nichts gekonnt hat.
übertragen nach: Paulus: Behaims Ehaltenbuch [278], S. 161 ff.

5. Frauenarbeit auf dem Land

[76]

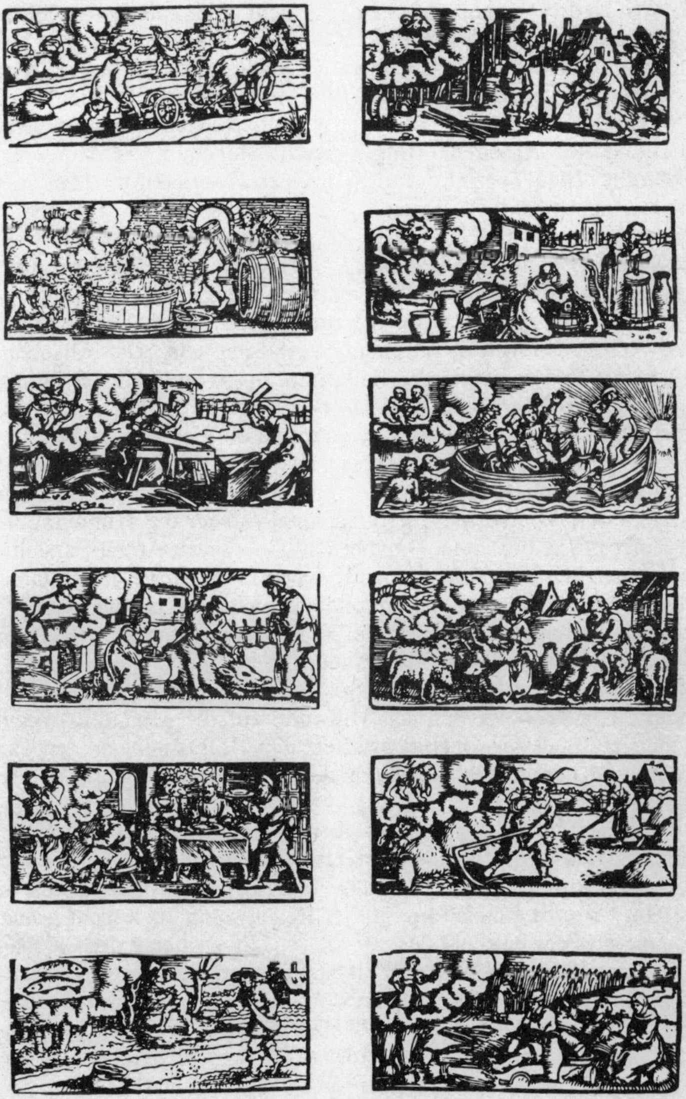

Einführung

Die Arbeit von Frauen im Mittelalter war in erster Linie ländliche Arbeit, denn 70–95% der mittelalterlichen Bevölkerung lebten auf dem Land. Die bestimmende Grundeinheit der ländlichen Produktion bildete die bäuerliche Einzelwirtschaft, deren Produktionsziel in der Subsistenzsicherung ihrer Mitglieder bestand, wobei diese mehr oder minder geschlossenen Hauswirtschaften möglichst alles zum Leben Notwendige selbst herstellten. Die ländlichen Hausgemeinschaften waren hierzu auf die Arbeitskraft aller Mitglieder angewiesen. Der Ertrag der individuellen Arbeit galt als integraler Bestandteil der hauswirtschaftlichen Gesamtarbeit. Die Aufteilung der Arbeiten erfolgte nach Alter und insbesondere nach Geschlecht. Eine Spezialisierung einzelner Arbeitskräfte blieb auf die herrschaftlichen, klösterlichen und großbäuerlichen Großhaushalte beschränkt.

Die Möglichkeiten, die geschlechtsspezifische Arbeitsteilung auf dem Land zu rekonstruieren, sind begrenzt, da direkte Beschreibungen nicht vorliegen. Am ergiebigsten dürften zur Ermittlung der geschlechtsspezifischen Arbeitsteilung die folgenden Verfahren sein. Die Abgaben und Dienste der Bauern an die Feudalherren, insbesondere im Frühmittelalter, wurden des öfteren geschlechtsspezifisch differenziert, so daß sich aus diesen Angaben auf die Verhältnisse innerhalb der Hausgemeinschaften schließen läßt. Einen direkten Zugriff erlauben demgegenüber die zahlreichen Arbeitsdarstellungen in den Monatsbildern, Buchillustrationen und Holzschnitten. Hierbei ist allerdings ein Problem der ikonographischen Überlieferung zu beachten. Die meisten bäuerlichen Arbeitsdarstellungen entstammen den Monatsbildern, auf denen in der Regel der grammatikalisch männliche Monat versinnbildlicht wird, d. h. die dargestellten Tätigkeiten erscheinen vor allem im Früh- und Hochmittelalter als männliche, auch wenn es sich um Frauenarbeiten handelte. Ergiebig sind deshalb meist nur Bilder aus dem Spätmittelalter sowie aus dem 16. Jahrhundert. Ergänzend lassen sich Hinweise auf die geschlechtsspezifische Spezialisierung in den Großhaushalten, den Hofordnungen, den Taxordnungen und den Ausgaberegistern des Spätmittelalters und der frühen Neuzeit entnehmen.

Grundsätzlich fiel in den Zuständigkeitsbereich der Frau die Binnenwirtschaft mit den dazugehörigen Arbeitsfeldern in Haus, Hof und Garten, während den Männern eher Tätigkeiten zugeordnet wurden, die weiter vom Hof entfernt anfielen und in der Regel, wenn auch nicht grundsätzlich, eine größere Körperkraft erforderten. Ihnen oblag der Feldbau, die Wald- und Holzwirtschaft, die Herstellung und Ausbesserung von Arbeitsgeräten sowie die Vornahme von Bau- und Reparaturarbeiten an Gebäuden, Wegen und Zäunen [77–79]. Auch wenn diese grundsätzliche Aufteilung der Zuständigkeitsbereiche dies assoziiert, so läßt sich die Frauenrolle keineswegs mit den Begriffen Hausfrau und Mutter umschreiben. Gerade diejenigen Tätigkeiten, die heute als typische Merkmale der

Hausfrauenarbeit gelten – wie Kinderaufzucht und -erziehung, Kochen, Putzen, Waschen, Einkaufen – spielten damals eine völlig untergeordnete Rolle. Die geschlechtsspezifische Arbeitsteilung entsprach nicht, wie Bild [77] und Kapitularauszug [78] belegen, einer Zuordnung von reproduktiver Arbeit als Frauenarbeit und produktiver Tätigkeit als Männerarbeit. Sowohl Frauen als auch Männer waren überwiegend produktiv tätig, wobei die Arbeitsbereiche von Männern und Frauen im Rahmen der bäuerlichen Hauswirtschaft untrennbar miteinander verwoben waren und letztendlich auch die Übergänge zwischen Männer- und Frauenarbeit fließend waren.

Die Grundlage der bäuerlichen Ernährung bildete der Getreideanbau. Das Pflügen galt übereinstimmend als Männerarbeit [77–80, 83, 124]. Nur in Einzelfällen wurden hierzu Mägde eingesetzt. Häufig unterstützten die Frauen die Arbeit ihrer Männer durch das Zerkleinern der Schollen mit der Hacke [80]. Die Aussaat erfolgte vor allem durch Männer. Die Mitarbeit von Frauen wird nur vereinzelt überliefert [81]. Die Getreideernte machte die Mithilfe aller Arbeitskräfte der Hausgemeinschaft notwendig [82, 85], wobei Frauen- und Männerarbeit eng ineinandergriffen. Solange das Getreide noch hauptsächlich mit der Sichel gemäht wurde, waren hieran sowohl Frauen als auch Männer beteiligt [81, 82]; es erfolgte jedoch eher durch Männer als durch Frauen, in deren primäre Zuständigkeit das Binden der Getreidehalme und das Aufstellen der Garben fiel [81, 83]. Als sich mit dem 15. Jahrhundert die Sense auch für den Getreideschnitt durchzusetzen begann, verfestigte sich hier wie bereits zuvor bei der Heuernte [84] die geschlechtsspezifische Arbeitsteilung zwischen Schnitter und Binderin/Recherin [85]. Das Einfahren der Heu- und Getreideernte erfolgte, wie Fuhrarbeiten allgemein, durch den Mann [79, 83]. Beim Be- und Entladen dürften die Frauen jedoch mitgeholfen haben [79]. Am Dreschen schließlich waren die Männer stärker als die Frauen beteiligt [86, 87, 107].

Die Weiterverarbeitung des Getreides zu Mehl, Fladen, Grützen, Brot und Bier war ursprünglich ausschließlich Frauenarbeit. Insbesondere das tägliche Mahlen des Getreides zwischen zwei Steinen oder schließlich mit der Handmühle war eine zeitraubende und außerordentlich kraftanstrengende Arbeit, die sehr verachtet war und zu den niedrigsten Mägdearbeiten zählte [88, 89]. Mit der Ausbreitung der Wassermühlen, die sich bis zum 12. Jahrhundert im mitteleuropäischen Raum allgemein durchsetzten, und der Errichtung des Mühlenbanns erfolgte die Herauslösung des Getreidemahlens aus der Hauswirtschaft und die Herausbildung eines eigenen Mühlengewerbes, das in erster Linie von Männern betrieben wurde. Das Getreidemahlen als Hausgewerbe der Frau läßt sich noch bis ins 19. Jahrhundert belegen, wobei der Anteil an der Gesamterzeugung nicht mehr allzu groß gewesen sein dürfte. Ähnliche Entwicklungen ergaben sich beim Brotbacken und Bierbrauen. Innerhalb der bäuerlichen Hauswirtschaften wurden beide Arbeiten durch Frauen vorgenommen [90,91], während sie bereits auf den klösterlichen und herrschaftlichen

Großhaushalten als spezialisierte Tätigkeiten von Männern erscheinen [112]. Im Gegensatz zur Entwicklung beim Getreidemahlen blieben das Backen und das Bierbrauen eine wichtige Aufgabe der Frauen in den bäuerlichen Familien. Die Errichtung von genossenschaftlichen und herrschaftlichen Backhäusern führte vielfach zu einer Modifikation der geschlechtsspezifischen Arbeitsteilung, indem die Zubereitung der Brotlaibe durch die Frauen zu Hause vorgenommen wurde, während für den eigentlichen Backvorgang im Backhaus Männer zuständig waren und Frauen dann Hilfsarbeiten, wie das Heizen, übernahmen [91–93].
Der Garten mit dem Anbau von Hülsenfrüchten, Wurzel- und Knollengewächsen, Kohl, Hirse, Kräutern, Gespinst- und Färbepflanzen sowie Obstbäumen galt in erster Linie als weibliches Arbeitsfeld [79, 94–97]. Am Weinbau waren die Frauen zumindest während der Erntezeit beteiligt [98].
Einen großen Anteil hatten die Frauen an der Viehhaltung. Ihnen oblag insbesondere die Versorgung des Federviehs [94, 99] sowie des in den Stallungen befindlichen Viehs mit Ausnahme der Zugtiere. Die Milchwirtschaft mit der Erzeugung von Butter, Käse und Quark fiel in die alleinige Zuständigkeit der Frauen, während das Hüten des Viehs Sache der Männer bzw. der männlichen Kinder und Jugendlichen war [88, 100–102]. Wurde das Schlachten des Federviehs von den Frauen alleine vorgenommen [103], so war das Schlachten größerer Tiere Gemeinschaftsarbeit von Frauen und Männern und z. T. auch von Kindern [92, 104, 105]. Einen wichtigen Schwerpunkt der Frauenarbeit auf dem Land bildete die Textil- und Bekleidungsherstellung. Sie war derart typisch für die Frau des Mittelalters, daß die Spindel den ganzen Zeitraum über als Symbol der Frau galt, wie das Schwert symbolisch für den Mann verwandt wurde. Spindelmagen waren die Verwandten der Frau, Schwertmagen die des Mannes. Der Frau fiel im Rahmen der Textilherstellung nicht nur das Spinnen und Weben zu, sondern der gesamte Herstellungsprozeß von der Gewinnung der Rohstoffe bis zum fertigen Gewand lag in den Händen von Frauen [77–79, 89, 90, 106–114]. Eine Beteiligung des Mannes läßt sich zunächst nur für die Schafschur [108], die Brechelarbeit in der Flachsverarbeitung und beim Walken der Stoffe nachweisen. Ein stärkeres Eindringen des Mannes in diesen weiblich dominierten Arbeitsbereich erfolgte erst mit der Herausbildung einer nebengewerblichen Textilproduktion auf dem Land und deren Weiterentwicklung zum Hauptgewerbe im 10./11. Jahrhundert, das in erster Linie nun von Männern betrieben wurde. Grundsätzlich blieb die Textil- und Bekleidungsherstellung während des ganzen Mittelalters hindurch ein wesentlicher Zweig des weiblichen Hausgewerbes. Die verschiedenen Textilarbeiten wurden vielfach gemeinsam verrichtet. Zum Prototyp geselliger Arbeit entwickelte sich vor allem das Spinnstubenwesen, das den Dorfjugendlichen beiderlei Geschlechts allem Anschein nach eine von den Erwachsenen unabhängige Form der Geselligkeit bot und deshalb in Verruf geriet. Seit dem ausgehenden 15. Jahrhundert mehrten sich in diesem Zusammenhang herr-

schaftliche Regelungen, die auf eine Kontrolle der vorehelichen sexuellen Beziehungen zwischen den Jugendlichen abzielten [109–111]. Die Textil- und Bekleidungsherstellung war im Frühmittelalter gleichfalls eine der wichtigsten Aufgaben der unfreien Mägde innerhalb der grundherrlichen Eigenwirtschaft. Sie arbeiteten und lebten in einem abgesonderten Teil des Fronhofes, dem Frauenhaus oder Genetium, in dem zwischen 7 und 40 Frauen beschäftigt wurden [89, 90, 112, 113]. Auch wenn es strittig ist, inwieweit sich diese Frauen ausschließlich mit der Textilproduktion beschäftigten und inwieweit unter ihnen eine Spezialisierung stattfand, so stellten die Genetien sicherlich die entwickeltste Form weiblicher Gewerbetätigkeit des frühen Mittelalters dar. Mit der Ausweitung der gewerblichen Textilproduktion sowie der Auflösung der grundherrlichen Eigenwirtschaften im 12./13. Jahrhundert lösten sich die Genetien auf. Sie fanden allerdings eine gewisse Fortsetzung in den Wercgaden der Ritter- und Fürstenhöfe [114].
Weitere produktive Tätigkeiten der Frauen bestanden in der Herstellung von Getränken (Met, Obst- und Beerenweine), in der Bettenherstellung [121] sowie der Kerzen- [122] und Seifenherstellung, aber auch der Herstellung von Tongefäßen. Eine Ergänzung des Anbaus erfolgte durch verschiedene Sammeltätigkeiten der Frauen wie das Sammeln von Beeren [79] und Eicheln.
Zu den täglichen Aufgaben der Frauen gehörte die Zubereitung der Speisen [115]. Das Kochen der einfachen Speisen nahm, im Verhältnis zu heute, zeitlich wie auch in der Bewertung der Bauern einen wesentlich geringeren Stellenwert ein. In den Küchen der Großhaushaltungen fanden sich fast nur männliche Arbeitskräfte. Weibliche Hilfskräfte und vor allem Köchinnen werden nur ausgesprochen selten erwähnt [117]. Stärker wurden sie jedoch zu Tätigkeiten wie dem Servieren herangezogen [88].
Nahezu selbstverständliche Frauentätigkeiten waren das Wäschewaschen, die Reinigung der Räumlichkeiten und der Haushaltsgeräte, das Feuermachen und Heizen. Diese Arbeiten hatten jedoch einen völlig anderen Stellenwert als heute. Die meist recht einfachen Behausungen der Bauern ließen sich kaum in dem Maße wie eine moderne Wohnung sauberhalten. Aufgrund der beschränkten Haushaltsgerätschaften und der wenigen Textilien, die eine Familie besaß, nahmen das Waschen und Reinigen vergleichsweise geringe Zeit in Anspruch. In den herrschaftlichen Großhaushaltungen übernahmen Mägde diese Arbeiten [118–121].
Mit ihrer Arbeit trugen die Frauen in erheblichem Ausmaß zur Subsistenzsicherung der mittelalterlichen Bauernwirtschaften bei. Dies galt nicht nur für den Eigenbedarf, sondern auch für die Erarbeitung von Überschüssen, die an den Grundherrn abgeführt wurden oder auf den Markt gebracht wurden, um sie gegen die Produkte anderer Produzenten auszutauschen. Frauen wie Männer waren verpflichtet, ihre Arbeit dem Grundherrn zur Verfügung zu stellen. Ein Großteil der Naturalabgaben der feudalabhängigen Bauern wie Brot, Bier, Tuche, Garn, Geflügel oder

Eier, beruhte auf der Arbeit der Frauen. Als die Dienstpflichten der Bauern und deren Naturalabgaben mit der Auflösung der Fronhofsverbände im 12./13. Jahrhundert teilweise durch Geldzahlungen abgelöst wurden, war es vor allem die Marktproduktion der Frauen (Geflügel, Eier, Butter, Käse, Gemüse und Gespinste sowie Garne), die die dafür nötigen Barmittel erwirtschaftete [79, 90, 123–128].

Quellen und Materialien

[77] Geschlechtsspezifische Arbeitsteilung, Miniatur aus der Ökonomie des Nicolaus von Oresme, um 1370

aus: Zierer: Kultur- und Sittenspiegel [135], Bd. 1, S. 337.

[78] Geschlechtsspezifische Arbeitsteilung in einem Kapitular Karls d. Großen v. 789

81. Wir bestimmen zweitens, was bereits im Gesetz Gottes befohlen worden ist, daß an den Tagen des Herrn (den Sonntagen) keine Frondienste ausgeführt werden dürfen. [. . .] Das bedeutet, daß die Männer keine Feldarbeiten ausführen, weder in den Weinbergen arbeiten, noch auf den Äckern pflügen oder Heu machen, noch Zäune errichten, noch den Wald roden oder Bäume fällen, noch Steine zurechtschlagen, noch Häuser bauen, noch im Garten arbeiten, noch zur Gerichtsversammlung zusammenkommen, noch zur Jagd gehen. Dreierlei Fuhrwerk darf am Tag des Herrn getan werden: Fahrt für den Heerdienst, Fahrt von Lebensmitteln oder, wenn es nötig ist, eine Leiche zu Grabe fahren. Desgleichen dürfen die

Frauen nicht weben, noch Kleidung zuschneiden, noch nähen, noch sticken, noch Wolle rupfen, noch Flachs schlagen, noch in der Öffentlichkeit Kleidung waschen oder die Schafe scheren. [. . .]
übertragen nach: Monumenta Germaniae Historica [194], Capitularia regum Francorum Bd. 1, Nr. 22, S. 61.

[79] Geschlechtsspezifische Arbeitsteilung im Prümer Urbar von 893 mit dem Kommentar des Erzabtes Caesarius von 1222
1. [. . .] Widrad besitzt eine Vollhufe. Als Schweinezins liefert er einen Eber im Wert von 20 Pfennigen, 1 Pfund Garn, 3 Hühner, 18 Eier. Er leistet jährlich die Weinfuhre, fährt 5 Wagenladungen von seinem Mist. Er gibt 5 „Daurastufen“[1], fährt 1 Klafter Holz – 6 Fuß breit, 12 Fuß lang, zu 12 Wagenladungen. Er bäckt Brot und braut Bier. Jede Hufe liefert dem Kloster 50 Latten und hütet im Wald 1 Woche die Schweine, wenn sie an der Reihe ist. Sie bestellt drei Morgen Land, das ganze Jahr hindurch, jede Woche drei Tage. Sie fährt von Holler 5 Modius Getreide zum Kloster und leistet den Wachdienst. Jeder Hufner umhegt eine Ernte im Umfang von 6 Ruten und vom Weideland 3 Ruten. Er säubert eine Fläche im herrschaftlichen Garten. Seine Frau muß Beinkleider nähen[2]. [. . .] Reimbald hat 3 Tage Ackerwerk und einen Bauernhof. Dafür muß er wöchentlich 2 Tage Botendienst leisten, auf 15 Tage eine Woche fronen und ein Huhn geben. Die Frauen der Pfründner leisten je 2 Tage Dienst pro Woche, einen mit und einen ohne Brot, sonst aber hechelt jede 1/2 Pfund Flachs oder fertigt 1/2 Hemdenstoff. Aeduins Frau hat einen Bauernhof und Land. Sie leistet Dienst und fertigt 1/2 Hemdenstoff. Nantcher hat einen Hof und eine Wiese. Seine Frau hat vom Kloster einen Hof und zahlt 4 Pfennige. [. . .]
10. [. . .] Jene Frauen, die leinene Hemdenstoffe fertigen, ernten den Flachs, rösten ihn und bereiten ihn auf. [. . .]
23. [. . .] Jene Frauen, die leinene Hemdenstoffe fertigen, scheren die Schafe und waschen die Wolle. [. . .]
24. [. . .] Seine Frau gibt 10 Modius Wein. Sie sammelt 1 Quartalis Brombeeren und 1 Staupum Senf. Sie jätet 1 Ager Schnittlauch und 1 1/2 Ager Porree. Sie muß Flachs ernten und aufbereiten, Schafe waschen und scheren. Bei der Heu-, Getreide- und Weinernte sollen der Mann und die Frau täglich mit seinem Gespann dienen. [. . .] Die Frau gibt 5 junge Hühner und 25 Eier. [. . .]
43. [. . .] Es gibt dort 5 Frauen, deren jede während der Ernte einen Tag (pro Woche) dient. [. . .]
104. [. . .] Jeder einzelne der Haistalden gibt 12 Pfennige. Die Frau aber gibt entweder leinenen Hemdenstoff oder 12 Pfennige oder sie müssen zwei Tage (pro Woche) bei der Getreide- und Heuernte dienen und 6 Pfennige geben. Es gibt außerdem 2 Knechtshufenstellen. [. . .] Jeder dient mit seiner Frau bei der Getreide- und Heuernte drei Tage (pro Woche). [. . .]
übertragen nach: Beyer: Urkundenbuch zur Geschichte der jetzt preußischen

[1] Rinden zur Loheherstellung.
[2] Kommentar des Erzabtes Caesarius: Die Ordensregel erlaubt es den Mönchen auf Reisen Beinkleider zu tragen. Deshalb ist es von alters her festgelegt – wie das alte Buch berichtet –, daß unsere Hufen jährlich leinene Hemdenstoffe fertigen, leinene Tücher aus reinem Flachs, 8 Ellen lang und 2 Ellen breit. Daraus müssen die Frauen unserer Leute Beinkleider nähen, und die Meier haben sie pflichtgemäß der Klosterkammer zu übergeben. [. . .]

Regierungsbezirke Coblenz und Trier bildenden mittelrheinischen Territorien [140], Bd. 1, Nr. 135, S. 144–147, S. 150, S. 153, S. 155f., S. 165, S. 192.

[80] Geschlechtsspezifische Arbeitsteilung bei der Feldbestellung, Freske im Adlerturm zu Trient, frühes 15 Jh.

aus: Freytag: Bilder aus der deutschen Vergangenheit [83], Bd. 1, S. 217.

[81] Frauen bei der Aussat und der Getreideernte, Miniatur aus einer Handschrift des Speculum Virginum, 12. Jh. (siehe Abbildung auf Seite 87)

[82] Männer und Frauen bei der Getreideernte, Holzschnitt d. 16. Jh.

aus: Bartels: Der Bauer in der deutschen Vergangenheit [373], S. 44.

aus: Epperlein: Der Bauer im Bild des Mittelalters [379], Abb. 39

[83] Frauen- und Männerarbeiten auf dem Fronhof Friemersheim, Ende 9. Jh. Weiter ist im Frühjahr auf Verlangen ein Tagwerk zu ackern (Bedemorgen). Jedem Pflug steht ein Sechstel Bier, ein Brot und Zukost, wie man sie gerade zur Hand hat, zu. Von dem Bedemorgen muß die Frau Garben in 5 Haufen binden und diese Haufen sammeln und zusammensetzen. Dann soll sie vier Garben nehmen. Der Mann aber soll zwei Haufen in die Scheune des Herrenhofes einbringen, die restlichen sollen vom Haupthof besorgt werden. [. . .]
zitiert nach: Franz: Quellen zur Geschichte des deutschen Bauernstandes im Mittelalter [163], Nr. 43, S. 113.

[84] Geschlechtsspezifische Arbeitsteilung bei der Heuernte, Holzschnitt des Petrarca-Meisters von 1532

aus: Scheidig: Die Holzschnitte des Petrarca-Meisters [118], S. 255.

[85] Geschlechtsspezifische Arbeitsteilung bei der Getreideernte, Gemälde von Pieter Bruegel d. Ä., 1565 (siehe Abbildung auf Seite 89)

[86] Bäuerin und Bauer beim Dreschen, Miniatur des Tacuinum sanitas, um 1365 (siehe Abbildung auf Seite 90)

[87] Geschlechtsspezifische Arbeitsteilung beim Dreschen, Miniatur aus dem späten 15. Jahrhundert (siehe Abbildung auf Seite 91)

[88] Mägdearbeiten im friesischen Volksrecht, 802/3
13. Wer sich an der Magd eines anderen, welche weder zu melken noch zu mahlen pflegt, die sie Tischmagd nennen, vergeht, werde gezwungen, ihrem Herrn eine Strafe von 12 Schillingen zu zahlen.
zitiert nach: Eckhardt: Die Gesetze des Karolingerreiches [157], Bd. 3, S. 83.

[89] Mühlenarbeit als Bestrafung nach Gregor von Tours, 589
IX, 38. [. . .] Septima aber wurde mit Droctulf (wegen einer Verschwörung) hart gegeißelt und mit glühenden Eisen im Gesicht gebrannt, und es wurde ihr alles genommen, was sie hatte, und sie nach dem Hofe Marlenheim gebracht, daß sie dort die Mühle drehte und den Mägden im Spinnhaus den täglichen Bedarf an Mehl bereitete. [. . .]
Gregor von Tours: Zehn Bücher Geschichten [166], Bd. 2, S. 295–297

[90] Frauenarbeit im Inventar des Hofes Staffelsee, nach 801
[. . .] Es gibt dort eine Tuchmacherei, in der 24 Frauen arbeiten. [. . .] 19 hörige Hofstellen sind ausgegeben. [. . .] Sein Weib fertigt 1 Hemd und 1 Chorrock, braut Malz und bäckt Brot. [. . .]
zitiert nach: Franz: Quellen zur Geschichte des deutschen Bauernstandes im Mittelalter [163], Nr. 27, S. 69–71

aus: Bruegel: Ausgewählt und eingeleitet von Christopher Brown [71], S. 66.

aus: Brunner/Daim: Ritter. Knappen. Edelfrauen [72], S. 115.

aus: Blum: Die bäuerliche Welt [376], S. 104.

[91] Männer- und Frauenarbeiten, Holzschnitt von 1502

aus: Bartels: Der Bauer in der deutschen Vergangenheit [373], S. 22.

[92] Geschlechtsspezifische Arbeitsteilung beim Brotbacken und Schweineschlachten, flämisches Kalenderbild aus dem 16. Jh. (siehe Abbildung auf Seite 92)

[93] Bäuerinnen beim Brotbacken, Holzschnitt aus: Ulaus Magnus, Historien der mitternachtigen Länder, 1567 (siehe Abbildung auf Seite 93)

[94] Frauenarbeiten nach der Vita Meinwerci, 1155/65
148. Einmal kam er und fand einen Garten mit Brennesseln, wilden Rauten und

aus: Blum: Die bäuerliche Welt [376], S. 128.

aus: Hansen: Das deutsche Bauerntum [382], Bd. 2, S. 128.

anderem Gartenunkraut bedeckt, mit Ausnahme eines kleinen Platzes in der Mitte, und alsbald befahl er, der Frau des Gutsverwalters ihr eitles Gewand auszuziehen und sie durch den ganzen Garten zu schleifen, bis das schädliche Gewächs, das in die Höhe geschossen war, der Erde gleichgemacht war. Die traurige Frau tröstete er mit Schmeicheleien und erheiterte sie mit seinem üblichen Edelmut; und im folgenden Jahr fand er den gesamten Garten mit aller Sorgfalt und allem Vermögen gepflegt, und er belohnte sie durch vermehrte Gunsterweisung und beschenkte sie freigiebig.

149. Meinwerk kam einst auf einen seiner Höfe und schalt die Meiersfrau, daß sie keine jungen Hühner und keine Hennen hielt. Da sie klagte, es mangele an Futter für die jungen Hühner, so befahl er ihr, sie von dem Gewürm und den Insekten auf dem Hofe zu nähren. Als der Bischof später wiederkehrte, freute er sich über die vielen jungen Hühner, welche, mit Würmern gefüttert, herangewachsen waren [. . .], und belohnte die Frau mit Geschenken. [. . .]

zitiert nach: Kroeschell: Deutsche Rechtsgeschichte [184], Bd. 1, S. 113, und nach Blume, Quellensätze zur Geschichte unseres Volkes [140 a], Bd. 2, S. 350.

[95] Gartenarbeit der Frau, Kalenderbild des Magisters Johannes von Gemund, um 1475

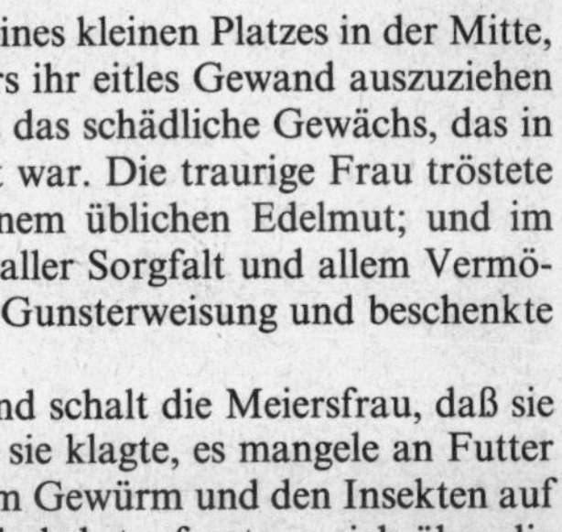

aus: Diederichs:
Deutsches Leben der Vergangenheit
in Bildern [74], Bd. 1, S. 43.

[96] Frau und Mann bei der Gartenarbeit, Miniatur a. d. 14. Jh.

aus: Rumpf: Deutsches Bauernleben [391], S. 272.

[97] Obstpflückende Bäuerin, Holzschnitt von David Kandel, 1546

aus: Diederichs: Deutsches Leben der Vergangenheit in Bildern [74], Bd. 1, S. 52.

[98] Männer und Frauen bei der Weinlese, Freske im Adlerturm zu Trient, frühes 15. Jh.

aus: Freytag: Bilder aus der deutschen Vergangenheit [83], Bd. 1, S. 226.

[99] Frau mit Spinnrad streut den Hühnern Futter, englische Miniatur aus dem Lutrelpsalter, um 1340

aus: Harksen: Die Frau im Mittelalter [46], Abb. 45.

[100] Die Aufgaben der Käsemutter und der Viehmagd in der Ordnung des Mainzer Hofes zu Erfurt von 1490

Keszemutter.

Item. Die keszemutter sal zusehen, das den kuewen vnd kelbern zu rechter zeith essen vnd drincken, gestrawet vnd gemistet werde.
Item. Das die kuewe zu rechter zeith wol aussgemolcken werden, vnd darzu helffen, das es geschee, vnd die milch in den keller brengen, in die mulen[2] gieszen, vnd zu rechter zeith schmenden[1], darnoch zu butter machen, die butter saltzen vnd dem küchenmeister alssbalde brengen, vnd in die thunne drucken[2].
Item. Sie vnd die viehmeydt sallen die kesze machen, vnd vff die horde in der kesskammern brengen, sal die keszmutter dieselben wenden vnd drucken machen, vnd dem küchenschryber auch liebern.
Item. Sie vnd die viehemeydt, szo es zeith ist, sollen leylachen, brodttucher, handtzwelen, pfulff vnd küssenziechen von dem küchenschryber gezelt nehmen, solchs mit vhleiss vnd reyn weschen, drucken, vnd dem küchenschryber widder liebern, vnd der küchenschryber vnd die keszmutter sallen schlüssel zu der keszkammern allein haben.
Item. Szo man baden will, sallen sie vnd die viehemaidt laugen machen, die bade-

[1] „schmenden" heisst den Rahm abschöpfen.
[2] Bemerkenswerth ist, dass hiernach die Butter gesalzen und in Tonnen eingeschlagen ward, offenbar zum Verkauf, im Gegensatze der in die Küche gelieferten.

stoben wormen, vnd die benck vnd boddeme, schemel vnd hultzern pfulffe darin rein weschen.
Item. Die gense sal die keszmutter mesten, vnd szo man die essen will, dieselben ropffen, vnd dem küchenschryber die federn liebern.
Item. Im kornehren, szo sie vnd die viehemaidt dweil haben, sollen sie helffen frucht legen.
Item. Szo sie habern von dem becker nympt, sal sie allein den genszen nehmen, vnd den kelbern nichts dauon geben.
Item. Sie sal achtung haben, das der ochs zu rechter zeit zugelassen werde, das die kelber vor der fasten entwohnet vnd gessen werden, vnd die milch in der fasten zu kesz vnd butter gemacht werde.
Item. Sie vnd die viehemaidt sallen by einander, igliche in ihrem betthe in eyner kammern liggen.
Item. Wan der becker becket, sullen sie vnd die viehemaidt ihme helffen wirken vnd reichen.

Viehemaydt.

Item. Die viehemaidt sal der keszmutter gewertig sein, sich ihrem beuelhe halten, vnd ihr wie obstehet, helffen.
Item. Sie sal den küwen, kelbern, jungen vnd alten schweynen essen vnd drincken geben vnd misten, sallen ihr die hyrthen helffen.
Item. Im winther sal sie den mastschweynen essen geben, vnd szo es zeith ist, dieselben in das wasser tryben vnd schwemmen, sallen ihr die hyrthen helffen.
Item. Im winther sal sie den küwen strohe in die rauffen im kuestalle, vnd szo man in der schewern vffhebet, den jungen kelbern vnd den melckküwen von der vberkhare[3] in ihre krupffen, vnd die sprewe vff den bodden tragen vnd dem viehe vnd schweinen davon soeden[4], sallen ihr die hirtten helffen.
Item. Szo man baden will, vnd der heymknecht nit müssig ist, sollen sie vnd die hirtten holtz tragen vnd wasser schopffen, den badekessel füllen, vnd die badtstubbe wermen.
zitiert nach: Michelsen: Der Mainzer Hof zu Erfurt am Ausgang des Mittelalters [389], S. 40f.

[101] Hirt und Melkerin, Kupferstich von Lucas von Leiden, 1510 (siehe Abbildung auf Seite 98 oben)

[102] Frauen beim Melken und Buttern, Holzschnitt von Jost Ammann, 1581 (siehe Abbildung auf Seite 98 unten)

[103] Frau beim Schlachten eines Huhnes, Holzschnitt aus dem Hortus sanitas von 1497 (siehe Abbildung auf Seite 99 oben)

[104] Bauernfamilie beim Schlachten eines Schweins, Holzschnitt von Jost Ammann, 1581 (siehe Abbildung auf Seite 99 unten)

[105] Familie beim Hausschlachten, Holzschnitt von Johannes Stäffler auf einem Kalenderblatt, 1518 (siehe Abbildung auf Seite 99 unten)

[3] Dies wird die durch die Reinigung des Korns ausgeschiedene schlechte Frucht sein, die man zum Viehfuttern braucht.
[4] d. h. einweichen in heissem Wasser.

aus: Bartels: Der Bauer in der deutschen Vergangenheit [373], S. 98.

aus: Albertus Magnus: Daraus man alle Heimlichkeit des weiblichen Geschlechts erkennen kann [431], S. 59.

aus: Diederichs: Deutsches Leben der Vergangenheit in Bildern [74], Bd. 1, S. 50

aus: Albertus Magnus: Daraus man alle Heimlichkeit des weiblichen Geschlechts erkennen kann [431], S. 63.

aus: Herre: Deutsche Kultur des Mittelalters in Wort und Bild [91], S. 109

[106] Textilarbeiten der Frauen im Hofrecht von Münchweier, nach 1100
18. Die Frau eines Hörigen muß zum Kloster gehen und vom Probst des Klosters Wolle oder Leinen, fertig für den Spinnrocken, ein Brot von der Güte der Herrenbrote und ein Maß Wein, was alles zusammen „Der Stoff" heißt, empfangen. Daraus wird sie ein Stück weben, das 7 Ellen lang und 3 Ellen breit ist. Wenn sie fertig ist, bringt sie es in das Kloster und empfängt dafür vom Kellermeister zwei Brote, wie sie den Herren im Konvent gereicht werden.
zitiert nach: Franz: Quellen zur Geschichte des deutschen Bauernstandes im Mittelalter [163], Nr. 64, S. 165.

[107] Flachsaufbereitung durch Frauen, Holzschnitt von 1583

aus: Bohnsack: Spinnen und Weben [395], S. 100.

[108] Frau und Mann bei der Schafschur, Holzschnitt von 1583

aus: Bohnsack: Spinnen und Weben [395], S. 101.

[109] Die Spinnstube, Holzschnitt von H. S. Beham, 1524 (siehe Abbildung auf Seite 101)

aus: Geisberg: The German Single-Leaf Woodcut 1500–1550 [84], Bd. 1, S. 133.

[110] Verbot der Spinnstubengeselligkeit in der Gerichtsordnung von Herrlingen, 1587

Die gunggelhäußer, wo nemblichem die junge bursch beederlei geschlechts zusambenlaufen und vihle muethwillige leichtfertigkeiten mit underlaufen, sollen vor alzeit verbothen sein, es gäbe dan gnädige herrschaft solche zu halten erlaubnus, und solle der haußvater so selbes gunggelhuß gehalten wird, per 1 fl. (Gulden) 30 kr. (Kreuzer), die bueben aber 2 tag mit wasser und broth im thurm und die mädlein mit der geigen (Pranger) abgestraft werden. Es sollen keine heimbliche zusambenkünften, verdächtige conventicula und rotierungen in denen unterthanen häußern niemalen angestelet, widrigenfalls selbige als aufriehrerische und rebellische unterthanen an guet und bluet malefizisch sollen abgestraft werden.
zitiert nach: Medick: Spinnstuben auf dem Dorf [388], S. 26.

[111] Verbot des Spinnstubenbesuchs für Männer in einem württembergischen Weistum, um 1560

Item es sollen die leedige söhne oder knecht nit in die gungel- oder hofstuben gehen, noch sich mit ungebührlichem geschray, singen und steinwerfen vergreifen bey straff 10 ß heller. Denen weiber und töchtern aber, da sie von spinnens wegen zusammengehen, soll solches unverwehret seyn, wann sie sich still und erbar verhalten.
zitiert nach: Medick: Spinnstuben auf dem Dorf [388], S. 26.

[112] Geschlechtsspezifische Arbeitsteilung bei der gewerblichen Produktion im Capitulare de villis, 795

43. Unseren Frauenarbeitshäusern soll man, wie verordnet, zu rechter Zeit Material liefern, also Flachs, Wolle, Waid, Scharlach, Krapp, Wollkämme, Kardendisteln, Seife, Fett, Gefäße und die übrigen kleinen Dinge, die dort benötigt werden.
45. Jeder Amtmann soll in seinem Bezirk tüchtige Handwerker zur Hand haben: Grob-, Gold- und Silberschmiede, Schuster, Drechsler, Stellmacher, Schildmacher, Fischer, Falkner, Seifensieder, Brauer – Leute, die Bier, Apfel- und Birnenmost oder andere gute Getränke zu bereiten verstehen –, Bäcker, die Semmeln für unseren Hofhalt backen, Netzmacher, die Netze für die Jagd, für Fisch- und Vogelfang zu fertigen wissen und sonstige Dienstleute, deren Aufzählung zu umständlich wäre.
49. Unsere Frauenarbeitshäuser sind in guter Ordnung zu halten: die Wohnhäuser, Werkstuben und gedeckten Schuppen oder Webkeller. Ringsum sollen sie mit starken Zäunen umgeben sein und feste Türen haben, damit die Frauen die Arbeiten für uns ungestört durchführen können.
zitiert nach: Franz: Quellen zur Geschichte des deutschen Bauernstandes im Mittelalter [163], Nr. 22, S. 51–53.

[113] Bewertung der verschiedenen Mägdearbeiten im alemannischen Volksrecht, 613/25

81, 1. Wenn jemand eines anderen Türmagd gegen ihren Willen beiwohnt, büße er 6 Schillinge.
2. Wenn jemand einem anderen Mädchen aus dem Arbeitsgemach gegen ihren Willen beiwohnt, büße er 6 Schillinge.
3. Wenn jemand einer von den anderen aus dem Arbeitsgemach gegen ihren Willen beiwohnt, zahle er mit 3 Schillingen.
zitiert nach: Eckhardt: Die Gesetze des Karolingerreiches [157], Bd. 2, S. 59.

[114] Beschreibung der Arbeitsbedingungen in einem Wercgadem durch Hartmann von Aue, um 1200

Nun sah er innerhalb der Mauer ein geräumiges Arbeitshaus, das hatte das Aussehen einer Behausung armer Leute. Drinnen sah er durch ein Fenster an dreihundert Frauen[1] arbeiten. Ihre Kleider und ihre Gestalt waren von äußerst armseligem Aussehen, doch war keine von ihnen alt. Die Armen waren damit beschäftigt, daß viele von ihnen webten, was man nur aus Gold und Seide weben kann. Viele arbeiteten am Stickrahmen, deren Arbeit war immerhin nicht schimpflich. Und die sich nicht darauf verstanden, sortierten die Fäden, jene wickelten auf, jene schlug den Flachs, und jene brach ihn, und jene hechelte ihn, diese spannen, jene nähten, und sie litten dennoch Mangel: Ihre Arbeit brachte ihnen nicht mehr ein, als daß sie jederzeit Pein von Hunger und Durst litten, und daß sie gerade noch das Leben fristeten, das ihnen doch beinahe entwich. Sie waren abgemagert und bleich, sie litten große Entbehrungen an Körper und Kleidung. Auf ihrem Herd waren im allgemeinen Fleisch und Fische eine Rarität. Unterhalt und standesgemäße Versorgung gingen ihnen ab. Sie kämpften mit bitterer Not. Sie bemerkten ihn ebenfalls. Waren sie schon vorher bleich vor Kummer, so steigerte sich ihr Leid nun noch mehr. Die Schande schmerzte sie so, daß ihnen die Arme herabsanken, denn die Tränen fielen ihnen von den Augen auf das Gewand. Daß ihre große Dürftigkeit ein Fremder gesehen hatte, erfüllte sie mit Kummer. Sie ließen die Köpfe hängen, und sie vergaßen allenthalben die Arbeit in ihrer Hand.
Hartmann von Aue: Iwein [117], S. 121f.

[115] Frauen- und Männerarbeiten, Holzschnitt von 1502

aus: Diederichs: Deutsches Leben der Vergangenheit in Bildern [74], Bd. 1, S. 49.

[1] Die Zahl von 300 Frauen dürfte eine dichterische Übertreibung darstellen.

[116] Bauernfamilie beim Essen, Holzschnitt von Jost Ammann, 1581

aus: Albertus Magnus: Daraus man alle Heim lichkeit des weiblichen Geschlechts erkennen kann [431], S. 58.

[117] Koch und Magd, Holzschnitt von 1507

aus: Diederichs: Deutsches Leben der Vergangenheit in Bildern [74], Bd. 1, S. 174.

[118] Frauen beim Wäschewaschen, Holzschnitt von Hans Frank, 1518

aus: Diederichs: Deutsches Leben der Vergangenheit in Bildern [74], Bd. 1 S. 64.

[119] Mägdearbeiten in dem Heldenepos Kudrun, um 1240

Da sprach die Teufelinne zu der schönen Maid:
„Willst du nicht Freude haben, so mußt du haben Leid.
Blick um dich allenthalben, ob wer das von dir wende.
Du mußt mein Zimmer heizen und mußt mir selber schüren die Brände."
[...]
Da ging die arge Teuflin in ihrem Zorn geschwind
Zu der Hegelinge verwaistem Ingesind.
Sie sprach: „Ihr Jungfrauen, ihr sollt nun schaffen gehn.
Was ich euch gebiete, den Dienst soll jede versehn."
Da wurden so geschieden die schönen Mägdelein,
Daß sie einander lange mußten fremde sein.
Die Herzoginnen hießen einst mit großen Ehren,
Die mußten Garn winden. Man sah sie ungefüge Müh beschweren.

Flachs hecheln mußte manche und spinnen jeden Tag.
Auch wenn hoher Herkunft sie sich rühmen mag
Und wohl zu legen wußte Gold hinein in Seide
Mit edelem Gesteine: sie mußten niedre Arbeit nun leiden.

Und die die allerbeste zu Hofe sollte sein,
Der gebot man in der Veste, daß sie die Mägdelein
In Ortruns Kemenate das Wasser tragen hieße.
Geheißen war sie Hergart. Sie sollte ihres Adels nicht genießen.
[...]

Hin ging Gerlind wieder, wo sie sie sitzen fand.
Sie sprach nun zu Kudrun von Hegelingeland:
„Willst du dich, Maid schöne, besser nicht bedenken,
Du mußt mit deinem Haare den Staub von Schemeln streichen und von Bänken.

Meine Kemenate, das sei dir gesagt,
Mußt du mir dreimal kehren täglich ungefragt
Und mußt auch das Feuer mir zünden darinne."
Sie sprach: „Das tu ich alles, eh ich statt meines Friedels jemand minne."

Kudrun [185], S. 156–159

[120] Aufgaben der Kammermägde in der Frauenzimmerordnung aus der Zeit Herzog Albrechts von Preußen, o. J. (1. Hälfte 16. Jh.)
Sollen meiner gn. frauen und den jungfrauen die bette machen, die Zimmer mit keren und sonst, was die notturft erfordert, auffs reinest und sauberste halten. Item es sollen die Kammermegde, so auff meine gste. frau wartten, in Ihren geburlichen orten schlaffen, aber die andern, so nit auff Ire gn. bescheiden, im frauenzimmer und keinem anderen orthe schlaffen und sich des aus[=] und einlauffens enthalten, und in summa alle megde im frauenzimmer sollen der hoffmaisterin, wan sie was unziemlichs vermerken und sie darumb straffen thet, gehorchen.
zitiert nach: Kern: Deutsche Hofordnungen des 16. u. 17. Jahrhunderts [179], Bd. 1, S. 94.

[121] Aufgaben der Bettenmuhme in der Hofordnung Herzogs Johann Friedrich von Pommern, 1575
Soll auf das Bettewerck und Leinengerete, auch die vedern, so durch den Rendmeister zuwege gebracht, flachs und Spinnewerck, so in dem Ampte zuwege zu bringen und aus andern Emptern anher verordent und geschicket wurde, [acht haben], alle garne weben und zu Leinwande machen laßen, daßelbige nirgents anders hin als zu unserm Nutz, frommen und besten verwenden noch brauchen, dem Rendmeister clarlich vorzeichnen und jherlich vorrechnen laßen.
Und soll in allen Emptern verordnung geschen, nach gelegenheit lein und hanff zu sehen, solches mit vleiß ausbringen, zum besten und kleinsten spinnen und leinen gewand davon machen laßen, Was jherlich uber die haushaltung zu endraten; dergleichen [sollen] in allen Emptern Federen gesamblet und betten gegoßen [werden], dadurch unser cammer nicht mit weinigen ausgeben wird konnen verschonet werden.
zitiert nach: Kern: Deutsche Hofordnungen des 16. u. 17. Jahrhunderts [179], Bd. 1, S. 152.

[122] Aufgaben der Altfrau und ihrer Mägde in der Hofordnung Herzogs Johann Albrecht von Mecklenburg, 1560
Und wann der Saelherr die tischtucher von der Aldtfrauen furdert und holdt, soll er die schwarzen dischtücher zuerst der Aldtfrauen wiederbringen und dargegen frische und reine dischtücher wieder von derselben empfangen; und, wann die tischtücher nach eßens auffgehoben, alsdann soll der Saelherr die ein Zeit auffhenken und sich verfrischen laßen in der hoffstuben, damit dieselben von empfangener feuchtigkeitt etwaß frisch und droge werden. Und vor alles, das die tische zum wennigesten die wochen eins gewaschen werden und die zinnen faß und becher oder Stupe rein gescheurett und sonst gegen alle Malzeit, Mittags und Abendts, mit reinem waßer frisch ausgespulett.
[...]

Und soll der Kuchenschreiber allewege zu rechter Zeit der Altfrauen anzeigen, wan lichte zu ziehen nöttig, ihr auch das Talch darzu auß der Speisekammer nach dem gewichte zustellen, und soll die Altfrau mit ihren Megden das Dachtgarn spinnen und die lichte ziehen und dem Kuchenschreiber wiederumb in die Speisekammer liefern, der die lichte wiederumb nach dem gewichte empfangen und außgeben, auch den Aufgangk berechnen soll.
zitiert nach: Kern: Deutsche Hofordnungen des 16. u. 17. Jahrhunderts [179], Bd. 1, S. 205, S. 217.

[123] Zinspflichten der Limburger Klosterleute, 1035
[. . .] Jeder Mann entrichte jährlich einen Schilling, eine Frau aber 6 Pfennige, oder aber es dienen Männer wie Frauen wöchentlich einen Tag zum Abtshof. [. . .]
zitiert nach: Franz: Quellen zur Geschichte des deutschen Bauernstandes im Mittelalter [163], Nr. 51, S. 129.

[124] Zinspflichten von Frauen und Männern im Urbar des Benediktinerinnenklosters Kitzingen, 11. Jh.
[. . .] Zum Fronhof Kitzingen gehören 31 Hufen, die Mastschweine und für die Frauenarbeit 11 Pfennige und 10 Eier liefern, sie dienen drei Tage wöchentlich, pflügen 30 Joch und leisten 6 Wochendienste im Jahre. [. . .]
zitiert nach: Franz: Quellen zur Geschichte des deutschen Bauernstandes im Mittelalter [163], Nr. 55, S. 139–141.

[125] Die Vögtin Kunigunde von Plauen schenkt dem Nonnenkloster Cronschwitz ihr Leibgeding zu Straßberg, 1298

Alle Gegenwärtigen und Zukünftigen sollen erfahren, daß dies die Güter in Straßberg sind, die ich Kunigunde, Vögtin von Plauen, den Nonnen in Cronschwitz nach meinem Tode gegeben habe.
Zu meinem Eigengut gehören 72 Äkker, ein Baum- und ein Gemüsegarten. Desgleichen 2 kleine Wiesen gegen Kloschwitz[3] zu gelegen, neben dem Rosenbach, eine Wiese, wo die Werkstatt des Hermann Schutlok war, eine große Wiese neben dem Eigengut, die ich von Hartmann Hund für 6 Mark gekauft und ihm vollständig bezahlt habe. Alle seine Kinder haben auf ihre Rechte für immer verzichtet. Desgleichen eine Wiese am Fuße des Kupferberges. Von allen diesen Wiesen werden jährlich 22 Fuder Heu geerntet.
Diese sind Zinser: Pezold neben dem Teich und sein Bruder Konrad geben jährlich 2 Mark. Kunigunde, Hofmanns Tochter, gibt jährlich 1/2 Vierdung von einem Hofe in Trachans. Der Müller Walter von seiner Mühle 2 Mark, von einigen Äckern und Wiesen neben der Werkstatt Pfannenschmied 1 Vierdung, von seiner Mühle 2 Hühner, 2 Käse und 2 Schnitter. Er hat auch versprochen mir seiner Wiese wegen einen Tag in der Landwirtschaft zu helfen. Gozo gibt von der Hälfte der Wiese und der Äcker 1 Vierdung und hilft mir einen Tag in der Landwirtschaft. Von seinem Haus und seinen Feldern 1/2 Mark. Der Schulze Siboto von allen seinen Gütern 1 1/2 Mark. Pezold von Kemnitz 3 Vierdung, 2 Hühner, 2 Käse und 2 Schnitter. Th., der Sohn des Wolfram von allen seinen Gütern 3 1/2 Vierdung, 2 Hühner, 2 Käse und 4 Schnitter. Heinrich Karl 3 Vierdung weniger ein Lot, 2 Hühner, 2 Käse und 2 Schnitter. Hermann Scutelock von seinem Hof 1/2 Mark. Der Schuster Heinrich von seinem Hof und Acker 1 1/2 Vierdung, 2 Hühner, 2 Käse und 2 Schnitter, von seinem Neubruch 1 1/2 Lot. Die Frau Conrad

Sorgelins 1/2 Mark, von ihren Neubrüchen 1/2 Vierdung, ferner 9 Schilling in Denaren, 3 Hühner, 3 Käse und 3 Schnitter. Lupold von seinen Neubrüchen 1/2 Vierdung, von seiner Herberge 1 Schilling, 1 Huhn, 1 Käse und 2 Schnitter. Der Wirt Bär von seinen Äckern 1/2 Vierdung und 3 Schilling, 2 Hühner, 2 Käse und 2 Schnitter. Der Köhler Albert 6 Schilling, 2 Hühner, 2 Käse und 2 Schnitter. Hermann neben dem Baumgarten 5 Schilling, 2 Hühner, 2 Käse und 2 Schnitter. Konrad Weckefras 2 Schilling. Der Stellmacher C. 6 1/2 Schilling, von seinen Feldern bei Jößnitz 1 Lot und von einer kleinen Wiese 2 Schnitter, dazu 2 Hühner, 2 Käse und 2 Schnitter, und von Liphilds Haus 1 Schilling und 1 Huhn. Der Taschenmacher Heinrich 3 Schilling und 2 Hühner, 2 Käse und 2 Schnitter. Eberhard Blasebalg 1 Vierdung und seine Kinder 8 Schilling und 2 Hühner, 2 Käse und 2 Schnitter. Von Goldans Herberge 3 Schilling, 2 Hühner, 2 Käse und 2 Schnitter. Heinrich Graf 3 Schilling und 1 Lot vom Neubruch, 2 Hühner, 2 Käse und 2 Schnitter. Otto Stricker 6 Schilling, 2 Hühner, 2 Käse und 2 Schnitter. Heinrich Margarete 5 Schilling und 2 Hühner, 2 Käse und 2 Schnitter. Die Frau des Schusters Walter 4 Schilling, 1 Huhn, 1 Käse und 1 Schnitter.

Heinrich Zideler hat den Hof und die Güter Hildebolds gekauft, die er alle von mir und denen in Cronschwitz erhalten hat. Er muß dafür im Werte eines halben Vierdung dienen. Für diesen Hof und die Herrschaft über alles Eigentum habe ich 2 Mark gezahlt. Hildebold, seine Gattin und seine Kinder haben für immer auf alle ihre Rechte daran verzichtet. Für den halben Vierdung, den Zideler zahlt, habe ich auch dieser Frau 2 Mark gegeben. Von dem Bächlein, das von Neundorf herabkommt. durch das Kampantal fließt und in die Elster mündet, von dieser Seite Straßbergs bis zum Dorfe Straßberg hin gehören alle Hügel, Fluren und Felder mir und meinen Leuten. Ebenso gehören alle Felder, Fluren und Hügel mir und meinen Bauern von der Seite Straßbergs, die nach Kurbitz zu liegt, bis zu dem Bächlein Jößnitz und darüber hinaus (auch noch) einige Äcker.

Es sollen auch alle wissen, daß die Elster von dem Kampantal bis zur Brücke in Kürbitz mir und nach meinem Tode den Nonnen in Cronschwitz gehört, mit allen Nutzungen, auch dem Recht, Mühlen anzulegen und anderem, was mir und den Nonnen gefällt. Nur das Fischrecht habe ich gegen andere Güter mit unseren Herren in Plauen getauscht. H., Eberhards Sohn, der die Tochter des Pfannenschmieds (zur Frau) hat, 1 Vierdung von seinem Feld, das in dem Wald liegt, der Forst heißt. Diesen Vierdung hat mir mein Gatte und sein Sohn, der der Böhme genannt wird, aus freien Stücken gegeben, damit er mit allen Rechten zu den Gütern in Straßberg gehört. Von der Nonne Jutta von Straßberg und ihres Bruders Sohn Jordan habe ich einige Äcker in Straßberg und einen Zins von 12 Schilling an 2 Stellen und 4 Käse, 4 Hühner, 4 Schnitter und 2 Osterlämmer für 27 Mark gekauft. Alles dies gebe und übereigne ich mit allem anderem in dieser Urkunde aufgeführten den Nonnen in Cronschwitz zu dauerndem Besitz. Ich verfüge und bestimme, daß von den Äckern und Zinsen, die zuletzt für diese 27 Mark erworben sind, die Nonnen einen feierlichen Gottesdienst und ein reichliches Ehrenmal an meinem alljährlich andächtig und getreu gefeierten Jahrestag halten.

zitiert nach: Franz: Quellen zur Geschichte des deutschen Bauernstandes im Mittelalter [163], Nr. 154, S. 407–413.

[126] Bauernpaar mit Geflügel und Eiern auf dem Markt, Kupferstich von Albrecht Dürer, 1519

aus: Albrecht Dürer: Das gesamte graphische Werk [76], Bd. 2, S. 1939.

[127] Nebengewerbliche Brotbäckerei durch eine Frau, 870
Aber auch ein Weib buk am Festtag des heiligen Laurentius, während die anderen zur Kirche eilten, Brot zum Verkauf; trotz der Mahnung ihrer Nachbarn, solchem Tag die Ehre zu erweisen und die Kirche aufzusuchen, wollte sie um des Gewinnes willen nicht davon abstehen, das angefangene Werk zu vollenden. Aber da sie der Ehrfurcht vor dem Heiligen irdischen Gewinn vorzog und die aus demselben Teig, aus dem sie vorher glänzende Brote gemacht hatte, später geformten in den Ofen schob, fand sie diese plötzlich schwärzer als Tinte. Darüber bestürzt lief sie heraus und erzählte öffentlich allen Gegenwärtigen sowohl die Sünde, welche sie durch Vernachlässigung solcher Festfeier begangen, als auch den Schaden, welchen sie durch das Verderben ihrer Brote erlitten hatte.
Jahrbücher von Fulda [175], S. 79

[128] Statut der Bäcker-Innung in Halle, vor 1315
[. . .] Kommen ein Bauer oder eine Bäuerin, haben sie ein, drei oder vier Brote, so dürfen sie diese durchaus verkaufen. Wenn sie irgendjemand an diesem Recht hindert, das hier geschrieben steht, so sollen unser Schultheiß, die Schöffen und der Fronbote dafür sorgen, daß das nicht geschicht.
übertragen nach: Urkundenbuch der Stadt Halle [215], Bd. 2, Nr. 547, S. 82.

[129] John Fitzherbert: Die täglichen Pflichten der Bäuerin, 1555
„[. . .] Welche Arbeiten eine Frau im allgemeinen zu verrichten hat: Erstens, wenn du wach wirst und dich anschickst aufzustehen, erhebe dein Haupt sag Dank und mach das Zeichen des Heiligen Kreuzes. [. . .] und

gedenke deines Schöpfers dann wird es dir um vieles besser gehen. Wenn du dich erhoben hast und bereit bist, feg zuerst dein Haus, dann mach deine Kredenz zurecht und bring alles in deinem Haus in Ordnung, melk deine Kühe, laß deine Kälber säugen, seih deine Milch, hol deine Kinder aus dem Bett und zieh sie an und kümmere dich um Frühstück, Mittag und Abendessen für deinen Mann, deine Kinder und dein Gesinde und iß mit ihnen.

Sorg auch dafür, daß Korn und Malz für die Mühle bereit steht, damit es mit allem, was vonnöten ist, gebacken und gebraut wird. Und miß vor und nach der Mühle und sieh, daß auch du dein Maß dabei hast, sonst wirst du vom Müller betrogen, sonst heißt es, daß dein Korn nicht trocken ist wie es sich gehört. Wenn du kannst, mach Butter und Käse. Deine Schweine füttere morgens und abends. Dein Federvieh versorge in der Früh [. . .] und wenn die Zeit kommt, mußt du aufpassen, wie deine Hühner, Enten und Gänse legen und mußt die Eier abnehmen. Wenn die Mauser einsetzt, bring dein Geflügel an einen Ort, wo weder Vieh noch Schweine noch Ungeziefer es verletzten können. [. . .]

Anfang März, Ende Februar ist es Zeit, daß sich eine Frau um ihren Garten kümmert und sich soviele gute Samen und Kräuter verschafft wie möglich, und zwar besonders solche, die für Herd und Tisch gut sind. Im März ist es auch an der Zeit, Flachs und Hanf zu säen [. . .] Wie aber Lein gesät, von Unkraut frei gehalten, gerauft und geriffelt wird, wie die Röste vorzunehmen ist, wie Flachs gewaschen und nach dem Trocknen gedroschen, gebrochen, geschwungen, gehechelt, gesponnen, gewickelt, eingepackt und auf Darren aufbewahrt wird, brauche ich nicht zu erklären, weil die Frauen klug genug sind und das wissen. So können sie Bettlaken, Bord- und Handtücher, Hemden, Unterkleider und anderes Notwendige machen.

zitiert nach: Sieder: Hausarbeit oder: die „andere Seite" der Lohnarbeit [362], S. 91.

6. Frauenarbeit in der Stadt

[130]

Einführung

Die städtischen Haushaltungen zeichnen sich im Vergleich zu den bäuerlichen durch eine stärkere Trennung von Betrieb und Haushalt aus. Zünftische Verbote bzw. Beschränkungen der weiblichen Mitarbeit im Gewerbe erscheinen jedenfalls nur dann sinnvoll, wenn sich betriebliche und hauswirtschaftliche Sphäre deutlich voneinander abgrenzen lassen [179–182, 257, 288–291, 301, 307, 313, 315–317, 319, 321, 322, 336, 391, 398, 442]. Eine Polarisierung von produktiver Männerarbeit und unproduktiver Frauenarbeit oder männlicher entlohnter Erwerbstätigkeit und weiblicher unbezahlter Hausarbeit war damit nicht verbunden, denn obwohl die städtischen Haushaltungen im Vergleich zu den ländlichen eine größere Marktverflechtung aufwiesen und infolge der zunehmenden Arbeitsteilung zahlreiche ursprünglich weibliche Tätigkeitsfelder [131] zu männlichen wurden, verblieben mannigfaltige produktive Tätigkeiten in der Zuständigkeit der Frauen. Sie erzeugten jedoch in erster Linie Gebrauchsgüter, die den Bedarf im eigenen Haushalt decken sollten, während die Produktion in den Werkstätten als Warenproduktion für den Güteraustausch auf dem Markt erfolgte. Generell war die Vielfalt der weiblichen Tätigkeitsfelder, insbesondere in den besser gestellten Haushaltungen der städtischen Oberschicht, nicht mehr so groß wie in denen auf dem Lande. Die Hauptaufgabe der Ehefrauen von Handwerkern und Kaufleuten bestand in der Haushaltsführung. In den größeren und wohlhabenderen Haushaltungen wurde die Meisterin oder Kauffrau vor allem in den nach dem modernen Begriff typischen Hausarbeiten durch Mägde unterstützt und entlastet [53, 57, 72–75, 135, 138, 141, 150]. Großen Aufwand erforderten auch in den städtischen Haushaltungen Nahrungsmittelproduktion und -aufbereitung. Frauen bestellten die Gärten, versorgten das Vieh, betrieben eine umfangreiche Vorratswirtschaft, indem sie die Nahrungsmittel konservierten, bereiteten auch nach der Herausbildung eigener Gewerbezweige häufig noch selbst Brot, Bier sowie Fruchtweine und -säfte, zogen Kerzen, stellten Würste und Schinken her. Die hauswirtschaftlichen Tätigkeiten von Frauen aus dem Mittelalter lassen sich meist nur indirekt aus den den Frauen zugeordneten Arbeitsgeräten [132, 133] sowie Berichten und Bildern des 16. Jahrhunderts erschließen [130, 134, 138, 150], da direkte Beschreibungen nicht existieren. Ein wichtiges weibliches Tätigkeitsfeld blieben mit Spinnen, Weben, Nähen, Stricken, Sticken und Ausbessern die Textilarbeiten [132, 133, 136, 137, 139, 140, 150]. Der Zukauf auf dem Markt erfolgte in der Regel nur bei feineren Stoffen. Selbstverständliche Aufgabenbereiche der Frauen bildeten die Kindererziehung [Bd. 2, 280–284] und die Versorgung der Kranken [150, 409, 414, 415].

In einer Reihe von Handwerken, insbesondere in den aus dem weiblichen Hausgewerbe hervorgegangenen Nahrungs- und Bekleidungsgewerben, erfolgte vielfach eine Mitarbeit der weiblichen Haushaltsmitglieder (Ehefrauen, Töchter, Hausmägde) in der Produktion [193, 195, 225, 234,

240, 243, 261–265, 283, 290, 301, 314–326, 328]. Vor allem der Verkauf der hergestellten Waren wurde häufig von den Frauen betrieben [156, 180, 183, 275, 280, 283, 293, 294, 302, 313, 330]. Dem entsprach ihre gleichfalls mehrfach belegte Mitarbeit im Handel [341–345, 361, 364]. Städtische Ämter wurden vielfach an Ehepaare vergeben, so daß auch die Ausübung des Amtes durch beide Ehepartner erfolgte [390, 400–402, 426]. Zahlreiche Frauen übten Tätigkeiten aus, die in keiner Verbindung zum Gewerbe ihres Mannes standen [150, 207, 209, 346]. Einen Überblick über die Arbeitsfelder dieser Frauen wie auch über diejenigen der alleinstehenden erwerbstätigen Frauen gibt die von Bücher erstellte Übersicht über die Frauenberufe des 14./15. Jahrhunderts in Frankfurt/Main, die von mir unter Hinzuziehung weiterer Angaben Büchers korrigiert und etwas verändert wurde [142]. Als typisch weibliche Arbeitsfelder erscheinen Vor- und Nebenarbeiten in der Textilproduktion, die Verarbeitung agrarer Rohstoffe sowie der Klein- und Hausierhandel. Die großenteils enge Verbindung dieser Arbeitsbereiche mit den hauswirtschaftlichen Tätigkeiten der Frauen belegen mehrere Beispiele, die oft nur schwer eine Trennung zwischen eigentlicher Hausarbeit und Erwerbstätigkeit zulassen und es zudem als wahrscheinlich erscheinen lassen, daß die Frauen diesen Beschäftigungen oft nicht kontinuierlich nachgingen, so daß man in diesen Fällen kaum von einer Berufstätigkeit im heutigen Sinn sprechen kann [164–166, 175, 189, 204–207, 210, 213–215, 223, 224, 235, 238, 241, 258, 260]. Die Mehrzahl der weiblichen Berufe ist den sogenannten freien Berufen zuzuordnen, die keinen zünftischen Regulierungen unterlagen oder bezieht sich auf an- bzw. ungelernte Lohnarbeit, was sich auch in dem überproportional hohen Unterschichtenanteil der Frauen zeigt [26–35]. Die große Zahl von 200 weiblichen Berufsbezeichnungen in der nach Bücher erstellten Übersicht dürfte selbst für eine Stadt wie Frankfurt weit überhöht sein. In vielen Fällen kommen für eine sehr ähnliche oder auch die gleiche Tätigkeit verschiedene Berufsbezeichnungen vor. Nicht in allen Fällen ließ sich, wie Bücher selbst bemerkt, mit hinreichender Sicherheit feststellen, ob es sich tatsächlich um einen Frauenberuf und nicht um einen Familiennamen handelt. Schließlich bleibt das Zahlenverhältnis zwischen den einzelnen Berufsbezeichnungen unklar, so daß ein unzutreffendes Bild über die tatsächliche Berufsstruktur und das Ausmaß der weiblichen Berufstätigkeit entsteht. Berücksichtigt man nur jene Berufsbezeichnungen, die sich mehr oder minder regelmäßig über den genannten Zeitraum nachweisen lassen, so reduziert sich in der Bücherschen Übersicht die Zahl der Frauenberufe auf rund 90. Die geringe Beteiligung der Frauen am Zunftgewerbe und die Beschränkung der weiblichen Arbeitsfelder wird besonders deutlich in einer Auswertung der Hamburger Kämmereirechnungen von 1350–1400, nach denen sich Frauen nur in 8 Gewerbezweigen nachweisen lassen[143].

Die jüngere sich mit der Frau im Mittelalter beschäftigende Literatur zitiert in diesem Zusammenhang immer wieder die Ansicht Büchers, „daß im Mittelalter die Frauen von keinem Gewerbe ausgeschlossen waren, für

das ihre Kräfte ausreichten. Sie waren berechtigt, Handwerke ordnungsgemäß zu lernen, sie als Gehilfinnen, ja selbst als Meisterinnen zu treiben".[1] Machen am Amboß stehende Frauen [315] sowie ihren Ehemännern beim Dachdecken als Handlangerinnen zur Seite stehende Ehefrauen [335] die Unhaltbarkeit der Aussage, daß diese nur zu weniger anstrengenden Arbeiten herangezogen worden seien, deutlich, so beruht die Annahme einer gleichberechtigten und weitverbreiteten Erwerbstätigkeit von Frauen im Mittelalter gleichfalls auf einer Fehleinschätzung. Allzu oft gilt allein die Nennung einer einzigen Frau unter zahlreichen Männern als Nachweis für die selbständige Tätigkeit von Frauen in dem betreffenden Gewerbe. Dies deutet zwar darauf hin, daß es unter besonderen Umständen für Frauen möglich war, gesellschaftlich angesehene Positionen zu erlangen, verschleiert jedoch die tatsächlichen Verhältnisse.
Als fragwürdig muß es auch erscheinen, allein von der weiblichen Endung einer Berufsbezeichnung auf eine selbständige Erwerbstätigkeit in dem entsprechenden Handwerk zu schließen, denn nur in den wenigsten Fällen läßt sich ausschließen, daß es sich nicht um einen Familiennamen, sondern um eine Berufsbezeichnung handelt. Selbst wenn dies sichergestellt ist, bedeutet das nicht, daß dieser Beruf auch von der Frau ausgeübt wurde. Noch heute ist es vielfach üblich, den Beruf des Mannes oder dessen Titel auch zur Bezeichnung bzw. Benennung der Frau zu verwenden. Liegen keine weiteren Angaben über die Berufstätigkeit der entsprechenden Frau vor, wie dies für die meisten Nennungen in Steuerbüchern, Kauf- und Schenkungsurkunden, Testamenten u. ä. Quellengruppen gilt, so wird man den betreffenden Fall nicht befriedigend entscheiden können. Auch die Erwähnung von Frauen in Zunftlisten läßt keinen Rückschluß auf eine entsprechende Berufstätigkeit zu, wie dies vielfach geschieht. Zum größeren Teil handelt es sich bei diesen Frauen offensichtlich um Witwen. Wie bereits erwähnt, trafen die Zunftordnungen im allgemeinen Regelungen zur Versorgung der hinterbliebenen Witwe, indem diese den Betrieb des verstorbenen Mannes fortführen durfte. Auch wenn Zunftordnungen ein derartiges Recht nicht enthalten, heißt dies nicht, daß ein Fortführungsrecht nicht üblich war. So existieren häufig Rechtsverordnungen, die das Witwenrecht für alle Handwerke gemeinsam festlegen oder es liegen Ratsentscheidungen über die Gewährung des Witwenrechts vor, obgleich der entsprechende Zunftbrief keinerlei Bestimmungen enthält. Die Regelungen des Fortführungsrechts waren recht unterschiedlich und weder in einer Stadt, in einem Gewerbezweig noch zu einer bestimmten Zeit einheitlich. Vereinfachend lassen sich vier Formen des Fortführungsrechts unterscheiden. Am weitestgehenden sind solche Bestimmungen, die der Witwe ohne zeitliche Begrenzung die Weiterführung des Betriebes gestatten. Dieses Recht erlischt im allgemeinen bei Verehelichung mit einem Zunftfremden [162, 184, 185, 236, 266, 268, 287, 296, 299, 310, 364, 373]; bei Heirat mit einem zunftangehörigen Gesellen

[1] Bücher: Die Frauenfrage im Mittelalter [43], S. 19.

dagegen wird diesem zumeist der Erwerb der Meisterstelle erleichtert, dies gilt auch bei der Heirat einer Meistertochter mit einem Gesellen der Zunft [162, 171, 184, 211, 245, 248, 255, 265, 266, 269, 270, 285, 296, 297, 300, 303, 309, 311, 327, 373]. Neben diesem unbegrenzten Fortführungsrecht erscheint häufig auch eine zeitliche Begrenzung dieses Rechts. Die angegebenen Fristen schwanken zwischen vier Wochen und drei Jahren [235, 245, 292, 303, 307]. Gewöhnlich wird von einer Frist von einem Jahr ausgegangen. Relativ selten wird die Fortführung auf die Verarbeitung der vorhandenen Rohstoffe und die Beendigung der bereits begonnenen Arbeiten beschränkt [242, 269, 295, 362]. Andere Ordnungen befristen gleichfalls die Fortführung, sofern die Witwe nicht einen Gesellen aus dem Handwerk heiratet [245, 310, 311, 339].

Die, einen vom verstorbenen Ehemann übernommenen Betrieb, weiterführenden Witwen werden nun in der Literatur häufig mit selbständigen Handwerksmeistern gleichgestellt. Dies ist allem Anschein nach jedoch falsch, wenn man die Rechte und Pflichten dieser Witwen innerhalb der Zunft genauer betrachtet. Geht man davon aus, daß die spätmittelalterlichen Zünfte gemeinhin die Lehre als eine Voraussetzung für die selbständige Ausübung eines Handwerks zur Bedingung machten, so mutet es merkwürdig an, wenn Witwen dies ohne weitere Ausbildung erlaubt gewesen sein sollte. Häufig treffen die Zunftordnungen hierzu zwar keine näheren Regelungen, wenn sie solche aber enthalten, so machen sie der Witwe die Auflage, einen Gesellen einzustellen [245, 276, 310–312]. Nur sehr selten durften die Witwen den Betrieb auch ohne Gesellen aufrecht erhalten [255, 266, 287]. Das Recht der Lehrlingsausbildung in einem von einer Witwe geleitetem Betrieb war deutlich eingeschränkt. Die Bestimmungen, die sich mit den Lehrlingen beschäftigen, deren Meister verstarb, deuten darauf hin, daß ein von einer Witwe fortgeführter Betrieb in der Regel keine Lehrlinge ausbilden durfte, sondern daß allenfalls die bereits vom Meister angenommenen Lehrlinge in dem Betrieb auslernen durften [299, 310, 312, 324, 338]. In Nürnberg wurde die Beschäftigung von Lehrlingen in dem Betrieb einer Witwe ausdrücklich untersagt [149]. Die Witwen waren nicht im Produktionsbetrieb tätig, sondern sie übernahmen von ihrem Mann die Geschäftsleitung des Betriebes. Hierzu gehörte auch die Teilnahme an der Morgensprache, d. h. an der beschlußgebenden Versammlung der Meister des entsprechenden Handwerks. Zwar treffen die Zunftordnungen hierzu meist keine Aussagen, doch wird man dies wohl als Regelfall annehmen dürfen, denn bis ins 17. Jahrhundert lassen sich keinerlei Ausschlüsse oder Beschränkungen, wohl aber mehrfach die Teilnahme der Witwen nachweisen [162, 178, 228]. Waren der Zunft Aufgaben in der Verteidigung einer Stadt übertragen, so hatten die Witwen ihren entsprechenden Beitrag zu leisten [148, 185, 186, 212].

Bei dem bisherigen Forschungsstand läßt sich nur schwer abschätzen, inwieweit die Witwen von ihrem Fortführungsrecht überhaupt Gebrauch machten. Erste Erhebungen lassen jedoch vermuten, daß man dies nicht als Regel annehmen darf. So war im Zeitraum von 1529 bis 1547 von den

844 Gesellen des Benderhandwerks in Frankfurt/Main kein einziger bei einer Witwe beschäftigt. In Mainz arbeiteten 1550 von 243 Gesellen einer und 1583 zwei bei einer den Betrieb weiterführenden Witwe. Führten sie den Betrieb nicht weiter, so war ein Ausscheiden aus der Zunft damit nicht unbedingt verbunden, da die Bedeutung der Zünfte sich nicht auf den gewerblichen Bereich beschränkte. Sie entfalteten vielmehr ein umfangreiches gesellschaftliches und religiöses Leben. Die Zunftmitglieder trafen sich zu geselligen Zusammenkünften, gingen gemeinsam zur Kirche, besaßen des öfteren einen eigenen Schutzpatron und Altar, sorgten für eine standesgemäße Beerdigung der Verstorbenen, leisteten Gebetsfürbitte und unterstützten die Armen und Kranken. An dieser bruderschaftlichen Seite der Zünfte hatten alle Anteil, die ihnen angehörten [156, 176, 177, 281, 296, 303, 306,]. Eine Verpflichtung zur oder ein Zusammenhang mit der Ausübung des entsprechenden Handwerks bestand nicht. Witwen, aber auch zahlreiche andere Frauen (vor allem Ehefrauen und Töchter) blieben bzw. wurden Zunftmitglieder, um diese Vergünstigungen zu erhalten, ohne jedoch auch im Handwerk zu arbeiten [177, 188, 212, 265, 271, 306,]. Schließlich verblieben zahlreiche Witwen auch deshalb in der Zunft, um ihrem minderjährigen Sohn den Betrieb zu erhalten [235, 245, 292, 307, 310]. Es ist deshalb nicht möglich, aus der bloßen Aufführung von Frauen in den Zunftlisten auf eine entsprechende Berufstätigkeit zu schließen, wie dies vielfach geschieht.
Anlaß zu Fehlinterpretationen bieten auch die Regelungen des Töchterrechts in den Zunftordnungen, die die Versorgung der Töchter sicherstellen sollten. In einigen wenigen Fällen wurden die Meistertöchter zur Lehre zugelassen, während andere Frauen davon ausgeschlossen blieben [218, 220, 263, 328]. Im allgemeinen bestimmten die Amtsbriefe, daß den Töchtern das Amt (gleich den Söhnen) ganz bzw. zur Hälfte folge oder die Tochter bei Zunfteintritt nur die halbe Aufnahmegebühr zu entrichten habe [147, 162, 171, 211, 237, 248, 265, 270, 285, 304, 308]. Mit einer gleichberechtigten Stellung der Töchter in den Zünften und einer gewerblichen Betätigung haben derartige Regelungen nichts zu tun, denn sie wurden dem einheiratenden Gesellen „gutgeschrieben" und erleichterten ihm den Zunfteintritt und den Zugang zum Meisteramt.
Problematisch ist das vielfach zu beobachtende Verfahren, für die Untersuchung nur diejenigen Stellen einer Zunftordnung heranzuziehen, in denen Frauen erwähnt werden, ohne diese Stellen im Kontext der gesamten Zunftordnung zu interpretieren. Deshalb wurden in der vorliegenden Quellensammlung derartige Textauszüge in ihrem Kontext belassen, um somit für den Leser ihre Aussage und ihren Stellenwert im Gesamtzusammenhang der Quelle zu verdeutlichen. Schließlich werden häufig zur Gesamtbewertung nur solche Urkunden herangezogen, die Frauen überhaupt erwähnen, wie das auch in dieser Quellenauswahl geschieht, aber man wird dabei berücksichtigen müssen, daß sich in einem Großteil der Zunftordnungen, d. h. zwischen 30 und 60% je nach Ort und Gewerbezweig, keinerlei Hinweise auf Frauen finden lassen.

Wie in den folgenden Abschnitten über die Frauenarbeit in den einzelnen Handwerkszweigen noch gezeigt wird, ist der Anteil der Frauen am zünftischen Gewerbe aufgrund der unzureichenden Interpretation und Analyse der Quellen bisher weit überschätzt worden. Eine annähernd gleichberechtigte Stellung von Frauen in den Zünften bleibt auf wenige Gewerbe und Orte beschränkt und stellt insgesamt eine Ausnahme dar. Für Mädchen war es zumindest im späten Mittelalter keineswegs üblich, ein Handwerk zu erlernen. Allgemeine Ratsverordnungen, die Jungen und Mädchen in gleichem Maße zur Lehre zulassen, sollten dabei nicht überbewertet werden, denn sie stammen z. T. aus einer Zeit, in der Mädchen mit Sicherheit kein Handwerk mehr lernen konnten [144–146]. Von zahlreichen Handwerken blieben Frauen selbst dann, wenn keine direkten Arbeitsverbote bestanden, in der gesellschaftlichen Realität ausgeschlossen. Eine nennenswerte Beteiligung der Frauen am Handwerk erscheint aber auch aufgrund der vergleichsweise sehr geringen Mägdelohne und des überproportional hohen Anteils von Frauen an den Unterschichten wenig wahrscheinlich [26–35, 58–60]. Schwerpunkte weiblicher Erwerbstätigkeit bildeten vielmehr die hauswirtschaftlichen Tätigkeitsfelder oder die damit in enger Verbindung stehenden Erwerbszweige sowie der Kleinhandel.

Ob Frauen im 12./13. Jahrhundert stärker und gleichberechtigter am städtischen Handwerk beteiligt waren, läßt sich aufgrund der Quellenlage nur schwer entscheiden, denn gerade die frühen Zunftordnungen sind wenig differenziert, enthalten meist keine Hinweise auf Frauen oder sie sind sehr stark in ihren Bestimmungen bruderschaftlich geprägt. Ohne Zweifel verstärkt sich jedoch mit dem Abschließen der Zünfte im ausgehenden Mittelalter die Tendenz die Frauen gänzlich aus den Handwerken zu verdrängen und sie zu dequalifizieren.

[131] Weibliche und männliche Tätigkeiten im Bauernhaus als Grundlage spezialisierter Handwerkszweige

Häusliche Arbeit von Frauen	*Männerhandwerk*
Weben	*Weber*
Färben	*Färber*
Walken	*Walkmüller*
Stampfen	*Stampfmüller*
Mahlen von Getreide mit der Handmühle	*Müller*
Brennen von irdener Ware	*Hafner*
Kleidung nähen	*Schneider*
Betreuung des Hausgartens	*Gärtner*
Verkauf von Eiern, Geflügel und Milchprodukten	*Kleinhändler*
Sammlung von Heilkräutern	*Apotheker*
Wundbehandlung	*Bader*
Brotbacken	*Bäcker, Lebzelter*
Bierbrauen	*Brauer*
Gästebeherbergung	*Gastwirt*

Häusliche Arbeit von Männern	*Männerhandwerk*
Hausbau	*Maurer, Zimmermann, Dachdecker*
Herstellung von hölzernen Geräten	*Binder, Drechsler*
Siebmacher	
Herstellung von Holzschuhen	*Holzschuhmacher*
Schmiedearbeiten	*Schmied*
Herstellung von Seilen	*Seiler*
Zubereitung von Häuten	*Gerber*
Herstellung von Lederwaren	*Riemer, Sattler*
Tötung von Haustieren	*Fleischhauer*
Brunnengraben	*Brunnengräber*

aus: Mitterauer: Geschlechtsspezifische Arbeitsteilung in vorindustrieller Zeit [357], S. 83.

[132] Darstellung des Hausgerätes, das zu einer Wirtschaft gebraucht wird, Holzschnitt von Hanns Paur, um 1475
In der Mitte des Blattes wird eine Verlobungsszene dargestellt. Auf der linken Seite sind Gerätschaften aus dem Umfeld des Mannes, auf der rechten die Haushaltsgeräte der Frau angeführt.
aus: Diederichs: Deutsches Leben der Vergangenheit in Bildern [74], Bd. 1, S. 35.

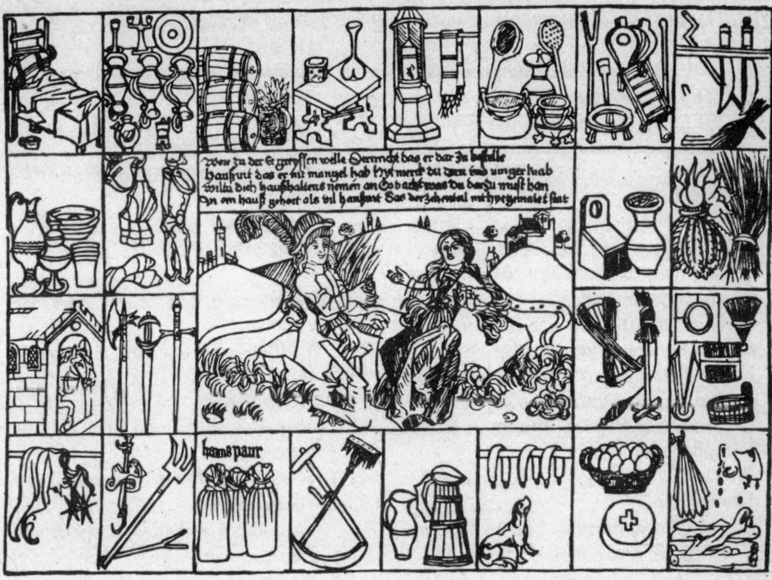

[133] Hans Folz, Von allem Hausrat, um 1490

Welch armer sich zu der ee wil lencken
Solt sich alweg vor wol bedenkken
Was man als haben mus ins haus
Des ich ein teil will ecken aus
¢ Zum ersten tzirt man die stuben gern
Beyd tzu der nottorfft vnd tzu eren
Darin man nicht geraten kan
Stul benck vnd sidel mus m̃an han
Tischtuch tzweheln vnd facilet
Gißfas hantbecken vnd kandelbret
Flaschen kandel tzu bir vnd wein
Kôpff grueß vnd glas tzu schenkken eyn
Sturtz birglas ein becher darbey
Welch man bedarff das es do sey
Kůlkessel misch kandel gispeck
Schusselring waschbursten glasdeck
Loffel saltz faß ein fliegen wedel
Brieff an die wand vnd ein laßtzedel
Leuchter liechtscher vnd ein liecht digel
Ein reysent ôr vnd einen spiegel
Spilpret wôrffel vnd ein karten
Wer kan altzeit nutzer arbeit warten
Drichter engster kuttro[l]ff die man
Fur die tzůghen drunck muß han
Vogelhaus vogel hacken der want
Diß sint der stuben dinck benant
¢ So man den in die kuchen drit
Czimbt dißer haußrad wol mit
Tôpff sturtzen kessel pfannen
Ob man nicht teglich wil drum tzannen
Dreyfueß blaßbalgk bratspis rost
Mus man auch haben was es kost
Ein kesselhengel vbers feur
Sust wer offt warmes wasser teur

Hackmesser stuckmesser hackbret
Wer nicht koch vnd schaumlo̊ffel het
Bratpfan reybeißen durchschlack
Der wer geseumbt manchen tag
Moerschel strempffel reibscherb reibtuch
Fleischgelt salßfaß ein essig krug
Hafen gabeln vnd ofenkrucken
Ofengabeln das fwer tzu rucken
Haußbesen vnd ein besens mher
Do man all nacht den hert mit ker
Ein spůlgelt tzimbt auch wol furwar
Ein braeder vnd ein owen ror
Ein pantzer fleck mus man auch haben
Vnd tzu der hackbenck ein banck schaben
Schussel teller von holtz vnd tzin
Schussel vnd teller korb tzu yn
Auffheb schusseln vnd tzu leg teller
Das man bey gesten schies kein feller
Senff vnd salßen schusselein klein
Vnd tzu latwergen das stet rein
Auch schwebel feurtzeug spen vnd kien
Do̊rholtz vnd schleussen ist dir sin
Behent ein feur domit tzu schurn
Sulchs in die kuchen sich geburn
¢ Vorth ich in die speyßkamern kum
Nach anderm ding tzu sehen vmb
Die man tzu der narung mus han
Brot keß saltz vnd schmaltz tzu uoran
Allerley fisch mancherley fleysch
Vnd kuchen speis wie ich die heyß
Von erweyß reis hirs kern vnd linßen
Darmit man stet dem bavch mus tzinsen
Auch sint tzu der narung nith fel
Heyd gerst habern vnd weytzen mel
Von kreutern kol mangolt vnd penet
Salat vnd was man sich gewenet
Knoblach aschlauch tzwiffel vnd kren
Senff salsen rettig als ich wen
Hůner enten gens fogel v̈nd tauben
Klein vogel daruon tzu kluben
Beid tzam vnd vild auch speck vnd eyer
Wan man gar hart geret der tzweyer
Keßkorb brotkorb ein haffen bant
Rot ruben hat man yr gwant
Von weychßel vnd von weinber latwergen
Noch eins kan ich nicht wol vorbergen
Ein puchs mit allerley spetzerey
Darmit man gilbt fisch fleisch vnd brey
Vnd was geschlecht man haben wil
Hiemit sey der dinck auch ein tzil
¢ Vorth ich in die schlaffkamer schleich
Wer dan ein beth hat semfft vnd wevch
Der rut des nachts vil dester baß
So yn nith yrt diß oder das
Ein spanbeth vnd ein strosack dreyn
Do offt die meuß außhecken ein
Kůß polster leylach decklach deck
Ein deck beth wo das alles nicht kleck
Peltzdeck schalaun vnd golter mit
Ein himel darob wu es ist sitt
Nachtschuch nachthauben zimpt auch
Wer dar an spart der ist ein gauch
Leuchter bruntzscherb sint auch guth
Truhen kinsten darin man thut
Hemd wames kittel peltz vnd schauben
So̊ck zipffel baret hut vnd hauben

Gurtel beutel taschen vnnd bruech
wûschtucher neßer vnd hendschuech
Gewantkelter leden pulpet
Vnd etlich bucher zympt mit
Rock mentel kappen was der ist
Nach summers vnd winters frist
vnd was sunst in den truhen steckt
Pfefferkuchen latwergen vnd confect
Ich geschweig was ist von silber geschir
Die manchen ym haus nitt fast yrn
¢ Darnach was als ghort yns badt
Ein krugk mit lawen ist nith schad
badsack badschwam ein heris tuch
welchs man darff das man es her such
Schemel badfleck badlach badbeck
Strel badhut kussen das man legh
¢ Vort ich mich in den keller mach
Ob nit ein truncklein folge hernach
Im keller darff man manch zu bueß
Wein byer kraut ruben opffel nuß
Birn qwitten kesten meßpeln gleich
Nach dem eyner arm ist oder reych
Ein saure milch tzu dem gebraten
Kan man bey gesten hart geratten
Vnd vil geschlecx das man ein macht
¢ Nun nempt des keller tzeuges acht
Fas bôrer kuner tzapffen hannen
Stentner drichter flaschen kannen
Wein leyter weinleger hebrigel
weyn seyl probir krauß vnd liechtdigel
Weinror damhader vnd demmesser
wan nicht verrun es wer vil besser
Ich main man deht ym sunst we gnugk
Mit schwebel vnd auß dem milch krugk
Senff weidasch eyerclar vnd thaen
An was man thut mit wasser tzwagen
Vnd wie sein weiter tzimpt tzu warten
mit geschmaltzen speck mit schweinschwarten
Mit suesse wurtz mit glatter schmir
Do von nichts ist befolen mir
Dann das man tzu sehe in allen ecken
Mit tzangen klôpffel vnd fas decken
Vnd alles meß geschir sein verhanten
Vntersetz schusseln spunt vnd stanten
Der man hart eins geratten kan
Ob man an nicht wil mangel han
¢ Hiemit ich aber weitersingk
Czu melden sunst gemeyn dingk
Holtz koln spen scheyter axt vnd beyl
Anhaw schrothack schlegel vnd keyl
Bôrer vnd nebigher darff man wol
vnd der bûberey vil so man etwas bessern sol
Schnitmesser schnitzer hammer tzangen
Negel ein zu schlan vnd hraus tzulangn
Ein sege ein hôbel tzimt dar bey
Wil man entleyhens wesen frey
Man darff auch leitern schauffeln hawe
Schaff wannen tzûber do die frawen
Teglich ein dewen knortzen vnd sudeln
Waschen banchen laugen vnd prûdeln
wasch stôck waschtrock mulden vnd blwel

Garnrocken haßpel stranck vnd klwel
Scher eln nodel fingerhuet tzwirn
Folgel hunde katzen knecht vnd dirn
Marckorp drachkorb marck sack karnir
Gollicht vnd wachs licht an die wyr
Des nachts mit nicht vns kônen geregen
Schwert messer spies brotmesser deghn
Streythack worpbeil k[nu]ttel vnd stangen
Do allerley wirt angehangen
¢ An was man auff die bôden legt
Das von mir bleibt vnauß geeckt
Vnd man tzu roß haben mus
Vnd in die gerten manch tzubaus
Welchs man den reychen als tzu mist
Do von mein maynung hie nith ist
Auch was yedes hantwerck bedarff
Solchs tzu ertzeln wer mir tzu scharff
Wan yedem sein recht tzu geburth
Dormit ich gar vil tzeit verlôr
¢ Dan so das weib mit einem kint gehet
Graw vnd vn[d]ewe yr tzu stet
Wirt schwer verdrossen schluchtisch tregk
Wer glaubt das sey ein trid nit weg
Hôcher dan vor tzwen oder drey
vnd gewint ßo manchen glust darbey
So die geburt dan neht er tzu
Wol auff das man tzu richtung thu
Mit kauffen was das kind bedarff
Das offt eym armen ist tzu scharff
Ein strosack wigenband ein wygen
Kan man hart in ein ecken schmigen
Eß nymbt die halben stuben ein
Solt man darumb vngearbeit sein
In die kamer ein wiegen banck
Darauff sich hebt das nachtigal gesanck
¢ So dan das weib geberen sol
Erst wirt der man gebeyniget wol
Mit eiln heist man yn holen die ammen
Dan rueff den nachbewrin tzu samen
Das man dem weib ein beystant thu
Erst hat der man noch rast noch rw
So langk biß man ym bringt die mer
Ob es ein sye sey oder ein ehr
Vnd auff ein gefattern weiß tzu sinnen
Vnd tzu der kynttauff leut gewinnen
vnd nach eynem prister erst vmb lauff
das man sich furder tzu der tauff
Ein badt mulde ein wester hemd
Das yn vor der Ee alles was frembde
Kyndes meit ludel ein schlotterlein
Milch mußmel digel mus da seyn
Ein furhangk wu es ist der sit
Weywasser wurtzgeweichts wachs mit
Do man nechtlich mit kreutz[t] vnd weigt
wie eß der man auß sint vnd dicht
So muß drauff gen [was] drauff gehort
Dar durch er denckt ya wer ich dort
Geweßen do der pfeffer wechst
Do ich den hantschlag thet tzu nechst
Ich wer dardurch hart kummen her
Was sol ich weiter sagen mer
Erst hebt sich grisgramen der tzen
Im gibt die kelnnerinne tzuuorsten

Gib her der frawen tzimbt kein bier
Das man tzum ersten essen schier
Ein maß wein bring wan sie ist schwach
Vnd maynt ir schicken gut gemach
Do gehnt tzwen pfennigk vngelts do hin
Vnd eyner als bald dem wirt tzu gewin
An was er umb keßwasser geit
Vnd was gewichs mhr im weyn sust leyt
Die gesunthoit die ich darin spůr
Mayn ich trunck sie ein bier darfur
Es wer villeicht noch also guth
Hat dan der man keyn hinterhut
So wol auff bald tzu den vngetaufften
Jha wan in vier beym har flux raufften
Er qwem sein vil leychter tzu
Wol auff schwer die losunge morgn frů
Do mocht dem teuffel erst vor grawen
Es hilfft kein hintern orn krawen
Rock mantel kappen gen do hin
Ich schweig des wercktzeugs wan ich bin
Sein drei iar innen worden eben
In iedem drei losung tzu geben
czwo juden eyne den hern
Als das noch mancher mag bewern
Wan solt der iud mir vier gulden leyhen
Must ich mich zwelfer werd vortzey hen
Vnd was fro das es darbey bleyb
Ob er den wucher auch beschreyb
Do weis ich nicht tzu sagen von
Vnd mein er sech mich darfur an
Das er der mů gleich wol geriet
Nun beidt es hat kein end noch nith
Frew dich der tzings get auch daher
Sůge yn an yeder hant ein ber
Das ym das blut aus den negeln dring
Er meint das ym vil bas geling
Das iar get hin der tzins der rut
Doch ist ein haus wirt offt so gut
Das er nith mer nymbt dan do ist
Borgt ym des andern lenger frist
Idoch thun sie in vberschnellen
Dan kurtz ich warn all arm gesellen
Fliehen gros tzins er wechst teglich
Vnd macht man nur die wirt mit reich
Der mancher ein gewissen hat
Ein gans qwem von eym wolff so drad
Wo bleibt dan meyd vn knechtes lon
Die yn vor alle dinck wollen han
Nun dar ich wil mich des enden fleyssen
Ehe es sich weiter ein wirt reyssen
¢ Darumb von der materia nith mer
Dan welcher armer gesel stelt in die Ee
Ist ym vorhin wol ym wirt darnach wee
mag er ßo lern zuuoran
schreyben lesen wer das kan
Dem get vil sach dester leichter zu
Dan lern ein hantwerck was er thu
Darmit man sich bege mit ern
Vnd weib vnd kint wiß tzu nern
Vnd dien getreulich wu er sey
Im wont der nutz zu letst selbst bey
Vnd wie es gee auff ader ab
Das er ein weil gewandert hab
Vmb das er etwas bring tzu lant
Das sunst darhyn ist vnbekant
Wan mancher mit eym stuck auff kumbt
Das ym forthin sein lebtag frumbt
¢ Darnach rat ich den dyrn des gleychen
Wǒln sie armut ynd schanden entweychen

So soln sie haben alweg yr tzuflucht
Czu warer scham vnd steter tzucht
Geben sich nicht bey tzeit an wein
Noch tzu genesch wie das mug sein
Czich sich nicht schluchtisch sey nit faul
Vnd las kein bos wort aus dem maul
Flich spot redt vnd al bôß nachklenck
Das man nicht ergers auff sie gedenck
Vnd fleis tzu kochen sich al tagk
Das nicht der schaur beym herd erschlack
Dan w[e]lche wol eyn kauffen kan
Vnd kocht das man genuck hat dran
Vnd ordent al sach wol ym haus
Vnd trag nicht merlein ein vnd aus
Die folgen meiner trewen ler
Vnd dancken Hans [F]oltzen balbyrer

2 alweg: *immer.* 4 ecken aus: *ausführen, erörtern.* 7 geraten: *entraten, entbehren.* 8 Stul benck: Stulbenck *Dr.*: sidel: *Sitze.* 9 tzweheln: *Handtücher;* facilet: *Servietten.* 10 hantbecken: *Becken zum Händewaschen;* kandelbret: *Kannenbrett, Küchenregel, in das die Kannen zum Trocknen senkrecht nach unten eingehängt werden.* 12 Kôpff: *Becher;* grueß: *Krüge.* 13 Sturtz: *Sturz, Deckel von Gefäßen.* 15 Kůlkessel: *Weinkühler;* gispeck: *Becken zum Gießen.* 16 Schusselring: *Schlüsselring, Hohlring als Untersatz für heiße oder berußte Schüsseln;* glasdeck: *Deckel auf einem Trinkglas.* 18 Brieff an die wand: *Einblattdrucke mit kolorierten Holzschnitten, Heiligenbilder als Wandschmuck;* laßtzedel: *Aderlaßzettel, Vorschrift, an welchen Tagen zur Ader gelassen werden soll.* 19 liecht digel: *Lampe in Tiegelform.* 20 reysent ôr: *Sanduhr.* 23 engster: *Krug mit engem Hals;* kuttro[l]ff: *langes, enges Glas;* kuttroff *Dr.* 24 Für die tzůghen drunck: *für die zu jähen Trünke, d. h. zur Verhütung von zu raschem Trinken.* 30 tzannen: *wehklagen, weinen.* 37 durchschlack: *Sieb.* 38 geseumbt: *aufgehalten.* 39 Môrschel: *Mörser;* strempffel: *Stößel;* reibscherb: *Topf, in dem etwas zerrieben wird.* 40 Fleischgelt: *Fleischbütte, -gefäß.* 41 Hafen: *Töpfe;* ofenkrucken: *Feuerhaken.* 43 mher = mehr. 44 all nacht: *allabendlich.* 45 spůlgelt: *Spülkübel.* 46 braeder: *Bratenwender;* owen ror: *Blasebalg.* 47 pantzer fleck: *Scheuerlappen aus einem Stückchen Drahtpanzer.* 48 banck schaben: *Schaber zum Reinigen der Fleischbänke.* 50 Schussel vnd teller korb: *geflochtener Behälter, in dem zum Trocknen und Aufbewahren Schüsseln und Teller stecken.* 51 tzu leg teller: *Zulegteller (Präsentierteller) oder Zerlegteller (Platte zum Bratenzerlegen).* 52 schies kein feller: *keinen Fehlschuß mache.* 53 salßen schusselein: *Schüsselchen für Sauce, Brühe.* 54 latwergen: *eingedickte Säfte, Fruchtmus,* 55 schwebel: *Schwefel:* feurtzeug: *Material zum Feuermachen.* 56 schleussen: *Schleißen, dünne Späne.* 63 fleysch: *Dr.* 64 kuchenspeis: *Hülsenfrüchte und Getreideprodukte.* 65 erweyß: *Erbsen;* hirs kern: *Hirsekörner.* 68 Heyd: *Buchweizen(-mehl).* 69 kreutern: *Gemüse:* mangolt: *Mangold (Spinatgemüse);* penet: *Spinat.* 71 aschlauch: *Schalotte (Zwiebelgewächs):* kren: *Meerrettich.* 73 gens fogel: *Gänse.* 75 tzam vnd vild: *zahm und mild.* 76 Wan: *denn;* hart geret: *sehr begehrt, braucht.* 77 haffen bant: *Topfbord, -regal.* 78 gwant: *gewöhnt.* 79 weychßel: *Sauerkirschen.* 81 puchs: *Büchse.* 82 gilbt: *gelb färbt.* 83 geschlecht: *lecker.* 84 tzil: *Ende.* 87 dester: derster *Dr.*: baß: *besser.* 88 yrt: *anficht, verdrießt.* 89 spanbeth: *Bettlade, -stelle.* 91 Kůß: *Kissen;* leylach: *Leintuch:* decklach: *deckendes Leinentuch.* 92 kleck: *genügt* 93 schalaun: *Decke aus Wollstoff (nach der Stadt Châlons s. M.);* golter: *Steppdecke.* 94 himel: *Betthimmel;* wu: *wo.* 95 nacht-

hauben: nabhthauben *Dr.* 96 gauch: *Narr.* 97 bruntzscherb: *Nachttopf.* 98 kinsten: *Kisten, Kasten.* 99 schauben: *(weiter) Mantel.* 100 zipffel: *Strümpfe.* 101 bruech: *Hosen* 102 neßer: *Sack, Tasche.* 103 Gewantkelter: *Kleiderkasten;* pulpet: *Pult* 108 confect: *kandierte Früchte.* 110 fast: *sehr.* 112 mit lawen: *mit Lauge* 113 badsack: *Tasche für Badeutensilien;* heris: *härenes.* 114 darff: *Bedarf* 115 badfleck: *Badelappen, Waschfleck;* badlach: *Badetuch;* badbeck: *Badewanne.* 116 Strel: *Kamm;* kussen: *Badequast, Büschel;* legh: *die Haut mit dem Badequast peitsche.* 119 zu bueß: *Zubuße, Vorrat.* 121 kesten: *Kastanien;* meßpeln: *Mispel, apfelähnliches Obst.* 124 hart: *schwer.* 125 geschlecx: *Schlekkerei, Näscherei.* 126 keller tzeuges: *Kellergerät.* 127 Fas bôrer: *Werkzeug zum Aufbohren der Spundlöcher;* kuner: *Piepe, Faßdrehhahn.* 128 Stentner: *Stellfässer.* 129 hebrigel: *Hebestange.* 130 probir krauß: *geschweiftes Glas, Krug zum Probieren des Weines.* 131 damhader: *Hader, Leinenlappen zum Verstopfen;* demmesser: *Eisen zum Dichtmachen lecker Fässer.* 133 deht: *täte;* ym: *d. i. der Wein.* 135 weidasch: *Waidasche (aus gebrannter Weinhefe) zur Verfälschung des Weines:* everclar: *Eiklar, Eiweiß:* thaen: *Ton, Tonerde* 136 An: *ohne:* tzwagen: *baden.* 139 wurtz: *Kräuter;* schmir: *geschwefeltem Süßwein.* 140 befolen: *anvertraut.* 144 stanten: *Kufen, Gefäße.* 150 Anhaw: *Hackklotz;* schrothack: *Holzhacke.* 151 nebigher: *Bohrer.* 152 vnd der bůberey vil so man: *statt dessen in späteren Ausgaben:* Wer anders. 153 schnitzer: *Schnitzmesser.* 156 wesen: *sein.* 159 ein dewen: *eintauchen, einweichen;* knortzen: *kneten, rumpeln;* sudeln: *kochen.* 160 banchen: *panschen;* průdeln: *sprudeln machen, wällen.* 161 mulden: *Mulden, flache Holzgefäße;* blwel: *Pleuel, Waschholz.* 162 stranck: *Strang, Strähne;* klwel: *Knäuel.* 165 Marckorp: *Marktkorb;* drachkorp: *Tragkorb;* karnir: *Ledertasche.* 166 Gollicht: *(schwaches) Unschlittlicht.* 169 Streythack: *Streitaxt; worpbeil: Wurfbeil;* k[nu]ttel: *Peitsche;* kunttel *Dr.* 172 vnauß geeckt: *unerwähnt.* 175 als tzu mist: *alles zumißt, zubilligt.* 182 Graw: *Ekelgefühl;* vn[d]ewe: *Verdauungsstörung. Dyspepsie;* vntrewe *Dr.* 183 schluchtisch: *faul.* 186 glust: *Lust, Appetit.* 187 er tzu: *herzu.* 196 das: *dz Dr.* 199 ammen: *Hebamme.* 103 mer: *Nachricht.* 204 sye: *sie (Mädchen);* ehr: *er (Knabe).* 208 sich furder: *eile.* 209 wester hemd: *Taufhemd.* 211 ludel: *Luller, Schnuller;* schlotterlein: *kleine Schelle, Kinderklapper.* 212 mußmel: *Breimehl.* 214 wurtzgeweichts: *kräutergeweihtes.* 215 mit kreutz[t] vnd weigt: *damit das Kreuz schlägt und kämpft (gegen die bösen Geister);* kreutz *Dr.* 217 [was] drauff: außadrauff *Dr.* 223 grisgramen der tzen: *Zähneknirschen.* 224 kelnnerinne: *Magd;* tzuuorsten: *zu verstehen.* 229 vngelts: *an Steuer.* 213 keßwasser: *Molken;* geit: *gibt.* 232 gewichts: *allerlei Gezeug.* 236 hinterhut: *Hinterhalt, Geldreserve.* 237 vngetaufften: *Juden.* 239 qwem: *käme.* 240 losunge: *das Auslösen, die Zahlung.* 248 mag bewern: *kann erproben.* 250 *hat es mich zwölf gekostet.* 255 mů gleich: můgleich *Dr.;* geriet *(unter)ließ.* 256 beidt: *warte.* 265 vberschnellen: *übervorteilen.* 270 drad: *schnell.* 276 stelt: *trachtet.* 278 *und.* 279 *im Dr. eine Verszeile.* 282 sich bege: *sich ernähre, lebe;* mit ern: *in Ehren.* 296 Geben: *gewöhnen,* 297 genesch: *Naschwerk;* mug: *könnte.* 300 nachklenck: *Nachrede.* 303 schaur: *Hagelschlag.* 304 w[e]lche: wolche *Dr.* 307 merlein: *Geschwätz.* 309 [F]oltzen: foltzen *Dr.;* balbyrer: *Barbier, Wundarzt.*

zitiert nach: Heger: Spätmittelalter, Humanismus, Reformation [173], Bd. 1, S. 456–465.

[134] Hausinneres, Holzschnitt aus 1508
der bambergischen Halsgerichtsordnung v. 1508

aus: Zoepfl: Deutsche Kulturgeschichte
[136], Bd. 1, S. 386.

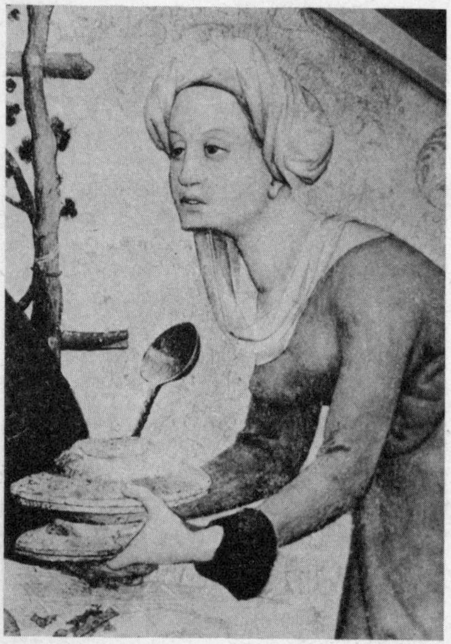

[135] Dienerin reicht das Essen, Ausschnitt des Giebels vom Magdalenenaltar der Kirche in Tiefenbronn von Lucas Moser, 1431

aus: Harksen: Die Frau im Mittelalter [46], Abb. 89.

[136] Maria, strickend, mit ihrem Kinde,
Werkstatt des Meisters Betram,
Buxtehuder Altar, um 1400

aus: Harksen:
Die Frau im Mittelalter [46], Abb. 100.

[137] Eine Frau reicht
Wäsche aus einer
Truhe, Meister des
Marienlebens, Köln,
Detail aus der
„Geburt der Maria",
1460/80

aus: Harksen:
Die Frau im Mittelalter
[46], Abb. 101.

[138] Leonhard Thurneyser zum Thurn stellt seiner Frau vor einer größeren Reise ihre täglichen Pflichten zusammen, 1584

Du sollst so viel müglich und ehrlich ist allen Überfluß und Verschwendung meiden. Mir das Meine zu Ehren ziehen und zu rath halten und doch daneben sehen, das Untreuw oder Kargheit halber über dich mit Wahrheit nichts möge geklagt werden. Denn Speise und Lohn soll man dem Gesinde geben, das Übrige aber aufheben und die Gaben Gottes, damit man durch Unrathsamkeit oder Verschwendung Gott nicht erzürne. Dagegen soll man auch das Gesinde und Kinder zur strengen, aber doch leidlichen Arbeit halten. Die Malzeit halte mir zu rechter Zeit, um zehn Uhr. Morgens gibt man den Kindern und Gesinde eine gute kräftige Suppen, und die gibt man ihnen täglich, denn sie seind junk und müssen (so sie anders wachsen, arbeiten und ihre Geschäfte verrichten sollen) zu essen haben. Derhalben gebührt ihnen um Acht Uhren die Suppen, um zehn die Mittagsmalzeit und Abends um drei das Abendbrot, um fünf Uhr gibt man ihnen das Nachtmal. [. . .]

Dem Gesinde gieb seinen Wein, wie ich es zuvor gehalten habe, aber den Kindern gib jedem sein Geschirrlein voll und nicht mehr, denn er schadet ihnen, weil der Wein stark und kreftig, sie aber schwach und jetzund wachsend sind. Denn er zerstört und corrumpirt die Natur, inflammirt die Leber und schwechet das Hirn wo sein zu viel, dagegen aber sterket er die vires vitales und hilft der Verdewung, machet gut Geblüt und reinigt die humores, wo sie den mit mass und rechter Portion trinken. Sie werden aber zu vollen Flaschen, wenn man sie zum Saufen gewenet, derhalben ihnen zu Zeiten ein Wassertrüncklein auch wol dazwischen thut. [. . .]

Die Kinder lasse mir Morgens nicht länger dann bis umb sechs Uhren schlafen. Zeuch sie säuberlich, erstlich den Mundt, Hend und Augen mit frischem Wasser zu waschen und zu reinigen, nach dem zum Gebet und folgendes zu der Arbeit. Auch halte sie beim Tisch zu züchtigen, jungfrewlichen Sitten und Gebährden mit schamhaftigem Essen und Trinken und halte sie sonst in gebürlicher Forcht und rechtem kindlichen Gehorsam, welchen ich ihnen hoch befohlen, dir zu beweisen. Lerne sie auch einen erbarlichen, schamhaftigen Gang auf der Gassen und unterweise sie aller Zucht und Tugend, sonderlich aber, masse dich unzüchtiger Geberden und Weisen, und enthalt dich aller Lästerwort, Zanks und Leutausrichtens vor ihnen zu reden, dann man darf die Läus nit in den Beltz setzen, sie kriechen ohne das wol ein. [. . .] Allen Wein, den ihr trinket, den kaufet auf dem Markt und lasset mir den Wein so mir zu Zins worden oder selbst gewachsen ist, im Keller bleiben, dann ich den zu sunderlichen Sachen brauchen will. So du aber Lust hast einen Trunk daraus zu thuen, so lass dir eine Kanne, zwo oder drei daraus und fülle ihn wieder zu. [. . .] Gasterei, außerhalb deiner oder meiner Freunden oder Verwandten will ich im Hause, abwesend meiner, keineswegs nicht leiden, denn es gebührt keiner frommen Bürgersfrauwen oder Töchtern, viel Geste ins Haus zu führen. Wann aber ehrliche fromme Bürgersfrauwen oder Töchtern, dein Vater, Mutter Brüder, oder sunst Freunde zu dir kommen, ist es mir nit zuwieder, ihnen einen guten Trunk zu schenken und eine Malzeit oder Abendtrunk, je nach dem es die Gelegenheit der Zeit erfordert zu geben, und Fröhlichkeit oder Ergetzung in Freundschaft mit ihnen zu halten.

Keine fremde Männer solltu mir ins Haus lassen, nicht daß ich dir übel vertrawe, sondern derhalb, daß es böse Schandmäuler und wie auch andern Orts, so hier lose und verlogene Leut hat, die sich nichts zu reden schemen. Man möchte dich bald in ein Geschrei bringen. [. . .] Im Gras und Garten solltu nicht viel Leute hin und her, damit es zertreten werde, spatzieren lassen. Die Früchtlein ziehe als eine Gottesgabe und gehe mir der Baumen müßig, es dienet nicht jedermann und zu allen Zeiten darmit umbzugehen. Dann ich will (wils Gott) ein solchen Garten, dergleichen in Deutschland nicht sein wird, meinem Vaterland zur Zier und Ruhm und uns zu nutze daraus ziehen. [. . .] Viel Ausgehens, zu Gastessens und spatzierens masse die Zeit meines Abwesens und bleib in dem unsern bei den Kindern. Wann ich wieder heimkomme, solltu alsdann mit mir zu guten Freunden gehen und fröhlich sein etc.

zitiert nach: Bauer: Deutscher Frauenspiegel [4], Bd. 1, S. 261–263.

[139] Abendliche Szene im Haus eines Handwerkers oder kleinen Kaufmanns, Titelholzschnitt von Metlinger's Regiment der jungen Kinder, 1473

aus: Zoepf: Deutsche Kulturgeschichte [136], Bd. 1, S. 387

[140] Blick in eine Schuhmacherwerkstatt, Miniatur aus dem Codex picturatus v. Balthasar Behem, 1. Hälfte 14. Jh.

aus: Winkler: Der Krakauer Behem-Codex [132], Tafel 11.

[141] Die Tätigkeit der Nürnberger Wäscherinnen in einem anonymen Lobgedicht auf Nürnberg v. 1492
Eine Frau, die ihre Wäsche benetzt hat und der das Waschen Verdruß bereitet, die geht nur dorthin, wo der Fischbach fließt, dort findet sie Frauen, die ihre Wäsche weiß und schön gegen Lohn waschen. Dieselbe darf, treu ihrem Eid, kein Tuch auf einen rauhen Stein schlagen, auf eitlem (reinem, splitterfreiem?) Holzwerk muß sie waschen, auch darf sie keinen Kalk oder Waidasche in die Lauge mengen.
übertragen nach: Kamann: Altnürnberger Gesindewesen [258], S. 91 f.

[142] Frauenberufe in Frankfurt/Main im 14./15. Jh.
1. Berufsbezeichnungen für die nur weibliche Namen vorkommen
Altartuchmacherin
Amme
Besenverkäuferin
Bettenreinigerin
Bortenmacherin
Butterhändlerin
Dirne
Federbettenmacherin
Filzarbeiterin
Fischbeseherin
Frongärtnerin
Garderobenfrau (in einem Badehaus)
Garnhändlerin
Gemüsegärtnerin
Gemüsehüterin
Goldspinnerin
Haubenwäscherin
Hebamme
Hemdenmacherin
Hosenstrickerin
Hutfärberin
Karrenbeladerin
Kinderschuhmacherin
Kleiderhökerin
Knopfmacherin
Kopftuchstrickerin
Kopftuchmacherin
Kopftuchnäherin
Kopftuchwäscherin
Kupplerin
Lappenfärberin
Lautertrankmacherin (Herstellung und Verkauf eines mit Kräutern und Gewürzen angemachten Rotweins)

Magd
Näherin
Nopperin
Pelzmacherin
Pfaffenmagd
Radspinnerin
Schleiermacherin
Schleierwäscherin
Spinnerin
Stärkerin/Plätterin
Wärterin
Wäscherin
Wasserträgerin
Weißzeugnäherin
Werkmeisterin (Vorsteherin der Textilarbeiten i. Kloster)
Wirkerin (Tätigkeit unbekannt)
Zettelmacherin
Zimbelschlägerin
Zuckerbäckerin
Zwirnmacherin

2. Berufsbezeichnungen für die mehr weibliche als männliche Namen vorkommen

Apfelhändlerin
Bierbrauerin
Daubäckerin (unbek. Spezialität d. Bäckerei)
Eierhändlerin
Essighändlerin
Gänsehirtin
Gießerin
Haferhändlerin
Heringhändlerin
Kerzenmacherin
Kopftuch-/Haubenhändlerin
Kopftuch-/Schleierweberin
Kauffrau
Maklerin
Mattenmacherin
Obsthökerin
Puppenmalerin
Schnurmacherin
Senfmacherin
Tänzerin
Wamsverfertigerin
Wollkämmerin

3. Berufsbezeichnungen für die weibliche und männliche Namen etwa gleich häufig vorkommen

Abtrittreinigerin
Altkleiderhändlerin
Bademagd
Bettfedernreinigerin
Bettlerin
Fladen- u. Kuchenbäckerin
Frauenhauswirtin
Geigenspielerin
Hökerin
Hornaffenbäckerin
Hühnerhändlerin
Hutrupferin (Arbeiterin, die von den Biberfellen das grobe Haar abrupft)
Käsehändlerin
Kellerin
Kolschebäckerin (backt Kölner Backwaren)
Lautenschlägerin
Mantelhändlerin
Mehlhändlerin
Milchhändlerin
Ölschlägerin
Ölhändlerin
Salzhändlerin
Schappelmacherin
Schleierhändlerin
Siegelringgraveurin
Speckhändlerin
Spitzenmacherin
Stubenheizerin
Strickerin
Troddeln-/Quastenverfertigerin
Werkgadenvermieterin

4. Berufsbezeichnungen für die mehr männliche als weibliche Namen vorkommen

Apothekerin
Ärztin
Augenärztin
Baderin
Barbierin
Barchentweberin
Bettuchmacherin
Beutlerin
Botin
Böttcherin
Briefdruckerin
Brief- und Kartenhändlerin
Bürstenmacherin
Eisenhändlerin
Färberin
Flechtenmacherin

Flickschusterin
Flößerin
Fütterin
Gänsehändlerin
Garköchin
Gauklerin
Geldwechslerin
Geschirrhändlerin
Gewürzhändlerin
Glöcknerin
Goldschmiedin
Handschuhmacherin
Heuhändlerin
Hirtin
Huthändlerin
Hutmacherin
Kalkbrennerin
Kartenmacherin
Käuflerin
Kissenmacherin
Klingelfrau (Almoseneinsammlerin)
Kohlenhändlerin
Kopienanfertigerin
Kornmesserin
Kürschnerin
Lebkuchenbäckerin
Lederschmiererin (Bedeutung unklar)
Lehmwandmacherin
Lehrerin
Leineweberin
Lorbeerhändlerin
Malerin
Messerschmiedin
Metsiederin
Nadlerin
Ofenmacherin
Pfeifferin
Pförtnerin (am Stadttor)
Riegelmacherin
Rosenkranzmacherin
Rosinenhändlerin
Rußbrennerin
Schafhirtin
Schalenmacherin
Scherenschleiferin
Schifferin
Schlaghüterin (sperrten die Straßen, die über Land führten, hauptsächlich an Stellen, an denen sie die Landwehr durchschnitten)
Schneiderin
Schnitzerin
Schornsteinfegerin
Schreiberin
Schuhmacherin
Schuhmacherleistenmacherin
Schüsselmacherin
Schweinehirtin
Seidenstickerin
Seifenmacherin
Seilerin
Sensenschmiedin
Siebmacherin
Sportlederfertigerin
Stepprockverfertigerin
Steuereinnehmerin
Stuhlmacherin
Taschenmacherin
Trinkgefäßverfertigerin
Tuchschererin
Viehhirtin
Wächterin
Walkerin
Wanderhändlerin
Wannenmacherin
Wegearbeiterin
Weingartenarbeiterin
Weißbrotbäckerin
Weißgerberin
Wirtin
Wollschlägerin
Wollweberin

Kursiv gedruckte Berufsbezeichnungen lassen sich äußerst selten nachweisen, z. T. nur ein- bis zweimal, oder der Frauenanteil an dem genannten Beruf ist äußerst gering. Zu berücksichtigen ist weiterhin, daß auch die übrigen rund 90 Berufsbezeichnungen im Vergleich zu den gängigen Männerberufen relativ selten erwähnt werden. Verschiedene Bezeichnungen, die eindeutig den gleichen Beruf kennzeichnen, werden nur einmal aufgeführt. Nicht immer ist es sicher, ob tatsächlich eine Berufsbezeichnung oder ein Name vorliegt.

erstellt nach: Bücher: Die Berufe der Stadt Frankfurt/M. [341]: Bücher: Die Bevölkerung von Frankfurt/M. [233], S. 210 ff.; Bücher: Die Frauenfrage im Mittelalter [41], S. 78–82.

[143] Frauenberufe in Hamburg v. 1340–1400

Zahl der genannten Gewerbetreibenden insgesamt:	1322
Zahl der genannten gewerbetreibenden Frauen:	77
Frauenanteil an den Gewerbetreibenden:	5,8%
Zahl der aufgeführten Gewerbe:	98
Zahl der Gewerbe mit Frauen:	8
Anteil der Gewerbe mit Frauen:	8,2%

Gewerbe mit erwerbstätigen Frauen:

Gewerbe	Zahl der Gewerbetreibenden	davon Frauen	Frauenanteil in %
Gänsehöker	38	35	92,1
Grützmacher	9	1	11,1
Schlachter	171	1	0,6
Schuhmacher	93	1	1,1
Wandbereiter	15	1	6,6
Wollweber			50,0
allg.	2	1	
schmales Werk	12	12	100,0
Leineweber			
allg.	8	7	87,5
breites Werk	14	6	42,9
schmales Werk	17	11	64,7
Apotheker	11	1	9,1

erstellt nach: Kämmereirechnungen der Stadt Hamburg [178], Bd. 8, S. 281–303.

[144] Bestimmung des Augsburger Stadtbuchs v. 1276 über die Lehre von Jungen und Mädchen

§ 129, 4. Wer sein Kind ein Handwerk lernen läßt, es sei Sohn oder Tochter, kommt es dann zur Klage über den verheissenen Lohn (d. h. die zugesagte Lehrgebühr), so soll der Burggraf darüber richten, wie die Schuld beschaffen ist.
übertragen nach: Meyer: Das Stadtbuch von Augsburg [192], S. 215.

[145] Bestimmung des Nürnberger reformierten Stadtrechts v. 1564 über die Lehre von Jungen und Mädchen

§ 17, 11. Wenn jemand einen Knaben oder ein Mädchen zur Erlernung eines Handwerks oder einer Kunst verdingt, und der Vertrag rechtmäßig und nicht der Ordnung desselben Handwerks oder der Kunst widerspricht, so soll derselbe Junge, Knabe oder Mädchen dem Meister getreulich dienen, und was dasselbe Handwerk und (dessen) Ordnung betrifft, dieser gehorsam folgen.
übertragen nach: Stahl: Das deutsche Handwerk [415], S. 47.

[146] Bestimmung des Stadtrechts der Stadt Mühlhausen i. Th. v. 1629 über die Lehre von Jungen und Mädchen

1. Wer einen Knaben oder Mägdelein zum Handwerk oder Kunst zu lernen verdingt, und das Geding ehrlich und der Handwerkerordnung nicht entgegen ist, derselbe Junge oder Mägdelein soll bei dem Lehrmeister die beliebten oder gesetzten Lehrjahr treu und redlich ausstehen, und was dasselbe Handwerk und Lehr trifft, gehorsamlich folgen.

2. Hinwiederum soll der Meister die aufgedingte Person getreulich unterweisen und ziemlich halten, auch schuldig sein, auf Begehren der Eltern oder Befreundeten nach geendeten Lehrjahren von unpartheiischen Meistern dieselben examinieren zu lassen. Haben sie ihr Handwerk nicht gebührlich begriffen, und wäre der Meister daran schuld, soll er das Lehrgeld herausgeben, oder falls keines gegeben worden, sonst den Schaden zu ersetzen angehalten werden.
zitiert nach: Stahl: Das deutsche Handwerk [415], S. 47f.

[147] Straßburger Ratsverordnung über die Aufnahme von Zunft- und Stubengenossen bei den Zünften, Anfang 15. Jh.
4. Es sollen auch weiterhin die Kinder aller Handwerksleute, in welchem Handwerk die sind, keines ausgenommen, es seien Knaben oder Töchter, alte oder junge, die das Handwerk gebrauchen und treiben wollen, in dem ihre Väter gewesen sind, das Recht haben, das ihre Väter gehabt haben, und sie sollen auch ein jegliches Handwerk für fünf Straßburger Schilling Pfennige und nicht mehr empfangen und dieselben fünf Schillinge soll man zu Nutzen des gemeinen Handwerks verwenden. Und dies gilt für Knaben und für Töchter, die das Handwerk selbst betreiben wollen, oder von Töchtern, die Männer nehmen, die gleichfalls dasselbe Handwerk treiben wollen oder treiben.
übertragen nach: Eheberg, Verfassungs- und Verwaltungsgeschichte der Stadt Straßburg bis 1681 [159], Bd. 1, Nr. 164, S. 393.

[148] Verordnung des Rates der Stadt Frankfurt/Main über den Harnisch, den die Handwerker und die anderen Bürger der Stadt halten sollen, Mitte 15. Jh.
10. Desgleichen sollen die Witwen, die in den Handwerken und sonstwie ihren Lebensunterhalt finden, ihren Harnisch in der oben beschrieben Weise halten, damit sie damit zum Nutzen der Stadt Frankfurt einen anderen Mann ausrüsten können.
übertragen nach: Schmidt: Frankfurter Zunfturkunden [204], Bd. 1, S. 4.

[149] Nürnberger Ratsverordnung über das Verbot für die Witwe, einen Lehrjungen zur Lehre anzunehmen v. 15. 11. 1545
Daß keine Witwe einen Lehrjungen zur Lehre annehmen soll. Zum sechzehnten ist aufgrund des Streits der Lehrjungen halber von dem edlen, ehrbaren Rat entschieden worden, daß keine Witwe irgendeines Handwerks einen Lehrjungen zur Lehre annehmen darf, aus dem Grund, daß einem solchen Jungen kein Lehrbrief von ihr gegeben werden kann, da er bei keinem Meister gelernt hat und kein Meister dort gewesen ist.
übertragen nach: Jegel: Alt-Nürnberger Handwerksrecht [177], S. 27.

[150] Berichte Hermann Weinsbergs über Frauenarbeit im Köln des 16. Jh., 2. Hälfte 16.Jh.
Als er[1] nun vierzig Jahre[2] alt war und seines Gewerbes wohl erfahren, gedachte er sich zu verheiraten und seßhaft zu machen. Er freite eine Witwe auf der Bach, genannt Wendel Pennincks, sie hatte drei Küchenmesser in rotem Schild als Wappen, und ihr verstorbener zweiter Mann, Sibe von Luttelforst, war Kirchmeister von St. Jakob gewesen. Diese Wendel war betagt, hatte zwei Töchter von Pancratz Bachem, ihrem ersten Mann, noch am Leben, und sie handelte mit Korn, Weizen, Gerste und derglei-

[1] Hermann Weinsbergs Großvater.
[2] 1479.

chen, machte Malz, verkaufte das und handelte viel mit den Landleuten. Nun war da einer, der hieß Teisgin von der Mullen, der gehörte der Frauen zu und hatte viel Kundschaft mit Gottschalk. Dieser machte die Ehe zwischen Gottschalk und Wendel aus, und sie wurden zusammen gegeben in der St.-Jakobs-Kirche anno 1479, und Wendel mietete ein Haus bei den Weißfrauen, genannt zur Villen, da zog sie mit Gottschalk hinein, und sie trieben zusammen Handel mit Korn, Malz und allerlei Früchten. Gottschalk fing auch wieder zu brauen an, und obwohl er auf die Gaffel Schwarzhaus vereidigt war, so hing er doch sein Schild in der Brauergaffel auf, verkehrte allda und sie waren's wohl mit ihm zufrieden. Gottschalk lebte sehr wohl mit seiner Hausfrau Wendel, sie trieben ihren Fruchthandel fleißig mit der Kaufmannschaft, und es kam eine Zeit, da gewannen sie viel Geld mit dem Fruchthandel. Gottschalk gewann mit seiner Hausfrau Wendel keine Kinder, denn sie war ziemlich betagt, und Gottschalk und Wendel machten ihre Sachen klar mit den Vorkindern. Und Wendel starb zuerst und ward zu St. Jakob bei ihrem Hauswirt Sib Luttelforst begraben, und Gottschalk behielt genug von dem Ihrigen und stand sich wohl.

[...] In diesem Jahr[3] war ein großes Sterben an der Pest und es starben viele Menschen in und außerhalb Köln. So starb ihm auch sein Vater Gottschalk hinweg, seine Schwester Irmgard und sein Bruder Johann, die Magd, zwei Knechte, und auch er ward krank und wär beinahe gestorben. Einmal da er im Bette lag, sprach die Begine zu seiner Mutter: „Sein Schulgeselle Tilman im Hirschen ist gestorben, das darf ihm niemand sagen, damit er sich nicht erschrecke", und wiewohl dies leise gesagt ward, so hörte er's doch und dachte bei sich: „Ich will mich schon nicht erschrekken." Und Gott half ihm, so daß er genas, [...]

Seine Mutter behalf sich mittlerweile so gut sie konnte, zapfte Wein, braute Bier und färbte blaues Leinengarn, aber sie konnte sich auf die Dauer doch nicht alleine behelfen. Sie wollte sich auch nicht wieder verheiraten, sondern blieb ihrem seligen Hauswirt und ihren Kindern zuliebe im Witwenstand, obwohl ihr dies mehr Schaden denn Nutzen brachte. Sie mußte deshalb das Bierbrauen aufgeben und hielt sich nur noch ans Färben, zapfte auch zuweilen ein Fuder Weins, doch war auch das nicht durchzuhalten ohne eines Mannes Hilfe, der ihr alles treulich verwalten und zu Geld hätte machen können. Darum schrieb sie ihrem Sohne Christian mit freundlichem Begehren, er möge ihren Witwenstand bedenken und heimkommen und ihr helfen, denn sie besäße weder Rente noch Erbe, nur das Haus Weinsberg mit dem anliegenden Zinshaus, er solle ihr helfen haushalten und seine Schwestern aufziehen. Und wiewohl es ihm nachteilig war und er's nicht gerne tat, so kam er doch wegen ihrer unaufhörlichen Bitten nach Hause zu seiner Mutter und half ihr in allem, so viel er konnte. Sie hielten sich ans Blaufärben mit ganzer Macht und standen sich dabei gut. Denn damals war mit dem Blauleinenfärben gut zu verdienen, und die ganze Bach hinauf wohnten über zwanzig Blaufärber von der Hohenpforte bis zu den Weißfrauen, die alle gut verdienten, und ward darum die Bach auch ‚unter Blaufärber' genannt. Heute ist es damit freilich schon fast wieder vorbei, kaum daß noch zwei da wohnen, die sich zudem mit Leinengarn alleine nicht zu erhalten vermögen. [...]

Am 20. Dezember[4] hat mich meiner Mutter Dienstmagd über die Straße getragen und ist gestrauchelt und mit

[3] 1502.

[4] 1519.

mir hingefallen und ich fiel auf einen Stein und bekam ein großes Loch in den Kopf, [. . .]
Als ich wieder gesund war, haben einmal die Mägde auf dem Steinweg beim Brunnen hinter Haus Weinsberg Kleider gewaschen und ich stellte mich dazu nach Kinderart. [. . .]
Mein Vater und meine Großmutter, die jetzt im Zinshaus wohnte, befaßten sich jetzt beide mit Blaufärberei, aber der Verdienst war in diesem Jahre so gering, daß jeder soviel Kunden wie möglich an sich zu ziehen versuchte. Darüber gerieten meine Großmutter, Vater und Mutter in Streit und es entstand großer Unwille zwischen ihnen, wie das gemeiniglich zwischen Schwiegermüttern und Schwiegertöchtern zu geschehen pflegt. Meine Mutter beklagte sich oft, wieviel Widerwärtigkeiten sie von meiner Großmutter zu erdulden habe, so daß beiden Seiten die Lust am Färben verging. Meine Großmutter ließ zuerst davon ab und nach kurzer Zeit war mein Vater des Färbens müde, warf die Bütten und das Färbhaus über den Haufen und blieb bei der Weinkaufmannschaft und dem Weinzapfen, und meine Eltern fuhren dabei auch besser. Meine Großmutter saß also ohne Einkommen im Zinshaus, sie war nun so alt, daß sie nicht wieder heiraten mochte und die Haushaltung machte ihr Mühe. Da redete meine Möhn zum Holunder ihrer Mutter zu, sie solle doch das Zinshaus verlassen und zu ihr auf die Hochpforte in den Holunder ziehen, sie wolle sie in Kost nehmen. Dies geschah und sie zog mit ihrer Einrichtung zu meiner Möhn. [. . .]
Wenn meine Eltern nicht zapften oder aber sie zapften und es war nicht viel zu tun, so war meine Mutter früh und spät am Spinnen mit Töchtern und Mägden, denen sie es beibrachte und die sie hart zum Spinnen anhielt. Sie spannen viel Garn, machten viel Leintuch, wie man's im Haushalt braucht. ein köstlich Kleinod. Mich hielten sie zum Haspeln an, und ich habe viel Garn gehaspelt. [. . .]
Aber dann fing das Fieber wieder an, zuerst unregelmäßig, dann jeden zweiten, dritten, fünften Tag, dazu befiel mich ein Gebrechen, daß ich halber lahm ward, weder Arm noch Bein bewegen konnte. Ich war auch während des Fiebers voller Ungeziefer und Placken auf dem ganzen Leib, die Läuse machten mir viel Beschwerde, Kopf und Glieder waren voller Plakken und Läus, dazu befiel mich ein Gebrechen im Hals, so daß ich sechs Wochen lang nicht viel reden konnte. Der Mund stank mir, das Haupt war ringsum voller Läus und Placken wie eine Kruste. Ganze Tag und Nächte lag ich einsam zu Bette, hatte wenig Zuspruch, nur meine Wirtsfrau tat ihr Bestes, soviel sie vermochte. [. . .]
Ich begann wieder zu essen und kräftiger zu werden. Meine Wirtsfrau badete und laugte mir das Haupt mit Hilfe und Rat einer andern Frau, sie schnitten mir das Haar mit der Schere ab, schmierten Salbe darauf und kämmten mir die Placken und den Schorf ab, so daß mir das Haupt wie rohes Fleisch ward, und vertrieben mir die Läus und heilten mir allgemach mit Waschen und Salben das Haupt, so daß es wieder heil ward. [. . .]
Mein Vater wollte wegen der Teuerung keinen Wein handeln, denn er fürchtete sich vor dem Preissturz, auch an den Korn-, Gersten- und Weizenhandel wollte er sich nicht wagen, soviel wir ihm auch dazu rieten und so viele Leute dies Jahr auch daran gewinnen mochten: er sagte, er verstünde sich nicht darauf und könne es um seines Amtes willen auch nicht wohl tun. Da ihm aber das Geld stille lag, das er aus dem Wein erlöst hatte, redete ich ihm zu, er solle ein Haus nahe beim Rathaus mieten und da zapfen, er könne seines Amtes wohl warten und meine Mutter und meine Schwester Merg des Zapfens, brauchte

auch nicht viel zu kaufen, als eben nur das, was er auch verschleißen könne. Diesen Rat befolgte mein Vater, und er mietete eine kleine Behausung in der Bürgerstraße, Steinberg genannt, jährlich um zwölf Taler. Er kaufte am Rhein etliche Stücke Weins, legte sie da hinein und zapfte, löste auch wohl Geld; meine Mutter wartete der Weinstube, mein Vater ging ab und zu, und die Kost hielt man weiter unterm Rathaus. Ich half zuzeiten auch mit einkaufen, die Stube verwahren oder zapfen. Und da es so ziemlich zuging, bekamen sie Lust daran und blieben dabei und hatten das Amt noch dazu. Später besserte sich der Handel so, daß dies Haus zu klein ward und meine Eltern an ein größeres denken mußten. [. . .] Mein Schwager Peter war seines Handwerks ein Steinmetz wie sein Vater, der auch eine Zeitlang städtischer Bauwart war, und hatte etliche Bauten verhandelt. Meine Schwester verstand sich auf den Weinhandel und den Weinzapf. Und als sie eine kleine Weile bei mir auf der Bach zu Weinsberg hatten Haus gehalten und das Haus zur Löwenkuhle auf der Hochpforte durch Auszug des Schöffen Johann von Deutz, der darin wohnte, frei geworden war, sind sie dorthin gezogen und hielten dort Haus. Mein Schwager Peter übernahm Bauaufträge und gebrauchte seines Handwerks, sie kauften Wein und zapften den; meine Schwester wartete des Handels so eifrig, daß sie bald in gute Nahrung kamen; und erzielten darnach Söhne und Töchter und es ging ihnen wohl. [. . .]

Am Dienstag auf Ostern[5] bin ich dann mit Weisgin aufs Schiff gegangen, denn Weisgin wollte mit Scharzen nach Bacharach ziehen und dort den Markt besuchen, verlangte ich sollte mit ihr ziehen und ihres Vormannes Freunde zu Kaub und Bacharach besuchen. Ich war ihr hierin zu Willen, zog mit und war fröhlich allenthalben bei den Freunden. [. . .]

Im Mai[6] wollte meine Hausfrau den Markt zu Neuß besuchen und verlangte, ich sollte ihr zu Gefallen mit zu ihren Brüdern und Schwestern ziehen und die besuchen. Ich war ihr zu Willen, zog mit, auch mein Schwager, der Umlauf, und meine Schwester Kathrin zogen mit; auf dem Wasser gerieten wir in große Not, denn das Ruder ward abgeworfen und zwei Nachen gingen nahe bei uns auf Grund, wir konnten nicht an Land kommen als nur mit großer Mühe. Als wir aber am Abend sehr spät zu Neuß bei Schwager Peter Grunzgin und seiner Hausfrau, meiner Hausfrau Schwester, einkehrten in ihrem Haus zum Zedernwald auf dem Markt, machten wir gute Zehrung und vergaßen allen Leides. Den anderen Trag traktierte uns ihr Bruder Ewald im Löwen, der Bürgermeister, gar herrlich, darnach die anderen Freunde; wir zogen auf den Lanzerather Hof, der meiner Hausfrau und ihrem Bruder Heinrich gemeinsam gehörte, und auf meines Schwagers Hof zum Vogelsang und wurden da ehrlich empfangen und von den Freunden traktiert, die nicht wußten was sie uns alles an Ehren beweisen sollten.

Da nun meine Hausfrau ihren Scharzenhandel in ihrem Hause trieb, wo man auch Kost hielt, ich mein Studorium und meine Weine zu Weinsberg hatte, und Tag für Tag, Stunde um Stunde über die Straße gehen mußten, bald vorn, bald hinten hinein, das machte gar viel Aufsehen und ward auch sonst beschwerlich. Deshalb suchten wir Rat, wie wir aus einem Haus ins andere kommen mochten. Nun gab es auf dem Büchel eine kleine Behausung, der Turm genannt, vielleicht weil es vormals ein alter Stadtturm oder Wichhaus gewesen war. Dies Haus gehörte einem Bürger Veit

[5] 1548.

[6] 1548.

Odendal in der Straßburger Gasse. Der Hinterhof zu Weinsberg stieß hart an die eine Mauer des Turms und der Hof von meiner Hausfrauen Haus hart an die Westseite, und es wohnte ein alter ungestalter Mann im Haus, den man gebratenen Kopp nannte, denn sein ganzes Gesicht war braun verbrannt. Dieser handelte mit Weinstein, kratzte die Fässer aus, seine Frau spann Wollengarn, sie sammelten auch die Ochsenknochen auf der Straße auf, sotten und brannten die; sie lebten auch nicht gut zusammen und waren unreinliche Leut, hielten zwei oder drei Hunde, so daß der Hausherr und die Nachbarn ihrer gerne quitt gewesen wären. [. . .]

Auf St.-Johannis-Abend, den 24. Juni[7], habe ich zu Weinsberg den Anfang gemacht mit dem Zapfen, es waren die Moselweine, die ich zu Bruttig im vergangenen Fasten gekauft hatte; wir verzapften fast den ganzen Wein und das war unser allererster Zapf, und er dauerte nicht länger als drei Wochen. Ich beeilte micht deshalb mit dem Zapfen, weil meine Hausfrau Weisgin nicht in Köln geboren war und die Freiheit des Zapfens nicht hatte, sondern nur durch mich als einen Bürger bekommen konnte; deshalb zapfte ich eiligst, damit auch sie die Freiheit haben möchte, falls ich einmal sterben würde. Bei diesem Zapfen hat uns mein Vater drei Stück von dem Neefer Wein überlassen gegen die Frachtkosten, die ich aus meinem Geld bezahlt hatte. [. . .]

Im Jahr 1549 hab ich mit meiner Hausfrau Weisgin zeitweise vier Häuser bewohnt und benutzt, nämlich Cronenberg, Weinsberg, Turm und Paulis Haus, was leicht zu tun war, denn man konnte aus dem einen Haus ins andere kommen. In Paulis Haus hatten wir die Scharzenweberknechte und -mägde, die schliefen und arbeiteten daselbst, auch ward der Handel und die Krämerei da getrieben, und ich hielt Buch darüber, was jede Woche gemacht und verkauft ward, wie viele wollene und härene Scharzen, wie viele Stück Garns gesponnen, gekratzt und geschlagen wurden. Und zuzeiten finde ich, daß wohl hundert Scharzen in einer Woche gemacht wurden. Wir hatten auch Austräger, die die Scharzen in Haufen und Pakken von uns nahmen und auf die Märkte zu Frankfurt, Bacharach, Linz, Andernach, Bonn brachten, auch ins Jülicher, Kölnische, Clevische und Bergische Land zogen. Oft kamen auch Krämer und Kunden aus dem Stift Münster und aus dem Märkischen Land. Und wiewohl dieser Handel etwas unruhig ward und für meine Hausfrau beschwerlich, so brachte er doch auch Nutzen und Gewinn, und nach meinen Aufzeichnungen löste man jährlich wohl zwei- oder dreitausend Gulden; darum hielten wir uns an diesen Handel auch im vierten Jahr, das wir beieinander waren. [. . .]

Anno 1551, den 25. März, hat meine Hausfrau ihr Haus auf der Bach an Johann von Worringen, Scharzenweber, für zehn Jahre vermietet. Dies geschah, weil wir jetzt eine ruhigere Haushaltung unter dem Rathaus hatten und es meiner Hausfrau, die damals nicht gut zu Fuß war, beschwerlich war, hin und her zu laufen, wenn etwas einzukaufen, zu verkaufen und zu bestellen war. Auch war das Gesinde weder getreu noch fleißig noch sorgfältig. So fanden wir einst eine verbrannte Kerze unter einem Bette liegen, das machte uns scheu, und da wir fürchteten, wir möchten eines Tages in der Asche aufwachen oder bestohlen werden, so wäre es doch besser beizeiten aufzuhören, solange es noch gut ginge, statt sich eines solchen Schadens zu begeben. Deshalb

[7] 1548.

haben wir um diese Zeit die Scharzenhandlung abgeschafft, nachdem wir fünf Vierteljahre unter dem Rathaus gewohnt hatten. [. . .]
Am 15. Juli 1559 sind wir, meine Hausfrau[8] und ich, ihre Tochter Drutgin und ihr Eidam Georg, aufs Schiff gegangen, zum Teil um uns zu verlustieren, zum Teil um in Dordrecht zu sehen, wie es mit meiner Hausfrau Wein daselbst stünde. Wir haben einen Nachen bis Nymwegen gemietet, haben am ersten Abend in Kaiserswerth geschlafen, den anderen Abend zu Grieth am Zoll, den dritten zu Nymwegen und sind am vierten Abend mit neuer Schiffung nach Gorkum gekommen und haben daselbst übernachtet. Am fünften Tag, 19. Juni, sind wir zu Wagen gen Dordrecht gefahren und bei Papendrecht übergeschifft, und haben zu Dordrecht in Kleinköln zur Herberge gelegen. Da haben wir den Wein besichtigt und erprobt und er war fast firn gewesen und niemand hat ihn kaufen wollen; man hat ihn selbst um dreizehn Pfund nicht verkaufen können und war doch vierzig Taler wert wie meine Hausfrau sagte, ohne das was seitdem draufgegangen war. Ich vernahm, daß meine Hausfrau ungefähr zwanzig Kölnische Fuder hier hatte und Georg zehn Fuder, sie lagen jämmerlich im Keller, der war hinten und vorne unverschlossen, so daß jedermann im Hause hineingehen konnte. Man hätte den Wein gerne wieder nach Köln verfrachtet, aber man konnte sich mit den Schiffsleuten nicht vergleichen, die wollten drei Taler vom Stück haben, war zuviel; andere hatten nur zwei Taler gegeben. Deshalb haben wir sie dort liegenlassen und Meister Wilhelm Thonisson ist Faktor darüber geworden. [. . .]
Am 26. Oktober[9] haben wir im Goldenen Horn aufgestochen für achtundzwanzig Heller die Quart, und hat dieses Zapfen über vier Wochen gedauert bis zum 27. November und haben ungefähr dreizehneinhalb Fuder verzapft. Es waren drei Stück St. Goarer, sieben Stück Mosler und zwei Stück Lahnsteiner, alle zu meiner Zeit gekauft, lauter neue Weine, bis auf ein Stück, acht Ohm, doch durften wir keinen firnen Wein darunter mischen, sonst hätte das Volk ihn nicht getrunken. An Zapfzins zahlten wir dreißig Taler ungefähr, solche Gnaden hatten wir. Meine Hausfrau hat mit ihrer Tochter Adelheid und Tringin die Zahlkiste verwahrt und jeden Abend hat sie das Geld zu sich genommen, doch ward sie zuletzt krank, bekam die Rose, da brachte ich es jeden Abend ihrer Tochter, so daß ich mich um das Geld nie bekümmert habe; doch, weiß ich, daß sie etliches davon für Wein und Fracht ausgab, das übrige hat sie bei sich behalten. [. . .]
Am 18. März[10] hab' ich in den Kölnischen Hof in der Trankgasse fünfhundert Taler getragen, die hab' ich bei meinem gnädigen Herrn Kurfürsten von Köln auf dem Zoll zu Andernach angelegt mit Bewilligung des Domstiftes, sind auf meinen und meiner Hausfrau Namen gesetzt mit fünfundzwanzig jährlich an Zinsen auf den Tag annunciationis. Meine Hausfrau hat außerdem weitere fünfhundert Taler für ihre Kinder angelegt und ebenso meine Mutter für sich fünfhundert Taler. [. . .]
Anno 1562, den 20. August, zog meine Hausfrau mit Muhme Gretgin nach Brühl, meinen gnädigsten Herrn Erzbischof und Kurfürsten von Köln zu mahnen, der ihr an die dreihundertfünfundsiebzig Taler schuldig war. Sie verhandelte mit Tringin Jabach, des Herrn Buhlschaft, mit der sie gute Freundschaft hatte, und übergab ihr eine Supplikation. Summa, es war kein Geld vorhanden.

[8] 2. Ehefrau Weinsberg, die erste starb 1557.
[9] 1559.
[10] 1561.

[. . .] Und am 15. Juni[11] hat meine Hausfrau ihre Rechnung, soweit sie Erzbischof Adolf, Anton und Hans Gebhard betraf, den Kommissarien des jetzigen Bischofs im Kölnischen Hof in der Trankgasse übergeben lassen, denn es ging gar heftig zu mit den bischöflichen Schulden, die Kreditoren drängten hart und es wurden viele Beratungen deshalb abgehalten, aber man bekam immer nur hinhaltenden Bescheid; wie es werden wird, das mag Gott wissen. [. . .]
Anno 1567, den 21. August, war unsere Magd Merg bei Doctor Cronenberg medico mit meiner Hausfrauen Wasser gewesen, der hat gesagt, sie habe die zehrende Kränke, phthysim genannt, es wäre noch gut, aber gegen den Winter werde sie sterben. Dies ward sie etlichermaßen gewahr und trieb wunders Kleinmütigkeit an, war gar ungeduldig. Aber ich sorge, den Doctor verdroß es, daß man ihm kein Geld zu verdienen gab wie im Anfang, deshalb verursachte er solchen Schwermut um seines Nutzens willen, hoffte dann Geld zu bekommen. Aber diesmal half die Gräfin von Wied und Blankenheim, im Hause zum Scherfgin auf der Brüderstraße wohnhaftig, eine sehr erfahrene Frau in der Medizin, die vielen Leuten umsonst half; deren Rat gebrauchte auch meine Hausfrau und schenkte ihr gelegentlich Ratszeichen oder andere kleine Verehrungen, und zuletzt war es wieder gut mir ihr. [. . .]
Anno 1572, den 16. August, ist meine Hausfrau Drutgin Barß krank geworden. Ist ihr mit Frieren und Hitze angegangen, als wäre es ein Fieber gewesen. Sie beklagte sich, als man das Haus gescheuert habe, so hätte sie etwas gelüftet und bei sehr hitziger Zeit sei sie mit den bloßen Armen in das kalte Wasser gefahren, daher sei ihr das Ungemach zugestoßen, wie sie sich bedünken ließ. Sie gebrauchte viel Rats aus der Apotheke, aber es half alles vorerst nichts, also daß sie sich hinlegen mußte. Sie hustete nicht mehr als sonst, warf auch nicht so aus der Brust aus und war über den ganzen Leib so rot wie ein Krebs, daß wir um ihr Leben große Sorge trugen. Begine, Barbier, Apotheker, Freunde und Kinder gaben sie alle verloren. Doktor Acht und ich hatten noch guten Mut. Darnach, als ihr die Röte verging, fing sie wieder an zu husten und auszuwerfen, und das oberste zarte Häutchen über ihrem ganzen Leib schälte sich ab. Sie fing wieder an zu Verstand zu kommen und zu essen, daß es einen guten Umschlag gewann. Darüber bekam sie ein Gebrechen am Stuhlgang, daß sie wund ward und eine Bartschererin eine Weile sie behandeln mußte, doch genas sie dessen auch und ward also besser, nicht ohne Gefahr und Schaden.

Hässlein: Das Buch Weinsberg [172], S. 11f., S. 17–19, S. 34, S. 39, S. 44, S. 56, S. 84f., S. 150, S. 155f., S. 191f., S. 200f., S. 218f., S. 280f., S. 283f., S. 289f., S. 302, S. 305, S. 352f., S. 394f.

[11] 1563.

6.1 Frauen in den mittelalterlichen Handwerkszünften

[151]

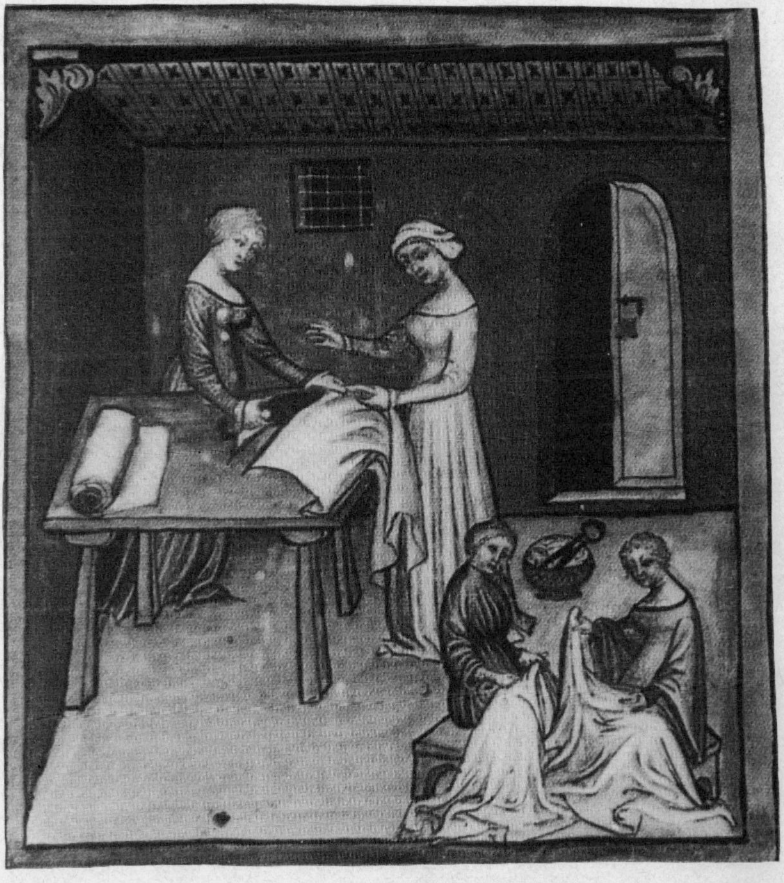

Einführung

Mit Ausnahme des Fischfangs und des Schlachtens hat sich das Nahrungs- und Genußmittelgewerbe aus der weiblichen Hauswirtschaft entwickelt. Auf den frühmittelalterlichen Fronhöfen und Herrschaftssitzen erscheinen jedoch bereits alle Gewerbe als spezialisierte Tätigkeiten von Männern, während sie in den Privathaushaltungen noch bis in die unmittelbare Gegenwart von Frauen ausgeübt wurden. Der Anteil der Frauen an der gewerblichen Nahrungs- und Genußmittelproduktion in den spätmittelalterlichen Städten soll im folgenden differenziert für die einzelnen Handwerke untersucht werden, da sich verallgemeinernde Aussagen nur schwer machen lassen.

Selbständige zünftische Bäckermeisterinnen lassen sich nicht nachweisen. Der vielfach hierzu (zum Nachweis einer selbständigen Betätigung von Frauen im Bäckerhandwerk) herangezogene Bäckerbundesbrief Frankfurts und weiterer sieben angeschlossener rheinischer Städte von 1352 [152] läßt jedenfalls nicht auf eine solche Möglichkeit schließen, wenn man den Kontext genügend beachtet, denn in dem entsprechenden Passus, der über die Lehre handelt, werden nur Männer, keine Frauen erwähnt. Andere Frankfurter Zunfturkunden unterstreichen diese Interpretation. Die Bäckerordnung von 1355 übernimmt nur den ersten Teil des Berufsverbots des Bundesbriefes, nicht jedoch den mißverständlichen zweiten [153]. Entsprechend verfährt auch der erneuerte Bundesbrief von 1513, der zwar auch das Verbot bekennt, dies für das Meisteramt jedoch eindeutig nur auf die Knechte bezieht [154]. Wenn alle Urkunden nun trotzdem von Mägden sprechen, so dürften sie in erster Linie das Brot auf dem Markt verkauft haben, denn wenn Zunfturkunden eine Tätigkeit von Frauen erwähnen, so geschieht dies nur beim Verkauf, zu dem die Ehefrauen, Töchter und Mägde herangezogen wurden [155,156]. Ein weiterer Tätigkeitsbereich der Bäckermägde dürfte in der umfangreichen Schweinehaltung der Bäcker bestanden haben, wie dies bei den Müllern nachweisbar ist [194]. In Einzelfällen mögen die Mägde allerdings auch in der Backstube mitgeholfen haben, wie dies verschiedene Abbildungen zeigen [157, 158]. Die Regel war dies mit Sicherheit nicht. Da in keiner einzigen Zunfturkunde die Möglichkeit für eine Frau vorgesehen ist, das Bäkkerhandwerk zu lernen, dürfte es sich bei den in den Rechnungsbüchern und Steuerlisten mehrfach erwähnten Bäckerinnen um Witwen handeln, die das Handwerk ihres Mannes fortführten [159, 160], wie dies in zahlreichen Zunftordnungen ausdrücklich gestattet wird [156, 162]. Wahrscheinlich trifft dies auch auf die in zwei Nürnberger Urkunden erwähnten Bäckerinnen zu. Der Wortlaut der Verordnungen läßt eine eindeutige Interpretation nicht zu [161]. Die Nürnberger Bäckerordnung des 16. Jh.s kennt jedenfalls keine selbständigen Bäckerinnen und Bäckermägde.

Zunftregelungen, die Söhnen und Töchtern das gleiche Recht an der Zunft gewähren [162], beinhalten keine Ausübung des Bäckerhandwerks durch die Tochter, sondern dienen ihrer Versorgung, indem einem Knecht, der eine Tochter oder auch eine Witwe aus dem Handwerk heiratet, der Zugang zur Zunft erleichtert wird [162]. Gleichberechtigt erscheinen Männer und Frauen vielfach hinsichtlich der Bruderschaftlichen Funktion der Zünfte (Gebetsfürbitte, Beerdigung, Unterstützung bei Krankheit), so daß es Witwen vielfach vorgezogen haben dürften, Mitglied der Zunft zu bleiben, ohne daß dies unbedingt mit einer Fortführung des Handwerks verbunden war [156].

Die – als freies Handwerk – betriebenen Zweige der Bäckerei wie die Pasteten [163], die Lebkuchen – sowie insbesondere die Kuchenbäckerei scheinen jedoch z. T. sogar vorherrschende Frauenarbeit im Produktionsbereich sowie selbständige Bäckerinnen gekannt zu haben. Inwieweit es sich allerdings um eine Erwerbstätigkeit im heutigen Sinne handelt oder nur um eine zeitweise ausgeübte Tätigkeit, wird nicht hinreichend deutlich. Der vergleichsweise niedrige Lohn der Kuchenbäckerin in Hildesheim läßt zumindest auf eine niedrige soziale Stellung dieser Frauen schließen [164].

Die Stellung der Frau im mittelalterlichen Braugewerbe läßt sich nur schwer genauer bestimmen. Ohne Zweifel brauten Frauen nicht nur für den Bedarf im eigenen Haushalt Bier, sondern sie waren zu einem nicht unerheblichen Teil an der gewerbsmäßigen Brauerei beteiligt, wie dies zahlreiche Urkunden belegen [165, 166]. In einem Fall verpflichtete sich sogar eine Frau, zwei Männern das Brauen zu lehren. Die Form des Vertrags mit der Haftung des Ehemannes deutet allerdings auf das Außergewöhnliche dieses Vorgangs hin [167]. Diese Brauerinnen dürften kaum zu den zunftmäßig organisierten Brauern zu zählen sein. Die Lübecker Zunftrollen sprechen als einzige von Brauern und Brauerinnen [168, 169]. Da keine näheren Bestimmungen über die Bedingungen des Zunfteintritts oder die Lehre getroffen werden, ist nicht zu entscheiden, ob es sich bei den Brauerinnen um selbständige Meisterinnen oder um Witwen handelt. Alle übrigen Zunftordungen kennen keine selbständigen Brauerinnen oder eine Brauerlehre für Frauen. Bei den im Lüneburger Ratsbeschluß von 1496 erwähnten Frauen im Braugewerbe dürfte es sich deshalb um Witwen gehandelt haben [170], für deren Versorgung wie für die der Töchter [171] in den Zunftstatuten mehrfach Regelungen getroffen werden. Vereinzelt finden sich Hinweise auf die Beschäftigung von Mägden beim Brauen [172] sowie beim Bierausschank [169]. Ein ausdrückliches Gewerbeverbot für Frauen besteht ansonsten nirgendwo. Angesichts der zunftrechtlichen Regelungen halte ich eine zünftische Ausübung der Brauerei durch Frauen, es sei denn aufgrund des Witwenrechts, für wenig wahrscheinlich. Bei den selbständigen Brauerinnen dürfte es sich deshalb wohl um Kleinbrauerei, d. h. um eine vergrößerte hauswirtschaftliche Brauerei sowie um Hausbrauerinnen, die gegen Lohn in anderen Häusern brauten [174], gehandelt haben, wie dies bereits in einem Teil der Urkunden anklingt [165, 166]. Mit dem ausgehenden 15. Jh. wird diese Hausbrauerei und insbesondere der Verkauf von Überschüssen zunehmend beschränkt [173, 175].

Die Zunfturkunden des Fischereigewerbes beschäftigen sich relativ häufig mit der Rolle der Frau innerhalb der Zunft. Die von Wachendorf behauptete Gleichberechtigung der Frau läßt sich bei genauer Durchsicht der Urkunden nicht aufrechterhalten. Die Gleichbehandlung von Frauen und Männern in der Plauer Ordnung bezieht sich ausschließlich auf die bruderschaftliche Seite der Zunft [176]. Die Moosburger Ordnung läßt sich ergänzend heranziehen. Sie führt besonders deutlich vor Augen, daß Frauen Mitglied einer Zunft werden konnten, nicht um das Handwerk auszuüben, sondern um die bruderschaftlichen Vorteile zu genießen [177]. In den Statuten Grimmas wird nur bestimmt, daß eines Meisters Tochter „das halbe Handwerk haben" soll, d. h. ihr zukünftiger Mann braucht nur den halben Betrag für den Zunfteintritt aufzubringen. Schließlich gehen auch die Frankfurter Urkunden in keiner Weise von gleichberechtigten Frauen im Gewerbe aus. Sie regeln ausschließlich die Rechte der Ehefrauen und Witwen in der Zunft. War es der Witwe gestattet, das Handwerk entsprechend vergleichbarer Regelungen anderer Orten fortzuführen, was ausdrücklich die Beteiligung an der Morgensprache mit einschloß [178, 180], so wird gleichfalls die Arbeitsteilung zwischen Männern und Frauen deutlich. Die Männer fingen die Fische, die Frauen brachten sie auf den Markt und übernahmen den Verkauf [179, 180]. Doch gerade der Verkauf durch die Frauen wurde im Fischereigewerbe in unterschiedlichen Formen und Bestimmungen immer wieder beschränkt [179, 181]. Inwieweit hier bestimmte sexualhygienische Vorstellungen über die Unreinheit der Frau eine Rolle spielten, bedarf noch näherer Untersuchung.
Vergleichbare Einschränkungen im Verkauf durch die Frau wie aber andererseits auch ihre Mitarbeit auf diesem Sektor kennzeichnen das Fleischereigewerbe [182, 183]. Das Weiterführungsrecht der Witwe war gerade in diesem Gewerbe mehrfach umstritten, wurde jedoch von den entsprechenden Stadträten immer im Sinne der Witwen entschieden [184, 185]. Eine selbständige Ausübung des Handwerks durch Frauen erfolgte nirgendwo. Der Zunftbrief der Fleischhauer Kölns von 1397 legt zwar vordergründig eine eigenständige Betätigung von Frauen nahe, doch spricht der Amtsbrief nur von Brüdern, Meistern und Knechten [186]. Des gleichen kennen alle Kölner Rechtsverordnungen das Fleischergewerbe betreffend nur Männer im Gewerbe, aber keine Frauen. Bei den im Amtsbrief mehrfach erwähnten Frauen dürfte es sich deshalb wahrscheinlich um Ehefrauen und/oder Witwen handeln und nicht um selbständige Fleischermeisterinnen. Blieb die Beteiligung der Frauen am eigentlichen Fleischergewerbe auf den Verkauf und die Betriebsführung im Witwenstand beschränkt, so war der Handel mit Nebenprodukten der Schlachterei wie Eingeweiden, Innereien und Fleisch minderer Qualität bei stärker entwickelter Arbeitsteilung häufig eine Domäne der Frauen [187].
Die vor den Mauern der Städte liegenden Gärten wurden von den weiblichen Familienmitgliedern bebaut. Die Überschüsse dieses privaten Gartenbaus wurden von den Frauen auf dem Markt verkauft [190]. In Lübeck

wurde ihnen jedoch nur dann ein eigener Stand erlaubt, wenn sie diesen an mindestens drei Tagen in der Woche mit Produkten des eigenen Gartens beliefern konnten. Es handelt sich in diesem Fall eindeutig um eine Erweiterung der hauswirtschaftlichen Tätigkeit der Frauen und nicht um eine Erwerbstätigkeit im heutigen Sinne. Die Lübecker Zunftrolle läßt sich deshalb auch nicht für den Nachweis einer selbständigen Stellung der Frau in der Gärtnerzunft heranziehen. Dem entspricht es, wenn die Bestimmungen über die Aufnahme in die Zunft nur Männer erwähnen [189].

Zweifellos bildete der gewerbliche Gartenbau einen Schwerpunkt weiblicher Erwerbstätigkeit, was sich neben der häufigen Erwähnung von Mägden in den Zunftbriefen vor allem in der großen Mägdezahl der Gärtner sowie in den zahlreichen Lohnordnungen niederschlägt [50, 52]. Auf die Lohndiskriminierung der Mägde und Tagelöhnerinnen sei hier noch einmal ausdrücklich hingewiesen.

Die Müller verfügten gleichfalls über eine größere Zahl von Mägden, die in den Verordnungen regelmäßig erwähnt werden. Keine Zunftordnung der Müller kennt jedoch Lehrmägde. Eine Beteiligung von Frauen am eigentlichen Mahlgewerbe läßt sich ausschließlich mit einer Abbildung aus dem Hortus deliciarum [191] belegen. Im übrigen blieben sie auf weniger qualifizierte Arbeitsbereiche in der Mühle beschränkt oder betätigten sich in der umfangreichen Schweinezucht der Müller [192, 194]. Über eine Mitarbeit der Ehefrau in der Mühle liegen keine eindeutigen Nachrichten vor. Der reichlich legendenhafte Bericht über eine Müllerin, die unter das Mühlrad geriet, läßt eine solche Mitarbeit als möglich erscheinen [195]. Besser belegt ist die Vertretungsfunktion der Ehefrau bei Abwesenheit des Mannes [196]. Selbständige Müllerinnen im Sinne von selbständigen Handwerksmeisterinnen lassen sich nicht nachweisen. Frauen verfügen jedoch in den Urkunden mehrfach über die Besitzrechte oder Nutzungsrechte einer Mühle, die sie geerbt oder gekauft hatten [197], oder an der sie einen Leibzuchtanteil hatten [198].

Aufgrund der während des ganzen Mittelalters in der weiblichen Hauswirtschaft betriebenen Textilherstellung hatten die Frauen einen übergroßen Anteil an der Textilproduktion. An diese Produktion für den Eigenbedarf schloß sich vielfach eine nebengewerbliche Produktion mit der Vermarktung von Überschüssen an. In der zünftisch organisierten und für den Markt produzierenden Weberei blieben die Frauen meist auf Hilfs- und Vorarbeiten sowie bestimmte Produktionsbereiche beschränkt. Die Möglichkeiten, eine Lehre zu machen und das Handwerk selbständig als Meisterin zu betreiben, wurden in der Literatur bisher weitgehend überschätzt.

Ihren relativ größten Anteil vermochten die Frauen an der Leinwandproduktion zu behaupten. Ein Freskenzyklus aus dem Anfang des 14. Jahrhunderts zeigt eindrucksvoll, daß alle Arbeitsgänge von der Rohstoffverarbeitung bis zur Gewebeherstellung von Frauen durchgeführt werden konnten [199]. Mit Ausnahme des Schwingens, für das bisweilen Männer-

arbeit überliefert ist, bildeten die gesamte Aufbereitung von Flachs und Hanf sowie das Spinnen überwiegend häusliche Nebentätigkeiten von Frauen. Nur im Fall der Kölner Garnmacherinnen kam es in diesen Arbeitsbereichen zur Entwicklung eines selbständigen Handwerks. Die Garnmacherinnen, die die Appretur eines speziellen Kölner Garns, eines meist blauen gezwirnten Leinengarns, vornahmen, bildeten seit 1397 eine eigene Zunft, der ausschließlich Frauen angehörten. Sie waren selbständige Meisterin, Lehrmagd oder Lohnarbeiterin. Die Meisterinnen waren meist verheiratet, wobei ihre Ehemänner, die Garnhändler, die hergestellten Garne vertrieben. Obgleich sie der Zunft direkt nicht angehörten, wurden die Garnhändler gleichrangig am Zunftvorstand beteiligt. Sie vertraten die Interessen der Garnmacherinnen aufgrund der begrenzten juristischen Handlungsfähigkeit der Frau nach außen, wie dies in den mehrfachen Auseinandersetzungen zwischen den Garnmacherinnen und den (männlichen) Garnzwirnern, die in Lohnarbeit das Garn auf Rädern zwirnten, besonders deutlich wird [200–203].
Die Beteiligung der Frauen an der zünftischen Leinenweberei läßt sich aufgrund der Zunftrollen nur unbefriedigend bestimmen. Häufig – wie in keinem anderen Gewerbebetrieb – werden Mädchen zur Lehre zugelassen [204, 215–218, 220] und ist von selbständigen Weberinnen [204, 210, 213–218, 220, 222] die Rede. Ob Frauen in der Regel tatsächlich annähernd gleichberechtigte Zunftmitglieder waren, läßt sich weder ausschließen noch mit Sicherheit nachweisen. Die Hamburger Ordnung von 1375 führt vielfach Männer und Frauen nebeneinander auf. Der Zunfteintritt wird für beide allerdings getrennt geregelt, denn der Arbeitsbereich der Frauen wird auf die Halbtuchweberei beschränkt [204]. Ähnliches gilt für zahlreiche andere Orte, wo Frauen entweder nur schmales Werk [205, 206] oder Schleiertücher [206] herstellen dürfen. In der Regel waren diese Frauen keine Zunftmitglieder und im heutigen Sinne nicht berufstätig. Sie betrieben die Weberei in erster Linie als Nebenerwerb. Um diese Weberei von Ehefrauen, alleinstehenden Frauen [207–209] sowie Beginen [215; Bd. 2, 399] und Nonnen [208, 215] kam es zu zahlreichen Auseinandersetzungen mit den Zünften, die ihr Monopolrecht durchsetzen und die Frauen an den finanziellen Belastungen der Zünfte beteiligen wollten.
In Straßburg läßt sich diese Auseinandersetzung über rund 170 Jahre nachverfolgen, in denen die Arbeitsmöglichkeiten der außerhalb der Tucher- und Weberzunft arbeitenden Frauen ständig eingeengt wurden und sie zunehmend zum Eintritt in die Zunft gezwungen wurden [210–215]. Anscheinend verfügten die unzünftigen Weberinnen über eine eigene Organisation, denn sie traten mehrfach als Gruppe in Erscheinung und bildeten unabhängig von der Zunft Lehrmägde aus [210, 213–215]. Ob diese Organisation die Vorstufe zur Herausbildung einer eigenen Frauenzunft bildete, läßt sich aufgrund fehlender weiterer Quellen nicht entscheiden. Die zum Zunfteintritt gezwungenen Frauen mußten zwar die gleichen Beiträge wie die Männer an die Zunft leisten, verfügten dort allem Anschein nach aber nicht über die gleichen Rechte wie die Männer.

Alle die Lehrlingsausbildung sowie den Zunftzutritt betreffenden Statuten erwähnen ausschließlich Lehrknechte und Webermeister [214]. Skeptisch stimmen auch die Verhältnisse in anderen Orten.
In Frankfurt/Oder kannte man Lehrknaben und Lehrmägde. Anscheinend konnten sich die Mägde jedoch nach Abschluß der Lehrzeit nicht als selbständige Meisterinnen niederlassen, denn solche werden in dem Statut nicht erwähnt [215]. Der Stuttgarter Amtsbrief vom Ende des 15. Jahrhunderts führt sowohl Lehrmägde als auch Meisterinnen auf. Die Ausbildung erfolgt aber geschlechtsspezifisch. Die Mädchen lernen bei den Meisterinnen, die Jungen bei den Meistern. Wahrscheinlich blieb die Ausbildung der Mädchen auf die Schleierweberei beschränkt, denn die Zunftordnung gilt ausdrücklich für Leinen-, Woll- und Schleierweber [217].
Ein Vergleich verschiedener Bestimmungen eines Ortes macht es wahrscheinlich, daß die Möglichkeiten für Frauen, einer selbständigen Erwerbstätigkeit sowie einer qualifizierten Tätigkeit innerhalb der Zunft nachzugehen, sich im 15./16. Jahrhundert verschlechterten und sie schließlich gänzlich ausgeschlossen wurden. In Frankfurt am Main waren 1377 die Meistertöchter noch zur Lehre zugelassen [218], 1421 wurden nur noch Lehrknaben genannt [219]. Die Neußer Zunftordnungen verzeichnen 1461 noch Lehrmägde [220], 1594 allerdings nur noch Lehrknechte [221]. Eine Konstanzer Verordnung erwähnt 1407 sowohl männliche als auch weibliche Lehrlinge [222]. Der Zunftbrief von 1538 führt hingegen mit keinem einzigen Wort mehr Frauen in der Zunft auf.
Einen relativ jungen Zweig des Textilgewerbes bildete die Baumwoll- und Barchentweberei, die erst seit der Mitte des 14. Jahrhunderts, vor allem im süddeutschen Raum, in nennenswertem Umfang betrieben wurde. Die überwiegende Herstellung des Barchents, eines Mischgewebes aus Baumwolle und Leinen, brachte es mit sich, daß die Baumwollweber/-innen oft keine eigene Zunft bildeten, sondern der Leineweberzunft angehörten. Da die Baumwolle durch den Fernhandel bezogen wurde, gerieten die Weber/-innen bereits frühzeitig in die Abhängigkeit des Handelskapitals. Unter diesen abhängigen Webern befanden sich besonders viele Frauen [233]. Insofern eigene Ordnungen für die Baumwollweberei bestanden, ist die Möglichkeit, das Handwerk als Frau zu lernen, nur für Köln nachzuweisen [223].
Im übrigen bleibt die Arbeit von Frauen auf die Spinnerei [224], auf die Mitarbeit von Frauen und Töchtern beim Weben sowie auf Hilfstätigkeiten beschränkt [225, 226]. Die auf die Darstellung von Heß zurückgehende, in der Literatur mehrfach wiederholte Behauptung, Frauen seien in Ulm an hervorragender Stelle an der Qualitätsüberwachung beteiligt gewesen, beruht auf einer zu vordergründigen Quelleninterpretation. In Wirklichkeit übten diese Frauen Hilfstätigkeiten aus [227].
In der zünftischen Tuch- und Wollweberei waren Frauen hauptsächlich in der Rohstoffaufbereitung als Lohnarbeiterin beschäftigt. Das Kämmen und Spinnen der Wolle war fast ausnahmslos häusliche Frauenarbeit

[231]. Eine zünftische Organisation bildete sich nur an wenigen Orten bei der in erster Linie von Männern betriebenen Wollschlägerei heraus. Die Ordnungen der Schlesischen Garnzieher/-innen berücksichtigten neben Männern in der Zunft auch Frauen. Ob es sich bei diesen um selbständige Garnzieherinnen, Ehefrauen oder Witwen handelt, ist den Urkunden nicht zu entnehmen. Zu einer vorsichtigen Einschätzung sollte jedoch die Tatsache veranlassen, daß die Ordnungen nur Meister, aber nie Meisterinnen aufführen [228].

Die Möglichkeit für Mädchen, das Handwerk zu lernen und als selbständige vollberechtigte Webermeisterin auszuüben, dürfte nach dem Wortlaut der Zunftordnungen nur selten bestanden haben. Gleiche Zugangsmöglichkeiten für Männer und Frauen zum Handwerk bestanden nur nach einer Münchener Ratsverordnung von 1300–1310/12 [229]. Alle anderen Münchener Ordnungen sprechen allerdings nur von Meistern und Knechten [230]. Der Frankfurter Amtsbrief von 1377 erwähnt in einem Verbot der Nachtarbeit Mann und Frau sowie an zwei anderen Stellen Mägde, die allerdings nicht mit Webarbeiten beschäftigt sind. In Fragen der Lehrlingsausbildung und anderen die Webarbeit betreffenden Artikeln wurden nur Männer erwähnt [231]. Als Nachweis für eine gleichberechtigte Stellung der Frauen innerhalb der Zunft lassen sich die Frankfurter Verhältnisse deshalb nicht heranziehen. Dies gilt auch für die anderen von Wachendorf angeführten Belege.

So läßt sich der Göttinger Ordnung von 1476 nicht entnehmen, welche Aufgaben die in § 10 genannten Mägde und Knechte hatten [232]. An anderen Stellen ist nur von Meistern die Rede. Die Ulmer Ordnung von 1403 meint mit den aufgeführten Weberinnen unzünftige Landweberinnen, die Baumwollstoffe herstellen. Der Ausdruck Kinder wird allgemein auch nur für Söhne gebraucht, womit nicht zu entscheiden ist, ob in diesem Fall die Töchter eingeschlossen sind und ihnen die Möglichkeit offenstand, das Handwerk zu lernen [233]. Im allgemeinen befassen sich die Zunftordnungen mit Frauen nur, insofern sie die Arbeitsverhältnisse von Spinnerinnen und Kämmerinnen ordnen [231, 232, 234, 235] sowie Regelungen zum Witwen- und Tochterrecht treffen [235–237]. Mit diesen Ausführungen soll nicht abgestritten werden, daß es im Spätmittelalter selbständige Wollweberinnen gab. Sie gehörten jedoch nicht der Zunft an oder sie waren in die Zunft gezwungen worden, ohne dort über die gleichen Rechte wie die Männer zu verfügen [238].

Hatten die Weber/-innen die Tuche fertiggestellt, so waren noch zahlreiche Bearbeitungsschritte nötig, bevor die Tuche gebrauchsfertig waren. Die weiteren Arbeiten übernahmen eigene Handwerke, die z. T. auch eigene Zünfte bildeten. Nur das Noppen der Tuche, bei dem diese auf Fehler untersucht und die Knoten entfernt wurden, nahmen von den Webern abhängige Lohnarbeiterinnen vor [239].

Das anschließende Walken der Wolltuche war zumindest, nachdem sich mit dem 12./13. Jahrhundert die Walkmühler durchgesetzt hatten, Män-

nerarbeit. Eine Beteiligung von Frauen an diesem Handwerk ist mir jedenfalls nicht bekannt.
Das Bleichen der Leinen- und Baumwollstoffe nehmen die Weber/-innen vielfach selbst vor. So führten bei den Kölner Barchentwebern/-innen diese Arbeiten abhängige Lohnarbeiterinnen aus [223]. Andernorts bestand ein eigenständiges Bleichergewerbe, das von Männern ausgeübt wurde. Nach der Ulmer Ordnung von 1499 wurden die Ehefrauen und Kinder nur zu Hilfstätigkeiten herangezogen [240]. Man wird deshalb wohl davon ausgehen können, daß in der hauptgewerblichen Produktion das Bleichen überwiegend Männerarbeit war. Zahlreiche Frauen betrieben das Bleichen jedoch als Nebengewerbe [241].
Das Färben der Tuche scheinen die Weber im allgemeinen selbst übernommen zu haben. Die insgesamt spärliche Überlieferung gibt kaum Hinweise auf Frauenarbeit in diesem Bereich. Die wenigen Färberordnungen enthalten ausschließlich Aussagen zum Witwenrecht [242]. Allein die Ulmer Ordnung von 1523/24 läßt auf eine Mitarbeit der Ehefrauen und wahrscheinlich auch von Töchtern und Mägden schließen [243]. Nürnberger Polizeiverordnungen des 15. Jahrhunderts sprechen gleichrangig von Färbern und Färberinnen. Damit ist jedoch nicht entschieden, ob damit Ehefrauen, Witwen oder selbständige Färberinnen gemeint sind [244]. Die späteren Nürnberger Färbeordnungen enthalten jedenfalls keine Hinweise auf Frauenarbeit.
In Köln hatten Frauen mit ca. 7–15% einen erheblichen Anteil an der Abnahme der in die Stadt eingeführten Gallen und des Vitriols, die als Färbemittel dienten. Über den Status der Frauen lassen sich jedoch auch hier keine Aussagen machen, so daß unklar bleibt, ob die Frauen selbst färbten, den Betrieb ihres Mannes als Witwe weiterführten oder die Färbemittel, wie dies für die Seidmacherinnen zutrifft, zum Färben ihrer Stoffe in Auftragsarbeit weitergaben.
Ein weitgehend eigenständiges Gewerbe bildeten die Tuchscherer, die das Scheren und häufig auch das Karden der Tuche übernahmen. Die Ausübung dieses Gewerbes stand Frauen nicht offen. Zumindest enthalten die Zunftbriefe keine Hinweise darauf, während das Tochter- und Witwenrecht im allgemeinen geregelt wurde [245]. Eine beschränkte Mitarbeit von Ehefrauen und Mägden ist nur für Köln belegt [246]. Die von Wachendorf[1] angenommene Gleichberechtigung der Frau bei den Straßburger Tuchscherern ist nach den Urkunden wenig wahrscheinlich. Alle Ordnungen sprechen übereinstimmend nur von Meistern, Knechten, Lehrknechten, nie aber von Frauen in einer entsprechenden Position. Bei der in der Ordnung von 1362 erwähnten Tuchschererin handelt es sich nach dem Textzusammenhang um eine Ehefrau oder Witwe [247]. Möglicherweise verfügten die Meistertöchter über die Möglichkeit, das Handwerk zu lernen und selbständig auszuüben. Jedenfalls deutet dies die Ordnung von 1460 an. Der entsprechende Paragraph in der Ordnung von

[1] Wachendorf: Die wirtschaftliche Stellung der Frau [367], S. 60.

1545 enthält diesen Passus nicht mehr. Ob es sich nur um eine mißverständliche Formulierung handelt oder den Töchtern dieses Recht beschnitten wurde, ist von den Urkunden her nicht zu entscheiden [248].
Die Seidenweberei gab es im deutschen Raum während des Spätmittelalters nur in Regensburg, Zürich und Köln. Das Gewerbe wurde in allen Orten nahezu ausschließlich von Frauen betrieben. In Zürich und Köln bildeten sich eigene Zünfte der Seidenweberinnen heraus.
Das Kölner Seidengewerbe läßt sich bis in die zweite Hälfte des 13. Jahrhunderts zurückverfolgen. Zur Bildung einer eigenen Zunft der Seidmacherinnen kam es jedoch erst 1437. Der älteste erhaltene Amtsbrief stammt von 1469. Gleich den Gegebenheiten in den anderen Frauenzünften entsprechen die Regelungen bei den Seidmacherinnen denjenigen der übrigen Zünfte. Der Zunftvorstand der Seidmacherinnen bestand zur Hälfte aus den Ehemännern der Seidmacherinnen, die vor allem den Vetrieb der Seidenstoffe und den Einkauf der Rohstoffe übernahmen. Eine Ratskommission, die Herren vom Seidenamt, kontrollierten diesen Vorstand und das Seidengewerbe, in dem es aufgrund der frühkapitalistischen Tendenzen zum Verlagswesen in dem letzten Viertel des 15. Jahrhunderts mehrfach zu Schwierigkeiten und Auseinandersetzungen kam, die sich in einer relativ häufigen Änderung der Zunftstatuten niederschlugen [249–251]. Die Seidspinnerinnen erhielten zwar 1456 einen eigenen Zunftbrief, doch blieben sie abhängige Lohnarbeiterinnen der Seidmacherinnen [252, 253]. Sie vermochten ihre Interessen jedoch insofern durchzusetzen, daß der Rat die Aufstellung von Spinnrädern verbot [254].
Den wichtigsten Zweig des Bekleidungsgewerbes bildete die Schneiderei, die wie andere Zweige des Textil- und Nahrungsmittelgewerbes aus der weiblichen Hauswirtschaft hervorgegangen war. Die Schneiderzünfte ließen mit Ausnahme von Siegburg [256] keine Frauen zur gleichberechtigten Ausübung des Gewerbes zu. Wie das Quellenmaterial zeigt, läßt sich die Behauptung Wachendorfs[2], daß in rund 30 Städten die Schneidermeisterinnen ihren männlichen Kollegen völlig gleichgestellt gewesen seien, nicht aufrechterhalten. Die Frauen arbeiteten im allgemeinen außerhalb der Zünfte im Haupt- und vor allem im Nebenerwerb als Näherinnen. Gleich den Leinewebern suchten sich auch die Schneiderzünfte dieser unliebsamen Konkurrenz zu entledigen. In langwierigen Auseinandersetzungen setzten sie während des 15./16. Jahrhunderts eine weitgehende Beschränkung der Arbeitsgebiete dieser Frauen durch und zwangen sie des öfteren als Mitglieder minderen Rechts in die Zünfte [257–260]. Parallel dazu erfolgte eine Beschränkung und manchmal auch ein Verbot der weiblichen Lohnarbeit und der Mitarbeit der weiblichen Familienmitglieder [261].
Die Gleichberechtigung der Frauen im Schneidergewerbe wurde vor allem mit § 19 des Frankfurter Schneiderzunftbriefes von 1377 begründet [262]. Betrachtet man diese Stelle jedoch im Kontext der Gesamturkunde und

[2] Wachendorf: Die wirtschaftliche Stellung der Frau [367], S. 67f.

der Überlieferung, so waren diese Frauen sicherlich keine gleichberechtigten Schneidermeisterinnen. Alle Zunftbriefe der Frankfurter Schneiderzunft führen nur Meister, Knechte und Lehrknaben auf. Die Mitarbeit der weiblichen Haushaltsmitglieder dürfte demgegenüber üblich gewesen sein [264]. Entsprechend verbietet der Schneiderbundesbrief von 1565 Frauen, mit Ausnahme von Ehefrau und Tochter, das Handwerk zu lehren [263]. Wenn den Frauen somit der Zugang zur Schneiderlehre verschlossen war, so konnten sie schlechterdings auch nicht zünftische Schneidermeisterin sein. Zweifel an einer Gleichberechtigung der Frauen kommen auch durch die Erhebung einer erheblich niedrigeren Eintrittsgebühr auf. Das wahre Betätigungsfeld dieser Frauen wird deutlich, wenn man die Angaben aus dem Schneiderzunftbuch von Mainz mit heranzieht. Man wird in dieser Stadt auf vergleichbare Verhältnisse schließen dürfen, da beide Städte durch Bundesbriefe miteinander verbunden waren und auch hier die Eintrittsgebühr der Frauen unter der der Männer lag. Die Mainzer Eintragungen zeigen eindeutig, daß es sich bei den in die Zunft aufgenommenen Frauen nicht um gleichberechtigte Schneiderinnen handelte, sondern um Seidenstickerinnen, Flickschneiderinnen und hauptsächlich Näherinnen mit einem beschränkten Arbeitsgebiet [265]. Der Wismarer Amtsbrief von 1389 führt innerhalb der Zunft im Gegensatz zur Behauptung Wachendorfs nur Männer auf. Außerhalb der Zunft wird das Arbeitsgebiet der Frauen wiederum auf das Nähen alter Sachen beschränkt [260]. Die Urkunden anderer Städte bestätigen dieses Bild. [266, 267].
Allgemein verbreitet in den spätmittelalterlichen Städten war das Kürschnergewerbe. Frauenarbeit in diesem Handwerk war relativ selten. Die überwiegende Zahl der Zunftordnungen trifft ausschließlich Aussagen zum Witwen- und Töchterrecht [268–270]. Eine selbständige Ausübung des Handwerks innerhalb der Zunft oder die Möglichkeit, das Handwerk zu lernen, läßt sich anhand der Zunfturkunden nicht nachweisen. Eine selbständige Ausübung des Handwerks scheint nach der Ordnung der Basler Kürschner von 1226 zwar möglich, ist m. E. jedoch unwahrscheinlich. Bezieht man den Satz, der Frauen im Handwerk erwähnt, auf die vorhergehende Bestimmung, so läßt sich lediglich folgern, daß Frauen in Basel zu der Zeit in dem Handwerk tätig waren, nämlich außerhalb der Zunft. Dies bedeutet jedoch noch nicht, daß sie tatsächlich in die Zunft aufgenommen wurden, denn die Ordnung führt sonst nur männliche Arbeitskräfte auf. Schließlich, was noch wahrscheinlicher ist, waren die erwähnten Frauen, die Ehefrauen und Töchter der Meister; zwar Zunftmitglieder, die jedoch nicht, um gewerblich tätig zu sein, sondern um in den Genuß der bruderschaftlichen Vorteile zu gelangen, in die Zunft eintraten. Im Vergleich mit späteren Zunftordnungen nehmen gerade die bruderschaftlichen Bestimmungen in dieser Ordnung einen relativ breiten Raum ein [271]. Eine selbständige Betätigung der Frauen im Kürschnerhandwerk wäre gleichfalls für Köln denkbar. Doch sprechen auch hier die Quellen dagegen. Alle Kölner Ordnungen nennen in den die Aufnahme in die Zunft regelnden Paragraphen nur Männer. Das Arbeitspersonal wird

mit Ausnahme des Hilfsgewerbes der Fütterer übereinstimmend nur von Männern gestellt. Es liegt deshalb nahe, in den an einigen Stellen erwähnten Meisterinnen Ehefrauen und Witwen zu sehen. § 4 der Ordnung von 1485 legt nur den Zunftzwang fest und dürfte sich in erster Linie auf außerhalb der Zunft tätige Frauen beziehen, besagt jedoch nicht, daß Frauen innerhalb der Zunft das Gewerbe überhaupt ausüben konnten [272, 273]. Auch wenn man geneigt ist, selbständige Handwerksmeisterinnen für Basel und Köln anzunehmen, so bleiben beide Fälle eindeutig Ausnahmen. Weitere zweifelhafte Fälle lassen sich nicht anführen. Überall sonst blieb Frauen der Zugang zum Zunfthandwerk versperrt. Sie blieben auf Hilfstätigkeiten – wie die Fütterinnen in Köln [273, 274] oder auf den Verkauf der Erzeugnisse [275] beschränkt.

Am zünftischen Hutmachergewerbe waren Frauen kaum beteiligt. Das Handwerk war ihnen weder zu selbständiger Berufsausübung noch zur Lehre zugänglich. In Köln wurde ihnen dies bereits 1378 ausdrücklich untersagt [276]. Die in einem Lübecker Zunftbrief als selbständig bezeichneten Frauen dürften Witwen gewesen sein, die das Handwerk ihres Ehemannes fortführten, denn alle Lübecker Urkunden des Handwerks führen ausschließlich Meister und Knechte als Arbeitspersonal auf [277]. Dies gilt auch für die Frankfurter Ordnung von 1407, wobei sich die Zulassungsbestimmung in § 23 auf Meister und Ehefrauen bezogen haben dürfte [278]. Weibliche Lohnarbeiterinnen, die die Hüte bestickten, lassen sich im Handwerk mehrfach nachweisen. Sie arbeiteten nicht im Handwerksbetrieb, sondern in ihrem eigenen Haushalt [279]. Wie in anderen Handwerken, so übernahm auch in der Hutmacherei die Frau den Verkauf der Waren [280].

Die Stickerei galt weithin als unzünftige Arbeit von Frauen. In den wenigen Fällen, in denen das Gewerbe sich noch während des Mittelalters zur Zunft entwickelte, blieben Frauen maßgeblich am Handwerk beteiligt. In der Kölner Zunft der Wappensticker/-innen waren die Frauen den Männern annähernd gleichberechtigt. Sie konnten das Handwerk lernen und selbständig als Meisterin ausüben [281]. Die 45 Jahre jüngere Münchener Ordnung kennt zwar keine selbständigen Stickermeisterinnen, jedoch Mädchen, die das Handwerk lernen konnten.

Eine Reihe weiterer Handwerke des Bekleidungsgewerbes wie die Borten-, Schnur- und Handschuhwirkerei sowie die Hosenstrickerei bildeten erst gegen Ende des 16. Jahrhunderts eigene Zünfte. Im Mittelalter wurden diese Arbeiten weitgehend als freie Künste von Frauen betrieben.

Weit verbreitet war Frauenarbeit im Gewerbe der Beutel- und Taschenmacher/-innen, das sich mit der Herstellung von Taschen, Handschuhen, Lederhosen u. ä. beschäftigte. Dies gilt sowohl für die zünftische als auch für die freie Gewerbeausübung [282]. Der Vergleich verschiedener Zunftordnungen macht es wahrscheinlich, daß Frauen das Handwerk ursprünglich lernen und als selbständige Meisterin ausüben konnten, wie dies der Kölner Amtsbrief von 1397 belegt [283], die Frauen aber im Laufe des 15./16. Jahrhunderts zunehmend aus dem zünftischen Gewerbebetrieb herausgedrängt wurden. Die älteste Frankfurter Zunfturkunde für die Weißgerber, mit der die Beutler hier eine gemeinsame Zunft bildeten, kennt noch Lehrfrauen und Lehrmägde [284], die Ordnung von 1452 erwähnt überhaupt keine Frauen mehr, während diejenige von 1472 nur noch das Witwen- und Töchterrecht sowie die Teilnahme der Frauen an der religiösen Seite der Zünfte regelt [285]. Ähnliches gilt schließlich für die Ordnung von 1499. In allen entsprechenden Paragraphen finden sich nur männliche Arbeitskräfte (Lehrknaben, Gesellen, Meister). Aus dem § 35 dieser Ordnung läßt sich deshalb auch nicht auf eine vollberechtigte Zunftmitgliedschaft von Frauen schließen [286]. Eine ähnliche Entwicklung zeigen auch die Nürnberger Verhältnisse. Möglicherweise gab es auch hier weibliche Lehrlinge, denn 1540 wird einer Witwe durch einen Ratserlaß gestattet, das Handwerk ohne Gesinde zu treiben. Ob sie die hierfür nötigen Kenntnisse durch eine Lehre oder durch Mitarbeit im Betrieb ihres Mannes erworben hat, läßt sich aufgrund der Quelle nicht entscheiden [287]. Auf jeden Fall wurden aber im Nürnberger Beutlergewerbe Mägde beschäftigt, wie dies eine Beschwerde der Straßburger Nestler von 1539 zeigt [288], die anscheinend befürchteten, daß die Nürnberger aufgrund der niedrigeren Frauenlöhne kostengünstiger produzieren könnten. Ein Interesse an der Ausschaltung der Frauen aus der Produktion hatten auch die Gesellen, die in den Mägden Konkurrenten um den Arbeitsplatz und Lohndrückerinnen sahen. Sie bestimmten deshalb in ihrer Gesellenordnung von 1530 in § 3: „Weiterhin soll kein Geselle neben einer Magd arbeiten." Die im darauffolgenden Jahr vom Rat der Stadt erlassene Gesellenordnung übernahm diesen Passus nicht, ließ also somit die Frauenarbeit wieder zu, während die Beutlerordnung von 1535 die Frauenarbeit endgültig verbot [289]. Dem in Nürnberg eigenständigen Gewerbe der Taschenmacher blieb die Frauenarbeit demgegenüber zunächst noch erlaubt [290]. Hier brachte erst das 17. Jahrhundert den Ausschluß der Frauen vom Handwerk.

Frauenarbeit läßt sich auch für die einander verwandten Gewerbe der Gürtler/-innen und Riemenschneider/-innen nachweisen. Sie ist allerdings relativ selten und unterliegt zahlreichen Beschränkungen [291]. Im allgemeinen regeln die Ordnungen ausschließlich das Witwenrecht [292]. Schwierig sind die Kölner Verhältnisse einzuschätzen. Die ältesten Ordnungen der Gürtler von 1327 und 1371/96 erwähnen mit keinem einzigen Wort Frauen. Die Ordnungen von 1397 und 1430 führen in den entscheidenden Abschnitten, die sich mit dem Zunfteintritt sowie mit dem Lehrlingswesen beschäftigen, ausschließlich Männer auf. In § 17 wird dann zwar bestimmt, daß nur gelerntes männliches als auch weibliches Gesinde beschäftigt werden darf [293], da jedoch in keiner einzigen das Gürtlerhandwerk betreffenden Urkunde gewerblich tätige Frauen erwähnt werden, kann man wohl mit Recht ausschließen, daß das Handwerk in Köln weiblichen Lehrlingen oder Meisterinnen offenstand. So gehören auch der Bruderschaft der Gürtler nach einer Mitgliederliste von 1500 nur Männer, Ehefrauen und Witwen an. Bei den in § 10f. erwähnten Frauen

handelt es sich demnach mit Sicherheit um Ehefrauen und Witwen. Die Mitwirkung von Frauen im Verkauf ist zudem nichts unübliches [294].
Im Gerbergewerbe der Loh- und Weißgerber sowie der Rotlöscher und Rußfärber gibt es kaum Hinweise auf eine gewerbliche Tätigkeit von Frauen [284]. Das Witwenrecht läßt sich hingegen mehrfach belegen [295, 297]. Seltener, wie allgemein üblich, erfolgt eine Regelung des Töchterrechts.
Die Annahme Wachendorfs[3], daß Frauen im Pergamentergewerbe in Frankfurt/Main selbständig tätig gewesen seien, beruht auf einer Fehleinschätzung der Quellen. Der dieser Interpretation zugrunde liegende § 4 spricht nicht von selbständigen Meisterinnen, sondern von Witwen. Dies wird durch die anderen Paragraphen unterstrichen, in denen ausschließlich männliche Arbeitskräfte erwähnt werden [298].
Hinweise auf Frauenarbeit lassen sich den Ordnungen des Sattlergewerbes gleichfalls nicht entnehmen. Insoweit in ihnen Frauen überhaupt erwähnt werden, betrifft dies Regelungen des Witwen- [299] und des Töchterrechts [300].
Meisterinnen oder Lehrmägde kannte das Schuhmachergewerbe nicht. In der gewerblichen Produktion läßt sich Frauenarbeit nur bei der Verrichtung von Hilfsarbeiten nachweisen [301]. Eine größere Rolle spielten die Frauen hingegen im Verkauf der Schuhe [302]. Im übrigen finden Frauen in den Zunftstatuten nur Erwähnung bei Regelungen des Witwen- und des Töchterrechts [303, 304] oder wenn die bruderschaftliche Seite der Zünfte berührt wird [303].
Im holzverarbeitenden Gewerbe gab es keine selbständigen Handwerksmeisterinnen und Lehrmägde. Die Arbeit der Frauen blieb auf den Verkauf [305] oder auf Hilfstätigkeiten beschränkt. So durften die Danziger Tischler Frauen nur zum Färben, Firnissen und Sägen einsetzen. Die Eintrittsbedingungen von Frauen, wie sie in dem Amtsbeschluß der Kölner Böttcher von 1437 festgelegt wurden, betreffen die bruderschaftliche Seite des Zunftlebens, da alle übrigen Urkunden des Handwerks ausschließlich Meister und Gesellen kennen [306]. Die in Lüneburger Urkunden des gleichen Handwerks getroffenen Bestimmungen über den Holzkauf lassen gleichfalls nicht auf selbständige Meisterinnen schließen. Es handelt sich wohl eher um Ehefrauen und Witwen, denn in keiner einzigen Lüneburger Urkunde werden Lehrmägde oder Meisterinnen aufgeführt [307]. Im übrigen beschränken sich Regelungen, die ausdrücklich Frauen aufführen, wiederum ausschließlich auf das Witwen- [307, 310–312] und auf das Töchterrecht [308–311].
Grundsätzlich bestand für Frauen in den metallverarbeitenden Gewerben keine Möglichkeit ein Handwerk zu lernen und selbständig als Meisterin auszuüben. Die Regelungen des Witwen- und des Töchterrechts entsprechen denen anderer Handwerke. Auffälligerweise liegen für diesen Handwerkszweig zahlreiche Hinweise vor, daß die Frauen nicht nur im Verkauf

[3] Wachendorf: Die wirtschaftliche Stellung der Frau [367], S. 75.

[313, 314, 330], sondern auch in der Produktion eingesetzt wurden [315–323]. Die zahlreichen Arbeitsbeschränkungen und -verbote des 14.–16. Jahrhunderts machen das Bestreben deutlich, das Ausmaß der Frauenarbeit zurückzudrängen und allenfalls die Ausübung unqualifizierter Tätigkeiten, auch wenn es sich um körperlich so schwere Arbeiten wie das Schmieden am Amboß handelte [315], zu erlauben. Selbst im Bergbau fanden Frauen bei zahlreichen Tätigkeiten Verwendung [325, 326].

Die Möglichkeit für Frauen, eine Lehre zu machen, läßt sich nur in zwei Gewerben nachweisen. Die Kölner Nadelmacher gestatteten dies in ihrem Amtsbrief v. 1397. Da diese und alle anderen Urkunden des Handwerks nur von Meistern und niemals von Meisterinnen sprechen, konnten Frauen wohl nur den Gesellenstatus erreichen [327]. Bis 1535 dürften in Nürnberg ähnliche Möglichkeiten für weibliche Lehrlinge bestanden haben [328]. Seither blieben sie auf Hilfsarbeiten wie das Sortieren und Verpacken der Nadeln beschränkt [329]. Die Lübecker Zunftrolle von 1356 läßt hingegen nur männliche Lehrlinge und Gesellen zu. Die mehrfach in der Rolle erwähnten Frauen sind deshalb mit Sicherheit keine selbständigen Meisterinnen, sondern Ehefrauen oder auch Witwen [330]. Da alle übrigen Nadlerordnungen Frauen als Lehrlinge nicht zulassen, sind die Kölner und Nürnberger Gegebenheiten als Ausnahme anzusehen.

In enger Verbindung zum Goldschmiedehandwerk bzw. der Goldschlägerei stand die Goldspinnerei. Sie wurde in Köln und in Nürnberg ausschließlich von Frauen betrieben, die das von den Goldschlägern zu feinen Fäden verarbeitete Gold und Silber um einen Grundfaden woben. Das fertige Produkt der Goldspinnerinnen wurde in der Stickerei und in der Brokatherstellung weiterverarbeitet. Die Goldspinnerinnen Kölns bildeten seit 1397 eine eigene Zunft, der auch die Goldschläger angehörten, die außerdem noch mit den Goldschmieden eine eigene Zunft bildeten. In der Regel waren die Goldschläger die Ehemänner der Goldspinnerinnen, die ihr Handwerk auch als Ledige selbständig betreiben konnten. Die Zunftordnung der Goldspinnerinnen, die ausschließlich Frauen zum Gewerbe zuließ, entspricht in ihrem Aufbau vollständig derjenigen anderer Zünfte. Allerdings konnten sie ihre Zunftangelegenheiten nicht selbständig regeln. Der Zunftvorstand setzte sich aus zwei Goldschlägern und zwei Goldspinnerinnen zusammen, die vor allem die Gewerbeaufsicht innehatten [331]. 1437 setzte der Rat einen Goldschmied zum Oberhaupt im Gewerbe ein [332]. Im 16. Jahrhundert kam es mehrfach zu Auseinandersetzungen zwischen den Goldspinnerinnen und den Goldschlägern, die versuchten, die Goldspinnerinnen von sich abhängig zu machen und zu verlegen.

In Nürnberg wurde die Goldspinnerei während des Mittelalters als freie Kunst betrieben, denn erst 1595 gab der Rat den Goldspinnerinnen im Rahmen der freien Künste eine Ordnung und 1597 wurde das Handwerk als geschworenes gleich den anderen Zünften anerkannt. Die Ordnung

läßt deutlich erkennen, daß das Handwerk ursprünglich nur von Frauen ausgeübt wurde, da mit Lehrmägden und Spinnerinnen ausschließlich weibliches Personal beschäftigt wurde. Die selbständige Betriebsführung war den Goldspinnerinnen in Nürnberg allerdings am Ende des 16. Jahrhunderts nicht mehr gestattet, sondern sie mußten unter Aufsicht eines Goldschlägermeisters arbeiten, der Goldspinnerei und Goldschlägerei in einem Betrieb vereinigte, so daß sich eine den Kölner Verhältnissen vergleichbare Frauenzunft nicht herausbilden konnte. Ob hier während des Mittelalters andere Verhältnisse herrschten, ist aufgrund der Quellenlage nicht zu entscheiden [333].
In den Zunfturkunden des Baugewerbes finden sich relativ wenige Hinweise auf die Stellung der Frauen in den Zünften. Qualifiziertes Arbeiten war Frauen in diesen Handwerken nicht gestattet. Handlangertätigkeiten von Ehefrauen und Mägden bei Dachdeckern und Maurern scheinen jedoch nicht unüblich gewesen zu sein, wie verschiedene Lohntarife [53, 56] und entsprechende Arbeitsbeschränkungen bzw. -verbote des 15./16. Jahrhunderts belegen [334–336], die allerdings kaum etwas bewirkten, denn der Nürnberger Rat verbot bereits 1463 Frauen das Mörtelrühren und -zutragen, ließ das Tragen und Zureichen von Ziegeln jedoch zu. Eine Gleichberechtigung von Männern und Frauen/Witwen läßt sich auch der Ordnung der Basler-Bauleute von 1271 nicht entnehmen. Die Frauen gehörten dieser Zunft nicht an, um in ihr eigenständig zu arbeiten, sondern um der bruderschaftlichen Vorteile willen. Für eine andere Interpretation läßt der Gesamtkontext der entsprechenden Bestimmung keinen Raum [337]. Frauen hatten damit grundsätzlich keinen Zugang zu den verschiedenen Zweigen des zünftischen Bauhandwerks.

Quellen und Materialien

[152] Ordnung der Bäcker zu Mainz, Worms, Speyer, Oppenheim, Frankfurt, Bingen, Bacharach und Boppard v. 17. 9. 1352
[. . .] Zum ersten, wenn jemand, er sei Knecht oder Magd, das Handwerk wegen seiner Missetat verboten wird, dann soll man sie in den acht Städten, die zuvor genannt wurden, nicht mehr in unseren Handwerk halten. Wollen sie aber Meister werden, so soll man sie nicht aufnehmen, sondern sie sollen das Handwerk für immer verlassen.
Und verläßt ein Knecht seinen Meister gegen dessen Willen innerhalb seines Jahres, so hat der Meister durchaus die Vollmacht, ihm die Beschäftigung zu verbieten, bis er sein Recht wiedererlangt.
Wir sind auch übereingekommen, wenn ein Knecht eine Ehefrau nimmt, so soll ihn der Meister nicht länger halten als bis zu dem Termin, zu dem er ihn gedingt hat, es sei denn, dieser kaufe sich das Marktrecht und werde Meister. Und wenn er Meister wird, so darf ihn jeder Meister halten, falls er dienen will. Ein Knecht aber, der einem Meister für Lohn dient und eine Ehefrau hat, die zu Markte sitzt und Mehl und Grieß feilbietet, diesen Knecht soll kein Meister in den acht Städten halten. [. . .]
Weiterhin ist beraten und verabredet worden, wenn ein Meister einem Knaben

oder einem Knecht das Handwerk lehrt, der nicht in dem Handwerk geboren ist, so soll dieser Meister den anderen Meistern zwei Pfund Heller in die Strafkasse zahlen. [. . .] Wenn man gewahr wird, daß ein Knecht oder eine Magd etwas von ihres Meisters Haus wegtragen oder wegnehmen, was sie von Rechts wegen nicht tun sollten, so soll man demjenigen oder derjenigen das Handwerk verbieten. [. . .] Weiterhin ist beschlossen worden, wenn ein Bäckerknecht, ein Müllerknecht oder eine Magd oder wer uns sonst in der Mühle oder im Backhaus dient, irgendeine Tat gegen den Meister begeht, so soll man in den vorgenannten acht Städten über sie richten. [. . .]
übertragen nach: Urkundenbuch der Stadt Worms [223], Bd. 2, Nr. 447, S. 304–306.

[153] Ordnung der Bäcker zu Frankfurt/Main M. 1355
§ 6. Auch haben wir das Recht, wer in unsere Zunft kommen will, der soll ein unbescholtener Mann sein. Außerdem soll er sechs Pfund Heller in die Kasse geben, zwei Pfund Wachs für die Kerzen und einen Viertel Wein für die Meister.
§ 7. Auch haben wir das Recht, wenn wir jemanden einer Missetat überführen, es wäre Knecht oder Magd, demjenigen ist die Arbeit in den acht Städten, wie es unserer Gewohnheit entspricht, verboten.
übertragen nach: Schmidt: Frankfurter Zunfturkunden [204], Bd. 1, S. 19.

[154] Bäckerbundesbrief der Städte Mainz, Speyer, Worms, Oppenheim, Frankfurt, Bingen, Bacharach, Wesel, Boppard und Koblenz v. 23. 4. 151
§ 3. Weiterhin ist über unser Gesinde und unsere Diener beredet und beschlossen worden, falls einem Knecht oder einer Magd, die uns in den oben genannten zehn Städten dienen, wegen ihrer Missetat und mangelnder Tüchtigkeit die Beschäftigung verboten wird, so soll denjenigen oder diejenige kein Meister der obengenannten Städte in seinem Haus oder seiner Mühle halten, wenn es ihnen mitgeteilt worden ist. Und es soll auch kein derartiger Knecht in den obengenannten Städten als Meister aufgenommen werden. [. . .]
übertragen nach: Schmidt: Frankfurter Zunfturkunden [204], Bd. 2, S. 366.

[155] Ordnung der Bäcker zu Frankfurt/Main v. 10. 3. 1377
§ 18. Weiterhin, wenn eine Frau oder eine Magd einen von der anderen Brote wegruft, so verliert sie 5 Schillinge als Strafe. [. . .]
übertragen nach: Schmidt: Frankfurter Zunfturkunden [204], Bd. 1, S. 27.

[156] Statut des Bäckeramtes zu Hannover v. 5. 10. 1481 mit späteren Zusätzen
[. . .] Auch haben wir eine Bestimmung, daß niemand unser Amt ergreifen soll, wenn er nicht vierundzwanzig Jahre ist, es sei denn, er nimmt eine Frau aus dem Amt.
Weiterhin ist es unser Recht, wenn einer unser Amt gewinnt, der soll 16 Schillinge für Weinkauf[1] geben.
Wir danken unseren Herren vom Rat, daß sie uns dieses Privileg gegeben haben: Ein Mann oder eine Frau, die unser Amt gewinnen, und diejenigen, die Aufnahme in unser Amt begehren, die sollen ehelich und recht von Vater und Mutter geboren sein. Und sie sollen auch kein höriger Diener oder Eigenmann sein oder eines Schäfers, Müllers, Zöllners, Leinewebers, Baders, Pfeiffers Sohn oder Tochter. Und seine (ihre) Eltern sollen sich als unbescholtene, rechtschaffene Leute erwie-

[1] Mahlzeit, die der neu aufzunehmende Zunftgenosse zahlt.

sen haben und sich so in der heiligen Ehe als unbescholtene Leute vereint haben. Außerdem soll er (sie) sich selbst als ein frommer und unbescholtener Mann (Jungfrau) aufgeführt haben. Und das soll er (sie) mit drei zuverlässigen, glaubwürdigen Männern bezeugen, die das so vor ihren Ratsherren, geschworenen Meistern, Älterleuten und dem ganzen Amt in ihrer feierlichen Morgensprache mit einem feierlichen Eid und erhobenen Fingern bei den Heiligen schwören, daß es sich so verhalte, wie es zuvor geschrieben steht, oder er soll das nach alter Gewohnheit mit Urkunden, die dem rechtlichen Bedürfnis entsprechen, beweisen. Und anschließend soll er das Gelübde vor den zuvor Genannten ablegen, daß, wenn er eine Ehefrau in das Amt bringen oder nehmen will, diese des oben genannten Amtes genauso wert ist wie er selbst, bei Verlust des Amtes. [. . .]
Ein Knecht, der unser Amt gewinnt, der soll zuvor drei Jahre bei einem Mann in unserem Amt gedient haben. [. . .]
Wer eine Frau gegen Lohn auf die Brotbänke schickt, der soll das hier selbst mit einem Pfund Wachs büßen. [. . .]
Wenn es bekannt wird, daß eine Frau aus unserem Amte Ehebruch begeht (und hat sie deshalb dem Archidiakon oder dem Officialen[2] oder deren Untergebenen Geld gegeben), so soll man sie gefangen setzen.
Wird aber eine Frau zu Unrecht beschuldigt und ist sie nicht schuldig geworden, so soll man ihr beistehen und helfen ihre Unschuld zu verteidigen, so viel wie man dazu imstande ist. [. . .]
Weiterhin, wenn ein Bäcker oder eine Bäckerin verstirbt und das Amt zu der Vigilie[3] eingeladen wird, so sollen beide, Mann und Frau, bei Strafe von einem Pfund Wachs kommen. Beide sollen auch mit zum Grab gehen bei einem Pfund Wachs Strafe . Auch sollen beide, Frau und Mann, eine Gabe geben und zu der Seelenmesse ihr Opfer geben bei einem Pfund Wachs Strafe, es sei denn, daß jemanden echte Not daran hindere, der soll um Befreiung bitten oder bitten lassen und seinen Pfennig hinsenden. Davon soll niemand befreit werden. [. . .]
Weiterhin, wenn einer aus unserem Handwerk, gleichgültig ob von den Frauen oder den Männern, krank oder aussätzig wird, so daß er oder sie wegen ihrer Krankheit Not leiden und der Hilfe bedürfen, so sollen sie die zwei Geschworenen des Seelgeräts nach Beratung und Zustimmung der Werkmeister und Älterleute mit Geld oder Speise unterstützen. So soll man die Kranken entsprechend ihres Bedarfs unterstützen. Und wenn jemand in Armut gestorben ist, so sollen dieselben Geschworenen sie aus dem Gut des Seelgeräts zu Grabe bringen lassen. [. . .]
übertragen nach: Büttner: Kulturbilder aus dem mittelalterlichen Hannover [149], Nr. 63, S. 61f., S. 64, S. 66–68.

[157] Mägde beim Kneten mit der Teigbreche, um 1530 (siehe Abbildung auf Seite 159 oben)

[158] Backstube, Holzschnitt von Jost Ammann, 1568 (siehe Abbildung auf Seite 159 unten)

[159] Aus dem Zahlungsregister Herzogs Ludwig v. Bayern an Regensburger Bürger, 1291–1293
[. . .] Frau Berta, der Bäckerin vom Rat 20 Pfund gegeben als Bezahlung für Brot in Lengenfeld. [. . .]
übertragen nach: Urkundenbuch der Stadt Regensburg [201], Bd. 1, Nr. 156, S. 81.

[2] Vertreter eines Prälaten im geistlichen Gericht.
[3] Abendlicher Gottesdienst für Verstorbene.

aus: Hampe:
Trachtenbuch des
Christoph Weiditz
[88], Tafel 134.

aus: Mummenhoff:
Der Handwerker in der deutschen
Vergangenheit [405], S. 59.

[160] Aus dem Rechnungsbuch des Kölner Kaufmanns Dietmar Bungard, Febr. 1431
[. . .] Ferner gegeben der Bäckerin auf der Schildergasse 16 Mark für Kleie. [. . .]
übertragen nach: Kuske: Quellen zur Geschichte des Kölner Handels und Verkehrs im Mittelalter [186], Bd. 4, S. 54.

[161] Nürnberger Verordnung über den Fürkauf von Getreide, 15. Jh.
[. . .] Es gebieten unsere Herren vom Rat, daß kein Bäcker, keine Bäckerin noch jemand von ihrem Gesinde mehr Weizen, Roggen oder anderes Getreide kaufen soll als ein jeglicher von ihnen mit seinen Knechten in seiner eigenen Werkstatt zum Backen benötigt und verbacken darf. Also, daß sie keinerlei Getreide wieder verkaufen noch in irgendeiner Weise veräußern dürfen. Wohl dürfen sich zwei Bäcker oder Bäckerinnen eine Menge Weizen, Roggen oder anderes Getreide zusammen kaufen, und das miteinander ohne Gewinn teilen, um es dann selbst in der vorgeschriebenen Weise zu verbacken. [. . .]
übertragen nach: Baader: Nürnberger Polizeiordnungen [138], S. 215.

[162] Erneuerte Rechte des Bäckerhandwerks zu Striegau v. 1393
§ 3. [. . .] Wer unsere Innung gewinnen und sich im Backwerk betätigen will, der soll das (nach Bezahlung) von elf halben Schot, drei Hellern und zwei Pfund Wachs tun. [. . .]
§ 4. Wir haben viertens beschlossen, daß eines Meisters Sohn oder Tochter nur die halbe Innung bezahlen, wenn sie unser Werk gewinnen wollen. [. . .]
§ 8. [. . .] Wenn eine Witwe aus dem Handwerk einen Mann nimmt, er sei aus dem Handwerk oder nicht, der soll die halbe Innung gewinnen und sobald sie es ihm gelobt oder ihn nimmt, darf sie nicht mehr backen, er habe denn unsere Innung und Recht gewonnen, wie es das Recht bestimmt. Wenn die Witwe aber einen auswärtigen Mann oder Knecht nimmt, der nicht aus ihrem Handwerk ist, sobald sie ihm dies gelobt, soll sie mit ihren Zunftgenossen in keinerlei Weise mehr Gemeinschaft haben oder gewinnen.
§ 11. [. . .] Welcher Zunftkumpan oder Zunftgenosse, es sei Frau oder Mann, sich von hier wegbegibt oder sich mit anderen Dingen beschäftigt, es sei innerhalb oder außerhalb der Stadt, so daß ihr Handwerk verkümmert und Schaden erleidet, derjenige oder diejenige soll, wenn er dessen ordnungsgemäß überführt wird, jetzt und für alle Zeiten keine Gemeinschaft mehr mit den Bäckern haben.
§ 20. [. . .] Welcher Mann oder welche Frau das Gebot ihrer Meister, in die Morgensprache zu kommen, ohne dringende Ursache versäumt, der- oder diejenige sollen einen Groschen als Strafe zahlen.
übertragen nach: Korn: Schlesische Urkunden zur Geschichte des Gewerberechts [182], Nr. 63, S. 90–92.

[163] Pastetenbäckerin auf dem Konstanzer Konzil, Holzschnitt aus der ersten Hälfte des 16. Jh. (siehe Abbildung auf Seite 161)

[164] Aus der Hildesheimer Statutensammlung vom 15. Mai 1440
8. Ferner sind wir zum Wohl der Stadtgemeinde übereingekommen, daß jemand, der von nun an Hochzeit halten will, nicht mehr als einhundert Personen zum Essen am ersten Abend einladen darf und desgleichen am Morgen bis hundert Personen und am darauffolgenden Abend fünfzig Personen. [. . .] Auch darf man zur Hochzeitsfeier zwei Spielleute und eine Kuchenbäckerin und nicht mehr haben. Und wer des Rates Pfeiffer und Trompeter hat, der soll den Pfeiffern für

aus: Brandl/Creutzburg: Die Zunftlade [396], S. 99.

ihren Dienst bei einer Hochzeit zwölf neue Schillinge geben und den Trompetern sechs neue Schillinge und der Kuchenbäckerin, falls sie von dem Betreffenden geladen wurde, sechs neue Schillinge und außerdem soll man ihr keinerlei Dinge geben. [. . .]
übertragen nach: Urkundenbuch der Stadt Hildesheim [217], Bd. 4, Nr. 371, S. 319.

[165] Hildesheimer Ratsbeschluß über die Braugerechtigkeit der Drewesche auf den Steinen und ihres Sohnes v. 17. 3. 1487
Anno etc 87, am Sonnabend vor Oculi in der Fastenzeit haben beide Räte und die 24 Mann auf Bitten der Drewerschen up den Steynen zugestimmt, daß sie und auch ihr Sohn Henrik in ihrem kleinen Haus bei dem Steynstoven persönlich brauen dürfen, solange sie beide oder einer von ihnen lebt. Und zu ihren Lebzeiten soll dort niemand anders brauen. Wenn sie aber beide gestorben sind, so soll das zuvor genannte kleine Haus kein Brauhaus mehr sein.
übertragen nach: Urkundenbuch der Stadt Hildesheim [217], Bd. 8, Nr. 135, S. 142f.

[166] Duderstädter Ratsbeschluß über die Abgabenbefreiung und die Braugerechtigkeit der Witwe Hans Mengelderodes v. 11. 4. 1445
Der alte und der neue Rat haben Frau Osterhilde, die nachgelassene Witwe von Hans Mengelderode, um der Stadt Duderstadt Nutzen und Frommen willen von aller Pflicht, Schoßgeld, Wache, Folge bei Heeresfahrt (sowie dem Säubern) der Knicke und Gräben befreit. Auch wenn der Rat etwas von der Gemeinheit der Bürger erhebt, soll sie davon ausgenommen werden, solange sie ohne Gefährten lebt. Dafür hat die genannte Frau dem Rat 12 Mark Duderstädter Währung gegeben und gezahlt. Wenn diese Frau nun brauen will, so darf sie brauen und gibt für das Brauen eine halbe Mark. [. . .]
übertragen nach: Urkundenbuch der Stadt Duderstadt [209], Nr. 328, S. 219.

[167] Fyegin von Broickhusen verpflichtet sich gegenüber der Stadt Köln zwei dortigen Brauern auf 8 Jahre die Bereitung der Grut zu lehren, 10. 10. 1420

Ich, Goedart van Broickhusen und Fyegin, meine Ehefrau, tun allen Leuten kund: Also, daß ich, die vorgenannte Fyegin, mit Wissen, Zustimmung und Genehmigung meines vorgenannten Mannes mit den ehrsamen weisen Herren Bürgermeistern und dem Rat der Stadt Köln übereingekommen bin [. . .], daß ich zwei Männern treu und fleißig nach meinem besten Vermögen lehren soll, gute Grut zu machen. Diese beiden Männer sollen sie mir benennen. Darauf haben sie mir einen Mann mit Namen Hermann von Aiche, den Brauer up der Bach nahe Airsburch, benannt, den ich bereits zu lehren begonnen habe und den ich auch weiterhin lehren soll wie auch einen weiteren, den sie mir noch benennen werden, ohne etwas von meiner Kunst der vorgenannten Grut arglistig zu verbergen. Dazu habe ich mich mit den vorgenannten Herren und der Stadt Köln durch diese Urkunde auf acht aufeinanderfolgende Jahre, beginnend mit dem Datum dieser Urkunde, verbunden und verpflichtet. Und so oft sie es mich wissen lassen, daß sie wegen ihrer Grutmacher meiner bedürfen, soll ich in ihre Stadt Köln kommen, um sie zu unterweisen und zu lehren, es sei denn, daß ich krank bin. Und wenn ich deshalb mein Haus verlasse und wegen dieser Angelegenheit in Köln wohne, so sollen sie mir für jeden Tag innerhalb dieser Zeit für meine Arbeit und meine Ernährung eine Mark Kölner Währung geben. [. . .]
Und weil ich mich verpflichtet habe, die vorgenannten Dinge fest und beständig einzuhalten, haben mir die vorgenannten Herren aus der Rentkammer ihrer Stadt einhundertundfünfzehn Rheinische Gulden zu entrichten, zu liefern und zu bezahlen zugesichert, die ich nunmehr von ihnen erhalten habe und womit ich für mich, meine Erben einschließlich meines vorgenannten Mannes aufgrund dieser Urkunde keine weiteren Ansprüche mehr an sie und ihre Stadt und ihre Nachkommen habe. Und falls sich eine Streitigkeit daraus ergäbe, daß ich, vorgenannte Fyegin, zu irgendeiner Zeit innerhalb der vorgenannten acht Jahre, wie das von mir zugesagt worden ist, dem nicht in dem Maße folge, wie es zuvor aufgeführt ist, es sei denn, daß mich dann Lebensnot daran hindere, so gelobe ich, Goedart van Broickhusen, ihr vorgenannter Mann, bei meiner Treue und Ehre, so bald ich deshalb von den vorgenannten Herren ihrer Grutmacher wegen gemahnt werde, es sei zu hause oder zu Hofe mündlich, mit Boten oder mit Briefen, daß ich alsdann mit meinem eigenen Leib und mit einem Knecht und zwei Pferden nach Köln in eine ehrsame Herberge, die mir mit der Mahnung angewiesen wurde, auf meine eigenen Kosten als Geisel reiten soll. [. . .]
übertragen nach: Kuske: Quellen zur Geschichte des Kölner Handels und Verkehrs im Mittelalter [186], Bd. 1, Nr. 652, S. 223f.

[168] Ordnung der Brauer zu Lübeck v. 1363
[. . .] Weiterhin, wer Bier braut, er sei Mann oder Frau, der soll seine Brandmarke auf die Tonne setzen, bevor man das Bier aus dem Haus bringt, bei drei Mark Silber (Strafe). [. . .]
übertragen nach: Wehrmann: Die älteren Lübeckischen Zunftrollen [225], S. 179.

[169] Ordnung der Brauer zu Lübeck v. 22. 12. 1462
[. . .] Weiterhin, bevor man das Bier in das Faß füllt, soll der Brauer seine Marke darauf brennen lassen, bei Verlust von drei Mark Silber (Strafe).
Weiterhin sollen die Brauer kein Haus mieten oder kaufen in dem sie Knechte oder Mägde anstellen oder jemand anders, die darin Bier zapfen an ihrer Stelle. Auch sollen sie in ihren Wohnhäusern kein Bier gegen Geld zapfen. [. . .]
übertragen nach: Wehrmann: Die älteren Lübeckischen Zunftrollen [225], S. 183f.

[170] Lüneburger Ratsentscheid v. 19. 8. 1496
Der ehrsame Rat dieser Stadt hat aufgrund mannigfaltiger Klagen und Anzeigen ehrbarer Leute zur Wohlfahrt des gemeinsamen Besten gründlich erwogen und betrachtet, daß etliche Bürger gute Handwerke gelernt haben, darin sitzen, sich davon ernähren und sich dennoch auf das Braugewerbe zulasten derjenigen verlegen, die sich schon lange von dem Braugewerbe ernährt haben und anders keinen Lebensunterhalt erlangen [. . .], wodurch das allgemeine Gut sehr abnimmt und zurückgeht. Deshalb haben sie schließlich beschlossen, damit viele Leute ihr Auskommen haben und ein Nachbar dem anderen keinen Schaden zufügt und sich ehrlich ernähren kann, nach diesem Tage niemanden, der einer Zunft angehört, zur Ausübung des Braugewerbes zuzulassen. Danach wird sich jedermann zu richten haben. [. . .] Weiterhin haben nach dem vorgenannten Gebot die Nachstehenden ihre Ämter verlassen und sind bei dem Braugewerbe geblieben, mit Namen Hinrick Krumestro, Hinrick Elebeke, Werneke Elebeke, de Hennyngesche, de Radesche, Lutke Elvere de Beckere, Cordt Moller und Hinrick Bruns. [. . .]
übertragen nach: Bodemann: Die älteren Zunfturkunden der Stadt Lüneburg [141], S. 50f.

[171] Innungsbrief für die Brauer in der Magdeburger Neustadt und zu Frohse v. 23. 8. 1439
[. . .] Welcher Mann in diese Innung aufgenommen zu werden begehrt und sie gewinnen will, aber selbst nicht in derselben Innung geboren ist, und der sie ausüben will, der soll der Innung eine Mark in Magdeburger Währung und ein Pfund Wachs für die Lichter der Innung und jeglichem der derzeitigen Meister, die das in dem Jahr sind, sechs Magdeburger Pfennige und den Boten der Innung gleichfalls sechs Pfennige derselben Währung geben. [. . .]
Und den Jungfrauen, die gleichfalls in der Innung geboren werden, und den Witwen, die ihr angehören, soll die halbe Innung folgen. Wenn ein lediger Knecht oder Mann, der die Innung nicht besitzt, die Tochter eines Brauers aus der Innung oder dessen Witwe zur Ehefrau nimmt, will der die Innung haben, so soll er darum nachsuchen, bevor er sie beschläft und den Brief von seiner ehelichen Geburt beibringen, wie dies vorgeschrieben ist, und der Innung eine halbe Mark Magdeburger Währung und ein Pfund Wachs geben sowie jeglichem Meister sechs Pfennige und den Boten auch sechs Pfennige. [. . .]
übertragen nach: Urkundenbuch der Stadt Magdeburg [220], Bd. 2, Nr. 400, S. 528f.

[172] Göttinger Statuten über das Brauwesen v. Oktober 1459
§ 6. Den Kesselträgerinnen soll man für einen Braugang nicht mehr als 8 Pfennige und darüberhinaus nichts außer der Kost, wenn sie den Kessel bringt und zu dem Haus trägt, geben.
übertragen nach: Ropp: Göttinger Statuten [202], Nr. 279, S. 482

[173] Statuten der Lüneburger Brauer v. 19. 6. 1519
§ 10. Die Brauer können es durchaus zulassen, daß ein jeder Bürger zu seiner eigenen und seines Gesindes Notdurft in seinem Haus braut, aber nicht, daß er innerhalb oder außerhalb des Hauses gegen Geld ausschenkt, wie es auch vormals von dem ehrbaren Rat beschlossen worden ist.
übertragen nach: Bodemann: Die älteren Zunfturkunden der Stadt Lüneburg [141], S. 53.

[174] Vertrag über die Pachtung der Keutenakzise durch die Keutenbrauer in Köln v. 9. 6. 1486
39 genannte Keutebrauer, darunter eine Frau, erklären für sich und alle, die zur Zeit vom Rate die Erlaubnis haben, Keute zu brauen, die Keuteakzise vom Rate zu gesamter Hand gepachtet zu haben, [. . .] Die Hausbrauer und Hausbrauerinnen zahlen Akzise wie die Keutebrauer nach §§ 11 und 12. Sie dürfen nur für die Bürger in deren Häusern, nicht in den eigenen oder anderwärts brauen. [. . .]
zitiert nach: Loesch: Die Kölner Zunfturkunden [187], Bd. 2, Nr. 296, S. 88f.

[175] Beschwerden der Kölner Keutebrauer an den Rat v. 1494
I. Zum siebten sollen die Hausbrauer kein anderes Bier aus Gerstenmalz als Rotbier brauen. [. . .]
II4. Weiterhin soll den Hausbrauern und -brauerinnen untersagt werden, irgendwelchen geistlichen Herren Keutebier zu brauen.
übertragen nach: Loesch: Die Kölner Zunfturkunden [187], Bd. 2, Nr. 297, S. 90.

[176] Zunftordnung der Fischer zu Plau v. 6. 5. 1307
[. . .] Weiterhin, wenn jemand von den Brüdern und Schwestern in der Bruderschaft der Fischer verstirbt, so soll ihm ein halbes Pfund Wachs zur Unterstützung zurückgegeben und überantwortet werden und davon soll ihm ein standesgemäßes Leichenbegräbnis bis zur Kuhle oder dem Grab sowie eine ehrbare und gebührende Seelmesse bestritten werden. Und ein jegliches Mitglied soll einen Pfennig als Spende geben. Und ein jeder soll sich zum mindestens auf einer Messe zugunsten der Seligkeit der Seele im Opfer beweisen. Wenn die Verwandten aber mehr Messen haben wollen, so soll die Bruderschaft zum Opfern nicht verpflichtet sein. [. . .]
übertragen nach: Mecklenburgisches Urkundenbuch [189], Bd. 5, Nr. 3164, S. 335.

[177] Moosburger Fischerordnung v. 1. 12. 1536
[. . .] Ferner, nachdem das angeregt Handwerk der Fischer zu noch mehrer Ehr, Preis und Zier des würdigen Gottesdienst ein Licht und etlich Kerzen aufrichten und zumachen ihrem Vermögen nach vorhaben, sollen fürohin mit solchem ganzen Licht die absterbenden Meister und Meisterin, mit halb Teil solches Lichts derselben Sohn und Tochter, auch die eingekauften Schwestern und Brüder gen Kirchen geleitet und getragen werden, dergleichen es auch mit dem Heiligen zur Besingnus und Grabnus gehalten werden soll.
Item welcher Bruder oder Schwester sich in solch der Fischer Zunft einkaufen will, derselb soll darein geben 1 Pfund Wachs, den Zunftmeistern zwei Maß Wein und jährlich auf St. Andreas Tag, so Rechnung beschieht und das Zunftgeld erfordert und eingebracht wird, 12 Pfennig.
zitiert nach: Zils: Bayerisches Handwerk in seinen alten Zunftordnungen [227], S. 36.

[178] Nachtrag zur Ordnung der Frankfurter Fischer v. 16. 8. 1410
Betreffs der Fischer ist der Rat übereingekommen, daß kein Fischer und keine Fischerin, die Witwe ist, mehr als jeweils zwei Anteile an Fischen und Krebsen haben soll. Auch soll keine Fischerin, sie sei Witwe oder nicht, Fische oder Krebse aufkaufen. Doch wenn die Fischer, einer oder mehrere, einen oder mehr Käufe an Fischen oder Krebsen tätigen und eine Witwe von den Fischern wäre dabei oder käme dazu, derselben Fischerin soll man den gleichen Anteil am Kauf wie jedem anderen Fischer, der dabei ist, gönnen und geben. [. . .]

Das vorstehende Übereinkommen ist den Fischern und den Witwen von den Fischern gemeinschaftlich auf ihrer Stube mitgeteilt und vorgelesen worden. [. . .]
übertragen nach: Schmidt: Frankfurter Zunfturkunden [204], Bd. 1, S. 186f.

[179] Ordnung der Frankfurter Fischer v. 21. 5. 1377
§ 14. Auch soll keine Frau Fische oder Krebse feilhalten, es sei denn, ihr Mann hat sie gefangen. [. . .]
übertragen nach: Schmidt: Frankfurter Zunfturkunden [204], Bd. 1, S. 184.

[180] Frankfurter Ratsverordnung über dem Fischmarkt v. 23. 4. 1388
§ 2. Auch ist der Rat übereingekommen, daß keine Frau grüne Fische oder Krebse feilhalten darf oder auf dem Fischmarkt daneben stehen darf, um die Fische oder Krebse zum Verkauf anzupreisen oder auszurufen. Sie dürfen aber durchaus ihren Ehemännern, ihren Verwandten oder ihrem Herrn Fische oder Krebse auf den Markt tragen und anschließend sollen sie sofort weggehen. [. . .] Witwen dürfen jedoch Fische und Krebse verkaufen, die ihre Söhne oder Knechte oder Gesinde gefangen haben.
§ 3. Auch darf niemand, der Fische feilhat, noch seine Ehefrau noch ihre Kinder oder ihr Gesinde oder jemand anders von ihrer Seite, Fische oder Krebse, die man von den Bächen her in die Stadt trägt, in Frankfurt und eine Meile Wegs um Frankfurt verkaufen. [. . .]
§ 4. Auch darf kein Fischer, Frau oder Mann, mehr als zwei Mulden haben, die dicht beieinander stehen sollen. [. . .]
übertragen nach: Schmidt: Frankfurter Zunfturkunden [204], Bd. 1, S. 181f.

[181] Ordnung der Fischer zu München v. 1310
Es soll auch keine Frau hier aus der Stadt an der Bank Fische verkaufen, bei 60 Pfennig (Strafe) an den Richter und 60 Pfennig an die Stadt.
übertragen nach: Dirr: Denkmäler des Münchener Stadtrechts [156], S. 215.

[182] Würzburger Verordnung über den Verkauf finniger Wurst, 1376/1397
Wir gebieten mit aller Härte, daß sie keine finnige Würste machen noch feilhaben. Und gleichfalls soll ein jeglicher Fleischer die Würste, die er macht, in seiner Bank feilhaben, und er soll auch niemand anders darüber setzen, weder seine Frau, Magd noch Kinder bei einer Buße von 1 Gulden, so oft das geschieht.
Es soll auch keine Frau an den Fleischbänken Fleisch feilhaben bei der vorgenannten Buße, so oft das geschieht 1 Pfund Pfennige.
übertragen nach: Hoffmann: Würzburger Polizeisätze [174], Nr. 151, S. 83.

[183] Metzgerladen, Miniatur des Tacuinum Sanitas, um 1365 (siehe Abbildung auf Seite 166)

[184] Revision der Handwerksartikel der Fleischer durch den Rat der Stadt Leipzig v. 30. 8. 1466
[. . .] Der zweite Satz und Artikel der obengenannten Schrift lautet: Nimmt einer eines Meisters Tochter des genannten Handwerks, der erhält gleichzeitig unser Handwerk, doch muß er, er sei eingewandert oder einheimisch, dem Handwerk glaubhafte Urkunden beibringen. An dieser Bestimmung haben die Räte nichts vermerkt und deshalb lassen sie diese ohne irgendeine Kürzung oder Hinzufügung bestehen.

aus: Freytag:
Bilder aus der deutschen
Vergangenheit [83],
Bd. 1, S. 244.

Der dritte Satz der ebengenannten Schrift lautet: Stirbt ein Meister aus dem Handwerk und hinterläßt er eine Ehefrau so darf diese, seine Frau, nach dem Tode ihres Mannes nicht weiter im Handwerk arbeiten. [. . .] Da diese Satzung wider die redliche Vernunft und vor allem wider die Meister des genannten Handwerks ist, denn ein verständiger und überlegter Mann bemerkt sehr wohl, daß dadurch fromme und redliche Frauen und Witwen, die sich und ihre Kinder mit redlicher Arbeit und durch Betreibung ihres Handwerks wohl ernähren könnten, an ihrer Nahrung verhindert werden. Es wären auch die Meister oder ihrer Söhne, welche sie haben, selten oder niemals zu einer wohlhabenden Frau gekommen, was durchaus bekannt ist. Es besteht kein Grund daran zu zweifeln und deshalb und anderer redlicher Ursachen halber, stellen die Räte einstimmig diese vorgenannte Bestimmung ganz ab und bestimmen, daß fortan eine jede Witwe des eben genannten Handwerks, so lange sie ihren Witwenstand unverändert hält oder sie einen anderen Mann desselben Handwerks nach dem Tode ihres ersten Mannes nimmt, ihr Handwerk frei und unbehindert von jederman gleich einem anderen Meister desselben Handwerks treiben darf. [. . .]
übertragen nach: Urkundenbuch der Stadt Leipzig [218], Bd. 1, Nr. 405, S. 335f.

[185] Ordnung der Frankfurter Metzger v. 1377
§ 12. Weiterhin dürfen die Witwen, denen die Männer verstorben sind, dabei bleiben, (Fleisch) feilzuhaben, wie zu der Zeit, da ihre Ehemänner noch lebten und es soll ihnen nichts abgestellt werden, damit sie ihre Kinder weiterhin ernähren können, sofern sie ihren Harnisch haben und halten und eine jede einen redlichen Gesellen dingt und bestimmt, der mit solchem Harnisch auf Befehl der Stadt dienstbereit wie einer der Meister ist.
übertragen nach: Schmidt: Frankfurter Zunfturkunden [204], Bd. 1, S. 351.

[186] Amtsbrief der Kölner Fleischhauer v. 12. 9. 1397
§ 2. Weiterhin, wenn ein Mann oder eine Frau unsere Bruderschaft gewinnen wollen, so sollen sie zuvor unsere Bürger sein und dann können sie sie mit sechs rheinischen Gulden und zwei Viertel Wein gewinnen. Ausgenommen davon sind eines Meisters oder eines Bruders Sohn, die können diese vorgenannte Bruderschaft für das halbe Geld gewinnen. Dazu soll jeder seinen Harnisch haben entsprechend seinem Vermögen. Und derselbe soll auch niemandes Eigen (sein) noch in dem Bann stehen.
§ 3. Weiterhin, kein Mann und keine Frau, die unsere Bruderschaft nicht empfangen haben und auch kein Mitglied sind, und auch diejenigen, die selbst keine gemieteten Bänke haben, von denen unserer Stadt ein Jahreszins gebührt, dürfen irgendwelches Fleisch innerhalb oder außerhalb des Marktes feilhaben, heimlich oder öffentlich, und daß man auch nicht auf den Gedanken komme, es in irgendeiner Weise im Kleinverkauf zu verkaufen. [. . .]
§ 4. Weiterhin soll niemand, weder ein Mann noch eine Frau, um die Bänke losen noch in irgendeiner Weise Fleisch feilhaben, weder gedörrtes noch frisches bei der vorgenannten Buße, wenn er nicht unser Bürger ist und zuvor die Bruderschaft gewonnen hat, wie es zuvor steht, ausgenommen jedoch diejenigen, die jetzt darin sind.
§ 6. Weiterhin soll ein jeglicher Knecht und Verkäufer, die ihrem Herren auf dem Markt mit einen Dienstvertrag verbunden sind, getreulich für die Zeit, die er sich verdingt hat, dienen. [. . .]
§ 8. Weiterhin sollen kein Mann und keine Frau aus unserem Amt irgendeinem fremden noch einen auswärtigen Knecht aus anderen Landen an die Bänke setzen oder dingen, es sei denn mit Zustimmung und Gutdünken der derzeitigen Marktmeister.
übertragen nach: Loesch: Die Kölner Zunfturkunden [187], Bd. 1, Nr. 21, S. 46–48.

[187] Alte Kölner Fleischmarktrolle, 1348/1407
§ 16. Weiterhin gebieten unsere Herren, daß keine Kaldaunenhändlerin irgendwelche Eingeweide, was das auch sei, weder in dem Haus noch in das Loch werfen oder ausschütten darf, sondern sie sollen diese gänzlich zum Rhein bringen. Wer dem zuwider handelt, gibt sechs Schillinge, so oft er das tut.
übertragen nach: Loesch: Die Kölner Zunfturkunden [187], Bd. 2, Nr. 342, S. 125.

[188] Ordnung der Basler Zunft der Gärtner, Obster und „Menkeller" v. 1264/1269
§ 4. Wenn ein Mann neu eintritt, der soll einen Schilling und ein Pfund (Wachs) geben, und einer ihrer Söhne ein Pfund Wachs. Ist es aber ein Bürger, der das Handwerk selbst nicht ausübt und tritt er ein, der gibt ein Pfund Wachs.
übertragen nach: Urkundenbuch der Stadt Basel [208], Bd. 1, Nr. 430, S. 315.

[189] Ordnung der Gärtner zu Lübeck, um 1370
Es ist eine Sitte, daß ein Wechsel in der Zunft eintritt. So pflegen sie neue Zunftmeister am Sonntag nach Pfingsten zu wählen und pflegen (um die Verkaufsstände) zu losen. Und es soll keine Frau mitlosen, wenn sie von ihrem eigenen Gemüse nicht drei Tage in der Woche feilhalten kann. Wenn es ihr aber an ausreichend Gemüse mangelt, so darf sie alle Tage für sechs Pfennige und nicht mehr verkaufen. [. . .]
Weiterhin, welcher Mann einen Mann zum Arbeiten hat, der soll ihm pro Tag acht Pfennige und einer Frau vier Pfennige geben. [. . .]

Weiterhin, welcher Mann unser Amt begehrt, der soll ein unbescholtener Mann sein und er soll keinem anderen Amt angehören und er soll dreimal um Aufnahme nachsuchen, es sei denn, er käme von außerhalb hinzu, wo er selbständig gewesen war, so kann er (das Amt) vom Rat erwerben. Und der Mann soll zehn unbeliehene Mark haben und er soll dem Amt zwei Pfund Wachs für die Lichter geben. [. . .]
Weiterhin, wo die Frauen sitzen, da sollen sie es redlich halten und das richtige Gewicht geben, wie es sich rechtmäßig gebührt. [. . .]
übertragen nach: Wehrmann: Älteste Lübeckische Zunftrollen [225], S. 207–209.

[190] Bestimmung des Straßburger Stadtrechts über den Gartenverkauf, 12. Jh.
§ 52. Wer von ihnen zum Gesinde gehört, er sei Mann oder Frau, verkauft er in dieser Stadt Dinge, die er mit seiner eigenen Hand hergestellt hat, oder die ihm gewachsen sind, so zahlt er keine Abgaben. Und kauft er es aber zu seinem eigenen Nutzen und verkauft es wieder ohne Gewinn, so gibt er gleichfalls keine Abgaben davon. Und bezichtigt in jemand, daß ihm das verkaufte Gut nicht gewachsen sei oder daß er es selbst nicht angebaut habe und es auf Gewinn kaufe, so macht er sich davon mit seiner eigenen Hand frei.
übertragen nach: Keutgen: Urkunden zur städtischen Verfassungsgeschichte [180], Nr. 126, S. 96f.

[191] Frauenarbeit in einer unterschlächtigen Wassermühle, Illustration aus dem Hortus deliciarum der Herrad von Landsberg, um 1186

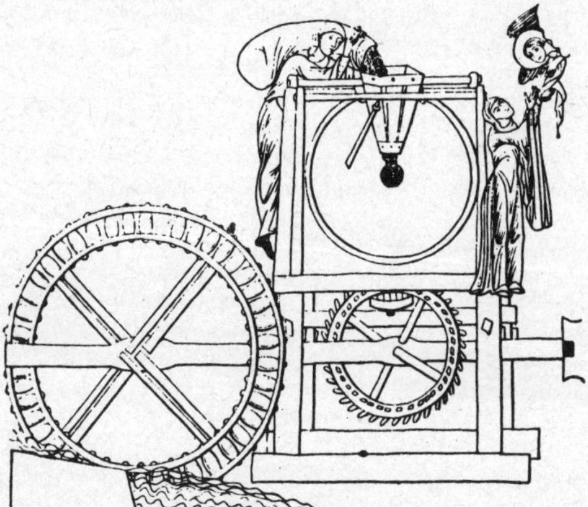

aus: Heyne: Das deutsche Nahrungswesen [93], S. 263.

[192] Straßburger Müller-Ordnung v. 1452
Unsere Herren Bürgermeister und der Rat haben nach Beratung mit den 21 Herren festgesetzt, daß jeder Müller, Müllerin, Treiber, Karrenführer und ihr anderes Gesinde bei den Heiligen schwören sollen, daß sie kein Getreide in den Mühltrichter schütten oder mahlen, wenn sie nicht zuvor den Nachweis davon erhalten haben, daß es gewogen und verzollt ist.
Wenn aber der Müller oder die Müllerin in einer Mühle verstirbt und ein anderer

Müller oder eine andere Müllerin an deren Stelle in die Mühle kommt, so sollen diese es dann sogleich schwören, es so zu halten, in all der Weise, wie es zuvor bestimmt worden ist. Und sie sollen dies auch machen, bevor sie irgendwelches Getreide mahlen.
Wenn jemand aus dem Gesinde in der Mühle wechselt, es seien Lehrknaben, Knechte oder Mägde, so sollen die Müllermeister einer jeden Mühle solches Gesinde unmittelbar am Tag, nachdem das Gesinde zu ihm gekommen ist, zu demjenigen der vier Bürgermeister führen, der dann über die Mühlen gesetzt ist, damit es schwört, alle Punkte und Artikel so einzuhalten, wie es für die Mühlen vorgeschrieben ist. [. . .]
übertragen nach: Brucker: Straßburger Zunft- und Polizeiordnungen [146], S. 373.

[193] Bestimmung der Badener Stadtordnung über den Mühlenbetrieb v. 1503
Weiterhin, kein Müller, weder seine Ehefrau, Knechte, Mägde, Kinder noch Gesinde dürfen bei ihren Eiden, die sie jährlich und zu jedem Vertrag, oder bei Eintritt eines neuen Gesindes gesondert schwören sollen, einem Bürger oder Einwohner zu Baden irgendwelches Getreide, weder Weizen, Hafer, Roggen oder Dinckel mahlen, noch irgendwelche Gerste stampfen oder in die Mühle schütten, es sei denn, sie haben zuvor das Wertzeichen von demjenigen, dem das Getreide gehört, in ihren Händen und ihrer Gewalt.
übertragen nach: Mone: Gewerbspolizei [402], S. 298.

[194] Eid der Hausknechte und Mägde bei den Hildesheimer Müllern v. 1483
Daß ihr des Rates und der Stadt zu Hildesheim treue Knechte, Mägde und Gesinde sein wollt und bereit seid den Dust (d. h. Spreu, Kleie) zusammenzukehren, wenn daran Bedarf ist, und daß ihr bereit seid, den Mastschweinen und auch dem anderen Vieh rechtzeitig die Kleie und das Futter zu geben, so daß nichts unnütz vergeudet wird. Auch sollt ihr niemandem des Rates Speise und Getränke geben oder ausschenken ohne Kenntnis und Zustimmung des Mühlenherrn. [. . .]
übertragen nach: Urkundenbuch der Stadt Hildesheim [217], Bd. 4, Nr. 315, S. 231.

[195] Legende von der toten Müllerin, 1383
Des Sonntags am achten Tag nach Christi Himmelfahrt ist Margarete, die Frau des Müllers von Sprengenberg, unter das Mühlrad gefallen und ihr Leichnam wurde gänzlich zerschmettert und zerkleinert, darauf ist sie ins Wasser gefallen und ertrunken und hat zwei Tage darin gelegen, so daß man meinte, sie sei tot. Als man nun die Gnade Gottes anrief und gelobte, das heilige Blut zu Wilsnack zu besuchen, ist sie unversehrt wieder aus dem Wasser gestiegen und an allen ihren Gliedmaßen wieder gesund geworden.
übertragen nach: Codex diplomaticus Brandenburgensis [153], Hauptteil I, Bd. 2, S. 124.

[196] Vertretungsrecht der Müllerin in einer Braunschweiger Ratsverordnung v. 1350
§53. Wenn jemand in der Mühle Mehl oder Kleie kauft, ohne daß dies der Wirt oder die Wirtin gewahr wird, so soll man das als Diebstahl betrachten.
übertragen nach: Urkundenbuch von Braunschweig [224], Bd. 4, S. 571.

[197] Ulmer Verordnung über den Zunftzwang bei den Müllern, 1376
So haben wir dann weiterhin festgesetzt, wer hier unser Bürger zu Ulm ist, es seien Frauen oder Männer, die am heutigen Tag hier eine Mühle besitzen oder in Zu-

kunft eine Mühle kaufen, ererben oder an sich bringen, wie sich das auch ergibt, sie seien Bürger oder aus den Zünften, wenn sie das Handwerk ergreifen wollen, so sollen sie alle Mitglied der Müllerzunft werden. [. . .]
übertragen nach: Mollwo: Das rote Buch der Stadt Ulm [193], Nr. 273, S. 151.

[198] Die Brüder von Remstede verkaufen dem Rat ihre Mühle zu Emmendorf, 6. 5. 1350
Allen, die diese Urkunde hören oder sehen, sei bekannt, daß wir, die Brüder Ulrich, Johann und Klaus, die Söhne Bernds von Remstede, dem Gott gnädig sei, mit Willen und Zustimmung unserer rechtmäßigen Erben unsere Mühle in Emmendorf an die klugen und weisen Männer vom Rat zu Lüneburg verkauft haben. [. . .] Und die Frau, die unser Großvater hatte, die ihre Leibzucht an der Mühle hatte, die wollen wir entschädigen, so daß der vorgenannte Rat von ihr ungemahnt bleibe. [. . .]
übertragen nach: Urkundenbuch der Stadt Lüneburg [219], Bd. 1, Nr. 457, S. 275.

[199] Frauen in der Leineweberei, Zeichnungen nach den zerstörten Fresken im Haus zur Kunkel in Konstanz v. Anfang des 14. Jh.

Hanf ich wol reitung kan
(Frau entbastet den Hanf)

Techsens mus ich mich began
(Frau arbeitet mit dem Dechsholz)

Hecheln wil ich triben
(Frau hechelt)

Werch kan ich wol riben
(Frau reibt Werg)

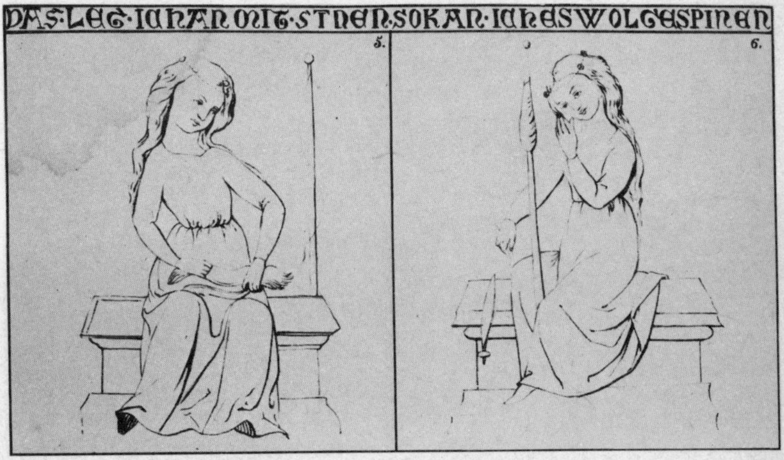

Das leg ich an mit Sinen
(Frau legt Werg an den Röcken)

So kan ich es wol gespinnen
(Frau mit Röcken und Spindel)

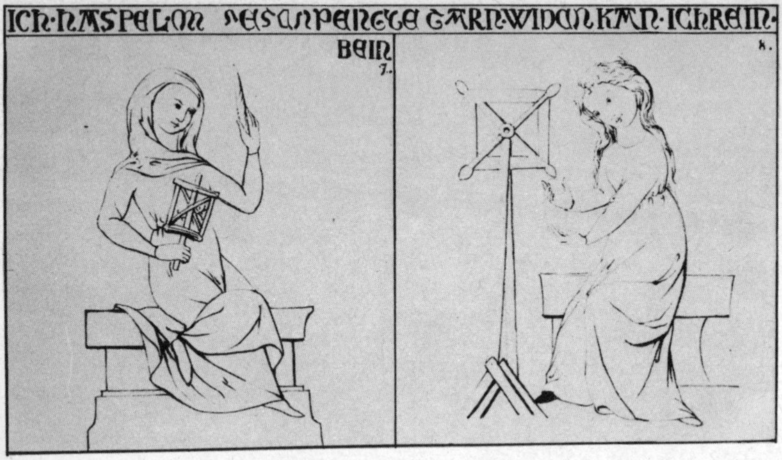

Ich haspel am . . . bein
(Frau haspelt Garn von der Spindel ab)

Garn winden kan ich rein
(Frau an hoher Garnwinde)

Zetteln kan ich wol und eben
(Frau zettelt auf Rahmen gewundenes Garn)

Das Kint spulet, ich ka webe
(Frau am Webstuhl, in der Linken das Schiffchen, tritt mit dem linken Fuß den Webschemel. Daneben spult ein Kind mit den Händen)

aus: Ettmüller: Die Frescobilder zu Konstanz [397], Tafel I–III.

Dis tuch snid ich mit der schere
(Frau schert das Tuch)

[200] Amtsbrief der Kölner Garnmacherinnen v. 14. 4. 1397

§ 1. Zum ersten, welche Person oder Magd das Garnamt in Köln lernen will, die soll vier Jahre dienen und nicht weniger, damit sie lerne Kaufmannsgut zu machen und zu bereiten. Und sie soll in den vier Jahren nicht mehr als zwei Frauen dienen. Das ist so zu verstehen, wenn sie sich mit der einen nicht vertragen kann, daß sie dann ihr Amt bei der anderen weiter lernen und ihre Zeit ausdienen kann. Und sie soll sogleich dem Amt sechs Schilling für ihren Eintritt geben.

§ 2. Weiterhin, eine Frau oder Tochter, die das Amt selber mit der Hand ausübt und eine Lehrmagd für weniger als vier Jahre dingt, was wider das Amt ist, die soll zwei Gulden Strafe zahlen. Welche Frau oder Tochter ein Lehrmädchen gedingt hat, wie es vorgeschrieben ist, die soll das dem Amt innerhalb von acht Tagen mitteilen und den Namen des Mädchens einschreiben lassen, damit man allezeit klar weiß, daß das Mädchen ihre Zeit gedient hat, wenn es sich später niederlassen will, um ihr Amt selbständig auszuüben. Und wer es nicht mitteilt, zahlt für jeden Tag über die acht Tage hinaus sechs Schilling Strafe.

§ 3. Weiterhin, wenn eine Person ihre vier Jahre gedient hat und sich [. . .] niederlassen will, um selbständig zu arbeiten, so sollen die Frauen, die darauf vereidigt worden sind, ihre Arbeit prüfen, ob das Kaufmannsgut ist oder nicht. Ist es dann solche Arbeit, daß man den Kaufmann damit beliefern kann, so darf sie ihr Amt betreiben und gibt sofort zwei Gulden, bevor sie das Amt beginnt und sich damit niederläßt. Und wenn eine im Amt geboren ist, so soll sie nur die Hälfte zahlen.

§ 4. Und außerdem soll kein Mensch Garn fertigmachen oder bereiten [. . .], die das Werk mit der eigenen Hand selbst nicht wirken können bei einer Strafe von einem Gulden pro Tag.

§ 5. Und welchem Mann seine Frau stirbt, der Mann darf das Amt mit seinem Gesinde weiter ausüben.

§ 6. Weiterhin soll keine Frau mehr als eine Tochter mit ihrem Geld selbständig machen; die soll sie mit dem nötigen Geld versehen, aber (ihr) keine Säcke Garn (geben). Und die Tochter soll in gemieteten Räumen für sich selber sitzen, wie es von altersher üblich ist. Und wer dem zuwider handelt, zahlt für jede Woche einen Gulden Strafe.

§ 7. Weiterhin, wer von dem Gesinde überführt wird, daß er ein Pfund Garn oder mehr unterschlagen hat, der soll aus dem Amt zugleich verwiesen werden, damit das Amt rein und getreu bleibt. Und diesem Dienstboten darf nach diesem Zeitpunkt niemand mehr zu arbeiten geben. Und wer dem zuwider handelt und ihm zu arbeiten gibt, der zahlt eine Mark Strafe, so oft wie das geschieht.

§ 8. Weiterhin soll keine Frau mehr Gesinde halten als drei Mädchen oder Lohnarbeiterinnen, die für sie wirken sollen, oder aber eine Tochter, die zu eigener Hand sitzt, zwei Mägde und nicht mehr.

§ 9. Und wenn eine Frau oder Tochter, die ihr volles Gesinde hat, Mühe hat, ihre Arbeit selbst zu bewältigen, derjenigen Frau oder Tochter soll man für vierzehn Tage die Erlaubnis geben, ihr Garn außer Hauses zur Verarbeitung zu geben. Benötigt sie aber mehr Zeit, so soll man ihr das gleichfalls erlauben. Und während dieser Zeit soll sie keine Arbeit, die das Amt betrifft, selber mit der Hand wirken. Und wer dem zuwider handelt, zahlt für jeden Tag eine Mark Strafe.

§ 10. Und wer dem anderen sein Gesinde entzieht, abmietet oder ausdingt innerhalb der gedingten Zeit, die soll, wenn man sie dessen überführen kann, zwei Gulden als Strafe zahlen und den Dienstboten entlassen.

§ 11. Weiterhin soll man keine Arbeit wirken, die das Amt betrifft, wenn die Nachtglocke geläutet hat, noch soll man vor der Dommesse aufstehen, um zu arbeiten, das ganze Jahr über. Wer dem zuwider handelt, die soll Strafe zahlen, die Frau eine Mark und die Magd eine halbe Mark. Und dies ist deshalb festgesetzt, damit die Nachbarn vor Unruhe geschützt werden.

§ 12. Weiterhin, soll kein Mann schlechtes Garn, es sei gefärbt oder ungefärbt, wirken noch fertigmachen. Hierunter ist solches Garn zu verstehen, das gekocht oder ungezwirnt gefärbt ist. Dies soll kein Kaufmannsgut sein, da damit der Kaufmann betrogen wird. Und wer dem zuwider handelt, zahlt für jeden Tag sechs Schilling Strafe.

§ 13. Weiterhin, wenn eine Frau oder Tochter dem Kaufmann nicht das gesetzliche Gewicht nach der Gewohnheit des Amtes gibt, worunter ein Lot und ein Pfund zu verstehen ist, die zahlt für jedes Lot, das an einem Pfund fehlt, einen Schilling Strafe.

§ 14. Weiterhin von dem vorgenannten Punkt beinhaltend „Welchem Mann seine Frau stirbt, der Mann darf das Amt mit seinem Gesinde weiter ausüben“, das ist so zu verstehen, wenn er Witwer bleibt und sich mit keiner Frau, die nicht dem Amt angehört, verheiratet.

übertragen nach: Loesch: Die Kölner Zunfturkunden [187], Bd. 1, Nr. 22, S. 48–50.

[201] Kölner Ratsbeschluß über den Amtseid der Zunftvorsteher und Zunftvorsteherinnen des Garnmacherinnenamtes v. 1. 5. 1456

[. . .] Unsere Ratsherren haben beschlossen, daß die Zunftvorsteher und Zunftvorsteherinnen, die fortan von dem Amt gewählt werden, sogleich, nachdem sie gewählt worden sind, einen Eid leisten sollen, das Amt getreulich zu verwalten und nach bestem Können zu regieren, nach den Bestimmungen ihres Zunftbriefs, den sie von unseren Ratsherren erhalten haben, ohne Arglist. Und darin haben die

Zunftvorsteher und Zunftvorsteherinnen des vorgenannten Amtes einstimmig eingewilligt und dem zugestimmt und gelobt, es so zu halten.
übertragen nach: Loesch: Die Kölner Zunfturkunden [187], Bd. 2, Nr. 384, S. 159.

[202] Ratsverordnung über die Tätigkeit der Herren zum Garnamt, 1478/1502
1. Weiterhin, damit der Zunftbrief umso fester gehalten und das Werk umso besser getan werde, so haben unsere Ratsherren beschlossen, daß die zwei Herren, die jedes halbe Jahr von unseren Ratsherren dazu bestimmt werden, das Recht haben sollen, zu welcher Zeit und wann ihnen das nötig erscheint, die Zunftvorsteherinnen zu sich zu bitten, um mit ihnen umherzugehen und das Werk zu besehen. Und was sie alsdann finden, das anders, als es sich gebührt, ist und schlecht ist, so sollen sie das bestrafen nach den Bestimmungen und Regelungen des genannten Zunftbriefs. [. . .]
übertragen nach: Loesch: Die Kölner Zunfturkunden [187], Bd. 2, Nr. 387, S. 160.

[203] Eingabe der Garnkaufleute an den Rat der Stadt Köln v. Okt. 1373
Liebe, gnädige, umsichtige, weise Herren!
Wir tun Euch kund, daß wir die Garnkaufleute und Bürger, die das Leinengarn außer Landes zu verkaufen pflegen, und unsere Ehefrauen, die das Garn in der Stadt zu bereiten pflegen, gehört haben, daß sich eine Klage vor Euch erhoben hat von denjenigen, die das Garn auf den Rädern zwirnen, einerseits und von denjenigen, die das Garn zu bereiten pflegen, andererseits. In dieser vorgenannten Zwistigkeit, gnädige Herren, beklagen wir vorgenannten Kaufleute uns gesondert mit dem hiernach folgenden Schreiben:
Gnädige Herren! Das sollt ihr erfahren, daß uns alle diejenigen, die das Garn machen und die wir wiederum zu bezahlen pflegen, uns haben wissen lassen, daß sie ein jedes Pfund Garn dem Kaufmann 10 Pfennig teurer verkaufen müssen, als sie sollten. Und das kommt durch die Zwirnräder, durch die sie überteuert werden und viel mehr dafür abgeht, als es sollte, wenn wir unsere Ehefrauen recht verstanden haben.
Weiterhin, Ihr lieben Herren, so wollen wir unser eigenes Leben und Gut aufs Spiel setzen zwischen hier und Brügge in Flandern und wir versichern, daß wir aus rechter Bescheidenheit nicht mehr als 4 Pfennig an einem Pfund verdienen wollen. Darum, gnädige Herren, sind wir äußerst besorgt, daß wir und das gemeine Amt Schaden erleiden, weil der Garnstapel in eine andere Stadt gedrängt werden wird, da die Zwirner zuviel Geld verlangen und man auch in anderen Städten viel Garn zu bereiten beginnt.
Darum, gnädige Herren, damit die Kaufmannschaft innerhalb Eurer Stadt nicht den Garnhandel aufgibt und wir und viele rechtschaffene Männer und Frauen, die sich von dem Garn zu ernähren pflegen, deshalb in Eurer Stadt nicht brotlos werden, so tut es um Gottes und um der Gnade wegen und prüft unser Anliegen aufs beste und bestimmt, daß die Garnräder so verwaltet werden und daß so verfahren werde, wie man es früher handhabte, denn vorzeiten pflegte man bis zu der Zeit, seitdem ihr die Garnräder verpachtet habt, 12 und 14 Schilling Lohn zu geben, und nun muß man 18 und 22 Schilling und von grobem Garn 16 Schilling geben. Gnädige Herren, wenn es Euch dünkt, daß ihr den Zins zum Nutzen der Stadt haben wollt, so bitten wir Euch, daß Ihr uns die Garnräder zu demselben Zins verpachtet, zu dem Ihr sie verliehen habt. [. . .]
übertragen nach: Loesch: Die Kölner Zunfturkunden [187], Bd. 2, Nr. 378, S. 154f.

§ 1. Welcher Mann das breite Werk in dem Amt der Leineweber gewinnen will, der soll Bürger und Einwohner (der Stadt Hamburg) sein sowie ein unbescholtener, rechtschaffener Mann sein und auch eine unbescholtene Ehefrau haben. [. . .] Und dann soll er 4 Schillinge für die Lichter der Zunft geben.

§ 2. Auch soll er den Zunftvorstehern eine Mahlzeit geben. [. . .]

§ 3. Weiterhin soll ein Mann, der diese Zunft und das Amt in dieser Weise gewinnt, der Stadt 8 Schilling Pfennige geben bevor er zu arbeiten beginnt.

§ 4. Welche Frau selbständig im schmalen Werk werden will, die soll zuvor dem Rat 4 Schilling Pfennige geben und 18 Pfennige der Zunft für Lichter. Auch soll sie einen Bürgen für Jahr und Tag setzen.

§ 5. Weiterhin soll jeder in dem Amt das breite oder auch das schmale Werk entsprechend dem Maß, das die Zunftvorsteher vom Rat haben, halten und anfertigen. [. . .]

§ 6. Wenn die Zunftvorsteher einem aus dem Amt einen Boten aus Gründen des Werkes senden, und kommt derjenige nicht zu ihnen, so soll der, den sie vorgeladen haben, es sei Mann oder Frau, 6 Pfennige Strafe zahlen.

§ 7. Wenn jemand einen anderen aus dem Amt mit Schimpfworten beschimpft, so soll er das, es sei Mann oder Frau, mit 6 Pfennig an die Zunft büßen.

§ 8. Wenn ein Mann oder eine Frau aus dem Amt einen Knecht oder eine Magd anstellt, die für sie arbeiten sollen, so soll der Knecht oder die Magd einen Pfennig für die Lichter der Zunft geben.

§ 12. Wenn ein Mann oder eine Frau die Morgensprache versäumt, wenn er dazu geladen ist, so soll er das, wenn er gesund ist, mit 6 Pfennig und 10 Schilling büßen. Versäumt er die Morgensprache zum zweiten Mal, so soll er das mit zweimal 6 Pfennig und 10 Schilling büßen. Versäumt er sie aber zum dritten Mal, so soll er das Amt ein Jahr lang entbehren.

§ 15. Wenn ein Mann oder eine Frau mehr Kettfäden auf den Rahmen spannen, als sie verarbeiten dürfen, und kommen den Älterleuten Klagen darüber, so sollen sie die beanstandete Arbeit binnen 14 Tagen verbessern, oder sie sollen es dem Rat mit 5 Schilling und den Zunftvorstehern mit 6 Pfennig büßen.

§ 16. Weiterhin sollen kein Mann und keine Frau Leinwand mit den Kämmen ins Haus senden, sondern sie sollen sie in ihrem Haus abschneiden, und der, dem die Leinwand gehört, soll dabei zugegen sein, oder einer aus seinem Haus. Wer das nicht einhält, der soll das dem Rat mit 10 Schillingen und den Zunftvorstehern mit 6 Pfennig büßen.

§ 17. Wenn ein Mann oder eine Frau ihren Webstuhl in eines anderen Mannes Haus setzen, worauf sie oder ihr Gesinde arbeiten wollen, so sollen sie das dem Rat mit 10 Schilling und den Zunftvorstehern mit 6 Pfennig büßen.

§ 18. Wenn ein Mann oder eine Frau dem anderen dessen Dienstboten außer der Zeit abmieten, so soll er es dem Rat mit 10 Schillingen und den Zunftvorstehern mit 6 Pfennig büßen und er soll demjenigen den Schaden, den er dadurch hatte, ersetzen.

§ 19. Wenn ein Mann oder eine Frau aus diesem Handwerk in eine andere Stadt ziehen oder in eine andere Gegend und ihr Handwerk dort ausüben, so dürfen sie das Amt und das Handwerk nicht wieder ausüben, wenn sie danach wieder in diese Stadt zurückkehren, sofern sie nicht das Amt zum zweiten Mal gewinnen.

§ 20. Wenn ein Mann oder eine Frau in diesem Amt straffällig werden und die Strafe nicht innerhalb der festgesetzten Zeit bezahlen, wie sie dazu verpflichtet sind, so können ihnen die Zunftvorsteher mit Zustimmung der Ratsherren, die in ihrer Morgensprache sitzen, das Handwerk verbieten bis sie ihre Strafe bezahlt haben.

übertragen nach: Rüdiger: Die ältesten Hamburgischen Zunftrollen [203], Nr. 34, S. 160–162.

[205] Abkommen zwischen Jutta Koderolv und der Zunft der Hildesheimer Leineweber v. 14. 3. 1408

Ich, Ghereke Segher, zu dieser Zeit Meister der Leineweber zu Hildesheim [. . .] bekenne öffentlich mit dieser Urkunde, die mit meinem Siegel gesiegelt ist, daß vor mir [. . .] Jutta, die Witwe von Hans Koderolv, und ihre Tochter Ilsebe erschienen und mitteilten, daß sie eine Übereinkunft mit den Älterleuten der Leineweber des Inhalts getroffen haben, daß jede der vorgenannten Frauen an einem Webstuhl, auf dem man schmales Werk herstellt, ohne Widerspruch der Zunft arbeiten darf, wenn sie dafür die im folgenden aufgeführten Abgaben leisten, nämlich jedes Jahr sechs Hildesheimer Pfennige als Beitrag zu dem Zins, den die vorgenannten Zunftgenossen unserem gnädigen Herrn jedes Jahr geben. Auch sollen sie den Zunftgenossen jedes Jahr einen Hildesheimer Pfennig geben. Außerdem sollen sie ihnen jedes Jahr ein halbes Pfund Wachs für ihre Kerzen geben, solange beide leben und das Handwerk ausüben. Wenn sie sich aber trennen und das Handwerk weiter ausüben wollen, so soll jede ein halbes Pfund Wachs geben, solange beide leben. [. . .] Wenn die Frauen nach Ausstellung dieser Urkunde Kinder bekommen und diese vor den Alten sterben, so sollen die Zunftgenossen sie zu Grabe tragen und für sie die Kerzen anzünden, gleich wie für ihre eigenen Kinder. Wenn die beiden vorgenannten Frauen gestorben sind, so sollen die Kinder oder Erben, die sie nach ihrem Tode hinterlassen, das Handwerk nicht ausüben dürfen. [. . .]

übertragen nach: Urkundenbuch der Stadt Hildesheim [217], Bd. 3, Nr. 349, S. 146f.

[206] Duderstadter Ratsentscheid v. 27. 11. 1433

Die Rieseweberinnen sollen kleine Halblaken wirken, Flachs in Flachs auf einem halben Kamm. Und das sollen die besehen, die dazu vereidigt worden sind. Auch dürfen die Rieseweberinnen Schleiertücher mit Webkanten wirken, wie man das von ihnen haben will.

übertragen nach: Urkundenbuch der Stadt Duderstadt [209], Nr. 521, S. 434f.

[207] Eingabe Jörg Bermenters und mehrerer Frauen an den Heilbronner Rat v. 18. 12. 1509

[. . .] Darauf bin ich, Jörg Bermenter, durch die geschworenen Tuchsiegler vor e. W. verklagt worden, da ich die von e. W. erlassene und erneuerte Ordnung zwischen den Webern in etlichen Punkten übertreten und mehr Tuch, als ich nach Inhalt der Ordnung darf, gemacht haben soll. [. . .]

Auf die von den Sieglern erhobene Anklage antworte ich als erstes: Es stimmt, daß ich mehr Tuch gemacht habe, als es der Artikel zuläßt. Aber der Artikel beschäftigt sich mit den Leinewebern, nicht mit den Wollwebern und gibt ihnen eine Ordnung, wie viele Tücher sie machen dürfen. Nun bin ich aber kein Leinen- sondern ein Wollweber. [. . .]

Und es ist weiter vorgebracht worden, daß meine Ehefrau das Leinenwerk treibt und ausübt. Darauf antworte ich: Das stimmt. Sie hat es in ihrer Jugend gelernt und hat damit auch ihren Vater und ihre Mutter während deren Krankheit und im Alter unterhalten und ernährt und es ist ihr nie verboten worden. Nun hat sie einen Mann, nämlich mich, geheiratet und mich dieses auch gelehrt. [. . .] Da nun meine Frau das ihrige, das sie gelernt und von Jugend an ohne Widerspruch ausgeübt hat, glaube ich kaum, daß jemand so schlechten Sinnes ist, daß er es als unrechtens und strafbar empfindet und erachtet, wenn sie mir, was billigerweise geschieht, hilft, meine kleinen Kinder ehrlich zu ernähren. Denn es ist nicht bekannt, daß jemals in Heilbronn einer Frau solches verboten worden ist. [. . .]
Am anderen [. . .] erscheinen wir armen Ehefrauen vieler eurer Weisheit Mitbürger, wie uns e. W. hier versammelt sieht und bringen folgendes vor: e. W. und jedermann hier in Heilbronn ist durchaus bekannt, daß die Zahl der Handwerker, die hier Bürger sind, nicht gering ist, wie nämlich Schmiede, Glaser, Schreiner, Armbrustmacher, Zimmerleute, Weingärtner und auch andere, die ihre Nahrung im Tagelohn erdienen, die Frauen haben, die das Leinenwerk treiben und dies seit vielen Jahren zusätzlich zu dem Handwerk, das ihre jeweiligen Ehemänner beherrschen, getrieben haben und ihnen dies niemals verboten worden ist. Nun sind auch wir derselben e. W. Mitbürger Ehefrauen und haben gleichfalls das Leinenwerk lange ausgeübt [. . .] Nun habt ihr aber kürzlich die Handwerksordnung der Weber erneuert [. . .], wenn sich nun unsere Ehemänner des Leinenwerks enthielten und nur noch das Wollenwerk betreiben, so sind wir zuversichtlich und voller Hoffnung, daß es uns nicht verboten wird, das Leinenwerk zu treiben, wie dies von den Frauen der anderen Bürger oben mitgeteilt wurde.
E. W. und jedermann wissen durchaus, Gott erbarms, wie viele seltsame und vielerlei schwere Krankheiten, die nicht nur ein halbes oder ein Vierteljahr, sondern ein, zwei, acht, zehn Jahre dauern und oft zum Tode führen, wie nämlich die Franzosenkrankheit, das Fieber oder die kalten Wehen und viele andere seltsame Krankheiten, der Allmächtige über die Menschen verhängt. Wenn nun eine von uns oder einer unserer Ehemänner, einer Krankheit verfällt, so ist es offenkundig, daß wir alle, die wir hier zusammengekommen sind, insgesamt alles bedürftige und arme Leute sind, von denen etliche keine drei Heller und ein Teil auch gar nichts von seinen Eltern erhalten hat, so daß wir uns durch unsere schwere Arbeit ernähren müssen. Und wenn uns das, was wir von Jugend an getrieben haben, verboten werden sollte, so müßten wir uns und unsere Kinder samt den kranken Mann vom Bettel und vom Almosen ernähren. [. . .]
übertragen nach: Urkundenbuch der Stadt Heilbronn [216], Bd. 3, Nr. 2084b, S. 162f.

[208] Eingabe der Leineweber an den Heilbronner Rat, o. J. (1507–11)
Nachdem sich der Rat vorgenommen habe, einen Spruch zwischen den Webern zu geben, komme es ihnen vor, daß der Rat es nicht mehr gestatten wolle, daß die, die Leinenes treiben, auch (wollenes) Tuch machten. Der Rat möchte dies nicht verbieten; wäre es verboten gewesen, so wäre ihrer keiner hier Meister geworden. Vor 60 Jahren allerdings sei es verboten gewesen, dann aber habe es der Rat [. . .] geändert. Sie könnten ihre Familien jetzt nicht ernähren ohne das Wollweben, da jetzt über 60 Frauen in Heilbronn weben und den Lohn verderben, früher aber keine. Sie (die Leineweber) hätten von Bartholomäi bis Fastnacht nicht für 2 Gulden Arbeit; das gemeine Volk in Heilbronn spinne im Winter, im Sommer verdiene es mehr mit der Feldarbeit. [. . .] Der Rat möchte es lassen, wie es seit 16 oder 18 Jahren gehalten werde; wenn der Rat aber wolle, daß der Artikel gehalten

werde, so erheische die Notdurft, daß man allen Frauen, die sonstige Handwerker als Ehemänner haben, verbietet, [. . .] daneben noch das Weberhandwerk auszuüben, und den Nonnen, wie in anderen Städten, die Lohnarbeit (verbietet).
übertragen nach: Urkundenbuch der Stadt Heilbronn [216], Bd. 3, Nr. 2084d, S. 163f.

[209] Entscheidung des Heilbronner Rats im Streit zwischen den Woll- und Leinewebern v. 19. 8. 1511
[. . .] Wenn ein Wollweber eine Frau hat, die Leinenes weben kann und will, die darf es tun, doch in einem gesonderten Raum. Dazu darf sie aber weder einen Knecht noch eine Magd dingen, anstellen, gebrauchen, noch in irgendeiner Weise halten. [. . .]
übertragen nach: Urkundenbuch der Stadt Heilbronn [216], Bd. 3, Nr. 2084e, S. 164.

[210] Ratsurteil über die Anteilnahme der Frauen am Dienst der Weber in Straßburg, 1330
Wir [. . .] Schöffen zu Straßburg tun all denjenigen, die diese Urkunde sehen oder verlesen hören, kund, daß wir dabei waren und es sahen und hörten, daß, nach der Klage und der Antwort, die die Weber den Weberinnen gegeben haben, nämlich daß sie mit ihnen dienen sollten, die Meister und der Rat in öffentlichem Gericht übereingekommen sind und folgendes Urteil fällten: Wenn Frauen leinenes Tuch weben, es seien Tischlaken, Handtücher oder Seiden- und anderes Leinentuch, welcher Art das auch sei, so brauchen sie nicht mit den Webern zu dienen. Welche Frauen aber wollenes Tuch oder Baumwolltuch oder Stuhltuch weben oder Knechte beschäftigen, die sollen mit den Webern dienen. [. . .] Von dieser Urkunde gibt es zwei gleiche Ausfertigungen, eine soll bei den Webern und eine bei den Weberinnen verbleiben.
übertragen nach: Schmoller: Die Straßburger Tucher- und Weberzunft [411], Nr. 2, S. 3.

[211] Das älteste Buch der Straßburger Tucher, 1400
§ 4. Weiterhin, wer die auch sind, es seien Frauen und Männer, haben sie Kinder, es seien Knaben oder Töchter, wenn diese mündig geworden sind, wollen sie dann das Handwerk empfangen und mit dem Handwerk dienen, so geben sie nicht mehr als 4 Pfennig den Fünf Männern und dem Boten auch 4 Pfennig. Wenn ein Mann oder eine Frau eine Tochter verheiraten und er ein ehrbarer und unbescholtener Knecht ist und mit uns dienen möchte, so gibt er gleichfalls nicht mehr als 4 Pfennig. Wollen die Knaben das Stubenrecht aber zu Lebzeiten ihres Vaters erlangen, so soll ein jeder 13 Schilling Pfennige geben, von denen die Gesellen 2½ Schilling auf ihren Tisch erhalten. Wenn aber der Vater stirbt, so soll der älteste Sohn die große Flasche, die das Handwerk zu der Zeit besitzt und nicht mehr, mit Wein ausgeben. Außerdem gibt jeder aber noch 13 Schilling Pfennige, wie es zuvor geschrieben steht. Wenn aber eine fremde Person, es sei Frau oder Mann, unser Handwerk empfangen wollen, der- oder diejenige sollen ein Pfund geben. Davon erhalten die Fünf Mann 5 Schilling und das übrige das Handwerk und der Bote 4 Pfennig. Ist es ein Mann und will er auch das Stubenrecht haben, so soll er für das Stubenrecht ein Pfund und 5 Schilling geben. [. . .]
§ 5. Weiterhin ist das Handwerk gemeinschaftlich übereingekommen, daß alle

diejenigen, die unser Handwerk haben, es seien Männer oder Frauen, dem Handwerk vierteljährlich 6 Pfennig geben sollen. [. . .]
übertragen nach: Schmoller: Die Straßburger Tucher- und Weberzunft [411], Nr. 23, S. 24f.

[212] Verzeichnisse der zur Straßburger Tucherzunft gehörigen Personen, Verträge usw., 1400–1434
Diese haben das Handwerk und das Stubenrecht [. . .] (75 Männer)
Weiterhin hat die Herbstin mit uns verhandelt und wir sind übereingekommen, daß sie hinfort jährlich 3 Schilling Pfennige geben soll und wenn sie Tuch macht, soll sie wie eine andere Witwe dienen. [. . .]
[. . .] (1 Mann)
Weiterhin hat Frau Kettrine Cuntzel, des seligen Schrottbancks Tochter, unser Handwerk empfangen und gekauft und sie hat gelobt, die Ordnung des Handwerks einzuhalten. Sie soll vierteljährlich 13 Pfennig geben und die Nachtwache leisten. [. . .]
Weiterhin ist Syvermanns Witwe mit Cunrat Armbruster, Uolrich Meyger etc. (d. h. den Fünf Männern) übereingekommen, daß sie vierteljährlich 6 Pfennig geben soll und drei Nachtwachen im Jahr leisten soll und von allen anderen Pflichten befreit sein soll, solange sie kein Tuch anfertigt. [. . .]
Dies sind die Witwen und Jungfrauen, die mit dem Handwerk dienen.
Weiterhin die Heilmannin (und weitere 6 Frauen, 9 Witwen und 4 Töchter ohne nähere Angaben). Weiterhin die Färberin in der Spitzengasse. Weiterhin Irmel Färberin. Weiterhin Ketterin Schultheissin, die Schwarzfärberin. Weiterhin Peter Schusters Frau, die Schwarzfärberin. Weiterhin die Handschuhmacherin in der Predigergasse gibt jährlich 6 Schilling für alle Dinge, wenn sie aber Tuch machen will, so soll sie die gleichen Pflichten wie jeder andere haben (und weitere 3 Frauen, 3 Witwen, 4 Jungfrauen und 1 Tochter mit dem gleichen Nachsatz). Weiterhin Jungfrau Agnes bei der hohen Steige gibt jährlich vier Schilling Pfennige für alle Dinge, sie soll auch wachen und die gleichen Pflichten wie jeder andere haben, falls sie von den Johansern zurückkehrt.
(Reihenfolge der aufgeführten Namen wurde verändert.)
Diese haben das Handwerk und nicht das Stubenrecht
[. . .] (16 Männer)
Diese haben das Stubenrecht und nicht das Handwerk
[. . .] (1 Mann)
(Es folgen 5 Verträge, davon 2 mit Frauen)
Dies sind die Knechte, die mit unserem Handwerk dienen, die Nachtwache und Frontfastengeld geben und die dennoch kein Tuch machen sollen
(36 Männer)
[. . .]
Dies sind die Hengste und Pferde, die unser Handwerk hält (1432)
[. . .] (Pferdehalter sind 11 Männer u. 3 Frauen)
[. . .]
Es sei bekannt, daß Frau Dynen Lentzelin unser Handwerk vor dem Bürgermeister bei 30 Schilling (Strafe) verboten worden ist. [. . .]
An dem gleichen Tag wurde auch der Frau von Cuntzel Smalrymen der Tochter von Cunze Erlebach, das Handwerk bei 30 Schilling (Strafe) verboten.
(Es folgen weitere 5 Verbote, das Handwerk auszuüben, die sich alle auf Ehepaare erstrecken.)
[. . .]

Weiterhin, dies sind die Panzer, die die Frauen in dem Handwerk 1412 (halten): Weiterhin hat Frau Kettrine von Hawenowe einen Panzer, den hat Heinze Smit. Weiterhin hat der Fischer Henselin den Panzer der Hermenzin, der 21 Pfund wiegt. [. . .] (17 weitere Panzer von Frauen).
Weiterhin sind dies die Panzer, die die Frauen in ihren Häusern haben: Weiterhin als erstes (hat) die von Zenheim einen Panzer [. . .] (16 weitere Panzer von Frauen).
übertragen und zusammengestellt nach: Schmoller: Die Straßburger Tucher- und Weberzunft [411], Nr. 23, S. 31–37.

[213] Vergleich der Webermeister mit den Schleier- und Leinenweberinnen über die Beteiligung der Frauen an den Zunftlasten v. 1430
[. . .]. Wenn eine Schleier- oder Leinenweberin einen Webstuhl hat, so soll sie den Webern jährlich einen Blaphart oder sechs Straßburger Pfennige geben. Eine, die zwei Webstühle hat, soll ihnen einen Schilling geben. Wenn eine aber drei oder wieviele sie darüber hinaus hat, so soll die ihnen achtzehn Pfennig und nicht mehr geben. Hat sie aber eine Mitbewohnerin bei sich, die auch einen Webstuhl hat, so soll diese auch sechs Pfennig geben, hat sie zwei, so soll sie einen Schilling geben, hat sie drei oder mehr, so soll sie drei Blaphart oder achtzehn Pfennig und nicht mehr geben. Und sie sollen dieses Geld einmal im Jahr [. . .] geben und sie sollen darüberhinaus nichts mit ihnen zu tun haben, weder mit Wachen, mit Nachtwache, Büchsengeld, noch irgendwelchen anderen Dingen und von ihnen unbeeinträchtigt sein, außer, daß wir oder unsere nachfolgenden Bürgermeister und der Rat, die es zu der Zeit sind, zu irgendeiner Zeit allgemeine Abgaben auferlegen oder solche auferlegt haben, die sollen sie wie unsere anderen Bürger leisten. Als wir Bürgermeister und der Rat das gehört hatten, fragten wir beide Parteien, ob das ihr Wille wäre und ob sie sich damit begnügten. Da stimmten sie alle zu und verblieben dabei. [. . .]
übertragen nach: Schmoller: Die Straßburger Tucher- und Weberzunft [411], Nr. 25, S. 41.

[214] Artikel der Straßburger Weber v. 1484
§ 4. Weiterhin sollen Frauen, die allein Schleier weben wollen gegen Lohn oder zum Verkauf, dem Handwerk jährlich 1 Schilling geben, wie das üblich ist. Will eine Frau außerdem auch Halbtuch weben, so soll sie zum Weben eines solchen Halbtuchs nicht mehr als einen Webstuhl haben und jährlich 2 Schilling geben. Wenn aber eine Frau darüberhinaus Meisterwerk arbeiten und mehr als einen Webstuhl haben will, so soll sie das Handwerk kaufen und 30 Schilling Pfennige geben und dazu den vollen Dienst jedoch ohne Wache leisten. Wenn eine Frau solches auch bisher getan hat, so soll sie dienen, wie es zuvor geschrieben steht. Das Handwerk braucht sie aber nicht zu kaufen. Wenn eine solche Frau eine Lehrtochter beschäftigt und der Vertrag nicht vor dem Gericht abgeschlossen oder verzeichnet wurde, ergeben sich daraus Streitigkeiten, so soll das Gericht nicht verpflichtet sein, darüber zu richten, es sei denn es täte es freiwillig.
§ 6. Weiterhin soll kein Knecht ohne schwerwiegenden Grund seinen Meister verlassen. [. . .]
§ 8. Wenn ein Webermeister einen Lehrknaben auf so verschiedene Arbeiten wie Bildwerk, Wollenwerk und Leinenwerk dingt, so soll er ihn auf vier Jahre dingen und der Lehrknabe soll dem Meister 4 Pfund Pfennige als Lohn geben. Will er aber einem das Wollenwerk und das Leinenwerk lehren, so soll dieser drei Jahre lernen und er soll dem Meister 3 Pfund Pfennige als Lohn geben. Wenn aber einer nur

eines dieser Stücke lernen will, so soll er zwei Jahre lernen und dem Meister 2 Pfund Pfennige als Lohn geben. [. . .]
übertragen nach: Schmoller: Die Straßburger Tucher- und Weberzunft [411], Nr. 42, S. 96f.

[215] Beschwerde der Straßburger Weber über das Tuchweben der Frauen, Ende 15. Jh.
Verständige, strenge, beständige, weise, liebe Herren! Zum ersten so ist unsere Meinung, daß fortan keine Frauen, es seien Beginen geistliche oder weltliche, sie seien wer sie wollen, etwas anderes weben dürfen als Trauerschleier und Schleier. Und sie sollen kein Halbtuch oder Meisterwerk mehr weben, denn das Halbtuch ist das Haupterzeugnis, von dem sich die meisten Weber ernähren müssen. Auch ist es unsere Meinung, wenn solche Frauen, die Trauerschleier und Schleier weben, dabei Lehrtöchter anstellen wollen, so sollen sie diese Lehrtöchter vor das Gericht der Meisterschaft bringen, wo der Lehrvertrag vorgenommen und verzeichnet werden soll, damit sie wissen, was man sie lehren soll, andernfalls lernen sie gar Halbtuch, Mitteltuch und Meisterwerk zu machen, können aber nicht, was sie können sollten oder was ihnen gebührt. Außerdem schicken sie sie desöfteren mal hierhin und mal dorthin, weshalb sie nichts Rechtes lernen und es ist dann niemand der sich ihrer annimmt oder dem sie es klagen können. Wenn dieser Vertrag nun vor dem Gericht vorgenommen werden und sie werden dann darüber uneins, so kann man (richterlich) darüber entscheiden.
übertragen nach: Schmoller: Die Straßburger Tucher- und Weberzunft [411], Nr. 50, S. 104.

[216] Gewerbsprivileg für die Leineweber in Frankfurt/Oder v. 1507
[. . .]. Wer das Handwerk von weiblichem oder männlichem Geschlecht lernen will, der- oder diejenige sollen ehelich geboren sein und zu Beginn ihrer Lehre einige ihrer Verwandten oder andere, die um ihre Geburt Bescheid wissen, vor die Meister bringen und den Meistern eine Tonne Bier und zwei Pfund Wachs geben. Derselbe Lehrjunge oder das Lehrmädchen sollen verpflichtet sein, zwei Jahre zu lernen und wenn derselbe Junge oder das Lehrmädchen dem Meister entlaufen und vier Wochen wegbleiben, so sollen sie die Lehre erneut beginnen. [. . .]
übertragen nach: Codex diplomaticus Brandenburgensis [153], Hauptteil I, Bd. 23, S. 342f.

[217] Satzung der Stuttgarter Bruderschaft des gemeinen Weberhandwerks, nämlich der Wollweber, Leinenweber und Schleierweber, v. 15. 6. 1493
§ 4. [. . .] Alle Männer und Frauen, die mit dem Webschiffchen Wollenes oder Leinenes, Tücher oder Schleier wirken, sollen das geschworene Gewicht und Maß an der Waage und an der Elle entsprechend der Stuttgarter Gesetze haben, und für eine jegliche Arbeit sollen sie nicht mehr als es üblich und angemessen ist nehmen und niemanden höher belasten bei Strafe von einem Pfund Wachs. [. . .]
§ 7. Weiterhin wenn ein Meister einen Lehrknecht oder eine Meisterin eine Lehrmagd anstellt, der oder die das Handwerk lernen wollen, so sollen der oder die zu solcher Lehre nicht unter drei rheinischen Gulden Stuttgarter Währung pro Jahr angenommen und gedingt werden bei einem Pfund Wachs Strafe. Und der Meister und der Lehrknecht sowie die Meisterin und die Lehrmagd sollen jeweils ein Pfund Wachs für unsere bereits genannten Kerzen geben. [. . .]
übertragen nach: Urkundenbuch der Stadt Stuttgart [222], Nr. 829, S. 559f.

[218] Ordnung der Leinehandwerker in Frankfurt/Main v. 1. 10. 1377

§ 9. Weiterhin, wenn eines Meisters Sohn oder Tochter dieses Handwerk ausüben wollen, so sollen sie dem Handwerk 10 Schilling zum allgemeinen Nutzen geben.

§ 11. Weiterhin soll auch jeder von dem Lehrgesinde dem Handwerk zur Aufnahme in das Handwerk 10 Schilling geben.

übertragen nach: Schmidt: Frankfurter Zunfturkunden [204], Bd. 2, S. 291.

[219] Ergänzung der Ordnung der Leinehandwerker in Frankfurt/Main v. 1. 8. 1421

§ 22. Auch darf niemand von ihnen mehr als zwei Lehrknaben haben. [. . .]

übertragen nach: Schmidt, Frankfurter Zunfturkunden [204], Bd. 2, S. 293.

[220] Amtsbrief der Neusser Leineweber v. 20. 12. 1461

§ 4. Eine Frau, die sich in diesem Amt niederläßt, um es ohne Mann auszuüben, die soll das halbe Geld geben. Und nimmt die Frau danach einen Mann, der das Amt nicht in der zuvor genannten Weise gewonnen hat, der soll gleichfalls das vorgenannte Geld zur Hälfte geben, bevor er das Amt ausübt.

§ 9. Weiterhin ist beschlossen worden, daß die Meister ihre Ehefrauen und Kinder selbst lehren dürfen. [. . .]

übertragen nach: Lau: Quellen zur Rechts- und Wirtschaftsgeschichte der rheinischen Städte, Kurkölnische Städte I, Neuss [199], Nr. 93, S. 138f.

[221] Amtsbrief der Neusser Leineweber v. 13. 12. 1594

§ 3. Es soll ein jeder amtzmeister nicht mehr als einen lehrjungen haben und soll der ankomender lehrjung dem amt 1 thaler und der stat zwen lederen emmeren zu verschaffen schuldig sein.

zitiert nach: Lau: Quellen zur Rechts- und Wirtschaftsgeschichte der rheinischen Städte, Kurkölnische Städte I, Neuss [199], Nr. 189, S. 269.

[222] Zunftmeisterspruch betr. Aufnahme in die Konstanzer Leineweberzunft v. 5. 1. 1407

[. . .] Also wer das ist, Frau oder Mann, jung oder alt, der das Handwerk der Leineweber lernen will, der die Zunft zuvor nicht besitzt, der soll und muß der Zunft zuvor 5 Schilling Pfennige geben, den Zunftmeistern und den Sechsen einen Viertel des besten Landweins und dem Zunftknecht 6 Pfennig.

übertragen nach: Wielandt: Das Konstanzer Leinengewerbe [420], Bd. 2, Nr. 12a, S. 14.

[223] Ordnung der Kölner Sartuchweber (Barchentweber) v. 1393/1407

§ 8. Weiterhin ist betreffs der Bleicherinnen bestimmt worden: Wenn sie den Leuten ihre Tücher aus der Bleiche liefern, meint dann jemand, daß sein Tuch zu reichlich oder nicht genug gebleicht ist, so kann er das Tuch zur vorgenannten Eisenwaage tragen und von den Vieren, die von unseren Herren dazu eingesetzt sind, beschauen lassen. Und finden diese dann, daß das Baumwolltuch zu reichlich oder nicht genug gebleicht ist, so soll die Bleicherin sechs Schilling als Buße zahlen, die man ihr nicht erlassen soll. Und die Bleicherinnen sollen einem jeglichen die Baumwolltücher so bleichen und weiß genug machen, wie sich das gebührt.

§ 11. Weiterhin, wenn irgendein Mann oder eine Frau aus diesem Amt mit dem Gut oder der Habe der Leute durchgehen oder das verkaufen, so sollen sie das Amt verloren haben. Wenn aber der- oder diejenige, die derart weggegangen sind, den Leuten später Genugtuung leisten und ihr Amt wieder ausüben wollen, so können sie das Amt wiedererlangen, gleich als ob sie es nie gehabt hätten. Und das sollen ihnen die Meister, die dazu eingesetzt sind, gönnen.

§ 12. Weiterhin sollen die Lehrknechte, es seien Männer oder Frauen, beginnend von der St. Remeis Messe (1. Okt.) drei Jahre lernen, bevor sie Meister werden können. Wenn sich aber jemand, es sei Mann oder Frau, (als Selbständiger) niederläßt, bevor er die drei Jahre ausgelernt hat, so soll er für jeden Tag, den das dauerte, eine Mark als Buße zahlen. [. . .]

übertragen nach: Loesch: Die Kölner Zunfturkunden [187], Bd. 2, Nr. 582, S. 362 f.

[224] Straßburger Barchentschauordnung v. 1537–1541
Ordnung der Spinnerinnen

§ 29. Weiterhin soll man für das Spinnen von einem Pfund Baumwolle 6 Pfennig geben und nicht mehr bei Strafe von 5 Schilling Pfennige, so oft man es erfährt. Und der Meister soll das richtige Gewicht geben und nicht etwa fünf Viertel für ein Pfund. Wenn man das erfährt, daß einer mehr für ein Pfund als ein Pfund gibt, der soll jedesmal 5 Schilling Pfennige, so oft man das bemerkt, geben und außerdem soll die Spinnerin nach Erkenntnis des Gerichts entschädigt werden.

§ 30. Desgleichen auch, wenn eine Spinnerin dem Meister weniger Garn an Gewicht bringt, als sie an Wolle erhalten hat, so kann ihr der Meister dies vom Spinnlohn abziehen.

§ 31. Weiterhin, wenn einem Meister die Wolle verderbt wird, wie das durch zu hartes oder unsauber gehaltenes Gespinst geschehen kann, so daß es dem Weber auf der Schau von Nachteil ist, so kann der Meister von der Spinnerin Schadensersatz fordern. Will sie sich dann mit dem Meister nicht einigen, so können sie beide vor einen der Schaumeister kommen, und was dann der Schaumeister bestimmt, dabei soll es bleiben.

übertragen nach: Schmoller: Die Straßburger Tucher- und Weberzunft [411], Nr. 78, S. 161 f.

[225] Eid und Ordnung der zünftigen Weber in Ulm v. 2. 11. 1537
Der Eid der zünftigen Weber, den sie alljährlich am Michaelstag auf der Schau schwören, wenn er ihnen dort verkündet wird.

§ 3. Weiterhin, daß du auch zukünftig kein Barchenttuch [. . .] aus irgendeiner minderwertigen Wolle, wie die auch immer genannt werde, selbst weben noch durch deine Frau, Kinder, Knechte, Gesinde noch irgendjemand anderes von deiner Seite in irgendeiner Art und Weise weben oder herstellen läßt. [. . .]

übertragen nach: Nübling: Ulms Baumwollweberei im Mittelalter [407], Nr. 19, S. 40.

[226] Eid und Ordnung der Garnsieder in Ulm v. 4. 3. 1538
[. . .] Und niemand von euch soll einen Knecht oder eine Magd anstellen, er bringe denn den Nachweis von den Stadtkämmerern, daß er sie vereidigt habe. [. . .]
übertragen nach: Nübling: Ulms Baumwollweberei im Mittelalter [407], Nr. 15, S. 35.

[227] Eid und Ordnung der Barchenttücher-Zusammenlegerinnen in Ulm, o. J. (Ende 15. Jh.)

Die Frauen, die die Tücher zusammenlegen, schwören, die schwarzen und die weißen Tücher den Reichen und den Armen in der gleichen Art und Weise zusammenzulegen, dem einen wie dem anderen ohne jede Arglist. Und insbesondere, wenn die weißen Tücher auf der Bleiche durch Mäuse, Ratten und anderes Ungeziefer oder sonst in irgendeiner Weise Schaden genommen haben, sollen sie dies vor die Weißschauer bringen und an sie gelangen lassen. Und was sie an schwarzem Tuch finden, das schadhaft ist, so sollen sie auch diese nicht zusammenlegen, sondern diese vor die Schwarzschauer bringen. Und welche Frau in dieser Weise geschworen hat, die soll mit keiner anderen Frau (Tücher) zusammenlegen, wenn diese nicht auch, wie es sich gehört, alles getreu und ohne jede Arglist geschworen hat.

übertragen nach: Nübling: Ulms Baumwollweberei im Mittelalter [407], Nr. 62, S. 111f.

[228] Rechte des Garnzieherhandwerks zu Striegau v. 1358

§ 4. Kein Mann und keine Frau, die Mitglied einer anderen Handwerkszunft sind, sollen Garn ziehen. [...]

§ 5. Wenn ein Mann oder eine Frau nasses Garn oder schlechte Ware an Garn oder Wolle verkaufen und dessen überführt werden, so sollen sie für einen Stein (Gewichtsangabe) einen halben Vierdung und ein Pfund Wachs geben.

§ 9. Wenn ein Mann oder eine Frau sich in der Morgensprache mit Worten oder Taten vergehen, so sollen er oder sie einen Vierdung Strafe zahlen, und der soll halb dem Rat und halb dem Handwerk zufallen.

übertragen nach: Korn: Schlesische Urkunden zur Geschichte des Gewerberechts [182], Nr. 32, S. 46.

[229] Ratssatzungen für das Münchener Weberhandwerk, o. J. (2. Hälfte 13. Jh.), Satzungsbuch B

§ 251. Wer Webermeister oder Meisterin ist, die dürfen, wenn sie wollen, einen Lernknecht und eine Lerndirne und nicht mehr haben. [...]

übertragen nach: Dirr: Denkmäler des Münchener Stadtrechts [156], S. 275.

[230] Ratssatzungen für das Münchener Weberhandwerk, o. J. (1300–1310/12), Satzungsbuch A

§ 217. [...] Es soll auch ein jeglicher Webermeister nur einen Lernknecht für drei Jahre haben und während dieser Zeit keine anderen, es sei denn, wenn er seinem Kind (Sohn) sein Handwerk lehren (will).

übertragen nach: Dirr: Denkmäler des Münchener Stadtrechts [156], S. 224.

[231] Ordnung der Wollenweber in Frankfurt/Main v. 9. 3. 1377 mit späteren Zusätzen

§ 7a. Weiterhin, wenn jemand von den Männern oder Frauen die Siegelmeister oder die Sechser (Zunftmeister) im Ramhof mit frevelhaften Worten angreift oder sonstige schimpfliche Worte gegen sie gebraucht, so soll ein jeglicher sechs Schilling als Strafe verloren haben. [...] Wenn aber solches durch die Mägde und Knechte im Ramhof geschieht, so soll jeder von ihnen drei Schilling als Strafe verloren haben. [...] (Zusatz von 1464)

§ 34. Auch sollen diejenigen, die vom Rat dazu eingesetzt werden, die Kämmerinnen überwachen: Zum ersten, wenn Kämmerinnen mehr als eine Wollart auf einmal über einen Kamm führen, sollen sie einen Groschen als Strafe dafür geben, da sie den Leuten ihr Gut verändert und vermengt haben.

§ 35. Auch wenn sie jemandes Wolle zu kämmen begonnen haben, sollen sie keine andere Wolle mehr darunterkämmen, außer der einen, die sie in der Hand haben. Wenn sie das nicht tun, so sind sie gleichfalls einer Buße von einem Groschen verfallen.

§ 36. Auch wenn sie den Leuten ihr Gut unrein halten und in Nässe oder Feuchtigkeit legten, sind sie einer Buße von einem Groschen verfallen. Und sie sollen von keinem die Wolle länger als vier Wochen behalten. Welche sie darüberhinaus behält, verliert zwei Groschen als Strafe.

§ 37. Wenn eine Kämmerin die ihr übergebene Wollmenge an Gewicht nicht wieder zurück bringt, was zweien neben demjenigen dem die Wolle gehört, es seien Frauen oder Männer, sein Gesinde oder jemand anders, wer es auch sei, bekannt ist, davon können sie sich nicht (frei)schwören.

§ 40. Auch soll niemand auf mehr als zwei Webstühlen bei fünf Mark Strafe weben, damit sich der eine genauso gut wie der andere ernähren kann. Außerdem soll derjenige, der dies übertritt, es sei Mann oder Frau, auf ein Jahr vom Handwerk ausgeschlossen werden. [. . .]

§ 48. Auch wenn man jemanden des Nachts an einem breiten Webstuhl beim Weben findet, so ist der einer Strafe von fünf Mark verfallen, da man nachts nicht so gutes Gewand wie am Tage weben kann. Außerdem soll derjenige, der dies übertritt, es sei Mann oder Frau, auf ein Jahr vom Handwerk ausgeschlossen werden.

§ 60. Es soll auch keine Kämmerin, die für Lohn kämmt, Stoffe oder Tuche machen, und welche das übertritt, der soll man diese mit Gerichtsgewalt nehmen. [. . .]

§ 61. Wenn die zwei, die die Kämmerinnen überwachen, bei den Kämmerinnen oder bei den Spinnerinnen Wolle oder Garn finden, von dem sie annehmen, daß sie dieses demjenigen, dem es gehört, nicht zurückgeben wollen, so sollen sie es mit Gerichtsgewalt nehmen und solange behalten, bis man denjenigen findet, der es mit Recht beansprucht, daß es seins ist.

§ 86. Auch sollen alle diejenigen, die dem Wollhandwerk angehören und Gewand machen, ihre Tücher auslegen und vor die Siegelmeister bringen und dort so lange liegen lassen und weder selbst noch durch jemand anders von seiner Seite diese Tuche wieder wegnehmen, bevor sie nicht die geschworenen (Siegelmeister) besehen haben und ihm dies von den Geschworenen mitgeteilt worden ist. Und wer das übertritt, es sei Mann oder Frau, der soll auf einen Monat das Handwerk verlieren. [. . .] [o. J.)

§ 131. Weiterhin, hat der Rat zugelassen und vergönnt, wenn sich fortan eine Person, es sei Mann oder Frau, die das Handwerk zuvor nicht hatten, mit einer anderen Person im Handwerk vermählen, so soll diese Person dem Handwerk zwölf Schilling für das gemeinsame Vermögen des Handwerks und einen Viertel Wein geben. Den Viertel Wein sollen die (Zunft)-meister vertrinken und die zwölf Schilling sollen sie verrechnen.

§ 132. Weiterhin, wenn ein Meister einen Knecht oder Knaben dingt, um ihm das Handwerk zu lehren, so soll derselbe Knecht oder Knabe dem Handwerk zehn Schilling geben. [. . .] (8. 1. 1499)

übertragen nach: Schmidt: Frankfurter Zunfturkunden [204], Bd. 2, S. 184, S. 188–191, S. 198, S. 211.

[232] Ordnung der Göttinger Wandmacher v. 20. 12. 1476

§ 10. Es soll auch kein Knecht oder eine Magd, die sich in diesem Handwerk verdingt haben, sich einem anderen verdingen oder in einen anderen Dienst gehen während ihrer vereinbarten Dienstzeit oder entlaufen, es geschähe denn mit Willen desjenigen, in dessen Dienst sie sich befinden. Wenn ein Knecht oder eine Magd das obige übertreten, so sollen sie sofort Göttingen verlassen und ohne Erlaubnis des Rates nicht zurückkehren. Wenn auch irgendein Meister dieses Handwerks einem anderen dessen Knecht oder Magd abdingt, bevor deren Dienstzeit abgelaufen ist, so soll er dem Rat eine Göttinger Mark als Strafe zahlen. [. . .]

übertragen nach: Ropp: Göttinger Statuten [2o2], Nr. 225, S. 371.

[233] Ulmer Marner- und Weberordnung v. 18. 2. 1403

[. . .] Beginnend mit dem heutigen Tage soll keiner unserer Bürger, der ein Handwerker ist und am heutigen Tag ein eingesessener Bürger ist, mehr in ihre Zunft aufgenommen werden und auch sollen sie keinem mehr ihr Zunftrecht verleihen. All unseren Bürgern und Bürgerinnen, die am heutigen Tag unsere Bürger sind und außerdem bei uns fünf Jahre Haus und Habe besessen haben, haben wir jedoch erlaubt und gegönnt, daß, wenn eines ihrer Kinder das Weberhandwerk lernen will, sie dies durchaus tun dürfen. Und wenn die Lehrjahre beendet sind, so dürfen die Weber denselben, unseren eingesessenen Bürgerkindern, durchaus ihr Zunftrecht verleihen. [. . .]

Wir erlauben und gönnen das auch mit dieser Ordnung, daß alle fremden Weber und Weberinnen, die nicht unsere Bürger sind, außerhalb unserer Stadt und eine halbe Meile von unserer Stadt entfernt durchaus ihr Handwerk treiben dürfen. [. . .] Und es sollen namentlich auch unsere Barchentschauer, die jetzt oder in zukünftigen Zeiten von uns eingesetzt werden, kein Barchenttuch dieser Gäste schauen, es sei denn, daß ein jeglicher für sich, es sei Frau oder Mann [. . .] gelobt, daß das oder dieselben Tücher aus keiner anderen Wolle gewirkt sind, denn derjenigen, die hier in der Stadt von unseren Schauern geschaut und für gut befunden worden ist, ohne alle Arglist.

übertragen nach: Nübling: Ulms Baumwollweberei im Mittelalter [407], Nr. 3, S. 8 f.

[234] Wollweber und Hilfskräfte bei der Arbeit, Holzschnitt v. 1479

aus: Mummenhoff: Der Handwerker in der deutschen Vergangenheit [405], S. 22.

[235] Statut der Lüneburger Wollweber v. 11. 1. 1432
[. . .] Desgleichen soll niemand in diesem Amt eine Ehefrau nehmen, wenn sie nicht des Amtes würdig ist. [. . .]
Weiterhin haben wir eine Bestimmung, daß wir den Spinnerinnen ihren Lohn solange ohne Strafe vorenthalten können, bis sie so viel zurückgebracht haben, wie man ihnen ausgewogen hat. [. . .]
Weiterhin, wenn jemand nach dem Willen Gottes von Todes wegen abginge, der eine Frau und Kinder hinterläßt, hat die Frau einen Sohn, so behält sie das Handwerk, hat sie aber eine Tochter und keinen Sohn, so darf sie das Handwerk ein ganzes Jahr nach dem Tode ihres Mannes gebrauchen. Hinterläßt ihr Mann keine Kinder, so gebraucht die Frau das Amt gleichwohl ein ganzes Jahr nach dem Tode ihres Mannes. Wenn die Frau einen anderen Mann nimmt, so gibt sie das Handwerk ab. Und hat sie Söhne, so bleiben die im Handwerk oder im Amt.
übertragen nach: Bodemann: Die älteren Zunfturkunden der Stadt Lüneburg [141], S. 251 f.

[236] Satzung der Hamburger Wollweber, ca. 1400/1450
§ 2. Welcher Knappe (Geselle) das Amt der Wollweber in Hamburg gewinnen will, [. . .] der soll eine unbescholtene Frau haben oder nehmen und die Frau soll gleichfalls ehelich, recht und frei geboren sein. [. . .]
§ 6. Wenn eine Frau Witwe wird und keinen Sohn hat, so darf sie das Amt solange gebrauchen, wie sie sich nicht wiederverheiratet. Nimmt sie aber einen Mann, der das Amt nicht besitzt, so soll er das gewinnen, wie es zuvor geschrieben steht, wenn er das Amt gebrauchen will.
übertragen nach: Rüdiger: Die ältesten Hamburgischen Zunftrollen [203], Nr. 58, S. 304 f.

[237] Willkür der Tuchmacher in Magdeburg und Neustadt v. 10. 7. 1332
[. . .] Einer Jungfrau oder Frau, die in ihrem Werk ist oder darin geboren ist, der soll das Werk zur Hälfte folgen, wenn sie heiratet. [. . .]
übertragen nach: Urkundenbuch der Stadt Magdeburg [220], Bd. 1, Nr. 344, S. 211.

[238] Verordnung des Rats zu Speyer über die Beschränkung der Tuchweberei v. 23. 6. 1381
[. . .] Vor uns und unseren Rat sind die Zunftmeister und die gemeinen Zunftmitglieder der Tucherzunft hier zu Speyer erschienen und haben uns wissen lassen und vorgebracht, [. . .] daß viele hier in Speyer, beide, Männer und Frauen, aus allen Zünften, Tuch und Gewand machen, so viel sie wollen, für ihren eigenen Bedarf und auch zum Verkauf, wodurch den vorgenannten Tuchern großer Schaden [. . .] entstanden sei. [. . .] Deshalb [. . .] bestimmen wir [. . .], daß niemand hier zu Speyer, er sei Mann oder Frau, fortan mehr als acht Tuche im Jahr machen darf. Wer aber darüberhinaus mehr Tuche machen will, der soll die Tucherzunft kaufen und darin dienen, wie sie (die Tucher) es auch tun. [. . .]
übertragen nach: Mone: Die Weberei und ihre Beigewerbe [403], Nr. 8, S. 166 f.

[239] Beschluß des Kölner Wollenamtes, enthaltend technische Bestimmungen v. ca. 1400
§ 5. Weiterhin, wenn eine Nopperin ein Tuch schlecht noppt, so soll sie 6 Schilling verloren haben. Die mag derjenige fordern, dem das Tuch gehört.
übertragen nach: Loesch: Die Kölner Zunfturkunden [187], Bd. 2, Nr. 746, S. 500.

[240] Eid und Ordnung der Barchentbleicher zu Ulm v. 18. 11. 1499
[. . .] Es soll ein jeder Bleicher siebzehn Knechte haben, die tauglich und tüchtig sind und die mit dem Bleichwerk gut umgehen und umzugehen verstehen, weiterhin zwei Zwickknaben und vier Lernknechte. [. . .]
Und insbesondere sollen auch die Bleicher, ihre Frauen, Kinder und auch sonst niemand anders fortan irgendein Tuch mehr verkehren, ausschießen, wegtragen oder sonst damit handeln ohne Wissen des Feldmeisters und bis dem Feldmeister dünkt, daß ein jedes Tuch weiß genug und ausreichend gebleicht sei. [. . .]
übertragen nach: Nübling: Ulms Baumwollweberei im Mittelalter [407], Nr. 38, S. 76f.

[241] Nürnberger Ratsverordnung über das Verbot des außerzünftigen Bleichens v. 4. 9. 1643
Demnach die Plaicher sich sehr beklagt, daß ihnen von underschiedlichen Weibspersonen, welche sich aller Orten umb hiesige Statt deß Plaichens unterstehen, ihre Nahrung sehr geschmelert werde, alß ist erteilt, all die deswegen beklagte Personen in das Rugsampt zu erfordern und in Beisein der Plaicher ihnen anzuzeigen, daß sie zwar noch fur diß Jahr, was sie für Stück und Löden haben und zu plaichen angefangen, ausplaichen mögen. Hingegen aber soll ihnen und allen andern insgemein, so nit Plaicher oder Wescher, sein, bei Straff deß Eingriffs verpot sein. [. . .]
zitiert nach: Jegel: Alt-Nürnberger Handwerksrecht [177], Nr. 480, S. 535f.

[242] Ordnung der Lübecker Tuchfärber v. 7. 6. 1500
[. . .] Wenn jemand von der Färbern stirbt, darf die Frau des Verstorbenen die Ware, die sie bei sich hat, je nach Gelegenheit mit der restlichen Farbe aufarbeiten oder zu Geld machen, um dann von der Färberei abzulassen, es sei denn, daß sie sich mit jemandem verheiratet, der dem Rat und dem Kaufmann genehm ist. [. . .]
übertragen nach: Wehrmann: Die älteren Lübeckischen Zunftrollen [225], S. 485.

[243] Eid und Ordnung der Ulmer Färber v. 9. 10. 1523
[. . .] Weiterhin sollen die Färber, ihre Frauen, Kinder, Dienstboten noch jemand anders von ihrer Seite fortan kein rohes Barchenttuch, das sie schwarz färben wollen, weder in das Spülwasser noch in die Farbe hineinstoßen, es sei denn zuvor durch sie, die Färber, in einem guten sauberen und heißen Wasser gewaschen worden. [. . .]
Weiterhin sollen die Färber, ihre Frauen, Kinder, Knechte und Dienstboten ein jegliches Barchenttuch nicht mehr und nicht weniger als viermal in das Spülwasser geben und in jeden Spülbottich höchstens zwölf Tücher stoßen. [. . .]
übertragen nach: Nübling: Ulms Baumwollweberei im Mittelalter [407], Nr. 52, S. 94.

[244] Nürnberger Ratsverordnung über den Handel der Gäste mit Gewand, 5. Jh.
[. . .] Hiervon sollen alle Färber und Färberinnen ausgenommen sein, also, daß weder sie noch ihre Dienstboten oder jemand anders von ihrer Seite irgendein fremdes Gewand, daß sie selbst in ihren Werkstätten nicht gemacht haben, feilhaben, zuschneiden oder verkaufen dürfen. [. . .]
übertragen nach: Baader: Nürnberger Polizeiordnungen [138], S. 132.

[245] Ordnung der Hamburger Wandbereiter v. 17. 11. 1547
§ 9. Und damit dieses Amt in einem ehrbaren guten Zustand gehalten und mit keinen unbekannten, schädlichen Leuten besetzt wird und auch die Witwen und

Kinder der Amtsleute vor anderen einen Vorteil haben und desto besser versorgt werden können, soll niemand als Meister zugelassen werden, wenn er nicht zuvor hier drei Jahre lang in seinem Handwerk gelernt hat. Außerdem sollen er und diejenige, die er heiratet, eine unbescholtene Person und ehelich und recht geboren sein und dies mit lebenden Zeugen oder mit Brief und Siegel beweisen, wie es anderer Ämter Brauch und Gewohnheit ist.
Ein Geselle aber, der sich mit eines Meisters Tochter oder Witwe verheiratet, soll ohne solche Dienstjahre zugelassen werden, wenn er unbescholten und ehelich und recht geboren ist, wie eines Meisters Sohn, der Meister werden will. Sie sollen sich jedoch zuvor bei ihrem Meisterstück als tüchtig und erfahren erwiesen haben und ihre Amtsgerechtigkeit erworben haben, wie dies zuvor beschrieben worden ist. Eines Meisters Sohn braucht jedoch nicht die fünf Markstücke zu geben. Eine Witwe darf nach dem Tode ihres Mannes, wenn sie keinen Sohn hat, das Amt über Jahr und Tag behalten. Sie soll jedoch innerhalb von vier Wochen vor den Morgenspracheherren und Werkmeistern erscheinen und soll sich einen guten Gesellen durch das Amt stellen lassen, der der Werkstatt vorstehen soll, damit der Kaufmann geschützt ist. Wenn sie sich aber nicht binnen Jahr und Tag innerhalb des Amtes entsprechend dieser Ordnung erneut verheiratet, soll sie danach das Amt nicht länger gebrauchen.
Hat sie aber einen Sohn, der zwölf Jahre alt ist, so darf sie mit ihm das Amt solange besitzen, bis der Sohn das Amt aufgibt oder aufnimmt, nachdem er sein Meisterstück gemacht hat. Alsdann soll die Mutter das Amt abgeben, während der Sohn verpflichtet ist, die Mutter zu unterhalten. Bis dahin soll die Mutter von den Herren und den Werkmeistern mit einem guten Gesellen, der der Werkstatt vorstehen soll, versorgt werden. [. . .]
übertragen nach: Rüdiger: Die ältesten Hamburgischen Zunftrollen [203], Nr. 56a, S. 285.

[246] Amtsbrief der Kölner Tuchscherer v. 14. 4. 1397
§ 3. Weiterhin soll niemand von den Meistern einen Lehrknecht dingen, wenn nicht zwei Meister zugegen sind. [. . .]
§ 4. Weiterhin darf keine Frau, weder bei Nacht noch bei Tag breites Tuch scheren. Und wenn man dessen gewahr wird, so soll die Frau ohne Widerrede zwei Pfund Wachs als Buße geben, so oft das geschieht.
§ 5. Weiterhin darf keine Frau aus diesem Handwerk einen Knecht anstellen, der sich nicht als sehr tüchtig erwiesen hat.
übertragen nach: Loesch: Die Kölner Zunfturkunden [187], Bd. 1, Nr. 74, S. 191.

[247] Handwerksartikel der Straßburger Tuchscherer v. 1362
[. . .] Dingt jemand einen Lehrknecht, so soll dieser zehn Schilling in die Büchse und ein Pfund Wachs für die Kerzen geben. [. . .] Wenn jemand Tuch kaufen will, so darf kein Tuchscherer, weder Frau noch Mann, darum streiten (wer es scheren darf). Wer der erste bei dem Kaufmann ist oder ihn begleitet, der soll auch scheren. [. . .] Wer auch vor Gericht durch den vereidigten Boten des Handwerks geladen wird, und er, es sei Frau oder Mann, nicht kommt, bevor die Gerichtsverhandlung beginnt, der büßt das mit sechs Pfennigen. [. . .]
übertragen nach: Schmoller: Die Straßburger Tucher- und Weberzunft [411], Nr. 11, S. 8f.

[248] Handwerksartikel der Straßburger Tuchscherer v. 1460
[. . .] Wenn auch eines Meisters Sohn oder Tochter ihres Handwerks das Handwerk

kaufen möchte, dem soll man es für fünf Schilling zu kaufen geben. Das gilt für Söhne und Töchter, die das Handwerk selbst betreiben wollen oder für Töchter, die Männer heiraten, die gleichfalls das Handwerk treiben wollen. [. . .]
übertragen nach: Schmoller: Die Straßburger Tucher- und Weberzunft [411], Nr. 32, S. 75.

[249] Dritter Amtsbrief der Kölner Seidmacherinnen v. 20. 6. 1469
[. . .] Da wir etliche Streitigkeiten in dem vorgenannten Amt gefunden haben, so haben wir als diejenigen, die nach Geburt und Gottes Willen der Stadt Ehre und das gemeinsame Beste zu fördern und zu mehren haben, uns die Bestimmungen des zweiten vorgenannten Amtsbriefes vorgenommen und sie entweder verlängert, gekürzt oder verbessert und darauf dem vorgenannten Amt einen neuen Amtsbrief verliehen und gegeben mit den nachfolgend aufgeschriebenen Bestimmungen und Artikeln, nach denen sich ein jeder in diesem Amt fortan richten und halten soll, soweit ihn das betrifft.

§ 1 Zum ersten soll sich keine Frau von diesem Amt in unserer Stadt als Meisterin oder selbständige Seidmacherin niederlassen oder davon ernähren, wenn sie nicht zuvor drei Jahre lang in demselben Amt gelernt und gedient hat. Diese Lehrzeit soll sie bei den Meisterinnen des Amts lernen und dienen, die es jetzt sind oder später sein werden, in solcher Weise, daß, wenn sie sich mit einer Meisterin nicht vertragen kann, so kann sie ihre Zeit bei einer anderen weiterlernen, wie es zuvor steht, alles mit Wissen des Amts.

§ 2. Auch können alle Seidmacherinnen Meisterinnen in diesem Amt werden, wenn sie ihre drei Jahre gedient und gelernt haben, wie es zuvor steht, sie seien ehelich oder unehelich geboren. Und eine jegliche Meisterin kann ihre eigenen Kinder in ihrem Haus die vorgeschriebene Zeit über lehren. Dann können sie das Amt mit einem rheinischen Gulden gewinnen, wenn sie sich niederlassen wollen, um das Handwerk auszuüben. Und die anderen Töchter, die ihre Lehrzeit beendet haben, wie es zuvor steht, die können das Amt mit zwei rheinischen Gulden erwerben. [. . .]

§ 3. Und eine jegliche Meisterin darf vier Töchter halten, wenn sie will, und nicht mehr in ihrem Hause mit einem Male; ausgenommen die eigenen Kinder einer jeglichen Meisterin.

§ 4. Auch darf keine Seidmacherin einer Tochter oder ihren Kindern das Handwerk anderswo als in ihrem Haus lehren, unter der Gefahr, ihr Amt zu verlieren und nimmermehr gebrauchen zu dürfen. Wenn aber irgendein Bürger oder eine Mitbewohnerin ihre Tochter in ihrem eigenen Haus durch eine Person, die das Handwerk gelernt und gewonnen hat, lernen lassen will, so darf man das unbeeinträchtigt durch das Amt tun.

§ 5. Wenn eine Verkäuferin oder Lehrtochter des vorgenannten Amts von ihrer Herrschaft irgendeiner Untreue im Werte von zwei Mark unserer Währung für schuldig befunden werden, so sollen sie danach das vorgenannte Amt nicht mehr genießen noch gebrauchen. [. . .]

§ 6. Auch soll jede Tochter, die in das Amt kommt und lernen will, dem Amt eine Mark für die Einschreibung geben, damit man weiß, daß eine jede ihre Zeit recht lernt und im Zunftbuch eingeschrieben wird. Und auch einer jeden Meisterin Tochter soll eine Mark geben, damit das Amt beständig bleibt.

§ 7. Weiterhin soll niemand von den vorgenannten Frauen oder von ihren Männern in unserer Stadt andere Seide verarbeiten, herstellen, bereiten noch färben als diejenige, die hier in unserer Stadt gesponnen wird.

Und wer dem zuwider handelt, der soll die Seide verloren haben, zur Hälfte an uns Bürgermeister und an den Rat für die Rentkammer unserer Stadt und zur Hälfte an die derzeitigen Meisterinnen und Meister des Amts. Und außerdem sollen er oder sie sich nicht mehr, nachdem sie überführt worden sind, vom Seidmachen ernähren.

§ 8. Da sie in unserer Stadt keine gezwirnte Seide verarbeiten sollen, sollen auch die Seidenfärber in unserer Stadt niemand anders Seide färben als den derzeitigen und den zukünftigen Seidmachermeisterinnen, damit die Nahrung in unserer Stadt für unsere Bürger, Bürgerinnen und Mitbewohnerinnen bleibt. Und wenn irgendein Seidenfärber trotzdem jemand anders Seide färbt als den Seidmachermeisterinnen, so soll er hundert Mark zur Buße geben und einen Monat im Turm unserer Stadt liegen, sobald er dessen überführt worden ist. [. . .] Und niemand von den Seidmacherinnen soll dem Färber danach mehr zu färben geben bei der vorgenannten Buße, er habe denn seine Buße zuvor erlitten und bezahlt. [. . .]

§ 9. Auch soll niemand Seide in anderer Weise als mit Seidenfarbe färben und nicht mit Waid, damit kein Kaufmann damit betrogen wird. Wer dem zuwider handelt, der soll fünf Mark als Buße für jedes Pfund geben, so oft das geschieht, wie es zuvor steht.

§ 10. Weiterhin [. . .] die vorgenannten Seidmacherinnen sollen niemanden aus Venedig und Verdun rohe Seide abkaufen [. . .] weder durch sich selbst noch jemand anders von ihrer Seite. Und wenn jemand von den Seidmacherinnen dem zuwider handelt und das nicht unterlassen will, so soll sie hundert Mark als Buße zahlen, so oft das durch sie oder in ihrem Auftrag geschieht. [. . .]

§ 11. Weiterhin wenn irgendeine Seidmachermeisterin aus unserer Stadt weggeht oder verschwindet, was Gott verhüten möge, so darf sie sich in keiner Weise mit dem Seidemachen als Meisterin mehr ernähren, damit der Kaufmann seiner Ware sicher ist.

§ 12. Weiterhin dürfen die Seidmacherinnen noch irgend jemand anders von ihrer Seite keinen anderen Brokat weben als von Brokatseide mit Einschlag von Gold- oder Silberfäden, wie man dies in unserer Stadt macht und nicht aus unreinem Gold oder Silber. Wer dem zuwider handelt, der – oder diejenige sollen für jedes Pfund, so oft sie damit befunden werden, fünf Mark als Buße zahlen.

§ 13. Weiterhin darf niemand von ihnen Seidenschnur anders machen als von Brokatseide den Einschlag oder, wenn man will, von guter Schnurseide. Wer dem zuwider handelt, zahlt gleichfalls fünf Mark als Buße.

§ 14. Auch darf niemand gefärbtes oder ungefärbtes Garn unter den Brokat oder die Schnur mit irgendeiner List wirken. Wer dem zuwider handelt, soll nicht mehr Seide machen dürfen. Und die Ware soll man verbrennen. [. . .]

§ 15. Auch darf niemand, er sei, wer er wolle, Knotenseide verspinnen oder die Knoten in irgendeiner Weise roh verkaufen. Wer dessen überführt wird, der soll die Knoten und die Seide gänzlich verloren und verwirkt haben, die ihm die derzeitigen Meister und Meisterinnen bei ihren Eiden wegnehmen und wegkehren sollen zum Vorteil des Amtes. Außerdem soll derselbe, so oft er darin schuldig befunden wird, für jedes Pfund Werk vierzig Mark als Buße zahlen.

§ 16. Weiterhin sollen alle Seidmacherinnen und diejenigen, die das Seidhandwerk ausüben, kein Seidengut außerhalb Kölns oder an Beginen oder geistliche Personen in Klöstern oder Konventen zum Spinnen oder Bereiten geben. Wenn jemand das obige übertritt und es bekannt wird, so sollen der – oder diejenige sich nicht mehr von dem Handwerk ernähren.

Und darin soll niemanden Gnade erwiesen werden.

§ 17. Und diejenigen, die für Lohn Seide wirken mit Spinnen, Brokat- oder Schnurmachen oder anderem, denen sollen sie ihren gewohnten Lohn geben und nicht weniger, und zwar in dem Gelde, das in Köln gang und gäbe ist, und nicht in einer anderen Ware mit irgendeiner List. Und wenn jemand dem obigen zuwider handelnd gefunden wird, indem er weniger oder anderes gibt oder nimmt, als es zuvor steht, der soll soviel Buße geben und bezahlen, wie das Werk, wofür der Lohn gegeben und genommen wurde, wert ist. Diese Buße sollen Meister und Meisterinnen bei ihren Eiden [. . .] einfordern und niemanden erlassen, ohne Arglist.

§ 18. Weiterhin, wenn eine Seidenspinnerin, die Brokat oder Schnur wirken, die Seide verschneidet oder beschädigt, oder jemanden die Seide, mit der er sein Brot verdient, abspenstig macht, verkauft oder an Juden oder Christen versetzt und dann Tag und Stunde abmacht, um die Seide bei Zeiten zu bezahlen, so soll ihr niemand von ihnen mehr etwas zum Arbeiten geben, es sei denn, demjenigen, dem die Seide gehörte, sei zuvor genug gegeben und bezahlt worden für sein Gut, das ihm abspenstig gemacht worden ist. Und wenn dem jemand zuwider handelt und dem – oder derjenigen Arbeit gibt, der – oder diejenige sollen fünf Mark als Buße zahlen, so oft ihm das gesagt wird.

§ 19. Weiterhin darf niemand aus dem Seidamt von den Meisterinnen andere Seide färben als ihre eigene bei Verlust des Amtes ausgenommen, wenn ein Kölner Kaufmann in Köln Ware gekauft hat die einen Schaden erlitten hat, dem darf man helfen, ohne eine Buße zu zahlen.

§ 20. Weiterhin soll jeder aus diesem Amt den derzeitigen Zunftvorstehern und Zunftvorsteherinnen, wenn sie umgehen, um die Seide und das Seidenwerk zu besehen, gehorsam sein und seine Seide und sein Seidwerk besehen lassen und sich in keiner Weise dem widersetzen. Und wer sich dagegen verwehrt mit Worten oder mit Taten, der soll, so oft es geschieht, einen rheinischen Gulden als Buße zahlen und außerdem sollen der- oder diejenige das Werk vor die Meister bringen und darüber befinden lassen.

§ 21. Wenn die Amtsmeister ein Gut finden, das kein taugliches oder kein Kaufmannsgut ist, so sollen sie das mitnehmen und vor das Amt bringen. Und das Gut soll derjenige, bei dem es gefunden wurde, selbst öffentlich in Stücke schneiden. Und außerdem soll derjenige, bei dem solche Seide oder Seidenwerk gefunden wird, für jedes Pfund Ware zwei Schilling als Buße zahlen. Diese Buße sollen die derzeitigen Meister einfordern und niemandem ohne Arglist erlassen.

§ 22. Weiterhin, wenn jemand, der das Recht des Seidenamtes nicht hat, innerhalb von Köln Seide oder Seidenwerk verkauft, soll er darauf achten, daß solche Seide vortrefflich und Kaufmannsgut ist. Und wenn das von den derzeitigen Meistern und Meisterinnen, die man auch solche Seide oder solches Werk besehen und prüfen lassen soll, anders befunden wird, so soll derjenige, der solche schlechte Seide oder Werk feilhält oder verkauft, von einem jeglichen Pfund vier Mark als Buße zahlen. [. . .]

§ 23. Jedes Jahr sollen von den Meisterinnen gemeinschaftlich zwei Männer und zwei Frauen von diesem Amt zu Zunftvorstehern und Zunftvorsteherinnen gewählt werden, doch so, daß ein Mann und seine Frau die Amtsmeisterschaft nicht gleichzeitig haben dürfen. Und wenn die (Amts-)zeit vorbei ist, sollen sie zwei Jahre warten, ehe sie wieder die Zunftmeisterschaft erlangen können. Welcher Mann oder welche Frau zu Zunftmeistern oder Zunftmeisterinnen gewählt werden, die sollen ehelich geboren sein und der Wahl gehorchen und sich nicht verweigern und ihr getreu nachkommen. Und wer von den vorgenannten Meistern und Meisterinnen es nicht tut und ungehorsam ist, es sei Mann oder Frau, und dem Gebot nicht folgt, der soll beim ersten Gebot vier Schilling und beim zweiten Gebot acht Schilling, beim dritten Mal eine Mark als Buße zahlen. Und wenn er der vorgenannten Wahl zum vierten Mal nicht folgt, so soll er sein Handwerk verlieren. Die vorgenannten Zunftmeister und Zunftmeisterinnen sollen bei ihren Eiden alle vierzehn Tage zusammenkommen und sich versammeln und sich über die Angelegenheiten, die das Amt betreffen, besprechen und sie nach Erfordernis entscheiden und dafür soll ein jeder von ihnen alle vierzehn Tage vier Schilling Anwesenheitsgeld erhalten und nicht mehr.

§ 24. Weiterhin, wenn jemand aus diesem Amt vor das Amt geladen wird und er der Ladung nicht Folge leistet, so soll er für die erste Ladung drei Weißpfennig bezahlen, für die zweite Ladung sechs Weißpfennig und für die dritte Ladung zwei Mark.

§ 25. Weiterhin alle die obengenannten Bußen sollen die vorgenannten Meister und Meisterinnen getreulich einfordern und ein Drittel davon alljährlich zum Nutzen unserer Stadt in die Mittwochsrentkammer bringen und geben und das zweite Drittel zur Verfügung des Amtes einbehalten und das dritte Drittel an denjenigen oder diejenige, der das meldete oder vorbrachte. [. . .]

übertragen nach: Loesch: Die Kölner Zunfturkunden [187], Bd. 1, Nr. 62, S. 164–170.

[250] Transfixbrief zum Amtsbrief der Kölner Seidmacherinnen v. 24. 10. 1470

§ 3. Auch sollen wir jedes halbe Jahr zwei Männer in unserem Rat wählen, von denen einer ein Jahr lang bleiben soll. Sie sollen auf Verlangen der Amtsmeister und Amtsmeisterinnen jederzeit mit ihnen umgehen, um das Werk zu besehen und zu strafen helfen nach dem Wortlaut des Amtsbriefes. Und wenn unsere Ratsfreunde ihnen dann in der vorgeschriebenen Weise folgen, so sollen die Amtsmeister und Amtsmeisterinnen ihnen ohne Arglist ebenso hohe Anwesenheitsgelder geben wie sich selber.

übertragen nach: Loesch: Die Kölner Zunfturkunden [187], Bd. 2, Nr. 658, S. 423.

[251] Bericht über die Schäden des Seidamtes, abgefaßt und dem Rate eingereicht durch Gerhard von Wesel, 4. 8. 1490 – 23. 6. 1491

Weiterhin ist bekannt, daß die ehrbaren Freunde vom Seidamt in Köln einen Amtsbrief von unseren Ratsherren empfangen haben, den sie und ein jeglicher von ihnen in gutem Glauben gelobt und durch einen persönlichen Eid mit erhobener Hand bei Gott und den Heiligen einzuhalten geschworen hat. In diesem Brief behält sich aber ein Würdiger doch das Recht vor, wenn er einige Punkte darin findet, die nicht für das allgemeine Beste sind, sie jederzeit nach der Lage der Dinge zu verlängern, zu kürzen oder einzuschränken etc.

§ 1. Weiterhin besagt der dritte Punkt des Briefes: (Es folgt der wesentliche Inhalt von Nr. 249 § 4)

Daß dieser Punkt eigennützig und nicht, wie er gemeint ist, gehalten wird, zeigt sich darin, daß allein vier oder sechs, die so reich sind, daß sie im Jahr zwei- bis dreitausend Gulden für Rohseide ausgeben können, und niemand anderes Lehrtöchter und ihre eigenen Kinder lehren und Nutzen davon haben können, auch allein als Hauptseidmacherinnen im Amt angesehen und geachtet werden, und so ehrbare Leute, die das Handwerk gelernt haben und außerordentlich gut beherrschen, aber solche Erlaubnis nicht haben, im Amte auch nicht als Hauptseidmacherinnen gelten oder angesehen werden und sie dürfen auch keine eigenen Töchter oder auch nicht ihre eigenen Kinder an dem Gut anderer ehrbarer Bürger unterweisen und davon den Nutzen und Vorteil haben. So steht es für die, die das Handwerk so gut und vielleicht noch besser verstehen als diejenigen, die ihr eigenes Gut zu verarbeiten mögen. Und es scheint so, daß diejenigen, die das Seidamt an ihrem eigenen Gut nicht ausüben können wie die anderen Seidmacherinnen, nicht genügend Rechte in diesem Brief besitzen, wo doch andere Ämter in Köln, wie Goldschmiede, Schilderer usw. sowohl den Armen wie den Reichen die gleichen Rechte zubilligen, Lehrlinge oder Lehrmädchen zu halten und zu lehren an dem Gut anderer Leute wie an ihrer eigenen Ware.

§ 5. Weiterhin besagt der fünfzehnte Punkt des Briefes: (Es folgt der wesentliche Inhalt von Nr. 249 § 16)

Wie dieser Punkt in dem Seidamt von etlichen, die den Amtbrief zu halten geschworen haben, gehalten worden ist und noch täglich gehalten wird, das ist durchaus bekannt. Man besehe und führe nur Haussuchungen in vielen Klöstern, Konventen und Klausen durch. Dann wird man es erfahren. Man frage auch etliche bei ihren Eiden, ob dieser Punkt von ihnen übertreten worden ist. Und wagen sie dann solches zu leugnen, vielleicht wird man sie danach und nicht früher mit der Wahrheit überführen können.

§ 6. Weiterhin besagt der sechszehnte Punkt des Briefes (Es folgt der wesentliche Inhalt von Nr. 249 § 17)

Wie dieser Punkt leider gehalten wird, ist Gott und allen Leuten bekannt, und die Prediger haben schon seit langer Zeit auf den Kanzeln davon gesprochen, doch ist leider wenig gebessert worden; denn man gibt leider kein Geld oder wenig Geld, sondern Ware, nämlich Seide, englisches oder anderes Tuch für das man den dritten oder vierten Teil weniger erhält, als das man es für genügend Geld verkaufen kann.

So ist es offenbar, daß arme Leute zu spinnen und wirken bekommen, um sich des Hungers und des Durstes zu erwehren, aber für 19 Mark kölnischer Währung zubereitete Seide von den Seidmacherinnen nehmen müssen, die sie kaum höher als mit 14 1/2 oder 15 wieder verkaufen können. Oder sie müssen Tuch für 6 Mark nehmen, daß man wieder froh ist, wenn man der dritten Teil weniger dafür erhält. Und darum treiben viele von denen aus dem Seidamt den Gewandschnitt auf so unmerkbare Weise und üben ein doppeltes Handwerk aus. Solcher Kleinhandel wird durch diese armen Leute und durch die Verkäuferinnen in der Stadt von Haus zu Haus betrieben und so die Ware mit Verlust verkauft. Dadurch wird der Gewandschnitt, der allezeit ein namhaftes Gewerbe gewesen ist, geschädigt und die Stadt sehr an ihrer Akzise beschnitten und solche armen Leute können nur mit Not durchkommen.

§ 7. Weiterhin besagt der siebzehnte Punkt: (Entspricht Nr. 249 § 18)

Wie dieser Punkt gehalten worden ist und noch täglich gehalten wird, kann man leider an den nächstfolgenden Punkten merken, wenn ein Pfund Seide für 19 Mark an verdientem Lohn gegeben wird und für nicht mehr als 15 Mark in barem Geld verkauft werden kann, so daß solche Bezahlung Betrug und mehr als Betrug ist. [. . .]

übertragen nach: Loesch: Die Kölner Zunfturkunden [187], Bd. 2, Nr. 661, S. 425–428.

[252] Fünfter Amtsbrief der Kölner Seidmacherinnen, Entwurf v. 1480

§ 5. Weiterhin, wer seine drei Jahre in diesem Amt gelernt hat und nicht selbständig das Amt treiben will, die kann um Lohn wirken. Doch daß sie keine Mägde oder Töchter zu sich in das Handwerk nehmen oder arbeiten lassen soll, die nicht ihre drei Jahre gelernt haben.

§ 31. Auch sollen unsere Ratsfreunde, Amtsmeister und Amtsmeisterinnen mindestens alle Vierteljahr die Amtsmeister und Amtsmeisterinnen des Seidspinnerinnenamtes vor sich laden und dazu die Seidfärber, um von ihnen zu vernehmen, ob irgendwelche Unstimmigkeiten mit den Seidmacherinnen und ihrem Amt bestehen, besonders solche, die ihren Lohn berühren, damit auf beiden Seiten gestraft und gebessert werde nach den Satzungen der Amtsbriefe.

übertragen nach: Loesch: Die Kölner Zunfturkunden [187], Bd. 1, Nr. 64, S. 173f.

[253] Kölner Ratsverordnung über das Seidenspinnerinnenamt v. 20. 6. 1469

Unsere Ratsherren haben den neuen Brief des Seidspinnerinnenamtes angehört und dem Amt solchen Brief zugelassen und angeordnet, daß man alle halbe Jahr einen Ratsherren wählen soll, der nach dem Wunsch der Meister und Meisterinnen des Amts mit ihnen umgehen soll, um das Werk zu besehen, daß es ordnungsgemäß bereitet und gemacht wird, und der dafür auch wie die Zunftvorsteher und Zunftvorsteherinnen ein Anwesenheitsgeld erhalten soll. Auch sollen sie zwei Ratsherren mit den Meistern zu den geistlichen Orten gehen, wenn sie dies wünschen, um zu sehen, ob dort irgendwelche Seide gesponnen wird, um das unseren Herren vom Rat vorzubringen.

übertragen nach: Loesch: Die Kölner Zunfturkunden [187]. Bd. 2, Nr. 652, S. 420.

[254] Ratsverordnung über das Verbot der Herstellung eines Spinn- und Zwirnrades, ca. 25. 12. 1412/24. 6. 1413

Es sei bekannt, daß an unsere Herren vom Rat gelangt ist, daß Walther Kesinger ein Rad anfertigen wollte, mit dem man Seide spinnen und zwirnen sollte. Also haben unsere Bürgermeister mit dem Rat, den sie dazu befragt haben, überlegt und waren besorgt, daß es dann geschähe, daß dann vielen Leuten in ihrer Stadt, die sich von diesem Handwerk ernähren, verelenden und verderben müßten. Und sie haben deshalb beschlossen, daß man das Rad noch irgendein anderes derartiges Rad weder aufstellen noch herstellen darf, weder jetzt noch in einer späteren Zeit.

übertragen nach: Loesch: Die Kölner Zunfturkunden [187].
Bd. 2, Nr. 650, S. 418f.

[255] Ordnung der Nürnberger Purait-(Halbseidenstoff) und Zeugwirker v. 1545

§ 6. [...] Es soll aber von jetzt ab, damit sich das Handwerk nicht zu sehr vermehrt und die Meister sich dadurch gegenseitig schaden, über die jetzige Anzahl von Meistern und Werkstätten hinaus keinem mehr zugelassen werden, die Meisterstücke zu machen oder hier Meister zu werden, es sei denn ein hiesiger Meisterssohn, wenn er fünfundzwanzig Jahre alt ist oder ein Geselle, der eine Witwe eines hiesigen Meisters im Handwerk heiratet. [...]

§ 13. Wenn ein Geselle eine Witwe aus dem Handwerk heiratet und das Bürgerrecht erlangt, so soll er von den übrigen Gesellen- und Wanderjahren die er nach Verlaut des sechsten Artikels noch abzuleisten hat, befreit sein und ohne Behinderung zu den Meisterstücken zugelassen werden.

§ 14. Zum Vierzehnten soll es jeder Witwe und Meisterin unverwehrt sein, in ihrem Witwenstand das Handwerk mit oder ohne Gesellen zu treiben, doch daß sie alle vier Wochen das Aufleggeld und alle anderen Abgaben dem Handwerk richtig übergibt, nicht anders, als wenn ihr Mann noch vorhanden und am Leben wäre. [. . .]

übertragen nach: Jegel: Alt-Nürnberger Handwerksrecht [177], S. 376f.

[256] Zunftbrief der Siegburger Schneider v. 1. 2. 1455

§ 3. Wenn ein Meister einen Lehrjungen anstellt, er sei Knecht oder Magd, so soll der Junge oder die Magd ein Pfund Wachs der Bruderschaft für die Kerzen und den Meistern zwei Viertel Wein geben.

§ 4. Wenn eine Frau, die sich in unserer Stadt niedergelassen hat, Altes oder Neues nähen will, so soll sie der Bruderschaft zwei Pfund Wachs für die Kerzen geben (und außerdem) dem Abt einen Viertel Wein und den Meistern einen Viertel Wein.

§ 5. Wenn ein Lehrjunge, er sei Knecht oder Magd, seinem Meister wegläuft, nachdem er zwei Tage an der Tafel gesessen hat und seine Gebühren, wie es oben steht, nicht bezahlt hat, so soll der Meister diese Gebühren, wie es zuvor steht, für den Knecht oder die Magd ohne irgendeine Widerrede entrichten.

§ 6. Auch soll ein jeglicher Meister, Mann oder Frau, die in unserer vorgenannten Stadt wohnen und sich vom Nähen ernähren, alle Vierteljahr einen Kölnischen Schilling für die Kerzen geben.

übertragen nach: Lau: Quellen zur Rechts- und Wirtschaftsgeschichte der rheinischen Städte, Bergische Städte 1, Siegburg [201], Nr. 41, S. 94f.

[257] Überlinger Ratsbeschluß über die Näherinnen, um 1450

Vor Bürgermeister, Zunftmeister und Rat sind die Zunftmeister der Schneider, die elf Zunfträte und die gemeine Zunft erschienen und haben sich darüber beklagt, wie sie großen Schaden in ihrer Zunft erleiden durch die Frauen, die ihr Handwerk treiben und sich mit der Nadel befassen, die zum Teil weder Zunft- noch Stadtbürgerrecht haben, zum Teil Lerntöchter setzen und sich unterständen, Wolltuch zu nähen, was sie bisher nicht getan haben. Darauf haben sich Bürgermeister, Zunftmeister und Rat darüber beraten und folgendes beschlossen:

1. Erstens, daß diejenigen, die hier wohnen und weder das Zunft noch das Bürgerrecht haben, daß diese hinfort in unserer Stadt und ihrem Bezirk in keiner Weise nähen noch ihr Handwerk treiben dürfen.
2. Weiterhin diejenigen, die Einzelpersonen sind und einen eigenen Herd haben, sollen fortan unter die Schneiderzunft gehören und ihr dienen und wenn sie zuvor in einer anderen Zunft waren, diese aufgeben.
3. Nun über diejenigen, die einen Ehemann haben und in einer anderen Zunft dienen, aber hier sitzen und zu nähen pflegen, die dürfen durchaus leinenes Gewand nähen, aber nicht wollenes. Außerdem darf keine von ihnen mehr als eine Lehrtochter halten. Wollte aber eine mehr als eine Lehrtochter halten, so soll sie der Zunft die Gebühr bezahlen.

übertragen nach: Mone: Gewerbspolizei [402], Nr. 3, S. 157f.

[258] Konstanzer Ratsbeschluß über die Näherinnen v. 8. 7. 1456.

Die derzeitigen und zukünftigen Näherinnen hier zu Konstanz dürfen wohl nähen, was leinenes Gewand und Tuch ist, aber sonst nichts, weder wollenes noch Kürschnerwerk. Auch dürfen sie den Frauen Unterbarchent (Unterwäsche) machen, auch seidene Unterröcke, auch Alban (weiße Chorhemden d. Geistlichen) und seidene Meßgewänder, wenn die Elle nicht mehr als einen halben Gulden kostet. Und darüber hinaus (dürfen) sie in keinerlei Weise (etwas nähen).

übertragen nach: Mone: Gewerbspolizei [402], Nr. 4, S. 159.

[259] Konstanzer Ratsbeschluß über das Gesinde der Näherinnen v. 15. 9. 1457
Eine jegliche Näherin hier in Konstanz darf nicht mehr als zwei Näherinnen haben, es seien Lern- oder Lohntöchter, und mehr nicht. Und wenn eine mehr als zwei hat, wie es oben steht, so dürfen sie die Meister der Schneiderzunft deshalb pfänden nach der Gewohnheit ihrer Zunft so oft das nötig ist.
übertragen nach: Mone: Gewerbspolizei [402], Nr. 4, S. 159.

[260] Ordnung der Wismarer Schneider v. 6. 11. 1398
[. . .] Weiterhin welcher Knecht sich selbständig machen will, der soll zuvor in der Stadt Jahr und Tag dienen. [. . .] Weiterhin darf keine Frau, die außerhalb des Amtes ist und einen Mann hat, neues Werk nähen oder schneiden bei einem Pfund Strafe an den Rat und sechs Pfennigen an jeden Werkmeister. Wenn sie aber eine Jungfrau oder Witwe ist, die neues Werk näht oder den Willen hat zu nähen, so soll das in der Entscheidung des Rates stehen.
übertragen nach: Mecklenburgisches Urkundenbuch [189], Bd. 23, Nr. 13 354, S. 485.

[261] Statut der Lübecker Schneider, um 1370
Zum ersten. Welcher Mann sich in unserem Amt der Schneider selbständig machen will, der soll ein Jahr in unserem Amt in Lübeck bei einem rechtschaffenden Mann gedient haben. [. . .] Weiterhin darf kein Schneider eine Frau oder eine Magd zum Nähen halten, außer seine Ehefrau, bei der gleichen Strafe (von drei Mark Silber). [. . .]
übertragen nach: Wehrmann: Älteste Lübeckische Zunftrollen [225], S. 421, S. 423.

[262] Ordnung der Frankfurter Schneider, Seidensticker und Gewandscherer v. 9. 3. 1377 mit späteren Nachträgen
§ 8. Weiterhin soll niemand das Schneiderhandwerk, das Seidenstikkerhandwerk oder das Gewandschererhandwerk treiben, [. . .] es sei denn, er ist zuvor Bürger (geworden) und hat das mit dem Rat ausgetragen. Wenn das geschehen ist, so soll er dem Handwerk 3 Mark geben, die sollen dem Handwerk zum gemeinen Nutzen dienen, und einen Viertel Wein, das sollen die aus dem Handwerk vertrinken. Wenn das geschehen ist, so haben er und seine Kinder Recht zu alledem, das dem Handwerk als Gemeinschaft gehört.
§ 11. Weiterhin, wenn einer einen Lehrknecht dingt, so soll der Knabe dem Handwerk zum gemeinen Nutzen 5 Schilling geben. [. . .]
§ 12. Weiterhin darf auch kein Meister oder Knecht um das Gesinde eines anderen werben oder es ihm abdingen. [. . .]
§ 19. Weiterhin, welche Frau das Handwerk treiben will, die keinen Mann hat, die soll zuvor Bürgerin sein und es mit dem Rat austragen. Wenn das geschehen ist, so soll sie dem Handwerk 30 Schilling geben, die dem Handwerk zum gemeinen Nutzen dienen sollen, und einen halben Viertel Wein, das sollen die von dem Handwerk vertrinken. Wenn das geschehen ist, so haben sie und ihre Kinder Recht zum Handwerk.
§ 20. Der Rat ist betreffs der Schneider übereingekommen, daß ein Meister zwei Knechte und einen Knaben halten darf. Und dazu können ihm seine Ehefrau, Kinder und Magd nebenbei helfen und arbeiten wie bisher. [. . .] (Zusatz v. 2. 1. 1405)
übertragen nach: Schmidt: Frankfurter Zunfturkunden [204], Bd. 1, S. 505 f.

[263] Schneiderbundesbrief der Städte Worms, Frankfurt, Speyer, Mainz, Heidelberg, Oppenheim, Aschaffenburg, Koblenz, Boppard, Kreuznach, Kaiserslautern, Alzey, Bingen, Neustadt a. d. H., Landau, Kronweißenburg und Pfeddersheim v. 5. 6. 1565

§ 34. Weiterhin soll kein Meister einer Frau mit Ausnahme seiner Ehefrau oder Tochter das Handwerk lehren. [. . .]

übertragen nach: Schmidt: Frankfurter Zunfturkunden [204], Bd. 2, S. 412.

[264] Arbeitsteilung in einer Schneiderwerkstatt, Miniatur a. d. Codex picturatus v. Balthasar Behem, 1. Hälfte 15. Jh.

aus: Winkler: Der Krakauer Behem-Codex [132], Tafel 5.

[265] Eintragungen in das Mainzer Schneiderzunftbuch 1369–1447

„Die Auswahl folgender Belege ist aus dem Zunftbuch des Handwerks gezogen, welches unter Nr. 148 in der Stadtbibliothek zu Mainz aufbewahrt wird. Es sind absichtlich vielerlei Beispiele angeführt, um die verwickelten Verhältnisse des Zunftwesens kennen zu lernen. Die Größe des Einkauf- oder Zunftgeldes hat gewechselt, im Jahr 1369 war ab 9 bis 10 Pfund Heller für das ganze Zunftrecht, 1409 aber 16 Pfund, auf welcher Höhe es blieb und nur in Ausnahmefällen 1432 auf 10 Pfd., 1443 auf 8 Pfd. herabsank."

1369. Frau Katerin hat den Meistern gelobt, 3 Pfund Heller zu geben, und hat sich verpflichtet, keine Magd oder einen Knaben zu lehren, noch soll sie um Kundschaft werben, noch Schneiderware anfertigen, die den Meistern vorbehalten ist, bei der Strafe, die unser (Zunft-)brief festsetzt.

1404. Jeckel Beinges Tochter, die Seidenstickerin, soll jedes Vierteljahr 1 engels (Münze) geben, und hat nichts mit dem Hof (Zunfthaus) zu schaffen, sie oder ihre Kinder. Auch haben wir besprochen, daß wir sie ehren und fördern, wo wir das können oder vermögen.

1409. Wir haben Jeckel Geßern von Rosbach in die ganze Zunft für 16 Pfund aufgenommen, und seine zwei Töchter sollen in der Zunft sein, als wenn sie darin geboren wären.

1416. Fyschports Frau ist ½ Gulden an den Hof schuldig, von der Hochzeit, die sie in unserem Hof hatten.

1423. Wir haben Else Metzen aufgenommen, und sie soll der Zunft 3 Gulden geben, und sie soll 8 Schilling sofort geben, und soll danach jedes Vierteljahr 6 Schilling geben, bis sie bezahlt hat, und sie soll auch Fronfastengeld (den vierteljährlichen Zunftbeitrag) geben wie einer von uns. [. . .]

1423. Agnes von Beckelnheim wurde aufgenommen für 12 Heller Fronfastengeld.

1423. Ketterlin Monchin, die Stickerin, für ein lebenslanges Fronfastengeld von 4 Englischen.

1423. und die Frau des Clesgin Kungeshofen für ein Zunftgeld von 14 Schilling, und das gewöhnliche Quatembergeld von 14 Heller.

1432. Gudichin von Firnburg haben wir aufgenommen, daß sie Altwerk flicken und machen darf, und sie soll 28 Schilling geben, und alle Vierteljahr 1 Schilling geben, solange sie lebt.

1432. Katherin, die Frau des Bendermeisters Werner, hat die halbe Zunft erhalten, und sie soll 1 Pfund Heller geben und alle Vierteljahr 6 Heller und es ist auch verabredet, wenn sie Kinder lehrt, so soll sie für ein jegliches Kind 2 Pfund Wachs geben.

1438. Heintze ist in die Zunft aufgenommen worden, und er hat eines Meisters Tochter, und er soll 14 Schilling geben, wie dies eines Meisters Kind (Sohn) gibt und auch eine Kanne (Wein).

1438. Wir haben Jost Kaufmann von Ebirsbach, Nachfahre von Strubin Byln, in die ganze Zunft aufgenommen und er hat die halbe Zunft durch seine Frau.

1440. Ketten von Weißenau erhielt die Zunft für 10 Schilling Heller und 12 Heller Quartelsgeld, solange sie in der Stadt bleibt.

1440. Elsgin, Etzsteins Tochter bekam die ganze Zunft um 14 Schilling und 1 Kanne und 12 Heller Quartembergeld. Sie darf aber kein Gesinde halten und erhielt die Zunft nur für ihre Person.

1440. Engele, Schwester des Lesemeisters bei den Augustinern erhielt die Zunft für 12 Schilling Heller und 12 Heller Quatembergeld.

1445. Else, Frau des Steinmetzen Gerlach, bekam die Zunft für 2½ Pfund Heller und ein Quartalsgeld von 6 Heller, wenn sie aber jemand etwas anderes lehrt als Untergewand und Broche, so soll die Lehrmagd der Zunft zwei Pfund Wachs geben.

1445. Grete, Frau des Bartscherers Byle, bekam die Zunft für 2½ Pfund Heller und ein Quartalgeld von 6 Heller, wenn sie aber jemand etwas anderes lehrt als

Untergewand und Broche, so soll die Lehrmagd der Zunft zwei Pfund Wachs geben.

1447. Ist man mit Peder Dentzer, Nachfahre des sel. Peder Pils, und seiner Ehefrau übereingekommen, nachdem nun Peder Pils Witwe jetzt Peders Frau geworden ist, daß sie die halbe Zunft behalten will und auch ihr Fronfastengeld von 12 Hellern geben will, doch so, daß weder Peter, ihr Ehemann, noch sie irgendwelches Nähhandwerk treiben oder ausüben sollen noch wollen, noch unter den Gaden Zwischenhandel betreiben, es sei denn, daß sie in Mainz wohnen wollen, so dürfen sie dies betreiben wie die anderen Einwohner, sofern er die halbe Zunft zuvor gekauft hat. Und wenn sie ihr Fronfastengeld nicht geben, so gesteht man ihnen die Zunft fortan nicht mehr zu.

übertragen nach: Mone: Zunftorganisation [404], S. 173–79.

[266] Erster Amtsbrief der Kölner Schröder (Schneider) v. 14. 4. 1397

§ 4. Weiterhin eines Meisters Frau, der ihr Mann gestorben ist, die mag sich in diesem Handwerk ernähren, sofern sie es mit der Hand selbst kann. Und der nächste Mann, den sie danach nimmt, der aus demselben Handwerk ist, der Mann soll drei Gulden geben. [. . .]

§ 5. Weiterhin, wenn eines Meisters Tochter einen Mann aus diesem Amt nimmt, der die Bruderschaft nicht besitzt, so soll der Mann drei Gulden geben. [. . .]

§ 19. Weiterhin, wenn ein Meister oder eine Frau einen Knecht zu lehren beginnen, so sollen sie für den Knecht vier Pfund Wachs geben und für die Magd drei Pfund Wachs.

übertragen nach: Loesch: Die Kölner Zunfturkunden [187], Bd. 1, Nr. 57, S. 156, S. 158

[267] Kölner Ratsverordnung über Lehrzeit, Eintrittsgeld, Hausgeld und Arbeitsgebiet der Frauen bei den Schneidern v. 8. 10. 1440

Unsere Ratsherren haben einträglich mit dem letzten, halb ausgeschiedenen Rat beschlossen: Wenn eine Frau das Schneiderwerk treiben will, so soll sie zwei Jahre gelernt haben, bevor sie sich selbständig macht und soll dem Amt 2 Gulden geben und dazu alle Jahre 2 Schilling als Hausgeld. Und alsdann mögen die Frauen, die das Amt also annehmen, neue Frauenunterkleider von Vogelschürlitz (Basler Barchent) und Leinen (sowie) aus Baumwolltuch Frauenunterkleider und aus Tirtei (halbwollenes Zeug) neue Frauenunterkleider anfertigen. Weiterhin mögen sie alle alten Frauenunterkleider machen und mehr nicht. Und sie sollen dem Amt gehorsam sein nach dem Inhalt ihres Amtsbriefes. Und welche Frau das vorgenannte Geld nicht geben will, die soll auch die vorgenannten Stücke ab sofort nicht mehr machen dürfen. [. . .]

übertragen nach: Loesch: Die Kölner Zunfturkunden [187], Bd. 2, Nr. 619, S. 391 f.

[268] Ordnung der Lübecker Kürschner. v. 1386

[. . .] Weiterhin, stirbt ein Meister aus unserem Amt, der eine rechtschaffene, unbescholtene Frau hinterläßt, so darf sie solange das Amt gebrauchen, wie sie will. Nimmt sie aber einen Mann außerhalb des Amtes, so soll sie das Amt verlieren. [. . .]

Weiterhin, hat ein Meister hier in unserem Amt eine Tochter, der er einen Knecht aus unserem Amt gibt, so soll man diesen Knecht ohne weitere Vorladungen aufnehmen. [. . .]

übertragen nach: Wehrmann: Die älteren Lübeckischen Zunftrollen [225], S. 192.

[269] Bestimmungen des Lüneburger Kürschneramtes, um 1450
[. . .] Weiterhin, wenn ein Mann ohne Sohn verstirbt, so darf dessen Frau kein Pelzwerk mehr verarbeiten. Aber das Fellwerk, das sie gegerbt (vorrätig) hat, darf sie mit Zustimmung der Meister [. . .] bearbeiten.
Weiterhin, wenn ein Geselle eines Meisters Tochter nimmt, so ist er (von der Zahlung) des Geldes, das er dem Amt geben sollte, befreit. [. . .]
übertragen nach: Bodemann: Die älteren Zunftrollen der Stadt Lüneburg [141], S. 176.

[270] Ordnung der Quedlinburger Kürschner v. 8.3. 1478
Wir, Hedwig, von Gottes Gnaden geborene Herzogin zu Sachsen etc., des freien weltlichen Stifts zu Quedlinburg Äbtissin anerkennen mit dieser Urkunde für uns und alle nach uns folgenden Äbtissinnen, nachdem uns die ehrsamen Kürschner unserer Stadt Quedlinburg darum ersucht haben, ihnen ihre Innung zu bestätigen, daß wir denselben Kürschnern unserer Stadt ihre Innung bestätigt haben. [. . .]
Wenn jemand von ihnen Söhne oder Töchter bei seinem Tod hinterläßt, die in der Innung geboren und unbescholten sind, so sollen sie die volle Innung wie ihre Eltern haben. Wenn sie die Innung annehmen wollen, es sei Sohn oder Tochter, so sollen sie der Innung eine halbe Tonne Bier, eine halbe Mark, einen Braten und ein Pfund Wachs geben und dem Vogt sollen sie einen Schilling geben und das, wie es zuvor steht, nicht versäumen. Wenn jemand ihre Innung gewinnt, der den Gewerken gelobt hat, das Innungsgeld zu geben, so soll derselbe das gelobte Geld auch dann geben, wenn er danach eines Gewerken Tochter zur Ehe nimmt. [. . .]
übertragen nach: Quedlinburger Urkundenbuch [221], Bd. 2, Nr. 569a, S. 4f.

[271] Ordnung der Basler Kürschner v. 22. 9. 1226
[. . .] Ferner soll keiner vom Handwerk der Kürschner den Gesellen eines Angehörigen ihrer Gesellschaft vor Ablauf seiner vertraglichen Frist abdingen, damit ihr Gewerbe um so löblicher und nutzbringender bei ihnen erfunden werde. [. . .]
Wenn aber einer von ihnen in irgendeinem Punkt ihre Ordnung übertreten würde, soll er uns oder unseren Nachfolgern 5 Schilling, der Stadt 5 Schilling und 5 Schilling zum Nutzen ihrer Bruderschaft, welche gemeiniglich Zunft genannt wird, die sie zu Ehren der hl. Jungfrau Maria errichtet haben, ohne irgendwelchen Widerspruch und Nachlaß bezahlen. Und wer immer von ihrem Handwerk in ihrer Gesellschaft und Bruderschaft sein will, soll bei seinem Eintritt 10 Schilling bezahlen, und ihre Nachfolger sollen, wenn sie in derselben Bruderschaft Genossen sein wollen, nur 3 Schilling bei ihrem Eintritt bezahlen. Diejenigen aber aus ihrem Handwerk, welche nicht in ihrer Gesellschaft, wie oben gesagt ist, sein wollen, sollen von dem Recht des Arbeitens nach ihrem Belieben und von dem Markt in Kauf und Verkauf und von aller Gemeinschaft mit ihnen gänzlich ausgeschlossen sein. Außerdem ist zu wissen, daß in dieser Übereinkunft nicht nur die Männer, sondern auch die Frauen, die in diesem Handwerk sind, eingeschlossen sind. [. . .]
übertragen nach: Urkundenbuch der Stadt Basel [208], Bd. 1, Nr. 108, S. 77.

[272] Erster Amtsbrief der Kölner Buntwörter und Pelzer v. 14. 4. 1397
§ 1. [. . .] Wenn ein Mann sich als Meister niederlassen will und sich von dem vorgenannten Amt ernähren will, so soll er dem Amt zwei Gulden geben. [. . .]

§ 2. Weiterhin, wenn ein Lehrkind in dem vorgenannten Amt angenommen wird, so soll es dem Amt einen Gulden geben.

§ 3. Weiterhin soll kein Meister noch

ein Knecht für jemanden außerhalb ihres Amtes (gegen Lohn) wirken. [. . .]
§ 8. Weiterhin, um zu verhüten, daß ein Mann oder eine Frau (das Eigentum der Kunden) veruntreuen, soll man dem Mann und der Frau, wenn die derzeitigen Meister dessen gewahr werden, ihr Amt verbieten. [. . .]
übertragen nach: Loesch: Die Kölner Zunfturkunden [187], Bd. 1, Nr. 44, S. 121 f.

[273] Zweiter Zunftbrief der Kölner Buntwörter und Lämmerwörter v. 22. 10. 1485
§ 2. Welcher Mann das Buntwörteramt gewinnen oder kaufen will, der kann das mit vier rheinischen Gulden tun. [. . .]
§ 4. Weiterhin soll niemand, es sei Mann oder Frau, der das Buntwerk nicht erworben und auch nicht gelernt hat, wie es zuvor geschrieben steht, irgendwelches Buntwerk angreifen. [. . .]
§ 6. Weiterhin, wenn einer ein Lehrkind in den beiden oben genannten Ämtern nach den genannten Bedingungen in die Lehre geben will, so soll das Kind vier Jahre lang und nicht weniger lernen und darin dienen; und er soll dem Amt, sobald das Kind damit beginnt, fünf Mark Kölner Währung geben. Für diese fünf Mark haften der Meister oder die Meisterin, bei dem oder der das Kind in die Lehre gegeben wird, dem Amt allezeit, ob das Kind dabei bleibt oder nicht.
§ 7. [. . .] Niemand, er sei Meister oder Knecht desselben Amts soll jemandem in dieser Stadt Buntwerk wirken oder fertigmachen außerhalb ihrer eigenen Häuser oder Werkstätten. [. . .]
§ 17. Weiterhin soll kein Buntwörtermeister und keine Buntwörtermeisterin noch jemand anders, er sei, wer er wolle, fertiges Pelzwerk, Lammfelle oder Wildware von außerhalb hereinbringen und in unserer Stadt feilhaben oder verkaufen. [. . .]
§ 20. Wenn irgendein Fütterer, sich des Buntwerks annimmt, es sei, um es anzufertigen oder um es zu verkaufen, so soll er, so oft er damit befunden wird, ohne daß ihm irgendeine Gnade gewährt wird, zehn Kölnische Mark als Buße zahlen. Deshalb sollen die Meister des Buntwörteramtes das Recht haben, in die Häuser der Fütterer und Fütterinnen zu gehen, um nachzusehen, ob sie irgendein Pelzwerk machen, was ihnen nicht erlaubt ist. Und wen sie dabei befinden, den können sie es büßen lassen und ihn bestrafen, wie es zuvor geschrieben steht.
übertragen nach: Loesch: Die Kölner Zunfturkunden [187], Bd. 1, Nr. 45, S. 124 f., S. 128 f.

[274] Vierter Amtsbrief der Kölner Buntwörter und Lämmerwörter v. 20. 2. 1495
§ 5. Weiterhin, wenn ein Futterer oder eine Futterin von irgendwelchen Bürgern oder Bürgerinnen in eines Kürschners Haus gesandt wird, um großes oder kleines Pelzwerk zu kaufen, was ihnen die Bürger oder Bürgerinnen in gutem Glauben zutrauten, und der Futterer oder die Futterin dann solches Pelzwerk teurer berechnen, als sie es beim Kürschner bezahlt haben und man dessen gewahr wird, so soll er oder sie für jedes Stück ohne Gnade eine Kölner Mark Strafe zahlen.
übertragen nach: Loesch: Die Kölner Zunfturkunden [187], Bd. 1, Nr. 47, S. 131.

[275] Arbeitsteilung in einer Kürschnerwerkstatt, Holzschnitt aus dem Ende des 16. Jh. (siehe Abbildung auf Seite 204)

aus: Mummenhoff: Der Handwerker in der deutschen Vergangenheit [405], S. 42.

[276] Ordnung der Kölner Filzhutmacher v. 3. 4. 1378

§ 6. Keine Frau unserer Meister oder Brüder, noch ihre Töchter oder irgendeine Magd dürfen Werk in unserem Amt, das den Männern zukommt, ausüben oder wirken. Wenn dem zuwider gehandelt wird, soll der Ehemann der Frau zwei Mark Kölner Währung als Buße geben, so oft sie damit befunden werden.

§ 19. Weiterhin, so haben wir beschlossen, wenn ein Meister in unserem Amt stirbt, so darf dessen Frau das Amt mit zwei Knechten, so lange sie lebt, weiterbetreiben. Und wenn irgendein Bruder stirbt, so darf dessen Frau das Amt mit einem Knecht ausüben, so lange sie sich ehrbar hält. Und diese Frauen sollen wie wir an alle Punkte dieses Briefs und an die gleichen vorgenannten Strafen gebunden sein.

übertragen nach: Loesch: Die Kölner Zunfturkunden [187], Bd. 1, Nr. 38, S. 109f.

[277] Ordnung der Lübecker Filzhutmacher, 14. Jh.

Zum ersten, welcher Mann sich in unserer Zunft selbständig machen will, der soll zuvor ein Jahr in dem Amt gedient haben. [. . .]

Weiterhin soll niemand dem anderen dessen Knecht abdingen. [. . .]

Weiterhin soll niemand in unserem Amt mehr als zwei Knechte und einen (Lehr)jungen oder zwei (Lehr)jungen und einen Knecht haben.

Weiterhin soll niemand, der in unserem Amt selbständig ist, er sei Mann oder Frau, irgendwelche Ware am Hafen oder in den Häusern feilhaben bei drei Mark Silber (Strafe).

übertragen nach: Wehrmann: Die älteren Lübeckischen Zunftrollen [225], S. 471–473.

[278] Ordnung der Hutmacher zu Frankfurt/Main v. 25. 5. 1407

§ 23. Weiterhin soll niemand, es sei Mann oder Frau, zum Handwerk zugelassen werden, wenn er nicht zuvor eine besiegelte Urkunde bringt, daß er ehelich geboren ist.

§ 24. Weiterhin soll kein Meister mehr als zwei Lohnknechte und einen Lehrknaben halten. [. . .]

übertragen nach: Schmidt: Frankfurter Zunfturkunden [204], Bd. 1, S. 265.

[279] Lüneburger Ratsverordnung über die Hutmacher v. 7. 1. 1524

Im Jahre 1524 [...] haben die ehrbaren weisen Herren Meyne Schelpeper und Lenhart Tobynck, Ratsmänner zu Lüneburg [...] beschlossen, daß ein Meister desselben Handwerks fortan nicht mehr als zwei Knechte und einen Lehrknecht und außer Hauses nicht mehr als vier Stickerinnen halten soll. [...]

übertragen nach: Bodemann: Die älteren Zunfturkunden der Stadt Lüneburg [141], S. 111.

[280] Arbeitsteilung in einer Hutmacherwerkstatt, Holzschnitt aus dem Ende des 16. Jh.

aus: Brandl: Die Zunftlade [396], S. 262.

[281] Amtsbrief der Kölner Wappensticker v. 14. 4. 1397

§ 1. Zum ersten soll sich kein Mann aus diesem Amt in Köln niederlassen und davon ernähren, er habe denn zuvor vier Jahre gedient. [...]

§ 3. Weiterhin, wenn der Sohn eines Meisters aus diesem Amt Meister werden will und dieses Amt geerbt hat, so kann er die Bruderschaft mit drei rheinischen Gulden und einem Viertel Wein gewinnen. Und er soll außerdem entsprechend seines Vermögens seinen Harnisch haben.

§ 7. Kein Meister und keine Meisterin dieses Amtes sollen dem anderen dessen Lehrjungen, dessen Lehrmädchen oder anderes Gesinde abdingen. [...]

§ 8. Wenn ein Meister oder eine Meisterin am Sonntag, am Aposteltag (29. 6.) oder an ähnlichen heiligen Tagen arbeiten, so sollen sie zwei Pfund Wachs Strafe zahlen, so oft man ihn dabei antrifft. [...]

§ 9. Kein Mann, keine Frau oder Jungfrau soll sich durch unser Handwerk ernähren oder es in unserer Stadt als Meister ausüben, wenn er nicht die Bruderschaft erworben und dafür sechs rheinische Gulden und zwei Viertel des besten Weins, den man zapfen kann, gibt und sie zuvor bezahlt hat.

§ 10. Weiterhin sind die vorgenannten Meister und Brüder an uns herangetreten und sie wollen, daß man jedem verdienten Bruder oder jeder Schwester zu ihrem Begräbnis acht Pfund Wachs geben soll. Wenn sie dem Amt, wie zuvor erwähnt, Genüge getan haben, wie es üblich ist, soll man ihrem Begräbnis beiwohnen. Wer es nicht tut, der soll einen alten Turnois als Buße zahlen. Und weiterhin soll man jährlich zwei gedrehte Wachskerzen machen, die man jährlich der Hostie vorantragen soll, wenn sie durch die Stadt getragen wird.

§ 11. Weiterhin, wenn ein Bruder oder eine Schwester, die man vorgeladen hat, die Vorladung versäumt, obwohl er in der Stadt war, so zahlen Bruder und Schwester einen alten Turnois als Buße. [. . .]

§ 12. Weiterhin, wenn ein Meister oder eine Meisterin, die hier in unserer Stadt wohnen, aus unserer Stadt weggehen, um auf einer Burg oder in einer anderen Stadt zu wirken, der Mann oder die Frau haben ihre Bruderschaft verloren. Aber er kann sie für drei Gulden wiedergewinnen.

übertragen nach: Loesch: Die Kölner Zunfturkunden [187], Bd. 1, Nr. 77, S. 200–202.

[282] Augsburger Verordnung über den Verkauf von Täschnerwaren, 1276

Es soll niemand, der kein Geschäft hat, Gürtel oder Handschuhe verkaufen. [. . .] Aber wenn eine arme Frau oder ein Mann einen kleinen Beutel oder einen kleinen Gürtel machen [. . .], so dürfen sie diese durchaus verkaufen, wem sie wollen.

übertragen nach: Meyer: Das Stadtbuch von Augsburg [192], S. 42.

[283] Amtsbrief der Kölner Beutelmacher v. 14. 4. 1397

§ 1. Zum ersten soll man zwei Meister aus dem vorgenannten Amt wählen, die das Amt in Ehren regieren und halten sollten in all der Weise, wie es im folgenden geschrieben steht. Alle anderen, und zwar beide, Männer und Frauen, die das vorgenannte Handwerk in Köln betreiben, sollen ihnen gehorsam sein in allen Dingen, die das Amt betreffen. Und von den Meistern soll man alle Jahre denjenigen, der am längsten dabei ist, absetzen und einen neuen einsetzen, so daß jeder gewählte Meister zwei Jahre Amtsmeister bleibt.

§ 2. Wenn ein Mann oder eine Frau sich in dem vorgenannten Amt niederlassen will, um das Handwerk zu treiben, so sollen sie ihr Handwerk gut beherrschen, was die Meister, die dazu bestellt sind, prüfen sollen. Und sie solle ihre vorgeschriebenen Lehrjahre ausgelernt haben. Sind sie Leute von außerhalb und haben sie ihre Lehrjahre außerhalb von Köln gedient, so sollen sie es nachweisen, daß sie ihre Lehrjahre ausgedient haben, und sollen dem Amt 2 Gulden und 1 Mark geben, die die Meister des Amtes gemeinsam vertrinken sollen. Sind sie aus Köln und haben sie ihre Lehrjahre in Köln gedient, so sollen sie dem Amt 2 Gulden geben und sollen ihr Handwerk gut beherrschen, wie es zuvor steht. Sind sie aber Kinder von Meistern, die in Köln sitzen oder gesessen haben, um das Handwerk zu treiben, so sollen sie ihr Handwerk gut beherrschen, wie es zuvor steht und sollen dem Amt die Hälfte des Geldes für die Erlangung der Meisterschaft geben.

§ 3. Kein Meister und keine Meisterin sollen einen Lehrknecht oder ein Lehrmädchen für weniger als vier Jahre annehmen, um ihnen das Handwerk zu lehren.

§ 4. Wenn ein Meister oder eine Frau stirbt, oder nicht bei dem Handwerk bleibt, so sollen die Lehrknechte oder Mädchen ihre Lehrjahre ausdienen können, sofern sich die gewählten Meister des Amtes in ihrer Verständigkeit darüber einig werden, bei wem sie ihre Lehrjahre am günstigsten auslernen können. Sobald die Lehrknechte oder Mädchen in das Amt aufgenommen werden, soll ein jeder dem Amt zwei Mark geben, und die sollen die gemeinen Meister, wenn sie dazukommen wollen, vertrinken und die Lehrkinder sollen ihnen beim Vertrinken helfen.

§ 5. Kein Mann und keine Frau aus diesem Amt sollen mehr arbeitendes Gesinde haben als drei Leute im Hause und einen außer Haus, ausgenommen sind ihre eigenen Kinder. Und soviel Gesinde jemand außerhalb oder innerhalb des Hauses darüberhinaus hat, soviel 6 Kreuzer(stücke) soll er für jeden Tag als Buße zahlen, den sie den Knecht oder die Magd halten, nachdem ihnen dies verboten worden ist.

§ 8. Weiterhin, wenn ein Knecht oder eine Magd aus diesem Amt Stückwerk macht und nicht länger dienen will, so soll ein jeder dem Amt zwei Gulden geben und damit ihr Amt empfangen.

§ 12. Weiterhin, wenn ein Mann oder eine Frau mit Waren auf einen Markt außerhalb von Köln fahren wollen, so sollen sie die Ware durch die beiden Meister, die dazu bestimmt sind, beschauen lassen. Und was man als schlecht befindet, das soll man vor die Meister bringen und man soll acht Schilling als Buße zahlen. Wenn jemand von ihnen aber ein unbesehenes Werk ausführt oder wegschickt, so soll er einen Gulden als Buße zahlen, so oft er das tut.

übertragen nach: Loesch: Die Kölner Zunfturkunden [187], Bd. 1, Nr. 4, S. 10–12.

[284] Ordnung der Weißgerber zu Frankfurt/Main, 1. Hälfte 15. Jh.

§ 8. Wenn jemand Häute auf dem Markt oder anderswo im Frankfurter Gebiet, ausgenommen bei den Metzgern am Scharren kauft, treten dann einer oder mehrere oder eine oder mehrere unserer Frauen aus der Bruderschaft ohne irgendeinen Vorwand und ohne Neid hinzu, so soll derjenige oder die Frau, die den Kauf getätigt haben, diese Häute herbeischaffen und sie mit den Hinzugekommenen, so viele es auch sind, ohne jeden Widerspruch teilen [...]

§ 10. Auch sollen ein Lehrknabe und eine Lehrfrau, die in unser Handwerk oder unsere Gesellschaft kommen, zwei Pfund Wachs und einen Viertel Wein geben. Wenn ein Meister oder Geselle unserem Handwerk und unserer Gesellschaft dies länger als 14 Tage verschweigt, so soll der Meister oder der Geselle, das Wachs und den Wein für den Lehrknaben, die Lehrmagd oder die Frau geben. Und wenn ein Lehrknabe, eine Lehrmagd oder eine Lehrfrau das nicht geben will, so soll sie kein Meister unseres Handwerks halten und er soll sie entlassen, es sei denn er verschafft der Gesellschaft, wie es zuvor geschrieben steht, Genugtuung.

übertragen nach: Schmidt: Frankfurter Zunfturkunden [204], Bd. 2, S. 142 f.

[285] Ordnung der Bruderschaft der Beutler, Nestler und Weißgerber zu Frankfurt/Main v. 26. 4. 1472

§ 3. Weiterhin, wenn einer der Brüder oder eines Bruders Ehefrau oder eines seiner unverheirateten Kinder [...] in der Bruderschaft verstirbt, so sollen die vier jüngsten die Leiche zu Grabe tragen und ein jeglicher Bruder soll mitgehen und der Leiche zum Grabe folgen bei einer Buße von sechs Hellern, so oft das geschieht.

§ 14. Weiterhin, wenn eines Meisters Sohn oder Tochter (um Aufnahme) in das Handwerk begehrt, so soll er dem Handwerk einen Gulden für ein Kalb geben.

§. 19. Weiterhin soll auch kein Meister unter uns mehr als zwei Lohnknechte neben einem Lehrknaben haben oder drei Lohnknechte und einen Lehrknaben halten bei 4 Viertel Wein als Buße, so oft das geschieht.

§ 25. Weiterhin sind die nachgenannten Meister gütlich übereinge-

kommen, daß von nun an eine Witwe, wenn sie einen ledigen Knecht zur Ehe nimmt, der rechtschaffen und ehelich (geboren) ist, wie dies zuvor gefordert worden worden ist, oder ein Witwer unseres Handwerks, eine Frau in der vorgeschriebenen Weise nimmt, so sollen sie, so viele es auch werden, jeder einen Gulden für ein Kalb dem vorgenannten Handwerk geben.
übertragen nach: Schmidt: Frankfurter Zunfturkunden [204], Bd. 2, S. 147–150.

[286] Ordnung der Weißgerber, Pergamenter, Beutler, Nestler und Täschner zu Frankfurt/Main v. 21. 3. 1499

§ 2. Zum ersten soll niemand zu Frankfurt als Meister das Weißgerber, Pergamenter-, Beutler-, Nestler- oder Täschnerhandwerk als Meister treiben oder Knechte halten, wenn der Meister nicht zuvor ein gelobter und geschworener Bürger zu Frankfurt geworden ist und mit dem Handwerk übereingekommen ist, wie es hiernach geschrieben steht.

§ 35. Weiterhin, wenn eine Frau oder Witwe hinfort ohne einen Mann das Handwerk, wie das genannt wird, halten will, so soll sie verpflichtet sein, jährlich den gleichen Hauszins zu geben, als ob sie einen Mann bei sich hätte.

übertragen nach: Schmidt: Frankfurter Zunfturkunden [204], Bd. 2, S. 151, S. 157.

[287] Nürnberger Ratserlaß über die Zulassung einer Witwe zum Beutlergewerbe v. 1540

Auf Schreiben der römisch kaiserlichen Majestät und der Zustimmung der Beutler- und der Hängetaschenmacher hin, ist es der Witwe Ursula Kienberger vergönnt und zugelassen, daß sie aus Samt, Seide und dergleichen Beutel machen und Hängetaschen anfertigen darf, und solches weiterhin, wie sie es bisher getrieben und getan hat, ohne Einspruch von irgendjemanden arbeiten und sich damit befassen soll und mag, doch in der Art und dergestalt, daß sie neben sich zur Herstellung solcher Beutel und Hängetaschen kein Gesinde halten darf, sondern mit eigenen Händen ihr Leben lang allein arbeitet.
übertragen nach: Schmidt: Die berufstätige Frau in der Reichsstadt Nürnberg [306], S. 22.

[288] Brief des Nestlerhandwerks zu Straßburg an das Nestlerhandwerk zu Nürnberg v. 10. 7. 1539

Dieweil nun aber kund und offenbar am Tage liegt, daß ihr Meister zu Nürnberg eure Mägde am Stock arbeiten laßt (wäre das hier zu Straßburg erlaubt, möchten wir unserer Lehrknaben wohl entrathen), und da wir doch die sechs Lehrjahre zu halten uns nie gesperrt haben, sondern was zu gutem Nutz und Frommen gemeinen Handwerks gereichen und dienen mag, allezeit zu fördern geneigt und willig gewesen sind und noch sind, so ist unsere ganz ernstliche Meinung, Willen und Entschluß: sofern ihr den erwähnten Mißbrauch der Mägde halben, so bei euch am Stock schaffen, abstellt und dafür sorgt, daß solches keinem Meister bei euch gestattet oder zugelassen werde, wenn ferner den Gesellen verboten wird, bei Meistern, die hier Mägde an solche Arbeit setzen, zu schaffen, so wollen wir uns zu Nutz und Frommen des Handwerks mit euch und anderen Städten deswegen gutwillig einigen. Es soll dann der sechs Lehrjahre halber, wie ihrs begehrt habt, hinfüro gehalten und darnach gehandelt, auch der Mißbrauch des Löcherns ganz abgethan und abgestellt, in keiner Weise gelitten oder gestattet werden. Die, die dagegen verstoßen, sie seien Meister oder Gesellen, sollen gebührend gestraft

werden. Wenn ihr aber den Mißbrauch der Mägde halber nicht abstellt, sondern zur Beschwerung unseres Handwerks wider alten löblichen Brauch, Recht und Billigkeit solches erhalten wollt (was wir doch von euch nicht erwarten), so würden wir verursacht, alle und jede Gesellen, so bei solchen Meistern bei euch zu Nürnberg das Handwerk gelernt oder sonst gearbeitet haben, als untauglich und unredlich zu verwerfen und ihnen bei uns zu arbeiten nicht gestatten. Solches haben wir, Meister und Gesellen zu Straßburg einhellig beschlossen und mit der Bitte um schriftliche Antwort euch mitgetheilt.
zitiert nach: Schoenlank: Sociale Kämpfe vor dreihundert Jahren [413], S. 64–66.

[289] Ordnung der Nürnberger Beutler v. 1535
Zum Vierden soll auch ihr keiner einige Magd zum Handwerk gebrauchen noch halten.
zitiert nach: Jegel: Das Nürnberger Handwerksrecht [172], Nr. 434, S. 468.

[290] Ordnung der Nürnberger Taschner v. 1535
Zum Fünfzehenden ist einem jeden Meister vergönt und zugelassen, daß er neben seiner hiervorn bestimpten Anzahl der Gesellen und Jungen auch ein Dienstmagd, die er zur Haußarbeit helt, auch zum Handwerk gebrauchen möge. Im Fall er aber mehr dann ein Magd zum Haushalt gebrauchen wolt, so soll doch mehr nit dann eine darunter zum Handwerk helfen; die andrn aber allein der Haußarbeit warten, bei Straff zehen Pfund novi.
zitiert nach: Jegel: Das Nürnberger Handwerksrecht [177], Nr. 433, S. 463.

[291] Ordnung der Nürnberger Gürtler v. 1535
Zum Einundzwainzigsten soll kein Meister uf dem Gürtlerhandwerk irgendeine Magd zum Handwerk und zu der Arbeit, die den Gesellen und Jungen zustehet gebrauchen, alß nemlich nicht über dem Ampaß weder zu hauen noch zu stempfen, auch weder Rinken, Senkeln noch Spangen auf- oder anzuschlagen noch einige Stefftgürtel zu beschlagen oder zum Anstreichen und Gulden bei gleichmeßiger Straff vier Pfund novi.
zitiert nach: Jegel: Das Nürnberger Handwerksrecht [177], Nr. 179, S. 488.

[292] Ordnung der Lübecker Gürtler v. 17. 3. 1414
[...] Weiterhin, wenn einer Frau der Mann verstirbt und sie einen Sohn hat, so darf sie das Amt behalten, solange der Sohn lebt. Hat sie aber keinen Sohn, so soll sie ihr Werk binnen Jahr und Tag verkaufen und das Amt verlassen.
übertragen nach: Wehrmann: Die älteren Lübeckischen Zunftrollen [225], S. 372.

[293] Amtsbrief der Kölner Gürtelmacher v. 14. 4. 1397
§ 2. Weiterhin, wenn ein Mann in das vorgenannte Amt eintreten und sich davon ernähren will, so soll er dem Amt sechs rheinische Gulden geben und er soll dem Amt den Eid auf den Inhalt des Verbundbriefs, den alle innerhalb Kölns geschworen haben, leisten.
§ 6. Weiterhin, wenn ein Knecht in das Amt kommen wüll, um es zu lernen, so soll er sechs Jahre dienen und nicht weniger und er soll dem Amt einen rheinischen Gulden geben.
§ 10. Weiterhin, wenn ein Mann oder eine Frau irgendwelches Gürtelwerk auf einen Markt außerhalb Kölns schicken oder bringen, ausgenommen auf die Messe nach Frankfurt, allerdings nur auf die alte und nicht auf die neue, so sollen sie vier Mark als Buße zahlen, so oft sie dies unternehmen.

§ 11. Weiterhin, wenn ein Mann oder eine Frau aus diesem Amt unbesehenes Gürtelwerk außerhalb von Köln schicken oder bringen, so sollen sie zehn Mark als Buße zahlen, so oft sie dies unternehmen.

§ 17. Weiterhin, wenn jemand in diesem Amt irgendeinem Mann, einer Frau, einem Knecht oder einer Magd, der das Recht des Handwerks dazu nicht besitzt, zu arbeiten gibt, so soll er zehn Mark als Buße zahlen, so oft er das unternimmt.

übertragen nach: Loesch: Die Kölner Zunfturkunden [187], Bd. 1, Nr. 32, S. 99f.

[294] Arbeitsteilung in einer Gürtlerwerkstatt, Holzschnitt aus dem Ende des 16. Jh.

aus: Mummenhoff: Der Handwerker in der deutschen Vergangenheit [405], S. 40.

[295] Ordnung der Lübecker Lohgerber v. 6. 4. 1454

[. . .] Weiterhin, wenn ein Mann aus unserem Amt verstirbt und eine Frau hinterläßt, so darf die Frau die volle Zahl gerben, solange die Lohe ausreicht, die ihr Mann ihr hinterlassen hat, falls sie im Amt bleibt. Wenn sie dann Witwe bleiben will, so kann ein rechtschaffener Mann aus unserem Amt sie zu sich nehmen und für sie wöchentlich drei Häute gerben. Und davon soll er sie, solange sie lebt, ernähren. Aber sie selbst darf diese weder verkaufen noch versetzen. [. . .]

übertragen nach: Wehrmann: Die älteren Lübeckischen Zunftrollen [225], S. 316.

[296] Ordnung der Lübecker Rußfärber v. 12. 12. 1500

[. . .] Weiterhin, wenn einer ehrbaren Frau im Amt der Mann stirbt und sie innerhalb des Amtes einen gleichen nicht wieder bekommen kann oder sie nicht wieder heiratet und sie dennoch das Recht des Amtes gebraucht oder gebrauchen will, so soll und kann sie das Amt gebrauchen, solange ihr dies gefällt und sie sich ehrbar hält. Wenn sie sich aber außerhalb des Amtes verheiratet oder sich ungebührlich beträgt, so soll sie das Amt damit verloren haben.

Weiterhin, wenn eine Frau innerhalb des Amtes wegen Armut, Alter oder Krankheit das Amt nicht mehr gebrauchen kann oder will, so soll ihr das Amt wöchentlich vier Lübecker Schilling gleich einem Mann, wie es vorgeschrieben ist, geben. Und sie sollen sich untereinander einigen, so daß sie ihren Teil mitfärben können.

übertragen nach: Wehrmann: Die älteren Lübeckischen Zunftrollen [225], S. 399.

[297] Innungsartikel der Leipziger Weißgerber v. 4. 7. 1465

[. . .] Weiterhin, wenn einer Meister werden will, so soll er der Bote der Meister sein, solange bis er einen Nachfolger erhält, ausgenommen der Sohn eines Meisters

oder derjenige, der die Tochter eines Meisters heiratet, die sollen davon befreit sein. [. . .]
Weiterhin sollen auch kein Meister und keine Meisterin den anderen bei seinem Kauf behindern, wenn er Felle oder etwas anderes kaufen will oder gekauft hat, bei einer Buße von zwei Pfund Wachs. [. . .]
Weiterhin, wer einen Toten in seinem Haus hat, der soll es den Boten wissen lassen, damit dieser zu den Genossen läuft und sie zur Totenwache und zur Seelenmesse lädt. Und wenn dann jemand nicht erscheint, so soll er das, es sei Mann oder Frau, mit sechs Pfennig büßen. [. . .]
Weiterhin, wenn jemand Meister werden will, so soll er dem Handwerk fünfzig Groschen und außerdem zwei Pfund Wachs geben, ausgenommen, wer Sohn eines Meisters ist oder die Tochter eines Meisters heiratet, die brauchen dieses Geld nicht zu geben. Aber für die Kerzen sollen sie sorgen und das Wachs geben. [. . .]
übertragen nach: Urkundenbuch der Stadt Leipzig [218], Bd. 1, Nr. 391, S. 321 f.

[298] Pergamenterbundesbrief der Städte Nürnberg, München, Mainz, Speyer, Frankfurt/Main, Basel, Worms, Fritzlar, Straßburg v. 8. 9. 1423

§ 4. Auch soll kein Knecht bei einem Meister dienen, der das Handwerk nicht bei einem eingesessenen Meister gelernt hat, noch soll er bei einer Frau dienen, die außerhalb des Handwerks geheiratet hat. Wenn ein Knecht einem von ihnen gedient hat, so darf ihn kein Meister beschäftigen.
übertragen nach: Schmidt: Frankfurter Zunfturkunden [204], Bd. 2, S. 428.

[299] Amtsbrief der Kölner Sattelmacher v. 14. 4. 1397

§ 3. [. . .] Wenn der Meister vor Ablauf der Lehrjahre stirbt, so soll derselbe Lehrknecht bei der Frau des verstorbenen Meisters seine Lehrjahre fortan ausdienen, sofern sie bei dem Amt bleibt und ihm einen Meister setzen will. [. . .]
§ 8. Weiterhin, wenn ein Mann aus diesem Amt verstirbt und er eine Ehefrau hinterläßt, so darf die Frau nach dem Tode ihres Mannes, so lange sie lebt, sich in diesem Amt ernähren. [. . .] Wenn sie aber [. . .] einen anderen Mann nimmt, der nicht aus diesem Amt ist, so darf sie fortan das Amt nicht mehr ausüben noch sich davon ernähren, falls ihr Mann die vorgenannte Bruderschaft nicht erwerben will.
übertragen nach: Loesch: Die Kölner Zunfturkunden [187]. Bd. 1, Nr. 55, S. 151 f.

[300] Ordnung der Sattler, Schildmaler, Maler, Glaser, Scherer, Kummetmacher zu Frankfurt/Main v. 19. 3. 1377

§ 8. Weiterhin soll auch niemand [. . .] (diese Handwerke) treiben, wenn er nicht zuvor Bürger geworden ist und sich darüber mit dem Rat verständigt hat. Und wenn das geschehen ist, soll er dem Handwerk 3 Pfund geben und 1 Viertel Wein [. . .]
§ 10. Weiterhin, wenn einer die Tochter eines Meisters heiratet, der soll zuvor Bürger geworden sein und dem Handwerk 12 Schilling und 1 Viertel Wein geben.
§ 18. Wenn einer die Ehefrau eines (verstorbenen) Meisters heiratet, so soll er dieses Handwerk nicht treiben, wenn er nicht zuvor Bürger geworden ist. Und dann soll er dem Handwerk 12 Schilling und 1 Viertel Wein geben und mag es dann ausüben.
übertragen nach: Schmidt: Frankfurter Zunfturkunden [204], Bd. 1, S. 425 f.

[301] Vereinbarung der Lübecker Schuhmacher und Loher v. 12. 7. 1466

[. . .] Wenn ein Schuhmacher sein eigenes Leder gerben will, so darf er einen von den drei Gerberknechten zusätzlich zu den in seinem eigenen Dienst stehenden Knechten zur Hilfe nehmen und niemand anders mehr, weder Frauen, noch Mägde, noch Kinder. Doch dürfen die Frauen Holz holen und unter dem Kessel Feuer machen, aber nichts anderes. [. . .] Die Schuhmacher dürfen mit ihren Frauen, Mägden, Knechten und Kindern in ihren eigenen Häusern, in denen sie wohnen, so viel Leder gerben, wie sie benötigen und dabei darf einer dem anderen nicht helfen. [. . .]

übertragen nach: Wehrmann: Die älteren Lübeckischen Zunftrollen [225], S. 417f.

[302] Arbeitsteilung in der Schuhmacherwerkstatt, Holzschnitt aus dem Ende des 16. Jh.s

aus: Mummenhoff: Der Handwerker in der deutschen Vergangenheit [405], S. 41.

[303] Ordnung der Flensburger Schuster v. 24. 7. 1437

§ 6. Weiterhin sollen jeder Bruder und jede Schwester in der St. Jakobs Gilde ihr Gildegeld am St. Thomastag vor Weihnachten bringen, bevor man die Kerzen anzündet. Wer das nicht tut, der soll ein neues Festessen geben, es sei denn, daß ihm die Ältermänner und die Brüder verzeihen wollen.

§ 10. Weiterhin, wenn ein Meister in der St. Jakobs Gilde und in dem Amt der Schuhmacher heiraten will, so soll er klugerweise darauf achten, daß er eine unbescholtene, rechtschaffene Frau oder Jungfrau nimmt, so daß sie ohne Einspruch des ehrbaren Amtes wert ist.

§ 11. Weiterhin, wenn eine Frau in dem Schuhmacheramt ihre Ehe bricht oder in schlechten Ruf gerät, dessen sie sich durch Eid nicht entledigen kann und ihr Mann sie weiterhin als seine unbescholtene Ehefrau vor dem Amt verteidigt, so sollen beide, Mann und Frau, solange aus dem ehrbaren Amt ausgeschlossen bleiben, bis sie sich von dem üblen Gerücht durch Eide hinreichend gereinigt haben.

§ 12. Weiterhin, wenn der Sohn eines Schuhmachers die Tochter eines Schuhmachers oder eine Schuhmacherwitwe heiraten will, [. . .] der soll dem Amt zwei Tonnen Flensburger Bier geben und er darf fortan das Amt gebrauchen.

Wenn aber ein fremder Knecht die Tochter eines Schuhmachers oder eine Schuhmacherwitwe heiraten will, der soll sich in seinem Handwerk als tüchtig erwiesen haben, wie die Satzung des Amtes es fordert, und er soll Nachweise bringen, daß er ehelich von Vater und Mutter geboren ist sowie dem Handwerk das halbe Festessen geben. Dann darf er das Amt gebrauchen.

§ 32. Weiterhin, wenn jemand seinen Bruder oder seine Schwester frevelhaft und vorsätzlich mit Bier begießt oder bespritzt oder ihnen irgendeinen anderen Verdruß bereitet, der sich beweisen läßt, so soll er das mit einer Tonne Flensburger Bier bessern.

§ 34. Weiterhin sollen kein Bruder und keine Schwester den anderen nötigen, mehr zu trinken, als es ihm gelüstet und er es seiner Natur entsprechend vertragen kann, bei einer Tonne Flensburger Bier Strafe.

§ 35. Weiterhin, wenn ein Bruder oder eine Schwester über ihr Maß viel trinken, so daß sie in dem Haus, in dem die Brüder zu trinken pflegen, sich vor Übelkeit übergeben müssen, so sollen sie das mit zwei Tonnen Bier bessern.

§ 39. Weiterhin, wenn ein Bruder oder eine Schwester so ungehorsam ist, daß er keine Ruhe gibt, wenn die Älterleute zu Beginn einer Versammlung um Ruhe gebeten haben, so soll er den Älterleuten und den Brüdern die Unruhe mit einer Tonne Flensburger Bier bessern.

§ 53. Weiterhin, wenn ein Bruder oder eine Schwester nicht bereitwillig den Leichnam eines verstorbenen Bruders oder einer verstorbenen Schwester zur Kirche und zum Grab begleitet, so erhält er eine Strafe von neun Lübeckischen Schilling für Wein und für Wachs. Und wenn ein Bruder oder eine Schwester dem Toten keinen kleinen Lübeckischen Pfennig für die Seelmesse opfert, so soll er die gleiche Strafe erhalten und man soll die Strafe sofort eintreiben.

§ 54. Wenn eine ehrbare Frau, die im Schuhmacheramt sitzt, nach dem Willen Gottes ihren lieben Mann durch Tod verloren hat, so darf sie nach dem Tod ihres Mannes das Amt volle drei Jahre gebrauchen, wenn sie das will und sie sich nicht wieder verheiratet.

übertragen nach: Nyrop: Danmarks Gilde- og Lavsskraer fra Middelalderen [196], Bd. 2, Nr. 21, S. 86–88, S. 92f., S. 96.

[304] Privileg der Brietzener Schuhmacher und Gerber v. 25. 4. 1423

[...] Weiterhin bestimmen wir, wenn jemand stirbt, der diese Gilde innehatte, so sollen dessen ehelichen Kinder, die in der Gilde geboren sind, diese Zunft ganz behalten, wie ihr Vater sie zu seinen Lebzeiten besessen hat. Also soll jedes Kind, bevor es beginnt das Handwerk auszuüben, dem hl. Kreuz ein Pfund Wachs, den Gildemeistern sechs Pfennig, dem hl. Geist einen Pfennig und dem Gildeboten gleichfalls einen Pfennig geben. Weiterhin sollen die Töchter, die ehelich in dieser Gilde geboren sind, das halbe Handwerk in der Gilde haben und die andere Hälfte sollen sie erwerben, wenn sie das Werk und das Amt ausüben wollen, wie es sich gebührt.

übertragen nach: Codex diplomaticus Brandenburgensis [153], Hauptteil I, Bd. 9, S. 407.

[305] Arbeitsteilung in der Tischlerwerkstatt, Holzschnitt aus dem Ende des 16. Jh.s (siehe Abbildung auf Seite 214)

[306] Amtsbeschluß der Kölner Böttcher v. 1. 12. 1437

§ 8. Weiterhin soll man keine Schwester mehr in unsere Bruderschaft aufnehmen, wenn sie nicht drei Kaufmannsgulden wie ein Bruder gibt. Und ihr Mann soll zuvor Bruder sein, bevor man sie aufnimmt.

übertragen nach: Loesch: Die Kölner Zunfturkunden [187], Bd. 2, Nr. 237, S. 51.

aus: Mummenhoff: Der Handwerker in der deutschen Vergangenheit [405], S. 46.

[307] Ordnung der Lüneburger Böttcher, um 1430
[. . .] Weiterhin bestimmen wir, daß keine Witwe nach dem Tode ihres Mannes länger als Jahr und Tag Fässer machen lassen darf, es sei denn, sie hat einen Sohn, der das Handwerk gebrauchen darf, wie es der Rat früher nach alter Gewohnheit genehmigt hat. [. . .]
Wenn eine Frau einen Mann hat, so soll sie kein Holz auf der Straße kaufen, sondern der Mann soll es kaufen, es sei denn, echte Not hindere ihn daran. [. . .]
Weiterhin soll kein Böttcher, Frau oder Mann, ins Sachsenland gehen oder schikken lassen, um Holz oder Bänder, die für die Salzfässer dienen, zu kaufen. [. . .]
übertragen nach: Bodemann: Die älteren Zunfturkunden der Stadt Lüneburg [141], S. 34.

[308] Ordnung der Bender zu Frankfurt/Main v. 1355
§ 2. Die Tochter eines Meisters unter uns soll das gleiche Recht wie der Sohn eines Meisters, wenn sie es behalten will, haben. Und das Kind eines Meisters gibt ein Pfund Wachs und zwei Viertel Wein.
übertragen nach: Schmidt: Frankfurt Zunfturkunden [204], Bd. 1, S. 91.

[309] Ordnung der Bender zu Frankfurt/Main v. 21. 5. 1377
§ 9. Weiterhin, wenn der Sohn eines Meisters Meister wird, so soll er dem Handwerk 12 Schilling und 1 Viertel Wein geben. Und wenn einer die Tochter eines Meisters heiratet, will der das Handwerk treiben, so soll er zuvor Bürger geworden sein und dies mit dem Rat ausmachen und dem Handwerk 12 Schilling und 1 Viertel Wein geben.
übertragen nach: Schmidt: Frankfurter Zunfturkunden [204], Bd. 1, S. 92.

[310] Ordnung der Lübecker Kistenmacher v. 24. 5. 1508
[. . .] Und wenn einer Frau des vorgenannten Amtes ihr Mann stirbt, ist sie dann alt oder von Krankheit befallen, so kann sie einen Gesellen desselben Amtes halten und das Amt bis an ihr Lebensende gebrauchen und sie soll dem Amt den dritten Teil der Gebühren geben. Und eine junge Frau, die nicht von schwerer, langer Krankheit befallen ist, soll sich innerhalb von zwei Jahren wiederverheiraten oder des Amtes entbehren. [. . .]
Wenn eine Witwe einen Sohn hat und gedenkt, das Amt zu gebrauchen, so kann die Frau das Handwerk mit ihrem Sohn aufrechterhalten, bis er selbständig geworden ist. [. . .]

Weiterhin, wenn eine Witwe einen Lehrjungen hat, so kann sie ihn seine Lehrjahre über behalten, wenn er sein Amt beherrscht. Darauf sollen die Älterleute achten. [. . .]
Weiterhin, wenn ein Mann oder eine Frau dieses Amtes so verarmt sind, daß sie Almosen begehren, so soll man ihnen wöchentlich zwei Schilling von Seiten des Amtes geben. [. . .]
Weiterhin, wenn eine Frau oder eine Witwe oder auch der Sohn oder die Tochter eines Meisters des vorgenannten Amtes dasselbe Amt begehrt, so soll er mit einem Aufnahmeersuchen und einer Mahlzeit davonkommen. [. . .]
übertragen nach: Wehrmann: Die älteren Lübeckischen Zunftordnungen [225], S. 256–258.

[311] Ordnung der Lübecker Radmacher v. 21. 6. 1508
[. . .] Weiterhin, eine Frau, der der Mann stirbt, soll sich innerhalb von Jahr und Tag wieder verheiraten. Geschieht das nicht, so soll sie vor die Älterleute kommen und um ein weiteres Jahr bitten. Wenn sie dann auch zu alt ist, einen Mann zu nehmen, so mag sie Witwe bleiben und einen Knecht halten und das Amt gebrauchen und soll dem Amt die halben Abgaben leisten. [. . .]
Weiterhin wenn ein Mann oder eine Frau aus diesem Handwerk verstirbt, so soll ein jeglicher dem Leichnam nachfolgen und opfern, bei Strafe von sechs Pfennig. Weiterhin, ist da eines Meisters Sohn oder ein Knecht desselben Amtes, der eines Meisters Tochter zur Ehe nimmt, der soll dem Amt einen rheinischen Gulden geben und dem Amt das vorgeschriebene Essen geben und nicht mehr. Danach mag er Meister werden, wenn er seine drei Meisterstücke, wie es vorgeschrieben ist, gemacht hat.
übertragen nach: Wehrmann: Die älteren Lübeckischen Zunftrollen [225], Nr. 45, S. 368f.

[312] Ordnung der Hamburger Rad- und Stellmacher v. 1599
§ 11. Zum Eilfften, wann ins Künfftige ein Meister mit Tode abginge und einen Lehrknecht hätte, der seine Arbeit machen könnte, selbigen Knecht soll die Witwe auf ihr Belieben bey sich, so lange er zum Gesellen wird, zu behalten gute Macht haben. Widrigenfals soll er denen Ältesten oder folgenden Meistern nach der Reihe, der ihnen einstellen kann, zugestellet werden. Da nun die Witwe einen Gesellen auffordern wollte, um dasz er ihre Werkstätte vorstehen sollte, so soll sie solches bey die Ältesten anmelden und mit dero Verordnung solches die sämmtlichen Meister kund thun, welchen Gesellen sie wohl verlangte, Und soll der Meister, bey welchem der Gesell arbeitet, denselben der Wittwen, dafern der Gesell folgen will, gutwillig abfolgen lassen, jedoch dasz kein Gesell von einem Krancken oder mit Leibesschwachheit beladenen Meister, oder auch ein Meistersohn von seines Vaters Werckstelle wieder des Meisters Willen mag abgefordert werden. Es soll aber die Wittwe solche Aufforderung nicht länger als ein halb Jahr nach ihres Mannes Tode berechtigt sein. Der Meister aber, so den Gesellen der Wittwe abfolgen lässet, demselben soll, damit er sich nicht zu beschweren habe, der erste Gesell, so anhero gewandert kömmt, dafern er ihm verlanget, zugestellet und in Arbeit gebracht werden.
zitiert nach: Rüdiger: Die ältesten Hamburgischen Zunftrollen [203], Nr. 42, S. 199.

[313] Ordnung der Lübecker Schmiede v. 24. 9. 1400
[. . .] Weiterhin, die Frauen die da auf dem Markt an den Eisenbanken sitzen, die sollen außer einem Butterstecher, einem Pferdestriegel und einem Vorhängeschloß für 6 Pfennig keine neuen Waren mehr feilhaben. [. . .]
Weiterhin von den vorgenannten Frauen, die die Eisenwaren feilhaben, soll es sechs geben. Jemand anders soll sie nicht feilhaben, ausgenommen die beiden Markttage in der Woche, die sollen frei sein, wie es von altersher gewesen ist. Und die (Zunft)meister von den Schmieden sollen sie vor die Kämmerer bringen, da sollen sie ihren Eid leisten, daß sie alle diese Punkte, wie sie hier aufgezeichnet sind, einhalten wollen. [. . .]
übertragen nach: Wehrmann: Die älteren Lübeckischen Zunftrollen [225], S. 435.

[314] Die Goldwägerin, eine im Laden eines Goldschmiedes beschäftigte Frau, Kupferstich v. Wenzel v. Olmütz,

aus: Diederichs: Deutsches Leben der Vergangenheit in Bildern [74], Bd. 1, S. 18.

[315] Nürnberger Ratsverordnung über die Frauenarbeit bei Plattnern und Handschuhmachern v. 1349.
Mit Ausnahme der Ehefrau eines Meisters oder seiner Tochter soll keine Frau in diesen Handwerken irgendwelche Arbeiten mit dem Hammer ausführen bei einer Strafe von sechzig Heller pro Tag.
übertragen nach: Mummenhoff: Der Handwerker in der deutschen Vergangenheit [405], S. 51.

[316] Nürnberger Ratsbeschluß über die Frauenarbeit bei den Messerschmieden v. 1533
Hinfort soll kein Meister irgendwelche Arbeiten im Handwerk durch Mägde gebrauchsfertig machen oder durchführen lassen, noch gesonderte Mägde aus Gründen des Handwerks bei drei neuen Pfund Strafe halten. Aber den Hausmäg-

den, von denen jeder eine oder zwei je nach Umfang seines Hauswesens halten darf, soll es gestattet sein, nach Beendigung ihrer Hausarbeit die Scheiden zu bestecken, zu binden und anzuheften. [. . .]
übertragen nach: Jegel: Alt-Nürnberger Handwerksrecht [177], S. 133.

[317] Nürnberger Ratsbeschluß über die Frauenarbeit bei den Rinkel- und Kettenschmieden v. 17. 9. 1577
Kein Meister soll eine Magd im Handwerk zu anderem gebrauchen als zum Rollen und Scheuern. Zu anderer, nämlich zur Gesellenarbeit, soll er sie nicht gebrauchen, sondern dessen sollen sie sich gänzlich enthalten, bei Strafe von fünf neuen Pfund.
übertragen nach: Jegel: Alt-Nürnberger Handwerksrecht [177], S. 156.

[318] Nürnberger Fingerhutmacherordnung v. 1535
§ 10. Zum Zehnten soll kein Meister mehr als zwei Stückwerker halten oder beschäftigen, es seien Frauen oder Männer, doch sollen sie alle ehelich (geboren) und verheiratet sein. Es sollen aber die beiden Personen, also Frau und Mann, nicht als eine Person angesehen werden, sondern sie sollen als zwei Stückwerker gehalten werden und die Frau soll das gleiche Recht wie der Mann haben, bei einem Meister im Haus zu arbeiten bei zwei neuen Pfund Strafe.
übertragen nach: Jegel: Alt-Nürnberger Handwerksrecht [177], S. 180.

[319] Nürnberger Ratsbeschluß über die Frauenarbeit bei den Flaschnern v. 1. 8. 1579
Kein Meister soll weder durch sich selbst noch durch jemand anders von seiner Seite eine Magd in seiner Werkstatt zum Aufschlagen, Löten, Hämmern oder sonstigen der Gesellen zugehöriger Arbeit, wie die auch erdacht oder genannt werden mag, gebrauchen außer zum Wischen, Blasebalgziehen und dergleichen niedrigen Arbeiten bei Strafe von vier neuen Pfund.
übertragen mach: Jegel: Alt-Nürnberger Handwerksrecht [177], S. 269.

[320] Schellenmacher mit Magd bei der Arbeit, Holzschnitt v. J. Amman v. 1568

aus: Mummenhoff: Der Handwerker in der deutschen Vergangenheit [405], S. 55.

[321] Nürnberger Ratsverordnung über die Frauenarbeit bei den Schellenmachern v. 4. 7. 1599
Keine Magd soll über den Werkstock gesetzt und zum Handwerk gebraucht werden. Sie soll nicht beim Hämmern, Feilen oder Aufschneid- und Drehmesserarbeiten beschäftigt werden bei Strafe der Unredlichkeit. Aber im Haushalt darf ein Meister eine oder zwei Mägde gebrauchen. Zum Öhrleinbiegen aber, an die Schellen gehörig, soll es den Meistern unbenommen sein eine oder zwei Mägde zu halten bei Strafe von zehn neuen Pfund für jede Übertretung. Und damit die Geschworenen dies desto eher gewahr werden, soll hinfort kein Geselle mehr neben einer solchen Magd, die solche Arbeit verrichtet, die den Gesellen und den (Lehr)-jungen gebührt, arbeiten, sondern dasselbe den geschwornen Meistern anzeigen, damit sie demselben eine Vorladung schreiben lassen. Und wenn es ein Geselle nicht tut, sondern neben einer Magd arbeitet, so soll er wie sein Meister mit den erwähnten zehn Pfund gestraft werden.
übertragen nach: Jegel: Alt-Nürnberger Handwerksrecht [177], S. 214.

[322] Kölner Ratserlaß über die Frauenarbeit bei den Harnischmachern v. 14. 12. 1494
Unsere Herren vom Rat haben nach Prüfung des Harnischmacherbriefes und anderem, was unseren Herrn vom Rat notwendig zu hören und zu erfahren schien, das Amt der Harnischmacher und der Panzermacher betreffend, einstimmig beschlossen, daß sich die Panzermacher mit ihren Knechten und Jungen fortan an den Wortlaut ihres Amtsbriefes halten sollen und keine Mägde oder Frauen hantieren und arbeiten lassen sollen, wie es etliche Zeit hier geschehen ist.
übertragen nach: Loesch: Die Kölner Zunfturkunden [187], Bd. 2, Nr. 516, S. 287.

[323] Arbeitsteilung bei den Harnischmachern, Holzschnitt von Hans Schäuflein v. 1517

aus: Mummenhoff: Der Handwerker in der deutschen Vergangenheit [405], S. 31.

[324] Amtsbrief der Kölner Kannegießer v. 14. 4. 1397

§ 12. Weiterhin, wenn demselben Lehrknecht innerhalb seiner vorgenannten Jahre dessen Meister verstirbt, so soll die Witwe auf ihre Kosten einen anderen Meister gewinnen, es sei denn, daß sie den Knecht zu ihrer beidem Besten versorgen könne.

übertragen nach: Loesch: Die Kölner Zunfturkunden [187], Bd. 1, Nr. 41, S. 117.

[325] Frauen beim Erzklauben, Holzschnitt v. 1556

aus: Agricola:
Vom Berg- und Hüttenwesen
[393], S. 232.

[326] Arbeitsteilung im Zinnbergbau, Holzschnitt v. 1556

aus: Agricola:
Vom Berg- und Hüttenwesen
[393], S. 252.

[327] Amtsbrief der Kölner Nadelmacher v. 14. 4. 1397

§ 3. Weiterhin, wenn der Sohn eines Meisters in diesem Amt Meister werden will, so soll er dem Amt zwei Gulden geben und seinen vollen Harnisch haben, wie es vorgeschrieben ist. Und die Tochter eines Meisters, die innerhalb des Amtes einen Knecht aus diesem Amt heiratet, soll gleich dem Sohn eines Meisters zwei Gulden geben.

§ 4. Weiterhin, wenn ein Lehrknecht oder eine Magd das vorgenannte Amt lernen wollen, so sollen sie dem vorgenannten Amt einen Gulden geben.

übertragen nach: Loesch: Die Kölner Zunfturkunden [187], Bd. 1, Nr. 53, S. 142.

[328] Nürnberger Nadelordnung v. 1535

Zum Fünfzehnten soll kein Meister eine Magd in dem Handwerk anstatt eines Gesellen oder Lehrjungen halten, lernen oder arbeiten lassen, bei Strafe von einem neuen Pfund pro Tag. Ihre Kinder dürfen sie aber durchaus lehren.

übertragen nach: Jegel: Alt-Nürnberger Handwerksrecht [177], S. 193.

[329] Arbeitsteilung in der Nadlerwerkstatt, Holzschnitt v. J. Amman v. 1568

aus: Jonas: Die Produktivkräfte in der Geschichte [97], Bd. 1, S. 351.

[330] Ordnung der Lübecker Nadler v. 15. 8. 1356

Weiterhin, wenn eine Frau oder ein Mann dem anderen dessen Käufer unter dem Schwibbogen wegruft, so sollen sie es den (Rats)herren mit drei Mark Silber büßen. [. . .]

Weiterhin, wenn ein Mann oder eine Frau von Haus zu Haus, von Straße zu Straße, an der Trave oder an den Schiffen Käufer suchen, so sollen sie es den (Rats)herren mit drei Mark Silber büßen. [. . .]

Weiterhin sollen kein Mann und keine Frau in unserem Amt fremdes Ösenwerk

verkaufen. Für jedes Tausend, das er verkauft, soll er mit drei Mark Silber büßen. Weiter soll kein Geselle selbständig werden, wenn er nicht mit uns Jahr und Tag gedient hat. Außerdem soll er vier nicht verliehene Mark haben, was er mit zwei Bürgen bezeugen soll. [. . .]
Weiterhin soll niemand mehr als zwei Gesellen und einen (Lehr)jungen beschäftigen. [. . .]
Weiterhin soll niemand unser Amt ergreifen, der übel berüchtigt ist, es sei Mann oder Frau, und er soll ehelich geboren sein. [. . .]
übertragen nach: Wehrmann: Die älteren Lübeckischen Zunfturkunden [225], S. 339f.

[331] Amtsbrief der Kölner Goldspinnerinnen v. 14. 4. 1397

§ 1. Zum ersten soll kein Bruder von den Goldschlägern noch eine Schwester von den Goldspinnerinnen, die jetzt in der Bruderschaft sind oder später in diese hineinkommen werden, irgendeine Lehrtochter annehmen oder empfangen, es sei denn mit Wissen, Erlaubnis und Willen der gesamten Bruderschaft oder der derzeitigen Meister und Frauen, die in der Bruderschaft gewählt sind und ihr vorstehen. Und eine jegliche Lehrtochter soll, wenn sie zu lernen beginnt, bei ihrem Eintritt einen rheinischen Gulden geben und einen Viertel Wein zum Nutzen, Vorteil und Bedarf der vorgenannten Bruderschaft. Und sie soll geloben, vier nacheinanderfolgende Jahre und nicht weniger zu dienen. Und wer von den Brüdern und Schwestern eine Lehrtochter ohne Wissen und Erlaubnis der Bruderschaft oder der derzeitigen, dazu gewählten Meistern, annimmt, der soll einen Gulden als Buße zahlen, sooft er das tut. [. . .]

§ 2. Weiterhin, wenn eine Goldspinnerin, die ihre vier Jahre ausgedient hat, sich als Selbständige niederlassen und ihr Handwerk und Amt ausüben und wirken will, so soll und muß sie die vorgenannte Bruderschaft mit zwei Gulden und einem Viertel Wein gewinnen und erwerben, bevor sie ihr Werk und Amt ausüben darf. Und wenn eine Goldspinnerin dem zuwider handelt, so muß sie die vorgeschriebene Buße zahlen, sooft sie dessen für schuldig befunden wird.

§ 5. Weiterhin darf keine Goldspinnerin eine Lehrtochter, die ihre vier Jahre gänzlich ausgelernt hat für einen kürzeren Zeitraum als ein Jahr dingen, um ihr zu dienen, bei der vorgeschriebenen Buße.

§ 6. Weiterhin sollen die Goldschläger und die Goldspinnerinnen jedes Jahr unter sich zwei Meister und zwei Frauenmeisterinnen wählen, daß ist so zu verstehen, daß die Goldschläger unter sich einen Meister und eine Meisterin und die Goldspinnerinnen unter sich einen Meister und eine Meisterin in ihre Bruderschaft (wählen sollen). Diese vier Personen, Männer und Frauen, sollen gleich darauf in der Weise ihre Eide leisten, daß die zwei Frauenmeisterinnen das Werk unseres Amtes bei ihren Eiden besehen und prüfen sollen. Und die zwei Meister sollen das Handwerk regieren und mit der Stadt Zeichen und Siegel, das der Bruderschaft gegeben ist, zeichnen, damit der Kaufmann und ein jeglicher Mann, der eine Ware kauft, nicht betrogen wird hinsichtlich der Maße, an Länge, Wert und Gewicht, so wie es sich gehört und gebürt.

§ 8. Weiterhin darf kein Goldschläger oder jemand von ihrem (Gesinde) Werk mit dem Maß messen, sondern nur die Frau, die dazu gewählt wird und ihren Eid darauf geleistet hat, wie das alle Zeit bisher gehalten worden ist.

§ 9. Weiterhin darf niemand aus der genannten Bruderschaft Gold oder Silber verkaufen, es sei denn zuvor mit

dem vorgenannten, dem Amt gegebenen Siegel gesiegelt oder gekennzeichnet worden, damit der Kaufmann und jeder andere nicht betrogen und das Handwerk unseres Amtes nicht geschädigt wird. [. . .]
§ 14. Weiterhin darf kein Goldschläger, der eine Frau hat, die das Goldspinnerhandwerk ausübt, mehr als drei Lehrtöchter in seinem und außerhalb seines Hauses halten, die ihr Gold spinnen. Und desgleichen darf auch keine Goldspinnerin, die Gold spinnt, mehr als vier Lehrtöchter haben und halten, die ihr Gold spinnen. Und wer von ihnen das übertritt, zahlt für jede Lehrtochter, die er mehr hält, zwei Mark Kölnischer Währung als Buße.
§ 15. Wenn jemand, er sei, wer er wolle, zu Unrecht in Köln sitzt und das Handwerk der vorgenannten Goldschläger und Goldspinnerinnen ausübt, betreibt und verkauft und die Bruderschaft nicht hat, noch sie erwerben oder ihr gehorsam sein will, so sollen die derzeitigen Meister das bei ihren Eiden vor das Amt und die Bruderschaft bringen, damit sie durch dieselben Meister diejenigen zurechtweisen, die derart vermessen und ungehorsam sind. Und man soll sie mit der vorgenannten Strafe und Buße belegen, die von unserem Amt festgesetzt worden ist, nämlich für jeden Monat, den sie gegen das Amt derart mutwillig und ungehorsam gewesen waren, eine Mark vollwichtigen Silbers von ihnen zu nehmen, bis sie der Bruderschaft gehorsam werden. Und wenn sie das dann nicht tun wollen, so sollen wir das dann unseren derzeitigen Herren vom Rat mitteilen, die sie dann dazu anhalten sollen und durch ihre Boten, die vorgenannte Buße pfänden sollen oder aber jene ernähren sich in keiner Weise mehr in dem Amt. [. . .]
übertragen nach: Loesch: Die Kölner Zunfturkunden [187], Bd. 1, Nr. 29, S. 91–94.

[332] Kölner Ratserlaß über den Zunftvorstand bei den Goldspinnerinnen v. 19. 7. 1437
Unsere Herren vom Rat haben ihnen um der Bitten der Goldspinnerinnen willen und aus Sorge um die Ehre des Amtes ihnen Jost Lederbach aus dem Goldschmiedeamt zum Oberhaupt ernannt und gewählt, der zur Zeit im Rat sitzt, um das Amt in seinen Stücken und Regiment beaufsichtigen zu helfen, wie das von altersher Brauch ist. Und fortan wollen unsere Herren vom Rat jedes Jahr aus dem Goldschmiedeamt den Goldspinnerinnen einen zum Oberhaupt setzen. [. . .]
übertragen nach: Loesch: Die Kölner Zunfturkunden [187], Bd. 2, Nr. 485, S. 261.

[333] Ordnung der Nürnberger Goldspinnerinnen v. 27. 9. 1597
Zum ersten soll kein Lehrjung oder Lehrmaidt under vier Jahren angenommen und gelernt werden.
Zum andern soll ein Gesell nach seinen erstandenen Lehrjahren noch sechs Jahre im Gesellenstand zubringen, alßdann im Löbl. Ruegsambt sich zum Meister sprechen laßen; diejenigen Gesellen aber so Meisters Wittibinnen heiraten, sollen an keine Zeit gebunden sein.
Zum Dritten soll eine jede Spinnmaidt, wann sie sich zu einem andern Meister verdingen will, solches den Geschworenen zuvor anzeigen, damit sie sehen mögen, ob nicht derselbige andre Meister vorhin zuviel Ehehalten habe.
Zum Vierden soll keine Spinnerin vor sich selbst, sondern einem Meister oder Meisterin arbeiten, bei Straff fünff Pfund novi.
Zum Fünfften sollen diejenigen Spinnerinnen, welche zwar das Goldspinnen ordentlicherweiß gelernet, aber solche Männer zur Ehe haben, die keine Goldspin-

ner sein, sondern andere Handwerk können gar keine Ehehalten fürdern, sondern das Goldspinnen allein mit ihrer Einshand treiben und denen Meistern heimbearbeiten. Sie sollen auch niemand im Handwerk unterrichten und wann sie ihre aigene Kinder darzu ziehen wöllen, solche bei einem Meister deß Goldtspinnerhandwerks ordentlicherweiß lernen laßen.
zitiert nach: Jegel: Alt-Nürnberger Handwerksrecht [177], S. 56.

[334] Frau als Handlangerin auf dem Bau, Holzschnitt des Petrarca-Meisters von 1532

aus: Mummenhoff: Der Handwerker in der deutschen Vergangenheit [405], S. 39.

[335] Nürnberger Ratsverordnung über die Frauenarbeit bei den Dachdeckern v. 29. 11. 1592
Nachdem sich auch die Dachdecker understehen ihre Weiber oder andere Frauenspild und zu Zeiten junge Knaben uf die Techer zu stellen und Mörder (Mörtel) rühren zu lassen, so ist eines Edlen, Ernvesten Rats Mainung und Geptt, daß solches nit mehr sein soll. [. . .]
zitiert nach: Jegel: Alt-Nürnberger Handwerksrecht [177], S. 633.

[336] Ordnung der Lüneburger Zimmerleute und Maurer v. 19. 2. 1557
[. . .] Es sollen auch keinen Frauen Handlangerdienste gestattet werden. Wer diese von den Meistern mit auf die Arbeit bringt, es betreffe den Rat, einen Bürger oder einen Einwohner, der soll das dem Rat mit einer Lübecker Mark büßen, so oft das geschieht.
übertragen nach: Bodemann: Die älteren Zunfturkunden der Stadt Lüneburg [141], S. 258.

[337] Ordnung der Basler Maurer, Gipser, Zimmerleute, Faßbinder, Wagner, Wanner und Drechsler v. 13. 12. 1271
[. . .] Welcher Mann neu in ihre Zunft eintreten will, der gibt, bevor man ihn in die

Zunft aufnimmt, ohne Ausnahme fünfzehn Schilling, zehn für die Kerzen und fünf zum gemeinen Nutzen der Zunft, mit Ausnahme der Maurer und Zimmerleute, die geben fünf Schilling, wenn sie das Zunftrecht empfangen, drei Schilling für die Kerzen und der Zunft zwei Schilling. [. . .]
In dieser Zunft sind die Frauen wie die Männer, solange ihre Ehemänner leben, und nach dem Tod ihres Mannes, solange sie Witwen bleiben. Wenn auch einer ihrer Zunftgenossen innerhalb von drei Meilen um Basel stirbt, der so arm ist, daß er kein ehrbares Begräbnis bezahlen kann, so sollen sie ihm Genugtuung verschaffen und ihn auf ihre Kosten nach Basel holen und ihn dort mit Opfer und mit Kerzen und den anderen ehrbaren Gebräuchen ehrenvoll bestatten.
übertragen nach: Urkundenbuch der Stadt Basel [208], Bd. 2, Nr. 77, S. 44.

[338] Amtsbrief der Kölner Schilder, Glaswörter und Bildschneider v. 23. 4. 1449
§ 4. Weiterhin, wenn dem Lehrjungen innerhalb seiner Lehrjahre der Meister verstirbt oder die Stadt verläßt, so soll der Lehrknecht seine Zeit bei der Frau seines Meisters ausdienen, wenn er gestorben ist, sofern er eine Frau hat, die ihn behalten und das Handwerk ausüben will und einen Meisterknecht zu dem Werk hält.
übertragen nach: Loesch: Die Kölner Zunfturkunden [187], Bd. 1, Nr. 52, S. 138.

[339] Ordnung der Hamburger Leuchtenmacher v. 13. 7. 1541
§ 10. Wenn ein Meister in diesem Amt verstirbt und seine hinterbliebene Witwe möchte wieder einen Gesellen in der Werkstatt (haben), so sollen die Älterleute der Witwe, sofern hier in Hamburg ein Geselle ist, einen für die Werkstatt verschaffen. Wenn aber die Meisterin keine Söhne hat, so soll sie innerhalb eines Jahres wieder heiraten, wenn sie bei dem Handwerk bleiben will.
übertragen nach: Rüdiger: Die ältesten Hamburgischen Zunftrollen [203], Nr. 35, S. 166.

6.2 Frauen im Handel und im Dienst der Städte

[340]

Einführung

Die im folgenden zusammengestellten Quellen und Materialien spiegeln ein erstaunliches Maß an Selbständigkeit von Frauen im Groß- und Fernhandel wider. Man sollte dabei jedoch berücksichtigen, bevor man leichtfertige Rückschlüsse auf die soziale Wirklichkeit zieht, daß es sich hierbei um Einzelfälle handelt. Frauen und Männer verfügten im Fern- und Großhandel keineswegs über vergleichbare Chancen, zu Reichtum und Einfluß zu gelangen. Die Begründung eines neuen Handelsbetriebes durch eine Frau läßt sich nicht nachweisen. Lohnarbeit wurde anscheinend fast ausschließlich von Männern verrichtet. Mir ist jedenfalls kein

Fall einer weiblichen Handelsdienerin bekannt. Allenfalls die Beteiligung von Mägden an Komissionsgeschäften sowie das außerordentlich umfängliche Testament der Hillegund [66] lassen eine derartige Betätigung von Frauen vermuten. Alleinstehende, selbständig handeltreibende Frauen lassen sich nirgendwo mit Sicherheit nachweisen. In den meisten Fällen handelt es sich um Witwen oder um Ehefrauen, die eigenständigen Geschäften nachgingen. Der zahlenmäßige Anteil der Frauen war im allgemeinen relativ gering. So befinden sich unter den von Dietz [424, S. 144–256], für den Zeitraum von 1210–1550 namentlich nachgewiesenen 1001 Frankfurter Kaufleuten nur 14 Frauen, also ganze 1,4%.

Am besten belegt ist die Mitarbeit von Frauen im Geschäft ihres Mannes. Sie waren an der Buchführung beteiligt, verwalteten die Wechselkasse mit, schlossen kleinere Geschäfte selbständig ab und vertraten ihren Mann weitgehend während dessen Abwesenheit bei der Abwicklung von Geschäften oder der Führung von Prozessen [341–345].

Witwen, aber auch Ehefrauen, betrieben daneben völlig selbständige Handelsgeschäfte [150]. Mit welchem Selbstbewußtsein dies geschah, belegen die Testamente der Lübecker Kauffrau Alheyd von Bremen [346]. Die Abwicklung des Geschäftsbetriebes dieser Frauen unterschied sich in keiner Weise von derjenigen ihrer männlichen Kollegen. Sie führten Rechnungs- und Haushaltungsbücher [347], besuchten Messen [348–349] und Märkte sowie Orte der näheren Umgebung [150, 350]. Selbst weitere Handelsreisen von Frauen sind mehrfach belegt [150, 351, 352]. Im allgemeinen handelte es sich hierbei jedoch um Ausnahmen. Fernhandeltreibende Frauen ließen sich eher als Männer in weiter entfernten Städten durch Handelsdiener und Faktoren vertreten. Witwen fiel es erheblich schwerer als Männern, den Umfang des ererbten Handelsbetriebes im bisherigen Umfang weiter aufrechtzuerhalten [354], wobei es jedoch zahlreiche Beispiele von überaus erfolgreichen Geschäftsfrauen gibt [150, 353]. Häufig behielten diese Frauen ihren eigenen Geschäftsbetrieb auch nach ihrer erneuten Heirat bei [150].

Für Köln läßt sich der Anteil der handeltreibenden Frauen bei vielen Importgütern genauer bestimmen. Grundsätzlich blieben sie von dem Import keiner einzigen Ware ausgeschlossen. Die Übersicht über den Anteil der Frauen am Import von Metallen und Metallwaren [355] zeigt, daß dies selbst auf einen Bereich zutrifft, in dem man eher ausschließlich Männer erwarten würde. Auch wenn über die Metallhandel treibenden Frauen nur relativ wenig bekannt ist, so lassen sich aus den wenigen Angaben doch einige Rückschlüsse auf die Motive bzw. den sozialen Hintergrund der weiblichen Handelstätigkeit ziehen. Zwei Frauen handelten durchweg mit mehreren Waren. Sie führten ein typisches Krämersortiment. Wahrscheinlich betrieben sie als Witwen oder vielleicht auch als Tochter ein ererbtes Geschäft weiter, wie sich das für eine Reihe weiterer Frauen mit Sicherheit nachweisen läßt. Eine größere Gruppe bildeten weiterhin die Ehefrauen von im metallverarbeitenden Handwerk tätigen Männern. Dies macht es wahrscheinlich, daß die Ehefrauen der Handwerker nicht nur den Verkauf der Fertigwaren, sondern auch den Einkauf der Rohstoffe übernahmen und damit für den gesamten kaufmännischen Bereich der Handwerksbetriebe zuständig waren. Diese Annahme bedarf allerdings noch weiterer Belege. Einen besonderen Fall stellt der Stahlhandel der Cathringin Broelmann dar, die zu den führenden Stahlimporteuren Kölns gehörte. Ihr Mann war 1491/92 Bürgermeister und war am Handel nach den Eintragungen der Akzisebücher der Kraut- und Eisenwaage kaum beteiligt. Ein von Cathringin Broelmann 1506 geführter Prozeß läßt vermuten, daß sie Anteile an einem Stahlwerk im Siegener Raum geerbt hatte und nun wahrscheinlich den Stahl dieses Werks in Köln auf den Markt brachte.

Relativ geringe Anteile hatten die handeltreibenden Frauen sowohl hinsichtlich ihrer zahlenmäßigen Beteiligung als auch hinsichtlich ihres Marktanteils am Import von Gewürzen, wobei in der Übersicht aufgrund der Vielzahl von Einzelartikeln nur einige typische Importwaren aufgeführt werden können [356]. Die Zahl der Kauffrauen wie auch deren Marktanteil waren im Untersuchungszeitraum deutlich rückläufig. Die Konzentrationsprozesse im Kölner Fern- und Großhandel wirkten sich damit eindeutig zuungunsten einer weiblichen Handelstätigkeit aus. Von den insgesamt 15 in der Zeit von 1452 bis 1478 tätig gewordenen Händlerinnen waren 73,4% verwitwet oder verheiratet, während sich bei den restlichen Frauen keine genaueren Aussagen machen lassen. Die Ehemänner bzw. die verstorbenen Männer waren mit einer Ausnahme mit größter Wahrscheinlichkeit alle im gleichen Gewerbe tätig, so daß man als Regelfall entweder eine gemeinsame Handelsbetätigung oder eine Fortsetzung des ehemännlichen Betriebes annehmen kann.

Am Import von Baumwolle und Barchent waren Frauen in der zweiten Hälfte des 15. Jahrhunderts kaum nennenswert beteiligt, während ihr Anteil am Leinentuch- sowie am Flachsimport außerordentlich hoch lag [357]. Dieser überproportionale Anteil der Frauen dürfte aber kaum den durchschnittlichen Gegebenheiten entsprochen haben. Jedenfalls entfielen 1497/98 allein 34,9% des Flachsimports auf eine einzige Frau, die möglicherweise ein ererbtes Geschäft weiterführte. Ähnliches trifft wahrscheinlich auf den Import von Leinentuch zu, auch wenn dies nicht näher belegt werden kann. Ein Teil des Flachses sowie des Leinentuchs wurde von weiblichen Gewerbetreibenden für den Eigenbedarf importiert. So tätigten 9 Weißzeugmacherinnen 1497/98 allein 14,9% des Leinentuchimports.

Über einen sehr langen Zeitraum läßt sich die Beteiligung von Frauen am Weinimport von Köln verfolgen. Der Anteil von Frauen am Import und an den Importeuren ist in den einzelnen Jahren deutlichen Schwankungen unterworfen, wobei die Gesamttendenz in dem Zeitraum von 1420–1519 merklich rückläufig ist. Der Umfang der von Frauen importierten Weinmenge liegt erheblich unter derjenigen der männlichen Importeure. Entsprechend sind die Frauen überproportional in den unteren Mengengruppen vertreten, in denen nur schwer zu entscheiden ist, ob nur für den

eigenen Haushaltsbedarf oder auch zum Verkauf importiert wurde. Mit anderen Worten, berücksichtigte man nur Importeure/innen, die mit Sicherheit als Händler anzusehen sind, so läge der tatsächliche Anteil der Frauen an den importierten Weinmengen erheblich niedriger. In der obersten Mengengruppe waren Frauen meist nicht vertreten. Die hohen Anteile in dieser Gruppe in den Jahren 1466/67–78/79 und 1513/14–19 sind Zufallsergebnisse. So handelt es sich im ersteren Zeitraum bei den beiden Kauffrauen dieser Gruppe um eine verwitwete Mutter mit ihrer Tochter. Beide gehörten bedeutenden Weinhändlerfamilien an, was übrigens auch auf den größeren Teil der Weinhändlerinnen in den mittleren Mengengruppen zutrifft, die zudem noch zu rund 35–40% Patrizierfamilien bzw. Familien des Weiten Rats, also der Oberschicht, angehörten [150, 358].
Der Kleinhandel in den mittelalterlichen Städten läßt sich grob in 6 Gruppen (Verkauf der Handwerker, der Gewandschneider, der Krämer, der Höker, der Wanderhändler sowie der Bauern) teilen, wobei die Übergänge zwischen den einzelnen Gruppen bisweilen fließend sind. Zu einer durchweg zünftischen Organisation gelangten nur die Gewandschneider und die Krämer.
Die Zunftordnungen der Gewandschneider erwähnen im allgemeinen keine Frauen. Sofern dies überhaupt erfolgt, handelt es sich um Regelungen des Witwenrechts [362–364] oder um Arbeitsbeschränkungen [361]. Ein gleichberechtigter Zugang für Frauen zum Gewandschneideramt bestand demnach nicht. Trotzdem waren Frauen ohne Zweifel am Tuchhandel und am Gewandschnitt beteiligt. Die Stellung dieser Frauen ist jedoch nicht immer klar ersichtlich. Da mehrere Ordnungen ausdrücklich von Ehefrauen sprechen und das Witwenrecht mehrfach belegt ist, geht man wohl kaum fehl in der Annahme, daß nur diese beiden Gruppen Anteil am zünftischen Gewandschnitt hatten und Frauen nur außerhalb der Zunft tätig werden konnten [360, 365]. Für den Zeitraum von 1414–1442 lassen sich in Köln der Anteil der Frauen am Gewandschnitt sowie die Herkunft der beteiligten Frauen genauer bestimmen [366, 367]. Die Daten lassen besonders deutlich die Möglichkeiten erkennen, die sich einzelnen Frauen unter günstigen Umständen boten. So vermochte Stina van Waveren nach dem Tode ihres Mannes den Betrieb über einen Zeitraum von 20 Jahren erfolgreich weiterzuführen. Bei rund der Hälfte der Kölner Gewandschneiderinnen dieses Zeitraums sind Familienmitglieder im Gewandschnitt nachzuweisen. Von den sieben führenden Gewandschneiderinnen führten fünf das Geschäft ihres Mannes weiter. Die beiden anderen Frauen betrieben über 13 bzw. 24 Jahre anscheinend unabhängig von ihren Männern den Handel mit Textilien.
Die Krämer/innen vertrieben ein recht vielfältiges Warenangebot. Einen Einblick in das Warenangebot einer Krämerin bieten die von der Kölnerin Karyssen under Helmslegern 1452–57 importierten Waren [368], eine Würzburger Ratsverordnung [369] sowie ein Holzschnitt des 16. Jahrhunderts [370]. Frauen werden in den Amtsbriefen der Krämer verhältnis-

mäßig oft genannt, da anscheinend die gemeinsame Aufnahme von Ehepaaren in vielen Orten üblich war [372]. Inwieweit Frauen selbständige Zunftmitglieder, also unabhängig von ihrem Mann oder von ihrem Witwenstand [373] werden konnten, läßt sich den Statuten nicht mit Sicherheit entnehmen [371] und scheint mir insgesamt wenig wahrscheinlich. Das in den Ordnungen aufgeführte Arbeitspersonal besteht in den meisten Orten ausschließlich aus Männern [373]. Mägde im Verkauf werden nur selten genannt [374, 375]. Aufgrund der häufigen Erwähnung von Frauen in den Zunftbriefen und der gemeinsamen Aufnahme von Ehepaaren in die Zünfte wird man wohl von einer verbreiteten Mitarbeit und Mitinhaberschaft [377] der Ehefrauen im Geschäft ausgehen können [374, 375].

Den Kleinhandel mit Nahrungsmitteln betrieben die Höker/innen. Eine Zunftbildung in diesem Handelszweig kennen nur einige norddeutsche Hansestädte. Ginge man nur nach diesen Zunftbriefen, so entstünde sicherlich ein unzutreffendes Bild, denn Frauen erfahren in ihnen nur als Ehefrau und Witwe Erwähnung [378, 379], während nach allen anderen Quellen dieser Handelszweig geradezu als eine Domäne der Frauen anzusehen ist. Fast alle Ratsverordnungen, die sich mit der Hökerei beschäftigen, erwähnen gleichrangig Frauen und Männer [380, 381]. Ein Kupferstich des Lübecker Marktplatzes zeigt ein deutliches Übergewicht von Frauen an den Verkaufsständen [382]. Verschiedene statistische Angaben unterstreichen die hervorragende Rolle von Frauen in diesem Gewerbezweig [383].

Einen großen Anteil am Kleinhandel der süd- und westdeutschen Städte hatten die Käufer/innen. Sie betrieben eine Art Komissionshandel, indem sie für andere den Verkauf von Waren und Gegenständen gegen Bezahlung übernahmen [384]. Vergleichbar dem Hockenwerk überwogen auch im Käufelgewerbe die Frauen, bzw. es wurde ausschließlich von Frauen betrieben [385]. Käuflerinnen und Hökerinnen vermochten durch ihren Handel keine größeren Vermögen zu gewinnen. Sie gehörten den unteren Sozialschichten an, wenn man einmal von dem Hockenwerk der handeltreibenden Ehefrauen von Bäckern, Fleischern, Fischern, Schustern u. ä. absieht.

Hinweise auf von Frauen betriebenen Gaststätten, Herbergen und Schankwirtschaften sind relativ selten [386, 387]. Kölner Angaben über den Anteil der Frauen am Weinausschank im Zeitraum von 1467/68–1477/78 stützen den Eindruck, daß Frauen sich in diesem Gewerbe nur ausnahmsweise betätigt haben [388]. Den zahlreichen Verordnungen über den Bier- und Weinzapf und vereinzelten Urkunden nach zu urteilen, handelte es sich bei ihnen ausnahmslos um Witwen, denn diese Verordnungen erwähnen meist überhaupt keine Frauen, und wenn sie dies tun, so betraf dies die Mitarbeit von Ehefrauen, Töchtern und Mägden beim Bier- und Weinzapf [389–391, 393], oder es wird allgemein von Männern und Frauen, Bürgern und Bürgerinnen im Gewerbe gesprochen, woraus sich keine Rückschlüsse auf den Status dieser Frauen ziehen lassen

[392]. Manchmal wird die Beschäftigung von Frauen beim Zapfen ausdrücklich untersagt [391], wofür wohl sittliche Bedenken ausschlaggebend waren. Sehr verbreitet waren solche Regelungen allerdings kaum, denn allzu selbstverständlich fanden sich unter den Wirtshausbesuchern Frauen [393, 394], so daß eine Beschränkung der Frauenarbeit aus solchen Gründen wenig sinnvoll erscheint. Auch wenn keine weiteren Quellenbelege vorliegen, kann man davon ausgehen, daß die Betriebe in der Regel von Ehepaaren gemeinsam betrieben wurden, wobei sich die Aufgaben entsprechend der allgemeinen geschlechtsspezifischen Arbeitsteilung aufteilten.

Obgleich Frauen in keiner deutschen mittelalterlichen Stadt über aktive politische Rechte verfügten, arbeiteten Frauen mehrfach im öffentlichen Dienst der Städte. Der Umfang der Beschäftigungsmöglichkeiten in diesem Bereich ist von der einschlägigen Literatur bisher jedoch weit überschätzt worden. Spezifische, nur Frauen vorbehaltene Ämter gab es nur im Gesundheits- und Fürsorgewesen [429–436, 447–451]. Von allen maßgeblichen und mit der Ausübung von politischer Herrschaft eng verbundenen Stellungen blieben Frauen ausgeschlossen. Insgesamt werden sie in öffentlichen Ämtern nur selten erwähnt. Die meisten Eide, Dienstanweisungen und Anstellungsverträge führen ausschließlich Männer auf. Werden Frauen genannt, so handelt es sich fast immer um Ehefrauen, die mitvereidigt werden, oder in den Diensteid und die Dienstanordnung ihres Mannes miteingeschlossen werden bzw. um Witwen, die das Amt nach dem Tode ihres Mannes weiterführen. Der Überlieferung nach zu urteilen, blieb die gemeinsame Vergabe von Ämtern bzw. die Weiterführung durch die Witwe auf das Wechseln von Geld [395], sowie die Pachtung der Stadtwaage [396], das Messen von Salz [397, 398] und die Einnahme von Steuern, Zinsen, Zöllen und Wegegeldern [397–401], die Wache und Mitarbeit im Gefängnis [402] beschränkt. Nach einzelnen Eintragungen in Stadtbücher, Abrechnungen u. ä. wurde Frauen vereinzelt sogar der Wachdienst an den Stadttoren übertragen. So wurde 1330 in Frankfurt/Main einer Dylemanne zugesagt, daß sie den gleichen Lohn wie die anderen Torwächter erhalten solle, und in Lübeck bewacht eine Agnes Krouwelsche die Stadt und den Turm der Stadt. Die Vergabe öffentlicher Stellen an Frauen unabhängig von ihrem Familienstand erfolgte nur selten. In Köln und Nürnberg gab es sogenannte Gerichtskäuferinnen, die bei Hinterlassenschaften und in Pfändungsangelegenheiten den Wert der betreffenden Gegenstände schätzten und im Auftrag des Gerichts verkauften [403, 404]. Ein halböffentliches Amt bildete in Nürnberg die Betätigung der Gesindeverdingerin, die die Vermittlung weiblicher Arbeitskräfte übernahm [405]. Erwähnung fanden Frauen auch als Ratskuchenbäckerin, Kanalreinigerin, Laternenanzünderin, Botin [406, 407] und Hirtin [410].

[341] Aus dem Kaufmannsbuch der Warendorp/Clingenberg, 1331
Im Jahre des Herrn 1331 nach Ostern.
Es sei zu wissen, daß Johannes, mein Schwager, mir $6^1/_2$ Mark schuldet.
Ebenso habe ich ihm und meiner Frau 53 irische Tuche zurückgelassen.
Ebenso habe ich Got Albo 19 irische Tuche geschickt, sie für mich zu verkaufen.
Ebenso habe ich meiner Frau 20 Mark Pfennig und 18 Gulden zurückgelassen.
Von den genannten irischen Tuchen, die Hermann Warendorp, als er von Lübeck nach Flandern zurückkehrte, nach Lübeck schickte, schuldet Hermann von Bremen zuerst 3 Mark Pfennig weniger 4 Schilling von einem irischen Tuch, und er hat bezahlt, und Hermanns Frau hat das Geld empfangen.
Herr Hermann de Brode schuldet 3 Mark Pfennig weniger 4 Schilling für ein irisches Tuch, und er hat bezahlt, und Hermanns Frau hat es empfangen.
Ebenso schuldet einer von Kolberg 5 Mark weniger 4 Schilling für zwei irische Tuche, und er hat bezahlt, und Hermanns Frau hat es empfangen.
Von diesem Geld hat seine Frau ausgegeben 10 Schilling für Töpfe. Ebenso $17^1/_2$ Schilling für Torf und 4 Schilling für Torf und 8 Schilling Kuchen.
Ludolf de Monte schuldet 36 Schilling für ein irisches Tuch und hat bezahlt, und Hermanns Frau hat es empfangen. Ebenso hat der genannte Ludolf de Monte Hermanns Frau 4 Mark Pfennig und 3 Schilling bezahlt, mit denen Ludolf dem Hermann, als dieser von Lübeck zurückkam, verschuldet war.
Ludolf de Monte führt mit sich auf sendeve[1] für Hermann Warendorp 13 irische Tuche nach Schonen. Gegeben [13]31 am Tag des Vitus (15. Juni).
Gertrud episcopissa[2] schuldet 3 Mark Pfennig für ein irisches Tuch und hat bezahlt, und Hermanns Frau hat es empfangen.
Summe des vorigen: die Ehefrau hat 19 Mark, 5 Schilling Lübischer Pfennig empfangen.
zitiert nach: Sprandel: Ausgewählte Quellen zur deutschen Hansegeschichte des Mittelalters [206], Nr. CIII 2, S. 492f.

[342] Aus dem Handlungsbuch v. Hermann und Johann Wittenborg, 1332
25. Bekannt sei, daß ich, Hermann Wittenborg, und Marquard und Johann von Dulmen in unsere Gesellschaft 900 Mark Pfennig eingelegt haben. Dazu habe ich, Hermann, 100 Mark, die ich vorher empfangen sollte, gegeben. Aus dieser Gesellschaft habe ich, Hermann, 350 Mark empfangen. Dazu soll ich, Hermann, 50 Mark haben, und wenn ich diese habe, dann habe ich meine 400 Mark empfangen. Und ebenso habe ich in unserer Dreiergesellschaft 150 Mark, wenn unsere Schulden bezahlt sind.
Bekannt sei, als wir diese Abrechnung gemacht haben, waren anwesend Hermann, seine Frau, Marquard der Wechsler und Johann von Dulmen, und das war gemacht worden am Mittwoch nach Apostel Scheidung (18. Juli 1332).
zitiert nach: Sprandel: Ausgewählte Quellen zur deutschen Hansegeschichte des Mittelalters [206], Nr. CIII 4, S. 497.

[1] Form der Handelsgesellschaft, in der ein Kaufmann seinem Diener oder einem von ihm Beauftragten Geld oder Waren zum Handel in seinem Auftrag anvertraut, eine Form des Kommissionsgeschäftes.
[2] „episcopissa“ muß hier wohl als Eigenname aufgefaßt werden.

[343] Franz Bastian über die geschäftliche Betätigung der Margarethe Runtinger nach dem Manual des Regensburger Kaufhauses Runtinger, (1383–1407), 1920

Von besonderem Interesse aber sind jene kleinen Beteiligungen an Fernhandelsoperationen, wie sie, mit einer Ausnahme, nur für Runtingers Frau bezeugt sind, wobei es jedoch regelmäßig auf den Gewinn und nicht den eigenen Bedarf abgesehen gewesen sein dürfte; gelegentlich erscheint nämlich gleichzeitig ein Verkauf oder Geschenk zu eigenem Bedarf daneben. So schoß Runtingers Frau zu der Brabantfahrt 1395 7 Gl. oder mehr vor, wofür sie scheinbar den Rest eines Brüsseler Tuches erhielt[1]. Zu den Venedigfahrten 1398 gab sie einmal 41, das andere Mal 35 Dukaten mit der Anweisung an den betreffenden Handlungsdiener, ihr dafür Fadengold und Bortseide zu bringen. Wieder anfangs 1400 erstand ihr der in Kommission des Hauses zu Venedig befindliche Schwiegersohn Lech für 28 Dukaten Fadengold[2]. In dem Einkauf auf der Frankfurter Herbstmesse 1401 steckten 26 rhein. Gulden von Runtingers Frau, wofür ihr der Mann 1/2 Brüsseler und 1 Mainzer Tuch zuteilte[3], zur Frankfurter Herbstmesse 1402 führte der betreffende Handlungsdiener unter anderem 34 ihr gehörende rhein. Gulden mit[4]; endlich zur Brabantfahrt1403 gab sie 50 Gl. ungarisch, für die ihr nach glücklich vollbrachter Reise 54 Gl. gutgeschrieben wurden[5]. Verkauf dieser oder anderer Waren durch Runtingers Frau ist zwar nicht direkt bezeugt, auch von Erhart Lettels Frau dasselbe nur einmal in einer Zeit, da der Ehemann auf Handlungsreise abwesend war[6]; nach dem, was wir von beiden Frauen noch hören werden, ist aber

[1] Vgl. R. B. p. 388 bei Unkosten: „Item so sol ich meiner hausfrawn und der Granerynn (Runtingers ältester Tochter) 13 Unger. – Ich han der Granerynn 6 Unger bezalt" mit p. 393: „Item von demselben tch (1. Teil an Käutzel vgl. oben) han ich meiner wirttynn 19 eben zu einem manntl geben und zu aim seidel, das uberig sol sy wehalden . . ." Jene 19 Ellen wurden also, unterschiedlich zu dem Rest, Runtingers Frau zur Last geschrieben, wenn auch wohl zu Selbstkostenpreis.

[2] R. B. p. 204 bzw. ad 204 und 206; in erstem Fall sollten genauer für 25 Dukaten Fadengold, für 16 Dukaten schwarze Bortseide gekauft werden. Im zweiten wurden 31 Unzen Fadengold à $1^1/24$ Dukaten und 3 Unzen Fadensilber à $1^1/19$ Duk. erstanden. Der größte Einkauf Runtingers selbst in Fadengold umfaßte auch aus 205 Unzen (1383), der einzige weitere bekannte 50 Unzen (1400). Ebenso erscheint der erste Kauf von 50 Unzen durch die Mengerin 1383 als Ausnahme; beim 2. Mal nahm sie nur 10 Unzen, die junge Pfaitlerin einmal 12, das nächste Mal 8 Unzen (Preis 68 und 70 R. = $1^3/15$ und $1^1/6$ Gl. ung.); ebenfalls auf 8–10 Unzen, höchstens ist der Einkauf der Prager Bortenwirkerin Ela zu schätzen. Danach dürfen wir obige Quantitäten als den eigenen Bedarf von Runtingers Frau übersteigend ableiten. Jene 16 Dukaten werden entsprechend dem vom Hause 1400 gezahlten Entkaufspreis etwa für 5 (Venezianer Gewicht) Bortseide hingereicht haben, welche Quantität allerdings wesentlich hinter dem kleinsten Einkauf des Hauses, d. h. 13 (1383 3. Venedigfahrt) zurückblieb, immerhin aber doppelt soviel wie die größte in Regensburg abgesetzte Quantität war. Verkaufspreis hier für das (größere Regensburger) $2^1/2$ £ R. = ca $8^1/3$ Gl. ung. Wohl identisch mit dieser Bortseide war die von der Pragerin Mara gekaufte syrische Seide; Preis für das (etwas leichtere Prager) 1 Schock 50 Gr. = ca. 8 Gl. ung. Die an die Kätzlin und an Winkler verkaufte Schleierseide kam dagegen Platz Regensburg nur auf einen Preis von 15 ß R. = ca. Gl. ung., Einkauf Venedig pro (1400) $2^3/4$ Dukaten.

[3] R. B. p. 410. Selbstkostenpreis dieser $1^1/2$ Stück, Unkosten nicht gerechnet, Gl. Rhein.

[4] p. 419.

[5] a. a. O. p. 427. Gleichzeitiger Kauf 1/2 Scharlachtuches von Maastricht durch die Frau p. 430.

[6] p. 416: „Item ez nam dy Letelynn ain swartz tuch von Putzpach dez freitag nach Marttynny (1401 Nov. 18). Das gab sy ainem Antonyer umb 13 Reinisch gulden. Das gelt sol mir der Letel wezallen. – Daz gelt hat mich der Lettel wezalt zu weinnachten (nach Rückkunft von Wien)".

eine mehrfache Hilfe in dieser Hinsicht sehr wahrscheinlich. Jedenfalls ist Matthäus Runtingers Frau häufig als Zeugin von Verkäufen, Mit- oder alleinige Empfängerin der Schulderklärung genannt, namentlich bei weiblichen Kunden. Einmal vollzog sich der letztere Akt zwischen beiden Frauen in einem öffentlichen Bad[7]. [. . .]

Auch diese Belege inbegriffen, bewegten sich die Wechselrechnungen höchstens in Bestätigungen und Ergänzungen schon aus dem Handlungsbuch bekannter Tatsachen. Indessen erschließen sie noch zwei für Regensburg neue Beiträge, von denen der erste die Feststellung ist, daß sowohl Lettels wie auch Runtingers Frau zeitweise selbst den Wechseltisch bedienten. Im Debet des mit „Lettlwechsell" überschriebenen Kontos vom 2. Sept. bis 24. Okt. 1403 heißt es nämlich unter dem 6., 7. und 17. Sept. statt sonst „Ich gab dem Lettl" (bzw. „im"): „Ich gab ir" bzw. „Ich gab der Letelinn. . .", ebenso im entsprechenden Kredit zum 8. und 18. Sept., sowie ohne Datum: „Mir gab die Letelynn. . .", „Mir sant die Letelynn. . .", „So hat sy zu zwain malen auzgeben. . ." Auch in der Wechselrechnung Erhart Lettels vom 30. Juli bis zum 27. Nov. 1404 findet sich wenigstens eine entsprechende Stelle[8]; d. h. während dieser Handlungsdiener im ersten Jahre vom 5. Sept., im zweiten Jahre vom 6. Sept. ab ungefähr 3–4 Wochen lang seine Frankfurter Meßreise machte, stand statt seiner die Frau am Wechseltisch unter der Münzlaube[9]. Was Runtingers Frau angeht, so haben sogar 1½ Seiten der Wechselabrechnungen, begreifend die Zeit vom 3. Jan. 1398 bis Anf. Mai selben Jahres die direkte Ueberschrift „hausfraw" bzw. „mein wirttynn" und im Text durchweg die einer Eigenverwaltung entsprechende Diktion[10].

Findet diese Tatsache ein Gegenstück in der von Bücher erwähnten Frankfurter Ratszession von 1368, so scheint es dennoch nicht unnötig, auf Grund unserer Wechselabrechnungen einen Begriff von dem Umfang dieser Aufgabe speziell in Regensburg zu geben. Von in altbayrischen Münzstätten hergestellten Geldsorten standen danach der Regensburger Pfennig, der Regensburger Helbling, der Amberger, der Münchener und der Neuöttinger Pfennig in starkem Verkehr. Das Donautal aufwärts kam der Wiener Pfennig, auch vereinzelt ungarisches Silbergeld. Von Tirol drang der Kreuzer, von der Schweiz und Westdeutschland der Plappart ein. Sehr zahlreich liefen auch böhmische und Meißner Groschen, Haller aus den sämtlichen fränkischen und schwäbischen Münzstätten sowie Nürnberger Weißgeld in Regensburg um. Häufiger verirrten sich in die Wechselkasse die nach französischem Vorbild am Rhein geprägten hochwertigen Turnosen, gelegentlich Schwarzburger, Prager und Augsburger Denare. Dazu kamen, mangels eigener

[7] p. 389 (1395). Bei Verkauf an Meilingers Witwe: „Bi ist dez geltz meiner hausfraun mithais worden vor prukk im pad." Vgl. ferner 147 (1389) bei Verkauf gewogener Groschen an den Münzmeister von Amberg: „Er gehiez meiner hausfrawn", p. 71 (1400) bei Ueberweisung Grafschuld auf Dürnstetterin: „Dy (30 Duk.) versprach sy meiner wirttynn". Runtingers Frau als Zeugin bei Verkauf p. 60 (1405): , 394 (1395): Greimolt.

[8] p. 366 f. und p. 375: „Item ich gab der Letelynn 18 lb. helb. (Sept. 20.)" – Hier wieder an Lettel direkt abgeführter Posten dort mit Datum vom 2. Okt., hier mit demjenigen vom 8. Okt.

[9] Nach diesen Beispielen müssen am Ende ebenso folgende Posten auf p. 129 von der vorletzten Wechselrechnung überhaupt, derjenigen vom 19. Nov. 1406 bis 25. Febr. 1407, überschrieben „Lettel" aufgefaßt werden: „Item ich lech sein hausfrawn ib helbling dez mantag nach Katerina (XI. 29). Item und mer 3 Ib R", da nach p. 450 Erhart Lettel samt seinem Bruder Hans am 23. Nov. nach Wien abreiste. Tatsächlich wird auch sonst gelegentlich (vgl. p. 196) zum Wechselbetrieb übergebenes Geld als „gelichen" bezeichnet.

[10] p. 156–158 oberer Teil.

bayrischer Goldmünzen, eine ganze Reihe fremder Gulden in Betracht, in erster Linie böhmische und ungarische, in zweiter rheinische und venezianische Gulden. Gelegentlich begegnen aber in den Wechselrechnungen auch Bologneser, Genueser, päpstliche und heidnische oder Türkengulden, wie andererseits die entsprechenden westeuropäischen Werte, das waren Franken, Kronen, Nobel und Schilde. Fast alle Münzen hatten einen voneinander abweichenden und gerade um die Wende XIV. Jahrhunderts außerordentlich in Bewegung befindlichen Kurs, bei einzelnen gab es womöglich „geringe“ und „schwere“, „alte“ und „neue“ als gleichberechtigte Zahlungsmittel. Dabei war aber schon die äußerliche Unterscheidung teilweise keine leichte, indem die kleineren Silbermünzen in der Regel gar keine Legende und oft sehr wenig verschiedene Embleme hatten, wieder die Gulden, trotz einer solchen, infolge des durchweg übereinstimmenden Münzbildes (Petrus auf dem Avers, Lilie auf dem Revers), sehr leicht zu verwechseln waren. Endlich liefen auch in starkem Maße Falsifikate um, die selbst Großkaufleute damals weiterzugeben sich nicht entblödeten.
Direkt spezielle Fertigkeiten erforderte dann der Einkauf von Münzmaterial. D. h. Barrensilber, Ringe, Geschmeide u. ä. schwankten nach den vorhandenen zahlreichen Belegen nicht so stark im Feingehalt, als wie die in höherem Maße dazu eingekauften Silbermünzen früherer und allerältester Jahrgänge, das sogenannte gewogene Geld. So stehen einmal von den hauptsächlich dafür in Betracht kommenden Amberger Pfennigen dicht nebeneinander Posten, von denen das Lot 12, 11, 9¹/2, 8, 7, 6, 5¹/2, 5, 4, und 3 Pfennig kosteten. Und in der vorhergehenden Rechnung finden wir zunächst eine Ausgabe von 6 Regensburger für 36 zu jenem Zweck eingekaufte Wiener Pfennige, dagegen am Schluß eine solche von 9 Regensburger für 35 Wiener Pfennige.
Tatsächlich war mit dem Wechselamt vorübergehend der schon genannte Goldschmied Giesberger betraut. Und daß auch Runtingers Frau auf diesem ganzen Gebiete schon vor 1398 kein gänzlicher Neuling war[8], beweist die angekündigte zweite und eben nur durch die Wechselrechnungen mögliche Feststellung, nämlich die, daß sie seit langem an der Buchführung des Handlungs- wie des Wechselbuches sehr wesentlich beteiligt war. [...]
Auf Grund dieser Feststellungen läßt sich ungefähr folgende Entwicklung ableiten: Den Anlaß zur Mitbuchführung durch Frau Runtinger geb. Grafewauter gaben die von ihrem Mann in Person ausgeführten Handelsfahrten. Ihr Antritt erfolgte mehrmals so überraschend schnell oder die Vorbereitungen bzw. die noch in Regensburg zu erledigenden Geschäfte und Angelegenheiten schlugen ihm derart über dem Kopf zusammen, daß er wohl selbst seine Frau bat, statt seiner das Abreiseregest zu fertigen. Wieder die aus Prag Geld überbringenden Geschäftsfreunde hatten gewiß jedesmal der jungen, sich sehnenden Frau auch Grüße und Nachrichten über das Befinden des Ehemannes zu überbringen. So gingen sie am Ende zuerst zu ihr und dann Margarethe mit ihnen zum Schwiegervater (Wilhelm Runtinger), der seine Schwiegertochter nun zunächst versuchsweise auch mit der entsprechenden Niederschrift betraute, um ihr nach Erprobung auch die Eintragung dieser oder jener anderen gleichzeitigen Geschäftsvorfälle zu überlassen. Mit

[11] Es muß allerdings gesagt werden, daß gleichzeitig mit Runtingers Frau ebenfalls Hans Ernst für unser Haus an einem Tisch unter der Münzlaube stand, so daß sich jene bei diesen in schwierigen Fällen Rat holen konnte. Vgl. Ernsts gleichzeitige längere Konten p. 282–277. Eine Neuerung war diese Besetzung, nämlich die zweier Wechselstände durch Runtinger, gleichwohl nicht. Auch während der Zeit der Jahre 1396 und 1397 sowie Ende 1398 bis Anf. 1399 fungierten 2 Verwalter (Hans Ernst und Erhart Lettel).

dem Aufhören eigener Reisetätigkeit Matthäus Runtingers um Wende der 80er Jahre und dem gleichzeitigen Eintritt eines fast ausschließlich am Platz verwendeten, doch in jeder Hinsicht versierten Gehilfen in der Person Hans Ernsts, wurde jedoch ihre Tätigkeit sowohl im Handlungsbuch wie in den mehr interneren Partien unserer Quelle zunächst eine sporadische. Lediglich dadurch, daß die letztgenannte Kraft als Wechsler seinerseits eine rechnerische Unterstützung bzw. Kontrolle brauchte, die Matthäus Runtinger, nunmehr nicht minder wie sein verstorbener Vater mit Ehrenämtern belastet, nicht immer leisten konnte, führte eine stärkere Beteiligung unserer Frau am Wechselbuche herbei. Ihre wachsende Vertrautheit mit diesem Geschäftszweig ermöglichte es dann später, 2$^1/_2$ Jahre ohne wesentliche Dienerhilfe bei Verrechnung dieser Geschäfte auszukommen. Inzwischen hatten aber infolge jener kleinen Gelegenheitsgeschäfte und vermehrter Heranziehung zu Kaufabschlüssen ihre Kenntnisse auch im übrigen Handel so zugenommen, daß, als nun Matthäus in den letzten Lebensjahren Altersbeschwerden das Schreiben erschwerten, er seiner Frau – wie einst ähnlich ihm sein Vater – sowohl Buch- wie Geschäftsführung in stetig wachsendem Maße überlassen konnte.
Bastian: Das Manual des Regensburger Kaufhauses Runtinger [423], S. 400f., S. 412–14, S. 422–23

[344] Horst Pohl über die geschäftliche Betätigung der Agnes Praun und ihrer Töchter im Geschäft ihres Mannes nach dem Rechnungsbuch des Hans Praun (1471–1478), 1967/68
Doch nun zu ihr, der ehr- und tugendreichen Agnes, Hans Prauns vielerwähnter Eheliebsten. Als Tochter des Simon Fröler (Fröller) entstammt sie einer Familie, die in Nürnberg noch Jahrhunderte später nachzuweisen ist. In unseren Rechnungsnotizen wird Agnes *mein weib,* manchmal auch *mein hausfrau* genannt. Stellvertretend für den Mann nimmt sie Zahlungen entgegen oder begleicht sie Rechnungen, fertigt Handwerker und Lieferanten ab oder unterstützt Verwandte und Bekannte mit kleineren Darlehen. Wenn der Mann auf Reisen ist, führt sie zu Hause inzwischen die kleineren Geschäfte. *Mein weib hat verkaufft, weil ich aussen bin gebesen zu Florenz im zugno* (Juni), *luglio, 2 pecher, di uns von der swester Greslin seligen zu kauffen wurde, haben gebegen* (gewogen) *1 mark 5 lot 1$^1/_2$ quentlein, di mark pro fl 7, treffen fl 9 ß 7 und hat das geld eingenommen und mir geben mit anderm geld, do ich widerkom.* Weniger umfangreiche Gelegenheitsankäufe und -verkäufe gehen durch die Hand der Frau. . . . *hat solche bücher mein weib dem doctor Schüzzen geantbort und haim gesant und das geld darfür eingenomen di obgeschriben fl 10 ß 8 und mir verrechent.* [. . .]
Wie ihre Schwester so wird auch Agnes zu einem Schneider geschickt, um zu lernen. Aber auch im eigenen Hause gab es für die Frauen genug zu tun. Außer der Hauswirtschaft im engeren Sinne und der Wartung der kleinen Kinder war die Arbeit am Spinnrad eine wichtige Beschäftigung, wie wiederholte Ankäufe von Flachs beweisen. Selbst im Geschäft müssen die älteren Töchter aushelfen, und häufig, wenn man seine Schuld bezahlt, legt man das Geld in zarte Hände.
Pohl: Das Rechnungsbuch des Nürnberger Großkaufmanns Hans Pohl [427], S. 93, S. 95

[345] Substituierende Handelsbetätigungen von Frauen in Vertretung ihrer abwesenden Männer nach den Eintragungen in die Kölner Briefbücher, 1384, 1397 u. 1497

202. Köln vereignet einigen seiner Bürger Güter, die ihnen Junker Johann, Sohn Godarts von Loë, Herrn zu Heinsberg, weggenommen hat: Gerhard Eychoff 3 Pack, 2 Körbe und ein Tönnchen („tungin"); Druda, Ehefrau des abwesenden Roilman Kerpen, 2 Pack und einen Korb; Frau Hilla und ihrem Mann Joerris van Elverfelde 7 Pack und einen Korb. 1384 Sept. 24 (ex. cruc.).

304. Köln an Herzogin Johanna von Luxemburg, Brabant und Limburg und ihre Richter, Rentmeister, Schultheissen und Amtleute zu beiden Seiten der Maas: N. N. (b. tal[is]) hat beschworen, dass die mit einem bestimmten Zeichen versehenen 2 Fässer mit Gürteln „etc." ihr und ihres Mannes Eigengut sind. Bittet, es ihr freigeben zu lassen. (1397) Sept. 10 (fer. 2 p. nat. Mar.).

1462. Köln beurkundet, dass Cathrijngijn an Stelle ihres auf dem Antwerpener Markt weilenden Mannes Hermann Slossgijn dem städtischen geschworenen Viehschreiber Antoenis Moelenkott ganze Vollmacht erteilt hat, von yrre beider ehemaligem und ohne ihr Wissen und Willen weggezogenem Diener Johann van Staden 400 oberl. rhein. Gulden mit allen rechtlichen Mitteln einzutreiben. 1497 Okt. 5 (donnerstach nae Remig.).

zitiert nach: Kuske: Quellen zur Geschichte des Kölner Handels [186], Bd. 1, Nr. 202, S. 76; Nr. 304, S. 103; Bd. 2, Nr. 1462, S. 732.

[346] Testament der Alheyd van Bremen (verehelichte Wittenborg), Kauffrau v. 28. 11. 1358

1. In der Ausübung der Kaufmannschaft *(mercatura)* hat sie keinen Vormund, auch nie einen gehabt, sondern sie ist Kauffrau für sich selbst in Ein- und Verkauf; sie hat ihren Ehemann Vicko Wittenborch in ihr Besitztum *(ad possessionem meam)* aufgenommen, wozu er 30 m. preuß. einbringen sollte, was er aber nicht getan hat, vielmehr hat sie ihm aus ihrem Eigenen über 400 m. d. dargereicht, die er noch nicht wieder in ihr Besitztum eingebracht hat. Deshalb [!] vermacht sie diesem ihrem Ehemann Vicko Wittenborch ihr halbes Haus, eine silberne Schale, sieben silberne Löffel und die Hälfte allen Geräts. – 2. Der Wyndele, Tochter des Frederik Wittenborch, ihre Fibel und die Spangen, die sie zum roten Oberkleid gebraucht, sowie ein Handtuch. Der Gheseke, Tochter des Arnswolde, ein Handtuch. – 3. Ihr besseres Oberkleid ohne die Spangen der Marienkirche. Ihr besseres Unterkleid ohne die Spangen der Jacobikirche. – 4. Dem Minoritenbruder Johan, Sohn der Ehefrau des Johan Sultebrugge, 2 m. d. – 5. Der Katharinenkirche, wo sie bestattet werden will, 10 m. d.: mit diesem Geld sollen auch die Kerzen für ihr Leichenbegräbnis angeschafft werden, die die Brüder nach dem Begängnis behalten sollen. – 6. Der Marienkirche, der Jacobikirche, dem Heiligen Geist und den Predigerbrüdern *(fratribus maioribus)* jeder Stätte 1 fl. , damit sie über ein volles Jahr ihre Memorie vom Predigtstuhl abhalten. – 7. Dem Priester *dom.* Hinrik Arhusen in Wismar 2 m. d. – 8. Dem Priester *dom.* Bartolomeus 1 m. d. Dem *dom.* Johan van Bremen 8 ß. Dem Mönch in Reinfeld Bruder Johan van Bremen 8 ß. Dem Mönch in Reinfeld Bruder Johan van Aalen ihre Kleiderspangen *(tenacula proprie dicta slote)*, aus denen ein Kelch gefertigt werden soll. – 9. Dem Heiligen Geist ein gutes Bett. – 10. Alles übrige bewegliche und unbewegliche Gut sollen ihre Provisoren zum Besten der Armen auskehren, wo es ihnen angebracht scheint.

zitiert nach: Brandt: Regesten der Lübecker Bürgertestamente [143], Bd. 2, Nr. 746, S. 194f.

[347] Brief der Stadt Köln an die Stadt Diest v. 15. 11. 1471
Wir, Bürgermeister und Rat der Stadt Köln, teilen allen, die diesen Brief lesen oder vorgelesen hören, und insbesondere Euch, den ehrbaren Schöffen und dem Rat zu Diest, mit, daß vor uns Jelis van dem Broich und Lyndemann von Corbecke, unsere Bürger, als Vollstrecker und Treuhänder des Testaments der verstorbenen Ailheid Dryveltz, unserer Bürgerin, erschienen sind. Sie haben uns zur Kenntnis gegeben, daß sie unlängst Heinrich van Blyterswich, unseren Bürger, [. . .] zu Euch geschickt haben, der von Euch die Schulden, die ihr der vorgenannten verstorbenen Ailheid für Wein schuldig geblieben sein sollt, einfordern und eintreiben sollte. Darüber sollt ihr nun von Euren Rentmeister erfahren haben, daß man in den Stadtbüchern und Registern nichts über die Schuld und wie hoch sie noch sei, habe finden können. Deshalb sei derselbe Heinrich von Euch damit abgefertigt worden, wieder zu uns zurückzukehren und einen Auszug aus dem Rechenbuch der vorgenannten, verstorbenen Ailheid über die Rechnungen des Weins, der den Steuerbeamten und Rentmeistern Eurer Stadt verkauft und geliefert worden sein soll, mit dem Siegel der Stadt zu bringen. Wenn ihr die gesehen habt, wolltet Ihr Euch darüber bedenken und der Sachlage entsprechend gebührlich verhalten etc., wie wir das verstanden haben.
Deshalb haben uns die vorgenannten Testamentsvollstrecker, unsere Bürger, ein großes, dickes, papierenes Rechenbuch, zur Gänze mit Leder bezogen und eingebunden, mit der Bitte vorgelegt, etliche Rechnungen über Wein, den Eure Steuerbeamten der vorgenannten, verstorbenen Ailheid hätten bezahlen sollen und der ihnen auch durch den Diener derselben Ailheid zugeführt und geliefert sein soll, und die in dem vorgenannten Rechenbuch noch nicht getilgt worden sind, daraus abzuschreiben und das für Euch zu beurkunden und mitzuteilen. Also haben wir, um dem vorgenannten Begehren zu entsprechen, zunächst von den vorgenannten Treuhändern die Eide genommen, die sie persönlich bei Gott und den Heiligen geleistet haben, daß das vorgenannte Rechenbuch das Rechenbuch der vorgenannten, verstorbenen Ailheid gewesen ist und daß sie darin ihre Schuldforderungen, insbesondere bei Wein, insgesamt und mit eigener Hand geschrieben habe und zu schreiben pflegte. [. . .]
übertragen nach: Kuske: Quellen zur Geschichte des Kölner Handels [186], Bd. 2, Nr. 555, S. 268 f.

[348] Brief des Rates der Stadt Köln an das Seidmacheramt v. 19. 3. 1499
Stadt Köln. Unseren lieben, getreuen Meistern und Meisterinnen des Seidmacheramtes, die sich jetzt auf der Messe in Frankfurt aufhalten, insgesamt und besonders.
(Der Rat bestimmt, daß fertige Seide vor dem Verkauf zu stempeln ist, und verbietet, Rohseide versteckt einzuführen.)
übertragen und zusammengefaßt nach: Loesch: Die Kölner Zunfturkunden [187], Bd. 2, Nr. 666, S. 434 f.

[349] Brief der Stadt Köln an den Amtmann zu Mainz v. 7. 7. 1491
Lisbeth, die Ehefrau des Kölner Eingesessenen Michel Jabeck, gab auf der Fahrt zur letzten Frankfurter Messe der Wirtin zur Krone in Mainz Geld und Waren zur Aufbewahrung. Als sie alles zurückforderte, wurde der Empfang der Güter geleugnet. Bittet, ihrem Mann wieder dazu zu verhelfen.
zitiert nach: Kuske: Quellen zur Geschichte des Kölner Handels [186], Bd. 2, Nr. 1234, S. 625.

[350] Eintragung in das Kölner Briefbuch v. 29. 11. 1433
Wir, Bürgermeister und Rat der Stadt Köln, teilen mit, daß die Petersse, Ehefrau des Goedart van Aiche, unserem Einwohner, uns mitgeteilt hat, daß Simon Upsleiger in Bingen sie beschuldigt habe, daß sie minderwertige Ware an Fischen, die kein Kaufmannsgut seien, zu kaufen und wieder zu verkaufen pflege, wodurch derselben Petersse großer Schaden entstanden sei. So sind deshalb die vereidigten Unterkäufer und Wirte unserer Stadt vor uns erschienen, die mit dem gesalzenen Fisch in unserer Stadt umzugehen pflegen, [. . .] und sie haben allesamt bei ihren Eiden versichert, daß die genannte Petersse stets bei den vereidigten Unterkäufern zu kaufen pflege [. . .] und daß sie auch nichts anderes gehört hätten, außer daß dieselbe Petersse ehrbar und aufrecht in ihren gesamten Angelegenheiten sei, wofür sie auch allgemein in unserer Stadt geachtet werde. [. . .]
übertragen nach: Kuske: Quellen zur Geschichte des Kölner Handelns [186], Bd. 1, Nr. 860, S. 298.

[351] Eintragung in das Briefbuch der Stadt Köln v. 29. 4. 1445
Köln beurkundet, dass Hilgijn, die Ehefrau des Buntwörters Johann van Hamersteyn, Kölner Bürgerin ist und eidlich gelobt hat, bei ihren Geschäftsreisen zu Einkauf und Verkauf in den niederen Landen nur ihr und ihres Mannes Propergut führen zu wollen.
zitiert nach: Kuske: Quellen zur Geschichte des Kölner Handels [186], Bd. 1, Nr. 1062, S. 368.

[352] Brief der Stadt Danzig an die Stadt Lynn v. 18. 10. 1455
Die Danziger Bürgerin Katherina Ysermengersche berichtet, dass sie dem John Laudt von Lynn auch zur Bezahlung einer Schuld für Miethung von Reitpferden bei ihren früheren Geschäftsreisen in England im Betrage von 3 Nobeln an die Uberbringer der Pferde und von 2 Nobeln an den Lynner Bürger Rathger $7\frac{1}{2}$ Nobeln und 2 Rh. Gld. übergeben hat, jedoch, da Laudt die ganze Summe für sich behielt, von neuem wegen der Schuld gemahnt worden ist; bittet, den Laudt zur vorläufigen Hinterlegung des zur Bezahlung der Schuld bestimmten Geldes bei Lynn anzuhalten.
zitiert nach: Hansischen Urkundenbuch [169], Bd. 8, Nr. 430, S. 284.

[353] Die Entwicklung der Steuersätze der Fugger v. 1403–1504 in Gulden

Jahr	Hans	Ehefrau	Sohn Jakob	Ehefrau	Ulrich	Jörg	Jakob II	Zusammen
					(Söhne von Jakob I)			
1403	13							
1408	16							
1418		27						
1428		$17\frac{1}{2}$						
1434		20						
1441			30 (mit Bruder)					
1448			45 (mit Bruder)					
1455			23					
1462			$122\frac{1}{2}$					
1475				80	–	–	–	80
1480				100	51	–	–	151
1486				100	93	–	–	193

Jahr	Hans	Ehefrau	Sohn Jakob	Ehefrau	Ulrich	Jörg	Jakob II	Zusammen
					(Söhne von Jakob I)			
1488				132	93	8	40	273
1489				132	93	60	40	325
1490				132	93	70	40	335
1492				132	100	75	40	347
1493				160	170	75	120	525
1495				100	170	140	120	590
1497				160	142 1/2	140	120	562 1/2
1499				?	142 1/2	140	160	?
1500				230	228	190	182	830
1501				230	225	190	182	827
1504				251		1000		1251

erstellt nach: Schulte: Geschichte des mittelalterlichen Handels und Verkehrs zwischen Westdeutschland und Italien [428], S. 649–652.

[354] Brief Kölns an den Junker (Gerhard) von Kleve v. 26. 3. 1423
Die Witwe Alf Bruwers vermag, na deym sy sich in wedewenstait helt, nicht mehr so viel Gut am Zoll zu Kaiserswerth vorbeizuführen, dass die Geldsumme, die ihr dort geschuldet wird, rasch dadurch getilgt werden kann. Bittet, zu erlauben, dass sie das Geld auch mit dem Gute anderer Kölner Bürger „verwaren" darf.
zitiert nach: Kuske: Quellen zur Geschichte des Kölner Handels [186], Bd. 1, Nr. 687, S. 236.

[355] Anteil von Frauen am Kölner Import von Metallen und Metallwaren

Handelsgegenstand	Zeitraum	Männer	Frauen	Marktanteil der Frauen in %		Familienstand	Beruf des Mannes	Rang der Frau
Blei	1460–69	23	3	9,4	10,0	Witwe	Bleihändler	5
				0,5		?	Nichte des marktbeherrsch. Bleihändlers	15
				0,1		Witwe	?	22
Kupfer	1452–80	48	3	1,4	2,7	?		12
				1,1		?		13
				0,2		?		24
Messing	1452–80	31	5	8,3	19,2	?		3
				4,9		?		7
				3,0		Ehefrau		10
				2,7		?		12
				0,06		Ehefrau	Wagner	36
Blech	1452–78	76	4	5,8	14,8	?		5
				3,7		?		7
				3,1		Ehefrau	Wagner	10
				2,2		?	Familie in gl. Geschäft	13
Stahl				19,8		Ehefrau	Bürgermeister	2
				0,4		Ehefrau?	Handschuhmacher?	21

[355] Fortsetzung

Handels-gegenstand	Zeit-raum	Männer	Frauen	Marktanteil der Frauen in %		Familienstand	Beruf des Mannes	Rang der Frau
Stahl	1497–1501 1506–1509 /1511	90	6	0,1	20,4	Ehefrau?	Schmied?	unter 27–96
				0,05		Ehefrau?	Schmied?	
				0,04		Ehefrau?	Schmied?	
				0,01		Ehefrau?	Handschuh-macher?	
				22,0		?		1
Eisen-handschuhe	1452–69	17	3	15,0	38,0	?		2
				1,0		Witwe	?	17

erstellt nach: Wensky: Die Stellung der Frau in der stadtkölnischen Wirtschaft [369], S. 223–241.

[356] Die Entwicklung des Frauenanteils am Kölner Gewürzimport, 1452–80

Handelsgegenstand	Zeitraum	Männer	Frauen	Marktanteil der Frauen in %
Ingwer	1452–59	43	5	6,0
	1460–68	56	4	4,4
	1470–80	41	3	7,6
Kümmel	1452–59	25	5	8,5
	1460–68	28	1	4,0
	1470–80	16	1	1,0
Mandeln	1452–59	25	2	6,1
	1460–68	20	3	19,6
	1470–80		0	0,0
Muskat	1452–59	10	1	1,0
	1460–68	12	1	1,0
	1470–80		0	0,0
Nelken	1452–59	12	1	5,9
	1460–68	32	1	1,8
	1470–80	15	2	1,1
Pfeffer	1452–59	39	6	3,6
	1460–68	40	3	4,3
	1470–80	46	3	3,0
Safran	1452–59	34	5	2,9
	1460–68	28	1	1,8
	1470–80		0	0,0
Zucker	1452–59	13–18*	2–3*	6,7
	1460–68	15–19*	1–2*	13,9
	1470–80	14–21*	1	0,7

* je nach Zuckersorte

erstellt nach: Wensky: Die Stellung der Frau in der stadtkölnischen Wirtschaft [369], S. 194–210.

[357] Die Entwicklung des Frauenanteils am Kölner Import von Textilrohstoffen und Textilien

Handelsgegenstand	Zeitraum	Männer	Frauen	Marktanteil der Frauen in %
	1452–59	54	4	5,4%
	1460–68	53	4	10,0%
Baumwolle	1470–78	41	2	4,5%
	1478–80	9	1	2,7%
	1991–95	28	1	0,1%
	1452–59	122	3	0,4%
Oberdeutscher Barchent	1460–69	116	8	4,2%
	1470–78	124	8	2,9%
	1478–80	52	7	9,1%
	1497	40	1	51,5%
Flachstuch	1498	24	4	45,8%
	1507	5	1	9,2%
	1508	6	1	13,3%
	1497	16	22	57,2%
Leinentuch	1498	1	7	56,6%
	1508	2	0	0,0%

erstellt nach: Wensky: Die Stellung der Frau in der stadtkölnischen Wirtschaft [369], S. 251–255.

[358] Die Entwicklung des Frauenanteils am Kölner Weinimport, 1390–1519

Fuder / Zeitraum		0–1	1–5	5–20	20–50	50–100	100–100	> 300	Gesamt-anteil in %
1390–92	Frauen	35	204	174	105	74	49	4	16,1
	Anteil in %	20%	21,6%	14,2%	12,4%	12,2%	4%	0,0%	5,8
1392–94	Frauen	105	152	107	58	2,8	22	6	22
	Anteil in %	25,7%	25,0%	23,4%	15,5%	7%	9%	0,0%	12,3
1414/15	Frauen	21	62	106	78	74	94	16	8,8
	Anteil in %	9,5%	13,0%	12,3%	10,3%	8,1%	2,1%	0,0%	4,1
1420/21	Frauen	30	80	72	70	54	88	12	14
	Anteil in %	10,0%	21,1%	16,6%	14,3%	14,8%	7,9%	0,0%	7,1
1466/67 –1478/79	Frauen	68	477	465	257	104	31	6	12,3
	Anteil in%	8,8%	14,9%	11,2%	11,3%	7,7%	19,4%	33,3%	
1513/14 –1519	Frauen	347	468	377	172	62	24	3	9
	Anteil in %	8,4%	11,3%	8,8%	4,7%	6,5%	8,0%	33,3%	

erstellt nach: Wensky: Die Stellung der Frau in der stadtkölnischen Wirtschaft [369], S. 261–279.

[359] Testament der Mechthild von Bremen (Krämerin) v. 14. 4. 1353
1. Hat mit ihrer Gesellschafterin *(socia)* Lubbe vertraglich über eine bestimmte Summe eine Gesellschaft errichtet *(inter nos super unam summam terminavimus . . . nostro in recessu),* woraus ihr Anteil 30 m. d. beträgt. Ferner schuldet ihr der Priester *dom.* Marquard. der dem *dom.* Meynard van Walhede bekannt ist, 1 fl.

Hiervon sollen die folgenden Vermächtnisse ausgerichtet werden. – 2. Ihrer Schwester Gheseke und deren Kindern 20 m. d. – 3. Dem vorgenannten *dom.* Meynard 3 fl. – 4. Dem Sohn ihrer Stiefmutter (*noverce),* Henneke, 3 fl. – 5. Dem Priester *dom.* Conrad 1 fl. – 6. Ihr Oberkleid und ihr Unterkleid mit den Spangen der Petrikirche für den Bau. – 7. Ihrem *avunculus* Johan van Bremen die 24 ß, die er ihr schuldet, und 5 fl. – 8. Alles übrige Gut sollen die Provisoren nach ihrem Ermessen für das Seelenheil der Erblasserin vergeben.
zitiert nach: Brandt, Regesten der Lübecker Bürgertestamente [143], Bd. 2, Nr. 502, S. 56.

[360] Bruderschaftsordnung der Kölner Gewandschneider v. 5. 6. 1344
§ 27. Wenn ein Mann, dessen Vater nicht Bruder war oder ist, unsere Bruderschaft begehrt und haben will, so soll man darüber alle verdienten Brüder entscheiden lassen. [. . .]
§ 61. Kein Bruder soll Gesellschaft haben mit irgendeinem Menschen, es sei Frau oder Mann, die außerhalb der Gaden Gewand schneiden. [. . .]
übertragen nach: Loesch: Die Kölner Zunfturkunden [187], Bd. 1, Nr. 25, S. 61, S. 69.

[361] Ordnung der Gewandschneider zu Frankfurt/Main v. 9. 3. 1377
§ 16. Weiterhin soll auch keine Frau Gewand messen, außer ihr Mann steht neben ihr. Wer das übertritt, der verfällt einer Buße von 5 Schilling Heller.
§ 17. Weiterhin, wenn einer eine Farbe fälscht oder mit einer anderen Farbe überfärbt, es sei Frau oder Mann, der verfällt einer Buße von 5 Schilling Heller.
§ 19. Weiterhin, wenn einer fragt, wo das Gewand gemacht sei, so soll man ihm die Wahrheit sagen, es sei Frau oder Mann, sofern man das weiß. Wer das aber nicht tut, der verfällt einer Buße von 5 Schilling Heller.
übertragen nach: Schmidt: Frankfurter Zunfturkunden [204], Bd. 1, S. 232.

[362] Ordnung der Greifswalder Wandschneider v. 1504
[. . .] Auch wenn da einer von den Brüdern aus der Wandschneidergilde verstirbt, so sollen die Älterleute dafür sorgen, daß der hinterbliebenen Frau nach Ablauf von vier Wochen nach dem Tode ihres Mannes der Gewandschnitt verboten wird. [. . .]
übertragen nach: Krause: Die ältesten Zunftrollen der Stadt Greifswald [183], Nr. 36, S. 51.

[363] Ordnung der Lüneburger Wandschneider v. 1521
§ 9. Weiterhin, wenn jemand verstirbt und einen Erben hinterläßt, der noch nicht alt genug ist, zu schneiden, so darf die Frau von des Sohnes wegen, sofern der Erbe bereit ist, den Wächterlohn zu geben, den (Gewand)schnitt so lange gebrauchen, bis der Sohn mündig ist.
übertragen nach: Bodemann: Die älteren Zunfturkunden der Stadt Lüneburg [141], S. 84.

[364] Ordnung der Dortmunder Wandschneider v. 1551
§ 3. Weiterhin, wenn einer die Gesellschaft begehrt, der ein unbescholtener Mann des Erbsassenstandes ist, so soll man ihm das nicht verwehren. [. . .]
§ 6. Weiterhin ein Wandschneider und seine Ehefrau dürfen Gewand schneiden und niemand anders von ihrer Seite, er sei denn (Mitglied) in der Gesellschaft.

§ 7. Weiterhin eine Witwe aus der Wandschneider-Gesellschaft, die sich nicht wieder verheiratet, darf den (Gewand)schnitt, so lange sie lebt, gebrauchen.
übertragen nach: Winterfeld: Die Dortmund Wandschneider-Gesellschaft [430], Nr. 4, S. 91.

[365] Nürnberger Verordnung über den Handel der Gäste mit Gewand und Arras, 15. Jh.
[. . .] Und zum ersten haben unsere Herren vom Rat zum allgemeinen Nutzen und Lebensunterhalt dieser Stadt vergönnt, bestimmt und angeordnet, daß hinfort ein jeder Bürger, Bürgerin oder ihr Gesinde allenthalben in ihren Häusern, Wohnungen und Mietshäusern allerlei wollenes Gewand, auch Arras, in ganzen und halben Tuchen, auch in Vierteln, verkaufen und abgeben dürfen. Und wenn ein Bürger, Bürgerin oder ihr Gesinde allerlei wollendes Gewand und Arras mit der Elle verkaufen und abschneiden wollen, so soll ihnen das gleichfalls zu tun vergönnt sein, doch daß sie solchen Handel in offenem Kramladen mit vorgehängtem Tuch betreiben, wie das alle Gewandschneider gewöhnlich zu tun pflegen. [. . .]
übertragen nach: Baader: Nürnberger Polizeiordnungen [138], S. 132.

[366] Anteil der Frauen am Kölner Gewandschnitt, 1414–1442

Jahr	Zahl der beteiligten Frauen	Marktanteil in %	Anteil der Stina Waveren in %
1414	7	13,	
1415	5	7,4	
1416	4	7,4	
1417	7	8,1	
1418	3	4,6	
1419	2	34,2	30,4
1420	5	29,2	22,0
1421	7	33,2	27,1
1422	4	23,0	18,4
1423	3	20,0	17,8
1424	5	22,0	18,7
1425	5	26,0	20,0
1426	4	26,0	24,2
1427	3	21,6	15,0
1428	4	31,1	23,5
1429	4	32,5	27,4
1430	3	21,8	17,9
1431	5	29,5	23,6
1432	5	25,8	18,1
1433	5	27,4	18,5
1434	5	21,0	16,6
1435	6	20,6	14,0
1436	5	19,7	14,9
1437	5	23,5	11,0
1438	5	23,7	14,7
1439	4	17,0	9,6
1440	4	8,9	
1441	3	8,6	
1442	3	5,6	
∅	5	20,4	13,8

aus: Wensky: Die Stellung der Frau in der stadtkölnischen Wirtschaft [369], S. 243 f.

[367] Die Kölner Gewandschneiderinnen v. 1414–1442

Nr.	Name	durchschn. Jahresleistung	Leistung in Tuchen insgesamt	Zeit der Tätigkeit	Familie im Gewandschnitt
1	Stina Waveren	351		1419–39	X
2	Fygen Knechtgin, Tielmanns Frau	55	1068	1427–42	X
3	Kathringin Sweder, Peters Frau	138	688,5	1436–42	X
4	Hertwich Ackerbach	46,5	651	1414–27	
5	Hilgin van Duren, Johanns Frau	16	384,5	1417–40	X
6	Metzgin Eilsich, Wynants Frau	22	356,5	1417–42	X
7	Druytgin Bunteisel	11	281	1414–38	X
8	Ida i. d. Marstal, Wwe.	14,5	87	1416–21	X
9	Druytgin van Guylge	8	41,5	1427–31	
10	Elsa Sassenfeltz	20,5	41	1414–15	
11	Stena de Rees	36,5	36,5	1422	X?
12	Styngin Nase	20,5	20,5	1414	
13	Stina Mirwilre	2	18,5	1414–(21?)	
14	Nesa, Engelbert von Husens Frau	4	17	1414–17	
15	Elsa de Rees	5	16	1414–15	X?
16	Fygin, Frau des Gobel de Gele	8	15,5	1420–21	X
17	Ida Drachenportzen	11	11	1416	
18	Styngin Michaelis	7	7	1416	
19	Elsa Heufft	7	7	1415	
20	Kathringin zer Trappen	1	4,5	1426–28	
21	Gertrud Hilgenrodes Tochter	2,5	2,5	1417	X?

[1] Darunter 50 Tuche in der Kölnischen Halle.
[2] Darunter 73,5 Tuche in der Kölnischen Halle.
[3] Darunter 22 Tuche in der Kölnischen Halle.
aus: Wensky: Die Stellung der Frau in der stadtkölnischen Wirtschaft [369], S. 248.

[368] Drugwarenumsätze der Karyssen under Helmslegern Mai 1452 – Februar 1457 (bei Akzisestundung)

Ware	Maßeinheit	Anzahl	Marktanteil in %
Reis	Pfund	716	4,0
Reis	Ballen	17	60,7
Reis	Sack	13	14,9
Melzucker	Pfund	165	0,9
Kassuyn	Pfund	187,5	1,3
Kümmel	Sack	8	25,8
Kümmel	Ballen	4	20,0
Kümmel	Bällchen	1	25,0
Pfeffer	Sack	29	28,7
Ingwer	Sack	16	17,0
Zwiebelsamen	Sack	4	3,4
Lakritze	Ballen	4	33,3
Lakritze	Bällchen	1	9,0
Lorbeer	Sack	2	10,0
Lorbeer	Fäßchen	1	100,0(?)
Weihrauch	Faß	1	6,2

[368] Fortsetzung

Ware	Maßeinheit	Anzahl	Marktanteil in %
Weihrauch	Fäßchen	3	100,0
Spezerei	Faß	4	2,4
Spezerei	Stück	4	0,5
Anis	Sack	2	5,9
Gandekom (?)	Sack	1	?
Baumöl	Faß	1	?
Muskat-blüten	Fäßchen	1	50,0
Vanys (?)	Fäßchen		150,0
Allerlei Gewürze	Faß	1 großes	
Saflor	Sack	6	
Seife	Lade	8	
Leim	Korb	8	
Virtriol	Faß	1	
Schwefel	Faß	1	
Leder	Korb	1	
Kupfer	Zentner	49,5	
Kupfer	Schock	12	(= 624 Zentner) 1,4
Kupfer	Stück	101	
Eisen-handschuhe	Dutzend	295	15,0
Zinn	Faß	3	
Zinn	Zentner	10,5	(= 20 Zentner) 2,8
Messing	Faß	2	
Messing	Zentner	55	9,3
Blech	Faß	103	12,7
Schwarzblech	Faß	2	
Baumwolle	Pfund	5569	
Baumwolle	Sack	7	
Buckain (= Seidensorte)	Sack	1	
Seide	Pfund	200,5	
Speysgarn	Faß	45	
Speysgarn	Fäßchen	35	
Barchent	Fardel	10	
Wachs	Scheibe	1	
Papier	Ballen	35	
Paternoster	Pack	1	
Spiegel	Korb	2	
Messerholz	Korb	2	
Krämerei	Faß	34	
Krämerei	Korb	7,5	
Kämme	Korb	4	

[368] Fortsetzung

Ware	Maßeinheit	Anzahl	Marktanteil in %
Spiegel und Paternoster	Lade	1	
Gläser	Pack	1	
heuftladen (?)	Tonne	0,5	
aderen (?)	Korb	1	
Ohne Angabe	Kemlade	9	
	Korb	9	
	Faß	16	
	Fäßchen	1	

aus: Wensky: Die Stellung der Frau in der stadtkölnischen Wirtschaft [369], S. 199f.

[369] Würzburger Verordnung über das Angebot der Krämer, 1424/26
Es sollen auch alle Krämer und Krämerinnen in ihren Kramen nichts anderes feilhaben als das, was zur Krämerei gehört, namentlich: Arras, Speyerer (Tuch), fertige Hosen, Hauben, Barchent und alle gebleichten und gefärbten Leinenstoffe, außerdem welsche (italienische und französische) Leinenstoffe und Spezereien. Wer das übertritt und nicht einhält und mit ordnungsgemäßem Zeugnis überführt wird, der gibt beim ersten Verkauf 60 Pfennig, beim zweiten zweimal 60 Pfennig. [. . .]
übertragen nach: Hoffmann: Würzburger Polizeisätze [174], Nr. 287e.

[370] Kaufgewölbe, Holzschnitt v. 1531

aus: Steinhausen: Kaufleute und Handelsherren in alten Zeiten [429], S. 64.

[371] Privileg des Bremer Krameramtes v. 15. 8. 1339
[. . .] Deshalb möchten wir, daß all denjenigen, die geboren sind oder noch geboren werden, bekannt ist, daß wir nach hinlänglicher Beratung zum allgemeinen Nutzen unserer Stadt festsetzen, daß also, wer hier fortan Krämer werden will, er sei Frau oder Mann, dessen Eltern zuvor das Krämeramt nicht gebraucht oder ausgeübt haben, die sollen unseren Ratsherren eine halbe Mark und den Krämern eine halbe Mark Silber an Bremer Gewichtsmaß, die sie für ihr Festessen haben sollen, geben. Zu dieser vorhergehenden Regelung bestimmen wir außerdem, daß ein jeder Krämer oder Krämerin, die das Amt ohne zwingende Ursache verlassen oder aufgeben, so daß sie das Amt ein Jahr lang nicht gebrauchen oder ausüben, und dann, wenn dasselbe Jahr abgelaufen ist, in das gleiche Amt zurückkehren möchte oder beabsichtigen, der sollen gleich dem- oder derjenigen geben, die zum ersten Mal aufgenommen werden. [. . .]
Weiterhin wollen wir, daß kein Krämer oder Krämerin mehr ihr Kramgut auf dem Markt oder vor der Kirche oder auf dem Kirchhof zum Verkauf auslegen dürfen, ausgenommen die acht Tage des Pfingstfestes und die acht Tage, die der Geburt der hl. Maria folgen. [. . .]
übertragen nach: Bremisches Urkundenbuch [145], Bd. 2, Nr. 450, S. 449f.

[372] Verordnungen der Morgenspracheherren des Bremer Krameramtes v. 15. 8. 1339
[. . .] Wer ein Amtmann oder eine Amtsfrau wird, die sollen ehelich, recht und frei geboren sein, beide, Mann und Frau. Wenn sie außerhalb von Bremen geboren sind, so sollen sie besiegelte Briefe innerhalb der vorgeschriebenen Zeit bringen, die ihnen gesetzt wird. Wenn aber derjenige, der in das Amt aufgenommen werden möchte, das seien Mann oder Frau, in Bremen geboren ist und das von unseren Amtsbrüdern niemand weiß, so sollen sie drei unbescholtene Bürger beibringen, die das mit erhobenem Arm und bei den Heiligen schwören sollen, daß er oder sie in Bremen ehelich, recht und frei geboren worden sind. Und am gleichen Tag an dem er ein Amtmann oder sie eine Amtsfrau werden, sollen sie ein Festessen geben, außer die Meister und Zunftmitglieder erlauben ihnen, daß sie bis zu einem anderen Tag warten, so dürfen sie das mit Erlaubnis tun.
Auch soll man weiterhin wissen, wenn ein Mann und eine Frau das Amt gemeinsam gewinnen, so sind sie mit einem Festessen frei. Wenn sie aber nicht zusammen um Aufnahme begehren, so müssen sie beide ein Festessen geben. Und wenn man das Festessen gibt, soll man die Tische decken und vier Gerichte geben, nämlich: in einem Gang einen rohen Schinken und Bruststücke vom Ochsen und getrocknete Kuhzunge und Mettwürste, danach Topfbraten, danach Braten, danach Butter und Texter Käse etc. Gibt man das Festessen an einem Fischtag, so soll man gleichfalls vier Gerichte geben, nämlich: getrockneten Bergener Fisch und Hecht oder Aal und gebratenen Fisch und Butter und Texter Käse. In der Fastenzeit soll man statt Butter und Käse Lachs oder gebratene Neunaugen geben, danach aufgerollten Kuchen, danach Äpfel und Nüsse und so viel Bier, wie man an dem Abend trinken mag. [. . .]
übertragen nach: Bremisches Urkundenbuch [145], Bd. 2, Nr. 451, S. 452.

[373] Statuten der Göttinger Kaufgilde v. 8. 10. 1368
§ 3. Wenn jemand die Gilde gewinnen (möchte), der kein Gildebruder oder Sohn eines Gildebruders ist, der soll innerhalb von acht Wochen nach Erwerb der Gilde der Stadt vier Mark und unserer Gilde acht Mark geben. [. . .]

§ 9. Wenn ein Gildebruder seinen Sohn in die Ehe gibt, gibt er ihm die Gilde, so gibt der für die Gilderechte einen Verding und sechs Pfennig dem Schreiber und den Knechten. Gibt er seine Tochter einem, der ehelich geboren ist und der der Sohn eines Gildebruders ist, und gibt er ihm die Gilde mit, so gibt der einen Verding und sechs Pfennig dem Schreiber und den Knechten. Ist er keines Gildebruders Sohn, so gibt er eine halbe Mark und sechs Pfennig dem Schreiber und den Knechten.
§ 10. Wenn ein Mann oder eine Frau ein Kind mit der Gilde ausstatten wollen, so dürfen sie das ohne Widerspruch der anderen Kinder tun.
§ 11. Stirbt einer unserer Gildebrüder und er hinterläßt eine Frau sowie ein oder mehrere Kinder und eine Gilde, so dürfen sie das Amt und die Gilde gebrauchen, solange beide zusammenbleiben. Heiratet die Frau erneut, so bleibt die Gilde bei den Kindern. [. . .]
§ 14. Wenn ein Gildebruder stirbt und eine Frau und die Gilde ohne Kinder hinterläßt, so behält die Frau alle Gilderechte. Nimmt sie einen Mann, so darf der die Gilde nicht gebrauchen, solange er die Gilde nicht erworben hat. Ist er eines Gildebruders Sohn, so gibt er der Gilde einen Verding und sechs Pfennig dem Schreiber und den Gesellen. Ist er keines Gildebruders Sohn, so gibt er der Gilde eine halbe Mark und sechs Pfennig dem Schreiber und den Knechten.
übertragen nach: Ropp: Göttinger Statuten [202], Nr. 230, S. 403–405.

[374] Das Recht der Krämer zu Goslar v. 1281
[. . .] Wenn sich zwei Frauen aus unserer Gesellschaft untereinander beschimpfen, so soll diejenige, die den Streit begonnen hat, unserem Meister einen kleinen Schilling zahlen und es der Zunft mit fünf kleinen Schilling büßen.
Es ist auch ein altes Recht, daß unsere Meister und die vier Ratgeber das Recht haben, von Krame zu Krame zu gehen und von jedem die Gewichte zu verlangen und sie zu untersuchen und zu besehen, ob sie recht sind oder nicht. Und wer seine Gewichte verbirgt und unserem Meister nicht antwortet, wie der auch genannt wird, es sei Herr oder Herrin, Knecht oder Magd, den halten wir für schuldig, daß er falsche Gewichte hat. Der soll unserem Meister einen kleinen Schilling zahlen und es unserer Gesellschaft mit einer schwarzen Mark büßen. [. . .]
Wenn ein Mann oder ein Weib oder eine Frau mit jemanden um ein Kaufmannsgut einen Vertrag abschließen, wenn dann ein oder zwei oder mehr unserer Gildebrüder hinzukommen, so dürfen sie ihn oder sie nicht mit Worten oder Dazwischenreden behindern, damit die Ware nicht teurer gekauft oder verkauft wird. [. . .]
Wenn eine Frau aus ihrem Kram ohne Mantel geht, so soll sie unserem Meister einen kleinen Schilling zahlen. [. . .]
übertragen nach: Urkundenbuch der Stadt Goslar [213], Bd. 2, Nr. 292, S. 307–309.

[375] Statuten der Breslauer Reichskrämer, 15. Jh.
§ 3. Wer es auch sei, Mann oder Weib, Frauen, Diener oder Dienerinnen, wenn die sich unter den Kramen schändlich und boshaftig mit Worten und Taten benehmen, so sollen diejenigen, die dies also übertreten, so oft das geschieht, sechs Pfund Wachs ohne alle Widerrede geben; es sei auf den Jahrmärkten oder wo das auch sei.
übertragen nach: Korn; Schlesische Urkunden zur Geschichte des Gewerberechts [182], Nr. 76, S. 116.

[376] Ordnung der Breslauer Krämer, o. J.
[. . .] Sie bestimmten auch, daß kein Mann außerhalb der Kramen stehen soll, der mehr als zwei Mark besitzt. Weiterhin soll mit Ausnahme der Frauen, die Hauben machen, niemand unter dem Kaufhaus mit Krämerei stehen. [. . .] Die Frauen, die allenthalben Käuflerinnen genannt werden, woher die auch sind, sollen mit Ausnahme des Markttages keine neuen Dinge verkaufen. Desgleichen sollen sie dort nicht (Gewand) schneiden oder einzeln verkaufen. [. . .]
übertragen nach: Korn: Schlesische Urkunden zur Geschichte des Gewerberechts [182], Nr. 77, S. 117.

[377] Testament der Grete van Revele (Krämerin, krank), v. 16. 6. 1359
1. Sie errichtet das Testament mit voller Zustimmung ihres Ehemanns und ihrer Provisoren über das Gut, das auf ihren Teil fällt. – 2. Den Predigerbrüdern, den Minoriten, der Marienkirche, dem Dom und der Petrikirche je 1 m. d. für ihr Seelenheil. – 3. Ihrer *matertera* Telseke 20 m. d. Deren Bruder Henneke Dorman 10 m. d. – 4. Den Töchtern der Grete van Revele [!], Nonnen in Harvestehude, 6 m. d. – 5. Ihrem Beichtiger *dom.* Johan Wytingk 4 m. d., damit er für ihre Seele bete. – 6. Der Begine Almod, die bei ihnen lebt *(nobiscum existenti),* 4 m. d. – 7. Alles übrige bewegliche und unbewegliche Gut, das auf ihren Teil fällt, ihrem Ehemann Marquard, damit er davon so für ihre Seele sorge, wie sie es ihm gänzlich zutraut.
zitiert nach: Brandt: Regesten der Lübecker Bürgertestamente [143], Bd. 2, Nr. 781, S. 212.

[378] Ordnung der Lübecker Höker v. 30. 10. 1507
[. . .] Weiterhin die beiden Frauen auf dem Markt, die an den Tischen der Fischweicher mit dem (v. Salz) ausgewässerten Hering sitzen, sollen guten Hering auswässern und verkaufen, der mit einem doppelten Kreis (auf der Heringstonne) gekennzeichnet ist, und keinen anderen, bei Strafe an die Ratsherren. [. . .]
Weiterhin, welcher Mann auf dem Salzmarkt belehnt ist, der soll eine Ware selbst verkaufen und nicht die Frau. [. . .] Wenn der Mann aber krank ist, so darf seine Frau seine Ware verkaufen. Weiterhin, wenn ein Mann verstirbt, so soll die Frau zu den Älterleuten gehen, die sollen ihr zugestehen, ihre Ware, die der Mann eingekauft hat, zu verkaufen. [. . .]
übertragen nach: Wehrmann: Die älteren Lübeckischen Zunftrollen [225], S. 237f.

[379] Entwurf einer Hökerordnung durch die Lüneburger Höker v. 1454
[. . .] Auch, liebe Herren und Ratsmitglieder hat uns Euer Vorhaben zugesagt, daß unser Amt nicht größer werden soll, ausgenommen durch unsere Witwen und Kinder [. . .], damit sie sich ernähren können, so wie das auch in anderen Ämtern üblich ist, und wir hoffen, daß ihr uns erlaubt, bei dieser alten Gewohnheit zu bleiben.
übertragen nach: Bodemann: Die älteren Zunfturkunden der Stadt Lüneburg [141], S. 106.

[380] Straßburger Ratsverordnung über den Ein- und Verkauf der Gremper und Gremperinnen (Kleinhändler/-innen), 15. Jh.
Es soll kein Gremper und keine Gremperin, noch jemand in ihrem Auftrag, in dieser Stadt und in dem Burgbann, bevor die Glocke nicht zehn geschlagen hat, Lebensmittel auf Wucher kaufen, es seien Gänse, Enten, Hühner, Tauben, Käse, Eier, Butter, Milch, Obst, Gemüse und andere Lebensmittel, wie die auch genannt werden. Und am Nachmittag sollen sie auch nicht eher kaufen, bis die Uhr nicht

vier schlägt. Und sie sollen auch in derselben Frist keinem fremden Mann nachlaufen, der solche Lebensmittel hier auf den Markt bringt, sondern sie sollen an den Plätzen, die sie gemietet haben, sitzenbleiben. [. . .] Wenn ein Gremper oder eine Gremperin einen der vorgenannten Punkte übertreten, der oder die bessern das mit 30 Schilling Pfennig, so oft das geschieht. [. . .
übertragen nach: Brucker: Straßburger Zunft- und Polizeiordnungen [146], S. 252.

[381] Nürnberger Ratsverordnungen über den Handel der Kleinhändler, der Pfragner und Pfragnerinnen, der Keufel und Keufelinnen, 15. Jh.
Unsere Herren vom Rat gebieten, daß hinfort kein Pfragner, keine Pfragnerin oder jemand von ihrem Gesinde mehr an Getreide, Kuchen und anderem kaufen darf, als sie zu ihrem Kleinhandel benötigen. [. . .]
Es darf auch kein Pfragner, keine Pfragnerin oder jemand von ihrem Gesinde irgendwelches Getreide, Kuchen oder anderes, das sie zum Verkauf in ihrem Kleinhandel benötigen, am Vormittag einkaufen oder mit jemandem darüber eine Absprache [. . .] treffen. [. . .]
Unsere Herren gebieten aus gewichtigen Gründen, die sie dazu bewogen haben, daß hinfort keiner ihrer Bürger, Bürgerinnen oder jemand von ihrem Gesinde hier in der Stadt oder im Umkreis von einer Meile um die Stadt irgendwelches Schmalz, das sie hier wieder verkaufen wollen, kaufen oder erwerben [. . .] dürfen. [. . .]
Es sollen auch alle Keufel und Keufelinnen, die hier Bürger sind und Nahrungsmittel verkaufen, ordentlich neben- und nacheinander stehen und sich nicht unter die Fremden mischen. [. . .]
Unsere Herren vom Rat bestimmen und gebieten, daß hinfort keiner ihrer Bürger, Bürgerinnen oder jemand von ihrem Gesinde irgendwelche Nüsse, die sie in Zubern kaufen oder verkaufen, selbst messen dürfen, sondern durch die geschworenen Messer abmessen lassen sollen. [. . .]
Unsere Herren vom Rat haben [. . .] bestimmt und gebieten ernstlich, daß fortan keiner ihrer Bürger oder Bürgerinnen, noch jemand in ihrem Auftrag, hier Honig kaufen oder verkaufen darf, der nicht zuvor von den geschworenen Honigmessern geschaut und gemessen worden ist. Desgleichen soll auch kein Bürger, keine Bürgerin oder jemand von ihrem Gesinde hier Honig sieden ohne das Urteil der geschworenen Messer, daß dieser dazu gut und tauglich sei. [. . .]
Unsere Herren vom Rat gebieten, daß fortan niemand, weder Mann noch Frau, oder jemand in ihrem Auftrag Rebhühner, Birkhühner, Haselhühner, Wildenten oder wie man solches Wildbret nennen mag, auch keinen Raben oder einen Spiessvolgel[1], hier in der Stadt feilhaben soll, wenn nicht ein jeder oder jemand von seinem Gesinde dasselbe Wildbret daselbst gefangen oder aber selbst und durch niemand sonst innerhalb einer Meile Weges gekauft und persönlich hierher gebracht hat. [. . .]
übertragen nach: Baader: Nürnberger Polizeiordnungen [138], S. 216, S. 222, S. 272f., S. 311.

[382] Marktplatz zu Lübeck, Ausschnitt aus einem Kupferstich v. ca. 1580

[383] Straßburger Verzeichnis der Gremper und Gremperinnen, 15. Jh.
Die nachfolgenden Gremper sollen um den Brunnen in dem Fronhof feilhaben, wo die Schuhmacher feilhaben:

[1] Vogel, der am Spieß gebraten wird.

aus: Steinhausen: Kaufleute und Handelsherren in alten Zeiten [429], Beilage 7.

Ehrhardt Wenger.
Pfefferkorn.
Sophie Schöllin.
Volmar Nese und ire swester.
Koch Eilse.
Kottemans tohter.
Schöppelin.
Ottmann Louwelins tohter.
Agenese von Keule.
Dumbermut Gredelin.
Eilse Bilgerin.
Smalriemen Ennelin.
Obrecht von Reinchen.
Hans von Bergheim.
Clauwes von Bergheim.
Clauwes Bewolt.

Die nachfolgenden Gremper und Kräuterfrauen sitzen im Kreise:

Eilse Crutterin und ire tohter.
Mittelhus.
Katherine Saltzmuterin.
Clauwes frowe von Erbach.
Eberlin Ziegelers frowe.
Becker Ellin.
Sundin in Crutenowe.
Wernhers Katherine.
Martin Piffers frowe.
Eilse von Epfiche.
Wolffe Katherine.
Ellewibelin von Hochfelden.
Die Girin von Rotwiller,
Die Steinlerin.
Ennelin Friderichs frowe von Epfiche.
Die Gütjorin.

(Von dem restlichen Verzeichnis ist nur noch der Name einer Frau erhalten.)
übertragen nach: Brucker: Straßburger Zunft- und Polizeiordnungen [146], S. 265.

[384] Nürnberger Ratsverordnung über die Keufel und Keuflerinnen, 14. Jh.
Jeder Keufel und jede Keufelin, die den Leuten etwas gegen Lohn verkaufen, sollen bei den Heiligen schören, daß sie das, was ihnen die Leute übergeben, getreulich verkaufen und nicht ihren Vorteil darin suchen wollen, sondern daß sie keinen

weiteren Ertrag davon haben sollen als die weiter unten aufgeführte Zwischenhandelsgebühr, es sei denn, daß ihnen jemand mit freiem Willen mehr gibt. Und was man ihnen übergibt, das sollen sie selber nicht kaufen und sie sollen es niemandem zu kaufen geben, mit dem sie „teil oder gemein" haben, ohne jeden Betrug. [...] Auch sollen kein Keufel und keine Keufelin etwas feilhaben, wenn sie nicht zuvor geschworen haben, wie es zuvor geschrieben steht, und ihnen die Ratsherren es zuvor nicht erlaubt haben. Wer das übertritt, der muß fünfzig Gulden an die Stadt geben. Haben er oder sie das Geld nicht, so sollen er oder sie auf fünf Jahre der Stadt verwiesen sein. [...] Auch sollen sie schwören, daß sie das, was man ihnen zum Verkaufen übergeben hat, an niemanden, weder an Christen noch an Juden, versetzen oder verpfänden. [...] Und wenn sie etwas, das man ihnen zum Verkauf übergeben hat, teurer verkaufen, als man ihnen das zu verkaufen aufgetragen und befohlen hat, so sollen sie das demjenigen geben, dem es gehört, ohne jeden Betrug. Wenn ihnen das Geld für das, was sie verkauft haben, bezahlt worden ist, sollen sie es sofort demjenigen, dem es gehört, ausbezahlen und überbringen und es nicht über Nacht verleihen oder behalten. [...]
übertragen nach: Siebenkees: Materialien zur Geschichte Nürnbergs [205], Bd. 3, S. 689.

[385] Ulmer Ratsverordnung über die Käuflerinnen v. 13. 10. 1389
Wir haben auch festgesetzt, daß fortan keiner unserer Bürger, er sei Pfaffe oder Laie, Frau oder Mann, Christ oder Jude, einer Käuflerin etwas auf diejenigen Sachen, die man ihr zum Verkauf übergeben hat, wie die auch genannt oder geheissen werden, leihen darf. Und wer das übertritt, der soll dasselbe Gut oder Ware, auf das er geliehen hat, ohne jedes Geld demjenigen wiedergeben, dem es gehört hat und der es der Käuflerin zum Verkauf übergeben hat, es sei Frau oder Mann.
übertragen nach: Mollwo: Das rote Buch der Stadt Ulm [193], Nr. 11, S. 24f.

[386] Aus dem Ausgabeverzeichnis des Amtes Stuttgart v. 1486
[...] Weiterhin haben die Amtleute dieses Jahr 15 Pfund bei der Wirtembergerin verzehrt. [...]
übertragen nach: Urkundenbuch der Stadt Stuttgart [222], Bd. 1, Nr. 734, S. 453.

[387] Eidformel der Nürnberger Köche und Köchinnen v. 25. 2. 1531
Es sollen die Köche und Köchinnen schwören bei Gott, daß sie alle Speisen, die sie zubereiten oder verkaufen, aus reinem Fleisch, reinen Fischen und anderen reinen Sachen bereitet haben [...] Kein Koch und keine Köchin sollen sich unterstehen, eine öffentliche Küche aufzumachen, ohne diese beim Pfänder (dem zuständigen städt. Beamten) angemeldet zu haben.
übertragen nach: Schmidt: Die berufstätige Frau der Reichsstadt Nürnberg [360], S. 77.

[388] Anteil der Frauen am Kölner Weinzapf nach der Zapfakzise, 1467/68–1477/78

Jahr März-Februar	Gesamteinnahmen aus Weinzapf M | S | D	Akziseschulden von Frauen M | S | D	Anzahl der Frauen	Leistungsanteil der Frauen %
1467–68	8410 | 3 | 4	168 | 3 | 4	11	2
1468–69	7008 | 11 | 2	139 | 11 | 4	10	2
1469–70	8505 | 6 | 10	188 | 2 | –	13	2,2

[388] Fortsetzung

Jahr März-Februar	Gesamteinnahmen aus Weinzapf M | S | D	Akziseschulden von Frauen M | S | D	Anzahl der Frauen	Leistungsanteil der Frauen %
1470–71	8030| 9| 8	284| 5| 8	12	3,5
1471–72	8517| 3|10	196| 1| 8	27	2,3
1472–73	7341| 8| 3	165| 6| –	24	2,2
1473–74	7894| 5| 1	131| 3| 8	30	1,7
1474–75	11523| 8| 9	349| –|10	22	3
1475–76	20216| 4|11	948| 6|10	29	4,7
1476–77	41930|10| 9	935| –| 5	22	2,2
1477–78	33140| 1| 2	546| 1| 1	12	1,6
11 Jahre	162020| 1| 9	4052| 6|10	99	2,5

aus: Wensky: Die Stellung der Frau in der stadtkölnischen Wirtschaft [369], S. 258.

[389] Münchener Ratsverordnung über den Bierausschank, 1300–1310/12
§ 16. Und wer das gesetzte Maß, wie es die Bürger bestimmt haben, nicht gibt, er sei Mann oder Frau, Sohn oder Tochter, Knecht oder Magd, den soll der Richter deshalb anklagen. [. . .]
übertragen nach: Dirr: Denkmäler des Münchener Stadtrechts [156], S. 245.

[390] Eid des Braunschweiger Ratsschenken, Anfang 15. Jh.
[. . .] und daß ihr und eure Frau und euer Gesinde jedem das volle Maß geben, und daß ihr, eure Frau und euer Gesinde das Bier nicht mit einem anderen fremden Bier vermischen (wollt). [. . .]
Urkundenbuch von Braunschweig [224], Bd. 1 Nr. 60, S. 91

[391] Nürnberger Ratsverordnung über den Weinausschank, 13./14. Jh.
Es soll auch kein Weinschenke seine Ehefrau an den Zapfen setzen und er soll sie auch nicht zu sich in den Keller setzen, wenn er ausschenkt, so lange er den Wein ausschenkt. [. . .]
Es soll auch niemand irgendein Getränk, weder Wein noch Bier, nachdem der Zapfen in das Faß gestoßen worden ist, mit irgendetwas vermengen, wenn man es ausschenkt. Wenn das jemand tut, Bürger oder Diener, Frau oder Mann, so muß der Wirt, dem das Getränk gehört, dafür für jedes Faß, welches Getränk das auch sei, fünf Pfund Heller als Buße zahlen. [. . .]
übertragen nach: Baader: Nürnberger Polizeiordnungen [138], S. 203f.

[392] Nürnberger Ratsverordnungen über den Wein- und Bierausschank, 15. Jh.
Es soll hinfort ein jeder unserer Bürger und Bürgerinnen, die da Wein ausschenken, die Stangen einziehen und nicht hervorstehen lassen, wenn der Wein alle ist, und sie in dem Keller nichts mehr ausschenken. [. . .]
Es soll hinfort kein Bürger oder Bürgerin am Christag, Ostertag oder Pfingstag, weder tags noch nachts, jemandem irgendein Getränk zechender oder bewirtender Weise in ihren Häusern geben, oder ein Spiel, klein oder groß, mit dem man den Pfennig (Geld) gewinnen oder verlieren kann, gestatten. [. . .]
Es sollen hinfort die Bierbrauer und Bierbrauerinnen irgendein Bier, das außerhalb dieser Stadt gebraut wird, nicht kaufen, nicht einlagern noch ausschenken. [. . .]

Der ehrbare Rat hat [. . .] angeordnet und festgesetzt, daß hinfort niemand mehr irgendein Bier, das in dieser Stadt gebraut wird, ausschenken soll. Ein jeder Bierbrauer darf jedoch sein hier selbst gebrautes Bier durch sich selbst, seine Frau, Kinder oder Dienstboten und niemand anders ausschenken. [. . .]
übertragen nach: Baader: Nürnberger Polizeiordnungen [138], S. 252, S. 255, S. 265, S. 267.

[393] Frühneuzeitliche Gaststätte, Holzschnitt des Petrarca-Meisters v. 1532

aus: Scheidig: Die Holzschnitte des Petrarca-Meisters [118], S. 4.

[394] Trinkgelage mit Kartenspiel, Holzschnitt aus der Bamberger Halsgerichtsordnung v. 1508

Die vier Gesellen im Hintergrund tragen Schwert, Fackel, Galgen und Rad auf dem Kopf als Symbole des Todes, den sie über kurz oder lang finden werden. Auf der Haube des Mädchens vorn links sitzt der Teufel.

aus: Diederichs:
Deutsches Leben der Vergangenheit in Bildern [74], Bd. 1, S. 180.

[395] Georg Ludwig Kriegk über den Frankfurter Geldwechsel im Mittelalter, 1862
Dieses Geschäft (des Geldwechselns) durfte, wie schon bemerkt, nur von den Leuten getrieben werden, welchen die Behörde es übertragen hatte. Die letztere erhielt von jeder einzelnen Geldverwechselung eine Abgabe, was leicht bewerkstelligt werden konnte, weil bei allen Zahlungen die Gelder gewogen wurden, und zwar an einer eigens dafür bestehenden städtischen Waage, welche die Geldwaage oder die gulden und silbern Waage hieß. [. . .] Die Zahl jener Wesseler war sehr verschieden: im Jahre 1368 wurden sechzehn angeführt, später aber meistens nur drei oder vier. Unter ihnen befanden sich in der zweiten Hälfte des vierzehnten Jahrhunderts sogar Frauen; [. . .] 1368 nämlich werden nicht weniger als sechs Frauen genannt, und einige Zeit nachher kommen neben und nacheinander Kune, Else und Katherine zum Burggrafen als selbständige Wechslerinnen vor.
Kriegk, Frankfurter Bürgerzwiste und Zustände im Mittelalter [102], S. 334f.

[396] Eintragung in das Lübecker Niederstadtbuch über die Anstellung einer Witwe bei der städtischen Waage v. 6. 1. 1453
Die Herren, der Rat zu Lübeck, haben auf Bitten der rechtschaffenen Männer, der Brüder Ludeke, Hans und Hermen Bere sowie von Bertold Warmbok die ehrbare Frau Methe, nachgelassene Witwe des seeligen Hermen Wulues, mit ihrer Stadtwaage und allem Zubehör belehnt. Sie darf sich beginnend vom nächsten St. Peters Tag [. . .] über ein Jahr ihrer bedienen. Und die genannten Ludeke, Hans und Hermen Bere sowie Bertold Warmbok haben mit gesamter Hand dem Rat so viel an Zins gegeben, wie die Waage jährlich einzubringen pflegt. Und einem jeden sollen ohne Betrug die rechten Gewichte gegeben werden.
übertragen nach: Lübeckisches Urkundenbuch [188], Bd. 9, Nr. 118, S. 126.

[397] Eid der Salzmesserfrauen in Koblenz, 15. Jh.
Du sollst geloben, allzeit bereitzusein, den Armen wie den Reichen, einem jeglichen für sein Geld zu messen und allzeit den Summer und andere Maße aus dem Haus des Salzschreibers zu holen und jedesmal [. . .] dem Salzschreiber zu sagen, wieviel man gemessen hat, und keinen Summer ohne Erlaubnis des derzeitigen Bürgermeisters auf die Kirmes zu bringen. Dies sollst du bei deiner weiblichen Ehre geloben.
übertragen nach: Bär: Urkunden und Akten zur Geschichte der Verfassung und Verwaltung v. Koblenz [139], S. 218.

[398] Salzschreiber- und Salzknechtordnung in Straßburg, 15. Jh.
[. . .] Weiterhin, wenn die Muter messen wollen, so gehen sie zu dem Haufen Salz, den sie messen wollen. Bevor sie zu messen beginnen, zerhacken sie aber den Salzhaufen mit Hacken und zerstoßen es mit Stösseln, so daß kein Knollen ganz bleibt. Und wenn das geschehen ist, so stellt man ein Hohlmaß vor den Haufen oder das halbe Maß. Und der da mißt, nimmt das Maß zwischen die Beine und es geben ihm zwei Muter, auf jeder Seite einer, das Salz mit Schaufeln in das Maß. Und das streicht dann derjenige, der da mißt, mit einem Streicher oben ab und schüttet jeweils das Maß in einen Sack. Und die Säcke müssen die Salzknechte oder deren Ehefrauen aufheben und wegtragen, wohin der Schreiber will, an jegliches Ende und jede Stelle im Salzhaus.
übertragen nach: Brucker: Straßburger Zunft- und Polizei-Verordnungen [146], S. 417f.

[399] Kölner Ratsverordnung über die Broteinfuhr durch die Eselleute v. 6. 5. 1455

[. . .] Nachdem an unsere Herren vom Rat gelangt ist, daß viele auswärtige Leute, in Mülheim, Deutz und anderswo ansässig, und auch die Leute, die mit Eseln Brot nach Köln bringen, viel Roggen- und Weißbrot verkaufen, das wahrscheinlich nicht sein rechtes Gewicht hat, [. . .] wollen unsere Herren vom Rat, wenn irgendein Bürger oder Einwohner irgendwelchen Eselleuten Korn gebe, um ihnen Brot dafür zu bringen, daß diese Eselleute allezeit ein Zeichen von den Besitzern des Korns, das sie ausführen (über das Gewicht), holen sollen und auch von dem Brot, das sie dafür wieder hereinbringen. Diese Zeichen sollen sie, wenn sie ausziehen und wenn sie das Brot wieder hereinbringen, es sei zu Wasser oder zu Land, den Zöllnerinnen an den Toren übergeben und überlassen. Und wieviel Korn sie nach dem Zeichen ausführen, soviel Brot sollen sie mit dem Zeichen wieder hereinbringen und nicht mehr.
Und die Zöllnerinnen sollen weder den Eselleuten noch irgendeinem anderen Auswärtigen gestatten, daß sie irgendein Brot weiterhin einführen, außer wie es zuvor steht. [. . .] Und dieses sollen die Zölnnerinnen den Eselleuten und einem Jeden bekannt machen. [. . .]
übertragen nach: Loesch: Die Kölner Zunfturkunden [187], Bd. 2, Nr. 181 A, S. 543.

[400] Amtseid der Nürnberger Zöllner v. 26. 6. 1520
Die Zöllner und ihre Frauen, die den Zoll unter den Toren einnehmen, sollen geloben und schwören, daß sie den Zoll getreulich fordern und einnehmen nach dem Inhalt des Zollbuchs und daß sie alles und jedes Geld, das ihnen als Zoll durch hiesige Einwohner oder durch Fremde gereicht und gegeben wird, jedesmal in die Büchse, die ihnen dazu verordnet worden ist, in Anwesenheit des Zollzahlers hineinstoßen und -legen, auch daß sie selbst keinerlei eingenommenes Zollgeld, wenig oder viel, behalten oder etwas davon für ihren eigenen Nutzen verwenden, sondern sich mit dem ihnen verordneten Lohn begnügen lassen sollen und wollen. Und die Schlüssel zu der Büchse sollen die Zöllner in der (Stadt)waage haben und bewahren. Und jeden Montag sollen die Zöllner unter den Toren den eingenommenen Zoll in der verschlossenen Büchse in der (Stadt)waage übergeben, die die Zöllner in der Waage eröffnen und aufsperren sollen und ihnen den ihnen gebührenden Anteil zu dem dritten Teil von dem, das man unter den Toren mit Ware und nicht mit Geld verzollt, reichen und geben und ihnen alsdann die verschlossene Büchse wieder zurückgeben. [. . .]
übertragen nach: Schmidt: Die berufstätige Frau in der Reichsstadt Nürnberg [360], S. 85.

[401] Bericht eines Augsburger Ratsherren über die Ehefrau des Zöllners Clemens Jäger an den Rat der Stadt, nach 1550
Wir haben uns auf dem Land erkundigt und erfahren, daß des Jägers Ehefrau ein gutes Lob habe und sie richte (als Zöllnerin) mit ihren guten Worten mehr aus, während man zuvor viel Zank und Uneinigkeit gehabt habe. So hält sie sich auch gegen den Zöllner des Bischofs unachgiebig, wenn der eine Neuerung einführen will, und will solches nicht gestatten.
übertragen nach: Rot: Clemens Jäger [113], S. 63.
Am 29. 11. 1561 übertrug der Rat der Sara Jäger nach dem Tode ihres Mannes die weitere Verwaltung des Zolls, die sie noch rund weitere 20 Jahre wahrnahm.

[402] Dienstordnung des Nürnberger Gefängniswärters, seiner Ehefrau, Tochter und Mägde, Anfang 16. Jh.

Wenn der Lochhüter krank ist und er das Versperren der Tür selber nicht vornehmen kann, „so soll das durch niemand anders als durch seine Ehefrau geschehen. [. . .] Er soll auch jede Nacht das Gatter unten am Steg selbst oder durch seine Frau zuschließen und wieder öffnen". Wenn den Gefangenen Essen oder Trinken gegeben wird, „soll er das zuvor gründlich besehen oder das soll durch seine Frau, seine Tochter oder Magd geschehen. [. . .] Wenn er oder seine Frau wegen ihrer redlichen Geschäfte und Erledigungen nicht darin (im Gefängnis) sein kann, so soll dort niemand anders als seine Magd oder sein Gesinde zu dieser Zeit sein. [. . .]"
übertragen nach: Schmidt: Die berufstätige Frau in der Reichsstadt Nürnberg [360], S. 87.

[403] Kölner Ordnung der Gerichtskäufer v. Juli 1469
§ 1. Weiterhin sollen die vorgenannten Gerichtskäufer und Käuferinnen von den Gütern oder Pfändern, die sie schätzen bei einem Wert bis zu fünfzig Mark von jeder Mark vier Pfennig erhalten, und wenn etwas auf über fünfzig Mark geschätzt wird, so sollen sie von dem darüberhinausgehenden Betrag nicht mehr als zwei Pfennig pro Mark erhalten. Den gleichen Lohn sollen auch die Amts- und anderen Käufer oder Käuferinnen von dem Gut erhalten, das sie anderen Leuten verkaufen.
§ 2. Weiterhin sollen die Gerichts- und anderen Käufer oder Käuferinnen an einem Tag in der Woche, d. h. am Sonnabend, das Gut, das sie verkaufen sollen und das ihnen vom Gericht zur Schätzung übergeben worden ist, auf einer Stelle auf dem Heumarkt, die ihnen gezeigt werden soll, offen feilhaben, wie das von altersher Gewohnheit ist. Und sie dürfen auch keine Pfänder, die sie von Gerichts wegen geschätzt haben, selbst behalten, wenn sie diese nicht an drei aufeinander folgenden Sonnabenden offen feilgehabt haben. Und wenn sie an diesen drei Markttagen die Pfänder teurer verkaufen als sie sie geschätzt hatten, [. . .] so soll das übrige Geld denjenigen zustehen, denen die Pfänder gehört haben und es soll nicht den Käufern oder Käuferinnen zustehen. [. . .] Und wenn sie die Pfänder an den drei Markttagen nicht verkaufen konnten und diejenigen, denen die Pfänder zugesprochen oder denen sie gepfändet worden sind, die Pfänder für das geschätzte Geld selbst nicht behalten wollen, so soll der Käufer oder die Käuferin die Pfänder behalten und den Besitzern den geschätzten Betrag geben.
§ 9. Weiterhin, da unseren Herren vom Rat zahlreiche Klagen über die Käufer und Käuferinnen vorgebracht worden sind, da diese es nicht dulden wollten, daß die Leute, denen ihr Hab und Gut gestohlen worden oder weggekommen ist, in den Häusern der Käufer und Käuferinnen danach suchen, weshalb die Bürger und andere Leute schon häufig ihrer Habe verlustig gegangen sind, so gebieten unsere Herren vom Rat allen Käufern und Käuferinnen in Köln, daß sie das niemandem verweigern dürfen, sondern, daß sie jeden, der das verlangt und nötig hat, ohne weiteres in ihre Häuser einlassen, um sich umsehen, ob sie irgendeine Habe, die ihnen gestohlen worden ist, finden. Wenn ein Käufer oder eine Käuferin nun irgendein Gut gekauft haben, von dem es sich herausstellt, das es gestohlen worden ist, so soll man die Habe den Leuten, denen sie gehört, ohne irgendwelches Geld dafür zu nehmen, zurückgeben.
§ 10. Weiterhin soll man fortan keine Frau, die einen Mann hat, mehr in dieses Amt aufnehmen, wenn sich ihr Mann nicht des Amtes annehmen und sich dafür verpflichten und einschreiben will wie das Gewohnheit ist.
§ 11. Weiterhin sollen Mann und Frau, die gemeinsam, oder die Frau, die alleine mit diesem Amt versehen worden ist, unseren Herren vom Rat ehrbare Bürger oder

Einwohner als Bürgen stellen, von denen sich jeder für einen Betrag von hundert Mark wie für seine eigene Schuld verpflichten und verschreiben soll. [. . .]
§ 12. Weiterhin soll sich fortan keiner mehr des Käufer- oder Käuferinnenamtes annehmen, als diejenigen Personen, Mann oder Frau, die dazu (vom Rat) zugelassen und eingesetzt worden sind. [. . .]
übertragen nach: Kuske: Quellen zur Geschichte des Kölner Handels [186], Bd. 2 Nr. 479, S. 207–210.

[404] Testament der Beelgin Kunster, Witwe Johanns v. 2. 12. 1472
Einer Nichte Schmucksachen und Kleider im Werte bis zu 200 Gulden nach Abschätzung durch eine geschworene Käuferin. [. . .]
zitiert nach: Kuske: Quellen zur Geschichte des Kölner Handels [186], Bd. 3, S. 232.

[405] Ordnung der Nürnberger Gesindezubringerin v. 29. 4. 1521
Die Zubringerinnen, die dazu vom Rat eingesetzt werden, sollen aufrichtig geloben, daß sie die Dienstboten, die zu ihnen kommen, um hier um Dienst nachzusuchen, Reichen wie Armen gleichermaßen zu bringen und zu weisen und sie sollen den Dienstboten keinen bestimmten Dienst hier versprechen noch diese davon ausschließen und wenn sie aufgrund ihrer Sorgfalt irgendeinen Mangel oder einen Fehler eines Dienstboten erfahren, kennen oder bemerken, so sollen sie das einer jeden Herrschaft, der sie diesen zubringen wollen, zur Kenntnis bringen. [. . .]
übertragen nach: Kamann: Alt-Nürnberger Gesindewesen [258], S. 71f.

[406] Eintragungen in die Ausgaberegister der Bürgermeister zu Frankfurt/Main, 1391, 1392 u. 1414
[. . .] 5 Groschen für zwei Frauen, um dem Volk nachzulaufen, das vor der Stadt war, bis nach Rockingen. [. . .]
6 Schilling neuer Heller einer Frau nach Dieburg, nach Ohnstadt und überall im Odenwald, um sich heimlich für das Heer zu erkundigen. [. . .]
4 alte Schilling für vier Frauen um sich im Wald zu verstecken, damit man besonders gewarnt wird. [. . .]
übertragen nach: Bücher: Die Frauenfrage im Mittelalter [41], S. 82f.

[407] Der Einsatz von Kundschafterinnen nach dem Bericht Erhard Schürstabs über den Markgrafenkrieg, 1449
[. . .] Diese Kriegsherren bestellten Kundschafter in der Stadt und auf dem Lande, Frauen und Männer, außerdem wählten sie etliche aus dem größeren Rat, die diese Kundschafter verhörten und aussandten. [. . .] Man hatte viele Frauen, die man täglich als Kundschafter auf dem Land und in die Städte sandte. [. . .]
übertragen nach: Chroniken der deutschen Städte [151], Nürnberg Bd. 2, S. 244.

[408] Hirtinnen nach Ratsurteilen der Stadt Freiberg, Ende 14. Jh.
[. . .] Hanyke, darum, daß er die Hüterin des Stadt-Viehs überfallen, vergewaltigt und ihr Schande zugefügt hat. [. . .]
[. . .] die Hirtin und die Suntagin, darum, daß sie den Leuten in deren Garten gestiegen sind, und deren Gemüse ausgerupft und weggetragen haben. [. . .]
übertragen nach: Urkundenbuch der Stadt Freiberg [211], Bd. 3, S. 212f.

6.3 Frauen im Gesundheits- und Fürsorgewesen

[409]

Einführung

Krankenbehandlung und Krankenpflege wurden während des gesamten Mittelalters zu großen Teilen von Frauen ausgeübt. Bis in das Hochmittelalter hinein galt die Heilkunst in erster Linie als ein weibliches Betätigungsfeld, das von Frauen aller Bevölkerungsschichten betrieben wurde. Frauen waren im heutigen Sinne Ärztin, Apothekerin und Krankenschwester in einer Person. Sie reinigten und heilten Wunden, behandelten Stauchungen und Quetschungen [410–412], stellten Diagnosen bei inneren Krankheiten, um entsprechende Kräutergetränke herzustellen [409], sammelten die hierfür nötigen Heilkräuter und -wurzeln oder bauten sie im Kräutergarten an [416] und pflegten die Kranken im eigenen Haushalt [150, 414].

Insbesondere auf dem Land und in den ärmeren städtischen Haushaltungen blieb die Heilbehandlung den Frauen auch nach der Herausbildung eines eigenen Ärztestandes vorbehalten. In schweren Fällen zog man jedoch auch spezialisierte Kräfte wie Schmiede, Schäfer, selbst den Henker, vor allem aber Frauen, ‚wilde Weiber' oder ‚weise Frauen' hinzu, die über besondere Kenntnisse verfügten. Sie standen in dem Ruf, in Verbindung mit dämonischen Kräften zu stehen, da Heilkunst und Magie in engem Zusammenhang gesehen wurden [411, 418, 428]. Dies beruhte letztlich auf altgermanischen Vorstellungen, nach denen Krankheiten, deren Ursache man nicht wie bei Unfällen oder Verletzungen wahrnehmen konnte, auf die Einwirkung von unsichtbaren Mächten wie Dämonen, Zauberer oder erzürnte Götter zurückgeführt wurden. Entsprechend glaubte man einer Krankheit nur mit Gegenzauber und Beschwörung begegnen zu können. Herstellung und Verabreichung von Arzneien wie die Heilung von Krankheiten insgesamt erfolgten deshalb verbunden mit dem Singen oder Sprechen von Zauberformeln [418]. Da Erfolg bzw. Mißerfolg bei der Heilung weniger auf die aufgrund von Erfahrung verabreichten Heilmittel als auf Zauber und Gegenzauber zurückgeführt wurden, waren die weisen Frauen ebenso gefürchtet wie geachtet, wobei sich deren Wertschätzung zum ausgehenden Mittelalter hin ständig verschlechterte [419, 428], während sie wegen ihres Wissens und Könnens in den hochmittelalterlichen Epen noch hochangesehen waren [410–412] und den Männern als überlegen galten [412], so daß diese sich auch von ihnen in der Heilkunde unterrichten ließen [413].

Diese Entwicklung wie auch die damit verbundene Herausdrängung der Frauen aus dem ärztlichen Betätigungsfeld und schließlich die grausame Verfolgung der weisen Frauen in den Hexenverfolgungen stand in engem Zusammenhang mit dem Eindringen der antiken medizinischen Tradition, die weniger auf praktischen Erfahrungen als auf wissenschaftlich-theoretischen Erkenntnissen aufbaute. Zwar lassen sich vereinzelt Ärzte dieser Tradition seit dem 5./6. Jahrhundert an Königs- und Bischofssitzen nachweisen, Reste antiker medizinischer Tradition vermochten sich nach dem Niedergang des römischen Reiches jedoch vor allem in den damaligen Kulturinseln, den Klöstern, zu erhalten, wobei sie mit Kenntnissen der Volksmedizin angereichert wurden. Diese mittelalterliche Klostermedizin wurde sowohl von Mönchen als auch von Nonnen betrieben. Die führende Rolle, die Frauen im Rahmen der Klostermedizin einnehmen konnten, belegt das umfangreiche Werk der Hildegard von Bingen (1098–1179), das der Medizinhistoriker für eines der besten Zeugnisse der mittelalterlichen Medizin des 12. Jahrhunderts hält. Hurd-Mead meint sogar, daß die medizinischen Schriften Hildegards ihrer Zeit in vielen Dingen um Jahre voraus gewesen seien. Zur Behandlung von Krankheiten, über die sie nicht nur schrieb, sondern die sie auch selbst vornahm, verfügte sie über die Kenntnis von rund 485 Pflanzen bzw. Medikamenten. Die Aufnahme volksmedizinischer Vorstellungen in ihr Werk wird in ihrem Glauben an das Wirken magischer Kräfte sowie an der Übernahme deutscher Pflanzennamen in ihre auf lateinisch verfaßten Werke deutlich [420].

Erbrachte die Klostermedizin für den mitteleuropäischen Raum erstmals eine starke männliche Beteiligung am Heilwesen, so erfolgte eine grundlegende Neuordnung des Ärztestandes mit der Gründung von medizinischen Schulen sowie von Universitäten. Sie ließen einen neuen Ärztetyp entstehen, der eine theoretisch-wissenschaftliche Ausbildung, basierend auf der griechisch-arabischen Medizin, erhielt. Die an diesen Schulen und Universitäten ausgebildeten Ärzte nahmen für sich in Anspruch, als einzige zur Ausübung des ärztlichen Berufs legitimiert zu sein. Die empirische Volksmedizin wurde verächtlich gemacht und als Scharlatanerie abgetan, die Schulmedizin als einzig mögliche Form der Medizin hingestellt. Dies beinhaltete die Forderung nach dem Ausschluß von Frauen vom ärztlichen Gewerbe, ihren Ausschluß von der wissenschaftlichen Weiterentwicklung der Medizin und damit ihre Dequalifikation, denn zum Studium an einer Universität waren Frauen grundsätzlich nicht zugelassen. Einzig für Montpellier und vor allem für Salerno läßt sich noch eine umfangreiche medizinische Tätigkeit von Frauen nachweisen. Sie fanden sich dort unter den Studenten [421, 423] und den Lehrenden [422]. Ein gynäkologisches Spezialwerk der Schule von Salerno, das „Trotula de passionibus mulierum", das bis in das Spätmittelalter weit verbreitet war, wird, wenn auch nicht unumstritten, einer Frau zugeschrieben.

Trotz des Ausschlusses der Frauen vom wissenschaftlichen Studium der Medizin, lassen sich bis zum Ende des 15. Jahrhunderts zahlreiche, z. T. durchaus angesehene Ärztinnen in Deutschland nachweisen, darunter mehrere Spezialistinnen [424–427]. Über die Vorbildung dieser Frauen ist nichts bekannt, denn um Ärztinnen im Sinne der Schulmedizin handelte es sich bei ihnen mit Sicherheit nicht. Sie dürften sich in erster Linie aus den zahlreichen umherziehenden heilkundigen Frauen rekrutiert haben und sich unter diesen durch besondere Kenntnisse hervorgetan haben, wobei sie diese wahrscheinlich bei einem heilkundigen Verwandten erworben hatten und durch eigene Erfahrungen vervollkommneten. Im allgemeinen wurden diese heilkundigen Frauen von den Schulmedizinern aber auch von der Medizingeschichtsschreibung verächtlich als Kurpfuscherinnen bezeichnet [428, 446]. Man wird mit einer Wertung jedoch sehr vorsichtig sein müssen, denn in der Praxis dürften die Frauen aufgrund ihrer Erfahrungen häufig den Schulmedizinern überlegen gewesen sein, da diese nur Buchwissen aber keine praktischen Erfahrungen in ihrer Ausbildung erwarben. Außerdem beschränkten sie sich auf die gleichen natürlichen Heilmittel wie die weisen Frauen, so daß sie auf diesem Gebiet kaum fortschrittlicher waren. Zudem wurde auch ihre Heilpraxis zu einem nicht geringen Teil durch recht zweifelhafte Dinge wie Urinschau, Astrologie und Alchemie bestimmt. In der Bevölkerung bestand deshalb wegen der häufigen Fehlgriffe der Schulmediziner noch lange Zeit ein größeres Vertrauen zu den weisen Frauen und ihren männlichen Kollegen als zu den eigentlichen Ärzten, die sich außerdem auf die innere Medizin beschränkten. Da akademisch ausgebildete Ärzte bis ins 15. Jahrhundert in Deutschland ausgesprochen selten waren und die Heilkunst allgemein als freie Kunst galt, vermochten sich die heilkundigen Frauen und Ärztinnen im Sinne der Volksmedizin noch neben ihren gleichrangigen männlichen Kollegen oder den akademisch ausgebildeten Ärzten zu behaupten. Erst die stärkere Ordnung des Medizinalwesens durch die Städte, die seit dem ausgehenden 13. Jahrhundert außerdem zunehmend Stadtärzte anstellten sowie das zahlreichere Auftreten akademisch ausgebildeter Ärzte seit dem 16. Jahrhundert führte in engem Zusammenhang mit den Hexenverfolgungen zur Ausschaltung der Frauen als selbständige Medizinerinnen und deren Abdrängung in Randbereiche.

Die Geburtshilfe wurde ursprünglich von Nachbarinnen oder nahen Verwandten geleistet, wobei sich schließlich einige Frauen durch besondere Kenntnisse und Geschicklichkeit auszeichneten und deshalb allgemein in ihrer näheren Umgebung bei Geburten herangezogen wurden, so daß man von spezialisierten Hebammen sprechen kann. Für den deutschen Raum lassen sie sich bis ins 10. Jahrhundert zurückverfolgen, wobei sich eine strikte Unterscheidung zwischen weisen, heilkundigen Frauen einerseits und Hebammen andererseits kaum vornehmen läßt. In den Städten entwickelte sich aus dieser Spezialisierung von heilkundigen Frauen der hauptberufliche Hebammenberuf. Hebammen lassen sich dort seit dem Beginn des 14. Jahrhunderts namentlich nachweisen. Bis zum Ausgang des 14. Jahrhunderts durften sie frei praktizieren. Seither gingen die Städte zu einer zunehmenden und sich verschärfenden Kontrolle des Hebammenwesens über. Man stellte städtische, d. h. besoldete Hebammen ein, die insbesondere die Versorgung der ärmeren Frauen sicherstellen sollten. Gleich anderen städtischen Beamten wurden sie eidlich verpflichtet [429–431]. Schließlich wurden auch die frei praktizierenden Hebammen durch die seit der Mitte des 15. Jahrhunderts erlassenen Hebammenordnungen der städtischen Aufsicht unterworfen [432–436]. Wurde die erste dieser Ordnung noch von einer Hebamme entworfen, so verfaßten die späteren zumeist die Stadtärzte. Mit den Ordnungen sollten

angebliche oder tatsächliche Mißstände abgestellt werden. Die Vorwürfe der Stadtmediziner sollte man sehr vorsichtig betrachten, denn sie verfügten auf dem Gebiet der Geburtshilfe über keinerlei eigene Erfahrungen, da während des ganzen Mittelalters im Bereich der Frauenheilkunde keine Männer praktizieren durften. Ihr Wissen beruhte allein auf der Kenntnis der antiken Schriften und auf Auskünften der Hebammen. Enthielten die frühen Ordnungen noch kaum medizinische Vorschriften, sondern dienten vor allem der Sicherstellung der Versorgung durch eine weitgehende Überwachung der persönlichen Verhältnisse der Hebammen sowie ihrer Tätigkeit, so wurde in den späteren Ordnungen eine Tendenz zur Dequalifizierung der Hebammen deutlich. Bestimmte Maßnahmen der Geburtshilfe durften sie gar nicht mehr oder nur noch unter Heranziehung eines Arztes vornehmen [433, 434], andere Tätigkeitsfelder wie die Herstellung und die Verordnung von Arzneien sowie jedwede innerliche und äußerliche Heilbehandlung wurden ihr entzogen [433, 434]. Die Hebammen wurden von qualifizierten, selbständigen Medizinerinnen, in deren Zuständigkeitsbereich die gesamte Frauen- und Kinderheilkunde fiel, zu Gehilfinnen des Arztes degradiert. Dies wird auch in der Frage der Beaufsichtigung der Hebammen deutlich, die zunächst durch ehrbare und weise Frauen, meist Patrizierinnen erfolgte [432, 435, 439] später aber gleichfalls durch die Stadtmediziner übernommen wurde [433, 434]. Die Übernahme der wissenschaftlich-theoretischen aber auch der praktischen Geburtshilfe durch den Mann machen auch die seit dem 16. Jahrhundert von Männern verfaßten Hebammenbücher deutlich. Sie dürften jedoch kaum einen größeren Fortschritt beinhaltet haben, da ihre Vorstellungen aufgrund ihrer ungeprüften Übernahme antiker Schriften und mangels eigener Erfahrung sachlich häufig unzutreffend und ungenau waren und die Kenntnisse der Hebammen im allgemeinen die der Ärzte übertrafen. Weite Verbreitung erzielte eine fälschlich Albertus Magnus zugeschriebene Schrift „Von der Heimlichkeit des weiblichen Geschlechts", deren wissenschaftlicher und praktischer Wert gleichfalls nicht allzu hoch einzuschätzen ist [438]. Ihre mangelhaften Kenntnisse versuchten die Ärzte durch Auskünfte bei den Hebammen zu erweitern. Allem Anschein nach waren die Hebammen hierzu jedoch nicht bereit, so daß eine entsprechende Auskunftspflicht in die Hebammenordnungen mit aufgenommen wurde [434]. Weitergehender Widerstand der Hebammen und weisen Frauen gegen ihre Dequalifizierung wurde schließlich in brutaler Weise im Zusammenhang mit den Hexenverfolgungen gebrochen.
Einfluß auf die Ordnung des Hebammenwesens übte auch die Kirche aus, die im Rahmen ihrer Vorstellungen vor allem das Seelenheil des Kindes sicherzustellen suchte. Die Hebamme hatte deshalb dafür Sorge zu tragen, daß das Kind getauft wurde. Nötigenfalls hatte sie selbst die Nottaufe vorzunehmen, da man glaubte, daß nur die Seele eines Getauften gerettet werden könne [434, 435]. Hierzu diente auch die Verpflichtung der Hebamme, den Kaiserschnitt an der toten Mutter vorzunehmen [436, 437]. Von dem großen chirurgischen Können der Hebammen zeugt die Tatsa-

che, daß dabei des öfteren Frauen, die man bereits für tot gehalten hatte, überlebten. Da nach den Vorstellungen der Kirche ein Fötus bereits vierzig Tage nach der Befruchtung als beseelt galt, erstreckte sich die Vorsorge der Kirche auch auf das ungeborene Kind, d. h. man stellte Abtreibungen aber auch empfängnisverhütende Mittel und Methoden unter hohe Kirchenstrafen [Bd. 2, 259–265]. Da die Hebammen auf diesem Gebiet geradezu als Spezialistinnen galten, erschien eine wirksame Kontrolle der Hebammen aus der Sicht der Kirche unumgänglich. Man versuchte aber auch die Hebammen als Kontrollinstrument über die schwangeren Frauen einzusetzen. Bei Ledigen waren sie verpflichtet, Namen und Adresse des Vaters in Erfahrung zu bringen, wie sie auch versuchte Abtreibungen zu melden hatten [435].
Parallel zu dem Eindringen des Mannes als Arzt in die Geburtshilfe und der Dequalifizierung der Hebammen versuchte man auch die ausgiebigen Frauenfeste, bei denen kräftig getrunken, gegessen und gefeiert wurde, im Zimmer der Wöchnerin einzuschränken und unter öffentliche Kontrolle zu bringen [440, 441], so daß den Frauen ein weiterer Bereich eigener Identitätsbildung entwunden wurde.
Dem Zurückdrängen der Frauen im ausgehenden Mittelalter in den verschiedenen medizinischen Bereichen entsprachen auch die Verhältnisse in der Arzneimittelherstellung und -versorgung. Mehrfach wurde die Betätigung von Frauen auf diesem Sektor bereits erwähnt, da bei den weisen Frauen ärztliche Tätigkeit und Arzneimittelherstellung kaum zu trennen waren. Läßt man die vereinzelt bereits seit dem 10. Jahrhundert bestehenden Klosterapotheken außer acht, so sind Apotheken im heutigen Sinne im mitteleuropäischen Raum nur selten vor dem 14. Jahrhundert nachweisbar. Sie galten zunächst noch als freies Gewerbe, das im Rahmen der Krämerei betrieben wurde und in dem dementsprechend auch Frauen vertreten waren. Das Aufkommen von Apothekereiden und -ordnungen seit der zweiten Hälfte des 14. Jahrhunderts führte zu einer strikten Trennung zwischen Arzt- und Apothekerberuf, wobei die letzteren im allgemeinen von den Stadtärzten kontrolliert wurden und in ein Dienstverhältnis zur Stadt traten. Bestimmte Arzneimittel durften nur noch durch diese Apotheker vertrieben werden. Apothekerinnen in diesem Sinne scheint es nicht gegeben zu haben. Wohl aber war eine Mitarbeit der Ehefrau und abhängige Frauenarbeit in den Apotheken und bei der Arzneiherstellung durchaus üblich [417, 443], andernfalls wären entsprechende Verbote der Frauenarbeit in den Apotheken überflüssig gewesen [442]. Die Professionalisierung des Apothekergewerbes führte damit wiederum zu einer Zurückdrängung der Frauen, nicht jedoch zu ihrem völligen Ausschluß aus dem Bereich der Arzneimittelherstellung und -versorgung, denn Krämer und Wandergewerbe, Kräuterweiber u. a. verkauften nach wie vor, vor allem auf dem Land und in den kleineren Orten, zumindest solche Mittel, die – um einen heutigen Ausdruck zu gebrauchen – nicht rezeptpflichtig waren. Wie zahlreiche Beschwerden der Apotheker und entsprechende Ratsverordnungen zeigen, bereiteten

diese Frauen den Apothekern nicht unerhebliche Konkurrenz [444–446]. Die allmähliche Herausdrängung der Frauen aus den qualifizierteren medizinischen Arbeitsbereichen fand keine Parallele in der Krankenpflege. Sie blieb eine eindeutige Domäne der Frauen, wobei Hauskrankenpflege und stationäre Krankenpflege in den mittelalterlichen Spitälern deutlich voneinander zu scheiden sind. Im allgemeinen waren Kranke – auch in den mittelalterlichen Städten – darauf angewiesen, die nötige Versorgung und Pflege in ihrem eigenen Haushalt zu erhalten, die durch die weiblichen Familienmitglieder erfolgte. Waren auch diese erkrankt, so erfolgte Nachbarschafts- oder Verwandtenhilfe. Im 13./14. Jahrhundert übernahmen in den reicheren Familien die Beginen einen Großteil dieser Hauskrankenpflege [150].

Die wesentliche Institution der stationären mittelalterlichen Krankenpflege der Städte bildeten die Hospitäler, die jedoch keine Krankenhäuser im heutigen Sinne waren, denn gerade die Heilung der Patienten spielte nur eine untergeordnete Rolle. So sind festangestellte Ärzte oder Wundärzte/Chirurgen während des gesamten Mittelalters ausgesprochen selten. Bei Bedarf wurden hierzu die ortsansässigen Mediziner herangezogen. Mit dieser nicht unwesentlichen Einschränkung waren die Aufgaben der Spitäler wesentlich umfassender als die der heutigen Krankenhäuser, indem sie Kranken, Altersschwachen, Waisen, Findlingen, Pilgern und armen Reisenden Unterkunft und Verpflegung boten. Im Vordergrund standen oft die Pfründer, d. h. ältere, meist begüterte Bürger und Bürgerinnen, die sich einkauften, um dort, da sie pflegebedürftig waren, ihren Lebensabend zu verbringen. Im übrigen war die Aufnahme ins Spital meist an Armut und fehlende familiäre Pflege geknüpft, d. h. die Aufzunehmenden durften nicht mehr in der Lage sein, ihren Lebensunterhalt etwa durch Bettelei selbst zu verdienen [447]. Waren gesonderte Spitäler für die Unterbringung der Aussätzigen allgemein üblich, so bildeten sich spezielle Hospitäler für die Waisen und Findlinge sowie für die Reisenden und Pilger meist nur in den größeren Städten heraus. Da die geschlechtsspezifische Arbeitsteilung in den einzelnen Formen des Spitals sich nur unwesentlich voneinander unterschied, bleibt die folgende Quellenauswahl auf den Haupttyp des Hospitals beschränkt.

Ursprünglich meist aus geistigen Stiftungen entstanden, übernahmen die Städte die Spitäler seit dem 13. Jahrhundert meist in eigene Regie. Der Unterhalt der Spitäler erfolgte durch zahlreiche Stiftungen, mit denen sich die Stifter und Stifterinnen einen gnädigeren Richter am Jüngsten Tag erkaufen wollten, und ihr Sozialprestige zu heben hofften. Die Aufsicht über das Spital übertrug der Rat im allgemeinen zwei ehrenamtlichen Pflegern, während die betriebswirtschaftliche Führung und Verwaltung des Spitals dem Spitalschaffner oder -meister übertragen war, der hierin durch einen oder mehrere Hospitalschreiber unterstützt wurde. Wirtschaftsführung und die Leitung des inneren Spitaldienstes waren Aufgabe der Spitalmeisterin. Sie war, sofern der Spitalmeister oder -schaffner ein Laie war, meist dessen Ehefrau [447]. Unterstützt wurde sie in ihrer Arbeit

durch die Küsterin, die die Aufsicht und Leitung des eigentlichen Pflegedienstes innehatte [448], während der Pflegedienst selbst in den Händen von Mägden, seltener auch von Knechten lag [448–451]. Zwischen Krankenpflege und sonstigen Diensten der Mägde wurde meist erst zu Beginn der Neuzeit unterschieden. Je nach Größe verfügten die Spitäler noch über eine Vielzahl weiterer Arbeitskräfte, die zur Aufrechterhaltung des Wirtschaftsbetriebes notwendig waren. Als männliche Arbeitsbereiche galten das Brotbacken, das Dreschen, die Aufsicht über den Weinkeller, die Bewachung des Spitaltores, das Amt des Totengräbers, des Fuhr- und Ochsenknechtes, das Heizen, Grasmähen aber auch das Kochen während die Frauen letzteres seltener übernahmen, jedenfalls nicht in der Hauptküche, andererseits aber eher einzelne bekochten, Botengänge und Besorgungen durchführten, Feld- und Gartenarbeiten ausführten aber auch als Vieh- und Schweinemagd tätig waren.
Zu den Heilberufen zählten im Mittelalter auch die Berufe des Baders und Barbiers. Das warme Bad erfreute sich im Mittelalter außerordentlich großer Beliebtheit. In den Privathaushaltungen gehörte das Bereiten des Bades zu den Pflichten der Frauen. So hatten auf den Burgen und Herrensitzen die Mägde die Badestube zu heizen, das Badewasser zu erwärmen, die Lauge als Waschmittel zu bereiten sowie die Badestube zu reinigen [452, 453]. War kein geeigneter Baderaum vorhanden, so stellten sie die Badekufen in einen Raum oder ins Freie [453]. Auch die Bedienung der Badenden erfolgte durch Frauen. Sie reichten Getränke, seiften die Badenden ein, massierten sie, wuschen ihnen die Haare und trockneten sie ab [452, 453]. Zwar werden für die Badbereitung und Bedienung auch Männer genannt, sie treten jedoch viel seltener in Erscheinung.
Charakteristisch für das mittelalterliche Leben waren jedoch nicht die Privat-, sondern die öffentlichen Bäder, die im 12./13. Jahrhundert selbst in den Dörfern eine allgemein verbreitete Erscheinung geworden waren. Zahlreiche Schilderungen [454] und Abbildungen [455] machen deutlich, daß der Besuch des Bades nicht nur der Reinlichkeit und der Besorgung der Toilette (Schneiden von Haaren, Bart und Nägeln) [454, 459], sondern vor allem dem Vergnügen diente. Männer und Frauen besuchten häufig gemeinsam die Bäder und vertrieben sich dort oft stundenlang die Zeit mit Essen, Trinken, Unterhaltung und Musik. Die Badestuben glichen deshalb in vielem unseren heutigen Gaststätten und Kneipen. Eng verbunden mit dem Besuch des Bades waren auch kleinere medizinische Eingriffe wie die wundärztliche Behandlung, das Schröpfen und der Aderlaß.
Die Badestuben wurden gegen einen Zins als Lehen vergeben und von einem Bader mit Gesinde betrieben. Das Badergewerbe war in den größeren Orten zunftmäßig organisiert. Wachendorfs Ansicht, daß die Zunftordnungen keinen Unterschied zwischen Badern und Baderinnen gemacht hätten, läßt sich aufgrund der zur Verfügung stehenden Quellen nicht aufrechterhalten. Selbständige, gelernte Baderinnen lassen sich nirgendwo nachweisen. Es finden sich andererseits zahlreiche Belege, daß Frauen Badestuben aufgrund eines Erbes besessen haben, ob sie das

Handwerk jedoch persönlich ausgeübt haben, bleibt unklar [456]. Weibliches Bedienungspersonal war in den Badestuben hingegen allgemein üblich [457, 458]. Berichte und Abbildungen lassen eine deutliche geschlechtsspezifische Arbeitsteilung erkennen. Die Baderknechte waren zuständig für Heizarbeiten, das Schlagen mit dem Quast, das Scheren, Schröpfen, Aderlassen sowie für die wundärztliche Behandlung, die Bademägde für die Aufbewahrung der Garderobe [458], die Bedienung der Gäste [455], das Massieren, Reiben, Schlagen mit dem Badequast und das Haarewaschen [454, 458, 459]. Da Badbesuch und Prostitution häufig eng miteinander verbunden waren, läßt sich die Bademagd häufig nur schwer von einer Prostituierten unterscheiden [455, 458]. Mit dem Auftreten der Syphilis und rigiderer Sexualnormen im Gefolge der Reformation erlebte das Badewesen im 16. Jahrhundert einen raschen Niedergang.
Aus dem Gewerbe der Bader entwickelte sich im Laufe des Spätmittelalters der Barbier oder Scherer als eigenständiger Berufsstand. Er war für das Trockenrasieren, den Trockenharrschnitt sowie für die Heilung von Wunden, Knochenbrüchen, das Ziehen von Zähnen, die Behandlung von Geschwulsten sowie das Aderlassen und Schröpfen zuständig. Da sich die Arbeitsgebiete beider Berufsgruppen nur schwer voneinander trennen ließen, waren Auseinandersetzung beider Gruppen an der Tagesordnung.
Der Beruf des Barbiers wurde nahezu ausschließlich von Männern ausgeübt. Selbständige, zünftische Barbierinnen hat es nicht gegeben, wohl aber Witwen, die das Handwerk ihres verstorbenen Mannes weiterführten [460]. Für die unzünftische Betätigung von Frauen auf diesem Sektor finden sich jedoch zahlreiche Hinweise. Insbesondere die wundärztliche und chirurgische Praxis wurde von etlichen Frauen als freies Gewerbe ausgeführt [461]. Sie vermochten hier länger als auf dem Gebiet der inneren Medizin ihre Stellung zu behaupten, da das Badergewerbe erst relativ spät zünftig wurde und eine akademische Ausbildung in der Chirurgie nicht durchgeführt wurde.

Quellen und Materialien

[410] Heilkundige Frauen in Wolfram von Eschenbachs Parzival, 1200/10

Als sie den Helden so daliegen sah, sagte sie zu den Damen allen, die dort standen: „Ihr Frauen, die Ihr getauft seid, rufet alle Gott an um seinen Segen!“
Sie sandte zwei Jungfrauen hinunter und bat sie, achtzugeben, daß sie leise aufträten, solange sie in der Kammer wären. Sie sollten ihr Nachricht bringen, ob der Mann noch lebte oder schon verschieden wäre. Das gebot sie den beiden. Meint Ihr wohl, ob die beiden süßen, reinen Mägdelein weinten? Ach, beide weinten sehr, denn aufrichtiger Jammer trieb sie dazu, da sie ihn so liegen sahen, als ob der Schild im Blute seiner Wunden schwamm.
Sie sahen nach, als er noch lebte. Die eine nahm mit ihrer weißen Hand den Helm von seinem Haupte und band die Fintale ab. Da bemerkte sie ein ganz klein wenig Schaum vor seinem Munde. Sie suchte alsbald zu erkunden, ob er noch atme oder ob sie nur durch einen Schein des Lebens ge-

täuscht würde. Das war noch unentschieden. Auf seinem Wappenrock waren zwei Gampilone aus Zobel. Ein solches Wappen trug einst auch der Bertune Ilinot mit großen Ehren, der schon in seiner Jugend Ruhm gewonnen hatte und ihn bis an sein Ende bewahrte. Das Mädchen zupfte ein Haar aus dem Zobelpelz und hielt es dem Manne vor seine Nase. Sie merkte auf, ob das Haar sich regen würde, wenn der Atem es bewegte. Es fand sich noch Atem.

Sogleich ließ sie eilends klares Wasser bringen; ihre schöne Kameradin brachte es ihr aufs schnellste. Sanft schob das Mädchen ihm ihr Fingerlein zwischen die Zähne. Dann goß sie ihm Wasser in den Mund, erst ein wenig, allmählich mehr, aber sie goß es nicht zu heftig, solange, bis er die Augen öffnete. [. . .]

Er bat die Mädchen: „Laßt meine Wunden untersuchen von einem, der etwas davon versteht. Muß ich aber noch weiter kämpfen, so bindet mir meinen Helm wieder auf und geht fort! Ich will mich gerne wehren!"

Sie sagten: „Ihr braucht nicht mehr zu kämpfen! Herr, laßt uns also ruhig hierbleiben! Aber eine von uns soll sich bei den vier Königinnen das Botenbrot verdienen mit der Kunde, daß Ihr noch lebt. Man soll Euch auch eine Ruhestatt und gute Arzenei bereiten und Euch mit trefflichen Salben einreiben, die für die Quetschungen und Wunden lindernd hilfreiche Heilung bringen." [. . .]

Die alte weise Königin ließ bei einem guten Feuer ein Bett aufstellen und davor einen Teppich breiten. Die Königin schaffte auch sehr kostbare Salben herbei, die kunstvoll bereitet waren sowohl für die Quetschungen wie für Wunden.

Darauf befahl sie flugs vier Jungfrauen, hinzugehen und seinen Harnisch an sich zu nehmen. Sie sollten ihn sanft ausziehn und dabei achtgeben, daß er sich nicht schämen müsse: „Eine seidene Decke sollt Ihr um Euch und ihn halten und ihm dahinter den Harnisch abnehmen. Wenn er noch imstande ist zu gehn, so laßt ihn gehen, sonst tragt ihn hin, wo ich am Bett stehe. Ich warte dort, wo der Held liegen soll. Wenn der Kampf so ausgegangen ist, daß er nicht tödlich verwundet wurde, so werde ich ihn bald heilen. [. . .]

Nun also, dies wurde getan. Herr Gawan wurde entwappnet und von dannen geleitet, und von denen, die helfen konnten, wurde ihm Hilfe gebracht. Es ergab sich, daß er fünfzig oder mehr Wunden hatte. Aber die Pfeile waren doch nicht allzu tief durch die Ringe gedrungen, denn er hatte den Schild dawider gehalten.

Da nahm die alte Königin Diptam und warmen Wein und ein Stück blauen Taffets. Damit wischte sie die Blutstropfen aus den Wunden, wo welche waren, und sie verband ihn so, daß er genesen konnte. An den Stellen, wo der Helm eingebeult war, war das Haupt geschwollen – daran erkannte man die Wucht der Würfe. Aber sie beseitigte die Quetschungen durch die Kraft der Salben und mit ihrer Meisterschaft.

Wolfram von Eschenbach: Parzival [226], S. 295–297.

[411] Heilkundige Frauen in Hartmann von Aues Erec, 1180/85

Auch Erec wurde von den Rittern fort abseits geführt, wo er, verwundet wie er war, von seiner Erschöpfung ausruhen konnte.

[. . .]

Bald kam die Königin, und ihm ihr Mitgefühl auszudrücken und ihn zu besuchen mit all ihren Damen. Sie brachte ein Pflaster mit. Von dem will ich Euch erzählen, wie gut es für Wunden war. Manch zu Tode Verwundeter war durch es geheilt worden. Wem es über seine Wunde gebunden wurde, den schmerzte sie nicht mehr,

und sie heilte nicht zu plötzlich, sondern gerade richtig. Kein weiteres Übel kam mehr dazu. Alles Kranke vertrieb es, was Gutes vorhanden war, blieb, und die davon geheilt wurden, die schützte es vor Narben, so daß der Körper glatt war, als hätte es nie eine Wunde gegeben. Mit diesem Pflaster verband die Königin die Seite des Ritters. In der Welt hat es niemals ein besseres Pflaster gegeben. Wenn nun jemand wissen möchte und begierig zu hören ist, woher dieses Pflaster kam: Famurgan, des Königs Schwester hatte es dort hinterlassen, vor langer Zeit, als sie starb. Welch große Wissenschaft und seltsame Kenntnisse gingen mit ihr verloren! Sie war eine Göttin gewesen. Man kann die Wunder nicht aufzählen, sondern muß die meisten verschweigen, die diese Dame vollbracht hat. Aber so gut ich kann, will ich erzählen, was sie vermochte. Wenn sie ihre Zauberkünste spielen ließ, so war sie in kurzer Zeit um die ganze Welt gefahren und kam gleich wieder zurück. Ich weiß nicht, wer sie es gelehrt hatte. Ehe ich die Hand umdrehen könnte oder mit dem Auge zwinkern, fuhr sie hin und wieder zurück. Sie lebte in großer Pracht. In der Luft konnte sie sich wie auf der Erde zur Ruhe schwebend aufhalten, konnte auf dem Wasser und darunter leben. Es war ihr auch ganz selbstverständlich, im Feuer zu wohnen so sanft wie auf dem Tau. Das alles vermochte die Dame. Wenn sie wollte, verwandelte sie einen Menschen in einen Vogel oder ein wildes Tier. Danach gab sie ihm gleich seine Gestalt zurück; sie war wahrhaftig der Zauberei mächtig.
Hartmann von Aue: Erec [170], S. 227–229.

[412] Heilkundige Frauen in Gottfried von Straßburgs Tristan und Isolt, um 1210
Als jener Tristans Kunst und Fertigkeit erkannte, erbarmte ihn zutiefst sein Unglück, und er zögerte nicht länger, ging hin zur Königin und sagte ihr, ein Spielmann wäre in der Stadt, der wäre ein Märtyrer, der bald sterben müsse. Es gäbe keinen Menschen, der kunstreicher wäre und so fein gesinnt wie er. „Ach", sprach er, „edle Königin, könnten wir es doch irgendwie erreichen, ihn an einen Ort zu bringen, wohin Ihr in Ehren kommen könnt, um das Wunder zu vernehmen, wie ein sterbender Mann so innig und so süß Harfe spielen und singen kann; obwohl es für seine Not weder Rat noch Hilfe gibt; denn er wird nicht mehr genesen. Der Meister und der Arzt, der ihn bisher gepflegt, hat ihn aus seiner Pflege entlassen; denn er weiß auf keine Weise, wie er ihm noch helfen soll." Da sagte die Königin: „Ich will den Kämmerern befehlen, wenn er es noch aushält, soll man ihn behutsam holen und zu uns heraufbringen. Dann sehe ich, ob ihm in seinem Leiden etwas hilft oder ob ihn nichts mehr rettet."
So geschah es auch. Als die Königin sein Leiden genau betrachtet hatte, die Wunde und ihre Färbung, erkannte sie das Gift.
[. . .]
So gab man ihm ein Kämmerlein und sorgte alle Tage auf das beste für ihn, wie er sich's wünschen konnte.
[. . .]
Über die Heilkunst meiner Herrin und die Genesung des Kranken will ich nur kurz berichten: Sie half ihm binnen zwanzig Tagen so weit, daß alle wiederkamen und keiner ihn wegen der Wunde mied, der sonst noch ferngeblieben wäre.
Gottfried von Straßburg: Tristan und Isolde [165], S. 193–194, S. 197, S. 199.

[413] Die Heilkunst des Wate in dem Heldenepos Kudrun, um 1240
Hettel sandte Boten, er Wate kommen hieß. Schon seit langem war es, daß sie wußten dies, Er sei der Heilkunst kundig von einem wilden Weibe. Wate der gerühmte half manchem schon am Leben und am Leibe. [. . .]

Als Wate ihm Arzneie, Kraut und Wurzeln bot, Da ward er frei von Sorgen nach seiner großen Not. Als bestrichen waren des König Hagens Wunden, Da kam die Tochter wieder. Ihren Vater sah sie schnell gesunden.
Kudrun [185], S. 94f.

[414] Frauen am Krankenbett eines Mannes, Holzschnitt v. 1501

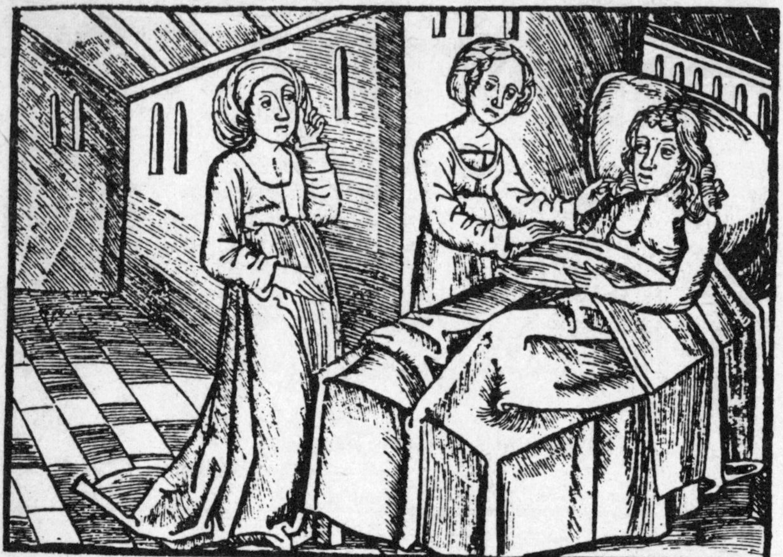

aus: Diederichs: Deutsches Leben der Vergangenheit in Bildern [74], Bd. 1, S.

[415] Arzt und Frau am Krankenbett, Holzschnitt des Petrarca-Meisters v. 1532

aus: Scheidig: Die Holzschnitte des Petrarca-Meisters [118], S. 46.

[416] Frauen beim Züchten von Heilkräutern

aus: Hauschild: Hexen [453], S. 29.

[417] Kräutergarten und Destillieranlage, Holzschnitt v. 1500

aus: Fischer: Mittelalterliche Pflanzenkunde [445], S. 111.

[418] Johannes Butzbach über die Behandlung durch eine heilkundige Frau, 1506

Ich litt nämlich an einem Geschwür im Halse; da führte man mich zu einem überaus häßlichen alten Weibe, das legte den Daumen mit bleichem Nagel in mein Ohr, und während ihre andere Hand mir auf dem Kopfe ruhte, murmelte sie zwischen den Zähnen gewisse mir unverständliche Segensworte. Als dies vorüber war, gab sie mir folgendes Heilmittel an. „In einen Becher", sprach sie, „sollst du, wenn du gesund werden willst, drei ganze Eichenblätter ohne Brüche und Raupennester tun; dazu den Teil von einem Kamme, womit die Kopfwürmlein gefangen werden, und drei Enden von Flachsflocken, dawo sie von den Fingern der Spinnerinnen gedrillt werden. Danach, wenn der Becher also zurechtgemacht, einen Tag und eine Nacht gestanden hat, dann sollst du mit der festen Hoffnung auf Heilung so lange davon trinken, als du den Schmerz des Geschwüres empfindest." Auch fügte sie noch hinzu, wenn ich nach meiner Herstellung später wieder einmal ähnliche Beschwerden fühlte, so solle ich nur alsbald den eigenen Daumen in den Mund stecken, dreimal darin herumdrehen und die und die Worte sagen, die sie mich lehrte. All diesem schenkte ich elendiglich Glauben und wurde auch wirklich, nachdem ich von dem Becher etwas getrunken, wieder gesund; und sooft ich seitdem anfing, an der Stelle etwas zu verspüren, stillte ich es sofort gemäß der empfangenen Anleitung. Wieder einmal litt ich auch am Fieber und konnte lange Zeit hindurch trotz aller möglichen Arzneimittel nie ganz geheilt werden; immer kam das Fieber nach wenigen Tagen wieder. Da nahm mich die Herrin selbst vor Sonnenaufgang beim Morgenrot und führte mich hinaus ins freie Feld. Hier stieg sie mit mir auf einen Kieselstein, und nachdem sie viel Segnung und Verwünschung gegen das Fieber vorausgeschickt, schnitt sie endlich mit eigener Hand Rinde von einem Baume und band mir diese um den bloßen Leib; drei Tage und drei Nächte blieb ich darein gebunden, warf alsdann die Rinde gleichsam mit meinem Fieber ins Feuer und war geheilt. Auch habe ich fortan von den besagten beiden Krankheiten keine Beschwerde mehr gehabt, bis ich, von den Beichtvätern zu Deventer katholisch belehrt, es verachtete, auf solche abergläubische Dinge fernerhin etwas zu halten. Von der Zeit an aber haben mich die besagten Krankheiten öfter wieder befallen, und sie hielten, sozusagen, das Jahrgedächtnis der Zeit ihres Weggangs.

Johannes Butzbach: Wanderbüchlein [150], S. 45f.

[419] Sebastian Brant über die heilkundigen Frauen, 1494

Ein Narr, wer nach dem Arzte trachtet,
doch dessen Rat dann nicht beachtet
und will auf alte Weiber hören,
die hilfreich ihn zu Tod beschwören,
mit Zauberei und Narrenwurz
bereiten vor den Höllensturz.
Man aberglaubet heut so viel,
wenn man erlang'n Gesundheit will;
wenn alles ich zusammensuch,
wird draus ein ganzes Ketzerbuch.
Wer krank ist, der will nur genesen
und acht't nicht, was die Quell gewesen;
den Teufel selber mancher riefe,

wenn so der Krankheit er entliefe
und derart ihm könnt Hilfe werden,
statt zu verschlimmern die Beschwerden.
[...]
Gar viele treiben Medizin
und geben uns nichts weiter hin,
als was das Kräuterbüchlein lehrt
und man von alten Weiblein hört.
Quacksalbers Praktik ist so gut,
daß sie all Siechtum heilen tut,
braucht unterscheiden nicht genau,
ob alt, ob jung, ob Mann, ob Frau,
ob heiß, ob kalt, ob trocken, naß.
Ein Kraut sowie die Salb im Faß
hat solche Heilkraft, Wirksamkeit,
daß von den Narrn daraus bereit't
wird jedes Pflaster und damit
geheilt Geschwür, Bruch, Stich und Schnitt.
Sebastian Brant: Das Narrenschiff [144], S. 92f., S. 122.

[420] Hildegard von Bingen über Krankheiten und ihre Behandlung, 1151/58
Vom Sammeln der Kräuter. Edle und heilsame Kräuter, die bei wachsendem Mond von der Erde abgeschnitten oder mit der Wurzel ausgezogen werden, eignen sich, weil sie dann vollsaftig sind, besser zur Bereitung von Latwergen, Salben und jeglicher Arznei, als wenn man sie bei abnehmendem Mond sammelt. [...]
Vom Aderlaß. Sind bei einem Menschen die Gefäße mit Blut gefüllt, so müssen sie von dem schädlichen Schleim und dem durch die Verdauung gelieferten Saft durch einen Einschnitt gereinigt werden. Wird bei einem Menschen ein Gefäß angeschnitten, so erleidet das Blut, wie durch einen plötzlichen Schrecken, eine Erschütterung, und was dann zuerst zutage kommt, ist Blut, fauliges und zersetztes Blut fließen gleichzeitig mit ab. Daher kommt es, daß das, was jetzt ausfließt, verschieden gefärbt ist, weil es aus Fäulnis und Blut besteht. Sobald die Fäulnis mit dem Blut ausgeflossen ist, kommt reines Blut heraus, und dann muß man mit der Blutentziehung aufhören. Macht man bei einem sonst gesunden und kräftigen Menschen einen Aderlaß, so soll die Menge des gelassenen Blutes soviel betragen, wie ein kräftiger, durstiger Mann auf einen Zug Wasser trinken kann. Wenn einer körperlich schwach ist, soll der Aderlaß soviel betragen, wie in ein Ei von gewöhnlicher Größe hineingeht. Denn ein Aderlaß, der über das Maß hinaus vorgenommen wird, schwächt den Körper gerade so wie ein Regenguß, der ohne Maß auf die Erde fällt, diese schädigt. Eine richtig bemessene Blutentziehung aber beseitigt die schlechten Säfte und sorgt für den Körper wie ein Regen, der langsam und in nicht zu großer Menge auf die Erde fällt, diese bewässert und befähigt, Frucht hervorzubringen.
[...]
Vom Zahnschmerz. Wer von fauligem Blut oder durch die Ausscheidung des Gehirns an den Zähnen leidet, nehme gleiche Gewichtsmengen Wermut und Eisenkraut, koche sie in einem neuen Gefäß mit reinem, gutem Wein, seihe den gekochten Wein durch ein Tuch und trinke ihn nach Zusatz von etwas Zucker. Die noch warmen und, wie eben angegeben, gekochten Kräuter lege er beim Schlafengehen auf den Kiefer, da wo ihm die Zähne weh tun, und befestige sie durch ein aufgelegtes Tuch. Dies soll er tun, bis er geheilt ist. Der mit den genannten Kräu-

tern temperierte und dann getrunkene Wein reinigt nämlich die kleinen Gefäße, welche sich von der Gehirnhaut bis zum Zahnfleisch hinziehen, von innen, und die auf den Kiefer aufgelegten Kräuter besänftigen den Zahnschmerz von außen her, weil die Wärme des Wermuts mit der Wärme des Eisenkrautes und der des Weines die Zahnschmerzen beruhigt. – Wer an den Zähnen leidet, soll mit einem kleinen Aderlaßmesser oder einem Dorn das Fleisch um den Zahn, also das Zahnfleisch, durch eine Wunde ein wenig anschneiden, damit der Eiter dort heraus kann, und es wird ihm besser werden.
Von den gesunden Zähnen. Wer gesunde, kräftige Zähne haben will, nehme morgens, wenn er aus seinem Bett aufsteht, reines, kaltes Wasser in seinen Mund und halte es eine Zeitlang in seinem Munde, damit der Schleim, der an den Zähnen sitzt, aufgeweicht wird. Mit demselben Wasser, das er im Munde hat, soll er sich die Zähne putzen und dies oft wiederholen. Dann wird der Schleim an den Zähnen nicht zunehmen, und diese werden gesund bleiben.
[. . .]
Von der Verhaltung des Monatsflusses. Eine Frau, die an verstopftem Monatsflusse leidet und dadurch Schmerzen hat, nehme Anis und Mutterkraut in gleichem Gewicht, dazu etwas mehr Wollkraut, als das Gewicht eines der beiden beträgt, und koche diese mit Wasser aus einem offenen, strömenden Wasserlauf, der durch die Sonne temperiert wird. Ferner soll sie auch Ziegelsteine nehmen, ins Feuer legen und dann mit dem eben genannten Wasser und den vorher angegebenen Kräutern ein Schwitzbad herrichten. Sobald sie den Baderaum betreten hat, soll sie die warmen Kräuter auf einen Schemel legen, sich darüber setzen und dann die Kräuter auf die Genitalien und herauf bis zum Nabel herum warm auflegen. Sind die Kräuter mittlerweiile kalt geworden, soll sie dieselben, in dem vorgenannten Wasser von neuen angewärmt, sich auf dieselben Körperstellen auflegen und damit so lange fortfahren, wie sie im Bade sitzt, damit durch die Säfte jener Kräuter ihre Haut und ihr Fleisch von außern und die Gebärmutter innerlich erweicht werde und die Gefäße derselben, die verschlossen sind, geöffnet werden. Denn die Wärme des Anis bringt die Säfte in Bewegung, die Wärme des Mutterkrautes aber wirkt heilend, und jene Wärme des Wollkrautes schafft den Blutfluß. Wenn jene Kräuter richtig untereinander gemischt und ihre Eigenwärmen in dem erwärmten Flußwasser hervorgerufen werden, das gesunder und milder ist wie das Wasser einer lebendigen Quelle, weil es, offen daliegend, auch von den anderen Elementen berührt wird, und wenn sie (die Eigenwärmen) zudem durch die heißen Ziegelsteine in Bewegung gesetzt werden, die auch den übrigen Steinen nicht ähnlich sind, weil sie mit Feuer bereitet wurden, woher sie heilkräftig sind: so rufen sie durch die milde Wirkung des Bades, wie gesagt, den Monatsfluß wieder hervor. Weiter nehme die Frau Preiselbeeren, den dritten Teil davon Schafgarbe und etwa den dritten Teil der Schafgarbe Raute, ebensoviel lange Osterluzei wie von der Preiselbeere und der Schafgarbe und eine tüchtige Menge Diptam, stoße dies in einem Mörser, koche es mit gutem, reinem Wein in einem neuen Topf, gieße das Gekochte mit dem Wein in ein Säckchen und darauf Gewürznelken, soviel sie bekommen kann, dazu etwas weniger weißen Pfeffer wie Gewürznelken, zerreibe alles zusammen, tue hinreichend neuen und frischen, schmutzfreien Honig dazu und lasse dies alles mit bestem Wein sieden. Dann gieße sie das Ganze zu den oben genannten Kräutern in das Säckchen und mache daraus einen klaren Trank. Diesen soll sie jeden Tag vor und nach dem Frühstück trinken, aber nicht in dem oben genannten Bade, weil das Bad etwa die Verdauung hemmt. Wenn die Kälte der Preiselbeeren durch die Wärme der Schafgarbe, der Raute, der langen Osterluzei, des Diptams, die herabgeminderte Wärme des Weines und die Wärme der

offenen Gewürznelken, die bei dem vorliegenden Leiden besser passen wie die gewöhnlichen Nelken, die Wärme des weißen Pfeffers, der ebenfalls den Monatsfluß hervorruft, und die Wärme des frischen Honigs, der auch dafür paßt, gemildert wird, öffnen sich die verschlossenen Eingeweide des Weibes, und das verhärtete Gerinnsel des Monatsblutes wird aufgelöst, wie oben angegeben ist. Es kann auch ein kleines Gericht bereitet werden aus Eiern mit genügend Fett und Zusatz von etwas Liebstöckelsaft und vor und nach der Mahlzeit gebraucht werden, weil, wenn die Kälte der Eier und die Kälte des Liebstöckels durch die Wärme des Weines und die Wärme des Fettes temperiert wird, sie ein derartiges Gerinnsel in der Frau auflöst. So soll sie fünf oder fünfzehn Tage lang tun oder bis die Auflösung erfolgt. In der Zeit, während der die Frau an der erwähnten Verhaltung des Blutes leidet, muß sie Rindfleisch und andere schwere Speisen vermeiden, weil diese sie verstopfen, dagegen leichte Speisen genießen und Wein trinken. Will sie dabei auch einmal Wasser trinken, so muß sie Brunnenwasser trinken, das Wasser einer sprudelnden und fließenden Quelle dagegen vermeiden, weil dies etwas gröber ist wie die anderen Gewässer. Quellwasser aber soll sie kochen und wieder abkühlen lassen, ehe sie davon trinkt, weil es, so behandelt, weich wird.
Vom zu starkem Monatsfluß. Eine Frau, die an unzeitigem, starken Monatsfluß regellos leidet, tauche ein leinenes Tuch in kaltes Wasser und mache damit wiederholt Umschläge auf die Oberschenkel, damit sie innerlich abgekühlt wird, weil infolge der Kälte des Leintuches und des kalten Wassers der unzeitige Monatsfluß zurückgehalten wird. Auch soll sie Sellerie in Wasser kochen und sich warm auf die Schenkel und den Nabel auflegen. Die Wärme der Sellerie und die ihr eigene, in entgegengesetzter Richtung wirkende Kraft widersteht dem nachteiligen Blutzufluß, der an den Schenkeln und dem Nabel übermäßig vorhanden ist, und es wird die Sellerie gekocht und warm diesen Körperstellen aufgelegt, damit sie, warm gemacht, ihnen Heilung bringt. Auch kann die Frau Betonienkraut in Wein legen, damit dieser den Geschmack davon annimmt, und häufig davon trinken, und die Wärme der Betonie mit der des Weines in rechter Weise gepaart, hält die verkehrte Erwärmung des Blutes zurück. Endlich soll sie alle ihre Gefäße, das heißt diejenigen, welche in ihren Schenkeln, dem Bauch, der Brust und den Armen, nach oben hin wiederholt unter sanftem Druck streichen, damit sie sich zusammenziehen und dem Blut keinen verkehrten Weg machen. Doch muß sie sich hüten, daß sie nicht zuviel körperliche Arbeit tut und durch Hin- und Hergehen sich stark ermüdet, damit ihr Blut dadurch nicht in Bewegung gerät, und ebenso sich in acht nehmen, daß sie keine schwerverdaulichen oder bitteren Speisen genießt, damit diese nicht eine verkehrte Verdauung herbeiführen. Dagegen soll sie weiche und leichtverdauliche Nahrungsmittel zu sich nehmen, damit diese sie innerlich heilen, und Wein und Bier trinken, um durch diese so gestärkt zu werden, daß sie das Blut zurückhalten kann.
[. . .]
Vom Schnupfen. Wenn ein allzu großer Schmerz durch den starken Fluß in der Nase eines Menschen aufgetreten ist, soll er Fenchel und viermal soviel Dill nehmen und auf einen am Feuer erhitzten, steinernen Dachziegel oder einen dünnen Ziegelstein legen, den Fenchel und den Dill hin- und herwenden, bis sie rauschen und dann den Rauch und ihren Geruch durch die Nase und Mund in sich aufziehen, außerdem auch denselben Fenchel und denselben Dill, auf dem angegebenen Stein erwärmt, mit Brot zusammen essen. Dies soll er drei, vier oder fünf Tage hintereinander tun, damit der Fluß in Kopf und Nase um so leichter sich löst und die ausfließenden Säfte um so leichter entfernt werden. Denn die Wärme und die Feuchtigkeit des Fenchels sammelt die widernatürlich ergossenen und zu

Unrecht ausgeschiedenen Säfte und zieht sie zusammen, und die trockene Kälte des Dills trocknet dieselben ein, wenn beide Kräuter gleichzeitig auf dem heißen Stein erwärmt werden.
[...]
Einiges über die Empfängnis. Wenn Menschen empfangen werden, wenn der Mond bei Regenwetter viele Wassergüsse in sich trägt, zieht sie das Wasser gerne an zum Ertränken. Die, welche empfangen werden, wenn der Mond während der größten Sommerhitze scheint, zieht das Feuer gerne an sich zum Verbrennen. Die aber dann empfangen werden, wenn die Hundstage sind, werden, weil dies bissige Tage sind, leicht von wilden Tieren verschlungen. Die im Mai empfangen werden, fallen leicht von Bäumen oder anderen hohen Örtlichkeiten herab.
Der erste Mond. Der Mensch aber, der im ersten Mond empfangen wird, wenn dieser sein Licht von der Sonne erhält, wird, wenn es ein Knabe ist, hochmütig und hartherzig werden und liebt keinen Menschen außer dem, der ihn fürchtet und ehrt. Er redet von seinen Mitmenschen gerne schlecht, sowohl von deren hohen Stellung wie auch von allem, was sie besitzen. Er ist aber körperlich gesund, wird auch keine ernsthaften Krankheiten haben, aber nicht sehr alt werden. Wenn es aber eine Frau ist, so will sie immerfort geehrt sein, wird von Fremden immer mehr geliebt wie von ihren Hausgenossen, ist in ihrem eigenen Hause pflichtvergessen und stets für neuankommende Leute interessiert. Ihren Hausgenossen dagegen begegnet sie übel und kümmert sich nicht um sie. Sie ist körperlich gesund. Hat aber einmal eine Krankheit sie ergriffen, dann ist sie schwerkrank und beinahe auf den Tod, und lebt auch nicht lange.
Hildegard von Bingen: Ursachen und Behandlung der Krankheiten [454], S. 126, S. 182f., S. 260, S. 277–280, S. 283, S. 344f.

[421] Studentin in einer Vorlesung der medizinischen Schule von Salerno, Holzschnitt v. 1551 (siehe Abbildung auf Seite 277 oben)

[422] Eine Anatomie unterrichtende Frau auf einer Miniatur des 14. Jh. (siehe Abbildung auf Seite 277 unten)

[423] Urkunde Herzog Karls von Kalabrien v. 15. 9. 1321 für die Chirurgin Francisca, Gattin des Matthaeus de Romano
Bei unseren Maßnahmen bewahren wir der Allgemeinheit zu Nutzen ... die Ehrbarkeit der Sitten. So hat (denn) Francisca ... im Königlichen Amtshaus selbst gegenwärtig dargetan, daß sie hinsichtlich des Wesentlichen in der Ausübung der Chirurgie, auf Grund in solchen Dingen besonnener Beurteilung, als ausreichend zu erachten ist. Darum hat sie unsere Herrlichkeit angelegentlichst ersucht, daß wir ihr die Genehmigung zu erteilen geruhten zu ausübender Tätigkeit in dieser Kunst. Da sich nun ... klar ergeben hat, daß besagte Francisca uns treu ist und einem getreuen Geschlecht entsprossen, und, nach Prüfung durch die Königlichen Ärzte unseres Vaters und unserer Chirurgen, in derselben Kunst der Chirurgie gleichsam als Laie genügend (beschlagen) erfunden wurde, obgleich es ungehörig für Frauen sein mag, daß sie an Zusammenkünften von Männern teilnehmen, damit sie nicht zur Beeinträchtigung ehelicher Sitte geraten und erstmals die Schuld verbotenen Übergriffes auf sich laden. Weil jedoch nach gesetzlicher Kundmachung die Ausübung der Heilkunst den Frauen gestattet ist und wir füglich bedachten, daß zur Behandlung weiblicher Kranker, um der Ehrbarkeit der Sitten willen, Frauen

aus: Bauer: Deutscher Frauenspiegel [4], Bd. 2, S. 168.

aus: Hurd-Mead:
A History of Women in
Medicine [457], S. 273.

sich besser als Männer eignen, so erteilen wir (ihr) die Erlaubnis zur Ausübung der Heilkunst.
zitiert nach: Schönfeld: Frauen in der Geschichte der abendländischen Heilkunde [483], S. 69.

[424] Frankfurter Ärztinnen im 14./15. Jahrhundert

1394: Die Tochter des verstorbenen Arztes Hans der Wolff, Stadtchirurgs und Stadtarztes von 1381–1393. Sie hatte zweimal Ehrengaben für die Heilung im Dienste der Stadt verwundeter Söldner erhalten. Im Frankfurter Rechenbuch von 1394 (Mones Zeitschrift XII, 20) findet sich: 1. Sabb. ante Margarethae (11. Juli): „I gulden meister Hanss arcztes dochter als sie den dienern gearzt hat, die by Wissenkirchen nyderlagin". – 2. Sabb. post Barbaras (5. Dezember): „I gulden meister Hanss des arcztes dochter, als sie den dienern eins teils, die vor Wissenkirchen nyderlagen, arcztierte."

1397: Hebel, Ärztin (Heiligenbuch von 1397, Bl. 30).

1423 u. 1427: Eine „medica" und Augenärztin ohne Namensnennung.

1428: Die Jüdin Serlin, Augenärztin.

1431: Eine jüdische Augenärztin, der man Geldausleihen gegen Zins untersagt. Immerhin läßt das vermuten, daß ihr die Ausübung der Heilkunst gestattet war.

1433: Eine anonyme jüdische „medica".

1435: Eine anonyme jüdische „medica".

1436: Eine jüdische Augenärztin; sie muß, dem Beedbuch (Steuerbuch) 17 zufolge, die Stadt verlassen.

1439: Eine jüdische „medica".

1446: Eine jüdische Augenärztin. Sie soll von der Beheim-Steuer befreit werden.

1457: Eine jüdische Ärztin: Der jüdischen „medica" den Aufenthalt versagen ohne Entrichtung des Nachtgeldes (s. im folgenden).

1492–1494–1496–1499: Eine jüdische Ärztin. Sie war ortsfremd, doch wahrscheinlich ziemlich beliebt, da man ihr, damit sie bliebe, ihr Nachtgeld (ein von jedem Juden aus einer anderen Stadt für jede in Frankfurt verbrachte Nacht entrichteter Betrag) verminderte. Dagegen schlug man das von ihr vorgebrachte Ersuchen, außerhalb der Judengasse wohnen zu dürfen, ab.

1494: Man verbietet einer jüdischen anonymen Ärztin, Kranke zu behandeln, und als sie um die Erlaubnis nachsucht, „die ehrbaren Frauen" pflegen zu dürfen, schlägt man es ihr auch ab.
In den Beedbüchern von 1495, 1496, 1499 ist genannt „Die Ärztin in der Judengasse".

1495: Eine alte Ärztin. Man soll „die alte Ärztin" rufen lassen „und sie in Gegenwart der Ärzte fragen, was sie der Frau gegeben hat".

aus: Schönfeld: Frauen in der abendländischen Heilkunde [483], S. 75.

[425] Verworfenes Urteil in der Lohnforderung der Hildesheimer Ärztin Katharina v. 31. 1. 1458

Am Dienstag vor Mariä Lichtmeß wurde zugunsten von Heyneman Harden als rechtens befunden: Die Frau solle sich (mit Geld) dafür verbürgen, daß sie den Mann heilen und ihm den Wurm töten wolle. Wenn sie das getan hat, so sollen sie ihr ihren Lohn geben.
Die Ärztin Katharina focht das Urteil an und sagte darauf vor einem Richter aus: Wenn der Mann nicht geheilt worden ist, so sollen sie den Mann vorbringen, daß

sie ihn heile, oder der Harden soll ihr ihren verdienten Lohn geben, den er ihr versprochen hat, also drei Gulden. Und sie braucht keine Kaution zu stellen. [. . .]
übertragen nach: Urkundenbuch der Stadt Hildesheim [217], Bd. 7, Nr. 304, S. 187f.

[426] Vertrag des Rates der Stadt Hildesheim mit dem Wundarzt Magister Withon und seiner Ehefrau v. 4. 3. 1463
Wir, der Rat der Stadt Hildesheim, bekennen offen mit dieser Urkunde für uns und unsere Nachkommen, daß wir mit Magister Withon übereingekommen sind, ihn und seine Ehefrau als unseren Wundarzt anzunehmen, solange er lebt, in der nachstehenden Weise, so daß er und dieselbe, seine Ehefrau, uns und unsere Bürger getreulich, so gut sie dies vermögen, versorgen sollen. Und sie sollen niemand vorsätzlich vernachlässigen. [. . .]
Urkundenbuch der Stadt Hildesheim [217], Bd. 7, Nr. 451, S. 290

[427] Eintragungen in das Ausgabenregister des Hildesheimer Kämmerers Hinrik v. 1473
[. . .] Der Kokschen gegeben 7 Pfund, $6^1/_2$ Schilling, 2 Pfennig für (die Behandlung) von siebzehn Verwundeten mit einem Wundentrank. [. . .] Der Kokschen für Wundentrank 2 Schilling. Der Munzelschen 13 Schilling, 4 Pfennig dafür, daß sie den Meiger verarztete. [. . .]
Urkundenbuch der Stadt Hildesheim [217], Bd. 7, S. 680f.

[428] Ratschläge des Straßburger Arztes Dr. Johann Widman zur Verbesserung des Medizinalwesens und zur Einschränkung der Kurpfuscherei v. 1483
[. . .] Zum ersten, ob es auch gut und nützlich ist, daß man jederman gestattet und erlaubt, sich der Arznei anzunehmen, sie zu geben und andere Dinge, die dem Doktor der Arznei zugehören, zuzulassen, wie getauften Juden, Scherern, alten und sonstigen törichten Frauen, Landfahrern, die auf Latein alle Empiriker genannt werden, und schließlich sogar den Henker, wie es hier in Straßburg geschieht, was mir glaubhaft versichert worden ist. [. . .]
Obgleich es hier jedem freisteht, die Arznei zu treiben, [. . .] so sollte sie doch niemand anders als allein dem Doktor der Arznei gestattet werden und sonst keinem Empiriker, denn diese verursachen große Schäden. [. . .] So ist es vorgekommen, daß man keine Kinder mehr empfangen kann und die Kindlein verdirbt und abtreibt, sowohl mit Vorsatz als auch aus Unwissenheit, denn sie kennen nicht die Art und Natur der Dinge, die sie den Leuten geben. [. . .]
Außerdem scheint es mir wegen der schwangeren Frauen außerordentlich wichtig, sich besser mit Hebammen zu versorgen und zu versehen, als das bisher geschehen zu sein scheint. Denn etliche verletzen die schwangeren Frauen bei der Geburt, etliche sind bei armen Frauen untätig und unwillig, etliche sind unerfahren, etliche auch Hexen und Zauberinnen. Und dieselben erwürgen viele Kinder bei der Geburt, um die es vorher gut stand, wie ich erfahren habe. Und es ist eine allgemeine, unglückselige Regel, daß alle diejenigen, die viele Kinder bei den Frauen tot (zur Welt) bringen, um die es vorher gut stand, und alle diejenigen, die unerfahren und nicht approbiert oder ohne Ausbildung die Arznei ausüben, alle Zauberinnen sind. Anderswo in großen Städten hat man geschworene Hebammen, die dem Doktor der Arznei schwören müssen, getreu und rechtschaffen alles das auszuführen, was sie können und wissen, und wenn sie etwas nicht wissen, bei anderen verständigen Frauen oder bei dem Arzt um Rat nachzusuchen. Man prüft sie auch

durch Ärzte und weise, erfahrene Frauen. Solches ziemt sich auch für Euch [. . .] ernsthaft in Betracht zu ziehen.
übertragen nach: Winckelmann: Das Fürsorgewesen der Stadt Straßburg [492], Nr. 6, S. 14f.

[429] Besoldung der Hebamme in Nürnberg nach den Stadtrechnungen v. 1381
Weiterhin geben wir der Lugenin 3 Heller, weil sie den Bürgern ihren Dienst versprochen hat und eine Hebamme sein soll. Und man soll ihr vierteljährlich einen Gulden geben.
übertragen nach: Peters: Der Arzt und die Heilkunst in alten Zeiten [477], S. 46.

[430] Der Koblenzer Hebammeneid v. 15. Jh.
Du sollst geloben, dasjenige zu tun, das dir nach Art der Hebammen gebürt und dies getreulich für deinen gewohnten Lohn auszuüben. Die Kinder zu versorgen, daß sie zur Taufe kommen und in den Häusern getreu sein. Auch bei der Taufe dasjenige, das dem Kind gegeben wird, der Kindbetterin getreulich zu übergeben und nichts wegzunehmen oder zurückzubehalten. Solches sollst du ausführen und handhaben bei deiner fraulichen Ehre nach deinem besten Vermögen und niemand, er sei arm oder reich, in irgendeiner Weise vernachlässigen.
übertragen nach: Bär: Urkunden und Akten zur Geschichte der Verfassung und Verwaltung von Koblenz [139], S. 212.

[431] Der Hildesheimer Hebammeneid, ca. 1460–80
Daß ihr der Stadt Hildesheim eine rechte Hebamme sein wollt, treulich raten und alles tun, was zur (Kinds)not gehört und das bei Armen wie bei Reichen in gleicher Weise tun. In der Zeit keines Neides oder Hasses gedenken noch danach handeln, sondern nach eurem Vermögen allen Frauen, zu denen ihr gerufen werdet und zu denen ihr kommt, mit Gottes Hilfe das Beste tun, das in euren Kräften steht. Und daß ihr in einem Hause 4 Schilling, in einer Bude aber nur 2 neue Schilling fordern wollt. Auch wo es Not wäre, daß eine oder mehrere hinzugerufen werden, sollt ihr damit einverstanden sein und deshalb nicht ärgerlich werden. Ihr dürft bei der Taufe auch nichts vom Vater verlangen. Auch sollt ihr außerhalb Hildesheims weder bei Tag noch bei Nacht arbeiten, es sei denn mit Willen und Zustimmung des Bürgermeisters.
übertragen nach: Urkundenbuch der Stadt Hildesheim [217], Bd. 7, Nr. 946, S. 644.

[432] Regensburger Hebammenordnung v. 1452
Zu der Quatember Fasten im 52. Jahre haben meine gnädigen Herren vom Rate wahrgenommen den Mangel und Abgang, den sie in ihrer Stadt an guten Hebammen hätten, und daß durch Unordnung der Hebammen zu Zeiten die Frauen verwahrlost würden. Um solchem zuvorzukommen und damit das fortan eine jede gebärende Frau, reich oder arm, mit Hebammen allhier versorgt und in nichts verwahrlost würde, auch damit keine Frau, die nicht dazu eingesetzt und geschworen ist, sich keiner gebährenden Frau unterwinde, – es sei denn mindestens eine geschworene Hebamme dabei, haben meine Herrn die Hebammen, wie sie am Ende dieser Schrift mit Namen benannt und aufgeschrieben sind, aufgenommen, diese hiernach geschriebenen Artikel von Wort zu Wort hören und schwören lassen. Und welche fortan mehr zur Hebamme aufgenommen wird, soll desgleichen die Artikel auch hören und schwören, so oft man eine aufnimmt.
Jtem zum Ersten soll ihrer jede willig gehen, ohne Eintrag und Widerrede

kommen zu welcher schwangeren Frauen allhier sie in der Stadt gefordert wird, sie sei reich oder arm, sie habe zu lohnen oder nicht; allein zu keiner Jüdin sollen sie nicht kommen. Und wo ihnen dann von Armut wegen nicht gelohnt mag werden, sollen sie nehmen was an Pfennigen daselbst ist, das Übrige wollen ihnen hernachgenannte Frauen erstatten. Und wo auch sie gewahr werden, daß eine ungeschworene Hebamme bei einer gebärenden Frau gewesen ist, der mögen sie das Kind nehmen und sollen dieselbige Hebamme bringen vor die Frauen, die ihnen vorgesetzt sind, zu einem Verhör ob sie zu solchem Werk etwas könne oder sich ihm widmen wolle.

Jtem die Hebammen sollen sich im Trinken mäßigen, Weins und Meth sich enthalten bis es ihnen gelungen ist. Und welche sich davor nicht hütet, solange die gebärende Frau arbeitet, und es wird von ihr weitererzählt, die soll ernstlich darum ohne Gnade gestraft werden. Es sollen sich auch die Hebammen fleißig hüten, daß sie gar keine Frau und sonderlich die Ersttragenden nicht zu früh anhalten noch übernötigen, in keiner Weise.

Jtem zu welcher Frau auch eine Hebamme gefordert wird, will man daselbst zu ihr noch eine oder mehr haben, so soll sie das gutwillig zugeben und gehorsam sein, mit der oder denselbigen, die zu ihr gefordert kommen und dabei sind ihren Lohn treulich teilen ohne Widerspruch. Und es soll keine Hebamme von der Frau gehen, zu der sie gefordert ist, ob eine Reiche, die besser zu lohnen hat, oder eine andere, der sie lieber dienen möchte, nach ihr schickt, solange bis sie ganz fertig sind.

Jtem, wo eine Hebamme mit einer gebärenden Frauen arbeitet, ereignet sich daselbst etwas, weswegen zu sorgen ist, so soll die Hebamme zur Stunde noch um eine Hebamme schikken, desgleichen, wenn sich die Geburt in die Länge zöge und härter würde. Wie gut es darum auch bestellt war oder wie gerne man sich an einer Hebamme genügen ließe, so soll dennoch ihrer keine das Wagnis allein auf sich nehmen, sondern zur Stund nach noch einer schicken, und ob es nötig wäre, die dritte und vierte zu sich rufen, und soll wegen ihres Lohnes oder wegen der Armut jener gar keine Einwände haben; darauf wollen die benannten Frauen sehen, wo dann Armut ist, will man ihr das nicht gestatten und um so mehr sie allein in vorbesprochenen Nöten haben, so soll sie aufstehen und das berichten. Wären aber alle Hebammen bei tragenden Frauen, so daß man ihrer keine haben möchte, erst dann mag die Hebamme andere ehrbare Frauen zu sich bitten, die sehen, hören und Zeugnis ablegen, daß da nichts verwahrloset sei.

Jtem wo eine, zwei, drei oder mehr Hebammen bei einer gebärenden Frau in Nöten sind, wieviel dann andere Frauen zulaufen, so soll doch allerwege nur den geschworenen Hebammen gefolgt werden, was sie in solchen Nöten zu tun und zu lassen raten. Jedoch soll dabei fleißig gemerkt werden, wie es die erste gehandhabt hat und wie sie's der zweiten überantwortete, desgleichen auch der zweiten, dritten oder vierten Fleiß, Vorsicht und Arbeit sollen unterschiedlich vermerkt werden, darum, daß man der fleißigen Hebamme Vorsicht belohne und der unvorsichtigen Verwahrlosung strafe nach ihrem Verschulden. Dazu soll sich keine ihrer Kunst vor den andern rühmen, damit nach besonderm Lohn oder Vorteil vor den andern zu stellen, sondern allein durch die ehrsamen Frauen, welche um Gottes willen, meinen Herren zu Gefallen über den Hebammen sein sollen, wenn die wissen und erkennen, daß ihrer eine sonderlichen Lohn verdient hat, oder vor andern billiger Weise Vorteil haben und verdienen mag [wird das entschieden].

Jtem wo die Hebammen sich Sorge

machen, sollen sie sich bei Zeiten vorsehen, wenn es der Frau mißlingt, daß dem Kinde zur Stunde, wenn die Frau verendet ist, mit dem Schnitt zustatten gekommen und ihm geholfen wird. Wenn aber die Hebammen, die Frau, die zum Schnitt verordnet und eingesetzt ist, nicht bei Zeit bestellt hätten oder in welcherlei Weise man ihrer nicht alsbald habhaft werden möchte, welcher Sachen wegen das vereitelt würde, so soll eine jede Hebamme, welche dabei ist, das Kind zur Stunde ohne Widersprechen befreien und der Seele mit dem Schnitt zu Hilfe kommen. Es soll keine irgendwen oder irgendwas vorschieben, sondern ohne Scheu, Verzögerung und Ausrede dabei handeln, sie sei damit beauftragt oder nicht. Und wo fortan eine oder mehrere Hebammen solche Hilfe dem Kinde entziehen, deren Verwahrlosung soll an der Hebammen Leib und Gut ohne alle Gnade bestraft werden.

Jtem, wenn eine Hebamme krank würde oder ihr würde bei einer Frau, die sie rufen ließ und zu der sie kam, elend, so soll sie mit nichten allein bei der Frau bleiben, wie gut die Sache auch stünde oder wie gerne man sich ihr allein anvertraute, demnach soll sie eine geschickte Hebamme zu sich fordern und dabehalten ohne Eintrag und Widerrede. Es soll auch keine einzige Hebamme auf das Land oder sonstwohin reisen ohne Urlaub der vorgenannten Frauen, die ihnen vorstehen.

Jtem, wenn das Unglück geschieht, daß Mutter und Kind beieinanderbleiben, so sollen die Hebammen, die dabei sind, zur Stund ohne Verzug alle geschworenen Hebammen fordern, daß sie zusehen, ob keinerlei Verwahrlosung vorgekommen wäre, damit sie nicht ungestraft bliebe. Es soll das Unglück auch zu guter Zeit den Frauen, die den Hebammen vorstehen wollen, verkündet werden, damit nicht eine Hebamme der andern Verwahrlosung verdecken möge. Wenn aber keine Verwahrlosung dabei vorgekommen ist, so mögen doch alle Hebammen etwas dabei lernen. Und wenn die Hebammen solches Unglück in dem vorhin angegebenen Umfange zu offenbaren verzögern, so sind sie ernstlich zu strafen. Begraben sie aber die Frauen mit dem Kinde, so soll sie das mit ihrem Leben büßen.

Jtem eine jede Hebamme soll der Frau, die sie entbunden hat, etliche Tage nach der Geburt wahrnehmen und sie aufsuchen, ob ihr nichts fehle, damit sie darin beraten und ihr geholfen werde nach ihrem besten Vermögen.

Jtem sollen die Hebammen auch schwören, daß sie den Frauen, die vorhin genannt sind und die ihnen vorstehen wollen; wo drei, vier, fünf, sechs oder mehr versammelt sind, was sie ihnen jetzt bei der Anstellung oder aber nachher einträchtiglich zu halten empfehlen und was in den obengeschriebenen Artikeln nicht enthalten ist, treulich nachkommen [...] und fleißig stattgeben wollen, wie sie ihnen das einschärfen und gebieten bei vorgeschriebener Strafe.

zitiert nach: Haberling: Beiträge zur Geschichte des Hebammenstandes [450], S. 35–38.

[433] Heilbronner Hebammenordnung, 15. Jh.

§ 1. Jede Hebamme, die das Hebammenamt ausüben will, soll gute und ordentliche Zeugnisse über ihren ehrlichen, rechtschaffenen, gottesfürchtigen, nüchternen Lebenswandel haben,

§ 2. auch von Natur wohlausgestattet ohne grobe, dicke, krumme Hände und Finger, außerdem von freundlichem, angenehmen Benehmen sein.

§ 3. Zu diesem Amt darf keine zugelassen werden, sie sei denn zuvor von den Stadtärzten geprüft und dazu für fähig befunden worden.

§ 4. Sie soll nachweisen, daß sie

ihren Beruf bei einer erfahrenen Hebamme gelernt hat.

§ 5. Für die Prüfung gebürt es sich, jedem Stadtarzt 2 Gulden zu erstatten. Wird sie für nicht fähig befunden, so steht es im Ermessen (des Arztes) ihr etwas zurückzuerstatten.

§ 6. Die Hebammen sollen sich aller Schwatzhaftigkeit, Trunkenheit, Streitsucht, übler Redensarten, Flüche, insbesondere aber aller abergläubischen Worte, Werke und Gebärden, Segenssprüche [...] und was es an gottlosen Sachen noch mehr gibt, entsprechend ihren Pflichten und bei schwerer Strafe enthalten.

§ 7. Wenn es Komplikationen gibt oder Todesgefahr besteht, so soll sich keine beunruhigen, sondern eine andere zu sich rufen, der es gebührt, sich ohne Widerspruch und wie es der Gebärenden zum Besten dient, nach ihrem besten Vermögen einzufinden.

§ 8. Verdächtige Frauen und frühzeitige uneheliche Geburten soll sie unverzüglich bei der Obrigkeit anzeigen.

§ 9. Sie darf keinen schwangeren Frauen Abführmittel geben oder einen Klistier (Mastdarmeinlauf) vornehmen, zu Bädern, Aderlaß etc. raten, wie sie sich denn auch

§ 10. aller ärztlichen Behandlung bei anderen Personen gänzlich enthalten soll.

§ 12. Wenn bei einer Geburt Komplikationen entstehen, so daß Kind und Mutter in schwerer Gefahr sind, so sollen sie rechtzeitig und nicht erst, wenn es zu spät ist, einen Arzt zu sich rufen, hierbei sich aber unterstehen, aus persönlichen Gründen einen abzulehnen oder den Leuten einen zu verleiden und demgegenüber einen anderen, den sie selbst will, herbeizuholen bei ihren Pflichten und zu erwartender Strafe.

§ 13. Sie dürfen kein Kind, auch wenn sie es bereits für tot halten, ohne Vorwissen eines Arztes im (Mutter-) leib zerstückeln.

§ 14. Sie dürfen den kreißenden Frauen keine wohlriechenden Wasser, Balsam oder Umschläge verabreichen.

§ 17. Wenn Mißgeburten oder sonstiges Ungewöhnliches auftreten, so (sollen) sie diese unverzüglich einem Arzt vorzeigen.

§ 18. Keine Frau ohne Inspektion durch einen Arzt mit Bestimmtheit für tot erklären oder beerdigen lassen.

§ 19. Das Herausziehen einer toten oder lebendigen Frucht keinem Chirurgen, noch weniger einer anderen Person ohne Beisein eines Arztes überlassen.

§ 21. Bei neugeborenen Kindern dürfen sie sich ohne Zustimmen des Arztes nicht des Lösens der Zunge annehmen, wodurch und wegen Unverstandes (sonst) großer Schaden angerichtet wird,

§ 22. die Kindbetterin auch nach der Geburt, insbesondere wenn etwaige Umstände dies erfordern, gewissenhaft zu versorgen,

§ 23. die Kinder nach der Geburt öfters und mindestens jeden zweiten oder dritten Tag zwei bis drei Wochen lang gewissenhaft zu baden.

§ 24. Die Nottaufe soll keinesfalls verzögert oder unterlassen werden, doch soll die möglichst von einem erfahrenen Mann, in Ermangelung dessen aber durch eine Hebamme vorgenommen werden.

§ 25. Damit die Hebammen in allen Dingen desto besser unterrichtet sind, sollen sie sich durch das Lesen ihrer Fachbücher fleißig weiterbilden und wenn es erforderlich ist, sich der Unterrichtung durch einen Arzt bedienen.

§ 26. Die Hebammen sollen jederzeit ihre Tasche wohlversehen mit den notwendigen Arzneien und Instrumenten in Bereitschaft halten,

§ 27. desgleichen mit einem oder zwei Geburtsstühlen wohl versehen sein,

§ 28. damit auch alle diese Punkte gebührend und sorgfältig eingehalten werden, sollen sie sich hierzu nicht nur mit ihren persönlichen Eiden verpflichten, sondern sich auch §29. jährlich zu einem Verhör einfinden und eine sich wie die andere verhalten und wenn ein oder mehrere Fehler unterlaufen sind, diese pflicht- und gewissenmäßig ohne jede Leidenschaft und ohne Ansehen der Person anzuzeigen. [. . .]

übertragen nach: Steinhilber: Das Gesundheitswesen in Heilbronn [485], S. 375–377

[434] Heilbronner Hebammenordnung und -eid, Ende des 15. Jh.

[. . .] Weiterhin, wenn Komplikationen auftreten und die Sache von vornherein nicht gut steht, so soll sie die anderen Hebammen oder andere verständige Frauen zu sich rufen und wenn es die Lage erfordert, auch die vom Rat bestellten Doktoren und Ärzte hinzuziehen. Wie sie sich denn auch aller ärztlichen Behandlungen, welchen Namen die auch haben mögen, innerlicher sowie äußerlicher Leibesgebrechen gänzlich enthalten sollen. Desgleichen dürfen sie weder alten noch jungen Leuten, noch viel weniger kleinen Kindern irgendwelche Brechmittel, Abführmittel, starke Klistier oder andere Arzneimittel weder raten noch geben.

Weiterhin soll sich keine mehr unterstehen, Rezepte zu schreiben, zur Ader zu lassen, zu schröpfen, den Harn oder das Blut zu besehen, um daraus den Leuten [. . .] ihre Krankheit zu deuten und sie zu behandeln.

Weiterhin sollen sie weder heimlich noch öffentlich, weder durch sich selbst oder durch andere dazu beauftragte Personen irgendwelche selbst bereiteten oder von anderen (außer von gewissenhaften und verständigen Ärzten) hergestellten Arzneimittel, die der Behandlung von mancherlei Krankheiten oder Gebrechen dienlich sind, empfehlen oder auftragen lassen. [. . .] Weiterhin, wenn und zu welcher Zeit sie durch die hiesigen Herren Physiker und Doktoren aufgefordert und über ihr Treiben geprüft und befragt werden, so sollen sie sich dem nicht widersetzen, sondern gehorsam sein und gute, richtige Auskunft ihrer Erfahrung geben und sich gutwillig unterweisen und belehren lassen.

Weiterhin, wenn sie von heimlichen Kindbetten wissen und erfahren, so sollen sie diese den Herren Bürgermeistern mitteilen und anzeigen.

Weiterhin, wenn sie auch von heimlichen, unehelichen Schwangerschaften erfahren, um den Abgang oder die heimliche und ungebührliche Austrocknung der Frucht zu bewirken und zu besorgen, so sollen sie solches gleichfalls den Herren Bürgermeistern mitteilen und anzeigen. [. . .]

Weiterhin, wenn sie von armen Kindbetterinnen erfahren, die Not, Mangel und Armut leiden und nichts haben, von dem sie sich ernähren können, sollen sie solches gleichfalls den Herren Bürgermeistern anzeigen.

übertragen nach: Steinhilber: Das Gesundheitswesen in Heilbronn [485], S. 377f.

[435] Nürnberger Hebammenordnung und -eid. Ende 15. Jh.

Demnach sich eine Zeit hero böse Fäll zugetragen, daß die jenigen Weiber, so in sonderlichem Leben oder im Ehebruch, uneheliche Kinder getragen, dieselben in der Geburt, auch darvor, durch Einnehmung böser treibender Materie oder in andere Wege sträfflicher, muthwilliger weis um das Leben gebracht, welches hernach dermassen vertuscht worden, daß ein solches an die Obrigkeit nicht kommen, und die derowegen gebührende Straff, nicht erfolgen können. Ob welchem dann Ein HochEdler Rath, ein Oberherrliches ernstliches Mißfallen trägt, auch von wegen ihres von Gott befohlenen tragenden Amts, einem solchen länger nicht zusehen können, derowegen haben Sie den Befehl gethan, der Geschwornen Heb-Ammen Pflicht beyzuthun, und Sie Jährlich zur Gehorsam darauff schwören lassen, da Ihr eine hinfüro zu dergleichen kreissenden Frauen, die uneheliche Kinder tragen, in Kinds-Nöthen erfordert werden, daß Sie schuldig seyn solle, mit Fleiß und Grund zu erfragen, wie die Kinds-Mutter heisse, und wer des Kinds Vatter seye, und sobald Sie das Kind auf die Welt gebracht, soll sie bey ihren Amts Pflichten alsbald dem Herrn Burgermeister, ob das Kind lebendig oder todt, und wer dessen Vatter und Mutter seye, auch wo die Kind Betterin im Kind Bett liegt, anzeigen, auch kein todtes uneheliches Kind mehr zu Grab tragen, es seye dann Sach, daß Sie zuvor ihren Befehl gegen dem Herrn Burgermeister außgerichtet habe, und daß auch zum wenigsten, drey oder vier unverdächtige Weibs-Persohnen mit dem Kind zu Grab gehen, Dann da der Hebammen eine oder mehr hierwider handeln, und deme nicht nachkommen würde, wie hieoben vermeldet ist, die will Ein HochEdler Rath als Mainaydthig am Leib straffen, Darnach sollen sie sich endlich wissen zu richten. [. . .]

Und nachdeme auch Einem Hoch-Edlen Rath angelangt, daß etliche aus denen Heb-Ammen, das Trinckgeld, so ihren Lehr-Mägden von denen Leuthen verehret wird, etwan halb, oder ja wohl gar nehmen, darauß dann allerley Unwill und Unfleiß bey denen Mägdten erfolget, demselben aber zu fürkommen, ist Eines HochEdlen Raths Befehl, und wollen, daß hierfüro alles das jenige, so einer Magt über der Lehr-Frauen Lohn, für sich zu behalten, vom Kinds Vatter oder Mutter, Gevattern oder andern, aus einem freyen Willen geschenckt würde, allein ihr der Magd seyn und bleiben, und Sie Ihrer Frauen nichts davon zu geben schuldig seyn sollen, Der Hauß-Magd aber, welche an ihrer statt, die Hauß-Arbeit verrichten muß, soll Sie davon jährlich Fünff Gulden reichen. [. . .]

Es soll auch keine Amm Macht haben, ohne Vorwissen der fürnehmsten oder ältisten Erbarn Frauen, einige Lehr-Magd anzunehmen, sondern sollen schuldig seyn, dieselben ihre Lehr-Mägd zuvorderst bey einer unter denen Erbarn Frauen fürstellen, und damit man sehen möge, wer die Persohn, und ob Sie auch zu solchem Werck tüglich oder nicht, damit auch solche Magd bey Ihnen eingeschrieben werde, und man wissen könne, wann ihre Lehr-Zeit an- oder außgehe, und die Erbarn Frauen auf meiner Herren erfordren, desto besser Bericht davon zu geben wissen.

Jtem ist ferner verlassen, wann schon eine Magd, ihre Jahr außgelernet hat, daß Sie doch nicht dem nechsten Macht haben solle, für sich selbsten das Täfelein an Jhr Hauß oder Wohnung anzuschlagen, noch sich des Ammen-Wercks zu gebrauchen, sondern ihre Lehr-Frau solle schuldig seyn, Sie zuvor für die Erbarn Frauen zu stellen, damit dieselben nicht allein bey der Lehr-Frauen fragen mögen, wie Sie sich in ihrer Lehr Zeit verhalten, sondern auch daß Sie solche außgelernte Magd vorher in denen jenigen Stucken, so einer Ammen zu wissen vonnöthen, examiniren, und darbey erkennen können, was Sie gelernet, und ob Sie für eine Amme bestehe oder nicht. [. . .]

Wann Mißgeburten auf die Welt gebracht werden, sollen die Heb-Ammen und ihre Lehr-Mägd bey Jhren Pflichten solches jedesmals denen Erbarn Frauen anzuzeigen schuldig seyn, damit Sie nicht verduscht werden; Zum Andern, daß die Heb-Ammen zu Lehr-Mägden Wittiben und keine unverheyrathe Persohnen anzunehmen; Auch da sich eine in denen Lehr Jahren verheyrathen würde, dieselbe wieder abzuschaffen, schuldig seyn sollen. Sie sollen sich auch, wann der

Heb-Ammen eine, sonderlich in Eines HochEdlen Raths Gebiet begehret wird, sich dahin unweigerlich zu begeben, und daselbsten gebrauchen zu lassen.

zitiert nach: Burckhard: Die deutschen Hebammenordnungen [438], Nr. 25, S. 112f., S. 115–117.

[436] Württembergische Hebammenordnung, ca. 1480

Viele Mütter bitten sterbend, oder wenn sie fühlen, daß sie sterben müssen, das Kind durch den Schnitt zu befreien. In diesem Falle muß eine geschickte Hebamme eine Seite aufschneiden, aber nicht die rechte; denn beim Manne liegt das Herz links, bei der Frau aber rechts. Sie soll im untern Teil (des Bauches) in der Gegend des Schambeines beginnen und über eine Handbreit aufschneiden und mit ihrer geölten Hand soll sie sorgfältig die Eingeweide wegschieben. Sie soll die Kranke auf den Rücken legen lassen, so, daß der Kopf verhältnismäßig tief liegt, damit sie an die Gebärmutter herankommt. Dann wird die Frau nach Eröffnung der Gebärmutter auf die Seite geneigt, wie die Hebammen gut wissen. Das Kind wird von den Eihäuten befreit. Die Frau aber, wenn sie nicht tot ist, sondern noch Lebenszeichen von sich giebt, wird vorsichtig auf den Rücken zurückgelegt. Man versieht die Wunde mit drei oder vier Ligaturen mittels einer Nadel und einem seidenen oder anderen Faden. Darüber kommt ein Pflaster aus drei Eiern und starkem Hanfstoff, dem man, wenn man es haben kann, noch Pulver von armenischer Erde (bolus armenicus) hinzufügt. Das Pflaster wird auf die Wunde gebunden. Die Frau erhält einen Schluck des besten Weines. Wenn sie es überleben sollte, und sie zur Besinnung kommt, soll ihr ein Getränk von der Wurzel der großen Schwarzwurz und in Wein gesottenes Berggalbanum gereicht werden. Und mit Gottes Hülfe wird sie gesund werden.

zitiert nach: Haberling: Beiträge zur Geschichte des Hebammenstandes [450], S. 85.

[437] Geburt des Antichrist durch Kaiserschnitt, Holzschnitt v. 1483 (siehe Abbildung auf Seite 287)

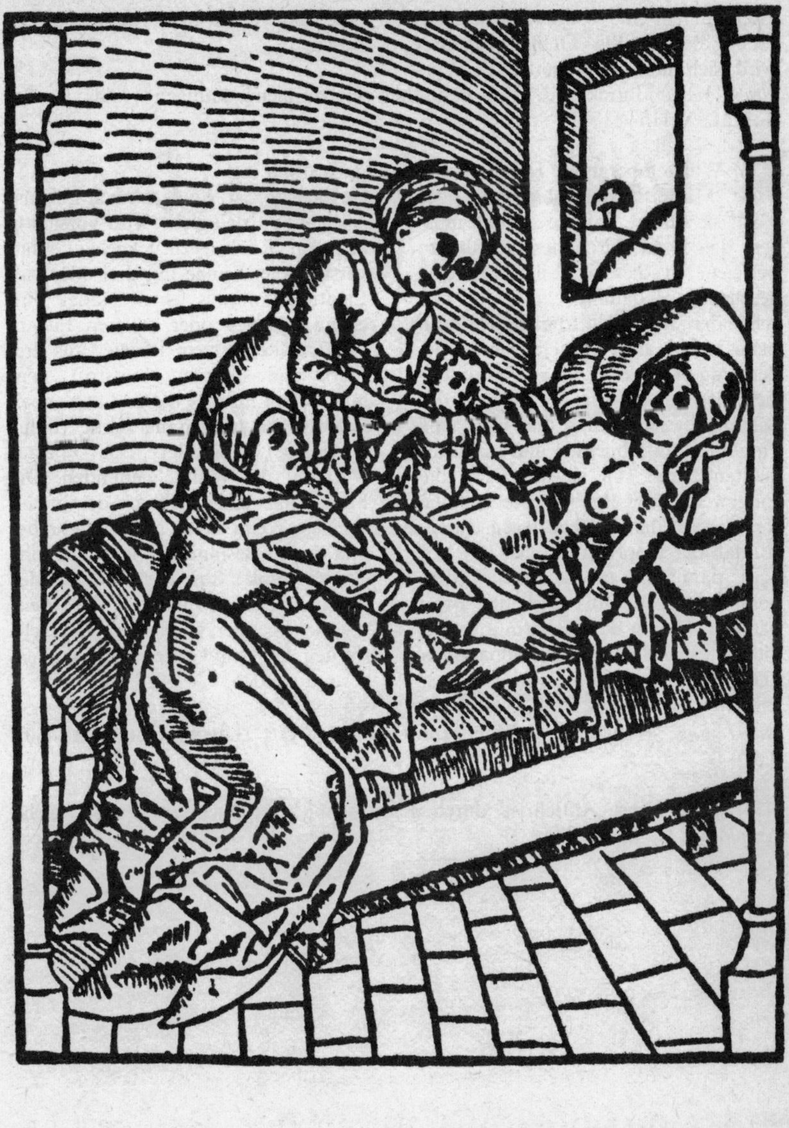

aus: Gubalke: Die Hebamme im Wandel der Zeiten [449], S. 64.

[438] Albertus Magnus, Daraus man alle Heimlichkeit des weiblichen Geschlechts erkennen kann, 1581

Alberti Magni/das Erste Buch.

Das Erste Capitel.

Von Frucht vnd vnfruchtbarkeit der Weiber/wañ sie ein mangel an jrer Scham haben/deßgleichen wie jnen mit Artzney zu helffen ist/auch anderm vnraht vorzukommen.

Von vngeschicklichkeit der Weiber zu empfahen.

Alle feißte Frauwen sein vngeschickter zu empfahen/ denn die magern/Denn alle sachen durch solche vberfeuchtigkeit verhin-

A ij dert.

dert. Solche soll man jhr vertreiben mit Theodoricon / vnd Jarapigra.

Vnfruchtbarkeit / von zu viel feuchtigkeit.

Wirdt gespüret / so jhr zeit fast dünn / soll sich truckener Speiß gebrauchen / Als Apicomaie / vnd Mistel / Myrrha / Rosenblüt / Granatöpffel / Kümel oder Kümich seind jhr fast gut.

Vnfruchtbarkeit von vberiger hitze.

Sie solle keltende Speiß essen / als Lattich vnnd Pappelkraut / Butter / Portulaca / Portzel oder Seuwportzel genannt / So aber die Mutter offen stehet / Mistel vnd auch Gallöpffel.

Geschickligkeit zu empfahen.

Wenn ein Frauw beyschläffet / sol sie nit zu viel essen noch trincken.

Wenn jr jhr Recht kompt / ist sie auch zu empfahen vngeschickt.

Was die Frauwen fruchtbar macht.

Beyfuß offt genützt / macht die Frauwen fruchtbar / Roßmarin vnd Melissen in wasser gesotten / die Mutter darmit gereyniget / machet sie leichtlich fruchtbar.

Meisterwurtz reyniget den Frawen jhre Mutter / daß sie dester ehe mögen empfahen von den Mannen / so thun sie darzu Melissen vnd Beyfuß.

Wasserwegerichkraut / ist gut den Frauwen / Männlich Samen zu empfahen / vnd schwanger zu werden.

Nimb

Nimb Metern / Mutterkraut / vnd Helffenbeyn gepüluert / vnd also mit Wein genützet / machet die Frauwen fruchtbar / vnnd gering zu empfahen.

Myrrha ist gut den Frauwen / die nicht Kinder empfahen / die sollen den nützen mit Wein / vnd den Rauch vnden auff lassen gehen.

Poley den Frawen offt genützet / macht sie fruchtbar.

Haarstrang wurtzel / darvon gemacht ein Rauch / vnd den Frawen vnden auffgelassen / benimpt jhr die vnfruchtbarkeit / vnd machet si efruchtbar.

Feldtkümmel gessen / macht die Frauwen fruchtbar.

Das in der Eichenmistel thu in ein Wein / gib einer Frauwen zu trincken.

Plinius sagt / Gib jhr von einem Hasen Vuluam leporis in der Speiß zu essen.

Seud Lattich im Wasser / gibe das einer Frauwen nüchtern zu trincken / sie wirdt geschicket zu empfahen / schüttet sie aber den Tranck wider von sich / so hat sie empfangen.

Oder gib jhr in zeit so die Säuw ramlen / Ebergelen zu essen.

Frauwen Scham zu Artzeneyen.

Wenn einer Frauwen die Scham gebleet oder geschwollen ist / von Ehelichen wercken / oder sonst / so siede Pappeln in einem Kessel / setze die Beyn darein / so wirdt jhr baß.

Die äsch von Dille ist gut für alle gebrechen der Frauwen ding.

Ist eine Frauw frat da / so streuwe sie deß Pulffers von Aloe darein.

Aschen gemacht von Maurauten / reyniget alle gebresten an heymlichen orten der Frauwen.

Welcher Frauwen die heymlich statt versert / die neme safft von Lauch / vnd thu es darüber / es heilts.

A iij Das

Das ander Capitel.

Von zeichen / daß ein Weib empfangen / Vnd ob sie ein Knäblin oder Meidlin trage / vnd wie das Kindlin in Mutter Leib zunimmet / vnd ernehret wirdt / vnd ob es todt oder lebendig in Mutter Leib seye.

Zeichen / daß ein Weib empfangen hat.

Wann ein Frauw nach den Ehelichen Wercken / vnnd das Werck vollbracht ist / empfindet sie darnach kelte vnd schmertzen in den Nieren / so ist es ein Zeichen / daß sie empfangen hat

Sol-

Solches ist auch ein gewiß Zeichen / so sich ein Frauw an jhr selbst verwandelt / oder läßt sich feltzamer vnd mancherley Speiß gelüsten / als Leimen / Kolen oder Erden.

Ob ein Frauw ein Knäblin oder Meidlin tregt.

Wann ein Frauw ein grossen Bauch gewinnet / auff der rechten seyten.

Vnd die rechte Brust mehr Milch hat / denn die lincke / stets Rotfarb vnderm Angesicht / ist ein gewiß zeichen eines Knäblins.

So sie aber ein Meidlin treget / ist sie gewöhnlich bleichfarb vnder dem Angesicht / vnd schwermütig.

Die rechte seiten deß Bauchs lang / die lincke kugelecht / oder rundt. Die lincke Brust geschwillet jhr. So man Milch auff jhren Harn schüttet / so schwimmet sie empor.

Wie ein Kind in Mutter Leib in neun Monaten formieret wirdt.

Im ersten Monat ist es ein gesamlet Blut / Im andern Monat ists ein zuschickung eines Leibs / Im dritten ist es ein leib / Im vierdten / empfehets die Negel / Im fünfften hats deß Vatters oder Mutter zeichen / daß man sehen kan / ob es ein Knäblin oder Meidlin ist / Im sechsten hat es alle Adern vber sein gantzen Leib wie ein Mensch / Im siebenden Monat hats Marck in den Beynen / Im achten Monat mit Beynen befestiget vnd gesterckt / Im neundten scheid sich die Natur / vnd wirdt ein wolgethan Kindt.

A iiij Wie

Wie ein Kind in Mutterleib ernehret wirdt.

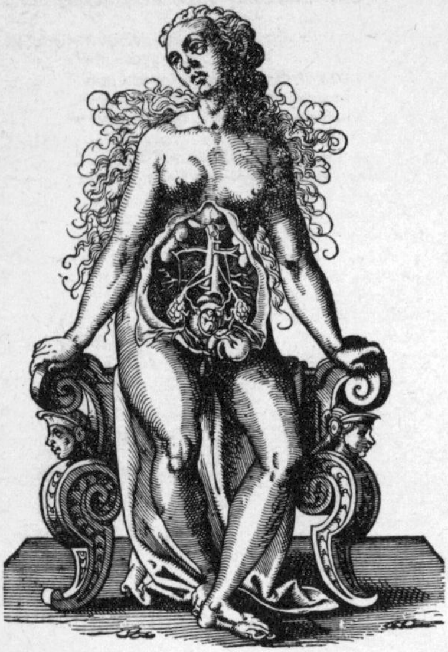

Die Brüst der Frawen/nach der meynung Hypocratis/ haben eine gemeinschafft mit dem Secklin Secundina/ darinnen das Kind in Mutter Leib ligt/ durch ein äderlin/ daß von den Brüsten dem Kind biß an den Nabel gehet/ dardurch die Milch der Frauwen von den Brüsten dem Kind zur narung kom̃en mag/ daß es ernehrt wirdt in Mutterleib.

Deßgleichen sol man sie nit so hart halten/ noch erschrecken/ damit sie nicht vmb die Kinder kommen.

Zu erkennen/daß ein Kind in Mutterleib kranck oder gesund seye.

Wann der Frauwen Brüste viel Milch geben/ist ein zeichen daß das Kind in Mutterleib schwach ist/ dann davon sich das Kindt ernehren solt/gehet zu den Brüsten auß/zeiget an/ daß dem Kind das äderlein entzücket/darvon jm die narung werden solt/das gehet zu den Brüsten auß/oder ist das Kind sonst kranck.

Wenn aber der Frauwen jhre Brüst hart/vnnd keine Milch von jhr gehet/bedeut daß das Kind frisch vnd gesund ist in Mutterleibe.

Das dritte Capitel.

Daß die Weiber leichtlich geberen. Für die ander Geburt/vnnd das Geblüt zu reinigen/ auch die todte Geburt außzutreiben/ merckliche Artzneyen.

Leichtlich geberen.

Binde jhr an die lincke Hüfft Bilsenkraut wurtzel/also/daß du den Knopff bald wider auffziehest/wenn sie gebieret/vnnd die wurtzel hinweg werffest.

Zerreibe Lorberbletter/leg es jhr auff den Nabel.

Einen Löffel Honigs/vnnd zween Löffel Wasser misch vnder einander/gib es jhr in Kindtsnöten zu trincken.

Dergleichen gestossen Myrrhen in Wein getruncken.

Fenum Grecum mit Honig gemischt.

Einer anderen Frauwen Milch mit Beyfuß vber den Nabel gebunden/oder setze die Bein in äschenwasser.

Rot Buck mit Wein oder Bier gesotten/den getruncken/ hilfft wol in Kindtsnöten.

Oder bind man jhr das gesotten Kraut an jhr rechte welche/sie geneußt bald/vnd man sol das Kraut schnell weg thun.

Wann ein Frauw nicht geberen mag/So seude Holwurtz mit Wein vnd Baumöl/bestreiche sie auff dem Bauch sie genießt.

Der safft von Basilienkraut den Frauwen genützt/ fürdert sie in jhrer geburt

Naterwurtz fürdert die Weiber an der strengen Geburt.

Bibergeil genützt mit Pfeffer vnd Honigwasser/treibt auß die todte geburt.

Für die ander Geburt/Secundina genannt

Knoblauch gesotten mit seinem Kraut in Wein/zeucht auß die ander Geburt/den Bauch darmit bestrichen.

Holwurtz getruncken mit Wein/vertreibet die ander geburt.

Stichwurtz vnd Eberwurtz/gleich viel gepülffert vnd gemischet mit Regenwasser/vnd den Frauwen das eyngeben/hilfft fast wol auff zu lösen Secundina/das ist die ander geburt.

Gelbviol Blumen gesotten in Wasser/vnd das getruncken/ treibet auß die ander geburt.

Zim̃etrinden getruncken mit Wasser/treibt auß die ander geburt.

Andorn safft ist gut den Frauwen/die bößlich geberen/vnd treibt auß die ander geburt.

Spitzigen Wegerich safft getruncken / vertreibt Secundinam/ das ist die Haut/da das Kind in gelegen hat in Mutter leib.

Poleyen gessen / ist gut den Frauwen / die versaumpt werden durch die Ammen/also/daß sie die ander geburt zu lang bey jhn behalten/ dardurch manche Frauwen versaumpt werden / daß sie sterben müssen.

Item/ pülffer den Stein Agats/ gibs jhr zu trincken in einem Tranck.

Item/mache ein Dampff von Hünerfedern/laß sie darüber sitzen/daß der Dampff zu jhr gehet.

Das Geblüt nach der Geburt von einer Frauwen zutreiben.

Capaunen Hirnschalen zu pulffer gestossen / gib es jhr zu trincken.

Von der wurtzel vnnd kraut Tausentgülden getruncken/ treibt einer fünfftzig järigen Frauwen jhre Kranckheit.

Oder thu Myrrhen in einen Apffel / vnd gib jhr den zu essen.

Gestossen Leinsamen mit altem Wein gesotten/vnd getruncken.

Todte Geburt außzutreiben/ Abortus genannt.

Welche Frauwen ein todt Kind im Leib hette / die trinck von rotem Beyfuß/sie wirdt deß Kindts sanfft ledig.

Vor sich geschmieret auff den Bauch der Frauwen / treibt auß das todt Kind.

Welche Frauw in jhr hett ein todt Kind / die trinck von Camillenblumen/ sie wirt sein ledig.

Na-

Naderwurtz treibt auß todte Geburt.

Vergiß mein nicht gesotten in Brunnen wasser/vñ getruncken/ treibt auß todte Geburt.

Gamanderwasser getruncken auff drey loth / vertreibet todte Geburt.

Tausentgülden krautwasser getruncken von einer Frauwen/ treibt die todte Geburt in Mutterleib.

Gelb Violenblumen in wasser gesotten / vnd das getruncken/ treibt auß die todte Geburt / doch sol kein Frauw das nützen/ dann sie wiß daß das Kind todt sey.

Diptan gepülffert/mit Beyfuß vermenget/ vñ darauß gemacht ein Zäpfflein/ vnd den Frawen vndenauff gebrauchet in jre Scham/ treibet auß das todte Kind im Leib.

Die Frauwen die in jhnen hetten todte Kinder / mögen trincken von der weissen Nießwurtz/oder gelegt an die heimliche statt/treibts hefftig auß.

Liebstöckelsamen geleget in Wein vber nacht / vnd den getruncken/treibet auß das todte Kind.

Die Rinden von Alraunwurtzel /als groß drey Heller gewicht/ gehalten für die Scham der Frauwen / treibt auß das todte Kind.

Nasturtiumkreß / den samen genützt mit Wein / vertreibet die todte Geburt.

Betonien körner eyngenommen/treiben auß die todte Geburt.

Rappenfußkraut gesotten mit Wein/vnd das getruncken/ treibet auß das todte Kind/auß Mutter Leib.

Erdzwiebeln in Wein gesotten/ vnd mit Wermut vnd Mastix in Wasser vnd Essig gesotten/ vnd mit Zucker süß gemacht/ vnd das getruncken/ treibet auß das todte Kind.

Violen gesotten / vnd die gelegt auff den Bauch der Frauwen/ treibet auß das todte Kind.

So einer ein Kindt vor der zeit abgehet / so zerstoß jr ein lebendigen Krebs / vnd gib jhr den zutrincken/ in gutem Wein.

B iij Das

Das vierdt Capitel.

Wie die Hebammen die Geburten natürlich oder vnnatürlich außführen sollen.

WAnn die Fraw nun empfindet die Beermutter sich entschliessen/vnd die feuchtigkeit der Beermutter reichlichen fliessen/ so soll sie nider ligen an den Rücken/ doch / daß sie nicht gantz lige/vnd auch nicht recht stehe /sonder ein mittel sol es sein vnder dem ligen vnd stehen, vnd soll das Haupt mehr hindersich legen/ dann für

sich.

sich. Vnd in hohen Teutschen Landen / auch in Welschen Landen/ haben die Hebammen besondere Stül darzu/ wenn die Frawen geberen sollen / vnd seyn nit hoch / aber innwendig außgenommen vnd hol. Vnd soll also gemacht seyn/daß sich die Fraw hinden mög anlehnen mit dem Rücken/ wie denn hieneben einer verzeichnet stehet.

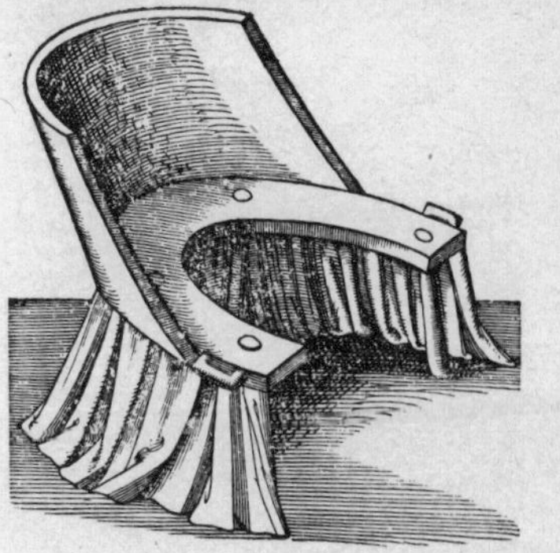

Denselbigen Stul soll man hinden am Rücken außfüllen mit Tüchern / Vnd so es zeit ist / so soll die Hebamm die Tücher wol erheben/vnd sie kehren / jetzund auff die recht seyten/ jetzt auff die lincke seiten. Vnd soll die Hebamm vor jhr sitzen/ fleissiglichen acht nem-

B iiij men

Das Erste Buch
men der bewegung deß Kindes in Mutterleib. Vnd sol die Hebamm die Glieder der Mutter weisen vnnd regieren mit jhren Henden/ gesalbet mit weiß Gilgenöl oder Mandelöl/ vnnd dergleichen. Vnd mit denselbigen jhren Henden/ soll die Hebamm Senfftiglichen greiffen/

Alberti Magni. 3
greiffen zu der Mutter/ als sie billich wissen sol. Die H bamm sol auch die Mutter lehren vnd weisen/vnd vnderrichten/ sie stercken mit Speisen/ vnd trencken. Auch mit guten senfften worten die Frauwen zu arbeyten ermanen/also daß sie den Athem an sich ziehe. Darzu sol man jhr den Bauch gemählich trucken oberhalb deß Nabels vnd der Hüfft. Die Hebamme sol auch die Mutter trösten einer frölichen geburt eines Knabens.

Vnd ob die Mutter feißt were/ so soll sie nicht sitzen/ sonder sie soll liegen auff jhrem Leib/ vnnd die Seit jhres Haupts legen auff die Erden/vnd soll die Knie an sich ziehen an jhren Leib/darumb/daß die Beermutter getrückt vnnd genöt werde. Darnach soll sie salben jhr Gemecht mit weiß Gilgenöl innwendig/vnd ob es not were/ so sol die Hebamm zu jhr greiffen mit den Henden/ vnd die Schloß der Frauwen weitern/vnd nach solchem gebiert die Frauw schnell.

Item/die Hebamm soll kein arbeyt mit der gebärenden Frauwen anfahen/ es sey denn daß sich das Kindt am ersten erzeigt zu dem greiffen/oder so man es sicht/ wann jhr arbeyt ist vmb sonst/vnd man krencket die Frawen darmit/ vnd arbeyten sich ab/vnd wann sie dann arbeyten/so ist sie schwach worden/ vnd kranck. Wann nun die Fraw in arbeyt ist/vnd erscheinet das erste Fellin/in dem das Kind lieget/daß man neñet das Büschlin/ oder die Nachgeburt. Vnd wil das Fell nicht selbs brechen von seiner stercke wegen/ so sol es die Hebamm brechen mit jrem Fingernagel/ oder sie soll begreiffen das Büschlin zwischen jr finger/ vnd das auff schneiden mit

C eim

aus: Albertus Magnus: Daraus man alle Heimlichkeit des weiblichen Geschlechts erkennen kann [431], S. 1–8.

[439] Haube und Kleid der ehrbaren Nürnberger Frauen, Zeichnung v. Albrecht Dürer, 1527

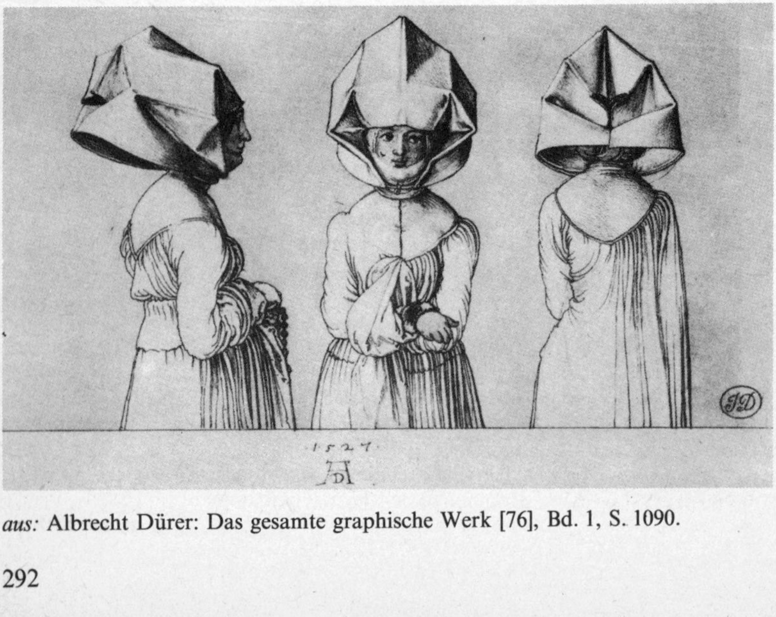

aus: Albrecht Dürer: Das gesamte graphische Werk [76], Bd. 1, S. 1090.

[440] Geburt Mariens, Holzschnitt von Albrecht Dürer, um 1503

aus: Albrecht Dürer: Das Gesamte graphische Werk [76], Bd. 2, S. 1558.

[441] Nürnberger Ratsverordnung über die Kindbetthöfe, 15. Jh.
Um unnötige und überflüssige Ausgaben abzustellen und zu vermeiden, setzt der ehrbare Rat fest, ordnet an und gebietet, daß hinfort kein Bürger oder Bürgerin dieser Stadt oder jemand von ihrer Seite zu einer Kindtaufe, noch in einem Kindbett, noch in den nächsten beiden darauffolgenden Monaten wegen desselben Kindbettes irgendeinen Schmaus, Empfang, Zecherei, Mahl noch Gasterei haben oder pflegen soll. [. . .]
Doch zur Kindtaufe können die Frauen, die mit dem Kind von der Taufe zur Kindbetterin heimgehen, diesselbe Frau mit einem Lebkuchen und Frankenwein oder anderen Wein derselben Steuerklasse oder mit Met ohne Strafe ehren.
Außerdem darf eine Kindbetterin oder jemand von ihrer Seite nach Tischzeit in einem Kindbett auf einmal nicht mehr eingeladen oder ungeladen zu sich kommen lassen als ihre Mutter, Großmutter, Schwiegermutter, Schwester, Schwägerinnen und ihre Patin und sonst niemand anders, doch in der Weise, daß dann denselben Frauen nicht mehr oder anderes zu essen oder zu trinken gegeben werde als ein mäßiges Essen von erlaubten Speisen, dazu rohes Obst und Käse und Brot und Frankenwein oder Wein derselben Steuerklasse.
Und wenn sonst eine Kindbetterin in ihrem Kindbett zu verschiedenen Malen von ihren Verwandten oder Freundinnen ungeladen und ungebeten aufgesucht wird, so darf die Kindbetterin diesen in bescheidener Weise Ehre erbieten, nämlich mit

kleinen Kuchen, rohem Obst und Käse und Brot und mit Frankenwein oder anderem Wein derselben Steuerklasse und nichts anderem. [...]
übertragen nach: Baader: Nürnberger Polizeiordnungen [138], S. 70f.

[442] Erläuterung zur Überlinger Apothekerordnung v. 4. 5. 1558.
[...] Und zum dritten sei solcher Ordnung auch hinzugefügt, daß sie, die Herren Apotheker, hinfort bei ihrem genannten Eid, mitnichten weder ihre Ehefrau noch irgendeine andere Frau in der Apotheke mit denjenigen Gegenständen und Dingen, die der Arznei angehören und zuzuzählen sind, umgehen lassen sollen. [...] Dasselbe einzuhalten, sollte und wird ihnen auch nicht allzu schwer fallen, vor allem bei Berücksichtigung dessen, daß er der Frauen halber den Zeitaufwand und andere Unbill ihrethalber nicht jedesmal zu erleiden braucht. Auch in anderen Orten, vornehmlich in den bedeutenden Städten, ist es nicht gebräuchlich und üblich, daß es den Frauen gestattet und zugelassen wird, mit diesen Gegenständen und der Arznei umzugehen. Doch Spezereien und Gewürze, ganz oder gestoßen, umittelbar aufzuwiegen, wegzugeben und zu verkaufen, soll durch diesen Artikel weder ausgeschlossen noch abgestellt werden, sondern den Ehefrauen der genannten Herren Apotheker soll weiterhin wie bisher damit zu handeln und zu verkaufen zugestanden und erlaubt sein.
übertragen nach: Oberrheinische Stadtrechte [197], 2. Abt., Bd. 2, S. 445.

[443] Apotheke, Miniatur des Tacuinum sanitas, um 1365

aus: Brunner/Daim: Ritter. Knappen. Edelfrauen [72], S. 123.

[444] Nürnberger Ratsverordnung über die Zuckermacherinnen v. 1529

Zum 6ten unterstehen sich die Zuckermacherinnen und andere alte Weiber, oder wer die seien, und machen Electuria (Säfte, Sirop), Lattwergen, Säfte und geben jedem einen besonderen Namen, wissen aber doch nicht, was eigentlich dazu gehört oder wie sie sie bereiten sollten, wenn sie nur den Geschmack haben, nachdem sie diese nennen. Verkaufen sie doch dieselben und betrügen die Leute damit. Deshalb soll hinfort niemand mehr, weder Zuckermacherinnen noch andere, diese Säfte, Electuria etc. verkaufen, wenn sie vorher nicht ihre Zutaten und Rezepte durch die Ärzte haben prüfen lassen.

übertragen nach: Bauer: Deutscher Frauenspiegel [4], Bd. 2, S. 177f.

[445] Wasserbrennerin,
Holzschnitt v. 1519

aus: Peters:
Der Arzt und die Heilkunst in alten Zeiten [477], S. 86.

[446] Bericht über die Apothekenvisitation an den Regensburger Rat v. dem Stadtarzt Dr. Scheub v. Nov. 1579

Quacksalbern möge man das Handwerk legen, da sie Ärzte und Apotheker schädigten. Ein einziger Landfahrer bringe oft an die 1000 bis 1500 Taler aus der Stadt, „got geb, es kam keiner um Leib und Leben". Wenn man überlege, was den Apothekern an Verdienst jährlich durch alte Weiber, Barbiere und Bader, die sich unterstünden, Arznei zu verkaufen, verloren ginge, so käme eine merkliche Summe heraus. Weitere Konkurrenten seien die Klöster St. Clara und Heilig Kreuz; sie gäben mehr feste „condita" und gebrannte Wasser aus, als alle Apotheker gemeinsam. Einige Wasserbrennerinnen, Krämer und Zuckerbäcker kämen als Störer des geordneten Medizinalwesens noch hinzu.

zitiert nach: Habrich: Apothekengeschichte Regensburgs [451], S. 36.

[447] Ordnung der Meisterin im Straßburger Spital v. 2. 3. 1478

Eine Meisterin soll schwören, dem Spital treu und ergeben zu sein, Nutz und Frommen des Spitals zu fördern, es vor Schaden zu behüten und diesen abzuwenden, soviel sie kann oder vermag, und alle vor- und nachstehenden Stücke stets und beständig zu halten. So soll sie darauf achten und sich bei dem niederen Gesinde erkundigen, ob ein Kranker in dem Spital ist, der dort nicht hineingehört, so daß derjenige sofort entlassen wird, und daß niemand darin aufgenommen wird, außer wie es der Ordnung des Spitals entspricht und wie das von altersher üblich ist. Das bedeutet: Wer arm ist und sich nicht selbst zu helfen vermag und auch körperlich so krank ist, daß er nicht umherzugehen vermag, um das Almosen zu erlangen, den soll man in das Spital aufnehmen und für ihn darf niemand (um Aufnahme) bitten. Wer aber sonst blind oder lahm ist oder welches Leiden er auch hat, so daß er (in der Lage ist) das Almosen zu fordern, den soll man nicht in das Spital aufnehmen, wer auch für ihn darum bittet. Denn wollte man alle armen Leute in das Spital aufnehmen, die dennoch das Almosen fordern könnten, so würden ihrer so viele, daß das Spital die Kosten nicht bestreiten könnte und daß auch diejenigen keine Hilfe erfahren, die von Rechts wegen in das Spital gehören.

Sie soll auch auf die Betten, das Bettgewand, die Kissen, Bettlaken und anderes achten, was dazugehört, daß das alles zur rechten Zeit gewaschen, gereinigt, ausgebessert und verwahrt werde und auch alle anderen Sachen besorgen, nichts ausgenommen, die Frauensache sind.

Was auch einer Meisterin an Kleidern, Bargeld und anderen Dingen, nichts ausgenommen, von denjenigen zufällt, die im Spital sterben oder was ihr sonst übergeben wird von den Kranken oder anderen an Bargeld oder sonstigem, auf welchem Wege das auch sei, überall, nichts ausgenommen, das soll die Meisterin wöchentlich dem Schaffner geben und darüber Rechenschaft ablegen. Und der Schaffner soll das in zwei Register verzeichnen, von dem er das eine und die Meisterin das andere haben soll, was es ist und von wem es kommt. Und auch soll die Meisterin von dem Gut des Spitals nichts behalten oder jemandem etwas davon geben oder leihen, weder wenig noch viel, in keinerlei Weise. Doch wenn der Meisterin von jemandem etwas übergeben wird, das man den Kranken zum Essen oder um deren Leiden zu bessern, geben sollte, so soll die Meisterin das dem Schaffner mitteilen, damit sich der Koch und der Keller danach beim Essen zu richten wissen.

Es soll auch eine Meisterin für Eingemachtes, eingemachte Schlehen, Rosinen, Bier und alle anderen Dinge sorgen, die man in einem Hause benötigt, in der Weise wie das bisher in dem Spital üblich gewesen ist und (sie soll) Kräuter und anderes in Stand halten und alle Dinge getreu und ordentlich tun und verrichten, was nicht alles aufzuschreiben ist. Denn eine Meisterin soll im Spital so gehorsam und so sorgsam sein, wie eine rechtschaffene Frau in ihrem eigenen Haus und (soll) die Obermagd oder Küsterin so anweisen und anleiten, daß jede ihre Arbeit macht. Wenn sich nun eine Meisterin so beträgt, daß die Pfleger meinen, daß sie nicht, wie es sich gehört, regiert und zu einer Meisterin nicht geeignet und tauglich ist, so können die Pfleger eine solche Meisterin durchaus entlassen und eine andere zur Meisterin ernennen, die ihnen dazu geeignet erscheint.

Es soll auch keine Meisterin über das hinaus, was ihr in dem eben mitgeteilten Ausmaß beschieden worden ist, sich im Spital Rechte anmaßen, sei es, Gesinde zu dingen oder zu entlassen oder anderes zu tun. Denn wenn sie meint, daß jemand vom Gesinde dem Spital nicht geeignet noch füglich ist, so soll sie das dem Schaffner sagen und vorbringen und was er ihr dann aufträgt, sei es, jemanden vom Gesinde zu entlassen oder etwas anderes zu tun, das soll sie dann ausführen. Desgleichen, wenn sie ein rechtschaffenes Gesinde weiß oder ihr jemand vorkommt, von dem sie glaubt, das es nützlich und gut wäre, eine solche Person im Spital zu dingen und zu beschäftigen, so soll sie das gleichfalls dem Schaffner mitteilen und dann tun, was er ihr aufträgt. Doch, daß nicht über das notwendige Maß hinaus Mägde gedingt werden. Und wenn es dem Schaffner so vorkommt, daß eine Meisterin sich anders verhält als es ziemlich und gebührlich ist, so soll er das den Pflegern vorbringen. Dementsprechend ist zu verfahren und zu handeln zum Nutz und Frommen des Spitals.

Sie darf auch niemanden, der ihr zugeneigt ist oder sonst jemand anders, in das Spital laden noch sonst irgendeine Gasterei abhalten ohne Wissen und Zustimmung der Pfleger und des Schaffners.

Es darf auch keine Meisterin, noch jemand von ihrer Seite, noch irgendjemand, er sei, wer er wolle, ein Geschenk oder eine Bestechung annehmen, um es selbst zu behalten. Wenn ihr aber etwas geschenkt wird, das sei wenig oder viel, klein oder groß, das darf sie in der Art annehmen, daß sie wöchentlich dem Schaffner dies mit den anderen Dingen, die sie auch wöchentlich von des Spitals wegen verrechnen soll, überantwortet und anders nicht, bei ihrem Eid ohne Arglist.

übertragen nach: Winckelmann: Das Fürsorgewesen des Stadt Straßburg [492], Nr. 3, S. 5–7.

[448] Ordnung der Küsterin im Straßburger Spital, 15. Jh.

Die Küsterin soll dem Schaffner bei ihrer Treue an Eides statt geloben, dem Spital treu und ergeben zu sein, seinen Nutz und Frommen zu fördern, es vor Schande und Schaden zu behüten und diesen abzuwenden, früh und spät, soviel sie kann und vermag.

Weiterhin soll sie eine getreue Aufsicht über das Gesinde unter den Kranken haben und diesselben anweisen, daß sie die Kranken getreu versorgen mit Betten, Kochen, Heben, Legen, Waschen, Wäschewaschen und anderem, dessen sie bedürfen.

Weiterhin soll sie auch mit allem, das ihr der Schaffner, die Meisterin oder der Keller in die Hände geben, es seien Lichter, Butter, Eier, Käse, Milch, Latwergen, Zucker, Schmalz, Salz, Eiweiß, Bier oder anderes, Obst nicht ausgenommen, getreulich umgehen und den Kranken, die dessen bedürfen, geben und das Übrige verwahren und aufheben, es nicht verderben lassen, auch nicht jemandem dazu Zugang verschaffen, als ob es Gemeingut sei, sondern es verschließen.

Weiterhin, wenn etliche von dem Gesinde im Spital, es sei Ober- oder Untergesinde, faulenzen oder schwätzen wollten mit den Schwestern oder Mägden in der Unterküche oder bei den Kranken, so soll sie das verhindern. Wollen sie aber nicht auf sie hören und sich dem widersetzen, so soll sie das der Meisterin oder dem Schaffner sagen. Die können sie durchaus deshalb strafen und dafür sorgen, daß solches nicht geschieht.

Weiterhin soll die Küsterin auch den sterbenden Menschen vorbeten und sie zu Gott ermahnen und soll ihnen Tag und Nacht getreulich aufwarten, so daß sie nicht sterben, ohne daß jemand bei ihnen ist und keine übliche Nachrede dadurch entsteht oder erweckt wird, wie das schon oft geschehen ist. Sie soll auch zur rechten Zeit dem Kaplan auftragen, die Kranken mit den heiligen Sakramenten zu versorgen und daß sie nicht vernachlässigt werden, es sei Tag oder Nacht.

Weiterhin soll die Küsterin auch der Meisterin gehorsam sein. Was diese ihr aufträgt, das soll sie tun, denn die Meisterin kann nicht immer da unten (bei den Kranken) sein. Deshalb ist der Meisterin eine Küsterin zugeteilt als Hilfe bei den Kranken, bei denen sie die Aufsicht haben soll, so daß durch sie und die anderen Mägde und das Gesinde den Kranken das geschieht, was billig und notwendig ist. Sie soll auch darauf achten, daß die Habe der Kranken ohne Ausnahme dem Schaffner oder der Meisterin für das Spital übergeben wird.
Die Küsterin soll auch kein Geld von den Kranken leihen oder auch sonst nichts von ihnen nehmen, es sei klein oder groß, Geld oder Sachwert und sie soll einen Kranken gleich dem anderen behandeln mit angemessener Unterstützung entsprechend deren Bedürfnissen.
Und wenn einige so schwer krank sind, daß sie die gemeinsame Speise und Kost nicht vertragen und nicht genießen mögen, die man täglich im Hospital verabreicht, so kann sie diesen durchaus dasjenige geben, das ihnen angenehm ist und ihnen zugute kommt und ihr die Meisterin übergibt. Und wenn sie solches nicht hat, so soll sie die Meisterin um solches bitten und dies von ihr fordern, damit die armen Kranken erhalten, was angemessen und notwendig ist. Das soll alles mit gutem Willen geschehen, wie es bisher Gewohnheit und Brauch im Spital gewesen ist.
Wenn sie bemerkt, daß die Schwestern, die Kübelmägde, der Weinschenk und der Totengräber sich Ungehöriges zu Schulden kommen lassen, so soll sie es dem Schaffner und der Meisterin sagen.
Sie soll auch darauf achten, daß die Schwestern das Holz nicht unnütz verbrennen, denn dem Spital entstehen dadurch große Kosten.
Weiterhin soll die Küsterin auch, sobald ein Mensch im Sterben liegt und verscheiden will, das, was die Person bei sich hat, es sei Gold, Geld, Kleider oder Wertsachen, klein oder groß, aufheben und sobald sie gestorben ist, sofort das Geld, Gold, Wertsachen oder Kleinigkeiten dem Schaffner und die Kleider der Meisterin ohne Verzug getreulich überantworten und in der Schreibstube angeben, wie der Kranke mit Vor- und Nachnamen hieß und woher er stammte, damit man das festhalten kann, bei ihrer Treue an Eides statt.
übertragen nach: Winckelmann: Das Fürsorgewesen der Stadt Straßburg [492], Nr. 5, S. 10–12.

[449] Mittelalterliches Hospital, französische Miniatur des 15. Jh. (siehe Abbildung auf Seite 299 oben)

[450] Szenen aus einem mittelalterlichen Hospital, französische Miniaturen des 13. Jh. (siehe Abbildung auf Seite 299 unten)

[451] Ordnung der Mägde im Straßburger Hospital, erneuert und verbessert 1547
Es sollen alle Mägde, die in dem Spital angenommen werden, versprechen und geloben, dem Spital treu und ergeben zu sein, seinen Nutzen zu fördern und seinen Schaden abzuwenden und das in und mit allem, so viel sie können und vermögen. Sie sollen auch gleich den Kranken täglich, sofern sie es vermögen und die Betreuung der Kranken dies zuläßt, in die Predigt und zum Worte Gottes gehen, da Gott erkennen lernen und nach seinem Wort in aller christlicher Zucht und Gehorsamkeit leben, denn es wird nicht recht und gut gehandelt, wenn man Gott und seinen göttlichen Willen, uns in seinem göttlichen Wort vorgehalten, nicht kennt.

Sie sollen auch die Stube, in der man predigen soll, zu rechter und guter Zeit herrichten und, was darin zu tun ist alles vor der Predigt ausrichten, damit der Prediger und die Zuhörer während der Predigt nicht durch sie gestört oder belästigt werden.

aus: Zierer: Kultur- und Sittenspiegel [135], Bd. 2, S. 242.

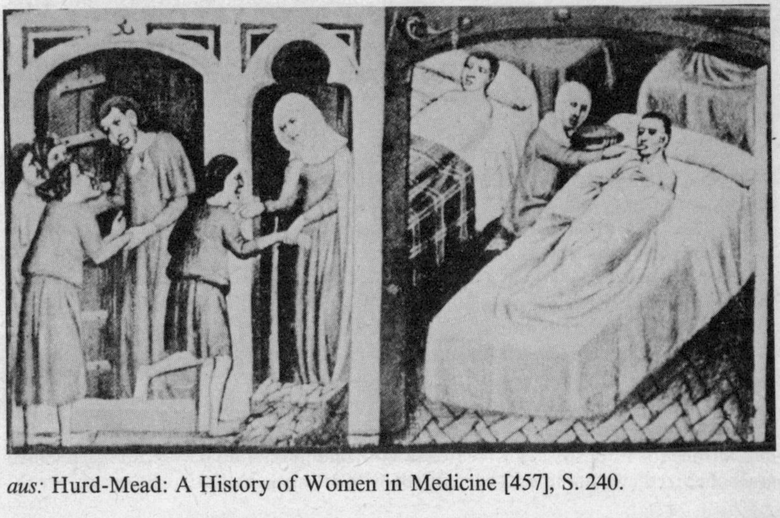

aus: Hurd-Mead: A History of Women in Medicine [457], S. 240.

Sie sollen auch, wenn man predigt oder das Benediktio oder das Dankgebet betet, sich züchtig und still verhalten, nicht schwätzen, nicht durch den Raum und wieder zurück laufen oder andere unnütze, niedere Geschäfte ausrichten und alle Zeit daran denken, daß auch sie des Wortes Gottes, wodurch sie vom Reich Gottes erfahren, und auch des Betens dringend bedürfen, wie Christus denn solches allen befohlen und geboten hat.
Sie sollen auch alle dem Schenken, der Meisterin, der Küsterin und der Brotmutter (nur die Kranken betreffend) gehorsam sein, und was die ihnen als Dienst für die Kranken auftragen, das sollen sie ohne alle Widerrede tun, wie nämlich Fußwasser bereiten, Betten machen, Bett, Kissen, Bettlaken holen oder wegbringen, die Stube, den Hof oder anderes fegen, Feuer machen, die Tische, Ecken und Winkel, Körbe auch Bänke, Fußschemel und Servierbretter scheuern und reinigen, den Kranken kochen oder ihnen das Gekochte geben etc. Sie auch kämmen und bürsten, sie legen, heben, waschen, zum Stuhlgang und wieder davon weg (wenn nötig) führen etc., nichts ausgenommen, womit den Kranken gedient werden mag. Und allezeit daran denken, was wir den Bedürftigen tun, das tun wir für Christus selbst.
Sie sollen auch sofort und äußerst sorgfältig, wenn der Schenk oder die Meisterin einen Kranken angenommen haben und in die Stube zu seinem Bett geführt haben, dasselbe Bett schön und sauber bereiten, wie ihnen das vom Schenken oder der Meisterin aufgetragen worden ist, und auch, wenn ein Kranker weggeht, solches Bett wieder aufräumen und alles, wo es hingehört, wieder ohne allen Verzug zurückbringen.
Sie sollen auch, sobald sie das Bett bereitet haben, bei der Küsterin einen Korb, ein Tischtuch, ein Salzgefäß, einen Löffel, ein Messer etc. und was nötig ist, holen, auch eine Kachel herbeischaffen, die Toiletten zeigen, damit alle Dinge schön, fein und sauber (aber) auch ordentlich gehalten werden.
Sie sollen auch den Kranken ihre Morgensuppe, das Mittagessen, das Abendessen auftragen und gleich austeilen, nicht einem zuviel und dem anderen zuwenig geben, so daß bei dem einen Teil Überfluß, bei dem anderen Teil Mangel herrscht. Sie sollen auch den Kränksten und Schwächsten, ja den Gelähmten ihr Essen und Trinken (weil sie es selbst nicht ohne Nachteil nehmen können) in deren Münder führen und fleißig und sorgfältig darauf achten, daß sie dieselben nicht mit heißer Kost beschütten oder verbrennen, sondern mit Verstand diese und dergleichen, ja alle Dinge ausrichten.
Sie sollen auch zwischen den Mahlzeiten (wo es nötig ist) den Kranken kochen, es sei Tag oder Nacht, wenn es nötig ist und insbesondere und vor allem den Schwächsten und denjenigen die nichts vom Servierbrett nehmen und das auf des Spitals Kosten. Wenn aber jemand vom Brett gegessen hat, so ist für ihn nicht zusätzlich zu kochen und damit auch nicht von Nöten des Spitals Kosten unnütz mit demselben zu belasten. Wenn sie aber selbst etwas haben und möchten, daß ihnen das gekocht wird, sollen sie (nachdem sie den Schwächsten, die nichts vom Brett genommen haben, gekocht haben) auch ihnen kochen und aber darauf acht geben, daß sie dem Spital und auch den Kranken nichts beschädigen und verderben oder auch unnütz verbrauchen. Wenn sie auch den Kranken gekocht haben, sollen sie auch nicht zuvor die Hälfte essen oder nachher mit den Kranken ein Zechen und Zehren beginnen, sondern ihren sonstigen Aufgaben nachgehen und getreulich alles auf das Beste ausrichten.
Sie sollen auch täglich die Betten der Kranken machen und das nicht nur einmal am Tag, sondern so oft und häufig es für die ganz Schwachen, die die ganze Zeit im Bett liegen müssen, nötig ist, damit sie sich nicht wund liegen und dann jedermann desto mehr dadurch belastet und geschwächt wird. Sie sollen auch die Betten und Stroh-

säcke zu angemessener Zeit umkehren, den Schmutz unter den Betten hervorkehren, damit Betten und Strohsäcke, auch Kissen und Bettlaken nicht verfaulen oder verderben oder zu Schanden gehen oder zerstört werden. Sie sollen auch, wenn nötig, die Brunzkissen gebrauchen, dieselben auch wieder weglegen, damit sie trocken werden und wenn man ihrer wieder bedarf, diese nicht naß unterlegen muß. Desgleichen soll auch mit dem Brunzlaken geschehen.

Sie sollen auch den Kranken gegenüber in allen Dingen mit Worten und Taten freundlich sein, sie nicht anschnauzen, nicht mit ihnen zanken oder hadern, sie in keiner Weise schmähen oder beschimpfen, sondern in allen Dingen sich ihnen erkenntlich zeigen und dies auch von Herzen tun wie sie das möchten, daß es ihnen geschähe (wenn sie dort lägen) mit Waschen, Reinigen, Heben, Legen, Bürsten, Kämmen, damit das Ungeziefer nicht überhand nimmt und ein solcher Gestank entsteht, daß weder sie noch andere bleiben möchten und Kranke und Gesunde darüber vergehen möchten und versterben.

Sie sollen jeden Tag Feuer machen mit Wacholderholz, Zweigen oder Reisig oder was man sonst Gutes hat, damit sie und andere samt den Kranken desto lieber bleiben mögen.

Sie sollen auch jede Nacht (und das nach einer Ordnung) wachen, jede Nacht vier, zwei vor Mitternacht und zwei nach Mitternacht und während dieser Zeit sollen sie nicht schlafen, sondern oft und mehrmals, nicht nur jede Stunde, sondern so oft und häufig es nötig ist, von Stube zu Stube, Bett zu Bett gehen und das in aller Stille und nicht bei den Jungen und Schwatzsüchtigen zum Schwätzen stehen bleiben und die anderen stören und aus dem Schlaf aufwecken, auch nicht bei den Bedürftigen schnell vorbeihuschen, sondern allezeit auf die Schwächsten Acht geben, auch auf die Sterbenden und wo solche sind, dies der Küsterin anzeigen, welche dann auch (wenn nötig) nach dem Kaplan entsprechend ihrer Ordnung schicken soll, also, daß auch während der Nacht nichts bei den Kranken versäumt werde. Sie sollen auch während der Wache, es sei Winter oder Sommer, niemals ohne Laterne umhergehen und auch auf alle Lampen und Lichter achtgeben und die Kranken nicht mit Lichtern im Spital hin- und hergehen lassen. Sie sollen auch desgleichen nicht hin- und herlaufen, nicht in den Ecken schlafen, sondern allezeit bei- und miteinander gehen und keine allein.

Sie sollen sich auch aller schlechten Gesellschaft unter Kranken und Gesunden enthalten, keine unnützen Worte mit ihnen reden, kein unzüchtiges Benehmen zeigen. [. . .] Sie sollen auch keine schändlichen Lieder in den Stuben, auf dem Hof, den Küchen, Backhaus etc. singen oder grölen, sondern allezeit daran denken, daß sie Gott am jüngsten Gericht für jedes unnütze Wort Rechenschaft geben müssen. Sie sollen sich auch am Tisch, oben und unten, auch in der Spinnstube, ihren Kammern, in dem Schlafhaus, vor der Küche etc., ja, überall wo sie sind, allein oder zu mehreren, züchtig und still und durchaus ohne alles Zanken und Hadern, ohne alles Schmähen und Schimpfen verhalten und sich als liebe, treue Schwestern und gute Genossinnen, ja, als wahre Christen nach dem Gebot Gottes von Herzen lieben und daran denken, daß alle Gebote Gottes in der Liebe stehen und erfüllt werden müssen.

Sie sollen auch, damit den Kranken auf das allerbeste gedient wird, nicht das Spital ohne Wissen und Zustimmung des Schenken oder der Meisterin verlassen, damit man allezeit weiß, wo eine jede ist, und nicht dem Unheil oder sonstiger Büberei nachlaufen, sondern allezeit daran denken, weshalb sie beschäftigt, Kost und Lohn nehmen.

Sie sollen auch keine Geschenke von den Kranken annehmen, sie seien klein oder groß, wenig oder viel, auch von ihnen nichts arbeiten oder machen lassen etc.,

während sie als Kranke im Spital sind, damit die Kranken keinen Unfrieden mit ihrem eigenen Gut unter dem Gesinde stiften, auch ist es außerdem gegen die Ordnung der Kranken; außer wenn einer wieder gesund entlassen wird, wenn er dann etwas schenken will, so mag es das tun und auch ein jeder des Gesindes das annehmen. Damit es aber keinen Zank und Hader bringt (wie bisher) und das Gesinde wegen der Geschenke uneins wird, soll fortan ein jeglicher des Gesindes, das die Kranken versorgt, niemand ausgenommen, dem Schenken und der Meisterin anzeigen, was ihr geschenkt und gegeben worden ist und nichts verschweigen. Dann sollen der Schenk und die Meisterin demjenigen vom Gesinde, dem das Geschenk gegeben worden ist, die Hälfte geben und die andere Hälfte allen gemeinsam geben, um es unter sich zu verteilen und zu verzehren, wie sie es wollen, und es soll niemand davon ausgeschlossen werden. Wenn aber jemand unter dem Gesinde ist, der Geschenke annimmt und das nicht anzeigt und das nachher bekannt wird, so soll diesem das ganze Geschenk abgenommen und unter das ganze Gesinde, wie es zuvor vom halben Teil steht, geteilt werden.
Sie sollen auch alle, wenn ein Kranker stirbt, es sei in welcher Stube auch immer, sowohl Tag als auch Nacht, helfen, denselben auf die Totenbahre zu legen und in die Totenkapelle zu bringen und das mit Zucht und Gottesfurcht und keine Leichtfertigkeit daselbst treiben. Und sie sollen in derselben Stube gleich das Bett abziehen, es auf die Federkammer bringen und den Strohsack (wenn nötig) ausschütten, waschen und mit neuem Stroh wieder füllen und ein frisches, weißes Bett an die Stelle legen. Und eine jede soll auf die andere acht geben, aber nicht aufeinander warten, so daß nichts unterlassen wird, das dem Spital zum Guten (wie zuvor gelobt und versprochen) und den Kranken zum Nutzen geschehen kann und soll. Und damit die Kranken desto ordentlicher und fleißiger gewartet werden und damit man auch weiß, wer etwas bei den Kranken im Dienst versäumt oder die vorgeschriebene Ordnung nicht eingehalten hat und wen man deshalb anklagen oder strafen soll, so hat am Tag jede Stube ihre eigene Magd, also, daß eine jede derselben allein in der ihr zugeordneten Stube und in keiner anderen Stube die Kranken warten soll. Wenn aber jemand unter dem Gesinde ist, der diese und dergleichen Punkte und die Ordnung nicht einhält, so sollen dann der Schenk, die Meisterin, die Küsterin und die Brotmutter als die Vorgesetzten getreulich darüber entsprechend der Schwere der Übertretung eine Strafe verhängen.
übertragen nach: Winckelmann: Das Fürsorgewesen der Stadt Straßburg [492], Nr. 15, S. 16–19.

[452] Badbereitung in Wolfram von Eschenbachs Parzival, 1200/10

Da er sehr müde war, schlief er so, daß er sich kaum einmal auf die andere Seite kehrte. So lag er bis in den Tag. Als der Vormittag vorüber war, ließ ihm der wackere Fürst ein Bad bereiten, gleich am Ende des Bettes, auf dem er lag. So gehörte es sich am Morgen: man warf Rosen oben ins Wasser. Wie wenig Geräusch man auch dabei machte, der schlafende Gast erwachte doch. Der junge, edle, süße Mann setzte sich alsbald in die Badekufe.
Ich weiß nicht, wer es sie geheißen hatte, aber Jungfrauen in reicher Kleidung und minniglich anzuschauen kamen züchtig hereingeschritten. Sie wuschen und strichen sogleich mit weißen, linden Händen die blutige Beule. Wirklich, er konnte sich wohl heimisch fühlen, der ein Waisenkind an Klugheit war. So ließ er die Freundlichkeit und die Aise über sich ergehn. Die Mädchen hatten gar nichts gegen seine Einfalt. Die zagen und zugleich kecken Jungfrauen conreierten ihn also auf diese Weise. Wovon sie parlierten, dazu durfte er wohl ruhig

schweigen. Sie hatten so schon ihre Unterhaltung mit ihm. Er konnte nicht meinen, daß es noch früh und dämmrig sei, denn von der Mädchen Schönheit strahlte ein zweiter Tag. So lag Glanz mit Glanz im Streit, aber seine Schönheit verdunkelte die beiden Helligkeiten: daran mangelte es ihm nicht. Man reichte ihm ein Badelaken, aber er sträubte sich, es zu nehmen. Denn er schämte sich vor den Mädchen. Er wollte sich nicht vor ihnen aus dem Bad erheben und sich das Tuch umlegen. Die Jungfrauen mußten erst hinausgehen. Sie durften nicht länger dableiben – freilich, ich glaube, sie hätten gern nachgesehen, ob ihm auch unten am Körper etwas geschehn wäre, denn die Frauen sind treu besorgt: wenn es ihrem Freunde schlimm ergangen ist, so haben sie für seinen Schmerz lebhaften Anteil.
Wolfram von Eschenbach: Parzival [226], S. 87f.

[453] Herr Jakob von Warte im Wasserbad, Miniatur der Manessischen Liederhandschrift, 1. Hälfte 14. Jh.

aus: Koschorreck: Minnesänger in Bildern der Manessischen Liederhandschrift [460], S. 47.

[454] Schilderung eines Besuchs im Badehaus durch Seifried Helbling, Ende 13. Jh.
Ich hörte, daß der Bader blies und sah drei unserer Nachbarn mit frisch gebürstetem Haar, barfuß und ohne Gürtel dorthin schleichen: Damit sage ich die Wahrheit.“ „Auf! Mir nach! Nimm dein Badehemd mit dir.“

Als ich das Badehaus betrat, nahm der Knecht mir das Gewand ab und legte es hin: Zu Diensten war er gern bereit. Er sprach: „Nun her mit einem tadellosen, frischen, neuen am Ende wohl gebundenen Reisigbündel!" „Den habe ich auf der Stelle bereit", sprach der Bader und gab uns vier. Daraus wählten wir die besten.
Als ich in die Badestube eintrat, begrüßte mich das Badevolk freundlich. Sie hatten unverdrossen den Bretterboden gut begossen und die Bänke gut gescheuert. Eine sehr gelenkige Magd bediente mich dann dort. Sie brachte mir einen Schaff voller Badewasser, weder zu kalt noch zu warm, sie rieb mir Rücken, Beine und Arme wie einem Wettläufer. Da sprach mein zuverlässiger Knecht: „Mich jucken Arme und Beine. Nun dann! Zwei Scheffel auf die Steine, damit wir ins Schwitzen kommen! Laßt es dunkel werden, wo wir sitzen, damit wir die Badewedel schwingen! Laßt auf den Ofen zwei weitere Güsse niederrauschen, die krachen!" Da begann ich in der Finsternis zu lachen, ich traf auch dort, wo das Kissen mich von der Bank scheidet. Ich sprach: „Geselle, nun hab' Dank für diese Possen. Meinetwegen laßt uns noch zwei weitere Güsse werfen." Als das der Bader bemerkte, sprach er: „Seht, da ist schon einer!" (das war kein kleiner) „Seht, da einer und noch einer, womit ich den Herren beehr! Seht, noch einer auf Wunsch des Knechtes!" Da mußte ich auf den Boden. „Nun, ihr Badeleute, wendet euch meinem Herrn zu," sprach der Knecht, „laßt es euch nicht lästig werden, Reiben und Begießen tun nach dem Schwitzen gut. Bereitet reine und hellfarbene Badelauge! Eine Bademagd, komme herbei, die die Kunst des Badens gut beherrscht, anfangs langsam, weit ausgreifend, wie Seifenschaum die Bänder der Bademägde; also laßt eure Hände in dem Schaum umherstreichen. Zuletzt nehmt mehr und mehr Lauge, so daß das Schäumen aufhört. Nun dann, Herr Scherer, wetzt das Schermesser, schneidet die Haare und schert den Bart."
übertragen nach: Curschmann/Glier: Deutsche Dichtung des Mittelalters [155], Bd. 3, S. 540–43.

[455] Badehaus, Miniatur aus Valerius Maximus „Memorabilia", vor 1480

aus: Harkesen: Die Frau im Mittelalter [46], Abb. 93.

[456] Erbabfindung der Kinder der Baderin Jutta v. 1350
Jutta, die Baderin vor dem Steintor hat ihre Kinder mit dem Erbe ihres Vaters in der folgenden Weise abgefunden. Die Kinder sollen mit gesamter Hand 34 Mark an der Badestube vor dem Steintor behalten. Stirbt eines von ihnen, so soll dasselbe Geld gänzlich an das andere fallen. Sterben beide, bevor sie mündig geworden sind, so soll das Geld an ihre Mutter fallen, wenn sie lebt. Wenn sie aber bereits tot ist, so soll es an die rechten Erben der Kinder fallen. Stirbt die Frau innerhalb dieser Jahre, so sollen die Kinder ihrem Stiefvater fünf Mark geben und dazu soll er alles mit sich nehmen, was er zu der Frau gebracht hat und er soll vom (Besitz) mit den Kindern getrennt werden. Und sie bleiben bei ihres Vaters Erbe. Und ihr Stiefvater soll alle Schulden von dem Gut bezahlen, das er im Haus und in der Badstube gewinnt. Lebt die Frau noch nach diesen Jahren und stirbt sie dennoch vor ihrem Mann Henneke, so sollen die Kinder ihrem Stiefvater zwölf Mark geben und er soll nehmen, was in der Badestube ist, um die Schulden zu bezahlen und die Kinder bleiben bei ihres Vaters Erbe. Solange die Frau lebt, sollen sich die Kinder nicht von der Badestube ernähren. Wenn die Kinder sich mit ihrer Mutter und ihrem Stiefvater nicht vertragen können, so sollen sie die Kinder mit Zustimmung der Verwandten wegschicken, daß sie derart von dem Geld ernährt werden, daß das Geld dadurch nicht abnimmt.
übertragen nach: Urkundenbuch von Braunschweig [224], Bd. 4, Nr. 355, S. 362.

[457] Ordnung der Bader zu Frankfurt/Main, Mitte 15. Jh.
§ 1. In Gottes Namen so gründen wir, die Bader, die Baderknechte und die Badermägde zu Frankfurt eine Bruderschaft, jedem, der in unserer Bruderschaft ist oder noch eintritt, zum Trost und zum Heil seiner Seele. [. . .]
§ 2. Auch sollen jeglicher Meister, jeglicher Knecht und jegliche Magd, die bei uns im Handwerk arbeiten, am Sonntag einen Heller in die Büchse geben.
§ 6. Wenn ein Ehemann oder eine Ehefrau aus unserer Bruderschaft austritt, so soll man dem anderen keine Beerdigung noch eine andere Gemeinschaft mehr aus der Büchse bezahlen.
§ 12. Auch wenn man die zwei Meister und den Knecht jährlich am Maria Magdalenentag wählt, wenn dann jemand, der zum Meister gewählt worden ist, dem widerspricht, so verliert er einen Gulden als Strafe, wenn er aber zum Knecht gewählt worden ist, so verliert er einen halben Gulden.
§ 29. Auch sollen kein Bader und keine Baderin dem anderen dessen Gesinde abspannen oder für sich selbst halten, wenn deren gedingte Zeit noch nicht abgelaufen ist. [. . .]
übertragen nach: Schmidt: Frankfurter Zunfturkunden [204.], Bd. 1, S. 57f., S. 60.

[458] Ordnung der Straßburger Baderbruderschaft v. 22. 9. 1477
[. . .] Weiterhin darf kein Meister noch eines Meisters Frau eine Reiberin oder eine Hüterin (für die abgegebene Kleidung) dingen, die zuvor als Prostituierte gelebt hat, es sei denn, sie hat sich dessen nach christlicher Ordnung entzogen und gebessert. [. . .]
Weiterhin, wenn ein Knecht oder eine Reiberin oder eine Hüterin die Sakramente wegen Krankheit empfangen hat, so braucht dieser solange kein Büchsengeld bezahlen, bis er wieder arbeiten kann. [. . .]
Weiterhin, wenn eine Person die Bruderschaft empfangen möchte, so soll er für das Einschreiben einen halben Vierling für Wachs geben, und außerdem solange er darin bleibt wöchentlich einen Heilbeling (halben Pfennig). [. . .] *übertragen nach:* Brucker: Straßburger Zunft- und Polizeiverordnungen [146], S. 83f.

[459] König Wenzel mit Bademägden, Miniaturen aus der Wenzelsbibel, ca. 1390/1400

aus: Harksen:
Die Frau im Mittelalter [46], Abb. 90f.

[460] Ordnung der Flensburger Barbiere v. 12. 10. 1515

§ 4. Wenn ein fremder Meisterknecht dieses Amt ausüben und besitzen will, so soll er vorher ein Vierteljahr bei einem unserer Meister dienen, damit man seine Handlungs- und Arbeitsweise kennenlernt.

§ 16. Eine Frau darf das Amt ausüben, gleich ihrem Mann, als der noch lebte, solange sie die Zunftabgaben leistet und sich ehrlich und rechtschaffend hält. Läßt es sich aber hinreichend beweisen, daß sie sich anders verhält, so soll ihr das Amt und die Gesellschaft des Amtes verboten sein. Das gleiche gilt auch für den Mann, es sei denn, sie können sich mit Eid davon befreien.

§ 20. Weiterhin, wer einen Lehrjungen annimmt, der achte darauf, daß er ehelich geboren sei. [. . .]

übertragen nach: Nyrop: Danmarks Gilde- og Lavsskraer [196], Bd. 2, Nr. 80, S. 359–362.

[461] Der Rat der Stadt Hamburg belehnt Hinrich Loring mit dem Barbieramt, 23. 9. 1544

§ 2. Nach diesem Tag darf keinen Fremden, keinen Umherziehenden und Landfahrern mehr, sie seien Mann oder Frau, desgleichen den Islandfahrern, die früher im Bartschereramt gedient haben und bei uns in dieser Stadt wohnen und nicht dem Amt angehören, in dieser Stadt das Verbinden, Heilen und andere Dinge, die zum Amt der Bartscherer gehören, heimlich oder öffentlich auszuüben zugelassen, geduldet oder gestattet werden. [. . .]

übertragen nach: Rüdiger: Die ältesten Hamburgischen Zunftrollen und Bruderschaftsstatuten [203], S. 16.

[462] Barbierin oder Baderin beim Setzen von Schröpfköpfen, Miniaturen aus dem Laudianus Miscellaneus Codex, 14. Jh.

aus: Sudhoff: Beiträge zur Geschichte der Chirgurgie [489], Bd. 1, Tafel 10.

6.4 Frauen als Prostituierte und unter den Fahrenden

[463]

Einführung

Ein nicht unerheblicher Teil der mittelalterlichen Bevölkerung verfügte über keinen festen Wohnsitz und zog von Ort zu Ort. Ihren Lebensunterhalt fristeten diese Fahrenden, wie sie im Mittelalter genannt wurden, auf recht unterschiedliche Weise: als Artistinnen und Tänzerinnen [464], Spielweiber [465], Tierbändigerinnen [466], Heilkundige [446, 461] und/oder Bettlerinnen [467–471]. Zahlreiche dieser Frauen schlugen sich zusätzlich oder ausschließlich als Prostituierte durch. Besonders zahlreich traten sie bei bestimmten Anlässen wie Konzilien, Reichstagen, Messen, Turnieren, Jahrmärkten, Kirchweihen und Schützenfesten auf [472]. Auf einem in Magdeburg veranstalteten Turnier wurde gar als Siegespreis eine Prostituierte ausgesetzt [473].

In ihrer sozialen Zusammensetzung war die Gruppe der Fahrenden recht heterogen. Sie bestand aus den Kindern der vagabundierenden Gruppen, entlaufenen Nonnen und Mönchen, Klerikern und Schülern, Studenten, Soldaten, Fremden, verarmten Bauern/Bäuerinnen und Städtern/Städterinnen, Geächteten, Verbannten sowie asozialen Elementen. Hungersnöte, Kriege, Epidemien und wirtschaftliche Krisen ließen das Heer der Fahrenden jeweils rasch anschwellen. In Frankfurter Steuerlisten des 14./15. Jahrhunderts finden sich hinter den Namen der steuerpflichtigen Frauen oft Eintragungen wie: „Ist enweg", „ist davongelaufen", „ist gangen betteln". Angesichts der Aussichtslosigkeit der eigenen Lage und der Schwere der gewohnten Arbeit erschien vielen ein anscheinend ungebundenes Leben unter den Fahrenden verlockend oder als einziger Ausweg. Waren sie erst einmal unter die Fahrenden geraten, so vermochten sie sich nur schwer wieder eine neue seßhafte Existenz aufzubauen, denn die Gruppe der Fahrenden stand außerhalb der gesellschaftlichen Ordnung und galt im allgemeinen als rechtlos und unehrlich. Sie bildeten die Parias der mittelalterlichen Gesellschaft.

Eine besondere Gruppe unter den Fahrenden stellten die die Heere begleitenden Frauen. Wie ein Verbot Kaiser Friedrich Barbarossas von 1158 zeigt, gab es bereits im 12. Jahrhundert Frauen in den Heeren. Eine allgemeine Erscheinung wurden sie im 14./15. Jahrhundert im Zusammenhang mit der Herausbildung der Landsknechtheere. Aufgrund ihrer meist größeren Zahl standen sie unter der Aufsicht eines eigenen Amtmannes, des Hurenweibels. Die Aufgabenbeschreibung dieser Frauen sowie zahlreiche zeitgenössische Abbildungen verdeutlichen, daß sie einen integralen Bestandteil des Heeres bildeten [474–477].

Parallel zur Entwicklung der mittelalterlichen Stadt erfolgte die Herausbildung der charakteristischen Institution der Prostitution des Mittelalters, der Frauenhäuser, die sich bis in das 13. Jahrhundert zurückverfolgen lassen. In ihrer Blütezeit im 14./15. Jahrhundert waren sie so allgemein verbreitet, daß selbst Städte von wenigen hundert Einwohnern über zumindest ein Frauenhaus verfügten. Diese weite Verbreitung der Frauenhäuser und damit auch die der Prostitution im Mittelalter erklärt sich aus bestimmten sozialen Besonderheiten der mittelalterlichen Gesellschaft wie auch aus der christlichen Sexualethik und der damit verbundenen Einstellung zur Prostitution. Große Teile der städtischen männlichen Bevölkerung blieben aus religiösen und sozialen Gründen unverheiratet bzw. konnten erst relativ spät heiraten. War den recht zahlreichen Geistlichen seit der Durchsetzung der Zölibatsgesetze in der zweiten Hälfte des 11. Jahrhunderts jeder Geschlechtsverkehr und jede Eheschließung strikt untersagt, so führte die Abschließung der Zünfte im 14./15. Jahrhundert zu einer Erhöhung des Heiratsalters wie auch zu einer Zunahme der Zahl der unverheirateten Gesellen, da diese sich nicht mehr selbständig machen konnten. Zu zumindest vorübergehender sexueller Enthaltsamkeit wären auch die zahlreichen umherreisenden Kaufleute gezwungen gewesen, da die Kirche jeglichen außerehelichen Sexualverkehr verdammte. Dem stand gewissermaßen die weitverbreitete Lehre der arabischen Humoralpathologie entgegen, wonach eine unzureichende sexuelle Betätigung des Mannes aufgrund der Verderbnis seiner Körpersäfte den Tod zur Folge habe.

Zur Verhütung von Ehebruch und vorbeugend gegen die Verführung ehrbarer Frauen und Vergewaltigungen glaubte man deshalb nirgendwo auf die Errichtung von Frauenhäusern verzichten zu können [484]. Die Klientel der Frauenhäuser bestand nicht nur aus Handwerksgesellen, Klerikern, reisenden Kaufleuten, aus hetero- und homosexuellen Verkehr suchenden Frauen, aus Studenten, ja selbst aus zwölf- und vierzehnjährigen Jungen, sondern letztlich besuchten Männer aller Gesellschaftsschichten mehr oder minder regelmäßig die Frauenhäuser, nicht zuletzt, um sich dort zu unterhalten, denn die Frauenhäuser boten auch Gelegenheit zum geselligen Trank bei Musik und Gesang [463] sowie Gelegenheit – zu allerdings verbotenen – Glücksspielen. Der Besuch des Frauenhauses war so selbstverständlich und so wenig ehrenrührig, daß etwa städtische Bedienstete den Besuch im Frauenhaus auf ihrer Spesenrechnung abrechneten [478]. Ähnliches galt für die Unterhaltung außerehelicher Beziehungen [479, 480].

Die Frauen trieb meist die Armut in die Frauenhäuser [499, 500]. Zahlreichen Verordnungen läßt sich entnehmen, daß die Tätigkeit diesen Frauen häufig aufgezwungen wurde. So dürfte es regelrechte Schieberbanden gegeben haben, die die Frauen entführten, mißbrauchten und in die Frauenhäuser verkauften. Zahlungsunwillige Frauen wurden beim Frauenwirt/in versetzt, um ihre Schulden abzuarbeiten. Nicht gerade selten scheint es vorgekommen zu sein, daß Frauen und Mädchen von ihren Männern oder auch Eltern schuldenhalber ins Frauenhaus versetzt oder verkauft wurden [481–485]. Derartigen Machenschaften wie auch dem Brauch, daß die Wirte/innen die Frauen abermals verkauften und versetzten, suchten die städtischen Ordnungen entgegenzuwirken, in dem sie dies unter Strafe stellten und die persönliche Freiheit der Frauen betonten. Sie konnten weder versetzt, verkauft noch zur Ausübung der Prostitution gezwungen werden, auch dann nicht, wenn sie beim Wirt/in verschuldet waren. Sie durften jederzeit die Frauenhäuser wieder verlassen oder auch ganz von der Prostitution Abstand nehmen. Andere Bestimmungen der meist im 15. Jahrhundert erlassenen Frauenhausordnungen schützten die Frauen vor Übervorteilung durch den Wirt/in, indem sie nähere Regelungen über die Abgaben und Gebühren trafen oder dienten der sozialen Sicherung bei Krankheit und Alter [484, 485]. Einige Prostituierte waren noch im recht hohen Alter tätig. So finden sich in einer 1402 in Mainz durchgeführten Zählung eine 41jährige, eine 60jährige und eine 70jährige. Andere betätigten sich häufig in fortgeschrittenem Alter als Kupplerin oder als Kleinhändlerin [487]. Der Besitz der Prostituierten war meist, schon aufgrund der relativ niedrigen Einzelhonorare, recht gering. Insgesamt dürften ihre Lebensbedingungen zur Zeit der Frauenhäuser jedoch besser gewesen sein als in späteren Zeiten.

Die Frauenhäuser waren in der Regel Eigentum der Städte, bisweilen ein Lehen weltlicher oder selbst geistlicher Herrscher. Die Aufsicht über die Frauenhäuser und die Prostituierten übten die Ratsknechte, oft auch der Henker [486] aus, während die unmittelbare Leitung bei den Frauenhauswirten/innen lag, die die Häuser gepachtet hatten und als städtische Halbbeamte einen Eid abzulegen hatten [484, 485].

Obwohl die Frauenhäuser oft als befriedete Orte galten, d. h. wer hier straffällig wurde, verfiel einer doppelten Strafe [485], waren Raufereien, Mord, Skandale und grober Unfug an der Tagesordnung, worunter insbesondere die dort tätigen Frauen zu leiden hatten [488].

Die rasche Ausbreitung der Syphilis und die Moraltheologie der Reformation brachten die Schließung der meisten Frauenhäuser im 16. Jahrhundert.

Neben der offiziell geförderten Prostitution in den öffentlichen Frauenhäusern gingen zahlreiche Frauen, häufig mehr als in den städtischen Frauenhäusern, dem Gewerbe in privaten Frauenhäusern oder den Schenken nach. Weit verbreitet war auch die Straßenprostitution, die in Nürnberg 1480 sogar offiziell geduldet wurde [489]. Im allgemeinen waren die Städte bestrebt, keine freie Prostitution zu dulden und die Frauen in die städtischen Frauenhäuser zu bringen oder sie der Stadt zu verweisen [490]. Besonderes Interesse an der Beschränkung der freien Prostitution hatten die Frauen in den Frauenhäusern, die sich als Zunft fühlten und für sich ein ausschließliches Gewerberecht in Anspruch nahmen [491]. Schienen ihnen die Maßnahmen der städtischen Behörden gegen die freie Prostitution nicht ausreichend, so griffen sie häufig auch selbst ein und gingen gegen die mißliebige Konkurrenz vor [492].

Die gesellschaftliche Einschätzung der Prostituierten war sehr ambivalent. Zählte man sie einerseits zu den unehrlichen Berufen, so nahmen die Frauen andererseits am gesellschaftlichen Leben teil und erwiesen sich als integraler Bestandteil der mittelalterlichen Gesellschaft [493, 494]. Scharf von dieser Beteiligung der Frauen am öffentlichen Leben hoben sich zahlreiche Verordnungen ab, die auf eine Ächtung der Prostituierten und eine Abgrenzung hinausliefen. Dies wird besonders deutlich in der allgemein üblichen Vorschrift einer besonderen Tracht, an der man eine Prostituierte deutlich von einer „ehrbaren" Frau unterscheiden konnte [495]. Die Ansiedlung der Prostituierten wurde zudem auf wenige Gebiete, meist in der Nähe oder außerhalb der Stadtmauern beschränkt [490]. Diese soziale Diskriminierung verschärfte sich im ausgehenden Mittelalter und der beginnenden Neuzeit beträchtlich. In der Kirche wurden ihnen besondere Plätze zugewiesen [495]. Ihre Beerdigung erfolgte nicht mehr auf dem Friedhof, sondern auf dem Schindanger. An Tänzen, bei denen auch „ehrbare" Frauen erschienen, durften sie nicht mehr teilnehmen [490], wie sie auch insgesamt vom öffentlichen Leben im 16. Jahrhundert zunehmend ausgeschlossen wurden. Die angeführten Gebräuche [493, 494] wurden abgeschafft, ihr Ausgang in der Stadt eingeschränkt. Der Umgang mit Prostituierten galt zunehmend als ehrenrührig und konnte zum Ausschluß aus den Zünften führen [496]. Die Heirat einer Prostituierten galt als infamierend und erschwerte bzw. verhinderte häufig die Zunftmitgliedschaft für Frau und Mann [497]. In Hamburg durfte sich eine verheiratete, ehemalige Prostituierte schließlich auch nach ihrer Hochzeit nicht mehr wie eine „ehrliche" Frau kleiden [498].

Demgegenüber war man lange Zeit bemüht gewesen, Heiraten mit Prostituierten durch Stiftung von Aussteuern zu fördern. Da jene zunächst auch weniger als sündhafte mit Laster behaftete Frauen als vielmehr als unglückliche und bedauernswerte Frauen angesehen wurden, denen zu einem bürgerlichen oder auch geistlichen Leben zu verhelfen, als gottesfürchtige Tat galt. So entstand zu Beginn des 13. Jahrhunderts der Orden der Reuerinnen der heiligen Maria Magdalena, der den Prostituierten wieder zu einem bürgerlichen Leben verhelfen wollte. Mit dem Eintritt in den Orden wurden die Frauen Nonnen. Vor allem durch strenge Klausur und Abschirmung von der Umwelt hoffte man, die Prostituierten vor einem Rückfall bewahren zu können. Dennoch gerieten die Häuser häufig in Verruf. Bereits zum Ende des Jahrhunderts verloren sie rasch an Bedeutung. Neben den kirchlichen standen private Bemühungen, die mit der Gründung von Häusern der Bußschwestern oder der Rettungshäuser, die sich nicht immer klar von den Beginenhäusern unterscheiden lassen, in denen die Frauen Unterkunft und Verpflegung erhielten und zur Arbeit angehalten wurden, den Prostituierten wieder zu einer geregelten Lebensführung verhelfen wollten. Sie erfreuten sich z. T. eines beträchtlichen Zulaufs [499]. Bisweilen begünstigten sie sogar die Prostitution, die sie eigentlich bekämpfen wollten [500].

[464] Tänzerin, französische Miniatur aus der Mitte des 11. Jh.

aus: Thiel: Geschichte des Kostüms [127], S. 104.

[465] Pfeiffer und Lautenschlägerin, Flugblatt v. 1543

aus: Geisberg: The German Single-leaf Woodcut 1500–1550 [84], Bd. 4, S. 1544.

[466] Bärentreiberin, Flugblatt v. 1543

Die Bern dreyberin.

Den Bern kan ich machen dantzen
Mit wunder seltzamen kremantzen
Bald ich jm den ring pring int nasen
So für ich jn mit mir all strassen
Vnd mach mit jm mein affen spil
Er müß mir dantzen wie ich wil
Jch kan jn maisterlichen treiben
Das es mir müß verschwigen bleyben
Niemandt wissen dann yederman
Wie wol ich böß nachpauren han
Die mich offt vberlaut anß schreyen
Doch kan ich mich sein nit verzeyhen
Der Berendantz mir gütlich thüt
Jch hab darbey offt gütten müt
Macht mir mein suppen fayßt vnd güt

Der Ber spricht.

Jch armer ber wes zeich jch mich
Das jch also las dreiben mich
Jch müß mein dantz mir selber pfeiffen
Man thüt mir oft int wollen greiffen
Lupft vnd zupft mich vber tag wol
Jch müß es alles füllen vol
Die püebin vnd die cuplerin
Dar mit so get mein gelclich hin
Also gee jch vmb in der prumbs
Wen ich nuu auß dantz vnd verhumbs
Vnd worden ist mein peütel ler
Wirt jch schabab vnd gar vnmer
Vnd wirt zum dantzen nimer daugen
Den wirt mich peissen ð rauch inn augen
Vnd müß darnach an klaen saugen.

Anthony Formschneyder.

aus: Geisberg: The German Single-leaf Woodcut 1500–1550 [84], Bd. 4, S. 1543.

[467] Bettlerinnen im Liber Vagatorum, 1509/11 (nach einem Druck v. 1616)

Von den Voppern und Vopperin

Das .riij. Capitel ist von den Voppern das sein Betler vnd aller meist frawen die lassen sich an eisen ketten furen als ob sie vnsinnig wern vnd zerzerren die Schleier vnd Cleider von jren leiben vnd das sie die leut betregen, es sind auch etlich die dreiben vopperei vff dutzen das sind do einer vber sein weib oder vber ein ander menschen stehet heischen vnd sprechen es sei besessen mit dem bosen geist vnd doch nit ist, vnd sie haben jne gelobt zu einem heilgen den er dan nent vnd muß haben .rij. pfundt wachs oder ander ding durch das der mensch erlost werd von dem bosen geist, das heissen Vopper die da Dutzen (Conclusio) Es ist eine bose falsche narung, man singt, Welcher Breger nit ein Erlatin hat die nit voppen vnd Ferben geet, eundem erschlagen sie mit ein schuch. Es sind auch etlich Vopperin mit namen frawen die thun sich auß wie das jnen we an den Brusten sei vnd nemen ein milß vnd schelen das an einer seiten vnd legen das vber die Brust, vnd keren das geschelt end herauß, vnd bestreichen das mit blut das man wenen sol es sei die Brust, die heißen Vopperin.

Von den Dutzbetterin

Das .rv. Capitel von dutzbetterin das sein betlerin die sich jm land vmb fur die Kirchen legen, vnd preiten ein leilach vber sich vnd setzen wachs vnd eier fur sich als ob sie Kintbeterin wern, und sprechen jenen sei in .riiiij. tagen ein kint tod, wie wol jr etliche jn .r. oder .rr. jaren nie keins hat gemacht. Vnd die heissen Dutzbetterin. Disen ist nit zu geben, vrsag, Es lag ein mal ein man zu Stroßburg vnter ein leilach vor dem Munster, vnd ward außgeben es were ein Kindtbetterin, der ward von der Statwegen auf gehebt vnd gefangen, vnd jn das halseisen gestelt, darnach ward jm das Landt verbotten. Es sind auch etlich Weiber die nemen sich an wie das sie seltzam figur getragen vnd an die welt geboren haben, Als kurtzlich in dem Tausent funfhundert vnd in dem neunden jare gen Phortzheim ein fraw kam dieselbig sagt wie das sie jn einer kurtz het an die welt geboren ein kindt vnd ein lebendige Kroten dieselben Kroten het sie getragen zu vnser lieben frawen zum Einsideln, doselbst were sie noch lebendig, der must man alle tag ein pfund fleisch haben, die hielt man zun Einsidlen fur ein wunder. Vnd betlet also wie sie jetz vff dem weg were gein Ach zu vnser lieben frawen, het auch Brif vnd Sigel die ließ sie vff der Cantzel verkunden. Dieselbig frawe het ein starcken Buben jn der Vorstat jn des wirtes hauß sitzen der vfff sie wartet, den sie ernert mit solcher buberei. Do ward man des do durch den Thorwart jnnen vnd wolt nach jnen gegriffen haben, aber sie waren gewarnet worden vnd machten sich darvon. Vnd was alles Buberej vnd erlogen wo mit sie vmb warn gangen.

Von den Sundfegerin

Das .rvij. Capitel von Sundfegerin, das sind der vorgenanten knecht krenerin, oder ein teil jr Gleiden, die lauffen jm land vmb vnd sprechen sie sein jn dem offen leben gewesen vnd wollen sich bekeren von den sunden, vnd betlen das almusen vmb sant Marie magdalene willen vnd betriegen die leut damot.

Von den Biltregerin

Das .rviij. Capitel ist von den Biltregerin, das sind die frawen die hinten alte wammes oder Bletz oder Kussen vber den leib vnder die Cleider, vmb das man wenen sol sie geen mit Kindern, vnd haben jn.rr. jaren oder mer nie keins gemacht, dasselbig heist mit der Billen gangen.

Von den Jungfrawen

Das .rir. Capitel ist von den jungfrawen, das sind betle die klopperlin tragen als ob sie aussetzig weren vnd doch nit sind, das heist mit der Jungfrawen gangen.

Von den Veranerin

Das .rriij. Capitel ist von den die vff keimen geen, das sind frawen die sprechen sie sein getaufft Judin vnd sind Christin worden, vnd sagen den leuten ob jr vater vnd muter in der Helle sein oder nit, vnd betlen den leuten Rock vnd Cleider, vnd andern ding ab, vnd haben auch des falsch Brief vnd Sigel, dieselben heissen Veranerin.

zitiert nach: Avé-LaLlemant: Das deutsche Gaunertum [493], Teil 1, S. 167–170.

[468] Vagabundinnen, Ausschnitt aus einem Flugblatt v. H. S. Beham, um 1524 (siehe Abbildung auf Seite 317 oben)

[469] Fahrende Frauen mit Säuglingen, Holzschnitt d. 16. Jh. (siehe Abbildung auf Seite 317 Mitte)

[470] Bettler, der seine Frau in einer Schubkarre fährt, Kupferstich aus dem Ende des 15. Jh. (siehe Abbildung auf Seite 317 unten)

aus: Geisberg: The German Single-leaf Woodcut 1500–1550 [84], Bd. 1, S. 159.

aus: Hampe: Fahrende Leute in der deutschen Vergangenheit [501], S. 64.

aus: Hampe: Fahrende Leute in der deutschen Vergangenheit [501], S. 21.

[471] Bettlerpaar, Kupferstich aus dem Ende des 15. Jh.

aus: Hampe: Fahrende Leute in der deutschen Vergangenheit [501], S. 20.

[472] Bericht von Johann Stumpf über das Konzil zu Konstanz v. 1414, 1541
[. . .] Auf dieses Konzil ist auch aus allen Landen viel Handwerksvolk, Spielleute, Dirnen etc zugezogen, die alle ein Gewerbe zu Konstanz getrieben haben, und solche habe ich in einer Aufstellung in der nachgeschriebenen Weise verzeichnet gefunden: [. . .] Alte Frauen, die den römischen Herren ihre Kleidung wuschen und ausbesserten und sonst dienten, deren waren viele. [. . .] Öffentliche, gemeine Frauen über die ganze Stadt verteilt, in Frauenhäusern, Ställen, abseits gelegenen Gegenden, waren über 700. [. . .]
übertragen nach: Scheible: Das Kloster [817], Bd. 6, S. 319–21.

[473] Prostituierte als Siegespreis auf einem Magdeburger Turnier von 1280, 1360/72
Um das Jahr 1280 pflegten hier die Konstabler, das waren die Kinder der reichsten Bürger, zu Pfingsten das Spiel zu leiten: den Roland, den Schildekenbaum, die Tafelrunde und andere Spiele, die jetzt die Ratsherren selber leiten. Da war ein Konstabel, der war ein gelehrter Mann mit Namen Bruno von Schönebeck, den baten seine Gefährten, die Konstabeln, er sollte ihnen ein schönes Spiel dichten. Da machte er einen Gral und dichtete höfische Briefe, die schickte er nach Goslar, Hildesheim (und anderen Städten). Er lud alle Kaufleute, die Ritterschaft üben wollten, ein, nach Magdeburg zu kommen, sie hätten dort eine schöne Frau (d. h. Prostituierte) Feie, die sollte derjenige haben, der sie durch Tüchtigkeit und Männlichkeit erwerbe. Davon waren alle jungen Leute in den Städten begeistert. [. . .] Die Frau Feie gewann schließlich ein alter Kaufmann aus Goslar, der nahm das Mädchen mit sich und verheiratete es. Er gab ihm so viel Mitgift, daß es sein wildes Leben nicht mehr führte.
übertragen nach: Magdeburger Schöffenchronik in: Chroniken deutscher Städte [151], Bd. 7, S. 168.

[474] Der Huren und Buben Amt und Befehl in Leonhard Fronspergers Kriegsbuch, 1573

Hievor bey dem Hurn-Weybel ist ein wenig Meldung von ihnen geschehen. Aber wie dem allem, strekt sich solch ihr Ampt dahin, daß sie getreuwlich auf ihre Herren warten, sie nach Notturft versehen, die *gemeinen Weiber* mit kochen, fegen, waschen, sonderlich der Kranken damit zu warten, sich deß nit wegern, sonst wo man zu Feldt liegt, mit Behendigkeit lauffen, rennen, einschenken, Fütterung, essende und trinkende Speiß zu holen, neben anderer Notturft, sich bescheidenlich wissen zu halten, auf der Reyen oder sonst nach Ordnung wissen zu stehen, gelegener Märkt sich gebrauchen und halten. Wo etwan der viel in einer Herberg oder Losement beyeinander liegen, bleiben sie selten eins, da wirt ihnen des Orts etwan ein verständiger Kriegsman zu einem Rumormeister gesetzt, oder zum Obersten zugeordnet, welcher sich denn bescheidenlich unter ihnen soll wissen zu halten. Wo es aber nit stat haben wollte so hat er ein Vergleicher, ist ungeferlich eines Arms lang, damit hat er Gewalt von ihren Herrn so ihm zuvor übergeben, sie zu straffen. Solche Huren und Buben werden alsdann sonst auch ohne das darneben für wol essen und trinken, mechtig übel geschlagen, ehe sie solches ihres Amptes recht gewonnen; der Gutthaten sie wenig genießen, welche ihnen dann zuvor versprochen, man muß aber dem Thuch also thun, es verleuret sonst die Farb, würden der faulen Schwengel und Huren gar zu viel. [. . .] Solcher Huren und Buben Ampt ist weiter, wo man im Läger eine Zeit lang verharret, daß sie, mit Gunst zu melden, die Mumplätz (Kloaken), sampt anderm wo es not ist, säubern und fegen, solches wird niemandts unter ihnen gefreyet, weder groß noch klein Hansen, Hurn, Jung, oder Bub. Zu solchem fegen werden auch die Steckenknecht bestellt, welcher oder der sich solches wiedert, verstieß oder sonst verhielt, der soll oder wird preiß vor andern gemacht, darwieder sich niemands legen oder regen darf. Dazu wo es von nöten Graben, Teich oder Gruben auszufüllen, darüber man etwan auch stürmet oder Weg auszubessern, oder wo Geschütz versinke und stecken bliebe; da werden die Huren und Buben neben verordneten Personen Reiß, Wellen, Büschel Holz zu machen, binden und tragen genötigt, und ziehen helfen wo es not thut, und was dem Haufen am nüzten durch sie geschaft mag werden, das keineswegs zu wiedern, bey ernstlicher straff, so ihnen aufferlegt wirdt.

zitiert nach: Scheible: Das Kloster [817], Bd. 6, S. 461 f.

[475] Hurenweibel mit Dirne, Holzschnitt v. 1545 (siehe Abbildung auf Seite 320)

[476] Heerestroß, Holzschnitt, ca. 1530 (siehe Abbildung auf Seite 321 oben)

[477] Heereslager, Holzschnitt von Erhard Schoen, 1535 (siehe Abbildung auf Seite 322 unten)

[478] Aus der Kostenabrechnung eines Frankfurter Gesandten v. 1446

[. . .] Verzehrt habe ich in der Herberge 6 Weißpfennig. Am Abend ging ich zum Tanz, da führten mich die Gesellen zu den Frauen (Prostituierten), ließ ich Wein holen für 5 Weißpfennig, gab ich in der Herberg (d. Frauenhaus) 2 Weißpfennig. [. . .]

übertragen nach: Kriegk: Deutsches Bürgerthum im Mittelalter. Neue Folge [101], S. 381.

aus: Hampe: Fahrende Leute in der deutschen Vergangenheit [501], S. 100.

aus: Geisberg: The German Single-leaf Woodcut 1500–1550 [84], Bd. 1, S. 246.

aus: Geisberg: The German Single-leaf Woodcut 1500–1550 [84], Bd. 4, S. 1212.

[479] Burkhard Zink über sein Konkubinat mit Margret Segesserin von Walhaupten, um 1470

Als nun mein Weib die Edlfrau tod war, da belib ich darnach ein Witwer bei $4^1/_2$ Jaren und lebent sicher elendlich. Und hett mich eins torenden[1] Freulins unterstanden[2], das war mir sicher lieb, daran ich doch nit vil gewan; sie tett mir schier mer Schaden dann guets, als villeicht oft einem toreten Man noch beschicht. Also bedacht ich mich, daß ich so elendlich lebent und in Sünden und niemand mir treu war, noch nicht zu guet tett dann umb das Mein. Und das Freulin war mir gar gefärlich und stal mir das Mein wa sie mocht. Das verdroß mich und wolt sein nit mer. Und da es vernam, daß es Urlaub[3] solt han, da hett es sich geren vil Bosheit geflißen. Aber es mocht nit mer, dann es erdacht sich eines Sinnes[4] und meint, es wolt mir Geld abschrecken[5], und lued mich auf das Korgericht[6] und klagt mich an umb die Er, daran sie mir doch warlich unrecht tet, und hett geren gesehen, daß ich mit ir getedingt[7] hett. Aber ich woll nit anderst dann recht. Also ward ich von ir ledig one Geld, des han ich ein Brief von dem Korgericht, kost mich 1 fl. 20 dn., damit bin ich ledig von ir. Es ist zu wißen, daß dasselb Freulin zwei Kindlach[8] bei mir gehabt het; stat hernach. Das Freulin hieß Margret Segesserin von Walhaupten[9]; die gelag eins Suns in der Wuchen post Bartlmens[10] im 1452. Jar; ward Jörglin genant, den ich seider gezogen han und gen Schuel han laßen gan. Und auf das 1462. Jar han ich in gen Kaufbeuren gelaßen zu einem Schuelmeister und gib 7 fl. von im ein Jar in die Kost. Darnach auf den obersten in dem 1453. Jar gelag dieselb Margret einer Tochter, ward Hildgart genant; die starb an dem andern Tag darnach und leit zu sankt Ulrich begraben bei andern elenden[12] Kinden.

zitiert nach: Meyer: Ausgewählte Selbstbiographien [190], S. 18 f.

[480] Hermann Weinsberg über seine Beziehungen zu Prostituierten und über sein Konkubinat, 2. Hälfte 16. Jh.

Aber schier alle meine Gesellen, mit denen ich zusammenwohnte und studierte, so geschickt, fleißig und gelehrt sie waren, immer redeten sie von hübschen Frauen; der eine erzählte dies, der andre das, unverschämt, häßlich und frech; der eine sagte, er habe mit dieser gebuhlt, gelegen, geschlafen, der andere, was er aus- und inwendig getrieben hatte. Insonderheit war es ein Geistlicher, im Dall wohnhaftig, der mich unterrichtete, wie er mit Huren Unzucht getrieben, fragte mich vielerlei, was ich nicht wuße, und unterwies mich viel böser Sachen. Ich war einfältig, verstand aber doch genug, um mir Gedanken zu machen und bösen Anreiz zu bekommen. Meine Gesellen gingen oft auf Buhlschaft. Zuletzt brachte mich Magister Josef Goldberg in die Schemmergasse, da wohnte ein altes Weib, das er kannte, die schickte zu zweien Seidenspinnerinnen, und die kamen auch alsbald. Wir hatten schon ziemlich viel getrunken, und er ließ noch mehr Wein holen. Es war am Davidstag nach den Christtagen. Hier muß ich meine Sünde berichten und bekennen mit dem heiligen David, daß es mir herzlich leid ist. Denn wie wir dasaßen und tranken, hat es sich begeben, daß ich meine Jungfernschaft mit einer,

[1] thöricht.
[2] angenommen.
[3] Abschied, Entlassung.
[4] etwas ausdenken.
[5] abnötigen.
[6] geistliches Gericht.
[7] ein Abkommen treffen.
[8] Kindlein.
[9] Waalhaupten B.-K. Kaufbeuren
[10] 24. August.
[11] 6. Januar. Diese Zeitbestimmung kann im Hinblick auf das Geburtsdatum des Sohnes nicht richtig sein, oder umgekehrt.
[12] jung verstorbenen.

genannt Trinchen Hochstirn, verloren hab', da ich gerade zwanzig Jahre alt war. Es war das erste Mal, daß ich in solche Gesellschaft geraten war. Später hab in der Trunkenheit noch vier- oder fünfmal mit Huren gehaust, wozu mich die Gesellschaft und der Trunk bewegten. Da aber die Franzosenpocken oder hispanische Krankheit zu jener Zeit noch gewaltig regierten, wovon viele Leute jämmerliche Gebrechen bekamen, so hab' ich Gott dem Allmächtigen gedankt, daß er mich behütet hat, und habe mich fürderhin fleißig vor leichtfertigen Frauensleuten, Huren und Hurenführern gehütet, so daß ich nie solch Gebrechen gekriegt habe. Wenn mich Gott nicht gnädiglich behütet hätte, wäre ich ohne Schaden nicht davon gekommen, und es mögen alle Eltern mit Fleiß auf ihre Kinder achten, wo sie hingehen, denn sie möchten gar leicht verführt werden, so genau man auch drauf sieht.

[...]

Ich hab im Herbst[1] eine Buhlschaft gehabt, sie hieß Barbara, war von Aachen gebürtig, hat einen verstorbenen Ehemann daselbst gehabt und wohnte in der Achterstraße in einem meiner Zinshäuser auf einer Kammer, war noch recht jung. Es geschah mit ihrem Willen, bis einer von uns heiraten würde, wie auch folgends die Scheidung geschehen ist.

Hässlein: Das Buch Weinsberg [172], S. 99f., S. 272.

[481] Eintragung in das Achtbuch der Stadt Speyer v. 1486

Ein originelles Ansehen stellte 1486 ein Benderknecht an die Wirtin eines Frauenhauses: da er Geldes sehr bedürftig war, beschloß er, sich solches zu verschaffen, indem er die Dirne, die ihn auf seinen Fahrten begleitete, auf einige Tage ins Frauenhaus zu bringen gedachte. Als Mietschilling begehrte er anfänglich 4 Gulden, gab sich dann aber auch mit 2 zufrieden, bis der Wirt hinzukam und das Zustandekommen des unsauberen Handels vereitelte. Über die Bestrafung des Gesellen gibt das Achtbuch leider keinen Aufschluß.

zitiert nach: Harster: Das Strafrecht der freien Reichsstadt Speyer [503], S. 192.

[482] Geiler von Kaisersberg über die Männer, die ihre Frauen zur Prostitution anhalten, 1498

4) Die vierdt Schell der Ehebruch narren ist, sein Frauw zu Ehebruch anreitzen, bringen, zulassen oder gelegenheit darzu geben. Man findt, die bringen ihr Weiber zu Ehebruch vnd Hurerey, nemlich auff dise weiß, in dem sie tag vnd nacht müssen gefressen und gesoffen haben, frühe und spat voll wein, und nichts darbey wircken, vnd wenn sie kein gelt mehr haben, sagen sie zu den Weibern, gebe vnd lug, daß wir gelt haben: gehe zu diesem oder jenem Pfaffen, Studenten oder Edelmann, vnnd heiß dir ein gülden leihen, und denck, komb nur nicht zu hauß, wo du kein gelt bringest, lug wo du gelt aufftreibest oder verdienest, wenn du schon es mit der handt verdienest, da du auff sitzest. Als dann gebet sie ein Ehrliche vund fromme Frauw auß dem hauß, vnd kempt ein Hur wider heim. Ich hab einen gekennet, der hat sein Frauw wollen zwingen, das sie ihm solte Wein kauffen, da aber die Frauw leider weder gelt noch Brot im Hauß hatte, sprach er: Wo du mir nicht würdest wein oder gelt zu wegen bringen, so lug was ich anfaßen werd. Da saget die Frauw abermals und sprach: Ach mein lieber Haußwirt, ich hab kein gelt vnd weiß auch keins, da führe er zu, die Frauw zu zwingen, vnd namm ein messer, vnd wolt sich selbs an seinem heimlichen gliebt verletzen, da sprang sie herbey vnd sprach. O mein lieber

[1] 1557, seine erste Frau war am 28. Mai 1557 gestorben.

Haußwirt, verschon dein selbs, ich will lugen, das ich moge wein bekommen, da bracht solcher Loß vogel zu wegen, das sein fromme Frauw zur Huren wardt, allein durch sein sülleren. Deren findt man noch viel, die nemmen eine gute maaß wein, vund lassen ein andern bey seiner Frauwen so offt ligen, als er wil. Diß wie ein grosse blutschandt vnud sündt es sey, gib ich jedermann zu treffen, vnd wirt solche Hurerey auch nicht vngestrafft hingebn.

zitiert nach: Scheible: Das Kloster [117], Bd. 1, S. 407f.

[483] Bestrafung eines seine Ehefrau verkuppelnden Mannes, 1587

Und C. K. hat gestanden, dass er wohl gewust und zufrieden gewesen, dass sein Eheweib mit gedachtem Pfarrherrn Ehebruch begehen möchte; dann er seiner wohl zu geniessen verhoffet, und sich mit ihm derowegen um 100 Thaler vertragen, auch 53 Thaler darauf empfangen etc. Da nun gedachter C. K. auf seinem gethanen Bekentniss vor Gerichte freywillig verharren, oder des sonsten, wie recht, überwiesen würde: So möchte er, solcher Verkuppelung halben, mit dem Schwerdte vom Leben zum Tode gestrafft werden, V. R. W. Ad consult. Quaestoris M. Jul. 1587.

zitiert nach: Bauer: Das Geschlechtsleben in der deutschen Vergangenheit [66], S. 143.

[484] Nürnberger Frauenhausordnung, ca. 1480

Wiewohl der ehrbare Rat dieser Stadt nach löblichem Herkommen mehr geneigt ist und geneigt sein sollte, Ehrbarkeit und gute Sitten zu mehren und zu fördern, als Sünde und sträfliches Wesen zu dulden – jedoch nachdem zur Vermeidung größeren Übels gemeine Weiber zu halten in der Christenheit durch die heilige Kirche gelitten und gestattet wird und doch einem jeden Wesen Maß und Ordnung gebürt und an den ehrbaren Rat gelangt ist, daß durch die Frauenwirte um ihres Gewinnes und Vorteils willen mit Kaufen, Verkaufen, Verpfänden und Versetzen der freien Weiber Unordnung und Ungebühr entsteht, geübt und gepflogen wird, was nicht allein wider Gott, sondern auch wider das natürliche Gesetz und alle Ordnung angesehen werden muß, da Gott den Menschen frei und ledig geschaffen hat, so wollen wir solch ungebührlichem Benehmen zuvorkommen und in diese Sache Ordnung bringen, vor allem auch deshalb, damit sich die gemeinen Weiber desto leichter und ohne weitere Irrung solchem sündigen Wesen entledigen und daraus entkommen können.

So setzt der Rat fest und bestimmt ernstlich, daß hinfort kein Frauenwirt, Wirtin, noch jemand an ihrer Stelle ein Weibsbild, das zuvor nicht in dem gemeinen Leben oder offenen Häusern gewesen ist, verkaufen, verpfänden oder versetzen, noch darauf etwas leihen darf. [. . .]

Wenn aber bei einem Frauenwirt, Wirtin oder ihrem Stellvertreter, etwa Weibsbilder, die in seinem Haus wohnen und die freiwillig, unverkauft und unverschuldet zu ihm gekommen sind, in Schulden geraten, gegen die mag er mit gebührlichem Recht vorgehen, sie aber darum nicht pfänden, verkaufen noch in Arrest behalten, in keiner Weise.

Auch soll der Wirt oder sein Stellvertreter die gemeinen Weiber, die in seinem Haus wohnen, nicht drängen noch nötigen, Essen oder Trinken von ihm zu nehmen. Sondern sie sollen frei und ungenötigt sein, ihre Speisen und Getränke für ihr Geld zu nehmen, wo sie mögen. Wenn sie aber Wein von ihrem Wirt nehmen, so soll er ihnen das rechte Maß geben. [. . .]

Es soll auch der Frauenwirt oder sein Stellvertreter die Weibsbilder, die in seinem Haus wohnen, nicht nötigen, daheim zu bleiben, noch sie in ihr Gemach sperren,

sondern sie zur Kirche und auf die Straße gehen und wandeln lassen, da sie ja freie Weiber genannt werden.
Es sollen auch der Frauenwirt und sein Stellvertreter hinfort die gemeinen Frauen seines Hauses mit Schlafgeld, mit Wochengeld und allen anderen Sachen billig halten und gegen alte Gewohnheit nicht übervorteilen noch übermäßig belasten.
Auch soll hinfort der Frauenwirt oder sein Stellvertreter keine Frau, die einen Ehemann hat, wissentlich annehmen noch behalten.
Insbesondere sollen auch der Frauenwirt und sein Stellvertreter fernerhin keinen Priester oder andere geweihte Personen oder Ehemänner zu sündlichen Werken aufnehmen, beherbergen noch behalten.
Es soll auch fernerhin der Frauenwirt oder sein Stellvertreter keine Frau, die in seinem Haus wohnt, wenn sie schwanger ist oder mit ihren weiblichen Tagen beladen ist, noch sonst unpäßlich ist oder sich von den Sünden enthalten will, zu keinem Mann noch sündigen Werken nötigen, drängen oder dazu anhalten, in keiner Weise.
Damit auch die gemeinen Weiber von dem sündigen Wesen, in dem sie stehen, desto leichter Abstand nehmen können und wenn es dann etwa geschieht, daß sich ein gemeines Weibsbild zu ehelichem Stand entschließt oder sonst von den Sünden lassen wollte, so soll dieselben der Frauenwirt noch sein Stellvertreter an solchem Vorhaben weder wegen Verschuldung noch um anderer Sachen willen beirren, noch hindern, sie auch darum nicht strafen, schlagen, noch mißhandeln, sondern sie frei und unbehindert ziehen und von sich gehen lassen. Wenn sie ihm etwa Geld schuldig ist, so mag er das mit gebührlichem Recht fordern. [. . .]
übertragen nach: Siebenkees: Materialien zur Nürnbergischen Geschichte [205], Bd. 4, S. 597–600.

[485] Ordnung des Frauenhauses zu Ulm, 1410 oder 1510
[. . .] Zum Zweiten soll er schwören, das Frauenhaus ständig aufrecht zu erhalten und dasselbe mit tugendlichen, sauberen und gesunden Frauen entsprechend dem Bedarf und der Art des Anwesens hier zu Ulm zu versehen, und zu keiner Zeit unter vierzehn Frauen zu haben, es sei denn, daß ihm eine oder mehrere wegen Krankheit oder anderer Dinge das Haus verlassen. Dieselben soll er dann in dem darauffolgenden Monat mit einer oder mehreren geschickten, sauberen und gesunden Frauen zu ersetzen und zu erstatten schuldig und verpflichtet sein, ohne Arglist, damit zumindest an der obengenannten Zahl von vierzehn Frauen kein Rückgang oder Mangel geschehe.
Zum dritten soll er schwören, die Frauen in der nachstehenden Art und Weise zu halten. [. . .] Er soll einer jeden in seinem Haus wohnenden Frau das Mahl für sechs Pfennig geben und sie damit nicht höher belasten und ihnen zu jedem Mahl, wenn man Fleisch essen soll, zwei Gerichte oder zwei Gänge mit Fleisch geben, namentlich Suppe und Fleisch und Rüben oder Kohl und Fleisch, je nachdem, was er dann nach Gestalt und Gelegenheit der Zeit angemessen und am besten haben mag und aber am Sonntag, am Dienstag und am Donnerstag, zu Abend, wenn man Fleisch ißt, statt der oben genannten Gerichte oder Gänge etwas Gebratenes oder Gebakkenes, wenn er das Gebratene nicht haben mag. Wenn man aber kein Fleisch ißt, so soll er während der Fastenzeit einer jeden Frau zu jedem Mahl einen Hering und dazu zwei Gänge geben und außerhalb der Fastenzeit ein paar Eier oder an deren Stelle etwas Gebackenes und außerdem zwei Gänge. Dazu, wenn er keine Eier und keinen Hering hat oder aber ihm aufgetragen ist, die Gerichte abzuwechseln, so mag er ihnen statt der Heringe oder Eier Fisch geben und ihnen denselben kochen und backen lassen und (er soll) immer Vollkorn- oder Weißbrot dazu geben. Wenn

es aber um eine Frau so bestellt ist, daß sie ein Mahl nicht essen will, so soll er ihr das Geld, das ihr zusteht, wenn sie das begehrt, zurückgeben. Außerdem soll der Wirt verpflichtet sein, den Frauen für ihr Geld, wenn es ihnen beliebt oder sie das begehren, Wein holen lassen. Und wenn eine schwanger wird, so soll er dieselbe, sobald er dessen gewahr wird, wegschicken und aus dem Haus weisen.
Weiterhin zum vierten, eine jede Frau, die nachts einen Mann bei sich hat, soll dem Wirt einen Kreuzer als Schlafgeld und nicht mehr geben. Und was ihr der Mann, bei dem sie also geschlafen hat, darüberhinaus gibt, das soll sie zu ihrem eigenen Nutzen haben und sie soll nicht verpflichtet sein, dies in die Lade zu stoßen, sondern sie darf ihrem Willen und Gefallen entsprechend damit verfahren. Desgleichen soll die Frau in der Nacht für eine ganze Kerze einen Heller und der Mann, der bei ihr liegt oder liegen will, wenn dieser eine Kerze nimmt, soll einen Pfennig geben. Was aber eine jede Frau am Tag oder dazwischen oder daneben erhält, das soll sie alles in die Lade werfen. Daraus soll der Wirt den dritten Pfennig erhalten, (während) das übrige den Frauen von den Schulden, die sie bei ihm haben, abgezogen werden soll. Und damit auch dabei kein Betrug geschieht, so sollen drei Schlösser an der Lade angebracht werden. Und der Wirt soll zu dem einen Schloß einen Schlüssel haben, die Lohnsetzerin zum zweiten und eine Frau, die dazu von den anderen Frauen genommen und erwählt wird, den dritten Schlüssel. Und wenn am Samstag die Lade geöffnet wird, so sollen von den gemeinen Frauen dazu zwei bestimmt werden, die zusammen mit dem Wirt und der Lohnsetzerin dasselbige tun und darauf achten, daß einer jeden Frau das, was über das hinausgeht, was dem Wirt zusteht, von ihrer Schuld abgezogen wird und dabei kein Betrug geschieht. Und wenn einer Frau von ihrem „lieben Mann“ oder sonst einem guten Gesellen ein Geschenk oder sonstiges gegeben oder geschenkt wird, es seien Schuhe, Kleider, Schleier, (Geld)beutel oder anderes, was das auch sei, das soll alles ihr gehören, und sie soll weder dem Wirt noch jemand anders schuldig oder verpflichtet sein, davon etwas zu geben.
Zum fünften dürfen weder der Wirt noch die Wirtin einer Frau irgendein Kleid, Schleier oder anderes zum Kaufen geben, außer mit Zustimmung oder Kenntnis der Almosenherren, die es zu der Zeit sein werden.
Zum sechsten soll der Wirt die Frauen mit einer Köchin oder Küchenmagd versehen ohne weitere Kosten.
Zum siebten, wenn es geschicht, daß dem Wirt eine Frau oder Dirne gegen deren Willen versetzt wird und sie oder ihr Freund sie wiederum aus ihrem Haus begehren, so soll der Wirt diese Frauen oder Dirnen unbchindert und ohne das Geld, für das sie ihm versetzt worden sind, aus dem Haus gehen lassen.
Zum achten, wenn eine Frau [. . .] begehrt, von ihrem sündhaften Leben Abstand zu nehmen und das Haus zu verlassen, wenn dann diese Frau, die dieses also begehrt, dem Wirt den eigenen Gulden gibt, so soll er sie damit frei und unbehindert von ihm und anderen das Haus verlassen lassen in der Kleidung, mit der sie in das Haus gekommen ist, oder wenn sie diese Kleidung nicht mehr hat, in der Kleidung, mit der sie sonst gewöhnlich am Montag bekleidet gewesen ist, und sie ist ihm darüberhinaus nichts weiter zu tun oder zu geben schuldig. Es wäre denn, daß sie über kurz oder lang danach wiederum hier oder anderswo in ein offenes Frauenhaus käme, alsdann mag der Wirt die Schuld, die er ihr erlassen hat, wiederum von ihr einfordern und ihm soll sein (vorheriges) Erlassen alsdann keine Einbuße an der Schuldforderung ihr gegenüber bringen noch begründen, in keiner Weise. Dergestalt und in dieser Weise soll es auch gegenüber einer jeden Frau gehalten werden.
Zum neunten soll eine jede Frau an einem jeden Montag einen Pfennig und der

Wirt zwei in die Büchse geben und von diesem Geld soll zum Lob und zu Ehren unserer lieben Frau (Maria) und zum Trost aller christgläubigen Seelen am Sonntag in der Nacht hier in der Pfarrkirche unserer lieben Frau eine Kerze abgebrannt werden und wenn eine oder mehrere Frauen von Krankheit befallen werden und in anderer Weise ihre Leibesnahrung nicht erlangen können, sollen dieselben davon oder daraus mit Speise und anderem versehen werden. Und damit diese Büchse desto besser verwahrt werde und die Sache desto aufrechter zugeht, so sollen die Bettelherren, die es zu jener Zeit sind, einen Schlüssel und der Wirt einen Schlüssel zu derselben haben.
Zum zehnten soll eine jede Frau tagsüber dem Wirt zwei Spindeln Garn spinnen oder ihm aber für jede Spindel drei Heller zu geben ohne jede Widerrede verpflichtet sein. [...]
Zum vierzehnten, wer in den Frauenhäusern frevelt, es sei mit Worten oder mit Werken, der soll der doppelten Strafe verfallen sein. Auch sollen der Wirt, die Wirtin, der Knecht und die Frauen verpflichtet sein, dieselben anzuzeigen.
übertragen nach: Scheible: Das Kloster [117], Bd. 6, S. 973–79.

[486] Aufzeichnung über das Amt und die Gefälle des Stöckers zu Frankfurt/Main, um 1425
[...] Weiterhin hat der Stöcker zwei Häuser, die dem Rat gehören, in dem die gemeinen Töchter wohnen und ihm verzinsen.
Weiterhin ein Haus am Mainzer Tor, in dem er wohnen soll.
Weiterhin geben die Meisterinnen in den Frauenhäusern am Knebelinsborn, dort seien wenige oder viele oder eine allein, dem Stöcker außerhalb der Messezeiten wöchentlich am Dienstag sechzehn Schilling.
Und während der Messen, sobald man die Messe eingeläutet hat, soll jegliche Wirtin dem Stöcker 4 Gulden pro Messe geben, sie habe viele oder wenig Töchter. Wenn sich aber zwei Meisterinnen in einem oder von zwei Häusern (geschäftlich) verbinden, so sollen sie ihm 8 Gulden geben, eine jegliche 4 Gulden.
Weiterhin, wo sonst gemeine Töchter in der Stadt sitzen, es sei am Torborn, bei St. Katherinen oder wo das auch in der Stadt ist, da gibt jede dieser Töchter am Dienstag innerhalb und außerhalb der Messen 1 Schilling.
Aber die Fremden, die zur Messe herkommen, und an anderen Orten als am Knebelinsborn sich aufhalten, geben eine jede während der Messe einen Gulden.
Weiterhin, was aber die fremden Frauen (betrifft), die zur Messe herkommen und sich in den Weinhäusern, auf dem Fischerfeld und an sonstigen anderen Stellen betätigen, die sollen mit dem Stöcker übereinkommen, wie sie dies entsprechend ihrer Gelegenheit vermögen.
Und es soll ein jeder Stöcker dieselben gemeinen Frauen beschützen, schirmen und regieren und sie keine schwere Schande oder Unfug treiben lassen. Dazu soll ihm der oberste Richter behilflich sein und ihn unterstützen. [...]
übertragen aus: Bücher: Frankfurter Amtsurkunden [147], Nr. 23, S. 61.

[487] Thomas Murner über alternde Prostituierte, 1512
[...] Es gibt keine alte Hure am Rhein, die nicht gerne Gremperin sein wollte. Wenn man ihr nur ein paar Eier bringt, so läuft die alte Hündin zum Markt wie der Blitz. Während arme Leute arbeiten und keine Zeit für den Markt haben, so kann sich die alte Hure rüsten, daß ihr die Eier alle werden. Sie verkauft sie mit Betrug und schädigt damit die ganze Gemeinde. Hätte sie doch einen Mühlenstein am Hals und läge dort mitten im Rhein. So geschähe es ihr recht, der alten Gremplerin! Und die zudem noch den Brantwein am Sonntag feilhaben, vergessen da ihr

Seelenheil. Wenn andere Leute zur Kirche gehen, dann bleiben sie am Verkaufstisch stehen und fangen eine neuen Schwatz an. Es ist ein armseliger Handel, der ihnen hier einen Pfennig einbringt, denn der stinkt bis zur Hölle: Wenn die alten schnöden Weiber keinen solchen Handel mehr treiben, dann können sie noch zweierlei meisterhaft: Kuppeln und Zaubern in dem (ganzen) Land. Wären doch die Huren alle verbrannt!
übertragen nach: Murner: Narrenbeschwörung [195], S. 353.

[488] Im Freiberger Frauenhaus begangene Straftaten, Ende 14. Jh.
[. . .] Eckhard der Kürschner, da sich ungebührlich mit Worten und Taten in dem Frauenhaus benommen hat und sich schändlich darin benommen hat. [. . .]
Heinz von Wyle, ein Baderknecht, da er sich ungebührlich im Frauenhaus betragen hat.
Andreas Sperhacke und Simon, sein Bruder, und Franz Glower, da sie sich im Frauenhaus ungebührlich betragen haben. [. . .]
Hinghede Troeger, weil er frevelhaft in dem gemeinen Frauenhaus eine Frau verwundet hat. [. . .]
Loneker, Schmied, da er in dem Hurenhaus gefrevelt hat und unvorsichtig mit Feuer umgegangen ist. [. . .]
N. Roppt, H. Roppts Sohn, da er eine Dirne in dem Hurenhaus geschlagen hat. [. . .]
Brumpnitz, der Brauer, da er am Pfingstabend in der Nacht das Hurenhaus beworfen und dagegen gestoßen und geschlagen hat. [. . .]
Den jungen Hans Jeniken, da er das Frauenhaus angesteckt und entzündet hat [. . .]
Den jungen Hans Monek, Michael Giselbrecht und den jungen Sechsheller, da sie in dem Hurenhaus gewesen sind, obwohl sie verheiratet sind. [. . .]
Hans Krusp, da er sich in dem Fraterhaus schändlich benommen und der Meisterin darin feindselig gewesen ist und sie geschlagen hat. [. . .]
N. Feist, Peter Segensmit und Lorenz Roppt, da sie sich vor dem Frauenhaus schändlich benommen haben. [. . .]
Stobener, den man auch Genssel von Thorende nennt, Peter Helmbrechts Knecht, Merten, Mollers Knecht, und den jungen Peter Knoten, da sie in der Nacht mit unrechten Waffen gelaufen sind und mit Armbrüsten geschossen haben und mit Gewalt in das Frauenhaus eingedrungen sind. [. . .]
Hans, Birkener, der Sohn der Zeegenowynne, Caspar Friczschen und Timel, der Tuchmacher, da sie in dem Frauenhaus gewaltätig waren. [. . .]
N. Birkener [. . .] hat die Frauen dort geschlagen und darin widerwärtig gefrevelt und die Herren nicht geschont. [. . .]
Balthasar Kutteler, Richard Hempel, Küchenmeister, da sie sich in dem Frauenhaus ungebührlich benommen und die Frauen geschlagen haben. [. . .]
übertragen nach: Urkundenbuch der Stadt Freiberg/Sachsen [211], Bd. 3, S. 184, S. 187, S. 201 f., S. 204–206, S. 212, S. 216, S. 227, S. 229 f., S. 237 f., S. 234.

[489] Nürnberger Ratsverordnung zur Beschränkung der Straßenprostitution, 1480
Nachdem an einen ehrbaren Rat glaubwürdig gelangt ist, daß bei Tag und Nacht, in und außerhalb der Stadt und insbesondere beim Gostenhof, auch allenthalben an und vor dem Walde, viele und mancherlei Sünden und Übel der Unkeuschheit ganz unverhohlen und ohne Scham geübt und vollbracht werden, und daß dadurch nicht allein göttliche Rache und Strafe zu befürchten sind, sondern auch Eheleuten und anderen frommen Menschen viel Ärgernis und Leichtfertigkeit gegeben wird

und viel Übel und schwere Sünden, wo dem nicht mit entsprechenden Mitteln begegnet wird, daraus folgen und kommen mögen, darum Gott zu Lobe, zur Verminderung der Sünden und um der Leichtfertigkeit und dem Übel zuvorzukommen, gebietet der Rat ernstlich und entschlossen, daß hinfort keine gemeinen Dirnen oder andere Weibsbilder, innerhalb einer halben Meile rings um diese Stadt, mit einem Mann leibliche Werke der Unkeuschheit weder pflegen noch üben sollen, ausgenommen im Grund auf dem Judenbühel und dazu auf dem Anger oder zwischen dem Wiboltsbrunnen und der steinernen Brücke, welche von alters her der Plärrer genannt ist. Dort allein und nirgends anders, außerhalb der Stadt, der Rat solches zur Vermeidung mehreren Übels gedulden will, jedoch mit der Einschränkung, daß die Übungen solcher Werke an diesen Plätzen von den Gärten und Gartenhäusern nicht gesehen werden dürfen.
Es soll auch hinfort kein Wirt, noch sonst jemand, außer dem offenen gemeinen Frauenwirt, hier in der Stadt, zu Werder, im Gostenhof und anderswo, eine halbe Meile um die Stadt solche gemeinen Dirnen, die sündiger leiblicher Werke pflegen, weder tags noch nachts beherbergen, noch im Haus essen oder trinken lassen, bei schwerer Strafe von einem Pfund neuer Heller von einer jeden Person bei jedem Mal. [. . .]
übertragen nach: Siebenkees: Materialien zur Nürnbergischen Geschichte [205], Bd. 4, S. 601 f.

[490] Straßburger Ratsverordnung zur Begrenzung der Prostitution, 1493
Weiterhin, da viele Bordellwirtinnen und andere unsittliche Frauen und Töchter, die da öffentliche Dirnen sind und Knaben und Männer täglich zu sich gehen lassen und sie für Geld nehmen und auch rechtschaffener Leute Kinder und Gesinde, die daselbst hingeführt werden, empfangen, an vielen ehrbaren Orten in dieser Stadt unter frommen Leuten wohnen und sitzen, wo solche Dinge unschicklich sind, wodurch fromme Leute und ihre Kinder belastet und verderbt werden, was doch unziemlich ist, zu gestatten, deshalb wird angeordnet, daß solche Bordellwirtinnen und auch die anderen unsittlichen Frauen und Töchter, die öffentliche Dirnen sind, sich davon ernähren und nicht davon ablassen wollen, hinfort unter ehrbaren Leuten und an Orten, wo sie jetzt sitzen, nicht mehr wohnen sollen, um solche öffentliche Unzucht und Hurerei zu treiben, sondern sie sollen innerhalb der nächsten vierzehn Tage in die Bickergasse, die Klappergasse, die Gröibengasse, hinter der Mauer und an andere Stellen, wo von altersher solche Frauen wohnhaft und ansässig gewesen sind, ziehen, damit ehrbare Leute, ihre Kinder und Gesinde davon nicht verderbt und belastet werden. [. . .]
Es sollen auch solche unsittlichen Frauen und Dirnen, die sich öffentlich von der Buhlschaft ernähren, nirgendwo in dieser Stadt, wo fromme Frauen oder Jungfrauen zusammen sind, auf die Tanzfläche geführt werden, um unter den frommen zu tanzen. [. . .]
Und da häufig nichtsnutzige, unsittliche Dirnen in der Stadt sind, die keine andere Wohnung oder Unterkunft haben, als daß sie sich stets tags und nachts mit den Wirtshäusern, den Stuben (Zunfthäusern) und Gassen behelfen, wodurch auch junge Töchter verführt und verderbt werden, wovon viel Schlechtes herrührt, so soll und will man solches üble und sündhafte Treiben weder auf den Stuben, noch den Wirtshäusern und Gassen mehr gestatten, sondern wenn sie des nachts nach der Neunerglocke gefunden oder ergriffen werden, so sollen sie der Wächter oder andere Knechte der Stadt in den Turm legen und darin acht Tage bei Wasser und Brot liegen lassen. Und welche Tochter aufgegriffen wird, die von Leibes wegen zu dem Werk noch nicht geeignet, sondern zu jung ist, also daß sie weder Brüste noch

anderes hat, das dazu gehört, die soll deshalb mit der Rute gestraft und außerdem der Stadt verwiesen werden, bei Leibesstrafe, solange bis sie zu ihrem rechten Alter gekommen ist. [. . .]
übertragen nach: Brucker: Straßburger Zunft- und Polizeiverordnungen [146], S. 465f.

[491] Beschwerdeschrift der Dirnen des Nürnberger Frauenhauses an den Rat der Stadt v. 1492

Wir bringen Eurer Weisheit ein Klage vor und bitten Eure einsichtige Weisheit mit untänigem Fleiß, diese von uns armen Töchtern zu vernehmen, nämlich dieses: Nachdem uns Armen erlaubt und von E. W. zugestanden worden ist, daß wir uns wohl in dem gemeinen Frauenhaus ernähren sollen oder dürfen und uns doch dabei verboten und auferlegt worden ist, daß wir bei Nacht nicht auf den Gassen, wie die anderen, die bei den Wirten zehren, umhergehen dürfen, sondern wenn wir das übertreten und ergriffen werden, sollen wir ins Gefängnis kommen. Da aber die Wirte und außerdem andere E. W. Bürger so viele sind, die anderen Frauen und Männern halten und zusammen legen, so daß wir armen Töchter uns nicht länger in dem gemeinen Haus ernähren können und sein mögen und wir solches unseres Schadens halber E. W. nicht länger vorenthalten wollen und wir wollen deshalb dieselben, die dann solches in vielfacher Weise so gröblich halten und die Frauen, die in der Nacht auf die Gassen gehen, und Ehemänner und andere beherbergen und zusammen legen, benennen. Es sind die hiernach folgenden: Mit Namen Fritz Bon, der Kuchenbacker auf dem Steg, der dann gemeinhin 5 derselben Frauen hat und beherbergt und desgleichen einer, genannt der Schnerer, bei dem inneren Frauentor, der innerhalb der Woche 6 bis 12 hält und ihnen Männer zuführt. [. . .] Danach eine Frau, genannt die Herbstin, in dem kleinen Hof hinter den Zwölf-Brüdern, die dort alle einläßt, die da kommen, es seien Ehemänner oder Ehefrauen. Derselben gleichen eine, genannt die Kolberin, die bei dem Graben zum Gostenhof steht und dann die Ehemänner und Ehefrauen einläßt. [. . .] (Insgesamt werden 14 Männer und 6 Frauen genannt.) Daran besteht kein Zweifel, daß alle die oben genannten Personen solches massenhaft und viel gröber als wir es im gemeinen Töchterhaus halten, betreiben, daß es zum Erbarmen ist, daß solches in dieser löblichen Stadt also zugelassen werden sollte. Dementsprechend bitten wir armen Töchtern Eure verständige Weisheit untertänigst mit demütigem Fleiß, uns armen Töchtern so gütig und geneigt zu sein und solches um Gottes und der Gerechtigkeit willen zu strafen und solches nicht länger zu gestatten [. . .], denn wenn solches weiterhin so wie bisher gehalten werden sollte, so müßten wir Hunger und Kummer erleiden. [. . .]

übertragen nach: Reynitzsch: Über Truhten und Truhtensteine [111], Anlage 8, S. 33–36.

[492] Nürnberger Dirnen stürmen ein heimliches Frauenhaus, 1505

Weiterhin kamen am selben Tag zu Mittag acht gemeine Weiber aus dem gemeinen Frauenhaus zum Bürgermeister Markhart Mendel[1] und sagten, es wäre da in dem Haus des Kolb unter der Feste ein Nest voll heimlicher Huren und die Wirtin hielte die Ehemänner in der einen Stube und die Jungesellen in der anderen Stube Tag und Nacht und ließe sie Büberei treiben. Und sie baten ihn, er solle ihnen Erlaubnis

[1] Marquart Mendel war v. 5. 11.–3. 12. 1505 Bürgermeister.

geben, das Haus zu stürmen und das Hurennest zu zerstören. Er gab ihnen die Erlaubnis, da stürmten sie das Haus, stießen die Türen ein, schlugen die Öfen entzwei und zerbrachen die Fensterscheiben und jede trug etwas mit sich davon. Und die Vögel waren aber ausgeflogen, dafür schlugen sie die Hurenwirtin gar greulich.
übertragen nach: Heinrich Deichsler's Chronik, in: Chroniken der deutschen Städte [151], Nürnberg Bd. 6, S. 696.

[493] Georg Kriegk über die Teilnahme der Prostituierten am öffentlichen Leben, 1871

Im 15. Jahrhundert scheuten sich sogar das Reichsoberhaupt und andere Könige nicht, mit ihrem Gefolge am hellen Tage die Frauenhäuser zu besuchen, und bei den Stadtbehörden bestand der zwiefache Brauch, daß sie diese Häuser vor der Ankunft eines Kaisers oder Königs besonders zurechtmachen und schmücken ließen, und daß sie beim feierlichen Empfang von Fürsten ihnen die Dirnen des Frauenhauses mit Blumensträußen entgegen sandten. Als z. B. der deutsche König Siegmund 1414 mit achthundert Pferden nach Bern kam und daselbst einige Tage verweilte, hatte der Stadtrath in den Frauenhäusern der Stadt befehlen lassen, die Insassen derselben sollten alle Herren vom königlichen Hofe freundlich und unentgeltlich empfangen, und er selbst bezahlte nachher die Dirnen anstatt des Königs und seines Gefolges; Siegmund aber rühmte laut diese zuvorkommende Aufmerksamkeit des Berner Stadtrathes. Ebenderselbe Herrscher trug zwanzig Jahre später, als er bereits die Kaiserwürde besaß, kein Bedenken, in Ulm das Frauenhaus mit seinem Gefolge zu besuchen, und der dortige Rath bezahlte die Kosten für die hierzu angeordnete festliche Beleuchtung des Hauses. Ebenso ließ ein Jahr später der Stadtrath von Wien bei dem Besuche, mit welchem Kaiser Siegmund diese Stadt beehrte, die Dirnen der zwei Frauenhäuser auf städtische Kosten mit Sammetkleidern versehen. Auch als 1450 eine österreichische Gesandtschaft, welche König Friedrich III. nach Neapel schickte in diesem Lande erschien, geschah ihr zu Ehren das Gleiche.
[. . .]
Was die Theilnahme der öffentlichen Dirnen am festlichen Empfang von Kaisern und Königen betrifft, so mußten sie gleich den anderen Einwohnern denselben vor das Stadtthor entgegenziehen, weil sie gleich den Zünften und anderen Corporationen als eine besondere Klasse der Stadtbewohner angesehen wurden, und weil es im Mittelalter Sitte war, daß nicht, wie heut' zu Tage, ehrbare Jungfrauen dem Herrscher Kränze und Blumen überreichten, sondern daß jene Dirnen an die Einziehenden Blumensträuße austheilten, welches Letzere auch bei anderen festlichen Gelegenheiten gebräuchlich war. Die Dirnen selbst wurden dafür vom Stadtrath mit Wein oder Bier beschenkt.
Kriegk: Deutsches Bürgerthum im Mittelalter. Neue Folge [101], S. 262–264.

[494] Max Bauer über die Teilnahme der Prostituierten am öffentlichen Leben, 1902

In Nürnberg durften die guten Mädchen bis zum Jahre 1496 bei den Tänzen auf dem Rathaus und auf dem städtischen Derrer, wo die Privatfestlichkeiten der Patricier abgehalten wurden, erscheinen, Blumen verteilen oder freihalten. [. . .] Später erhielten nur drei Freudenmädchen die Erlaubnis, zu Hochzeiten zu kommen und sich unter den Pfeiferstuhl – heute

Orchester – zu setzen; dies währte bis 1546. Im 15. Jahrhundert erschienen in Rotenburg ob der Tauber und in Württemberger Städten die Frauenhäuslerinnen bei Hochzeiten, um ihre Glückwünsche darzubringen und mit einem Almosen heimgeschickt zu werden. [. . .]
In Wien beteiligten sich die Hübschlerinnen bei Volksfesten, an denen sie, in duftigste Gewandung gehüllt, um ein Geschmeide oder ein Stück Tuch wettliefen. Am Johannistage umtanzten und durchsprangen sie die Sonnwendfeuer, wofür ihnen vom Rat und Bürgermeister der Donaustadt Erfrischungen gereicht wurden. Frankfurt am Main schaffte 1529 den Brauch ab, die Frauenhäuslerinnen bei offiziellen Festlichkeiten als Blumenmädchen heranzuziehen, entschädigte aber die Mädchen durch Sendungen von Speise und Trank in ihre Behausung.
In Leipzig wurde zu Fastnacht jeden Jahres die sogenannte Hurenprozession abgehalten. Die Frauenhäuser, spöttisch das fünfte Kollegium genannt, da die Studenten der Leipziger Universität, die nur vier Kollegien aufzuweisen hatte, bei den Dirnen emsig das fünfte Kollegium abhielten, lagen vor dem Halleschen Thore. Die Bewohnerinnen dieser Häuser sammelten sich zu Beginn der Fastenzeit zu einem Umgang, bei dem eine von ihnen einen Strohmann auf einer langen Stange gleich einer Prozessionsfahne vorantrug. Paarweise folgten die Kolleginnen, ein Lied wider den Tod singend, bis zur Parthe, in die der Strohmann geschleudert wurde. Durch diesen Umzug sollte die Atmosphäre der Stadt gereinigt werden, damit sie für die nächsten Jahr von der Pest verschont bleibe.
In Würzburg erschien am Johannistage der Stadtschultheiss mit seinen Amtsdienern und einigen Freunden im städtischen Frauenhause, um dort ein vom Ruffian und seinen Töchtern gegebenes solennes Mahl unter Tafelmusik einzunehmen. Allmählich aber steigerten sich die Ansprüche der Gäste derart, dass auf Beschwerden des Wirtes hin der Stadtrat die vorzusetzenden Gänge auf Wein, Kirschen, Käse und Brot beschränkte.

Bauer: Das Geschlechtsleben in der deutschen Vergangenheit [66], S. 157–160.

[495] Leipziger Ratsverordnung über die Kleidung der Huren v. 30. 3. 1463
[. . .] Es wurde beschlossen, daß die Huren und wilden Frauen aus dem freien Haus keine Korallenschnüre tragen sollen, noch Seide unter den Mänteln, noch Silber oder Gold auf den Gassen. Sie sollen auch ein großes gelbes Band, das einen Groschen breit ist, tragen. Sie sollen auch keine langen Kleider tragen, die bis auf die Erde gehen.
Und die heimlichen Huren sollen Mäntel auf den Häupten tragen, wenn sie auf den Gassen gehen, wie es in etlichen anderen großen Städten üblich ist. Und welche man anders findet, der soll man den Mantel nehmen. Das soll sie mit 12 Groschen büßen so oft, wie es geschieht. Davon soll man dem Knecht, der ihr den Mantel genommen hat, 2 Groschen geben. Daß sie auch keinen korallenen Paternoster, noch seidenes Tuch, noch Silber oder Gold tragen, noch die Mäntel mit Seide unterfüttern. Sie sollen auch keine langen Kleider tragen, die auf die Erde reichen, bei der oben genannten Buße, so oft sie derart gesehen werden. Sie sollen auch bei keiner frommen Frau in der Kirche in die Stühle treten, bei derselben Buße.
übertragen nach: Urkundenbuch der Stadt Leipzig [218], Bd. 1, Nr. 364, S. 293.

[496] Hamburger Schiffbauerordnung v. 24. 6. 1544
§ 33. Nachdem denn auch leider, Gott verändere es, vor dieser Zeit etliche Mal bemerkt worden ist, daß unsere Schiffszimmerleute sich mit unzüchtigen Frauen

und Mägden eingelassen haben und vor der Zeit, zu der sie sich gebührlicher Weise in den heiligen Ehestand begeben sollten, in Unzucht gelebt haben, was hiermit aufgehoben und in diesem ehrbaren Amt fortan nicht mehr zugelassen werden soll. Und wenn es sich begibt, daß einer aus unserem Amt, er sei Meister, Tagelöhner oder Knecht, nach diesem Tag überführt wird, dem zuwider gehandelt zu haben, so soll er nicht als Meister zugelassen werden und soll außerhalb unserer Gesellschaft bleiben. [. . .]
übertragen nach: Rüdiger: Die ältesten hamburgischen Zunftrollen [203], Nr. 47a, S. 247f.

[497] Ordnung der Hamburger Schmiede v. 1375
§ 8. [. . .] Auch soll kein Knecht in diesem Amt eine berüchtigte Ehefrau nehmen, damit er im Amt bleibe.
übertragen nach: Rüdiger: Die ältesten hamburgischen Zunftrollen [203], Nr. 48a, S. 250.

[498] Hamburger Ratsverordnung v. 1483
Wandelbare Frauen sollen an keiner Kirche oder auf dahin führenden Gassen wohnen. Eine berüchtigte Frau darf keinen Schmuck tragen. Nimmt sie ein ehrlicher Mann zu Ehe, so darf sie deshalb nicht unter ehrlichen Frauen gehen. Einer solchen Magd soll man die Haube senden und keinen anderen Kopfputz erlauben. Einmal im Jahr sollen derlei Weiber aufgefangen werden
zitiert nach: Scheible: Das Koster [117], Bd. 6, S. 481.

[499] Die Zustände des Elsaß im Beginn des 13. Jahrhunderts: Die Entstehung des Ordens der Reuerinnen, um 1290
6. Der Orden der Frauen, welche man die Reuerinnen nennt, soll auf folgende Weise entstanden sein: Es war einmal ein Geistlicher Namens Rudolf, der dem Herrn nach dem Maße seiner Kraft treu bediente. Als dieser einst in der Gegend von Worms seinen Geschäften nachgehend von Dorf zu Dorf zog, fand er an einem Kreuzwege öffentliche Dirnen sitzen. Da er nun zu ihnen gekommen war, fiel der Geist des Herrn auf ihn, so daß er den Stock ergriff und die Dirnen schlagen wollte. Sie aber sprachen: „O Herr, wir sind schwach und können auf keine andere Weise unsern Lebensunterhalt erwerben; gebt uns nur Brot und Wasser, so wollen wir in allen Dingen euren Willen thun.“ Als er das vernommen, führte er sie in die Stadt, miethete ihnen ein Haus, verschloß sie fest daselbst und verschaffte ihnen so gut er konnte Lebensunterhalt. Er miethete nämlich einen Knecht, der täglich für sie in der ganzen Stadt Brot erbetteln mußte. Da erbarmten sich die Leute der Weiber, gaben ihnen reichlichen Unterhalt und empfahlen das Werk des genannten Rudolf auf alle Weise. Als dieser nun sah, daß seine Thätigkeit vielfachen Anklang fand, ging er in verschiedene Städte, sammelte die öffentlichen Dirnen und verschaffte ihnen auf die erwähnte Weise ihre nothwendigen Bedürfnisse. Dieser Rudolf gab den Weibern geistliche Gewänder und nannte sie auf lateinisch „poenitentes“, zu deutsch „die Ruwerin“. Es waren aber ihre Kleider weiße Untergewänder, lange weiße Brusttücher, lange Mäntel, weiße leinene Obergewänder, leinene Kopfbedeckungen. Darauf ging jener Rudolf an den Papst und erlangte von ihm die Leitung und die Bestätigung seines Ordens. Die Frauen aber verließen ihre Klöster wenn es nöthig war, und beichteten bei wem sie wollten, einige bei ihren Kappellanen, andere bei den Pfarrern, andere bei den Stiftsherren, andere bei den schwarzen[1], andere bei den weißen Mönchen[2], wieder andere bei den Minderbrüdern, andere bei den Predigermönchen, welchen letzteren sie in Beichte und Rathserho-

lung ganz besonders anhingen. Die aber, welche den Predigermönchen anhingen, nahmen am meisten zu an Glauben und Wandel, an Reichthum und Ehre. Da entband im Jahre des Herrn 1288 Herr Johannes von Tuskulum, Legat in Deutschland, den Meister der Reuerinnen seines Amtes, und übergab dieselben dem Bruder Hermann[1], Provinzial der Predigermönche in Deutschland, daß er ihnen vorstände und sie leitete.

zitiert nach: Annalen und Chronik von Kolmar, GDV [137], Bd. 75, S. 126–128.

[500] Statuten der Pariser Büßerinnen v. 1497

Man wird keine Peron wider ihren Willen hier aufnehmen, auch keine, die nicht, wenigstens eine Zeit lang, ein liederliches Leben geführt hat. Und damit man von denen, die sich angeben nicht hintergangen werde: so sollen sie in Gegenwart der Klosterschwestern von gewissen dazu ernannten Matronen untersucht werden, und diese sollen sich durch einen Eid auf das heilige Evangelium verbinden, einen getreuen und unverfälschten Bericht davon abzustalten.

Um zu verhüten, daß junge Personen nicht deswegen liederlich werden, um hernach hier eine Stelle zu bekommen; so sollen die, welche schon einmal abgewiesen sind, davon auf immer ausgeschlossen sein.

Ueberdieses sollen diejenigen, welche um die Aufnahme angehalten haben, in die Hände ihres Beichtvaters einen Eid ablegen, daß sie nicht selig werden wollen, wenn sie aus der Absicht liederlich geworden wären, um mit der Zeit in diese Gesellschaft aufgenommen zu werden, und man soll ihnen sagen, daß, wenn man erfahren würde, sie hätten sich aus dieser Ursach verführen lassen, so müßten sie von dem Augenblicke an dieses Kloster meiden, wenn sie auch gleich schon eingekleidet wären, und ihre Gelübte gethan hätten.

Damit Weibspersonen von liederlicher Lebensart ihre Besserung nicht zu lange verschieben mögen, wenn sie dächten, daß ihnen diese Zuflucht allemal offen stände: so wird man keine annehmen, die über 30 Jahr alt ist.

zitiert nach: Scheible: Das Kloster [117], Bd. 6, S. 530f.

Literatur

1. Allgemeines zur Frauengeschichte

1. *Abel, J. J.:* Historisches Gemälde der Lage und des Zustandes des weiblichen Geschlechts unter allen Völkern der Erde von den ältesten bis auf die neuesten Zeiten. Entworfen nach Meiners. Ein Lesebuch für Töchter der höheren und mittleren Stände, Leipzig 1803
2. *Agonito, R.:* History of Ideas on Woman. A Source Book, New York 1977
3. *Bardèche, M.:* Histoire des Femmes, 2. Bde., Paris 1968
4. *Bauer, M.:* Deutscher Frauenspiegel. Bilder aus dem Frauenleben in der deutschen Vergangenheit, 2. Bde., Berlin 1917
5. *Bäumer, G.:* Gestalt und Wandel. Frauenbildnisse, Berlin 1939
6. –: Männer und Frauen im geistigen Werden des deutschen Volkes, Tübingen 1934[3]
7. *Beard, M. R.:* Die Frau als Macht in der Geschichte. Überlieferung und Wirklichkeit, Schwäbisch Gmünd 1951
8. *Beauvoir, S. de:* Das andere Geschlecht, Reinbek 1977
9. *Bebel, A.:* Die Frau und der Sozialismus, Berlin 1979[65]
10. *Bernhöft, F.:* Frauenleben der Vorzeit, Wismar 1893
11. *Braun, L.:* Die Frauenfrage, ihre geschichtliche Entwicklung und ihre wirtschaftliche Seite, Bonn 1979
12. *Bridenthal, R./Koonz, C.* (Ed.): Becoming Visible. Women in European History, Boston 1977
13. *Bullough, V. E.:* The Subordinate Sex. A History of Attitudes toward Women, Urbana/Chicago/London 1974[2]
14. –: Sexual Variance in Society and History, New York 1976
15. *Carroll, B. A.* (Ed.): Liberating Women's History, Urbana/Chicago/London 1976
16. *Davis, E. G.:* Am Anfang war die Frau. Die neue Zivilisationsgeschichte aus weiblicher Sicht, München 1980[3]
17. *Engels, F.:* Der Ursprung der Familie, des Privateigentums und des Staates (MEW Bd. 21), Berlin 1973
18. *Faßbinder, K. M.:* Frauenleben durch die Jahrhunderte (Aschendorffs Lesehefte zur Deutschkunde und Geschichte), 2 Hefte, Münster 1928
19. Frauengeschichte. Dokumentation des 3. Historikerinnentreffens in Bielefeld, April 81 (Beiträge zur feministischen Theorie und Praxis 5), München 1981
20. *Grimal, P.* (Ed.): Histoire Mondiale de la Femme, 3 Bde., Paris 1966
21. Große Frauen der Weltgeschichte. 1000 Biographien in Wort und Bild, Wiesbaden o. J.

22. Handbuch der Frauenbewegung. Hrsg. v. Helene Lange und Gertrud Bäumer, 5 Bde., Berlin 1917[5]
23. *Harless, Chr. F.:* Die Verdienste der Frauen um Naturwissenschaft, Gesundheits- und Heilkunde, so wie auch um Land-, Völker- und Menschenkunde, von der ältesten Zeit bis auf die neueste. Ein Beitrag zur Geschichte geistiger Cultur und der Natur- und Heilkunde, Göttingen 1830
24. *Hassel, H.:* Geschichte der deutschen Frauenwelt bis zur Gegenwart, Braunschweig 1898
25. *Hippel, Th. G. v.:* Über die bürgerliche Verbesserung der Weiber, Frankfurt 1977
20. *Janssen-Jurreit, M:* Sexismus. Über die Abtreibung der Frauenfrage, Frankfurt 1979
27. *Klemm, G.:* Die Frauen. Culturgeschichtliche Schilderungen des Zustandes und Einflusses der Frauen in den verschiedenen Zonen und Zeitaltern, 6 Bde., Dresden 1854–1859
28. *Kuhn, A./Schneider, G.* (Hrsg.): Frauen in der Geschichte. Frauenrechte und die gesellschaftliche Arbeit der Frauen im Wandel. Fachwissenschaftliche und fachdidaktische Studien zur Geschichte der Frauen, Düsseldorf 1979
29. *Kuhn, A./Rüsen, J.* (Hrsg.): Frauen in der Geschichte, Bd. 2, Fachwissenschaftliche und fachdidaktische Beiträge zur Sozialgeschichte der Frauen vom frühen Mittelalter bis zur Gegenwart, Düsseldorf 1982
30. La Femme, 2. Bde. (Recueils de la Société Jean Bodin, Bd. 11 u. 12), Brüssel 1959/1962
31. *Meiners, C.:* Geschichte des weiblichen Geschlechts, 2. Bde., Hannover 1788/99
32. *Nübling, E.:* Zur Geschichte der Frauenfrage, Ulm 1907
33. *Ortega y Gasset, J.:* Vom Einfluß der Frau in der Geschichte, München 1957[2]
34. *Otto, E.:* Deutsches Frauenleben im Wandel der Jahrhunderte, Leipzig 1918[3]
35. *Rosendahl, E.:* Niedersachsens Frauen (Niedersächsische Hausbücherei 4), Hannover 1929
36. *Schneider, M./Vanja, Chr.:* Haben Frauen keine Geschichte? Fragen einer Frauengruppe an die Geschichtswissenschaft, in: Soden, K .v./Zipfel, G. (Hrsg.): 70 Jahre Frauenstudium. Frauen in der Wissenschaft, Köln 1979, 152–159
37. *Scherr, J.:* Geschichte der deutschen Frauenwelt, 2 Bde., Leipzig 1873

2. Allgemeines zur Frauengeschichte im Mittelalter

38. *Baker, D.* (Ed.): Medieval Women, Oxford 1978
39. *Bäumer, G.:* Die Frauengestalt der deutschen Frühe, Berlin 1928
40. *Becker, G./Brackert, H./Brauner, S./Tümmler, A.:* Zum kulturellen Bild und zur realen Situation der Frau im Mittelalter und in der frühen Neuzeit, in: Becker, G./Boverschen, S./Brackert, H. u. a.: Aus der Zeit der Verzweiflung. Zur Genese und Aktualität des Hexenbildes, Frankfurt 1980[3], 11–128
41. *Bücher, K.:* Die Frauenfrage im Mittelalter, Tübingen 1910[2]
42. *Ennen, E.:* Die Frau in der mittelalterlichen Stadtgesellschaft Mitteleuropas, in: Hansische Geschichtsblätter 98 (1980), 1–22
43. *Erickson, C.:* The View of Women. The Medieval Vision. Essays in History and Perception, New York 1976
44. *Finke, H.:* Die Frau im Mittelalter, München 1912
45. *Gauwerky, U.:* Frauenleben in der Karolingerzeit, Göttingen 1951

46. *Harksen, S.:* Die Frau im Mittelalter, Leipzig 1974
47. *Hartmann, J.:* Frauenspiegel aus dem deutschen Altertum und Mittelalter, Stuttgart 1963
48. *Hartwig, J.:* Die Frauenfrage im mittelalterlichen Lübeck, in: Hansische Geschichtsblätter 35 (1908), 35–94
49. *Jung, G.:* Die Geschlechtsmoral des deutschen Weibes im Mittelalter. Eine kulturhistorische Studie, Leipzig o. J.
50. *Ketsch, P.:* Aspekte der rechtlichen und politisch-gesellschaftlichen Situation von Frauen im frühen Mittelalter (500–1150), in: Kuhn/Rüsen [29], 11–71
51. *Kummer, B.:* Zur Stellung der Frau im Mittelalter, in: Nationalsozialistische Monatshefte 6 (1935), 490–511
52. *Lehmann, A.:* Le rôle de la femme dans l'histoire de France au moyen âge, Paris 1952
53. *Lorenzen-Schmidt, K.-J.:* Zur Stellung der Frauen in der frühneuzeitlichen Städtegesellschaft Schleswig-Holsteins, in: Archiv für Kulturgeschichte 61 (1979), 317–339
54. *McNamara, J. A./Wemple, S. F.:* Sancity and Power: The Dual Pursuit of Medieval Women, in: Bridenthal/Koonz [12], 90–118
55. *Morewedge, R. T.* (Ed.): The Role of Woman in the Middle Ages. Papers of the 6th annual conference of the Center for Medieval and Early Renaissance Studies, Albany 1975
56. *Pernoud, Regine:* La femme au temps des cathédrals, Paris 1980
57. *Power, E.:* Medieval Women, Ed. by M. M. Postan, London 1975
58. *Reinisch, G.:* Stellung und Leben der deutschen Frau im Mittelalter, Berlin 1882
59. *Schöfthaler, E.:* Troubadora und Meisterin, in: Kursbuch 47 (1977), 115–123
60. *Shahar, S.:* Die Frau im Mittelalter, Königstein 1981
61. *Strauß* und *Torney, L. v.:* Deutsches Frauenleben in der Zeit der Sachsenkaiser und Hohenstaufen, Jena 1927
62. *Stuard, S. M.* (Ed.): Woman in Medieval Society, Philadelphia 1976
63. *Uitz, E.:* Zur gesellschaftlichen Stellung der Frau in der mittelalterlichen Stadt, in: Magdeburger Beiträge zur Stadtgeschichte 1 (1977), 20–42
64. *Weinhold, K.:* Die deutschen Frauen in dem Mittelalter, 2 Bde., Wien 1882

3. Alltags- und Kulturgeschichte des Mittelalters

65. *Bahlow, H.:* Metronymika. Frauennamen des Mittelalters als Familiennamen. Ein soziales Phänomen, Hamburg 1976
66. *Bauer, M.:* Das Geschlechtsleben in der deutschen Vergangenheit, Leipzig 1902²
67. *Boehn, M. v.:* Die Mode. Menschen und Moden im Mittelalter, München 1925
68. *Borst, A.:* Lebensformen im Mittelalter, Berlin 1979
69. *Brosthaus, U.:* Bürgerleben im 16. Jahrhundert. Die Autobiographie des Stralsunder Bürgermeisters Bartholomäus Sastrow als kulturgeschichtliche Quelle (Forschungen und Quellen zur Kirchen- und Kulturgeschichte Ostdeutschlands 11), Köln 1972
70. *Brentjes, B./Richter, S./Sonnemann, R.:* Geschichte der Technik, Köln 1978
71. *Bruegel:* Ausgewählt und eingeleitet v. Chr. Brown, Wiesbaden 1976

72. *Brunner, K./Daim, F.:* Ritter. Knappen. Edelfrauen. Ideologie und Realität des Rittertums im Mittelalter, Wien 1981
73. *Deneke, B.:* Hochzeit (Bilder aus deutscher Vergangenheit 31), München 1971
74. *Diederichs, E.:* Deutsches Leben der Vergangenheit in Bildern, 2. Bde., Leipzig 1908
75. Dieffenbacher, I.: Deutsches Leben im 12. u. 13. Jahrhundert, 2 Bde., Leipzig 1907
76. *Dürer, Albrecht:* Das gesamte graphische Werk. Handzeichnungen. Einleitung von Wolfgang Hütt, 2. Bde., Herrsching 1982
77. *Elias, N.:* Über den Prozeß der Zivilisation, 2 Bde., Frankfurt 1978
78. *Essenwein, A.:* Mittelalter (Kulturhistorischer Bilderatlas, Bd. 2), Leipzig 1883
79. *Fink, A.:* Die Schwarzschen Trachtenbücher, Berlin 1963
80. *Fischer, K.:* Deutsches Leben und deutsche Zustände in der Hohenstaufenzeit bis zum Reformationszeitalter, Gotha 1884
81. *Flögel, K. F.:* Geschichte des Grotesk-Komischen, Liegnitz 1788
82. *Foucault, M.:* Sexualität und Wahrheit – Der Wille zum Wissen, Frankfurt 1977
83. *Freytag, G.:* Bilder aus der deutschen Vergangenheit, hrsg. v. H. Pleticha, 3 Bde., Hamburg 1978
84. *Geisberg, M.:* The German Single-leaf Woodcut 1500–1550, 4 Bde., New York 1974
85. *Grimm, J.:* Deutsche Mythologie, 3 Bde., Berlin 1981
86. *Grupp, G.:* Kulturgeschichte des Mittelalters, 3 Bde., Paderborn 1907
87. *Gurjewitsch, A. J.:* Das Weltbild des mittelalterlichen Menschen, München 1980
88. *Hampe, Th.:* Trachtenbuch des Christoph Weiditz, Leipzig 1927
89. *Havemann, E.:* Die Frau der Renaissance (Quellenhefte zum Frauenleben i. d. Geschichte H. 10), Berlin o. J.
90. *Heckmann, H.:* Die Freud des Essens. Ein kulturgeschichtliches Lesebuch vom Genuß der Speisen aber auch vom Leid des Hungers, München 1979
91. *Herre, P.:* Deutsche Kultur des Mittelalters in Wort und Bild, Leipzig 1912
92. *Heyne, M.:* Das deutsche Wohnungswesen bis ins 16. Jahrhundert (5 Bücher deutscher Hausaltertümer, Bd. 1), Leipzig 1899
93. –: Das deutsche Nahrungswesen bis zum 16. Jahrhundert (5 Bücher deutscher Hausaltertümer, Bd. 2), Leipzig 1901
94. –: Körperpflege und Kleidung bei den Deutschen bis ins 16. Jahrhundert (5 Bücher deutscher Hausaltertümer, Bd. 3), Leipzig 1903
95. *Hocke, G. R.:* Das europäische Tagebuch, Wiesbaden 1978
96. *Hüllmann, K. D.:* Städtewesen des Mittelalters, 4 Bde., Bonn 1826/29
97. *Jonas, W./Linsbauer, V./Marx, H.:* Die Produktivkräfte in der Geschichte Bd. 1, Berlin 1969
98. *Kentenich, G.:* Aus dem Leben einer Trierer Patrizierin. Ein Beitrag zur Kunst- und Wirtschaftsgeschichte der Stadt Trier im 15. Jahrhundert, Trier 1909
99. *Klemm, F.:* Beitrag des Mittelalters zur Entwicklung der abendländischen Technik, Freiburg 1961
100. *Kriegk, G. L.:* Deutsches Bürgertum im Mittelalter, Frankfurt 1868
101. –: Deutsches Bürgertum im Mittelalter. Neue Folge, Frankfurt 1871
102. –: Frankfurter Bürgerzwiste und -zustände im Mittelalter, Frankfurt 1862

103. *Kunze, J.:* Zur Kunde des Privatlebens zur Zeit der salischen Kaiser, Berlin 1902
104. *Lammert, G.:* Zur Geschichte des bürgerlichen Lebens, Regensburg 1880
105. *Lehmann, A.:* Aberglaube und Zauberei, Stuttgart 1898
106. *Lippert, J.:* Deutsche Sittengeschichte, 3 Bde., Wien 1889
107. *Löher, F. v.:* Kulturgeschichte der Deutschen im Mittelalter, 3. Bde., München 1891/94
108. *Peuckert, W.-E.:* Ehe. Weiberzeit – Männerzeit – Saeterehe – Hofehe – Freie Ehe, Hamburg 1955
109. –: Geheimkulte, Heidelberg 1951
110. –: Pansophie. Ein Versuch zur Geschichte der weißen und schwarzen Magie, Stuttgart 1936
111. *Reynitzsch, W.:* Über Truhten und Truhtensteine, Gotha 1802
112. *Rohr, J.:* Tausend Jahre deutsches Leben. Eine volkstümliche Kulturgeschichte, Berlin 1931
112a. *Rosenfeld, H.-F./Rosenfeld, H.:* Deutsche Kultur im Spätmittelalter 1250–1500 (Handbuch der Kulturgeschichte), Wiesbaden 1978
113. *Roth, F.:* Clemens Jäger, nacheinander Schuster und Ratsherr, Stadtarchivar und Ratsdiener, Zolleinnehmer und Zolltechniker in Augsburg – der Verfasser des Habsburgisch-Österreichischen Ehrenwerkes in: Zeitschrift des Historischen Vereins für Schwaben und Neuburg 46 (1926), 1–75; 47 (1927), 1–105
114. *Roth v. Schreckenstein, K. H.:* Das Patriciat, Tübingen 1856
115. *Rudeck, W.:* Geschichte der öffentl. Sittlichkeit in Deutschland, Berlin 1897²
116. *Saß, J.:* Zur Kultur- und Sittengeschichte der sächsischen Kaiserzeit, Berlin 1892
117. *Scheible, J.:* Das Kloster. Weltlich und geistlich, 8 Bde., Stuttgart 1845/48
118. *Scheidig, W.:* Die Holzschnitte des Petrarca-Meisters, Berlin 1955
119. *Schmidt, H.:* Die deutschen Städtechroniken als Spiegel des bürgerlichen Selbstverständnisses im Spätmittelalter, Göttingen 1958
120. *Schultz, A.:* Deutsches Leben im 14. und 15. Jahrhundert, 2. Bde., Wien 1892
121. –: Das häusliche Leben der europäischen Kulturvölker (Handbuch der mittleren und neueren Geschichte Abt. 4, Bd. 9), München 1903
122. –: Höfisches Leben zur Zeit der Minnesinger, 2. Bde., Leipzig 1889
123. *Schwarz, D. W. H.:* Sachgüter und Lebensformen. Einführung in die materielle Kulturgeschichte des Mittelalters und der Neuzeit, Berlin 1970
124. *Steinhausen, G.:* Geschichte der deutschen Kultur, Leipzig 1936
125. *Strauss, W. L.:* The German Single-leaf Woodcut 1550–1600, 3 Bde., New York 1975
126. *Taylor, G. R.:* Wandlungen der Sexualität, Düsseldorf 1957
127. *Thiel, E.:* Geschichte des Kostüms, Berlin 1982
128. *Thiele, H.* (Hrsg.): Leben in der Gotik, München 1948
129. *Waas, A.:* Der Mensch im deutschen Mittelalter, Köln 1964²
130. *Weissweiler, E.:* Komponistinnen aus 500 Jahren. Eine Kultur- und Wirkungsgeschichte in Biographien und Werkbeispielen, Frankfurt 1981
131. *White, L. jr.:* Die Mittelalterliche Technik und der Wandel der Gesellschaft, München 1968
132. *Winkler, F.:* Der Krakauer Behem – Codex, Berlin 1941 (Als Vorlage für die aus diesem Werk angefertigten Abbildungen [140, 264, 340] diente ein Exemplar der Niedersächsischen Landesbibliothek Hannover.)
133. *Wiswe, H.:* Kulturgeschichte der Kochkunst, München 1970

134. *Zeeden, E. W.:* Deutsche Kultur in der frühen Neuzeit (Handbuch der Kulturgeschichte), Frankfurt 1968
135. *Zierer, O.:* Kultur- und Sittenspiegel, 4 Bde., Gütersloh o. J.
136. *Zoepfl, F.:* Deutsche Kulturgeschichte, Bd. 1, Freiburg 1931

4. Quellen

137. Annalen und Chronik von Kolmar. Übersetzt v. H. Pabst (GdV Bd. 75), Leipzig 1897
138. *Baader, J.* (Hrsg.): Nürnberger Polizeiordnungen aus dem 13. bis 15. Jahrhundert (Bibliothek des literarischen Vereins in Stuttgart, Bd. 62), Stuttgart 1861
139. *Bär, M.:* Verfassung und Verwaltung der Stadt Koblenz bis zum Jahre 1500, Bonn 1898
140. *Beyer, H./Eltester, L./Goerz, A.* (Hrsg.): Urkundenbuch zur Geschichte der jetzt die Preußischen Regierungsbezirke Coblenz und Trier bildenden mittelrheinischen Territorien, 3 Bde., Koblenz 1860–74
140a. *Blume, E.* (Hrsg.): Quellensätze zur Geschichte unseres Volkes, Bd. 2, Köthen 1886
141. *Bodemann, E.* (Hrsg.): Die älteren Zunfturkunden der Stadt Lüneburg, Hannover 1883
142. *Boor, Helmut de (*Hrsg.): Mittelalter. Texte und Zeugnisse, 2 Bde. (Die deutsche Literatur. Texte und Zeugnisse, Bd. I,1 + 2), München 1965
143. *Brandt, A. v.:* Regesten der Lübecker Bürgertestamente des Mittelalters, 2 Bde. (Veröffentlichungen zur Geschichte der Hansestadt Lübeck, Bd. 18 u. 24), Lübeck 1964/73
144. *Brant, S.:* Das Narrenschiff. In heutige Sprachform übertragen von M. Richter, Berlin 1958
145. Bremisches Urkundenbuch. Hrsg. v. O. R. Ehmck u. w. v. Bippen, 5 Bde., Bremen 1873–1902
146. *Brucker, J.* (Hrsg.): Straßburger Zunft- und Polizeiverordnungen des 14. u. 15. Jahrhunderts, Straßburg 1889
147. *Bücher, K.* (Hrsg.): Frankfurter Amtsurkunden (Veröffentlichungen der Historischen Kommission der Stadt Frankfurt a. M., Bd. 6,2), Frankfurt 1915
148. *Bühler, J.:* Bauern, Bürger und Hansa nach zeitgenössischen Quellen, Leipzig 1929
149. *Büttner, E.:* Kulturbilder aus dem mittelalterlichen Hannover in Quellen und Urkunden (Alt-Hannover. Beiträge zur Kultur- und Geschichte der Stadt Hannover, Bd. 1), Hannover 1926
150. *Butzbach, J.:* Wanderbüchlein. Chronika eines fahrenden Schülers. Aus der lateinischen Handschrift übersetzt v. D. J. Becker, Leipzig 1931
151. Die Chroniken der deutschen Städte vom 14. bis ins 16. Jahrhundert. Hrsg. durch die Historische Kommission bei der Bayerischen Akademie der Wissenschaften
III. Die Chroniken der fränkischen Städte. Nürnberg, 5 Bde., Leipzig 1862–74
IV. Die Chroniken der oberrheinischen Städte. Straßburg, 2 Bde., Leipzig 1870/71
IX. Die Chroniken der niedersächsischen Städte. Magdeburg, 2 Bde., Leipzig 1869–99

152. *Claußen, H. K.:* Das Freisinger Rechtsbuch, Weimar 1940
153. Codex diplomaticus Brandenburgensis, Hauptteil I. Hrsg. v. A. F. Riedel, 23 Bde., Berlin 1838–1862
154. *Conrad, H.* (Hrsg.): Die Taten und Fahrten des Ritters Hans von Schweinichen, München 1910
155. *Curschmann, M./Glier, I.* (Hrsg.): Deutsche Dichtung des Mittelalters, 3 Bde., München 1980/81
156. *Dirr, P.* (Hrsg.): Denkmäler des Münchener Stadtrechts, Bd. 1 (Bayerische Rechtsquellen, Bd. 1), München 1934
157. *Eckhardt, K. A.* (Hrsg.): Die Gesetze des Karolingerreiches 714–911, 3 Bde. (Germanenrechte 2 = Schriften der Akademie für deutsches Recht Gruppe 5), Weimar 1934
158. –: Lex Salica. 100 Titel-Text (Germanenrechte NF. Kritische Ausgaben. Abt. Westgermanisches Recht, Bd. 3), Weimar 1958
159. Eheberg, K. Th.: Verfassungs- und Verwaltungsgeschichte der Stadt Straßburg bis 1681, Bd. 1 Urkunden und Akten, Straßburg 1899
160. Einhard: Das Leben Karls des Großen, in: Quellen zur Karolingischen Reichsgeschichte, Bd. 1, bearb. v. R. Rau (Ausgewählte Quellen zur deutschen Geschichte des Mittelalters. Freiherr vom Stein-Gedächtnisausgabe, Bd. 5), Darmstadt 1980, 157–211
161. Ekkehard IV.: St. Galler Klostergeschichten übers. von H. F. Haefele (Ausgewählte Quellen zur deutschen Geschichte des Mittelalters. Freiherr vom Stein-Gedächtnisausgabe, Bd. 10), Darmstadt 1980
162. *Fischer, O.* (Hrsg.): Thomas und Felix Platters und Theodor Agrippa d'Aubignes Lebensbeschreibungen, München 1911
163. *Franz, G.* (Hrsg.): Quellen zur Geschichte des deutschen Bauernstandes im Mittelalter (Ausgewählte Quellen zur deutschen Geschichte des Mittelalters. Freiherr vom Stein-Gedächtnisausgabe, Bd. 31), Darmstadt 1974[2]
164. *Göbel, F.* (Hrsg.): Die Predigten des Franziskaners Berthold von Regensburg, Regensburg 1929[5]
165. *v. Straßburg, Gottfried:* Tristan und Isolde. Aus dem Mittelhochdeutschen übertragen und erläutert v. G. Kramer, Berlin 1970[2]
166. *von Tours, Gregor:* Zehn Bücher Geschichten (Fränkische Geschichte), 2 Bde. (Ausgewählte Quellen zur deutschen Geschichte des Mittelalters. Freiherr vom Stein-Gedächtnisausgabe, Bd. 2 u. 3), Darmstadt 1977[5]/1974[6]
167. *Greiff, B.* (Hrsg.): Tagebuch des Lucas Rem aus den Jahren 1494–1541. Ein Beitrag zur Handelsgeschichte von Augsburg, Augsburg 1861
168. *Grimm, J.* (Hrsg.): Weistümer, 7 Bde., Göttingen 1840–1878
169. Hansisches Urkundenbuch, 11 Bde., Halle, Leipzig 1876–1916
170. *Hartmann von Aue:* Erec. Mittelhochdeutscher Text und Übertragung von Th. Cramer, Frankfurt 1980[7]
171. –: Iwein. Urtext und Übersetzung von Th. Cramer, Berlin 1968[7]
172. *Hässlein, J. J.* (Hrsg.): Das Buch Weinsberg. Aus dem Leben eines Kölner Ratsherrn, München 1980[3]
173. *Heger, H.* (Hrsg.): Spätmittelalter. Humanismus. Reformation. Texte und Zeugnisse, 2 Bde. (Die deutsche Literatur. Texte und Zeugnisse, Bd. II,1 + 2), München 1975/78
174. *Hoffmann, H.* (Hrsg.): Würzburger Polizeisätze. Gebote und Ordnungen des Mittelalters 1195–1495 (Veröffentlichungen der Gesellschaft für fränkische Geschichte 10/5), Würzburg 1955
175. Jahrbücher von Fulda, in: Quellen zur karolingischen Reichsgeschichte Bd. 3

(Ausgewählte Quellen zur deutschen Geschichte des Mittelalters. Freiherr-vom-Stein-Gedächtnisausgabe, Bd. 7), Darmstadt 1975, 19–177
176. Jahrbücher von Quedlinburg. Übersetzt von Ed. Winkelmann. 2. Aufl. neu bearbeitet v. W. Wattenbach (GdV Bd. 36), Leipzig 1891
177. *Jegel, A.:* Alt-Nürnberger Handwerksrecht und seine Beziehungen zu anderen, Nürnberg 1965
178. Kämmereirechnungen der Stadt Hamburg 1350–1562. Hrsg. v. K. Koppmann, Bd. 8, Hamburg 1939
179. *Kern, A.* (Hrsg.): Deutsche Hofordnungen des 16. u. 17. Jahrhunderts, 2 Bde. (Denkmäler der deutschen Kulturgeschichte, II. Abteilung, Bd. 1 u. 2), Berlin 1905/7
180. *Keutgen, F.* (Hrsg.): Urkunden zur städtischen Verfassungsgeschichte (Ausgewählte Urkunden zur deutschen Verfassungsgeschichte, Bd. 1) Berlin 1901
181. *Kohl, H.* (Hrsg.): Ein deutscher Bürger des 16. Jahrhunderts. Selbstschilderung des Stralsunder Bürgermeisters B. Sastrow (Voigtländers Quellenbücher, Bd. 38), Leipzig o. J.
182. *Korn, G.* (Hrsg.): Schlesische Urkunden zur Geschichte des Gewerberechts, insbesondere des Innungswesens aus der Zeit vor 1400 (Codex diplomaticus Silesiae, Bd. 8), Breslau 1867
183. *Krause, O.* (Hrsg.): Die ältesten Zunftrollen der Stadt Greifswald (Jahresbericht über das Städtische Gymnasium zu Greifswald für das Schuljahr 1897–1898), Greifswald 1898
184. *Kroeschel, K.:* Deutsche Rechtsgeschichte, Bd. 1 u. 2, Reinbek 1972/73
185. *Kudrun:* Karl Simrocks Übersetzung. Eingeleitet und überarbeitet von F. Neumann, Stuttgart 1958
186. *Kuske, B.* (Hrsg.): Quellen zur Geschichte des Kölner Handels und Verkehrs im Mittelalter, 4 Bde. (Publikationen der Gesellschaft für Rheinische Geschichtskunde, Bd. 33, 1–4), Bonn 1923/34
187. *Loesch, H.* (Hrsg.): Die Kölner Zunfturkunden nebst anderen Kölner Gewerbeurkunden bis zum Jahre 1500, 2 Bde. (Publikationen der Gesellschaft für Rheinische Geschichtskunde, Bd. 22,1–2), Bonn 1907
188. Lübeckisches Urkundenbuch. I. Abt. Urkundenbuch der Stadt Lübeck, 11 Bde., Lübeck 1893–1905
189. Mecklenburgisches Urkundenbuch. Hrsg. v. Verein für mecklenburgische Geschichte und Altertumskunde, 25. Bde., Schwerin 1869–1936
190. *Meyer, Chr.* (Hrsg.): Ausgewählte Selbstbibliographien aus dem 15.–18. Jahrhundert, Leipzig 1897
191. – (Hrsg.): Familienchronik des Ritters Michael von Ehenheim, Würzburg 1891
192. – (Hrsg.): Das Stadtbuch von Augsburg, Augsburg 1872
193. *Mollwo, C.* (Hrsg.): Das Rote Buch der Stadt Ulm, Stuttgart 1905
194. Monumenta Germaniae Historica: Capitularia regum Francorum, Bd. 1, Hannover 1883
195. *Murner, Th.:* Narrenbeschwörung. Hrsg. v. M. Spanier (Thomas Murners Deutsche Schriften, Bd. 2), Berlin 1926
196. *Nyrop, C.* (Hrsg.): Danmarks Gilde- og Lavsskraer fra Middelalderen, 2 Bde., København 1895/1907
197. Oberrheinische Stadtrechte, 2. Abt. Schwäbische Rechte, 1. Heft: Villingen. Bearb. v. Chr. Roder, Heidelberg 1905
198. Quellen zur neueren Privatrechtsgeschichte Deutschlands, Bd. 2: Polizei- und

Landesordnungen. Hrsg. v. W. Kunkel, G. K. Schmelzeisen u. H. Thieme, 2 Halbbände, Weimar 1968/69
199. Quellen zur Rechts- und Wirtschaftsgeschichte der rheinischen Städte: Kurkölnische Städte, Bd. 1: Neuss. Bearb. v. F. Lau (Publikationen der Gesellschaft für rheinische Geschichtskunde), Bonn 1911
200. –: Bergische Städte, Bd. 1: Siegburg. Bearb. v. F. Lau (Publikationen der Gesellschaft für rheinische Geschichtskunde, Abt. 24), Bonn 1907
201. Regensburger Urkundenbuch, 2. Bde. (Monumenta Boica, Bd. 53, 54), München 1912/56
202. *Ropp, G. v.* (Hrsg.): Göttinger Statuten. Akten zur Geschichte der Verwaltung und des Gildewesens der Stadt Göttingen bis zum Ausgang des Mittelalters, Hannover 1907
203. *Rüdiger, O.* (Hrsg.): Die ältesten Hamburgischen Zunftrollen, Hamburg 1874
204. *Schmidt, B.* (Hrsg.): Frankfurter Zunfturkunden bis zum Jahre 1612, 2 Bde. (Veröffentlichungen der historischen Kommission der Stadt Frankfurt a. M., VI. Frankfurter Amts- und Zunfturkunden bis zum Jahre 1612. Hrsg. v. K. Bücher u. B. Schmidt, 1. Teil: Zunfturkunden bis zum Jahre 1612, Bd. 1–2), Frankfurt 1914
205. *Siebenkees, J. Chr.* (Hrsg.): Materialien zur Nürnbergischen Geschichte, 4 Bde., Nürnberg 1792/95
206. *Sprandel, R.* (Hrsg.): Quellen zur Hansegeschichte (Ausgewählte Quellen zur deutschen Geschichte des Mittelalters. Freiherr-vom-Stein-Gedächtnisausgabe, Bd. 36), Darmstadt 1982
207. Ulmisches Urkundenbuch, 2 Bde. Hrsg. v. F. Pressel bzw. G. Veesenmeyer u. H. Bazing, Stuttgart 1873–1900
208. Urkundenbuch der Stadt Basel. Hrsg. v. der historischen und antiquarischen Gesellschaft zu Basel, Bd. 1–4, Basel 1890/99
209. Urkundenbuch der Stadt Duderstadt. Hrsg. v. J. Jaeger, Hildesheim 1885
210. Urkundenbuch der Stadt Eßlingen. Bearb. v. A. Diehl u. K. H. S. Pfaff, 2 Bde. (Württembergische Geschichtsquellen, Bd. 4, 7) Stuttgart 1899/1905
211. Urkundenbuch der Stadt Freiberg i. Sachsen. Hrsg. v. H. Ermisch, 3 Bde. (Codex diplomaticus Saxoniae regiae T. II., Bd. 12–14), Leipzig 1883–1891
212. Urkundenbuch der Stadt Friedberg. Bearb. v. M. Folz (Veröffentlichungen der historischen Kommission für Hessen und Waldeck), Marburg 1904
213. Urkundenbuch der Stadt Goslar. Bearb. v. G. Bode, 5 Bde. (Geschichtsquellen der Provinz Sachsen und angrenzender Gebiete, Bd. 29–32, 45), Halle 1893/1905, Berlin 1922
214. Urkundenbuch der Stadt Grimma. Hrsg. v. L. Schmidt (Codex diplomaticus Saxoniae regiae T. II, Bd. 15), Leipzig 1895
215. Urkundenbuch der Stadt Halle, ihrer Stifter und Klöster. Bd. 1, 2; (Geschichtsquellen der Provinz Sachsen und des Landes Anhalt N. R., Bd. 19, 20), Bd. 3, 1–2; Magdeburg 1930/39; Halle 1954/57
216. Urkundenbuch der Stadt Heilbronn. Bearb. v. M. v. Rauch, 4 Bde. (Württembergische Geschichtsquellen, Bd. 5, 15, 19, 20), Stuttgart 1904/1922
217. Urkundenbuch der Stadt Hildesheim. Hrsg. v. R. Doebner, 8 Bde., Hildesheim 1881–1901
218. Urkundenbuch der Stadt Leipzig. Hrsg. v. K. F. v. Posern-Klett, Bd. 1 (Codex diplomaticus Saxoniae regiae, T. II, Bd. 8), Leipzig 1868
219. Urkundenbuch der Stadt Lüneburg. Hrsg. v. F. Volger, 3 Bde., Hannover 1872/75, Lüneburg 1877
220. Urkundenbuch der Stadt Magdeburg. Bearb. v. G. Hertel, 3 Bde. (Ge-

schichtsquellen der Provinz Sachsen und angrenzender Gebiete, Bd. 26–28), Halle 1892/96
221. Urkundenbuch der Stadt Quedlinburg. Bearb. v. K. Janicke (Geschichtsquellen der Provinz Sachsen und angrenzender Gebiete, Bd. 2, 1–2), Halle 1873/82
222. Urkundenbuch der Stadt Stuttgart. Bearb. v. A. Rapp, Bd. 1 (Württembergische Geschichtsquellen, Bd. 13), Stuttgart 1912
223. Urkundenbuch der Stadt Worms. Hrsg. v. H. Boos, Bd. 2, Berlin 1890
224. Urkundenbuch von Braunschweig. Hrsg. v. L. Hänselmann bzw. H. Maack 4 Bde., Braunschweig 1873/1907
225. *Wehrmann, C.* (Hrsg.): Die älteren Lübeckischen Zunftrollen, Lübeck 1864
226. *von Eschenbach, Wolfram:* Parzival. In Prosa übertragen von Wilhelm Stapel, München 1980
227. *Zils, W.* Hrsg.): Bayerisches Handwerk in seinen alten Zunftordnungen (Beiträge zur bayerischen Kulturgeschichte Bd. 1), München 1927

5. Soziale Lage und Stellung der Frau

228. *Acsádi, G./Nemeskéri, J.:* History of Life Span and Mortality, Budapest 1970
229. *Bach, H./Dušek, S.:* Slawen in Thüringen. Geschichte, Kultur und Anthropologie im 10. bis 12. Jahrhundert nach den Ausgrabungen bei Espenfeld, Weimar 1971
230. *Bach, A./Simon, K.:* Sterblichkeit des Menschen im historischen Verlauf unter besonderer Berücksichtigung ihrer Geschlechtsspezifik, in: Alt-Thüringen 15 (1978), 7–17
231. *Batori, I.* (Hrsg.): Städtische Gesellschaft und Reformation (Spätmittelalter und frühe Neuzeit, Bd. 12), Stuttgart 1980
232. *Bothe, F.:* Die Entwicklung der direkten Besteuerung in der Reichsstadt Frankfurt bis zur Revolution 1612–1614 (Staats- und sozialwissenschaftliche Forschungen, Bd. 26,2), Leipzig 1906
233. *Bücher, K.:* Die Bevölkerung von Frankfurt am Main im 14. u. 15. Jahrhundert. Socialstatistische Studien, Tübingen 1886
234. *Bull, K.-O.:* Die württembergischen Türkensteuerlisten v. 1544/45 und ihre Bedeutung für die Sozial- und Wirtschaftsgeschichte, in: Ehbrecht [241], 101–110
235. *Bullough, V./Campbell, C.:* Female Longevity and Diet in the Middle Ages, in: Speculum 55,2 (1980), 317–325
236. *Buomberger, F.:* Bevölkerungs- und Vermögensstatistik in der Stadt und Landschaft Freiburg um die Mitte des 15. Jahrhunderts, in: Zeitschrift für Schweizerische Statistik 36 (1900), 205–255
237. *Coleman, E.:* Infanticide in the Early Middle Ages, in: Stuard [63], 47–70
238. *Dirke, A. v.:* Die Rechtsverhältnisse der Handwerkslehrlinge und Gesellen nach den deutschen Stadtrechten und Zunftsstatuten des Mittelalters, Berlin 1914
239. *Dirlmeier, U.:* Untersuchungen zu Einkommensverhältnissen und Lebenshaltungskosten in oberdeutschen Städten des Spätmittelalters, Heidelberg 1978
240. *Ebel, W.:* Gewerbliches Arbeitsvertragsrecht im deutschen Mittelalter, Weimar 1934
241. *Ehbrecht, W.* (Hrsg.): Voraussetzungen und Methoden geschichtlicher Städteforschung (Städteforschung. Veröffentlichungen des Instituts für

vergleichende Städtegeschichte in Münster. Reihe A: Darstellungen, Bd. 7), Köln 1979

242. *Eisenbart, L.:* Kleiderordnungen der deutschen Städte von der Mitte des 14. Jahrhunderts bis zum Ende des 16. Jahrhunderts, ein Beitrag zur Kulturgeschichte des deutschen Bürgertums (Göttinger Bausteine zur Geschichtswissenschaft, Bd. 32), Göttingen 1961

243. *Elsas, M. J.:* Umriß einer Geschichte der Preise und Löhne in Deutschland. Vom ausgehenden Mittelalter bis zum Beginn des 19. Jahrhunderts, Bd. 1, Bd. 2 A, B, Leiden 1936/1949

244. *Endres, R.:* Zur Einwohnerzahl und Bevölkerungsstruktur Nürnbergs im 15./16. Jahrhundert, in: Mitteilungen des Vereins für Geschichte der Stadt Nürnberg 57 (1970), 242–71

245. *Engel, F.* (Hrsg.): Die mecklenburgischen Kaiserbederegister von 1496 (Mitteldeutsche Forschungen, 56), Köln 1968

246. *Eulenburg, F.:* Städtische Berufs- und Gewerbestatistik im 16. Jahrhundert, in: Zeitschrift für Geschichte des Oberrheins 50 (1896), 81–141

247. *Feige, W.:* Die Sozialstruktur der spätmittelalterlichen Stadt im Spiegel der historischen Statistik – mit besonderer Berücksichtigung der niederen Schichten der Bevölkerung mit einem Exkurs in das Leipzig des 16. Jahrhunderts, Leipzig 1965

248. *Grieser, R.* (Hrsg.): Das Schatzungsregister der Großvogtei Celle v. 1438 und andere Quellen zur Bevölkerungsgeschichte der Kreise Celle, Fallingbostel, Soltau und Burgdorf zwischen 1428 und 1442 (Quellen und Darstellungen zur Geschichte Niedersachsens, Bd. 41) Hildesheim 1934

249. *Hartig, J.* (Hrsg.): Die Register der Willkommschatzung von 1498 und 1499 im Fürstbistum Münster, Teil 1: Die Quellen (Veröffentlichungen der historischen Kommission Westfalens, Bd. 30, Westfälische Schatzungs- und Steuerregister, Bd. 5), Münster 1976

250. *Helbok, A.:* Die Bevölkerung der Stadt Bregenz am Bodensee, Innsbruck 1912

251. *Herlihy, D.:* Life Expectancies for Women in Medieval Society, in: Morewedge [55], 1–22

252. *Hertz, G.:* Die Rechtsverhältnisse des freien Gesindes nach den deutschen Rechtsquellen des Mittelalters, Breslau 1879

253. *Hon-Firnberg, H.:* Lohnarbeiter und freie Lohnarbeit im Mittelalter und der frühen Neuzeit (Veröffentlichungen des Seminars für Wirtschafts- u. Kulturgeschichte an der Universität Wien, Bd. 11), Baden 1935

254. *Imhof, A. E.:* Einführung in die Historische Demographie, München 1977

255. *Irsigler, F.* (Hrsg.): Quantitative Methoden in der Wirtschafts- und Sozialgeschichte der Vorneuzeit (Historisch-sozialwissenschaftliche Forschungen, Bd. 4), Stuttgart 1978

256. *Jatzwauk, J.:* Die Bevölkerungs- und Vermögensverhältnisse der Stadt Bautzen zu Anfang des 15. Jahrhunderts, Bautzen 1912

257. *Kähler, W.:* Gesindewesen und Gesinderecht in Deutschland (Sammlung nationalökonomischer und statistischer Abhandlungen des Staatswissenschaftlichen Seminars zu Halle/S., Bd. 11), Jena 1896

258. *Kamann, J.:* Altnürnberger Gesindewesen, in: Mitteilungen des Vereins für Geschichte der Stadt Nürnberg 14 (1901), 65–157

259. *Keyser, E.:* Bevölkerungsgeschichte Deutschlands, Leipzig 1943[3]

260. *Kirchgäßner, B.:* Das Steuerwesen der Reichsstadt Konstanz 1418–1460, Konstanz 1960

261. –: Wirtschaft und Bevölkerung der Reichsstadt Eßlingen im Spätmittelalter (Eßlinger Studien, Bd. 9), Eßlingen 1964
262. *Kollmann, P.:* Geschichte und Statistik des Gesindewesens in Deutschland, in: Jahrbücher für Nationalökonomie und Statistik 10 (1868), 237–301
263. *Könnecke, O.:* Rechtsgeschichte des Gesindes in West- und Süddeutschland (Arbeiten zum Handels-, Gewerbe- u. Landwirtschaftsrecht, Bd. 12), Marburg 1912
264. Konstanzer Arbeitskreis für mittelalterliche Geschichte: Untersuchungen zur gesellschaftlichen Struktur der mittelalterlichen Städte in Europa (Vorträge und Forschungen, Bd. 11), Sigmaringen 1974²
265. *Kronshage, W.:* Die Bevölkerung Göttingens (Studien zur Geschichte der Stadt Göttingen, Bd. 1), Göttingen 1960
266. *Landgraf, H.:* Bevölkerung und Wirtschaft Kiels im 15. Jahrhundert (Quellen und Forschungen zur Geschichte Schleswig-Holsteins, Bd. 39), Neumünster 1959
267. *Loffing, A.:* Die soziale und wirtschaftliche Gliederung der Bevölkerung Erfurts in der 2. Hälfte des 16. Jahrhunderts, in: Mitteilungen des Vereins zur Geschichte und Altertumskunde v. Erfurt H. 32 (1911), 131–240
268. *Lorenzen-Schmidt, K.-J.:* Die Sozial- und Wirtschaftsstruktur schleswig-holsteinischer Landesstädte zwischen 1500 u. 1550 (Quellen und Forschungen zur Geschichte Schleswig-Holsteins, Bd. 76), Neumünster 1980
269. –: Zur Vermögens- und Sozialstruktur der Städte Itzehoe, Krempe und Wilster in der ersten Hälfte des 16. Jahrhunderts, in: Zeitschrift der Gesellschaft für Schleswig-Holsteinische Geschichte 102/103 (1977/78), 49–84
270. *Maschke, E./Sydow, J.* (Hrsg.): Städtische Mittelschichten (Veröffentlichungen der Kommission für geschichtliche Landeskunde in Baden-Württemberg, Reihe B, Bd. 69), Stuttgart 1972
271. –: Gesellschaftliche Unterschichten in den südwestdeutschen Städten (Veröffentlichungen der Kommission für geschichtliche Landeskunde in Baden-Württemberg, Reihe B, Bd. 41
272. *Meyer, M.:* Die Reichssteuern des Gemeinen Pfennigs aus dem Jahre 1497 im Brixental, in: Veröffentlichungen des Museums Ferdinandeums 31 (1951), 537–559
273. *Meves, U.:* Geschichtsunterricht Sek. II. Steuerlisten als Quellen zur Sozialstruktur der mittelalterlichen Stadt, in: Geschichtsdidaktik 6 (1981), 1–17
274. *Mistele, K.-H.:* Die Bevölkerung der Reichsstadt Heilbronn im Spätmittelalter. Eine sozialgeschichtliche Untersuchung an Hand der Steuerbücher des 15. u. 16. Jahrhunderts (Veröffentlichungen des Archivs der Stadt Heilbronn, Bd. 8), Heilbronn 1962
275. *Mols, S. J.:* Die Bevölkerung Europas 1500–1700, in: Cipolla, C. M./Borchardt, K. (Hrsg.): Europäische Wirtschaftsgeschichte, Bd. 2, Stuttgart 1979, 5–49
276. *Nemeskéri, J.:* Die biologische Rekonstruktion der Population von Növenthien, Kr. Uelzen, in: Neue Ausgrabungen und Forschungen in Niedersachsen 8 (1973), 127–166
277. *Otto, E.:* Die Bevölkerung der Stadt Butzbach während des Mittelalters, Gießen 1893
278. *Paulus Behaims Ehaltenbuch 1552–72,* in: Mitteilungen des Vereins für Geschichte der Stadt Nürnberg 7 (1910), 161ff.
279. *Piper, E.:* Der Stadtplan als Grundriß der Gesellschaft. Topographie und Sozialstruktur in Augsburg und Florenz um 1500, Frankfurt 1982

280. *Richter, O.:* Zur Bevölkerungs- und Vermögensstatistik Dresdens im 15. Jahrhundert, in: Neues Archiv für sächsische Geschichte und Altertumskunde 2 (1881), 273–289
281. –: Zur Bevölkerungs- und Vermögensstatistik Meißens im Jahre 1481, in: Mitteilungen des Vereins für Geschichte der Stadt Meißen 1 (1882), 1–22
282. *Rösing, F. W.:* Die fränkische Bevölkerung von Mannheim-Vogelsang und die merowingerzeitliche Germanengruppe Europas, Hamburg 1975
283. *Russel, J. C.:* Die Bevölkerung Europas 500–1500, in: Cipolla, C. M./Borchardt, K. (Hrsg.): Europäische Wirtschaftsgeschichte, Bd. 1, Stuttgart 1978, 13–43
284. *Schmieder, E.:* Geschichte des Arbeitsrechts im deutschen Mittelalter, Bd. 1, Leipzig 1939
285. *Schönberg, G.:* Finanzverhältnisse der Stadt Basel im 14./15. Jahrhundert, Tübingen 1879
286. *Schuler, P.-J.:* Die Bevölkerungsstruktur der Stadt Freiburg i. Br. im Spätmittelalter – Möglichkeiten und Grenzen einer quantitativen Quellenanalyse, in: Ehbrecht [241], 139–176
287. *Schuler, Th.:* Die Erhebungslisten des „Gemeinen Pfennigs" von 1496 bis 1499. Eine demographische, wirtschafts- und sozialgeschichtliche Untersuchung, in: Irsigler [255], 127–145
288. *Schwarze, E.:* Soziale Struktur und Besitzverhältnisse der ländlichen Bevölkerung Ostthüringens im 16. Jahrhundert (Veröffentlichungen des Staatsarchivs Weimar, Bd. 9), Weimar 1975
289. *Schwer, W.:* Stand und Ständeordnung im Weltbild des Mittelalters, Paderborn 1952
290. *Schwinekoper, B.:* Bemerkungen zum Problem der städtischen Unterschichten aus Freiburger Sicht, in: Maschke/Sydow [271], 134–149
291. *Steffen, H.:* Beiträge zur Geschichte des ländlichen Gesindes in Preußen am Ausgang des Mittelalters, Königsberg 1903
292. *Stoy, F.:* Zur Bevölkerungs- und Sozialgeschichte Kursächsischer Kleinstädte im Zeitalter der Reformation, in: Vierteljahresschrift für Sozial- und Wirtschaftsgeschichte 28 (1935), 209–242
293. *Techen, F.:* Die Bevölkerung Wismars im Mittelalter und die Wachtpflicht der Bürger, in: Hansische Geschichtsblätter 7 (1890/91), 63–94
294. *Uthmann, K. J.:* Sozialstruktur und Vermögensbildung im Hildesheim des 15. und 16. Jahrhunderts (Schriften der Wirtschaftswissenschaftlichen Gesellschaft zum Studium Niedersachsens e. V., NF 65), Bremen 1957
295. *Vetter, A.:* Bevölkerungsverhältnisse der ehemals freien Reichsstadt Mühlhausen i. Th. im 15. und 16. Jahrhundert (Leipziger historische Abhandlungen, H. 17), Leipzig 1910
296. *Waschinsky, E.:* Währung, Preisentwicklung und Kaufkraft des Geldes in Schleswig-Holstein von 1226–1864, 2 Bde. (Quellen und Forschungen zur Geschichte Schleswig-Holsteins, Bd. 26, 1 u. 2), Neumünster 1952/59
297. *Wesoly, K.:* Der weibliche Bevölkerungsanteil in den spätmittelalterlichen und frühneuzeitlichen Städten und die Betätigung von Frauen im zünftigen Handwerk (insbesondere am Mittel- und Oberrhein), in: Zeitschrift für Geschichte des Oberrheins 128 (1980), 69–117
298. *Widmoser, E.:* Meraner Stadtsteuerliste vom Jahre 1304, in: Veröffentlichungen des Museums Ferdinandeum 31 (1951), 681–689
299. *Winter, A.:* Studien zur sozialen Situation der Frau in der Stadt Trier nach der Steuerliste von 1364, in: Kurtrierisches Jahrbuch 15 (1975), 20–45

300. *Woehlkens, E.:* Pest und Ruhr im 16. u. 17. Jahrhundert (Schriften des Niedersächsischen Heimatbundes, NF. Bd. 26), Uelzen 1954
301. *Wunder, G.* (Hrsg.): Die Stuttgarter Steuerliste von 1545 (Veröffentlichungen des Archivs der Stadt Stuttgart, Bd. 26), Stuttgart 1974
302. –: Unterschichten der Reichsstadt Hall. Methoden und Probleme ihrer Erforschung, in: Maschke/Sydow [271], 101–118
303. *Wustmann, G.* (Hrsg.): Quellen zur Geschichte Leipzigs, Bd. 1, Leipzig 1889
304. *Wuttke, R.:* Gesindeordnungen und Gesindezwangsdienst in Sachsen bis zum Jahre 1835 (Staats- und sozialwissenschaftliche Forschungen, Bd. 12,4), Leipzig 1893

6. Geschichte der Familie im Mittelalter

305. *Bosl, K.:* Die „Familia" als Grundstruktur der mittelalterlichen Gesellschaft, in: ders., Die Gesellschaft in der Geschichte des Mittelalters, Göttingen 1975, 84–111
306. *Brunner, O.:* Vom „ganzen Haus" zur „Familie", in: Rosenbaum [319], 83–91
307. *Duby, G./Goff, J. le* (Ed.): Famille et parenté dans l'occident médiéval (Collection de l'école française de Rome vol. 30), Rom 1977
308. *Flandrin, J. L.:* Familien. Soziologie – Ökonomie – Sexualität, Frankfurt 1978
309. *Goody, J.* (Ed.): Family and Inheritance. Rural Society in Western Europe 1200–1800, New York 1976
310. *Grosse, E.:* Die Formen der Familie und die Formen der Wirtschaft, Freiburg 1896
311. *Hennebicque, R.:* Structures familiales et politiques au IXe siècle: en groupe familial du L'aristocratie franque, in: Revue Historique 538 (1981), 289–333
312. *Klapisch, Chr.:* Household and Familiy in Tuscany in 1427, in: Laslett [313], 267–281
313. *Laslett, P./Wall, R.* (Ed.): Household and Family in Past Time, Cambridge 1972
314. *Maschke, E.:* Die Familie in der deutschen Stadt des späteren Mittelalters, Heidelberg 1980
315. *Mitterauer, M.:* Grundtypen alteuropäischer Sozialformen. Haus und Gemeinde in vorindustriellen Gesellschaften, Stuttgart 1979
316. *Mitterauer, M./Sieder, R.* (Hrsg.): Historische Familienforschung, Frankfurt 1982
317. –: Vom Patriarchat zur Partnerschaft. Zum Strukturwandel der Familie, München 1980^{2}
318. *Ring, R.:* Early Medieval Peasant Households in Central Italy, in: Journal of Familiy History 4 (1979), 2–25
319. *Rosenbaum, H.* (Hrsg.): Seminar: Familie und Gesellschaftsstruktur. Materialien zu den sozio-ökonomischen Bedingungen von Familienformen, Frankfurt 1978
320. *Schmid, K.:* Zur Problematik von Familie, Sippe und Geschlecht, Haus und Dynastie beim hochmittelalterlichen Adel, in: Zeitschrift für Geschichte des Oberrhein 105 (1957)
321. *Schuler, Th.:* Familien im Mittelalter, in: Reif, H. (Hrsg.): Die Familie in der Geschichte, Göttingen 1982, 28–60
322. *Weber-Kellermann, I.:* Die deutsche Familie. Versuch einer Sozialgeschichte, Frankfurt 1974

7. Wirtschafts- und Sozialgeschichte des Mittelalters

323. *Aubin, H./Zorn, W.:* Handbuch der deutschen Wirtschafts- und Sozialgeschichte, Bd. 1, Stuttgart 1971

324. *Bechtel, H.:* Wirtschafts- und Sozialgeschichte Deutschlands, München 1967

325. *Brunner, O.:* Sozialgeschichte Europas im Mittelalter, Göttingen 1978

326. *Bosl, K.:* Frühformen der Gesellschaft im mittelalterlichen Europa, München 1964

327. *Cipolla, C. M./Borchardt, K.* (Hrsg.): Europäische Wirtschaftsgeschichte, Bd. 1 u. 2, Stuttgart 1978/79

328. *Duby, G.:* Krieger und Bauern. Die Entwicklung von Wirtschaft und Gesellschaft im frühen Mittelalter, Frankfurt 1981^2

329. *Ennen, E.:* Die europäische Stadt des Mittelalters, Göttingen 1975^2

330. *Fuhrmann, H.:* Deutsche Geschichte im hohen Mittelalter (Deutsche Geschichte, Bd. 2), Göttingen 1978

331. *Henning, F.-W.:* Wirtschafts- und Sozialgeschichte, Bd. 1, Paderborn 1974

332. *Kellenbenz, H.:* Deutsche Wirtschaftsgeschichte, Bd. 1, München 1977

333. *Kulischer, J.:* Allgemeine Wirtschaftsgeschichte des Mittelalters und der Neuzeit, Bd. 1, München 1965^3

334. *Lütge, F.:* Deutsche Sozial- und Wirtschaftsgeschichte, Berlin 1966^3

335. *Mottek, H.:* Wirtschaftsgeschichte Deutschlands, Bd. 1, Berlin 1973^5

336. *Planitz, H.:* Die deutsche Stadt im Mittelalter, Wien 1980^5

337. *Sprandel, R.:* Verfassung und Gesellschaft im Mittelalter, Paderborn 1978^2

8. Frauenarbeit im Mittelalter

338. *Barchewitz, J.:* Von der Wirtschaftstätigkeit der Frau in der vorgeschichtlichen Zeit bis zur Entfaltung der Stadtwirtschaft, Breslau 1937

339. *Behaghel, W.:* Die gewerbliche Stellung der Frau im mittelalterlichen Köln, Berlin 1910

340. *Brodmeier, B.:* Die Frau im Handwerk in historischer und in moderner Sicht (Forschungsberichte aus dem Handwerk, Bd. 9), Münster 1963

341. *Bücher, K.:* Die Berufe der Stadt Frankfurt a. Main im Mittelalter (Abhandlungen der phil.-hist. Klasse der Kgl. Sächs. Gesellschaft der Wissenschaften, Bd. 30,3), Leipzig 1914

342. *Dienst, H.:* Männerarbeit – Frauenarbeit im Mittelalter, in: Beiträge zur historischen Sozialkunde 11 (1981), 88–90

343. *Eggebrecht, A./Flemming, J./Meyer, G./Müller, A. v./Oppolzer, A./Paulinyi, A./Schneider, H.:* Geschichte der Arbeit, Köln 1980

344. *Egner, E.:* Entwicklungsphasen der Hauswirtschaft (Göttinger Wirtschafts- und Sozialwissenschaftliche Studien, Bd. 1), Göttingen 1964

345. –: Epochen im Wandel des Familienhaushaltes, in: Rosenbaum [319], 92–127

346. *Händler-Lachmann, B.:* Die Berufstätigkeit der Frau in den deutschen Städten des Spätmittelalters und der beginnenden Neuzeit, in: Hessisches Jahrbuch für Landesgeschichte 30 (1980), 131–175

347. *Heß, L.:* Die deutschen Frauenberufe des Mittelalters, München 1940

348. *Kranz, E./Meyn, E.:* Die mittelalterliche Hausfrau (Quellenhefte zum Frauenleben in der Geschichte, H. 9b), Berlin 1931

349. *Krebs, P.-P.:* Die Stellung der Handwerkerswitwe in der Zunft vom Spätmittelalter bis zum 18. Jahrhundert, Regensburg 1974

350. *Kroemer, B.:* Selbst ist die Frau. Frauen im Handwerk der mittelalterlichen Städte, in: Journal für Geschichte 3 (1981), 14–18

351. –: Von Kauffrauen, Beamtinnen, Ärztinnen – Erwerbstätige Frauen in deutschen mittelalterlichen Städten, in: Kuhn/Rüsen [29], 73–96
352. *Kuske, B.:* Die Frau im mittelalterlichen deutschen Wirtschaftsleben, in: Zeitschrift für handelswissenschaftliche Forschung NF 11 (1959), 148–157
353. *Lewenhak, S.:* Frauenarbeit: ihre soziale Stellung von der Steinzeit bis heute, München 1981
354. *Loose, H.-C.:* Erwerbstätigkeit der Frau im Spiegel Lübecker und Hamburger Testamente, in: Zeitschrift für Lübeckische Geschichte 60 (1980), 9–20
355. *Maaß, H.:* Von Frauenarbeit zu Frauenfabrikarbeit, Witten 1938
356. *Mackenroth, A.:* Zur Geschichte der Handels- und Gewerbefrau, Zürich 1894
357. *Mitterauer, M.:* Geschlechtsspezifische Arbeitsteilung in vorindustrieller Zeit, in: Beiträge zur historischen Sozialkunde 11 (1981), 77–87
358. *Mummenhoff, E.:* Frauenarbeit und Arbeitsvermittlung, in: Vierteljahresschrift für Sozial- und Wirtschaftsgeschichte 19 (1926), 157–165
359. *Norrenberg, P.:* Frauenarbeit und Arbeiterinnenerziehung in deutscher Vorzeit, Köln 1880
360. *Schmidt, G.:* Die berufstätige Frau in der Reichsstadt Nürnberg bis zum Ende des 16. Jahrhunderts, Erlangen 1950
361. *Schuster, D.:* Die Stellung der Frau in der Zunftverfassung (Quellenhefte zum Frauenleben in der Geschichte, H. 7), Berlin 1927
362. *Sieder, R.:* Hausarbeit oder: die „andere Seite" der Lohnarbeit, in: Beiträge zur historischen Sozialkunde 11 (1981), 90–97
363. *Stahleder, H.:* Arbeit in der mittelalterlichen Gesellschaft (Miscellanea Bavarica Monacensia, H. 42 = Neue Schriftenreihe des Stadtarchivs München, Bd. 59), München 1972
364. *Sullerot, E.:* Die emanzipierte Sklavin. Geschichte und Soziologie der Frauenarbeit, Wien 1972
365. *Till, R.:* Die berufstätige Frau im mittelalterlichen Wien, in: Wiener Geschichtsblätter 25 (1970), 115–118
366. *Ven, F. van der:* Sozialgeschichte der Arbeit, Bd. 1 u. 2, München 1972
367. *Wachendorf, H.:* Die wirtschaftliche Stellung der Frau in den Städten des späteren Mittelalters, Hamburg 1934
368. *Weinberg, M.:* Die Stellung der Hausfrau im Mittelalter, in: Archiv für Frauenkunde und Eugenetik 6 (1920), 185–198
369. *Wensky, M.:* Die Stellung der Frau in der stadtkölnischen Wirtschaft im Spätmittelalter (Quellen und Darstellungen zur Hansischen Geschichte, NF Bd. 26), Köln 1980
370. *Wolf-Graaf, A.:* Frauenarbeit im Abseits. Frauenbewegung und weibliches Arbeitsvermögen, München 1981
370a. Wood, Merry Wiesner: Birth, Death, and the Pleasures of Life: Working Women in Noremberg 1480–1620, Madison 1979.
371. *Wunder, H.:* Zur Stellung der Frau im Arbeitsleben und in der Gesellschaft des 15. bis 18. Jahrhunderts, in: Geschichtsdidaktik 6 (1981), 239–251

9. Frauenarbeit auf dem Land

372. *Abel, W.:* Geschichte der deutschen Landwirtschaft vom frühen Mittelalter bis zum 19. Jahrhundert, Stuttgart 1967²
373. *Bartels, A.:* Der Bauer in der deutschen Vergangenheit, Leipzig 1900
374. *Becker-Dillingen, J.* (Hrsg.): Quellen und Urkunden zur Geschichte der deutschen Bauern. Urzeit bis Ende der Karolingerzeit, Berlin 1935

375. *Bentzien, U.:* Bauernarbeit im Feudalismus. Landwirtschaftliche Arbeitsgeräte und -verfahren in Deutschland von der Mitte des 1. Jahrtausends u. Z. bis um 1800, Berlin 1980
376. *Blum, J.* (Hrsg.): Die bäuerliche Welt. Geschichte und Kultur in sieben Jahrhunderten, München 1982
377. *Duncker, H.:* Das mittelalterliche Dorfgewerbe mit Ausschluß der Nahrungsmittelindustrie nach den Weistümern, Leipzig 1903
378. *Ennen, E./Janssen, W.:* Deutsche Agrargeschichte, Wiesbaden 1979
379. *Epperlein, S.:* Der Bauer im Bild des Mittelalters, Leipzig 1975
380. *Franz, G.:* Geschichte des deutschen Bauernstandes vom frühen Mittelalter bis zum 19. Jahrhundert, Stuttgart 1970
381. *Hagelstange, A.:* Süddeutsches Bauernleben im Mittelalter, Leipzig 1898
382. *Hansen, W.* (Hrsg.): Das deutsche Bauerntum. Seine Geschichte und Kultur, 2 Bde., Berlin 1938
383. *Hügli, H.:* Der deutsche Bauer im Mittelalter, dargestellt nach den deutschen literarischen Quellen vom 11.–15. Jahrhundert, Bern 1929
384. *Irsigler, F.:* Divites und pauperes in der vita Meinwerci. Untersuchungen zur wirtschaftlichen und sozialen Differenzierung der Bevölkerung Westfalens im Hochmittelalter, in: Vierteljahresschrift für Wirtschaft- und Sozialgeschichte 57 (1980), 449–499
385. *Jankuhn, H.:* Vorgeschichte und Frühgeschichte (der Agrargeschichte), Stuttgart 1969
386. *Kuchenbuch, L.:* Bäuerliche Gesellschaft und Klosterherrschaft im 9. Jahrhundert. Studien zur Sozialstruktur der Familie der Abtei Prüm, Wiesbaden 1978
387. *Maurer, G. L. v.:* Geschichte der Fronhöfe, der Bauernhöfe und der Hofverfassungen in Deutschland, 2 Bde., Erlangen 1862/63
388. *Medick, H.:* Spinnstuben auf dem Dorf. Jugendliche Sexualkultur und Feierabendbrauch in der ländlichen Gesellschaft der frühen Neuzeit, in: Huck, G. (Hrsg.): Sozialgeschichte der Freizeit, Wuppertal 1980, 19–49
389. *Michelsen, A. L. J.* (Hrsg.): Der Mainzer Hof zu Erfurt am Ausgange des Mittelalters, Jena 1853
390. *Mitterauer, M.:* Arbeitsteilung im ländlichen Raum, in: Beiträge zur historischen Sozialkunde 11 (1981), 45–53
391. *Rumpf, M.:* Deutsches Bauernleben, Stuttgart 1936
392. *Wiegelmann, G.:* Zum Problem der bäuerlichen Arbeitsteilung in Mitteleuropa, in: Aus Geschichte und Landeskunde. Forschungen und Darstellungen. Franz Steinbach zum 65. Geburtstag, Bonn 1960, 637–671

10. Frauenarbeit im Handwerk

393. *Agricola, G.:* Zwölf Bücher vom Berg- und Hüttenwesen, München 1980[2]
394. *Berlepsch, H. A.:* Chronik der Gewerke, 9 Bde., Osnabrück, Neudruck 1966
395. *Bohnsack, A.:* Spinnen und Weben. Entwicklung von Technik und Arbeit im Textilgewerbe, Reinbek 1981
396. *Brandl, B./Creutzburg, G.* (Hrsg.): Die Zunftlade. Das Handwerk vom 15. bis 19. Jahrhundert im Spiegel der Literatur, Berlin 1976[2]
397. *Ettmüller, G:* Die Freskobilder zu Konstanz, in: Mitteilungen der antiquarischen Gesellschaft in Zürich 15, Heft 6
398. *Hartmann, M.:* Geschichte der Handwerkerverbände der Stadt Hildesheim im Mittelalter, Hildesheim 1905

399. *Heimpel, H.:* Das Gewerbe der Stadt Regensburg im Mittelalter (Beiheft der Vierteljahresschrift für Sozial- und Wirtschaftsgeschichte, Bd. 9), 1926
400. *Heyne, M.:* Das altdeutsche Handwerk, Straßburg 1908
401. *Kober, E.:* Die Anfänge des deutschen Wollgewerbes (Abhandlungen zur mittleren und neuen Geschichte, H. 8), Berlin 1908
402. *Mone, F. J.:* Gewerbepolizei, in: Zeitschrift für Geschichte des Oberrhein 4 (1853), 273–317
403. –: Die Weberei und ihre Beigewerbe, in: Zeitschrift für Geschichte des Oberrhein 9 (1858), 129–189
404. –: Zunftorganisation, in: Zeitschrift für Geschichte des Oberrhein 16 (1864), 151–188
405. *Mummenhoff, E.:* Der Handwerker in der deutschen Vergangenheit, Jena 1924
406. *Nübling, E.:* Ulms Handel und Gewerbe im Mittelalter. Ein Beitrag zur deutschen Städte- und Wirtschaftsgeschichte, 4 Hefte, Ulm 1892/93
407. –: Ulms Baumwollweberei im Mittelalter (Staats- und sozialwissenschaftliche Forschungen; 9,5), Leipzig 1890
408. *Pfeiffer, E.:* Göttinger Gewerbewesen im 14. und 15. Jahrhundert, Göttingen 1913
409. *Potthoff, O. D.:* Kulturgeschichte des deutschen Handwerks, Hamburg 1938
410. *Rumpf, M.:* Deutsches Handwerkerleben und der Aufstieg der Stadt, Stuttgart 1955
411. *Schmoller, G.:* Die Straßburger Tücher- und Weberzunft. Urkunden und Darstellung, Straßburg 1879
412. *Schoenlank, B.:* Zur Geschichte des altnürnbergischen Gesellenwesens, in: Jahrbuch für Nationalökonomie und Statistik, NF. Bd. 19 (1889), 337–395, 588–615
413. –: Sociale Kämpfe vor 300 Jahren. Altnürnbergische Studien, Leipzig 1894
414. *Schuchhardt, W.:* Weibliche Handwerkskunst im deutschen Mittelalter, Berlin 1941
415. *Stahl, F. W.:* Das deutsche Handwerk, Gießen 1874
416. *Stromer, W. v.:* Die Gründung der Baumwollindustrie in Mitteleuropa. Wirtschaftspolitik im Spätmittelalter (Monographien zur Geschichte des Mittelalters, Bd. 17), Stuttgart 1978
417. *Tuckermann, W.:* Die Gewerbe der Stadt Hildesheim, Tübingen 1906
418. *Vollmer, B.:* Die Wollweberei und der Gewandschnitt in der Stadt Braunschweig, Wolfenbütel 1913
419. *Wever, L.:* Die Anfänge des deutschen Leinengewerbes bis zum Ausgang des 14. Jahrhunderts, Freiburg 1918
420. *Wielandt, K.:* Das Konstanzer Leinengewerbe. Darstellung und Quellen, 2 Bde. (Konstanzer Stadtrechtsquellen, Bd. 2 u. 3), Konstanz 1950/53
421. *Wissel, R.:* Des alten Handwerks Recht und Gewohnheit, 2 Bde., zweite, erweiterte und bearbeitete Ausgabe hrsg. v. E. Schraepler (Einzelveröffentlichungen der Historischen Kommission zu Berlin, Bd. 7), Berlin 1971/74
422. *Zöllner, G.:* Die Zunftverfassung in Leipzig bis zum Jahre 1600, Halle 1915

11. Frauenarbeit im Handel

423. *Bastian, F.:* Das Manual des Regensburger Kaufhauses Runtinger und die mittelalterliche Frauenfrage, in: Jahrbuch für Nationalökonomie und Statistik 115 (1920), 385–442

424. *Dietz, A.:* Frankfurter Handelsgeschichte, Bd. 1, Frankfurt 1910
425. *Eikenberg, W.:* Das Handelshaus der Runtinger zu Regensburg. Ein Spiegel süddeutschen Rechts-, Handels- und Wirtschaftslebens im ausgehenden 14. Jahrhundert (Veröffentlichungen des Max-Planck-Instituts für Geschichte, Bd. 43), Göttingen 1976
426. *Kuske, B.:* Der Kölner Fischhandel vom 14. bis 17. Jahrhundert, in: Westdeutsche Zeitschrift für Geschichte und Kunst 24 (1905), 227–313
427. *Pohl, H.:* Das Rechnungsbuch des Nürnberger Großkaufmanns Hans Praun v. 1471–1478, in: Mitteilungen des Vereins für Geschichte der Stadt Nürnberg 55 (1968), 77–127
428. *Schulte, A.:* Geschichte des mittelalterlichen Handels zwischen Westdeutschland und Italien, Bd. 1, Berlin 1900
429. *Steinhausen, C.:* Kaufleute und Handelsherren in alten Zeiten, Leipzig 1899
430. *Winterfeld, L. v.:* Die Dortmunder Wandschneidergesellschaft, 2 Bde., (Beiträge zur Geschichte Dortmunds und der Grafschaft Mark Bd. 29 u. 30), Dortmund 1922

12. Frauenarbeit im Gesundheits- und Fürsorgewesen

431. *Albertus Magnus:* Daraus man alle Heimlichkeit des weiblichen Geschlechts erkennen kann, Frankfurt 1581 (Neudruck Frankfurt 1977)
432. *Baas, K.:* Mittelalterliche Gesundheitspflege im heutigen Baden, Heidelberg 1909
433. –: Studien zur Geschichte des mittelalterlichen Medizinalwesens in Colmar, in: Zeitschrift für Geschichte des Oberrheins 61 (1907), 217–246
434. *Berger, W.:* Das Sankt-Georgs-Hospital zu Hamburg. Die Wirtschaftsführung eines mittelalterlichen Großhaushalts (Beiträge zur Geschichte Hamburgs Bd. 8), Hamburg 1972
435. *Birkelbach, D./Eifert, Chr./Lucken, S.:* Zur Entwicklung des Hebammenwesens vom 14. bis 16. Jahrhundert am Beispiel der Regensburger Hebammenordnungen, in: Frauengeschichte [19], 83–98
436. *Bog, I.:* Über Arme und Armenfürsorge in Oberdeutschland und in der Eidgenossenschaft im 15. und 16. Jahrhundert, in: Jahrbuch für fränkische Landesforschung 34/35 (1974/75), 983–1001
437. *Bosl, K.:* Das Problem der Armut in der hochmittelalterlichen Gesellschaft (Sitzungsberichte der Österreichischen Akademie der Wissenschaften. Philologisch-historische Klasse Bd. 294, Abh. 5), Wien 1974
438. *Burckhard, G.:* Die deutschen Hebammenordnungen von ihren ersten Anfängen bis auf die Neuzeit (Studien zur Geschichte des Hebammenwesens I, 1), Leipzig 1912
439. *Deichert, H.:* Geschichte des Medizinalwesens im Gebiet des ehemaligen Königreichs Hannover, Hannover 1908
440. *Diepgen, P.:* Frau und Frauenheilkunde in der Kultur des Mittelalters, Stuttgart 1963
441. –: Geschichte der Medizin Bd. 1, Berlin 1949
442. *Ehrenreich, B./English, B.:* Hexen, Hebammen und Krankenschwestern, München 1980[7]
443. *Fasbender, H.:* Geschichte der Geburtshilfe, Jena 1906
444. *Fischer, A.:* Geschichte des deutschen Gesundheitswesens Bd. 1, Berlin 1933
445. *Fischer, H.:* Mittelalterliche Pflanzenkunde, München 1928
446. *Fischer, Th.:* Städtische Armut und Armenfürsorge im 15. und 16. Jahrhun-

dert. Sozialgeschichtliche Untersuchungen am Beispiel der Städte Basel, Freiburg i. Br. und Straßburg (Göttinger Beiträge zur Wirtschafts- und Sozialgeschichte, Bd. 4), Göttingen 1979
447. *Gensthaler, G.:* Das Medizinalwesen der Freien Reichsstadt Augsburg bis zum 16. Jahrhundert (Abhandlungen zur Geschichte der Stadt Augsburg, Bd. 21), Augsburg 1973
448. *Goldberg, A.:* Das Armen- und Krankenwesen im mittelalterlichen Straßburg, Freiburg 1909
449. *Gubalke, W.:* Die Hebamme im Wandel der Zeiten. Ein Beitrag zur Geschichte des Hebammenwesens, Hannover 1964
450. *Haberling, E.:* Der Hebammenstand in Deutschland von seinen Anfängen bis zum Dreißigjährigen Krieg (Beiträge zur Geschichte des Hebammenstandes, Bd. 1), Berlin 1940
451. *Habrich, Chr.:* Apothekengeschichte Regensburgs in reichsstädtischer Zeit (Neue Münchener Beiträge zur Geschichte der Medizin und Naturwissenschaften. Medizinhistorische Reihe, Bd. 1), München 1970
452. *Haeser, H.:* Lehrbuch der Geschichte der Medizin, Bd. 1, Jena 1875^3
453. *Hauschild, Th./Staschen, H./Troschke, R.:* Hexen. Katalog zur Ausstellung, Hamburg 1979
454. *Hildegard von Bingen:* Ursachen und Behandlung der Krankheiten, übersetzt v. H. Schulz, Ulm 1955
455. *Hovorka, A./Kronfeld, A.:* Vergleichende Volksmedizin, 2 Bde., Stuttgart 1908/09
456. *Hughes, M.:* Women Healers in Medieval Life and Literature, New York 1943
457. *Hurd-Mead, K. C.:* A History of Women in Medicine, Haddam/Conn. 1938
458. *Jetter, D.:* Geschichte des Hospitals, Bd. 1. (Sudhoffs Archiv, Beiheft 5), Wiesbaden 1966
459. –: Grundzüge der Hospitalgeschichte, Darmstadt 1973
460. *Koschorreck, W.* (Hrsg.): Minnesinger in Bildern der Manessischen Liederhandschrift, Frankfurt 1974
461. *Knefelkamp, U.:* Das Gesundheits- und Fürsorgewesen der Stadt Freiburg i. Br. im Mittelalter (Veröffentlichungen aus dem Archiv der Stadt Freiburg i. Br., Bd. 17), Freiburg 1981
462. *Kröll, K.:* Das Phänomen Armut (Wandlungen des Begriffs im Zeitablauf unter besonderer Berücksichtigung mittelalterlicher Armenpflegemaßnahmen im Vergleich zu heute), Köln 1973
463. *Kuehnel, H.:* Mittelalterliche Heilkunde in Wien (Studien zur Geschichte der Universität Wien, Bd. 5), Graz 1965
464. *Lehmann, V.:* Die Geburt in der Kunst, Braunschweig 1978
465. *Lichtenthaler, Ch.:* Geschichte der Medizin, Bd. 1, Köln 1974
466. *Liese, W.:* Geschichte der Caritas, 2 Bde., Freiburg 1922
467. *Lindgren, U.:* Die Armut im Mittelalter, in Saeculum 28 (1977), 396–418
468. *Machmer, J.:* Das Krankenwesen der Stadt Hildesheim bis zum 17. Jahrhundert, Münster 1907
469. *Martin, A.:* Deutsches Badewesen in vergangenen Tagen, Jena 1906
470. *Marzell, H.:* Zauberpflanzen. Hexentränke. Brauchtum und Aberglaube, Stuttgart 1964
471. *Mone, F. J.:* Armen- und Krankenpflege vom 13. bis 16. Jahrhundert in der Schweiz, Baden, Elsaß, Bayern, Hessen und Rheinpreußen, in: Zeitschrift für Geschichte des Oberrhein 12 (1861), 5–53

472. –: Über Krankenpflege vom 13. bis 16. Jahrhundert in Wirtenberg, Baden, der baierischen Pfalz und Rheinpreußen. Zeitschrift für Geschichte des Oberrhein 2 (1851), 257–291
473. *Moritz, W.:* Das Hospital der hl. Elisabeth in seinem Verhältnis zum Hospitalwesen des frühen 13. Jahrhunderts, in: St. Elisabeth. Fürstin. Dienerin. Heilige. Aufsätze. Dokumentation. Katalog. Hrsg. v. der Philipps-Universität Marburg, Sigmaringen 1981, 101–116
474. *Mummenhoff, E.:* Öffentliche Gesundheitspflege und Krankenpflege im alten Nürnberg, Nürnberg 1898
475. *Oexle, O. G.:* Armut und Armenfürsorge um 1200. Ein Beitrag zum Verständnis der freiwilligen Armut bei Elisabeth von Thüringen, in: St. Elisabeth. Fürstin. Dienerin. Heilige. Aufsätze, Dokumentation. Katalog. Hrsg. v. der Philipps-Universität Marburg, Sigmaringen 1981, 78–100
476. *Münz, J.:* Die jüdischen Ärzte im Mittelalter, Frankfurt 1922
477. *Peters, H.:* Der Arzt und die Heilkunst in alten Zeiten, Leipzig 1900
478. *Ratzinger, G.:* Geschichte der kirchlichen Armenpflege, Freiburg 1884[2]
479. *Reicke, S.:* Das deutsche Spital und sein Recht im Mittelalter, 2 Bde. Stuttgart 1932
480. *Sachße, Chr./Tennstedt, F.:* Geschichte der Armenfürsorge in Deutschland. Vom Spätmittelalter zum 1. Weltkrieg, Stuttgart 1980
481. *Schelenz, H.:* Frauen im Reiche Äskulaps, Leipzig 1900
482. *Schleyer, W.:* Bad- und Badeanstalten, Leipzig 1909
483. *Schönfeld, W.:* Frauen in der abendländischen Heilkunde vom klassischen Altertum bis zum Ausgang des 19. Jahrhunderts, Stuttgart 1947
484. *Schwarz, G.-W.:* Zur Entwicklung des Apothekerberufs und der Ausbildung des Apothekers vom Mittelalter bis in die Gegenwart, Frankfurt 1976
485. *Steinhilber, W.:* Das Gesundheitswesen im alten Heilbronn 1281–1871 (Veröffentlichungen des Archivs der Stadt Heilbronn, Bd. 4), Heilbronn 1956
486. *Steynitz, J. v.:* Mittelalterliche Hospitäler der Orden und der Städte als Einrichtungen der sozialen Sicherung (Sozialpolitische Schriften, Bd. 26), Berlin 1970
487. *Stoll, C.:* Der Apotheker in der deutschen Stadt des Mittelalters. Seine berufliche und gesellschaftliche Stellung, Marburg 1975
488. *Stolle, D.:* Das Heiligen Geist Hospital zu Lübeck. Eine historisch-sozialhygienische Studie, Lübeck 1970
489. *Sudhoff, K.:* Beiträge zur Geschichte der Chirurgie im Mittelalter. Graphische und textliche Untersuchungen in mittelalterlichen Handschriften, Teil 1 (Studien zur Geschichte der Medizin, H. 10), Leipzig 1914
490. *Uhlhorn, G.:* Die christliche Liebestätigkeit, Stuttgart 1895[2]
491. *Wagner, G.:* Die Gewerbe der Bader und Barbiere im Mittelalter, Freiburg 1917
492. *Winckelmann, O.:* Das Fürsorgewesen der Stadt Straßburg vor und nach der Reformation bis zum Ausgang des 16. Jahrhunderts (Quellen und Forschungen zur Reformationsgeschichte, Bd. 5), Leipzig 1922

13. Frauen als Prostituierte und unter den Fahrenden

493. *Avé-Lallemant, F. Chr. B.:* Das deutsche Gaunertum in seiner sozialpolitischen, literarischen und linguistischen Ausbildung zu seinem heutigen Bestande, Teil 1, Lübeck 1858
494. *Bassermann, L.:* Das älteste Gewerbe. Eine Kulturgeschichte, Frankfurt 1965

495. *Bauer, M.:* Die Dirne und ihr Anhang, Berlin 1912
496. *Bauer, W.:* Geschichte und Wesen der Prostitution. Eine geschichtliche und sozialethische Darstellung der Prostitution in Wort und Bild und ihre Folgen im Zeitraum von über 4000 Jahren, Stuttgart 1965[5]
497. *Beneke, O.:* Von unehrlichen Leuten. Culturhistorische Studien und Geschichten aus vergangenen Tagen deutscher Gewerbe und Dienste, mit besonderer Berücksichtigung auf Hamburg, Hamburg 1889[2]
498. *Bloch, I.:* Die Prostitution, Bd. 1 (Handbuch der gesamten Sexualwissenschaft, Bd. 1), Berlin 1912
499. *Danckert, W.:* Unehrliche Leute. Die verfemten Berufe, Bern 1963
500. *Frischauer, P.:* Moral und Unmoral der deutschen Frau. Ein geschichtlicher Überblick von der Edda bis zur Pille. Weib – Dame – Dirne, München 1970
501. *Hampe, Th.:* Fahrende Leute in der deutschen Vergangenheit, Leipzig 1902
502. *Hanauer, W.:* Geschichte der Prostitution in Frankfurt, in: Festschrift zum 1. Kongreß der deutschen Gesellschaft zur Bekämpfung der Geschlechtskrankheiten, Frankfurt 1903, 1–56
503. *Harster, Th.:* Das Strafrecht der freien Reichsstadt Speyer in Theorie und Praxis (Untersuchungen zur deutschen Staats- und Rechtsgeschichte, Bd. 61), Breslau 1900
504. *Kopečný, A.:* Fahrende und Vagabunden. Ihre Geschichte, Überlebenskünste, Zeichen und Straßen, Berlin 1980
505. *Liebe, G.:* Soldat und Waffenhandwerk, Leipzig 1899
506. *Meißner, M. J.:* Zur Geschichte des Frauenhauses in Altenburg, in: Neues Archiv für sächsische Geschichte 2 (1881), 68–76
507. *Scharold, C. G.:* Das Frauenhaus, in: Curiositäten der physisch-literarisch-artistisch-historischen Vor- und Mitwelt, Bd. 9, Weimar 1822, 397–407
508. *Schönfeldt, G.:* Beiträge zur Geschichte des Pauperismus und der Prostitution in Hamburg (Sozialgeschichtliche Forschungen, Bd. 2), Weimar 1897
509. *Wustmann, G.:* Frauenhäuser und freie Frauen in Leipzig im Mittelalter, in: Archiv für Kulturgeschichte 5 (1907), 469–482

Sachregister

Abbildungsnachweise zu den Kapiteleinführungen:

Seite 9: Bäuerliche Familie bei der Arbeit, Holzschnitt v. 1467, aus: Diederichs, Deutsches Leben der Vergangenheit in Bildern [74], Bd. 1, S. 50

Seite 13: Albrecht Dürer: Dürers Mutter, Kohlezeichnung v. 1514, aus: Dürer, Das gesamte graphische Werk [76], Bd. 1, S. 630

Seite 25: Holbein. d. J.: Adlige Baslerin, um 1525, aus: Thiel, Geschichte des Kostüms [127], S. 174
Albrecht Dürer: Nürnbergerin im Hauskleid, Pinselzeichnung v. 1510, aus: Thiel, Geschichte des Kostüms [127], S. 174
Hans Weigel: Fränkische Bäuerin, Holzschnitt v. 1577, aus: Thiel, Geschichte des Kostüms [127], S. 207

Seite 51: Erhard Schön: Die Klage der drei armen Hausmägde, Flugblatt v. 1532, aus: Geisberg, The German Single-leaf Woodcut [84], Bd. 3, S. 1119

Seite 79: Die zwölf Monate, Flugblatt v. ca. 1529, aus: Geisberg, The German Single-leaf Woodcut [84], Bd. 1, S. 219

Seite 111: Inneres einer Küche mit Hausfrau und zwei Köchen, Holzschnitt v. 1516, aus: Diederichs, Deutsches Leben der Vergangenheit in Bildern [74], Bd. 1, S. 174

Seite 141: Schneiderinnen in der Werkstatt, Miniatur d. 14. Jh., aus: Wolf-Graaf, Frauenarbeit im Abseits [370], Umschlag

Seite 225: Krämerin, Miniatur aus dem Codex pictaturatus v. Balthasar Behem, 1. Hälfte 15. Jh., aus: Winkler, der Krakauer Behem-Codex [132], Tafel 2

Seite 259: Frauen bei der Zubereitung eines Heiltranks, flämische Miniatur v. 1470, aus: Hauschild, Hexen. Katalog zur Ausstellung [453], S. 30

Seite 309: Frauenhausszene, Zeichnung des Hausbuches des Fürsten zu Waldburg-Wolfegg, 2. Hälfte d. 15. Jh., aus: Zierer, Kultur- und Sittenspiegel [135], Bd. 2, S. 399

Inhalt

Band 2
Frauenbild und Frauenrechte in Kirche und Gesellschaft